📈 德勤危机管理与企业价值提升系列

A股上市公司重整案例解析

2021—2022年

主编◎孙向禹
副主编◎冯竞彦　李众　袁婉云

中国经济出版社
CHINA ECONOMIC PUBLISHING HOUSE

·北京·

图书在版编目（CIP）数据

2021—2022年A股上市公司重整案例解析/孙向禹编著．-- 北京：中国经济出版社，2024.4
ISBN 978-7-5136-7725-7

Ⅰ.①2… Ⅱ.①孙… Ⅲ.①上市公司－公司法－研究－中国－2021—2022 Ⅳ.①D922.291.914

中国国家版本馆CIP数据核字（2024）第070232号

责任编辑　陈　瑞
责任印制　马小宾
封面设计　任燕飞

出版发行	中国经济出版社
印刷者	北京富泰印刷有限责任公司
经销者	各地新华书店
开　本	787mm×1092mm　1/16
印　张	35
字　数	650千字
版　次	2024年4月第1版
印　次	2024年4月第1次
定　价	108.00元

广告经营许可证　京西工商广字第8179号

中国经济出版社　网址 http://epc.sinopec.com/epc/　社址 北京市东城区安定门外大街58号　邮编 100011
本版图书如存在印装质量问题，请与本社销售中心联系调换（联系电话：010-57512564）

版权所有　盗版必究（举报电话：010-57512600）
国家版权局反盗版举报中心（举报电话：12390）　　服务热线：010-57512564

推荐语
Recommendation

这本书汇集了多个真实、深入的重整案例，不仅提供了翔实的数据和背景，更通过深入浅出的方式，展现了破产重整的内在逻辑和实际操作。在这个充满不确定性的时代，深度的案例分析可以帮我们理解和适应商业格局的变化。对于专业人士和学者来说，这都是一本极具参考价值的书籍。阅读本书，能带给从业人员新的视角和思考，亦能给困境企业提供新的启示。

  张建平 教授、博士生导师、对外经贸大学资本市场与投融资研究中心主任

身为中国平安集团监事，我肩负着确保公司规范运作、维护股东权益的重要使命。在这个角色中，我深知企业破产重整的复杂性与挑战性。这本关于破产重整案例分析的书籍，以深入浅出的方式剖析了多个典型案例，为业内人士提供了宝贵的参考与启示。我强烈推荐此书，相信它能为相关领域的研究与实践带来重要价值。

  张王进 中国平安保险前监事、卜蜂集团海外有限公司董事总经理

在国内宏观经济处在下行周期和全球地缘政治变化的大背景下，中国企业生存面临更大的压力和挑战。上市公司破产重整在多方的参与推动下正在趋于常态化、市场化，并已成为解决困境中上市公司问题的重要途径之一。

孙向禹女士和她的团队在本书中对A股市场近年来破产重整案例进行了全面的深入研究和系统总结，结合他们专业的视角和处理经验，具有实例丰富、实操性强等特色，为我们揭示了企业在逆境中不甘躺倒、寻找出路的历程。无论您是企业高管、咨询顾问、金融从业者，还是对中国破产重整行业有兴趣的研究者，这本书都能够为您提供深刻的启示和实用的指导。

  周苹 Debtwire亚太区执行总编

作为评估师，我深知破产重整的复杂性和重要性。此书精心选取了30个上市公司重整案例，并结合相关的图解，让读者一目了然。无论是对重整感兴趣的初学者，还是对寻求重整深入分析的专业人士，此书都是值得推荐的参考工具。它让读者在实际操作中掌握重整的精髓，我诚挚地将此书推荐给大家。

高文忠　北京中企华资产评估有限责任公司执行总裁

从业多年，我深知上市公司破产重整所带来的复杂挑战与良好机遇。在这个变幻莫测的市场环境中，这本书提供了宝贵的行业经验，通过深入分析案例揭示了投资机会和挑战。我相信这本书将成为我们学习的得力助手，可以帮助我们更好地理解商业运作的实质。它揭示了上市公司的各种经营和财务风险，使我们更具备面对复杂市场的能力。

郑华玲　鼎一投资董事长兼总经理

本书探讨了多个重整案例，深刻地分析了企业陷入困境的内外部原因，并以深入浅出的方式展现了破产重整方案的内在逻辑和具体实施路径。本书可以帮助读者理解大环境中的变局会怎样影响一个企业的未来以及企业应该如何应对。在这个充满不确定性的时代，本书的借鉴价值尤显重要。阅读本书，会带给我们许多思考和启示。

王翠苹　君泽君律师事务所合伙人、深圳市破产管理人协会首届理事、
会员工作委员会主任、广东省破产管理人协会跨境破产委员会副主任

在房地产企业面临债务困境时，审时度势，洞察先机，把握趋势至关重要。这本书由经验丰富的专业人士撰写，深入剖析了出险上市公司于逆境中浴火重生的全流程，如同一盏明灯，照亮了财困企业走出困境的路径。基于此，本人强烈推荐给寻求行业洞见与智慧的同行们。

吴建斌　中海地产原执行董事兼CFO、著名财经作家

受国际经济形势影响，近年来不少A股上市公司债务危机频发。因其关涉广大的投资者、金融机构、商业伙伴的利益及债权安全，通过破产程序对其实施重整、实现重生及持续经营，对维护金融安全及社会稳定具有重大的意义。随着各相关主体对破产重整的认知水平、破产审判专业化和破产管理人管理能力的不断提高，上市公司重整出现了诸多的创新和发展，案件质效均得到了巨大的提升。本书聚焦于近几年公开的上市公司重整典型案例，通过个案分析对案件的要点、特点和亮点做了精准解析，具有高度的实操指导价值，为读者及相关重整从业人员办理上市公司重整案件提供了重要参考和借鉴。

白伟冰　厦门破产管理人协会副会长、福建天衡联合律师事务所高级合伙人

推荐语

如果企业有生命，我想有两次生命。第一次生命是创立企业家给的，第二次生命是破产重整给的。面对经济波动和产业结构转型升级，第一次生命宣告终结退出历史舞台，第二次生命尤为重要，企业重整成为不少公司的新常态和必然选择。如何成功地重整企业，使其焕发新的生命力，确保产业、员工、债权人利益、社会公共关系有机结合形成合力，是每一个企业家和从业人士关注的焦点。这本书汇集了2021—2022两年的我国上市企业经典重整案例，它们都是真实的操作，我也是亲历者，可以说是一部缩小版的商业史，包含了深刻的教训和成功的经验。通过这些案例，你可以看到企业如何在困境中找到出路，如何在挑战面前转型升级，如何资源重新整合实现价值再创造，如何化腐朽为神奇使僵尸企业成为明星企业。如果你正在考虑或正在进行企业重整，这本书，你一定不能错过。你能通过本书的案例身临其境感受这一番困顿后的觉醒，站在案例的肩膀上打通你在上市公司破产重整事业中的任督二脉。

林亚明　中国东方资产管理股份有限公司福建省分公司

这本专业著作通过深入而独到的案例分析，彰显了上市公司破产重组所蕴含的机遇与挑战。作者以独特的分析角度，巧妙呈现内容，使读者深刻领悟企业危机应对的本质，并从中发现潜在的投资价值。对于行业专业人士而言，它不仅是一份翔实的行动指南，更是在目前复杂且多变的环境中进行深度思考的宝典，有助于拓展视野、提升决策水平，为投资决策提供更全面的参考。

翟普　香港中国金融协会副主席、守正基金（香港）管理有限公司行政总裁

序
Foreword

近年来全球局势动荡，俄乌冲突、通胀高企、美联储紧缩超预期等因素为全球经济带来不确定性，各国经济增速放缓，风险挑战增多。在此背景下，我国经济面临着外部环境严峻复杂的风险压力与内部供需关系不平衡等困难，政府积极推动经济结构优化升级以期实现我国经济从高速增长向高质量发展的转型。一些不符合市场需求或不适应激烈竞争的企业面临债务困境，需要通过破产程序来优化资源配置。同时，政府也在积极推动《中华人民共和国企业破产法》(简称《企业破产法》)等破产法律的修改和完善，为这一过程提供了更加明确和有效的法律框架，促进破产实践规范化，优化营商环境，提升市场参与者的信心。

目前我国破产市场的活跃度逐渐提高，境内破产案件审结数量逐年上升。《企业破产法》框架下常见的两种程序为破产清算程序和重整程序。实务中大型且仍有营运价值的企业一般适用重整程序，较少会直接进入破产清算程序。上市公司重整由于衔接了资本市场和破产制度两大重要领域，且上市公司具有公众性、公开性和稀缺性等特点，因此受到了广泛的关注，被视为重整领域的风向标。自《企业破产法》施行至今，已有100余家上市公司实施了重整，其中最近四年的重整案例数量更占据了总量的半壁江山。这类案例逐渐呈现新的趋势，在一定程度上推动了现行重整制度和证券监管政策的不断完善。

首先是国家在政策方面的明确支持。2020年国务院在《关于进一步提高上市公司质量的意见》中明确提出"支持上市公司通过并购重组、破产重整等方式出清风险"，2023年国务院在《关于促进民营经济发展壮大的意见》中明确提出要"完善市场化重整机制，积极适用破产重整、破产和解程序"。在近年实务中，证监会对上市公司重整受理的审查政策适度宽松，主要表现在证监会对于上市公司违规担保、资金占用等问题，有条件地允许其在重整程序之中解决。

其次是预重整程序的逐渐推广。预重整自2019年8月被首次应用于上市公司以来，其价值迅速被认知，并逐渐被应用于后来的上市公司重整案件。预重整是在破产实践中发展起来的一种模式，其本质为重整的预备工作。在法庭正式启动重整程序前，预先开展债务重组等相关工作，以判断债务人是否具备重整价值及重整成功可能性，有效地缩短后续重整程序的时间，提高法庭内重整程序的审判效率。

最后是以营业保留式重整为主流形态。在早期上市公司重整实践中，大部分重整的公司自身已不具备经营能力和盈利能力，只能借助于重整程序剥离资产和债务，并引入重组方注入新的经营资产，实现上市公司的"保壳"和重组方的"借壳"上市，因而公司的主营业务在重整后往往发生变更。近年来，多数上市公司重整案例立足原有核心主营业务，剥离全部资产并在重整后实施重大资产重组的案例减少。公司通过重整整合资源，实现原有业务与投资人业务领域之间的协同发展，这契合了重整制度的核心价值，也是上市公司重整发展的方向。

孙向禹女士时隔两年推出续作，对2021—2022年公开的30个前沿上市公司重整案例进行了梳理研究，为读者呈现了丰富的实践经验与深刻的行业洞察。本书在呈现案例数据的基础上剖析了各种复杂情境下公司的重整过程，透彻分析了涉及的法律法规、财务挑战以及市场影响。这种全面而深入的解析为业内人士提供了实用的操作指南，也为企业家、投资者等提供了颇具启发性的视角。对于企业决策者而言，本书提供了宝贵的实践经验和成功的样本，帮助他们更好地应对市场的不确定性。投资者在瞄准市场机会时，通过本书可以获得更全面的投资视角，深入理解企业重整过程，对于其把握行业动向、评估潜在投资标的价值和风险具有重要意义。

总体而言，本书是一部既有理论深度又充满实践智慧的精品力作，相信对行业从业者和其他方市场参与者都具有很好的借鉴意义。

许胜锋

前言
Preface

2023年5月，世界银行正式发布营商环境评估新项目Business Ready的相关指南，并对世界主要经济体开启第一轮评估。随着世界银行新项目及新评估体系的开启，营商环境的提升和改善将成为我国经济持续高质量发展的重要抓手和关键环节。"商事破产"就是上述新指标体系中的一项重要指标，而上市企业破产重整作为我国"商事破产"维度的排头兵和风向标，尤其具有参考价值。

随着市场的不断演变，企业在面对多变的商业环境时，往往需要通过破产重整来实现再生。破产重整通常是通过重新组织企业的负债结构来保护其业务，并在一定程度上重新分配社会资源，实现债权人、股东和其他利益相关方的利益平衡，以便维持经济的稳定性并促使企业更健康地运营。

近年来，相较于《企业破产法》颁布之初各市场主体"谈破色变"的情况，我国破产重整实践已步入快速发展阶段。重整案件逐年增多，其中不乏海航集团、辉山乳业和北大方正这样兼具市场关注度和社会影响力的大型企业通过重整获得新生。重整方式逐渐多样化，有机衔接庭外重组和庭内重组的预重整制度得到了广泛运用。在立法层面，有关重整的司法政策（包括府院联动）频频出台，不断适应《企业破产法》实践的新发展。在执法机构和专业团队建设层面，全国各大法院已设立多家专门破产法庭，各地破产管理人协会也相继成立。随着上市公司重整日趋法治化、市场化，重整对于陷入困境但仍具有价值的企业来说，已经成为最有效的法律途径。截至2023年11月，我国共有103家上市公司完成重整。经过重整，绝大多数公司的财产结构、经营状况和盈利能力得到了有效改善。重整作为以挽救债务人企业、恢复公司持续盈利为目的的司法程序，在帮助企业在维持其上市地位的基础上，保留核心资产、挖掘经营潜力，并最终通过资源的再次配置，实现涅槃重生。

本书作为2021年底出版的《2016—2020年A股上市公司重整案例分析》

的续作，进一步针对2021—2022年公开的30个具有代表性的上市企业重整案例进行了整理研究，旨在持续为读者提供专业、时效性强，深度挖掘上市企业共性与特性的分析材料，以期能作为重组工作中的诸多环节的有机参考，并在定位信息、阐发思路、总结经验等多个维度提供全新的可能。

本书的数据及信息来源均为公开渠道可获得的信息，包括上市公司指定的信息披露媒体、公司网站所发布的各类文件，如招股说明书、募集说明书、上市公告书、定期报告、临时报告、重整计划草案、重整进展公告等。

本书主要针对A股上市公司的重整情况进行分析，包括重整前的公司情况、重整思路、出资人权益调整方案、重整计划的表决和执行等方面。但是，随着重整程序的推进和公司的后续经营或资产重组，公司相关经营或重整执行与重整计划草案会出现不一致的情况。此外，为保持全书案例的数据格式一致，本书对各案例数据进行简化处理，或导致部分加总数据存在尾差，例如书中的金额和股份数据均为修约数，而百分比数据是根据修约前具体数据计算得出的，各案例的具体数据以重整方案及上市公司公告为准，请读者知悉。

目 录
Contents

第一篇 案例汇总解析
- 一、案例公司基本信息 / 002
- 二、案例公司财务情况分析 / 004
- 三、案例公司重整程序分析 / 009
- 四、案例公司重整计划分析 / 013
- 五、案例公司重整结果分析 / 031

第二篇 案例详解

案例1 天翔环境重整案例解析 / 034
- 一、公司基本信息 / 036
- 二、资产负债情况 / 036
- 三、重整基本情况 / 038
- 四、重整计划的主要内容 / 039
- 五、重整计划的表决与批准 / 046
- 六、重整计划的执行与监督 / 047
- 七、重整计划顺利实施的预期效果 / 050

案例2 贵人鸟重整案例解析 / 051
- 一、公司基本信息 / 053
- 二、资产负债情况 / 053
- 三、重整基本情况 / 055
- 四、重整计划的主要内容 / 056
- 五、重整计划的表决与批准 / 064
- 六、重整计划的执行与监督 / 065
- 七、重整计划顺利实施的预期效果 / 067

案例 3　中孚实业重整案例解析　/　069
　　一、公司基本信息　/　070
　　二、资产负债情况　/　071
　　三、重整基本情况　/　073
　　四、重整计划的主要内容　/　074
　　五、重整计划的表决与批准　/　081
　　六、重整计划的执行与监督　/　082
　　七、重整计划顺利实施的预期效果　/　085

案例 4　雅博股份重整案例解析　/　086
　　一、公司基本信息　/　087
　　二、资产负债情况　/　088
　　三、重整基本情况　/　090
　　四、重整计划的主要内容　/　092
　　五、重整计划的表决与批准　/　098
　　六、重整计划的执行与监督　/　098
　　七、重整计划顺利实施的预期效果　/　101

案例 5　海航控股重整案例解析　/　102
　　一、公司基本信息　/　105
　　二、资产负债情况　/　106
　　三、重整基本情况　/　108
　　四、重整计划的主要内容　/　109
　　五、重整计划的表决与批准　/　117
　　六、重整计划的执行与监督　/　118
　　七、重整计划顺利实施的预期效果　/　122

案例 6　海航基础重整案例解析　/　123
　　一、公司基本信息　/　126
　　二、资产负债情况　/　127
　　三、重整基本情况　/　129
　　四、重整计划的主要内容　/　130
　　五、重整计划的表决与批准　/　138
　　六、重整计划的执行与监督　/　138
　　七、重整计划顺利实施的预期效果　/　142

案例 7　供销大集重整案例解析　/　143
　　一、公司基本信息　/　146

二、资产负债情况 / 148
　　三、重整基本情况 / 149
　　四、重整计划的主要内容 / 150
　　五、重整计划的表决与批准 / 157
　　六、重整计划的执行与监督 / 158
　　七、重整计划顺利实施的预期效果 / 161

案例 8　广州浪奇重整案例解析 / 162
　　一、公司基本信息 / 163
　　二、资产负债情况 / 164
　　三、重整基本情况 / 166
　　四、重整计划的主要内容 / 167
　　五、重整计划的表决与批准 / 173
　　六、重整计划的执行与监督 / 173
　　七、重整计划顺利实施的预期效果 / 176

案例 9　天津松江重整案例解析 / 177
　　一、公司基本信息 / 178
　　二、资产负债情况 / 179
　　三、重整基本情况 / 181
　　四、重整计划的主要内容 / 182
　　五、重整计划的表决与批准 / 187
　　六、重整计划的执行与监督 / 188
　　七、重整计划顺利实施的预期效果 / 192

案例 10　康美药业重整案例解析 / 193
　　一、公司基本信息 / 194
　　二、资产负债情况 / 195
　　三、重整基本情况 / 197
　　四、重整计划的主要内容 / 198
　　五、重整计划的表决与批准 / 205
　　六、重整计划的执行与监督 / 205
　　七、重整计划顺利实施的预期效果 / 208

案例 11　东方网络重整案例解析 / 209
　　一、公司基本信息 / 211
　　二、资产负债情况 / 212
　　三、重整基本情况 / 213

四、重整计划的主要内容 / 214
　　五、重整计划的表决与批准 / 220
　　六、重整计划的执行与监督 / 221
　　七、重整计划顺利实施的预期效果 / 224

案例 12　众泰汽车重整案例解析 / 225
　　一、公司基本信息 / 227
　　二、资产负债情况 / 228
　　三、重整基本情况 / 230
　　四、重整计划的主要内容 / 231
　　五、重整计划的表决与批准 / 239
　　六、重整计划的执行与监督 / 241
　　七、重整计划顺利实施的预期效果 / 246

案例 13　凯瑞德重整案例解析 / 247
　　一、公司基本信息 / 248
　　二、资产负债情况 / 249
　　三、重整基本情况 / 250
　　四、重整计划的主要内容 / 252
　　五、重整计划的表决与批准 / 256
　　六、重整计划的执行与监督 / 257
　　七、重整计划顺利实施的预期效果 / 260

案例 14　华谊嘉信重整案例解析 / 261
　　一、公司基本信息 / 262
　　二、资产负债情况 / 263
　　三、重整基本情况 / 265
　　四、重整计划的主要内容 / 266
　　五、重整计划的表决与批准 / 273
　　六、重整计划的执行与监督 / 274
　　七、重整计划顺利实施的预期效果 / 276

案例 15　华昌达重整案例解析 / 278
　　一、公司基本信息 / 280
　　二、资产负债情况 / 281
　　三、重整基本情况 / 282
　　四、重整计划的主要内容 / 284
　　五、重整计划的表决与批准 / 291

六、重整计划的执行与监督 / 292

　　七、重整计划顺利实施的预期效果 / 294

案例 16　华英农业重整案例解析 / 295

　　一、公司基本信息 / 296

　　二、资产负债情况 / 297

　　三、重整基本情况 / 299

　　四、重整计划的主要内容 / 300

　　五、重整计划的表决与批准 / 306

　　六、重整计划的执行与监督 / 307

　　七、重整计划顺利实施的预期效果 / 310

案例 17　实达集团重整案例解析 / 311

　　一、公司基本信息 / 312

　　二、资产负债情况 / 313

　　三、重整基本情况 / 315

　　四、重整计划的主要内容 / 316

　　五、重整计划的表决与批准 / 321

　　六、重整计划的执行与监督 / 323

　　七、重整计划顺利实施的预期效果 / 325

案例 18　索菱股份重整案例解析 / 326

　　一、公司基本信息 / 327

　　二、资产负债情况 / 328

　　三、重整基本情况 / 330

　　四、重整计划的主要内容 / 331

　　五、重整计划的表决与批准 / 336

　　六、重整计划的执行与监督 / 338

　　七、重整计划顺利实施的预期效果 / 340

案例 19　赫美集团重整案例解析 / 341

　　一、公司基本信息 / 343

　　二、资产负债情况 / 344

　　三、重整基本情况 / 345

　　四、重整计划的主要内容 / 346

　　五、重整计划的表决与批准 / 352

　　六、重整计划的执行与监督 / 353

　　七、重整计划顺利实施的预期效果 / 355

案例20　恒康医疗重整案例解析 / 357
　　一、公司基本信息 / 358
　　二、资产负债情况 / 359
　　三、重整基本情况 / 361
　　四、重整计划的主要内容 / 362
　　五、重整计划的表决与批准 / 368
　　六、重整计划的执行与监督 / 369
　　七、重整计划顺利实施的预期效果 / 371

案例21　星星科技重整案例解析 / 372
　　一、公司基本信息 / 374
　　二、资产负债情况 / 375
　　三、重整基本情况 / 376
　　四、重整计划的主要内容 / 378
　　五、重整计划的表决与批准 / 385
　　六、重整计划的执行与监督 / 387
　　七、重整计划顺利实施的预期效果 / 390

案例22　台海核电重整案例解析 / 391
　　一、公司基本信息 / 393
　　二、资产负债情况 / 393
　　三、重整基本情况 / 395
　　四、重整计划的主要内容 / 396
　　五、重整计划的表决与批准 / 403
　　六、重整计划的执行与监督 / 404
　　七、重整计划顺利实施的预期效果 / 408

案例23　方正科技重整案例解析 / 409
　　一、公司基本信息 / 410
　　二、资产负债情况 / 411
　　三、重整基本情况 / 412
　　四、重整计划的主要内容 / 413
　　五、重整计划的表决与批准 / 418
　　六、重整计划的执行与监督 / 419
　　七、重整计划顺利实施的预期效果 / 421

案例24　安控科技重整案例解析 / 422
　　一、公司基本信息 / 423

二、资产负债情况 / 424

三、重整基本情况 / 426

四、重整计划的主要内容 / 427

五、重整计划的表决与批准 / 433

六、重整计划的执行与监督 / 434

七、重整计划顺利实施的预期效果 / 437

案例 25　浙江尤夫重整案例解析 / 438

一、公司基本信息 / 440

二、资产负债情况 / 441

三、重整基本情况 / 442

四、重整计划的主要内容 / 444

五、重整计划的表决与批准 / 450

六、重整计划的执行与监督 / 452

七、重整计划顺利实施的预期效果 / 455

案例 26　天马股份重整案例解析 / 456

一、公司基本信息 / 457

二、资产负债情况 / 458

三、重整基本情况 / 460

四、重整计划的主要内容 / 461

五、重整计划的表决与批准 / 466

六、重整计划的执行与监督 / 467

七、重整计划顺利实施的预期效果 / 469

案例 27　雪莱特重整案例解析 / 470

一、公司基本信息 / 472

二、资产负债情况 / 472

三、重整基本情况 / 474

四、重整计划的主要内容 / 475

五、重整计划的表决与批准 / 482

六、重整计划的执行与监督 / 483

七、重整计划顺利实施的预期效果 / 485

案例 28　中安科重整案例解析 / 486

一、公司基本信息 / 487

二、资产负债情况 / 488

三、重整基本情况 / 489

四、重整计划的主要内容 / 491

　　五、重整计划的表决与批准 / 496

　　六、重整计划的执行与监督 / 497

　　七、重整计划顺利实施的预期效果 / 500

案例 29　博天环境重整案例解析 / 502

　　一、公司基本信息 / 504

　　二、资产负债情况 / 505

　　三、重整基本情况 / 507

　　四、重整计划的主要内容 / 508

　　五、重整计划的表决与批准 / 516

　　六、重整计划的执行与监督 / 518

　　七、重整计划顺利实施的预期效果 / 521

案例 30　奥瑞德股份重整案例解析 / 522

　　一、公司基本信息 / 524

　　二、资产负债情况 / 525

　　三、重整基本情况 / 526

　　四、重整计划的主要内容 / 527

　　五、重整计划的表决与批准 / 533

　　六、重整计划的执行与监督 / 534

　　七、重整计划顺利实施的预期效果 / 537

参考文献 / 538

第一篇

案例汇总解析

在"德勤危机管理与企业价值提升系列"第一本书《2016—2020 年 A 股上市公司重整案例解析》中，汇总了 2016—2020 年 26 个上市企业重整案例。本书是"德勤危机管理与企业价值提升系列"第二本书，汇总了 2021—2022 年 30 家 A 股上市企业（以下简称"案例公司"）的重整计划（已取得法院裁定批准）。这 30 家案例公司重整程序及重整计划有众多相似之处，但又有各自的特点。本书通过对这 30 家案例公司的整体解析，总结了案例公司重整的个别性和普遍性特征，包括行业、区域、财务状况、相关重整特征，以期为相关人员未来可能参与的重整工作提供借鉴。

以下数据及信息均为公开渠道可获得的，包括上市企业指定的信息披露媒体、企业官方网站发布的各类文件，如招股说明书、募集说明书、上市公告书、定期报告、临时报告、重整计划、重整进展公告等。

一、案例公司基本信息

案例公司基本信息概要如表 1-1 所示。

表 1-1 案例公司基本信息概要

序号	企业名称	企业简称	股票代码	股票名称①	重整计划批准时间	企业性质	行业	注册地
1	成都天翔环境股份有限公司	天翔环境	300362	天翔退	2021/4/16	民企	制造业	四川省
2	贵人鸟股份有限公司	贵人鸟	603555	ST 贵人	2021/4/26	民企	零售业	福建省
3	河南中孚实业股份有限公司	中孚实业	600595	*ST 中孚	2021/8/10	民企	制造业	河南省
4	山东雅博科技股份有限公司	雅博股份	002323	*ST 雅博	2021/9/30	民企	建筑业	江苏省
5	海南航空控股股份有限公司	海航控股	600221	*ST 海航	2021/10/31	国企	航空业	海南省
6	海航基础设施投资集团股份有限公司	海航基础	600515	*ST 基础	2021/10/31	国企	房地产	海南省
7	供销大集集团股份有限公司	供销大集	000564	*ST 大集	2021/10/31	国企	零售业	陕西省
8	广州市浪奇实业股份有限公司	广州浪奇	000523	*ST 浪奇	2021/11/11	国企	制造业	广东省
9	天津松江股份有限公司	天津松江	600225	*ST 松江	2021/11/15	国企	房地产	天津市
10	康美药业股份有限公司	康美药业	600518	*ST 康美	2021/11/26	民企	制造业	广东省

续表

序号	企业名称	企业简称	股票代码	股票名称[①]	重整计划批准时间	企业性质	行业	注册地
11	东方时代网络传媒股份有限公司	东方网络	002175	*ST东网	2021/11/30	民企	制造业	广西壮族自治区
12	众泰汽车股份有限公司	众泰汽车	000980	*ST众泰	2021/11/30	民企	制造业	安徽省
13	凯瑞德控股有限公司	凯瑞德	002072	*ST凯瑞	2021/12/8	民企	IT行业	湖北省
14	北京华谊嘉信整合营销顾问集团股份有限公司	华谊嘉信	300071	*ST嘉信	2021/12/16	民企	服务业	北京市
15	华昌达智能装备集团股份有限公司	华昌达	300278	*ST华昌	2021/12/20	国企	制造业	湖北省
16	河南华英农业发展股份有限公司	华英农业	002321	*ST华英	2021/12/22	国企	农业	河南省
17	福建实达集团股份有限公司	实达集团	600734	*ST实达	2021/12/27	国企	制造业	福建省
18	深圳市索菱实业股份有限公司	索菱股份	002766	*ST索菱	2021/12/27	民企	制造业	广东省
19	深圳赫美集团股份有限公司	赫美集团	002356	*ST赫美	2021/12/29	民企	零售业	广东省
20	恒康医疗集团股份有限公司	恒康医疗	002219	*ST恒康	2022/4/22	民企	制造业	甘肃省
21	江西星星科技股份有限公司	星星科技	300256	*ST星星	2022/8/3	民企	制造业	广东省
22	台海玛努尔核电设备股份有限公司	台海核电	002366	*ST海核	2022/11/29	国企	制造业	四川省
23	方正科技集团股份有限公司	方正科技	600601	*ST方科	2022/11/23	国企	制造业	上海市
24	四川安控科技股份有限公司	安控科技	300370	*ST安控	2022/11/18	民企	制造业	北京市
25	浙江尤夫高新纤维股份有限公司	浙江尤夫	002427	*ST尤夫	2022/11/29	民企	制造业	浙江省
26	天马轴承集团股份有限公司	天马股份	002122	ST天马	2022/12/6	民企	制造业	浙江省
27	广东雪莱特光电科技股份有限公司	雪莱特	002076	*ST雪莱	2022/12/2	民企	制造业	广东省
28	中安科股份有限公司	中安科	600654	ST中安	2022/12/6	民企	IT行业	上海市
29	博天环境集团股份有限公司	博天环境	603603	*ST博天	2022/12/8	民企	环保业	北京市
30	奥瑞德光电股份有限公司	奥瑞德	600666	*ST瑞德	2022/12/30	国企	制造业	黑龙江省

①重整计划裁定时间在2021年的，为截至2021年6月30日的股票名称；重整计划裁定时间在2022年的，为截至2022年6月30日的股票名称。

按照案例公司进入重整程序时其控股股东的性质进行划分，在30家案例公司中，有11家案例公司为国企，19家案例公司为民企，民企数量约占案例公司总数的63.33%。

按照案例公司进入重整程序时所处行业性质进行划分，在30家案例公司中，有18家案例公司为制造业企业，占案例企业总数的60.00%；7家案例公司为零售业、房地产以及信息技术（Internet Technology，IT）行业，占案例公司总数的23.33%；其余5家公司所处行业分布在服务业、农业、环保业、建筑业和航空业。

具体如表1-2所示。

表1-2 案例公司行业及控股股东的性质分布情况　　　　　　　　　　　　单位：家

行业性质	国企	民企	合计
制造业	6	12	18
零售业	1	2	3
房地产	2	0	2
IT行业	0	2	2
服务业	0	1	1
农业	1	0	1
环保业	0	1	1
建筑业	0	1	1
航空业	1	0	1
合计	11	19	30

按照地域分布划分，30家案例公司主要集中在华南（包括广东、广西、海南）地区、华东（包括江苏、浙江、安徽、福建、上海）地区、华北（包括北京、天津）地区。以上三个地区的案例公司数量占案例公司总数的70.00%。具体如表1-3所示。

表1-3 案例公司地址分布情况

地域	华南	华东	华北	华中	西北	西南	东北	合计
宗数	9	8	4	4	2	2	1	30

二、案例公司财务情况分析

本书从案例公司的资产情况、负债情况、有指向性的财务指标情况三方面进行汇总分析，发现30家案例公司普遍存在资产情况不佳、资不抵债、财务指标恶化的情况。

（一）案例公司资产情况不佳

在30家案例公司的重整计划中，有23家披露了账面资产价值，这23家企业的账面资产价值平均值达到157.37亿元。账面资产价值最大的为海南航空控股股份有限公司，其账面资产价值高达2176.98亿元，清算价值为409.32亿元，清算价值仅占账面资产价值的 18.80%；其次为海航基础设施投资集团股份有限公司，其账面资产价值高达 588.53 亿元，清算价值为 228.98 亿元，清算价值占账面资产价值的 38.91%；第三为供销大集集团股份有限公司，其账面资产价值高达 264.72 亿元，清算价值为 108.33 亿元，清算价值占账面资产价值的 40.92%。

虽然案例公司的账面资产价值较大，但评估报告显示，资产市场价值或者在清算状态下的资产价值相较于其账面价值普遍有大幅下降。由表 1-4 可以看出，30 家案例公司资产情况普遍不佳，实际可以用来偿还债务的资产非常有限。

表 1-4　案例公司资产情况　　　　　　　　　　单位：亿元

序号	企业简称	账面价值	评估市场价值[①]	评估清算价值
1	天翔环境	42.11	未披露	6.58
2	贵人鸟	未披露	未披露	16.92
3	中孚实业	未披露	39.09	未披露
4	雅博股份	38.11	未披露	1.77
5	海航控股	2176.98	945.61	409.32
6	海航基础	588.53	481.69	228.98
7	供销大集	264.72	240.49	108.33
8	广州浪奇	23.42	未披露	14.95
9	天津松江	29.92	未披露	19.21
10	康美药业	未披露	224.43	108.60
11	东方网络	5.15	未披露	4.09
12	众泰汽车	未披露	未披露	3.10
13	凯瑞德	4.03	未披露	0.33
14	华谊嘉信	3.43	5.69	1.92
15	华昌达	12.20	未披露	2.72
16	华英农业	59.38	未披露	23.29
17	实达集团	4.62	未披露	3.89
18	索菱股份	未披露	3.45	未披露
19	赫美集团	23.72	未披露	4.64
20	恒康医疗	47.22	39.16	20.77
21	星星科技	34.31	未披露	13.57
22	台海核电	41.98	未披露	0.52
23	方正科技	34.60	未披露	未披露
24	安控科技	15.85	未披露	7.24
25	浙江尤夫	51.40	未披露	12.26
26	天马股份	未披露	未披露	6.54

续表

序号	企业简称	账面价值	评估市场价值[①]	评估清算价值
27	雪莱特	4.29	5.99	3.20
28	中安科	未披露	未披露	11.64
29	博天环境	65.65	26.12	未披露
30	奥瑞德	47.99	未披露	未披露

① 若重整计划中未指明资产评估报告之评估价值为清算价值或市场价值,则将其归类至评估市场价值。

(二)案例公司负债规模较大,且大多资不抵债

案例公司整体负债规模较大,根据重整计划披露的债权金额,案例公司平均的负债金额达到160.55亿元。其中,负债规模最大的为海航控股,其债权金额高达1952.89亿元。

由表1-5可知,除未披露资产评估清算价值的案例公司以外皆资不抵债,按照重整计划已披露的资产评估清算价值和债权金额计算,已披露的28家案例公司的平均资产负债率达到2108.13%,其中28家案例公司的资产负债率均超过100%,资产负债率最高者为台海核电,资产负债率高达5290.38%。

表1-5 案例公司资产负债率情况

序号	企业简称	资产评估清算价值[①](亿元)	负债[②](亿元)	净资产/净负债(亿元)	资产负债率(%)
1	天翔环境	6.58	60.66	−54.08	921.88
2	贵人鸟	16.92	43.26	−26.34	255.67
3	中孚实业	39.09	163.90	−124.81	419.29
4	雅博股份	1.77	14.60	−12.83	824.86
5	海航控股	409.32	1952.89	−1543.57	477.11
6	海航基础	228.98	978.92	−749.94	427.51
7	供销大集	108.33	244.70	−136.37	225.88
8	广州浪奇	14.95	64.92	−49.97	434.25
9	天津松江	19.21	119.22	−100.01	620.61
10	康美药业	108.60	471.51	−362.91	434.17
11	东方网络	4.09	17.14	−13.05	419.07
12	众泰汽车	3.10	62.64	−59.54	2020.65
13	凯瑞德	0.33	17.44	−17.11	5284.85
14	华谊嘉信	1.92	14.36	−12.44	747.92
15	华昌达	2.72	22.69	−19.97	834.19
16	华英农业	23.29	62.88	−39.59	269.99
17	实达集团	3.89	19.74	−15.85	507.46

续表

序号	企业简称	资产评估清算价值①（亿元）	负债②（亿元）	净资产/净负债（亿元）	资产负债率（%）
18	索菱股份	3.45	31.94	-28.49	925.80
19	赫美集团	4.64	34.30	-29.66	739.22
20	恒康医疗	20.77	27.26	-6.49	131.25
21	星星科技	13.57	29.20	-15.63	215.18
22	台海核电	0.52	27.51	-26.99	5290.38
23	方正科技	未披露	54.40	未披露	未披露
24	安控科技	7.24	15.93	-8.69	220.03
25	浙江尤夫	12.26	64.69	-52.43	527.65
26	天马股份	6.54	34.63	-28.09	529.51
27	雪莱特	3.20	6.16	-2.96	192.50
28	中安科	11.64	44.21	-32.57	379.81
29	博天环境	26.12	90.77	-64.65	347.51
30	奥瑞德	未披露	24.05	未披露	未披露

①资产评估清算价值：若重整计划中未披露评估清算价值，则此处采用评估市场价值。
②负债：此处负债金额采用了重整计划披露的审查确认金额，暂缓确认金额，未申报金额、预计债权金额的合计数，且不包含劣后债权。

（三）案例公司均存在财务指标恶化、经营状况不佳等情况

1. 偿债能力较弱

重整申请前的财务指标显示，案例公司偿债能力普遍较弱，表1-5中的资产负债率指标反映了案例公司的偿债能力。从现金比率和流动比率来看，一般认为现金比率0.2以上比较健康，而流动比率一般认为应在2:1以上。但由表1-6可以看出，30家案例公司的流动性普遍面临紧张状况。按照重整申请前的账面数据计算，这30家案例公司的平均现金比率为0.11，平均流动比率为0.61，短期偿债能力较弱，面临紧张的流动性危机。

2. 盈利能力较弱

在30家案例公司中，有27家总资产报酬率为负，其中东方网络最低（-163.49%）；有25家案例公司的营业收入同比呈下降趋势，其中众泰汽车降幅最大（同比下降79.78%）。除此之外，归母净利润的下降情况更为严重，降幅最大的海航控股，同比下降幅度竟然高达12431.16%；华谊嘉信（5072.64%）和广州浪奇（4612.81%）紧随其后。此外，有10家案例公司录得经营活动现金净流出为负数，可以看出其自身的主营业务和"造血能力"已经出现问题，如果没有其他投资收益和/或新融资的加持，企业的流动性危机便会随之降临。具体如表1-6所示。

表 1-6 案例公司重整前财务指标情况

序号	企业简称	现金比率	流动比率	总资产报酬率（%）	营业收入增长幅度（%）	归母净利润增长幅度（%）	经营活动产生现金流量净额（亿元）
1	天翔环境	0.78	1.55	3.70	-12.47	-48.40	0.29
2	贵人鸟	0.01	0.54	-21.58	-43.77	-59.77	-5.36
3	中孚实业	0.13	0.34	5.06	-53.03	104.10	7.39
4	雅博股份	0.01	1.22	-13.91	-54.37	30.86	0.04
5	海航控股	0.07	0.37	-34.91	-59.38	-12431.16	-5.06
6	海航基础	0.04	0.63	-10.75	-45.23	-410.63	8.71
7	供销大集	0.04	1.54	-8.08	-61.65	-272.00	1.74
8	广州浪奇	0.19	0.41	-77.94	-42.30	-4612.81	-18.91
9	天津松江	0.05	0.45	-27.75	-8.54	-329.53	5.13
10	康美药业	0.02	0.80	-58.97	-52.72	-566.96	10.31
11	东方网络	0.06	0.17	-163.49	-8.39	-802.19	0.39
12	众泰汽车	0.16	0.88	-43.66	-79.78	-1498.98	-57.91
13	凯瑞德	0.16	0.33	-36.74	72.99	-2470.71	0.06
14	华谊嘉信	0.02	0.49	-29.97	-56.89	-5072.64	0.50
15	华昌达	0.24	0.77	-17.07	1.06	61.91	1.86
16	华英农业	0.06	0.56	-10.84	-43.35	-2086.94	-2.78
17	实达集团	0.08	0.39	-18.04	-26.04	80.60	-0.67
18	索菱股份	0.03	0.97	3.44	-6.76	100.76	0.52
19	赫美集团	0.12	0.41	-53.66	-55.77	-13.72	0.18
20	恒康医疗	0.03	0.27	-30.65	-4.01	-77.71	5.50
21	星星科技	0.16	0.52	-32.48	-18.49	-1678.29	-18.74
22	台海核电	0.02	0.68	-21.26	-13.67	-132.88	0.64
23	方正科技	0.08	0.47	-11.40	-9.06	-31.76	-0.16
24	安控科技	0.14	0.70	-10.58	-49.60	-1952.54	-0.11
25	浙江尤夫	0.06	0.61	-4.05	-20.68	-1328.11	2.15
26	天马股份	0.11	0.49	-15.69	16.06	-554.78	0.75
27	雪莱特	0.10	0.35	-18.31	-53.49	-497.26	-0.11
28	中安科	0.16	0.75	-1.15	4.16	-372.72	0.18
29	博天环境	0.03	0.32	-8.21	-40.25	-212.77	3.87
30	奥瑞德	0	0.34	-15.92	34.67	29.46	0.28

三、案例公司重整程序分析

《企业破产法》正式实施后，通过司法程序进行重整，是企业摆脱困境获得重生的有效方式。本书从司法重整基本流程的角度，对30家案例公司的重整申请耗时、预重整情况、预重整耗时、重整耗时、申请模式、管理人组成、重整期间管理模式以及重整计划批准情况等进行了比较分析，具体如表1-7所示。

表1-7 案例公司重整基本信息

序号	企业简称	重整申请耗时（天）	是否经历预重整	预重整耗时（天）	重整耗时（天）	申请模式	管理人确定模式	管理人组成	是否涉及协调审理	重整期间管理模式	重整计划批准情况
1	天翔环境	720	否	不适用	124	债权人申请	法院指定	北京德恒律师事务所、信永中和会计师事务所（特殊普通合伙）成都分所	否	债务人自行管理	裁定批准
2	贵人鸟	24	是	96	140	债权人申请	指定清算组	清算组——北京市金杜（深圳）律师事务所、泉州和睿清算事务所有限公司	否	管理人管理	裁定批准
3	中孚实业	60	否	不适用	243	债权人申请	指定清算组	河南中孚实业股份有限公司清算组	是	债务人自行管理	裁定批准
4	雅博股份	314	否	不适用	159	债权人申请	指定清算组	山东雅博科技股份有限公司清算组	是	债务人自行管理	裁定批准
5	海航控股	13	否	不适用	264	债权人申请	指定清算组	海航集团清算组——北京市金杜律师事务所	是	债务人自行管理	裁定批准
6	海航基础	13	否	不适用	264	债权人申请	指定清算组	海航集团清算组——北京市金杜律师事务所	是	债务人自行管理	裁定批准
7	供销大集	13	否	不适用	264	债权人申请	指定清算组	海航集团清算组——北京市金杜律师事务所	是	债务人自行管理	裁定批准
8	广州浪奇	60	是	177	44	债权人申请	指定清算组	广州市浪奇实业股份有限公司清算组	否	债务人自行管理	裁定批准
9	天津松江	26	否	不适用	210	债权人申请	指定清算组	天津松江股份有限公司清算组	否	债务人自行管理	裁定批准
10	康美药业	44	否	不适用	176	债权人申请	法院指定	北京市金杜（深圳）律师事务所	否	债务人自行管理	裁定批准

续表

序号	企业简称	重整申请耗时（天）	是否经历预重整	预重整耗时（天）	重整耗时（天）	申请模式	管理人确定模式	管理人组成	是否涉及协调审理	重整期间管理模式	重整计划批准情况
11	东方网络	21	是	155	35	债务人申请	法院指定	广西智迪尔破产清算有限公司	否	债务人自行管理	裁定批准
12	众泰汽车	6	是	262	175	债权人申请	法院指定	浙江京衡律师事务所	是	债务人自行管理	裁定批准
13	凯瑞德	46	是	22	34	债权人申请	指定清算组	凯瑞德控股股份有限公司清算组——山东博瀚源律师事务所	否	债务人自行管理	裁定批准
14	华谊嘉信	22	是	217	50	债务人申请	法院指定	北京大成律师事务所	否	债务人自行管理	裁定批准
15	华昌达	31	是	148	33	债权人申请	法院指定	北京市金杜（深圳）律师事务所	是	管理人管理	裁定批准
16	华英农业	11	是	169	33	债权人申请	法院指定	北京市金杜（深圳）律师事务所、中勤万信会计师事务所（特殊普通合伙）河南分所	否	债务人自行管理	裁定批准
17	实达集团	51	是	241	32	债权人申请	法院指定	上海市方达律师事务所	否	债务人自行管理	裁定批准
18	索菱股份	117	是	347	32	债权人申请	法院指定	北京市金杜（深圳）律师事务所	是	管理人管理	裁定批准
19	赫美集团	40	是	302	31	债权人申请	法院指定	深圳诚信会计师事务所（特殊普通合伙）、北京市君合（深圳）律师事务所	是	债务人自行管理	裁定批准
20	恒康医疗	319	否	不适用	289	债权人申请	法院指定	北京市君合律师事务所、甘肃阶州律师事务所	否	未披露	裁定批准
21	星星科技	7	是	276	71	债权人申请	法院指定	上海市锦天城律师事务所	是	债务人自行管理	裁定批准
22	台海核电	310	否	不适用	104	债权人申请	指定清算组	台海玛努尔核电设备股份有限公司清算组	是	债务人自行管理	裁定批准
23	方正科技	118	否	不适用	58	债权人申请	法院指定	北京大成律师事务所	否	管理人管理	裁定批准

续表

序号	企业简称	重整申请耗时（天）	是否经历预重整	预重整耗时（天）	重整耗时（天）	申请模式	管理人确定模式	管理人组成	是否涉及协调审理	重整期间管理模式	重整计划批准情况
24	安控科技	67	是	446	26	债权人申请	指定清算组	四川安控科技股份有限公司清算组	否	债务人自行管理	裁定批准
25	浙江尤夫	1	是	498	33	债务人申请①	法院指定	浙江京衡律师事务所、浙江京衡（湖州）律师事务所、中汇会计师事务所（特殊普通合伙）	否	债务人自行管理	裁定批准
26	天马股份	18	是	195	38	债权人申请	法院指定	浙江京衡律师事务所	否	债务人自行管理	裁定批准
27	雪莱特	146	否	不适用	33	债权人申请	法院指定	北京市金杜（深圳）律师事务所、广东天地正律师事务所	否	管理人管理	裁定批准
28	中安科	191	是	127	33	债权人申请	指定清算组	中安科股份有限公司清算组	否	债务人自行管理	裁定批准
29	博天环境	9	是	201	32	债权人申请	法院指定	北京市金杜律师事务所	否	债务人自行管理	裁定批准
30	奥瑞德股份	10	是	76	32	债权人申请	指定清算组	奥瑞德光电股份有限公司清算组	是	债务人自行管理	裁定批准

① 浙江尤夫在出现债务风险后向湖州市南浔区人民政府申请拟采用司法重整模式化解风险，并于2021年6月15日收到湖州市南浔区人民政府回函，同意企业采取"预重整"转司法重整模式。2021年6月18日，浙江尤夫收到湖州市南浔区人民政府的通知，湖州市南浔区人民政府向湖州市中级人民法院递交了《湖州市南浔区人民政府关于恳请支持尤夫股份进入预重整程序的函》，湖州市中级人民法院已受理对浙江尤夫进行预重整的申请，并同意浙江尤夫进入预重整程序。

1. 重整耗时

尽量缩短重整时间，提高效率，是节约成本、利益最大化的最佳方式。在此，本书对30家案例公司的重整申请耗时（从提出破产申请到法院裁定受理重整/预重整所用时间）、预重整耗时（从法院裁定受理预重整到法院裁定受理重整时间）及重整耗时（从法院裁定受理重整到法院裁定批准所用时间）三方面进行统计。30家案例公司的平均重整申请耗时约为94天，3~4个月，耗时在50天以内（含50天）的有18家，其中耗时最短的是浙江尤夫，从债务人申请到法院裁定受理，用时仅1天。30家案例公司中有18家案例公司进行了预重整，占比60%。这18家案例公司平均预重整耗时约为219天，7~8个月，耗时在50天以内（含50天）的有1家，为凯瑞德，耗时最短，从法院裁定受理预重整到法院裁定受理重整用时22天。30家案例公司的平均重整耗时约为103天，3~4个月；重整耗时在50天以内（含50天）的有16家，其中耗时最短的是安控科技，从法院裁定受理重整到法院裁定批准重整计划，用时26天。

2. 申请模式

根据《企业破产法》第七十条的规定，债权人和债务人均有权向人民法院提出重整申请。

在30家案例公司中，27家案例公司由债权人申请重整，3家案例公司由债务人申请重整。

3. 预重整环节

随着预重整制度及相关司法解释的逐步完善，预重整逐步成为司法重整的重要前置环节。

在30家案例公司中，18家案例公司采用了预重整模式，其中2021年11家，占当年案例公司数量（19家）的57.89%；2022年7家，占当年案例公司数量（11家）的63.64%。

4. 管理人确定模式

在大型复杂重整案件中，较为常见的模式为清算组模式和公开招募管理人模式。在30家案例公司中，指定清算组担任管理人的共有13家，占比43.33%；通过公开招募，由法院指定管理人的共有17家，占比56.67%。

5. 协调审理[①]

根据最高人民法院于2018年3月4日印发的《全国法院破产审判工作会议纪要》第38条的规定："多个关联企业成员均存在破产原因但不符合实质合并条件的，人民法院可根据相关主体的申请对多个破产程序进行协调审理。"在实践中，上市企业的关联企业作为上市企业主营业务的重要组成部分或重要补充，亦存在重整的需求。协调审理是与实质合并和单独重整相对比的，上市企业由于存在着强监管，所以默认其与关联企业达不到人格高度混同的程度，因此通常不符合实质合并条件。而与单独重整相比，协调审理在管辖权、重整效率、投资人的统一引进和偿债资源的统一安排等方面具有明显优势，因此对于有重整需求的上市企业及其关联企业而言，协调审理便成为不二选择。在大型重整案件中，越来越多的上市企业及其关联企业择了协调审理模式。在30家案例公司中，有12家案例公司涉及协调审理，占比40.00%。

---

① 部分重整方案中表述为协同重整，根据2018年3月4日印发的《全国法院破产审判工作会议纪要》第38条的规定，文件中表述为协调审理。

6. 重整期间管理模式

从重整期间管理模式的角度来看，在 30 家案例公司中，采取管理人管理模式的有 5 家，占比 16.67%；采取企业自行管理模式的有 24 家，占比 80.00%；剩余 1 家未披露管理模式。

7. 重整计划批准情况

从重整计划批准情况的角度来看，30 家案例公司均顺利通过各组债权人及出资人组投票并由法院裁定通过重整方案，并未出现单组或多组债权人及出资人组投票未通过而由法院强制裁定通过的情况。

8. 执行和监督

从执行和监督的角度来看，30 家案例公司的重整计划均由债务人负责执行，管理人负责监督。

四、案例公司重整计划分析

重整计划是各利益相关方通过多轮谈判、沟通和妥协后，取得各方利益平衡的结果。重整计划的核心是债权的调整与受偿、出资人权益调整及企业重组方式。本书在此分别对这三方面内容进行汇总分析。

（一）债权分类、调整、受偿方案

1. 债权分类

根据《企业破产法》第八十二条的规定，债权可分为有财产担保债权、职工债权、税款债权及普通债权四类。如表 1-8 所示，30 家案例公司均存在普通债权，其中 24 家案例公司存在职工债权，25 家案例公司存在有财产担保债权，17 家案例公司存在税款债权，13 家案例公司存在单独披露劣后债权调整及受偿方式，1 家案例公司存在单独披露融资租赁债权受偿方式。

表 1-8 案例公司债权类型分布

序号	企业简称	有财产担保债权	职工债权	税款债权	普通债权	单独披露劣后债权调整及受偿方式	单独披露融资租赁债权受偿方式
1	天翔环境	√	√	√	√	√	
2	贵人鸟	√	√	√	√		
3	中孚实业	√		√	√		√
4	雅博股份		√		√		
5	海航控股	√	√	√	√	√	

续表

序号	企业简称	有财产担保债权	职工债权	税款债权	普通债权	单独披露劣后债权调整及受偿方式	单独披露融资租赁债权受偿方式
6	海航基础	√	√	√	√	√	
7	供销大集	√	√	√	√	√	
8	广州浪奇	√	√	√	√		
9	天津松江	√	√	√	√		
10	康美药业	√	√	√	√		
11	东方网络	√	√		√		
12	众泰汽车	√			√	√	
13	凯瑞德			√	√		
14	华谊嘉信	√	√	√	√	√	
15	华昌达	√			√		
16	华英农业	√	√		√		
17	实达集团	√	√	√	√	√	
18	索菱股份	√	√		√		
19	赫美集团	√	√		√		
20	恒康医疗	√	√		√		
21	星星科技	√	√		√	√	
22	台海核电		√	√	√	√	
23	方正科技	√			√		
24	安控科技	√	√	√	√		
25	浙江尤夫	√	√		√		
26	天马股份				√	√	
27	雪莱特	√			√	√	
28	中安科	√	√		√		
29	博天环境	√	√		√		
30	奥瑞德股份				√	√	

2. 债权调整与受偿方式

在30家案例公司中，有财产担保债权在担保财产范围内优先受偿，职工债权和税款债权通常都能得到全额清偿，但30家案例公司对普通债权的清偿方式差异较大，普通债权调整与受偿具体情况如表1-9所示。

表 1-9 案例公司普通债权调整与受偿具体情况

序号	企业简称	普通债权清偿方式	普通债权调整与受偿方案
1	天翔环境	现金、股票、应收账款清偿	① 30 万元及其以下的部分以货币形式全额受偿； ② 超过 30 万元的部分，一部分以转增股本方式清偿，剩余部分用天翔环境的应收款项清偿，其中以转增股本清偿的部分，按每 100 元普通债权分得 141 股天翔环境资本公积转增股本
2	贵人鸟	股票清偿	每 100 元普通债权可分配获得 16.67 股贵人鸟股票，抵偿股票的价格为 6.00 元/股
3	中孚实业	现金/留债分期清偿、股票清偿	① 20 万元及其以下的部分以货币形式全额受偿； ② 超过 20 万元的部分金融类普通债权，每 100 元债权分得 7.78 股中孚实业 A 股股票，抵债价格为 12.86 元/股； ③ 超过 20 万元的非金融类有息债权，本金部分按金融类普通债权以股抵债的方式清偿，本金以外的利息、违约金等部分以留债方式清偿； ④ 超过 20 万元的非金融类无息债权，可选择货币清偿债权金额的 60% 或留债方式清偿
4	雅博股份	现金、股票清偿	① 50 万元及其以下的部分以货币形式全额受偿； ② 超过 50 万元的部分，按每 100 元普通债权分得 17.24 股雅博股份转增股本的方式清偿，抵债价格为 5.80 元/股
5	海航控股	现金/留债分期清偿、股票清偿	① 10 万元及其以下的部分以货币形式全额受偿。 ② 超过 10 万元的部分： a. 救助贷款。本金留债清偿，罚息、复利等按普通债权方式清偿。 b. 其他普通债权。64.38% 债权由关联方清偿，35.61% 的债权以股票清偿，抵债价格为 3.18 元/股
6	海航基础	现金/留债分期清偿、股票清偿	① 10 万元及其以下的部分以货币形式全额受偿。 ② 超过 10 万元的部分： a. 救助贷款。本金留债清偿，罚息、复利等按普通债权方式清偿。 b. 其他普通债权。按每 100 元债权获得 6.43 股海航基础 A 股股票，抵债价格为 15.56 元/股
7	供销大集	现金、股票清偿	① 1 万元及其以下的部分以货币形式全额受偿； ② 超过 1 万元的部分，每 100 元普通债权分得 25 股供销大集 A 股股票，股票的抵债价格为 4 元/股
8	广州浪奇	现金、股票清偿	① 10 万元及其以下的部分以货币形式全额受偿； ② 超过 10 万元的部分，每 100 元普通债权可分得 15.1 股广州浪奇股票，抵债价格为 6.61 元/股
9	天津松江	现金、股票清偿	① 50 万元及其以下的部分以货币形式全额受偿； ② 超过 50 万元的部分，每 100 元普通债权分得 10.53 股股票，股票的抵债价格为 9.5 元/股
10	康美药业	现金、股票和信托受益权清偿	① 50 万元及其以下的部分以货币形式全额受偿； ② 超过 50 万元的部分，每 100 元普通债权分得 8.83 股股票、7.29 元现金及 4.42 份信托受益权份额，股票的抵债价格为 10 元/股

续表

序号	企业简称	普通债权清偿方式	普通债权调整与受偿方案
11	东方网络	现金、股票清偿	①500万元及其以下的部分将以货币形式全额受偿；②超过500万元的部分，每100元普通债权分得19.23股股票，股票的抵债价格为5.2元/股
12	众泰汽车	现金、股票清偿	①10万元及其以下部分以货币形式全额受偿；②10万元以上部分，每100元普通债权分得7.70股众泰汽车A股股票
13	凯瑞德	现金、股票清偿	①处置财产变现资金支付破产费用、清偿税款债权后的剩余资金将全额用于清偿普通债权。②资本公积转增股本的5000万股用于向普通债权分配，每1万元可分配287.91股本。③部分债权人自愿放弃其在重整程序中应分配的现金偿债资源和股票偿债资源。自愿放弃偿债资源的债权金额为15183.96万元，该款项和股票435.39万股将用于提高其他普通债权人的清偿比例
14	华谊嘉信	现金、股票清偿	①16万元及其以下的部分以现金受偿。②超过16万元的部分可选择以下方式之一：其一，每100元债权分得7.27股股票，抵债价格为13.75元/股；其二，按10%的清偿率在重整计划执行期间现金清偿，剩余债务豁免
15	华昌达	现金、股票清偿	①20万元及其以下的部分以货币形式全额受偿；②超过20万元的部分，每100元债权分得13.6股股票，抵债价格为7.35元/股
16	华英农业	现金、股票清偿	①50万元及其以下的部分以货币形式全额受偿；②超过50万元的部分，每100元普通债权分得13.25股华英农业股票，抵债价格为7.55元/股
17	实达集团	现金清偿	①35万元及其以下的部分以货币形式全额受偿；②超过35万元的部分按31%以现金方式的清偿比例清偿
18	索菱股份	现金、股票清偿	①20万元及其以下的部分以货币形式全额受偿；②超过20万元的部分，每100元普通债权分得8.5股，抵债价格为11.76元/股
19	赫美集团	现金、股票清偿	①50万元及其以下的部分以货币形式全额受偿；②超过50万元的部分按以股抵债方式清偿，每100元普通债权可分得10股股票，抵债价格为10元/股
20	恒康医疗	现金/留债分期清偿	①50万元及其以下的部分以货币形式全额受偿。②超过50万元的部分现金清偿，10%以现金清偿。③留债。90%予以留债分五期清偿，比例分别为5%、5%、10%、20%、50%
21	星星科技	现金、股票清偿	①20万元及其以下的部分以货币形式全额受偿；②超过20万元的部分，每100元普通债权分得12.5股，抵债价格为8元/股

续表

序号	企业简称	普通债权清偿方式	普通债权调整与受偿方案
22	台海核电	现金、股票清偿	① 20 万元及其以下的部分以货币形式全额受偿； ② 超过 20 万元的部分，每 100 元普通债权分得 7.14 股台海核电股票，抵债价格为 14 元/股
23	方正科技	现金、股票清偿	① 10 万元及其以下的部分以货币形式全额受偿； ② 超过 10 万元的部分，每 100 元普通债权分得 30 元现金和 20 股方正科技的转增股本，抵债价格按 3.5 元/股计算
24	安控科技	现金/留债分期清偿、股票清偿	① 50 万元及其以下的部分以货币形式全额受偿。 ② 50 万元以上的部分： a. 现金清偿。20% 以现金清偿。 b. 留债。10% 予以留债分五期清偿，比例分别为 10%、10%、20%、30%、30%。 c. 股票清偿。70% 按照 4.8 元/股的价格以股抵债受偿
25	浙江尤夫	现金/留债分期清偿、股票清偿、信托受益权清偿	① 10% 以货币形式受偿，即每家债权人每 100 元普通债权可以获得 10 元的现金即时清偿；7.5% 以现金方式留债清偿，即每家债权人每 100 元普通债权可以获得 7.5 元的现金留债展期清偿，留债分五期清偿。 ② 以资本公积转增股本受偿：用于向普通债权抵偿债务的资本公积转增股本合计 1.62 亿股，每家债权人每 100 元普通债权可以获得清偿的股票数量为 2.6 股，股票的抵债价格为 27.8 元/股。 ③ 以信托受益权份额受偿：对于浙江尤夫非保留资产，将设立他益财产权信托，每家债权人每 100 元普通债权可以获得信托受益权份额 1 份
26	天马股份	现金、股票清偿	① 5 万元及其以下的部分以货币形式全额受偿； ② 超过 5 万元的部分，每 100 元债权分得 11.2 股股票，抵债价格为 8.93 元/股
27	雪莱特	现金、股票清偿	① 15 万元及其以下的部分以货币形式全额受偿； ② 超过 15 万元的部分，每 100 元债权可分得 21 股雪特莱股票，抵债价格为 4.76 元/股
28	中安科	现金、股票清偿	① 6 万元及其以下部分以货币形式全额受偿； ② 超过 6 万元的部分，每 100 元债权可分得 23.25 股中安科股票，抵债价格为 4.3 元/股
29	博天环境	现金/留债分期清偿、股票清偿	① 25 万元及其以下部分以货币形式全额受偿。 ② 超过 25 万元的部分：方案一，每 100 元可获得 8 元现金和 5.1225 股转增股票；方案二，每 100 元可获得 16 元留债份额和 4.6771 股转增股票，留债期限为 7 年
30	奥瑞德股份	现金清偿	① 20 万元及其以下的部分以货币形式全额受偿； ② 超过 20 万元的部分，按照 5% 的清偿率以货币形式受偿

资料来源：根据案例公司重整计划资料整理。

综上，30 家案例公司都对普通债权根据金额标准设定了不同的清偿方案，而且绝大多数案例公司对小额普通债权提供了全额或接近全额的清偿方式。除小额普通债权外，其余普通债权的调整与清偿主要通过以下三种方式进行：现金/留债分期清偿、股票清偿、资产清偿。

第一种，现金/留债分期清偿：在30家案例公司中，有29家案例公司提供现金清偿方式，仅1家案例公司未采用现金清偿的方式。在30家案例公司中，7家公司提供了现金/留债分期清偿方式，其中，单独以现金/留债分期清偿方式进行清偿债务的有1家，其余6家案例公司均以现金/留债分期清偿结合股票清偿或以资产抵债的方式进行清偿。

第二种，股票清偿：在30家案例公司中，有27家案例公司提供股票清偿方式，占30家案例公司的比例为90.00%，其中26家结合其他方式的清偿。

第三种，资产清偿：仅有天翔环境1家，设置了以应收账款清偿的偿债方式。康美药业和浙江尤夫2家，设置了以信托收益权清偿的偿债方式。

（二）债权人大会表决情况

30家案例公司中涉及职工债权组、税款债权组的，均能获得一次性通过，此处不做相关列示。

如表1-10所示，30家案例公司中，有财产担保债权人组和普通债权人组的，召开形式为：1家案例公司采用现场投票的形式召开；3家案例公司采用网络会议结合现场投票的形式召开；其余26家案例公司均采用网络会议的表决方式。

根据《企业破产法》第六十四条的规定，债权人会议的决议，由出席会议的有表决权的债权人过半数通过，并且其所代表的债权额占无财产担保债权总额的二分之一以上。

根据《企业破产法》第八十四条规定，人民法院应当自收到重整计划草案之日起三十日内召开债权人会议，对重整计划草案进行表决。出席会议的同一表决组的债权人过半数同意重整计划草案，并且其所代表的债权额占该组债权总额的三分之二以上的，即为该组通过重整计划草案。

根据《企业破产法》第八十六条规定，各表决组均通过重整计划草案时，重整计划即为通过。自重整计划通过之日起十日内，债务人或者管理人应当向人民法院提出批准重整计划的申请。人民法院经审查认为符合本法规定的，应当自收到申请之日起三十日内裁定批准，终止重整程序，并予以公告。

根据表决情况，30家案例公司都在第一次表决时，通过了重整计划草案。

表1-10 案例公司重整债权人组表决情况

序号	企业简称	第一次表决情况	第二次表决情况
1	天翔环境	以网络会议的方式召开： 出席会议331家，债权总额27.33亿元。 ①同意303家，占出席会议的债权总人数的91.54%； ②其所代表的债权金额为19.94亿元，占债权总额的72.96%。 表决通过	—

续表

序号	企业简称	第一次表决情况	第二次表决情况
2	贵人鸟	以网络会议的方式召开： 出席会议 130 家，债权总额 38.08 亿元。 ①同意 101 家，占出席会议的债权总人数的 77.69%； ②其所代表的债权金额为 32.63 亿元，占债权总额的 85.69%。 表决通过	—
3	中孚实业	以网络会议的方式召开： 出席会议 539 家，债权总额 163.17 亿元。 ①同意 519 家，占出席会议的债权总人数的 96.29%； ②其所代表的债权金额为 121.86 亿元，占债权总额的 74.68%。 表决通过	—
4	雅博股份	以网络会议的方式召开： 出席会议 1129 家，债权总额 11.51 亿元。 ①同意 1125 家，占出席会议的债权总人数的 99.65%； ②其所代表的债权金额为 11.44 亿元，占债权总额的 99.39%。 表决通过	—
5	海航控股	以网络会议的方式召开： ①有财产担保债权组同意的占出席会议的债权人的 97.44%，债权金额为 292.99 亿元，占债权总额的 99.94%； ②普通债权组表决同意的占出席的总人数的 72.84%，债权金额为 976.56 亿元，占债权总额的 93.48%。 表决通过	—
6	海航基础	以网络会议的方式召开： 普通债权组表决同意的占出席的总人数的 100%；债权金额为 165.21 亿元，占债权总额的 99.04%。 表决通过	—
7	供销大集	以网络会议的方式召开： ①有财产担保债权组同意的占出席会议的债权人的 100%；债权金额为 15.51 亿元，占债权总额的 88.10%。 ②普通债权组表决同意的占出席的总人数的 98.75%；债权金额为 56.57 亿元，占债权总额的 99.93%。 表决通过	—
8	广州浪奇	以网络会议的方式召开： 出席会议 106 家，债权总额 49.29 亿元。 ①同意 103 家，占出席会议的债权总人数的 97.17%； ②其所代表的债权金额为 46.73 亿元，占债权总额的 94.12%。 表决通过	—
9	天津松江	以网络会议的方式召开： 出席会议 68 家，债权总额 106.32 亿元。 ①同意 64 家，占出席会议的债权总人数的 94.12%； ②其所代表的债权金额为 95.51 亿元，占债权总额的 89.83%。 表决通过	—

续表

序号	企业简称	第一次表决情况	第二次表决情况
10	康美药业	以网络会议的方式召开： ①有财产担保债权组同意的占出席会议的债权人的100%；债权金额为4.20亿元，占债权总额的100%。 ②普通债权组表决同意的占出席的总人数的99.85%；债权金额为339.19亿元，占债权总额的86.43%。 表决通过	—
11	东方网络	以现场会议的方式召开： 出席会议34家。 同意31家，占出席会议的债权总人数的91.18%。 表决通过	—
12	众泰汽车	以网络会议的方式召开： 出席会议36家，债权总额56.55亿元。 ①同意28家，占出席会议的债权总人数的77.78%； ②其所代表的债权金额为46.68亿元，占债权总额的82.55%。 表决通过	—
13	凯瑞德	以网络会议的方式召开： 出席会议73家，债权总额12.96亿元。 ①同意71家，占出席会议的债权总人数的97.26%； ②其所代表的债权金额为12.30亿元，占债权总额的94.91%。 表决通过	—
14	华谊嘉信	以网络会议的方式召开： 出席会议62家，债权总额12.32亿元。 ①同意52家，占出席会议的债权总人数的83.87%； ②其所代表的债权金额为9.30亿元，占债权总额的75.49%。 表决通过	—
15	华昌达	以网络会议的方式召开： 出席会议97家，债权总额13.69亿元。 ①同意97家，占出席会议的债权总人数的100%； ②其所代表的债权金额为13.69亿元，占债权总额的100%。 表决通过	—
16	华英农业	以网络和现场会议的方式召开： 出席会议322家，债权总额50.51亿元。 ①同意309家，占出席会议的债权总人数的95.96%； ②其所代表的债权金额为44.77亿元，占债权总额的88.64%。 表决通过	—
17	实达集团	以网络会议的方式召开： 出席会议41家，债权总额16.65亿元。 ①同意39家，占出席会议的债权总人数的95.12%； ②其所代表的债权金额为16.25亿元，占债权总额的97.60%。 表决通过	—

续表

序号	企业简称	第一次表决情况	第二次表决情况
18	索菱股份	以网络会议的方式召开： 出席会议 54 家，债权总额 28.75 亿元。 ①同意 54 家，占出席会议的债权总人数的 100%； ②其所代表的债权金额为 26.47 亿元，占债权总额的 92.07%。 表决通过	—
19	赫美集团	以网络会议的方式召开： 出席会议 137 家，债权总额 25.53 亿元。 ①同意 121 家，占出席会议的债权总人数的 88.32%； ②其所代表的债权金额为 18.76 亿元，占债权总额的 73.48%。 表决通过	—
20	恒康医疗	以网络和现场会议的方式召开： 出席会议 35 家。 同意 35 家，占出席会议的债权总人数的 100%。 表决通过	—
21	星星科技	以网络和现场会议的方式召开： 出席会议 242 家，债权总额 24.82 亿元。 ①同意 233 家，占出席会议的债权总人数的 96.28%； ②其所代表的债权金额为 21.24 亿元，占债权总额的 85.58%。 表决通过	—
22	台海核电	以网络会议的方式召开： 出席会议 37 家，债权总额 20.57 亿元。 ①同意 32 家，占出席会议的债权总人数的 86.49%； ②其所代表的债权金额为 19.60 亿元，占债权总额的 95.28%。 表决通过	—
23	方正科技	以网络会议的方式召开： 出席会议 200 家，债权总额 52.08 亿元。 ①同意 194 家，占出席会议的债权总人数的 97.00%； ②其所代表的债权金额为 49.42 亿元，占债权总额的 94.89%。 表决通过	—
24	安控科技	以网络会议的方式召开： 出席会议 387 家，债权总额 15.56 亿元。 ①同意 382 家，占出席会议的债权总人数的 98.71%； ②其所代表的债权金额为 14.64 亿元，占债权总额的 94.09%。 表决通过	—
25	浙江尤夫	以网络会议的方式召开： 出席会议 40 家。 同意 30 家，占出席会议的债权总人数的 75.00%。 表决通过	—
26	天马股份	以网络会议的方式召开： 出席会议 269 家，债权总额 24.40 亿元。 ①同意 266 家，占出席会议的债权总人数的 98.88%； ②其所代表的债权金额为 20.89 亿元，占债权总额的 85.61%。 表决通过	—

续表

序号	企业简称	第一次表决情况	第二次表决情况
27	雪莱特	以网络会议的方式召开： 出席会议 135 家，债权总额 6.06 亿元。 ①同意 134 家，占出席会议的债权总人数的 99.26%； ②其所代表的债权金额为 5.93 亿元，占债权总额的 97.85%。 表决通过	—
28	中安科	以网络会议的方式召开： 出席会议 3892 家。 同意 3451 家，占出席会议的债权总人数的 88.67%。 表决通过	—
29	博天环境	以网络会议的方式召开： 出席会议 833 家，债权总额 75.78 亿元。 ①同意 789 家，占出席会议的债权总人数的 94.72%； ②其所代表的债权金额为 66.60 亿元，占债权总额的 87.89%。 表决通过	—
30	奥瑞德股份	以网络会议的方式召开： 出席会议 666 家，债权总额 15.36 亿元。 ①同意 575 家，占出席会议的债权总人数的 86.34%； ②其所代表的债权金额为 10.81 亿元，占债权总额的 70.38%。 表决通过	—

资料来源：根据案例公司相关公告资料整理。

（三）出资人权益调整方案

30 家案例公司的重整计划，均包含了出资人权益调整方案。30 家案例公司出资人权益调整方案摘要如表 1-11 所示。

表 1-11　案例公司出资人权益调整方案摘要

序号	企业简称	调整方式	出资人权益调整情况
1	天翔环境	资本公积转增	资本公积转增股本： 以天翔环境重整前总股本 4.37 亿股为基数，按每 10 股转增 25.50 股的比例实施资本公积转增股本，共计转增 11.15 亿股。转增后，企业股本从 4.37 亿股增至 15.52 亿股。 转增股票不向原股东分配，其中 6.51 亿股用于清偿债务；剩余 4.64 亿股拟由重整投资人以不低于 1.49 元/股的对价受让，用于根据重整计划的规定清偿债务、支付重整费用及补充企业流动资金等
2	贵人鸟	资本公积转增	资本公积转增股本： 以总股本 6.29 亿股为基数，按每 10 股转增 15 股的比例实施资本公积转增股本，转增 9.43 亿股股票。转增后，贵人鸟的总股本将由 6.29 亿股增加至 15.72 亿股。前述转增股票不向原股东分配。其中 5.40 亿股由重整投资人以支付现金为条件受让，其中黑龙江泰富金谷网络科技有限公司（以下简称"泰富金谷"）将以 4.17 亿元受让 3.20 亿股股票，其他重整投资人将以 2.87 亿元受让 2.20 亿股股票；4.03 亿股股票通过以股抵债的方式，清偿贵人鸟的债务

续表

序号	企业简称	调整方式	出资人权益调整情况
3	中孚实业	资本公积转增	资本公积转增股本： 以中孚实业重整前总股本19.61亿股为基数，按每10股转增10股的比例实施资本公积转增股票，共计转增19.61亿股。转增后，中孚实业总股本将由19.61亿股增至39.22亿股。 其中，11.63亿股分配给中孚实业及中孚实业5家子公司的债权人用于清偿债务；剩余7.98亿股股票由管理人进行附条件公开处置，股票处置所得用于支付破产费用、偿还共益债务、清偿债务及补充流动资金等
4	雅博股份	资本公积转增	资本公积转增股本： 以雅博股份重整前总股本7.46亿股为基数，按照每10股转增18.44股的比例实施资本公积转增股票，共计转增13.75亿股股票。转增后，雅博股份总股本将由7.46亿股增加至21.21亿股。 上述转增股票中，应向控股股东及其一致行动人拉萨纳贤投资合伙企业（有限合伙）、陆永分配的6.98亿股股票，按照如下方式调整： ①其中4883.37万股无偿让渡，专项用于引进重整投资人，通过以股抵债的方式清偿企业负债； ②剩余的6.49亿股完成控股股东对雅博股份业绩补偿义务，在本次重整的过程中，由雅博股份以1元的总价进行回购，回购之后不再注销，雅博股份将该等股票用于清偿负债及引入重整投资人。 应向除控股股东以外的全体股东分配的6.77亿股股票，按照如下方式调整： ①其中3.23亿股股票，将向在重整计划生效后的执行过程中，对届时选定的股权登记日收盘后企业登记在册的前十名股东之外的全体股东进行分配； ②剩余的3.54亿股将按照重整计划的规定专项用于引进重整投资人，通过以股抵债的方式清偿负债。 在经过前述出资人权益调整后，合计10.52亿股股票，将按照重整计划的规定专项用于引进重整投资人、清偿负债： ①企业将2.63亿股股票通过以股抵债的方式，清偿雅博股份及山东雅百特科技有限公司（以下简称"山东雅百特"）的负债； ②企业以7.89亿股股票有条件引进重整投资人，其中产业投资人拟受让4.45亿股股票，财务投资人拟受让3.44亿股股票
5	海航控股	资本公积转增	资本公积转增股本： 以海航控股重整前总股本164.37亿股为基数，按照每10股转增10股的比例实施资本公积转增股票，共计可转增164.37亿股股票。转增后，海航控股总股本将由164.37亿股增加至332.43亿股。 上述转增股票不向原股东分配，其中，不少于44亿股股票以一定的价格引入战略投资者，股票转让价款部分用于支付11家企业重整费用和清偿相关债务，剩余部分用于补充流动资金以提升企业的经营能力；120.37亿股股票以一定的价格抵偿给11家企业部分债权人，用于清偿相对应的债务以化解11家企业债务风险、保全经营性资产、降低资产负债率。海航控股现有股东持有的存量股票不进行调整

续表

序号	企业简称	调整方式	出资人权益调整情况
6	海航基础	资本公积转增	资本公积转增股本： 以海航基础重整前总股本39.08亿股为基数，按照每10股转增20股的比例转增78.15亿股，转增后海航基础总股本将扩大至117.23亿股。 上述转增股份中，①33亿股股票以一定的价格引入战略投资者，股票转让价款部分用于支付21家企业重整费用和清偿相关债务，剩余部分用于补充流动资金以提升企业的经营能力；15.83亿股股票以一定的价格抵偿给21家企业部分债权人，用于清偿相对应的债务以化解21家企业债务风险、保全经营性资产、降低资产负债率。 ②剩余29.32亿股中，控股股东及其支配的股东取得的2.97亿股注销以履行业绩承诺补偿义务，14.93亿股回填上市企业，用于解决海航基础自查报告和自查报告补充公告中披露的相关问题，回填股票用于抵偿债务；中小股东获得的11.42亿股自行保留
7	供销大集	资本公积转增	资本公积转增股本： 以供销大集现有股票59.82亿股为基数，按照每10股转增34.90股的比例实施资本公积转增股本，转增股票208.80亿股。 海航商控及其一致行动人、特定关联方合计持有的28.11亿股共计转增98.12亿股股票，全部回填至上市企业，其中未履行2018年、2019年业绩承诺应注销的11.00亿股对应转增新股38.39亿股注销用于履行该等股东2018年、2019年的部分业绩承诺补偿义务；剩余存量股17.11亿股对应转增59.73亿股补偿给上市企业，用于解决《关于上市公司治理专项自查报告的公告》《关于针对自查报告整改计划的补充公告》中披露的相关问题对上市企业造成的部分损失。 新合作商贸连锁集团有限公司（以下简称"新合作商贸"）及其一致行动人合计持有的14.71亿股在本次转增获得的股票51.33亿股按如下方式调整，其中，未履行2018年、2019年业绩承诺应注销的11.06亿股对应转增38.60亿股注销用于履行该等股东2018年、2019年的部分业绩承诺补偿义务；其余存量股3.65亿股对应转增12.73亿股在确定2020年业绩承诺补偿方案且新合作商贸及其一致行动人履行完2020年业绩承诺补偿义务前暂不向其分配，待企业相关审议程序确定业绩补偿方案后，根据股东大会决议处置。 其余股东持有的17.00亿股对应转增新股59.35亿股，按照同等比例将其中22.12亿股给上市企业，用于向债权人分配抵偿上市企业债务、未来引进重整投资人及改善企业持续经营能力，剩余37.24亿股按照其持股数量相对比例分配该等股票
8	广州浪奇	资本公积转增	资本公积转增股本： 以广州浪奇重整前总股本6.27亿股为基数，按照每10股转增15.69股的比例实施资本公积转增股本，共计可转增9.85亿股股票。转增后广州浪奇总股本将扩大至16.12亿股。 转增股票不向原股东分配，其中，重整投资人受让0.41亿股；9.44亿股用于清偿企业的债权
9	天津松江	资本公积转增	资本公积转增股本： 以天津松江重整前总股本9.35亿股为基数实施资本公积转增股本。按照每10股转增26.47股的比例实施资本公积转增股本，转增股份数为24.76亿股。转增后，总股本将扩大至34.11亿股。 上述转增股票不向原股东分配，其中，重整投资人受让14亿股，剩余10.76亿股转增股票用于直接抵偿债务

续表

序号	企业简称	调整方式	出资人权益调整情况
10	康美药业	资本公积转增	资本公积转增股本： 康美药业原总股本49.74亿股，其中涉及员工股权激励需回购注销的股票0.35亿股，以康美药业扣除上述股票后的49.39亿股为基数，按每10股转增18股的比例实施资本公积转增股票，共计转增88.90亿股，转增后康美药业总股本将增至138.29亿股。 前述转增股票中，12.66亿股用于解决康美药业资金占用问题，11.13亿股向中小股东进行分配，28.79亿股由重整投资人有条件受让，36.32亿股将通过以股抵债的形式用于清偿康美药业的债务。上述出资人权益调整中用于解决资金占用问题的12.66亿股亦转让给重整投资人，重整投资人合计受让41.45亿股股票
11	东方网络	资本公积转增	资本公积转增股本： 以东方网络重整前总股本7.54亿股为基数，按每100股转增69.38股的比例实施资本公积转增股本，共计转增5.23亿股。转增后，总股本将由7.54亿股增加至12.77亿股。 上述转增股票不向原股东分配，2.45亿股由重整投资人受让，2.45亿股用于清偿大额普通债权人，剩余0.33亿股属于预留股票，用于抵偿待定债权、预计债权
12	众泰汽车	资本公积转增	资本公积转增股本： 以众泰汽车重整前总股本20.28亿股为基数，按每10股转增15股的比例实施资本公积转增股份，共计转增30.41亿股。转增后，众泰汽车总股本将由20.28亿股增至50.69亿股。 上述转增股票不向原股东分配，20.27亿股由重整投资人江苏深商控股集团有限公司（以下简称"江苏深商"）及/或其指定的关联方和财务投资人有条件受让，剩余10.14亿股用于清偿债务
13	凯瑞德	资本公积转增	资本公积转增股本： 以凯瑞德重整前总股本1.76亿股为基数，按照每10股转增10.89股的比例转增合计1.92亿股，总股本增加至3.68亿股。 上述转增股份不向原股东分配，0.96亿股转增股票出让给重整投资方王健和湖北农谷实业集团有限责任公司（以下简称"农谷集团"），占转增后总股本的26.00%；0.50亿股用于清偿凯瑞德债务；剩余0.46亿股转增股票由管理人在二级市场变现，变现所得用于发展企业业务
14	华谊嘉信	资本公积转增	资本公积转增股本： 以华谊嘉信重整前总股本6.71亿股为基数，按照每10股转增3.8股的比例共计转增2.55亿股，总股本增至9.26亿股。 上述转增股份不向原股东分配，0.042亿股进行回购注销，注销完成后总股本为9.22亿股；1.45亿股由重整投资人受让；剩余1.06亿股用于清偿债务
15	华昌达	资本公积转增	资本公积转增股本： 以华昌达重整前总股本5.69亿股为基数，按照每10股转增15.00423股的比例转增合计8.53亿股，总股本扩大至14.22亿股。 上述转增股票不向原股东分配，由重整投资人有条件受让6.23亿股；剩余2.30亿股通过以股抵债的方式，清偿华昌达的负债

续表

序号	企业简称	调整方式	出资人权益调整情况
16	华英农业	资本公积转增	资本公积转增股本： 以华英农业重整前总股本5.34亿股为基数，按照每10股转增29.92股的比例转增合计15.99亿股，总股本扩大至21.33亿股。 上述转增股票不向原股东分配，由重整投资人受让10.67亿股，剩余5.32亿股用于清偿债权
17	实达集团	资本公积转增	资本公积转增股本： 以实达集团重整前总股本6.22亿股为基数，按照每10股转增25股的比例转增合计15.56亿股，总股本扩大至21.78亿股。 上述转增股份中，全部由重整投资人受让
18	索菱股份	资本公积转增	资本公积转增股本： 以重整前股本总额4.22亿股为基数，按照每10股转增10股的比例实施资本公积转增股票，共计转增4.22亿股。转增后，总股本扩大至8.44亿股。 上述转增股份中，1.80亿股由重整投资人受让，剩余2.42亿股用于清偿债务
19	赫美集团	资本公积转增	资本公积转增股本： 以赫美集团重整前总股本5.28亿股为基数，按照每10股转增14.84股的比例转增合计7.83亿股。转增后，总股本扩大至13.11亿股。 前述转增股票不向原股东分配，全部无偿让渡，其中1.84亿股（包括预留的1000万股股票）用于清偿赫美集团及核心子公司债务，剩余转增股票中的5.99亿股将用于引进重整投资人，股票转让款将用于支付赫美集团及其核心子公司破产费用、清偿赫美集团及其核心子公司债务及补充赫美集团流动资金
20	恒康医疗	资本公积转增	资本公积转增股本： 以恒康医疗重整前总股本18.65亿股为基数，按照每10股转增7.5股的比例实施资本公积转增股本，共计转增13.99亿股股票。转增后，总股本扩大至32.64亿股。 上述由资本公积转增的股票不向原股东分配，全部由重整投资人以17.94亿元对价受让，其中产业投资人以10.49亿元有条件受让8.26亿股，财务投资人以7.45亿元对价受让5.73亿股
21	星星科技	资本公积转增	资本公积转增股本： 以星星科技重整前总股本9.58亿股为基数，按每10股转增13.68股的比例实施资本公积转增股份，共计转增13.10亿股。转增后，总股本增加到22.68亿股。 上述转增股票不向原股东分配，其中7.75亿股由重整投资人受让，剩余5.35亿股用于清偿债务
22	台海核电	资本公积转增	资本公积转增股本： 以台海核电重整前总股本8.67亿股为基数，按照每10股转增14股的比例转增合计12.14亿股，使得总股本扩大至20.81亿股。 上述转增股份中，9.21亿股将由重整投资人受让，其中产业投资人以12.02亿元对价有条件受让5.62亿股，财务投资人以11.85亿元对价有条件受让3.59亿股。剩余2.93亿股股票用于清偿债务

续表

序号	企业简称	调整方式	出资人权益调整情况
23	方正科技	资本公积转增、让渡	资本公积转增股本： 以方正科技现有总股本21.95亿股为基数，按照每10股转增9股的比例实施资本公积转增股票，共计转增产生19.75亿股，转增完成后总股本将增至41.70亿股。 上述转增股票由全体股东无偿让渡，其中12.51亿股由重整投资人及一致行动人受让，剩余的7.24亿股用于抵偿债务
24	安控科技	资本公积转增	资本公积转增股本： 以安控科技现有总股本9.57亿股为基数，按照每10股转增6.4816股的比例转增6.20亿股，转增完成后总股本将增至15.77亿股。上述转增股份不向原股东分配，其中4.38亿股由重整投资人有条件受让，1.82亿股用于抵偿企业债务
25	浙江尤夫	资本公积转增	资本公积转增股本： 以浙江尤夫现有总股本4.38亿股为基数，按每10股转增12.5股的比例实施资本公积转增股份，共计转增5.47亿股。转增后，企业股本从4.38亿股增至9.85亿股。 产业投资人共青城胜帮凯米投资合伙企业（有限合伙）（以下简称"青城胜帮凯米"）有条件受让浙江尤夫转增股票2.46亿股，现金对价为6.67亿元，作价2.71元/股；财务投资人有条件受让浙江尤夫转增股票3000万股，现金对价为8400万元，作价2.8元/股。1.62亿股用于清偿普通债权人债权；剩余1.09亿股向原有股东分配
26	天马股份	资本公积转增	资本公积转增股本： 以天马股份重整前总股本12.19亿股为基数，按照每10股转增6.28股的比例转增合计7.65亿股，总股本扩大至19.84亿股。 重整投资人合计将支付4.19亿元对价，受让天马股份4.19亿股股票，平均对价1元/股；剩余3.46亿股用于清偿债务
27	雪莱特	资本公积转增	资本公积转增股本： 重整前雪莱特总股本7.70亿股，实施回购并注销完毕750万股股权激励限售股后总股本将调整为7.62亿股，按照每10股转增4.6股的比例实施资本公积转增股票，共计转增3.51亿股股票，雪莱特总股本增加至11.13亿股。 产业投资人以1.20元/股受让1.81亿股，支付对价2.18亿元；财务投资人以1.20元/股受让1.46亿股，支付对价1.75亿元；剩余的0.23亿股用于清偿债务
28	中安科	资本公积转增	资本公积转增股本： 以中安科现有总股本12.83亿股为基数，按照每10股转增11.90143433股的比例实施资本公积转增股本，共计转增15.27亿股股票。转增后，中安科总股本将由12.83亿股增加至28.10亿股。 重整投资人以1.5元/股受让8亿股，支付对价总额12亿元；剩余7.27亿股用于债权人抵偿债务
29	博天环境	资本公积转增	资本公积转增股本： 博天环境现有总股本4.18亿股，其中因回购注销限制性股票270.5万股，注销完成后，博天环境总股本将变更为4.15亿股。以博天环境4.15亿股总股本为基数，按每10股转增13.27股的比例实施资本公积转增股本，共计转增5.51亿股。转增后，博天环境总股本将增至9.68亿股，扣除应回购注销的限制性股票后，总股本为9.66亿股。 重整投资人以3元/股的价格受让1.60亿股转增股票，支付对价总额4.83亿元；其余3.91亿股用于抵偿博天环境的债务

续表

序号	企业简称	调整方式	出资人权益调整情况
30	奥瑞德股份	资本公积转增、让渡	资本公积转增股本： 以奥瑞德股份现有总股本12.27亿股为基数，按每10股转增15股的比例实施资本公积转增股票，共计转增产生18.41亿股股票。转增后，奥瑞德股份的总股本将增加至30.68亿股。 让渡： 转增股票中控股股东等业绩补偿义务人的6.04亿股股票需由奥瑞德股份以1元的总价格进行回购，回购的股票以及其余12.37亿股股票，均用于引入重整投资人。 上述共计18.41亿股转增股票，由重整投资人有条件受让不低于15亿股，重整投资人最终未受让的剩余转增的3.05亿股股票，由管理人予以注销

资料来源：根据案例公司重整计划资料整理。

（四）出资人会议表决情况

30家案例公司均涉及出资人权益调整，均采用现场投票与网络投票相结合的表决方式。30家案例公司均在第一次出资人会议表决通过出资人调整方案。

表1-12 案例公司重整出资人组表决情况

序号	企业简称	第一次表决情况	第二次表决情况
1	天翔环境	**现场投票与网络投票表决相结合：** 现场投票占总股本的42.43%；网络投票占总股本的11.35%。 同意票2.35亿股，赞成率99.98%。 表决通过	—
2	贵人鸟	**现场投票与网络投票表决相结合：** 现场投票占总股本的67.87%；网络投票占总股本的0.37%。 同意票4.29亿股，赞成率99.99%。 表决通过	—
3	中孚实业	**现场投票与网络投票表决相结合：** 出席的出资人代表股份12.31亿股，占总股本的62.76%。 同意票12.31亿股，赞成率99.97%。 表决通过	—
4	雅博股份	**现场投票与网络投票表决相结合：** 出席的出资人代表股份5.78亿股，占总股本的77.46%。 同意票5.27亿股，赞成率91.23%。 表决通过	—
5	海航控股	**现场投票与网络投票表决相结合：** 出席的出资人代表股份77.45亿股，占总股本的46.09%。 同意票73.75亿股，赞成率95.22%。 表决通过	—

续表

序号	企业简称	第一次表决情况	第二次表决情况
6	海航基础	**现场投票与网络投票表决相结合：** 出席的出资人代表股份 26.47 亿股，占总股本的 67.72%。 同意票 26.36 亿股，赞成率 99.65%。 表决通过	—
7	供销大集	**现场投票与网络投票表决相结合：** 现场投票占总股本的 34.80%；网络投票占总股本的 6.69%。 同意票 24.78 亿股，赞成率 99.83%。 表决通过	—
8	广州浪奇	**现场投票与网络投票表决相结合：** 现场投票占总股本的 31.61%；网络投票占总股本的 27.05%。 同意票 3.63 亿股，赞成率 98.49%。 表决通过	—
9	天津松江	**现场投票与网络投票表决相结合：** 出席的出资人代表股份 4.92 亿股，占总股本的 52.60%。 同意票 4.92 亿股，赞成率 99.96%。 表决通过	—
10	康美药业	**现场投票与网络投票表决相结合：** 出席的出资人代表股份 30.80 亿股，占总股本的 61.93%。 同意票 26.06 亿股，赞成率 84.58%。 表决通过	—
11	东方网络	**现场投票与网络投票表决相结合：** 现场投票占总股本的 14.97%；网络投票占总股本的 9.75%。 同意票 1.80 亿股，赞成率 96.63%。 表决通过	
12	众泰汽车	**现场投票与网络投票表决相结合：** 现场投票占总股本的 44.02%；网络投票占总股本的 24.17%。 同意票 13.78 亿股，赞成率 99.64%。 表决通过	
13	凯瑞德	**现场投票与网络投票表决相结合：** 现场投票占总股本的 15.81%；网络投票占总股本的 25.63%。 同意票 0.62 亿股，赞成率 84.85%。 表决通过	
14	华谊嘉信	**现场投票与网络投票表决相结合：** 现场投票占总股本的 16.17%；网络投票占总股本的 16.21%。 同意票 1.003 亿股，赞成率 92.19%。 表决通过	—
15	华昌达	**现场投票与网络投票表决相结合：** 出席的出资人代表股份 2.29 亿股，占总股本的 39.73%。 同意票 2.25 亿股，赞成率 98.58%。 表决通过	—

续表

序号	企业简称	第一次表决情况	第二次表决情况
16	华英农业	**现场投票与网络投票表决相结合：** 现场投票占总股本的10.48%；网络投票占总股本的22.27%。 同意票1.62亿股，赞成率92.78%。 表决通过	—
17	实达集团	**现场投票与网络投票表决相结合：** 现场投票占总股本的6.00%；网络投票占总股本的17.64%。 同意票1.46亿股，赞成率99.20%。 表决通过	—
18	索菱股份	**现场投票与网络投票表决相结合：** 现场投票占总股本的13.93%；网络投票占总股本的5.31%。 同意票0.81亿股，赞成率99.63%。 表决通过	—
19	赫美集团	**现场投票与网络投票表决相结合：** 出席的出资人代表股份2.89亿股，占总股本的54.68%。 同意票2.88亿股，赞成率99.90%。 表决通过	—
20	恒康医疗	**现场投票与网络投票表决相结合：** 出席的出资人代表股份6.96亿股，占总股本的45.88%。 同意票6.59亿股，赞成率94.62%。 表决通过	—
21	星星科技	**现场投票与网络投票表决相结合：** 现场投票占总股本的21.00%；网络投票占总股本的4.39%。 同意票2.35亿股，赞成率96.50%。 表决通过	—
22	台海核电	**现场投票与网络投票表决相结合：** 现场投票占总股本的30.27%；网络投票占总股本的3.29%。 同意票2.91亿股，赞成率100%。 表决通过	—
23	方正科技	**现场投票与网络投票表决相结合：** 现场投票占总股本的12.59%；网络投票占总股本的0.83%。 同意票2.91亿股，赞成率98.88%。 表决通过	—
24	安控科技	**现场投票与网络投票表决相结合：** 现场投票占总股本的16.84%；网络投票占总股本的5.82%。 同意票2.17亿股，赞成率99.88%。 表决通过	—
25	浙江尤夫	**现场投票与网络投票表决相结合：** 现场投票占总股本的63.36%；网络投票占总股本的0.78%。 同意票2.82亿股，赞成率100%。 表决通过	—
26	天马股份	**现场投票与网络投票表决相结合：** 现场投票占总股本的20.64%；网络投票占总股本的19.75%。 同意票4.91亿股，赞成率100%。 表决通过	—

续表

序号	企业简称	第一次表决情况	第二次表决情况
27	雪莱特	**现场投票与网络投票表决相结合：** 现场投票占总股本的16.71%；网络投票占总股本的13.47%。 同意票2.28亿股，赞成率98.67%。 表决通过	—
28	中安科	**现场投票与网络投票表决相结合：** 现场投票占总股本的34.38%；网络投票占总股本的0.86%。 同意票4.51亿股，赞成率99.68%。 表决通过	—
29	博天环境	**现场投票与网络投票表决相结合：** 现场投票占总股本的比例为0；网络投票占总股本的45.54%。 同意票1.90亿股，赞成率99.62%。 表决通过	—
30	奥瑞德股份	**现场投票与网络投票表决相结合：** 出席的出资人代表股份2.12亿股，占总股本的17.30%。 同意票2.11亿股，赞成率99.38%。 表决通过	—

资料来源：根据案例公司相关公告资料整理。

（五）战略投资者引入

30家案例公司中，有2家案例公司（供销大集和中孚实业）在重整期间没有引入特定的第三方战略投资者，其余28家案例公司实施了引入战略投资者的重整方式。企业通过引入在资金、公司管理、市场运营等方面有明显实力和背景的投资人，不仅能为企业重整后的业务提供必要的资金来源和资产保障，还能提升企业的资源整合能力，从而增强企业的核心竞争力。

五、案例公司重整结果分析

成功完成重整的企业基本都能实现较好的拯救效果，产生积极的社会影响。在此，本书从清偿率的变化角度对重整结果进行分析。

前已述及，30家案例公司重整前已实际面临资不抵债的情况，假定清算状态下的普通债权清偿率，除供销大集和方正科技外，均低于50%。从表1-13来看，30家案例公司重整后的普通债权名义清偿率，均比假定清算状态下的普通债权清偿率有一定提升。其中有26家案例公司重整后的普通债权名义清偿率达到100%，占30家案例公司的86.67%，其余已披露相关信息的案例公司中，有3家重整后的普通债权名义清偿率至少为假定清算状态下普通债权清偿率的2倍，占30家案例公司的10.00%。

表 1-13　案例公司债权清偿情况　　　　　　　　　　　　单位：%

序号	企业简称	假定清算状态下普通债权清偿率	重整后普通债权名义清偿率
1	天翔环境	0	100.00
2	贵人鸟	15.86	100.00
3	中孚实业	13.74	高于60.00
4	雅博股份	10.57	100.00
5	海航控股	0~12.57	100.00
6	海航基础	0~47.93	100.00
7	供销大集	0~81.15	100.00
8	广州浪奇	10.14	100.00
9	天津松江	9.97	100.00
10	康美药业	21.93	100.00
11	东方网络	18.46	100.00
12	众泰汽车	2.55	100.00
13	凯瑞德	1.06	未确认
14	华谊嘉信	8.69	100.00
15	华昌达	2.42	100.00
16	华英农业	16.49	100.00
17	实达集团	12.29	高于31.00
18	索菱股份	8.86	100.00
19	赫美集团	8.09	100.00
20	恒康医疗	35.69	100.00
21	星星科技	18.02	100.00
22	台海核电	0.25	100.00
23	方正科技	52.80	100.00
24	安控科技	24.71	100.00
25	浙江尤夫	15.59	100.00
26	天马股份	18.24	100.00
27	雪莱特	21.32	100.00
28	中安科	24.48	100.00
29	博天环境	12.56	100.00
30	奥瑞德股份	0.19	高于5.00

第二篇

案例详解

案例1　天翔环境重整案例解析[①]

> **背景**

成都天翔环境股份有限公司（以下简称"天翔环境"或"公司"）主要从事环保设备产品线及大型装备的制造，并提供市政水务环保及环保监测服务等。公司成立于2001年12月21日，重整前总股本为4.37亿股。自2018年下半年开始，由于资金链断裂，控股股东及实际控制人邓亲华、邓翔违规占用资金，公司逐步陷入债务危机，面临大量诉讼，主要资产、账户被查封、冻结，导致公司经营停滞。2018年12月26日，公司债权人成都市嘉豪物资贸易中心（以下简称"嘉豪物资"）以公司不能清偿到期债务且明显缺乏清偿能力为由，向成都市中级人民法院（以下简称"成都中院"或"法院"）申请对天翔环境进行重整。2020年12月14日，成都中院做出裁定受理了嘉豪物资对天翔环境的重整申请，并于2020年12月25日通过竞争方式指定北京德恒律师事务所、信永中和会计师事务所（特殊普通合伙）成都分所为天翔环境管理人。2021年3月8日，第一次债权人会议召开，会议表决通过了重整计划。2021年3月22日，公司出资人组会议表决通过了《成都天翔环境股份有限公司重整计划（草案）之出资人权益调整方案》。2021年4月16日，成都中院裁定批准重整计划、终止公司重整程序。2021年7月6日，成都中院裁定确认重整计划执行完毕，终结公司破产程序。

> **方案要点**

1. 出资人权益调整

在天翔环境重整前有总股本4.37亿股，重整计划将以总股本为基数，按照每10股转增25.50股的比例实施资本公积转增股本，共计转增11.15亿股。转增完成后，天翔环境的总股本将增至15.52亿股。

前述转增股票不向出资人分配，全部由管理人按照重整计划进行分配和处

[①] 本案例解析的内容主要根据成都天翔环境股份有限公司于2021年4月19日公布的《成都天翔环境股份有限公司重整计划》整理而成。

置：其中 6.51 亿股用于清偿债务，剩余 4.64 亿股在重整计划执行期间拟以不低于 1.49 元 / 股的价格引入重整投资人。

2. 债权清偿方案

（1）有财产担保债权调整及受偿。担保财产不处置变现的，对应的担保债权在担保财产评估报告确定的担保财产清算评估值范围内优先受偿；担保财产处置变现的，对应的担保债权在担保财产变现所得范围内优先受偿。有财产担保债权未能受偿的部分转为普通债权，按照普通债权调整及受偿方案进行清偿。

担保财产不处置变现的，就担保财产清算评估值范围内的债权，由天翔环境在重整计划获得法院裁定批准后予以留债 5 年分期清偿，前三年只付息不还本，第四、第五年分别清偿留债总额的 50%，每年付息一次，利率按 5 年期贷款市场报价利率（Loan Prime Rate，LPR）的 40% 确定。

（2）普通债权调整及受偿。每家普通债权人 30 万元以下（含 30 万元）的债权部分以现金方式全额清偿。

30 万以上的债权部分，一部分以转增股票清偿，剩余部分用天翔环境的应收款项清偿。

以转增股票清偿的部分：按每 100 元普通债权分得 141 股转增股票的方式获得清偿。天翔环境转增后的总股本为 15.52 亿股，其中 6.51 亿股用于清偿债务。股票清偿的债权额 =（每家普通债权人 30 万元以上的普通债权额 + 贡献值 ×1.03）×9.00%；贡献值指 2019 年 1 月 1 日起为支持重整对公司做出的债务豁免额。

以应收款项清偿的部分：按每 100 元普通债权分得 100 元应收款项清偿。应收款项为公司应收的成都亲华科技有限公司（以下简称"亲华科技"）资金占用款和 / 或对其他主体的应收款项。以天翔环境对亲华科技应收款项清偿的债权额即为债权人代替亲华科技向天翔环境偿还的资金占用额，债权人有权向亲华科技自行清收。应收款项清偿的债权额 = 每家普通债权人 30 万元以上的普通债权额 – 转增股票清偿的债权额。

3. 引入重整投资人

成都市融禾环境发展有限公司（以下简称"融禾环境"）、四川嘉道博文生态科技有限公司（以下简称"嘉道博文"）、北京中五管理咨询有限公司（以下简称"中五管理"）联合参与天翔环境司法重整，融禾环境、嘉道博文和中五管理按 1.49 元 / 股合计以不超过 7 亿元现金认购公司资本公积转增股票中的 4.64 亿股［最终转增的准确股票数量以中国证券登记结算有限责任公司（以下简称"中证登"）深圳分公司实际登记确认的数量为准］，占公司转增后总股本的 29.9%，其中融禾环境受让天翔环境 1.23 亿股的转增股票，拟出资不超过 1.83 亿元；嘉道博文受让天翔环境 3.10 亿股的转增股票，拟出资不超过 4.67 亿元；中五管理受让天翔环境 0.31 亿股的转增股票，拟出资不超过 0.5 亿元。上述对价将优先用于支付重整费用和清偿债务，剩余部分用于提升天翔环境的经营能力。

一、公司基本信息

(一) 公司及业务简介

公司于 2001 年 12 月 21 日经成都市青白江工商行政管理局登记成立。截至 2020 年 12 月 31 日,公司注册地址为成都市青白江区大同镇大同路 188 号,总股本 4.37 亿股,法定代表人为邓亲华。公司于 2014 年 1 月 21 日于深圳证券交易所(以下简称"深交所")创业板上市交易,股票简称天翔环境。

天翔环境为全球业务的环境综合方案服务商,致力于从事国内、外的环保项目投资、建设、运营、环境综合治理、高端环保装备的研发与制造、环保技术与工艺研发等。

根据公司重整申请前 2017 年年度报告,公司营业收入为 9.4 亿元,净利润 7060 万元,毛利率为 39.94%,净利率为 7.51%。

(二) 重整前股权架构

截至 2020 年 12 月 31 日,天翔环境的股本总数为 4.37 亿股。邓亲华、邓翔为一致行动人,合计持股比例为 32.26%,为公司的控股股东和实际控制人,如图 2-1-1 所示。

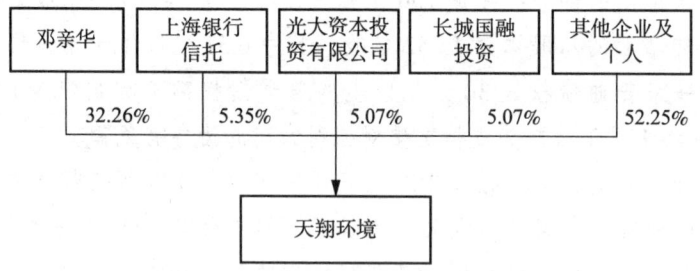

图 2-1-1　天翔环境重整前股权架构

注:上海银行信托指东海瑞京资产—上海银行—东海瑞京—瑞龙 11 号专项资产管理计划。

二、资产负债情况

(一) 资产负债情况总览

表 2-1-1　天翔环境资产负债情况

资产/债权类型	资产(亿元)	负债(亿元)	净资产(亿元)	资产负债率(%)
账面价值/债权金额	42.11	60.66	-18.55	144.05
评估清算价值/债权金额	6.58	60.66	-54.08	921.88

如表 2-1-1 所示,截至重整申请受理日 2020 年 12 月 14 日,天翔环境账面资产总额为 42.11 亿元。根据管理人聘请的评估机构出具的资产评估报告天兴评报字〔2021〕

第 0305 号,以重整申请受理日为评估基准日,按照清算价值法评估,天翔环境资产评估价值为 6.58 亿元,清算价值为账面价值的 15.63%。

截至 2021 年 3 月 7 日,共有 377 家债权人向管理人申报了债权,债权申报总额 82.16 亿元。根据公司财务账簿记载、公司说明及管理人掌握的情况,账面记载但未申报的债权尚有 5.94 亿元。

经管理人初步审查确认债权金额 12.77 亿元,其中担保债权金额 2.58 亿元,税款债权金额 0.44 亿元,普通债权金额 9.41 亿元,劣后债权 0.34 亿元。另外,经审查,确认申报债权中共益债务金额为 143 万元。

经管理人调查,职工债权金额为 0.64 亿元。

根据债权申报及初步审查情况,不予确认债权金额为 27.73 亿元。

暂缓确认的债权金额为 41.64 亿元,其中工程价款优先受偿权 0.25 亿元,担保债权金额 27.20 亿元,普通债权金额 14.20 亿元。

综上,根据债权申报与审查情况、管理人对职工债权的调查情况以及截至 2021 年 3 月 7 日公司财务账簿的记录等,天翔环境经管理人审查确认及暂缓确认、未申报的负债合计为 60.66 亿元。

(二)债权分类

根据《企业破产法》及相关司法解释的相关规定,天翔环境债权分为职工债权、税款债权、有财产担保债权、普通债权和劣后债权五类。

1. 有财产担保债权

经管理人审查确认,天翔环境有财产担保债权金额为 2.58 亿元。

2. 职工债权

经管理人调查,天翔环境职工债权总额为 0.64 亿元。

3. 税款债权

经管理人调查,天翔环境重整案涉及的税款债权总额为 0.44 亿元,共计 1 家债权人。

4. 普通债权

经管理人审查确认,天翔环境普通债权组债权人债权金额为 9.41 亿元。

5. 其他债权

暂缓确认的债权金额合计 41.64 亿元。其中,工程价款优先受偿权 0.25 亿元,担保债权金额 27.20 亿元,普通债权金额 14.20 亿元。

天翔环境账面有记载但未申报的债权金额为 5.94 亿元。

（三）偿债能力分析

根据评估机构北京天健兴业资产评估有限公司出具的《成都天翔环境股份有限公司破产重整项目偿债能力分析报告》，天翔环境如破产清算，假定其财产均能够按照评估价值获得处置变现，按照《企业破产法》规定的清偿顺序，担保财产变现所得优先用于偿还有财产担保债权；担保财产变现金额超过优先债权部分以及未设定担保的财产在清偿破产费用、共益债务后，按照职工债权、税款债权、普通债权的顺序进行清偿。在前述清偿顺序下，天翔环境在假定破产清算状态下普通债权清偿率为0。

三、重整基本情况

（一）重整背景

天翔环境主要从事环保设备产品线及大型装备的制造，并提供市政水务环保及环保监测服务等。自2018年下半年开始，由于资金链断裂，控股股东及实际控制人邓亲华、邓翔违规占用资金，公司逐步陷入债务危机，面临大量诉讼，主要资产、账户被查封、冻结，导致公司经营停滞。公司2019年末净资产为负，且2018年、2019年年度财务会计报告均被注册会计师出具无法表示意见的审计报告，自2020年5月13日起公司股票暂停上市。

（二）预重整/重整申请情况

2018年12月26日，天翔环境收到债权人嘉豪物资的重整申请通知书。通知书称，嘉豪物资以天翔环境不能清偿到期债务并且明显缺乏清偿能力为由，向成都中院申请对其进行重整。

（三）重整申请受理情况

2020年12月14日，成都中院裁定受理嘉豪物资对天翔环境的破产重整申请。

2020年12月25日，成都中院指定北京德恒律师事务所、信永中和会计师事务所（特殊普通合伙）成都分所为天翔环境的管理人，北京德恒律师事务所陈建宏为负责人。

2021年1月21日，成都中院做出决定书〔（2020）川01破25号〕，准许天翔环境于重整期间在管理人的监督下自行管理财产和经营事务。

（四）重整管理模式

债务人自行管理财产和经营事务。

（五）重整大事记

2018年12月26日，天翔环境收到债权人嘉豪物资的重整申请通知书，其以天翔环境不能清偿到期债务并且明显缺乏清偿能力为由，向成都中院申请对其进行重整。

2020年12月14日，成都中院做出民事裁定书，裁定受理债权人嘉豪物资对天翔环境的重整申请。

2020年12月25日，成都中院指定北京德恒律师事务所、信永中和会计师事务所（特殊普通合伙）成都分所为天翔环境管理人。

2021年1月21日，成都中院准许天翔环境于重整期间在管理人的监督下自行管理财产和经营事务。

2021年3月8日，天翔环境第一次债权人会议采取网络会议方式召开，根据第一次债权人会议表决规则，表决实际持续至2021年3月19日22时。会议表决并通过了《成都天翔环境股份有限公司重整计划（草案）》〔以下简称"重整计划（草案）"〕。

2021年4月16日，成都中院做出了裁定书〔（2020）川01破25号〕，批准重整计划（草案），终止公司重整程序。

2021年4月29日，天翔环境、天翔环境管理人、融禾环境、嘉道博文、中五管理共同签署的《关于成都天翔环境股份有限公司重整投资协议》（以下简称"重整投资协议"）。前述重整投资人以不超过7亿元认购公司转增股份4.64亿股。管理人于2021年4月29日收到重整投资人第一期投资款3亿元，5月12日收到重整投资人投资款合计0.5亿元。

2021年6月29日、6月30日，天翔环境收到融禾环境、嘉道博文、中五管理分别出具的告知函，内容为关于第二期转让价款支付事宜暂缓实施。

2021年7月6日，成都中院做出了民事裁定书〔（2020）川01破25号之四〕，裁定确认天翔环境重整计划执行完毕，终结天翔环境破产程序。

四、重整计划的主要内容

（一）重整思路概述

如图2-1-2所示，重整计划的主要思路为：

（1）对出资人权益进行调整，在重整前股份基础上进行资本公积转增股本，共计转增11.15亿股，其中6.51亿股用于清偿债务，剩余4.64亿股在重整计划执行期间拟以不低于1.49元/股的价格引入重整投资人，股票转让价款优先用于支付重整费用和清偿债务，剩余部分用于提升天翔环境的经营能力。

（2）天翔环境将专注于环保设备制造业务，逐渐剥离持续亏损的业务，对于盈利能力弱、资金需求大的环保工程业务，将逐步降低其在公司资产和业务结构中的占比。

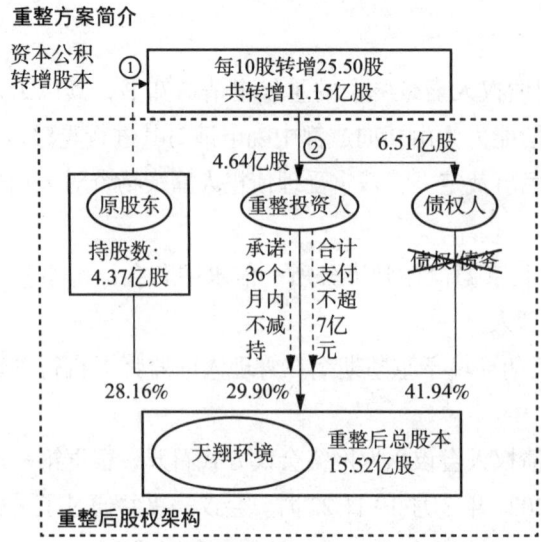

图 2-1-2　天翔环境重整方案示意图

（二）投资人及投资方案介绍

2021年4月29日，投资人融禾环境、嘉道博文、中五管理（以下合称"重整投资方"）与天翔环境、天翔环境管理人共同签署了重整投资协议。

重整投资人1：融禾环境成立于2021年3月19日，注册资本为2亿元；经营范围是水环境污染防治服务、水污染治理、环境保护监测、环境应急治理服务等。融禾环境由成都市融禾现代农业发展有限公司全资持有；成都市青白江区国有资产监督管理和金融工作局持有成都市融禾现代农业发展有限公司100%的股权。

重整投资人2：嘉道博文成立于2017年12月1日，注册资本为38050万元。嘉道博文包括生物环境与生态农业两大板块，生态环境板块主要承接环境项目建设、废弃物资源化处置、环卫一体化建设等相关业务；生态农业板块主营土壤改良、供给侧——共建基地建设、高标准农田建设、田园综合体建设、县域畜禽粪便治理等业务。嘉道博文是利用微生物技术发展循环经济，致力于城市餐厨、厨余废弃物和废弃油脂无害化处置和资源化循环利用，并利用企业自主研发的复合菌开发环境友好型生物腐殖酸类肥料，实现资源循环再利用的生物环保和现代农业产业综合服务企业。开创了"从餐桌到田头、从良田到良品、从资源走向价值"的优质农产品产业链条，为优质农产品供应链提供技术、标准、品牌等综合服务。嘉道博文先后取得42个技术专利，其中在固废资源化领域获得中国专利金奖，同时嘉道博文也是获得国家农田应用许可的餐厨废弃物处理企业。嘉道博文利用企业积累的生物发酵技术、设备设计运营能力，先后在北京、上海、广州、成都、乌鲁木齐、南京、浙江、重庆等地建设餐厨废弃物规模化处理厂15座，年处理餐厨、厨余和废弃油脂达到56.21万吨，年产20万吨生物腐殖酸产品。

重整投资人 3：中五管理成立于 2014 年 8 月 2 日，注册资本为 50 万元；实际控制人为裴航，经营范围为企业管理咨询、经济贸易咨询、技术咨询（中介除外），企业管理、酒店管理等。

重整投资人拟联合参与天翔环境司法重整，各方拟按 1.49 元 / 股合计以不超过 7 亿元现金认购公司资本公积转增股票中的 4.64 亿股（最终转增的准确股票数量以中证登深圳公司实际登记确认的数量为准），占公司转增后总股本的 29.9%，该等对价将用于偿还公司债务及后续运营。

（1）重整投资方对天翔环境的要求。

2020 年度经审计的扣非净利润、期末净资产均为正值。

2020 年度审计机构出具无保留意见的审计报告。

公司具备申请恢复上市条件且能获批。

（2）关于重整投资方受让转增股票的约定。

融禾环境、嘉道博文和中五管理三家公司受让的转增股票股数分别为 1.23 亿、3.10 亿和 0.31 亿，分别支付转增股票受让价款不超过 1.83 亿元、不超过 4.67 亿元和不超过 0.5 亿元。该价款最终以重整投资方各自实际取得之转增股份计算的实际支付款项为准，该价款将主要用于支付重整费用、共益债务、职工债权、欠付税款、清偿债务以及支持上市公司运营等。

重整投资方将充分利用其资源优势，支持上市公司发展。

重整投资方分别承诺受让的公司转增股份自登记至其名下之日起 36 个月内不减持。

重整投资方均应当符合监管机构要求的其他相关条件。

（3）转增股票对价支付方式及过户登记的条件为重整投资方按 1.49 元 / 股受让转增股票的对价分两期支付。

第一期：自重整投资协议签订且取得满足上述第（1）款第二点的 2020 年度无保留意见审计报告内核版之日起 1 日内，重整投资方应在公司股票实施转增前合计支付转让价款 3 亿元，其中融禾环境、嘉道博文分别向天翔环境支付 1 亿元、2 亿元。

第二期：自天翔环境股票恢复上市交易之日起 5 日内，重整投资方应合计支付剩余转让价款不超过 4 亿元，其中融禾环境、嘉道博文和中五管理分别向天翔环境支付不超过 0.83 亿元、2.67 亿元和 0.5 亿元。

（4）管理权移交。

重整投资人在支付第一期出资 3 亿元后，有权监督天翔环境的日常管理和运营，包括但不限于有权提名董事、监事候选人，有权监督天翔环境重大合同签订和履行、重大资产处置和购买等。

在满足转增和回购的股票全部转入管理人的股票账户，并由管理人按照重整计划的规定进行分配和处置的条件之日起 5 日内，管理人将天翔环境的管理权向融禾环境、嘉道博文及天翔环境移交。

（三）出资人权益调整方案

在天翔环境重整前有总股本 4.37 亿股，重整计划将以总股本为基数，按照每 10 股转增 25.50 股的比例实施资本公积转增股本，共计转增 11.15 亿股。转增完成后，天翔环境的总股本将增至 15.52 亿股。

其中，6.51 亿股用于清偿债权人，剩余 4.64 亿股由重整投资人以不低于 1.49 元/股的对价受让，根据重整计划的规定用于清偿债务、支付重整费用及补充公司流动资金等。

股票处置所得不超过 3 亿元优先用于支付重整费用和清偿债务，剩余部分用于升高天翔环境的经营能力。

（四）债权调整及受偿方案

1. 有财产担保债权调整及受偿

有财产担保债权总额为 29.78 亿元，其中经管理人审查确认的担保债权为 2.58 亿元，暂缓确认的担保债权为 27.20 亿元（以申报金额暂列）。

担保财产不处置变现的，对应的担保债权在担保财产评估报告确定的担保财产清算评估值范围内优先受偿；担保财产处置变现的，对应的担保债权在担保财产变现所得范围内优先受偿。有财产担保债权在担保财产清算评估值或者处置变现所得范围内优先受偿，未能受偿的部分转为普通债权，按照普通债权调整及受偿方案进行清偿。

担保财产不处置变现的，就担保财产清算评估值范围内的债权，由天翔环境在重整计划获得法院裁定批准后予以留债分期清偿。

留债期限：5 年，自重整计划执行完毕之日的次月 1 日起算。

留债利率：按照重整计划执行完毕之日前全国银行间同业拆借中心最新公布的 5 年期 LPR 的 40% 确定。

还本方式：前三年只付息不还本，第四年和第五年分别清偿留债总额的 50%。

付息方式：每年付息一次。

还本付息日：自重整计划执行完毕之日的次月 1 日起满 4 年之日及满 5 年之日分别清偿留债总额的 50%；结息日为自重整计划执行完毕之日的次月 1 日起满 1 年、2 年、3 年、4 年及 5 年之日；付息日为结息日后第三个工作日，如遇还本结息日为法定节假日或公休日，则还本结息日顺延至其后第一个工作日。

担保方式：留债期间保留原财产担保关系，本息清偿完毕后，债权人应当主动解除对应担保财产的抵/质押担保状态和/或登记。

2. 职工债权调整及受偿

经管理人调查，天翔环境职工债权总额为 0.64 亿元。

职工债权不做调整，将由天翔环境在重整计划执行期间以现金方式全额清偿。

3. 税款债权调整及受偿

税款债权总额为 0.44 亿元，共计 1 家债权人。

税款债权不做调整，将由天翔环境在重整计划执行期间以现金方式全额清偿。

4. 普通债权调整及受偿

普通债权总额为 29.54 亿元，其中经管理人审查确认的普通债权为 9.41 亿元，暂缓确认的普通债权 14.20 亿元，未申报债权 5.94 亿元（暂列为普通债权）。

普通债权调整及清偿方案如下：

（1）每家普通债权人 30 万元以下（含 30 万元）的债权部分，由天翔环境在重整计划获得法院裁定批准之日起重整计划执行期间依法以现金方式全额清偿。

（2）每家普通债权人 30 万元以上的债权部分，一部分以转增股票清偿，剩余部分用天翔环境的应收款项清偿。以转增股票清偿的部分，按每 100 元普通债权分得 141 股转增股票的方式获得清偿。在以转增股票清偿过程中，如债权人可分得的股票数量不为整数，则该债权人分得的股票数量按照"进一法"处理，即去掉拟分配股票数小数点右侧的数字后，在个位数上加"1"。以应收款项清偿的部分，按每 100 元普通债权分得 100 元应收款项清偿，应收款项为公司应收的亲华科技资金占用款和/或对其他主体的应收款项。以天翔环境对亲华科技应收款项清偿的债权额即为债权人代替亲华科技向天翔环境偿还的资金占用额，债权人有权向亲华科技自行清收。

每家普通债权人 30 万元以上的债权部分用股票清偿及用应收款项清偿的债权额计算方式如下：

（1）股票清偿的债权额[①] =（每家普通债权人 30 万元以上的普通债权额 + 贡献值[②] × 1.03）× 9.00%。

（2）应收款项清偿的债权额 = 每家普通债权人 30 万元以上的普通债权额 − 股票清偿的债权额。

同时，为了实现债权人有序退出，维护全体债权人利益，受让转增股票数量达 1200 万股以上（含本数）的债权人，自公司恢复上市之日起 24 个月内不减持其所持有的转增股票，自公司恢复上市之日起 24 个月后每个季度减持其所持有的转增股票的比例不超过 1/6（每个季度可减持但未减持的转增股票，可累计至以后任意季度减持）；受让转增股票数量低于 1200 万股（不含本数）的债权人，自公司恢复上市之日起 12 个月内不减持其所持有的转增股票，自公司恢复上市之日起 12 个月后每个季度减持其所持有的转增股票的比例不超过 1/6（每个季度可减持但未减持的转增股票，可累计至以后任意季度减持）。

[①] 若股票清偿的债权额计算金额大于该普通债权人 30 万元以上的普通债权额，则其股票清偿的债权额以其 30 万元以上的普通债权额为准。

[②] "贡献值"指部分债权人为支持天翔环境重整，自 2019 年 1 月 1 日起，与天翔环境签署债务豁免协议对天翔环境做出的债务豁免额。

5. 其他债权调整及受偿

已向管理人申报,但因涉及未决诉讼或仲裁等原因而尚未审查确认的债权,以及账面记载但尚未向管理人申报的债权,在重整中按照其申报金额或账面记载金额进行相应预留,其债权经审查确认之后按同类债权清偿方案予以清偿。

6. 债务清偿顺序

如图 2-1-3 所示,模拟破产清算下普通债权清偿率是假定公司在破产清算条件下的偿债能力分析,主要来源于公司披露的偿债能力分析报告。而重整后清偿率是假定公司在重整条件下的名义清偿率。可以看出,重整后的债权清偿率比假定清算状态下的清偿率有一定提升。

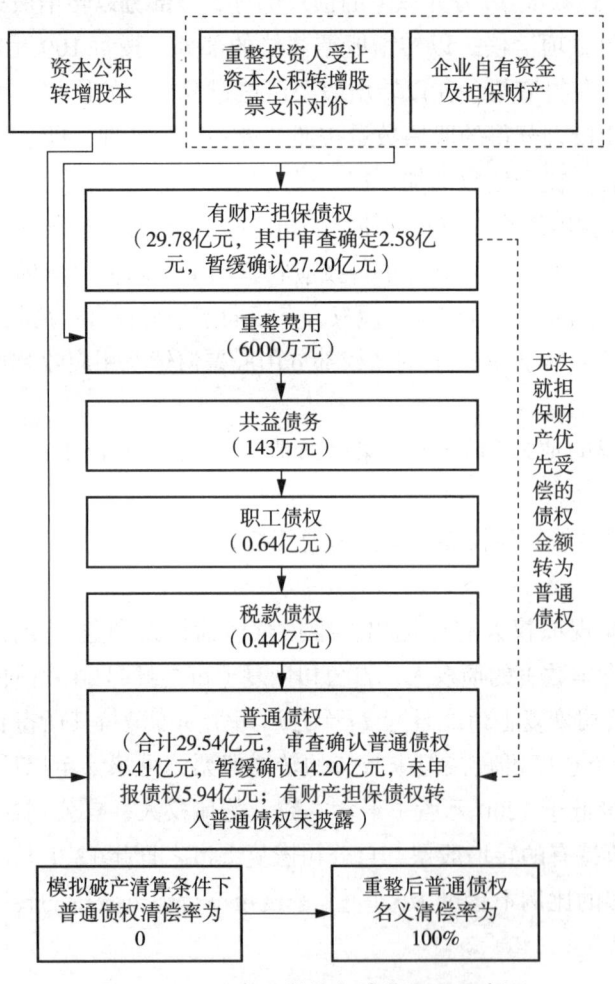

图 2-1-3　天翔环境债务清偿顺序示意图

重整计划披露的偿债方案显示,普通债权人 30 万元以下(含 30 万元)的债权部分以现金方式全额清偿;超过 30 万元的债权部分一部分以转增股票清偿,剩余部分用天翔环境的应收款项清偿。重整后普通债权的名义清偿率为 100%。

（五）未来经营方案

公司主要从事市政水务处理、油田环保服务和装备制造业务。受债务危机的影响，市政水务处理和油田环保服务基本处于停滞状态。公司将以重整为契机，在化解危机、彻底消除公司债务负担后，适时、分阶段调整业务结构，聚焦主业，实现业务转型、升级，继续推动公司改革脱困和转型升级工作，巩固并强化重整成果。

1. 聚焦主业，加强环保装备制造

环保设备制造是公司的主营业务，固液分离环保装备、清淤环保设备、污泥"零能耗"设备及工艺、水电设备、餐厨及有机废弃物处理设备制造是公司的传统优势业务。重整完成后，公司轻装上阵，生产经营也将重新回到正轨。公司将紧跟行业发展趋势，以最快速度提升产能利用率，稳定原有业务的生产经营。

（1）水电设备制造业务。公司拥有10多年的水电成套设备制造经验，曾与安德里茨（中国）有限公司等国内外知名的公司有过密切合作，参与过国内超大型水电机组以及国际上各类水电机组的设备制造。未来将通过联合投标、与相关方合作等方式积极参与国内外水电项目的供货，若能中标或以其他方式成功参与相关项目，将较大程度增加公司在水电设备制造领域的订单量及公司的营业收入和利润。

（2）盾构设备制造业务。在盾构设备制造业务方面，公司与中铁工程装备集团有限公司建立了长期的业务合作关系，已累计完成交付盾构机120套，其中最大直径的盾构机为 $\Phi 13500$ mm，用于成都地铁十八号线、成都地铁八号线项目，以及重庆地铁项目、兰州引水项目、新加坡地铁项目、马来西亚地铁项目等。重整完成后，公司将借助川渝经济圈建设的东风，充分发挥在盾构设备制造领域的项目经验、技术优势和地理区位优势积极承接新的业务。

（3）离心浓缩脱水机制造业务。公司与世界著名离心浓缩脱水机制造企业阿法拉伐（Alfa Laval）、德国福乐伟（Flottweg）等在产品、技术、工艺上实现同步。公司生产的卧式螺旋沉降离心机和浓缩机均具有国内领先、国际先进技术。其中，卧式螺旋卸料沉降离心机获得四川省重点新产品奖励和成都市科技进步二等奖。重整完成后，公司将充分发挥在离心浓缩脱水机制造领域的优势，加强营销，积极开拓客户。

（4）军民融合业务。公司响应党的号召，积极投身军民融合项目。自2018年下半年起，通过合作伙伴逐步开始供应相关设备。重整完成后，公司将积极开拓新的合作伙伴，后续为军转民、民参军的项目提供配套设备。

（5）来料加工业务。公司装备制造基地是西南地区大型装备制造基地。重整完成后，公司将在确保主营业务及管理团队稳定的情况下，为有不同制造需求的客户开展来料加工业务，拓展新的业务增长点。

2. 剥离亏损业务，开拓新业务领域

（1）剥离亏损业务。重整完成后，公司将专注于环保设备制造业务，逐渐剥离持续亏损的业务，避免亏损业务进一步影响公司盈利能力。

对于盈利能力弱、资金需求大的环保工程业务，将逐步降低其在公司资产和业务结构中的占比。

（2）紧跟国家环保产业政策，开拓新的业务领域。中国共产党第十九次全国代表大会报告将生态文明建设列为中华民族永续发展的千年大计，要求实行最严格的生态环境保护制度，并对生态文明建设的具体方向和路线进行了明确表述。提出加快水污染防治，实施流域环境综合治理，强化土壤污染管控和修复，加强农业面源污染防治，开展农村人居环境整治行动；加强固体废弃物和垃圾处置；提高污染排放标准，强化排污者责任，健全环保信用评价、信息强制性披露、严惩重罚等制度。2019年政府工作报告要求，扎实打好三大攻坚战，全面开展蓝天、碧水、净土保卫战，加强生态环保督察执法。未来几年，"环境大建设"仍将是环保产业的主题，环保行业将继续高速发展，环保行业各细分领域现状也预示未来发展空间巨大。

重整完成后，公司将紧跟国家环保产业政策，适时开拓新的业务领域。

3. 提升管理水平，提高经营效益

重整完成后，公司将继续改善生产经营，提高经营业绩。进一步完善公司各项管理制度及实施流程，加强运营成本及各项费用的管理，提高公司经营效益，提升整体管理水平和经营效率，增强核心竞争力，实现快速稳定发展。

公司将在保持现有管理团队稳定的基础上，不断完善、优化用人机制，特别是强化激励机制来吸引优秀经营管理人才、营销人才和技术人才，建立科学的人力资源管理体系，进一步增强公司重整后的持续发展能力和竞争优势。

五、重整计划的表决与批准

（一）债权人会议表决

天翔环境第一次债权人会议于2021年3月8日采取网络会议方式在全国企业破产重整案件信息网召开，根据第一次债权人会议表决规则，表决实际持续至2021年3月19日22时。会议对重整计划有财产担保债权组、普通债权组进行了分组表决。管理人于2021年3月24日在全国企业破产重整案件信息网披露了投票结果。

1. 有财产担保债权组

该组出席会议有表决权人数为11人，该组临时表决权总额为3.04亿[①]元。其中，同意人数为8人，占该组出席会议有表决权人数的72.73%，已超过该组出席会议债权人的半数；同意人数所代表的临时表决权共计2.58亿元，占该组临时表决权总额的84.77%，已超过该组临时表决权总额的2/3。根据《企业破产法》第八十四条第二款的规定，有财产担保债权组表决通过重整计划（草案）。

---

① 此金额与本案例前述债权金额存在差异的原因为时间差异，债权人申请补充申报。

2. 普通债权组

该组出席会议有表决权人数为320人，该组临时表决权总额为24.29亿[①]元。其中，同意人数为295人，占该组出席会议有表决权人数的92.19%，已超过该组出席会议债权人的半数；同意人数所代表的临时表决权共计17.36亿元，占该组临时表决权总额的71.47%，已超过该组临时表决权总额的2/3。根据《企业破产法》第八十四条第二款的规定，普通债权组表决通过重整计划（草案）。

（二）出资人组会议表决

公司出资人组会议于2021年3月22日采取现场投票与网络投票相结合的方式召开，对出资人权益调整方案进行表决。

采取现场投票的股东及股东代表11人，代表股份1.85亿股，占上市公司总股份的42.43%。采取网络投票的股东195人，代表股份0.50亿股，占上市公司总股份的11.35%。上述共计206人，代表股份2.35亿股，占会议股权登记日公司有表决权股份总数的53.78%。

表决结果：同意2.34亿股，占出席会议股东所持有效表决权股份总数的99.98%；反对3.99万股，占出席会议股东所持有效表决权股份总数的0.02%；弃权0股。

出资人组会议对出资人权益调整方案投同意票的表决权股数，超过出席本次会议股东所持表决权的2/3。根据《企业破产法》第八十五条的规定，出资人权益调整方案获得出资人组会议表决通过。

（三）重整计划批准

2021年4月16日，成都中院做出民事裁定书〔（2020）川01破25号〕，裁定批准天翔环境重整计划，终止天翔环境重整程序。

六、重整计划的执行与监督

（一）执行和监督的主体

重整计划由天翔环境负责执行，管理人负责监督。

（二）执行和监督期限

重整计划的执行期限为自法院裁定批准重整计划之日起9个月。如非天翔环境自身原因，致使天翔环境重整计划无法在上述期限内执行完毕，天翔环境应于执行期限届满前，向成都中院提交延长重整计划执行期限的申请，并根据成都中院批准的执行

[①] 此金额与本案例前述债权金额存在差异的原因为时间差异，债权人申请补充申报。

期限继续执行。重整计划提前执行完毕的，执行期限在执行完毕之日到期。

重整计划执行的执行期限与监督期限一致，自重整计划获得法院裁定批准之日起计算。根据重整计划执行的实际情况，如需要延长管理人监督重整计划执行的期限，管理人应向法院提交延长重整计划执行监督期限的申请，并根据法院裁定批准的期限继续履行监督职责。重整计划执行期限提前到期的，执行监督期限相应提前到期。

（三）执行的措施

1. 偿债资金的分配

每家债权人以现金方式清偿的债权部分，偿债资金原则上以银行转账方式向债权人进行分配，债权人应自重整计划获得法院裁定批准之日起15日内按照管理人指定格式书面提供领受偿债资金的银行账户信息。

因债权人自身和/或其关联方的原因，导致偿债资金不能到账，或账户被冻结、扣划，产生的法律后果和市场风险由相关债权人自行承担。债权人可以指令将偿债资金支付至债权人指定的、由该债权人所有/控制的账户或其他主体所有/控制的账户内。

债权人指令将偿债资金支付至其他主体账户的，因该指令导致偿债资金不能到账，以及由该指令导致的法律纠纷和市场风险由相关债权人自行承担。

2. 抵债债权的分配

每家债权人以天翔环境对亲华科技和/或其他主体的应收款项受偿的债权部分，天翔环境将在法院裁定批准重整计划后出具债权转让通知，债权人可以自行清收、处置。

3. 抵债股票的分配

每家债权人以股票抵偿的债权部分，在重整计划执行期限内按重整计划规定的清偿方案，将天翔环境的股票向债权人进行分配。债权人应自重整计划获得法院裁定批准之日起15日内按照管理人指定格式书面提供领受抵债股票的证券账户信息。

逾期不提供相关信息、因债权人自身和/或其关联方的原因，导致抵债股票不能到账，或账户被冻结、扣划，产生的法律后果和风险由相关债权人自行承担。债权人可以书面指令将抵债股票支付至债权人指定的、由该债权人所有/控制的账户或其他主体所有/控制的账户内。债权人指令将抵债股票划转至其他主体账户的，因该指令导致抵债股票不能到账，以及该指令导致的法律纠纷和风险由相关债权人自行承担。

4. 留债清偿安排

根据重整计划留债清偿的债权，在法院裁定批准重整计划后，天翔环境应向有关债权人送达留债清偿告知书；留债清偿告知书中明确留债金额及支付安排，天翔环境按照留债清偿告知书确定的留债金额及支付安排进行现金清偿。债权人可根据需要与天翔环境签署书面留债协议，协议内容应符合重整计划的规定。

5. 偿债资源的提存与处理

债权人未按照重整计划的规定领受分配的偿债资源的，根据重整计划应向其分配的偿债资源将由管理人提存，提存的偿债资源自重整计划执行完毕之日起满 3 年，因债权人自身原因仍不领取的，视为放弃受领偿债资源的权利；提存的偿债资源将对劣后债权进行清偿，经对劣后债权清偿之后仍有剩余的，剩余的已提存偿债资源将由管理人交予天翔环境自行处置，用于补充天翔环境经营性流动资金。

预计债权中因涉及未决诉讼等原因导致暂缓确认的债权金额与债务人最终确认的债权金额存在差异的，应以生效裁判文书确定的金额为准，按照重整计划的规定受领偿债资源。已按照重整计划预留的偿债资源在清偿上述债权后仍有剩余的，将对劣后债权进行清偿。经对劣后债权清偿之后仍有剩余的，剩余的偿债资源将由管理人交予天翔环境自行处置，用于补充天翔环境经营性流动资金。

对于未在法院规定的债权申报期限向管理人申报的债权人，在重整计划执行完毕之日起满 3 年未向天翔环境主张权利的，根据重整计划为其提存的偿债资源将对劣后债权进行清偿。经对劣后债权清偿之后仍有剩余的，剩余的偿债资源将由管理人交予天翔环境自行处置，用于补充天翔环境经营性流动资金。

6. 破产费用、共益债务的支付

（1）破产费用。天翔环境重整程序中产生的破产费用包括重整案件受理费、管理人执行职务的费用、聘请中介机构的费用、转增股票登记税费、股票过户税费及管理人报酬等，合计 6000 万元。其中管理人报酬数额及支付方式以法院确定为准，其他破产费用以债务人财产按照协议约定或法律规定支付。

（2）共益债务。天翔环境重整期间的共益债务 143 万元，包括但不限于因继续履行合同所产生的债务、因继续营业而支付的劳动报酬和社会保险费用以及由此产生的其他债务，根据实际发生数额由天翔环境按照《企业破产法》相关规定随时清偿。

7. 天翔环境财产强制措施的解除

在法院裁定批准重整计划之日起 15 日内，债权人应申请并配合解除对天翔环境财产的查封、冻结等措施。若债权人未在上述期限内申请并配合解除查封、冻结等措施，对重整计划的执行造成阻碍，天翔环境或管理人有权依法向法院申请强制解除查封、冻结等手续；且天翔环境或管理人有权将相关债权人依重整计划可获分配的偿债资源暂缓分配，待债权人配合解除查封、冻结等手续之后再行分配。

8. 转让债权的清偿

在法院裁定批准重整计划之后，债权人对外转让债权的，受让人按照原债权人根据重整计划就该笔债权可以获得的受偿条件及总额受偿；债权人向两人或两人以上的受让人转让债权的，债权清偿款项向受让人按照其受让的债权比例分配。若因债权转让导致受让人无法根据重整计划受偿时，由此产生的责任由债权人及其债权的受让人承担。

9. 信用修复

在重整计划经法院裁定批准后，天翔环境可向相关债权银行提出信用记录修复申请，相关债权银行应及时调整企业信贷分类，并上报中国人民银行征信系统调整企业征信记录。

10. 公司股票终止上市

2021年4月29日，天翔环境、天翔环境管理人与重整投资人成都融禾、嘉道博文、中五管理共同签署了重整投资协议，前述重整投资人以不超过7亿元认购公司转增股份4.64亿股。管理人已分别于2021年4月29日、5月12日收到重整投资人投资款合计3.5亿元。

2021年5月12日，三个重整投资人向公司分别出具了承诺函，嘉道博文、成都融禾就重整投资协议中关于第二期投资款支付事宜做出承诺：嘉道博文不超过2.67亿元、成都融禾不超过0.83亿元不晚于2021年6月30日或因监管要求更早之日（以孰早为准）一次性支付。中五管理不超过0.5亿元不晚于2021年6月30日或因监管要求更早之日（以孰早为准）一次性支付。

2021年5月14日，因天翔环境提交的恢复上市申请文件不符合《深圳证券交易所创业板股票上市规则》（2018年11月修订）第13.2.15条的规定，深交所做出不予受理公司股票恢复上市申请的决定，公司触及了《深圳证券交易所创业板股票上市规则》（2018年11月修订）第13.4.1条第（十五）项规定的股票终止上市情形，加之深交所上市审核委员会的审核意见，深交所做出天翔环境股票终止上市决定。

天翔环境分别于2021年6月29日、6月30日收到成都融禾、嘉道博文、中五管理出具的告知函，重整投资人向公司和管理人出具的承诺函中关于第二期转让价款支付事宜暂缓实施，由各方根据深交所复核情况另行协商并签署相关法律文件予以明确。

七、重整计划顺利实施的预期效果

天翔环境重整计划如能顺利实施，预计将产生以下结果。

（1）天翔环境的法人主体资格将继续存续。天翔环境的法人主体资格将存续，上市地位将得以维持，主营业务重新走上健康发展的轨道，财务状况得到进一步改善，提升持续盈利能力。

（2）重整前产生的巨额负债获得妥善安排。重整计划实施完毕后，天翔环境的巨额债务获得清偿，并且以重整为契机，适时、分阶段调整业务结构，聚焦主业，实现业务转型、升级，继续推动公司改革脱困和转型升级工作，巩固并强化重整成果。

（3）开拓新业务市场，完善公司制度流程。逐渐剥离持续亏损的业务，紧跟国家环保产业政策，适时开拓新的业务领域。改善生产经营，提高经营业绩。进一步完善公司各项管理制度及实施流程，加强运营成本及各项费用的管理，提高公司经营效益，提升整体管理水平和经营效率，增强核心竞争力，实现快速稳定发展。

案例 2　贵人鸟重整案例解析[①]

背景

贵人鸟股份有限公司（以下简称"贵人鸟"或"公司"）成立于 2004 年 7 月 13 日，重整前总股本 6.29 亿股，主要从事运动鞋、运动服装的研发、设计、生产和销售。公司于 2014 年 1 月 24 日在上海证券交易所（以下简称"上交所"）上市。由于受到宏观经济下行、市场波动较大等因素的影响，加之传统运动鞋服行业受到电商行业的广泛冲击，公司现金流越发紧张，难以按时偿还到期债务，公司逐渐陷入经营危机和债务危机。2020 年 8 月 12 日，债权人泉州市奇皇星五金制品有限公司（以下简称"奇皇星"）向泉州市中级人民法院（以下简称"泉州中院"或"法院"）申请对贵人鸟进行重整，泉州中院决定自 2020 年 9 月 4 日起对贵人鸟启动预重整程序，同时指定贵人鸟清算组担任公司临时管理人。2020 年 12 月 8 日，泉州中院依法裁定受理债权人奇皇星对贵人鸟提出的重整申请，并于 2020 年 12 月 11 日指定贵人鸟清算组担任管理人，具体开展重整各项工作。2021 年 4 月 23 日，《贵人鸟股份有限公司重整计划》（以下简称"重整计划"）经债权人会议及出资人组会议表决通过。2021 年 4 月 26 日，法院依法裁定批准重整计划并终止重整程序。2021 年 7 月 2 日，法院裁定确认贵人鸟重整计划执行完毕。该案例入选"福建法院破产审判典型案例"，该案例是福建省及泉州市第二个 A 股民营上市公司成功重整的案例，也是全国首个体育产业上市公司破产重整成功案件。

方案要点

1. 出资人权益调整

以贵人鸟现有总股本 6.29 亿股为基数，按照每 10 股转增 15 股的比例实施资本公积转增股本，共计转增 9.43 亿股股票，转增后，贵人鸟总股本将增至 15.72 亿股。

前述转增股票不向原股东分配，其中 5.40 亿股由重整投资人有条件受让，重

[①] 本案例解析的内容主要根据贵人鸟股份有限公司于 2021 年 4 月 27 日公布的《贵人鸟股份有限公司重整计划》整理而成。

整投资人受让股票所支付的现金对价，专项用于根据重整计划的规定清偿债务、支付重整费用及补充公司流动资金；4.03亿股票通过以股抵债的方式，清偿贵人鸟的债务。

2. 债权清偿方案

（1）有财产担保债权调整及受偿。在财产担保评估值范围内的部分以留债方式清偿，超出财产担保评估值范围的债权将作为普通债权，按照普通债权受偿方案获得清偿，其中留债清偿方式具体如下。

自泉州中院裁定批准重整计划之日起，留债3年分期清偿，第一还款年度清偿留债数额的20%，第二还款年度清偿留债数额的30%，第三还款年度清偿留债数额的50%。利息以未偿留债数额为计算基数。每还款年度届满前10日为结息日，结息日的次日为付息还款日。按结息日前最近一期全国银行间同业拆借中心公布的5年期贷款市场组价利率（Loan Prime Rate，LPR）确定每还款年度留债利率。

留债期间担保财产抵押/质押担保关系不发生变化，在贵人鸟按照重整计划的规定清偿完毕全部有财产担保债权后，有财产担保债权人不再就担保财产享有优先受偿权，并应立即解除对担保财产设定的抵押/质押手续。未及时办理解除抵押/质押手续的，不影响担保物权的消灭。若处置担保财产，则相应有财产担保债权人在其留债余额范围内，就处置担保财产所获价款享有优先受偿权。

（2）普通债权调整及受偿。普通债权在经泉州中院裁定确认后，由公司在重整计划执行期限内按照普通债权人每100元分得16.6股上市公司股票，股票的抵债价格为6元/股，该部分债权的清偿比例为100%。

3. 引入重整投资人

贵人鸟、管理人与泰富金谷于2021年4月1日签署了《贵人鸟股份有限公司重整案重整投资协议》。泰富金谷以合计4.17亿元取得贵人鸟A股股票不少于3.20亿股。泰富金谷承诺受让的转增股份自登记至其名下之日起36个月内不通过任何形式减持。高瑞、张丽丽、殷丽丽、邹卫忠作为重整投资人（以下简称"其他重整投资人"）通过市场化、法治化的方式参与贵人鸟重整投资。其他重整投资人以合计2.87亿元取得贵人鸟A股股票不少于2.20亿股。其他重整投资人承诺受让的转增股份自登记至其名下之日起12个月内不通过任何形式减持。上述认购完成后，泰富金谷、高瑞、张丽丽、殷丽丽、邹卫忠分别持有贵人鸟重整计划执行完毕后总股本的20.36%、4.14%、4.14%、4.14%、1.58%。上述重整投资人已在2021年5月12日前支付完毕全部重整投资款7.04亿元。

根据泰富金谷、高瑞、张丽丽、殷丽丽、邹卫忠出具的承诺函，各重整投资人之间不存在一致行动的意愿和安排，不存在《上海证券交易所股票上市规则》中规定的关联关系，不存在《上市公司收购管理办法》中规定的构成一致行动人的情形。

一、公司基本信息

(一) 公司及业务简介

贵人鸟成立于 2004 年 7 月 13 日，注册地址为福建省晋江市陈埭沟西工业区，法定代表人为公司董事长林天福。公司于 2014 年 1 月 14 日在上交所上市，经营范围包括鞋、服装的生产、研发及批发、零售；体育用品、体育器材、运动防护用具、皮箱、包、袜子、帽的生产、研发及批发、零售；货物及技术的进出口业务；贸易中介代理；产品销售代理；贸易经纪与代理服务。公司注册地及主要办事机构所在地为福建省泉州市。

根据公司 2019 年年报，公司营业收入为 15.81 亿元，净利润为 –10.19 亿元，毛利率为 35.49%，净利率为 –64.41%。

(二) 重整前股权架构

截至 2020 年 9 月 30 日，贵人鸟总股本为 6.29 亿股，皆为流通股（人民币普通股），股东总户数为 13053 户。公司控股股东贵人鸟集团（香港）有限公司，持有公司股份 4.16 亿股，持股比例 66.2%，公司实际控制人为林天福。贵人鸟重整前股权架构如图 2-2-1 所示。

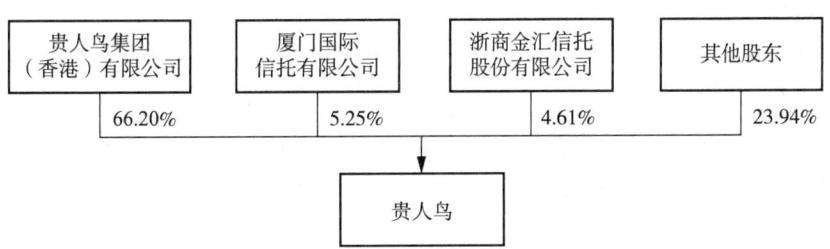

图 2-2-1　贵人鸟重整前股权架构

二、资产负债情况

(一) 资产负债情况总览

如表 2-2-1 所示，根据贵人鸟 2020 年半年报所披露的资产负债表，其账面价值为 40.98 亿元。贵人鸟账面资产主要包括应收账款、其他应收款、长期股权投资和固定资产等，根据福建中兴资产评估房地产土地估价有限责任公司出具的资产评估报告〔闽中兴评字（2021）第 YC30001 号〕，以 2020 年 8 月 31 日为评估基准日，按照清算价值法进行评估，贵人鸟资产评估总值为 16.92 亿元。

表 2-2-1 贵人鸟资产负债情况

资产/债权类型	资产（亿元）	负债（亿元）	净资产（亿元）	资产负债率（%）
账面价值/债权金额	40.98	43.26	−2.28	105.56
评估清算价值/债权金额	16.92	43.26	−26.34	255.67

截至 2021 年 4 月 23 日，共 165 家债权人向管理人申报了债权，债权申报的总额为 40.94 亿元。

在上述已申报债权中，已确认债权总额为 38.90 亿元，其中经债权人会议审查确认并由泉州中院裁定确认的债权共 125 家，总额 16.65 亿元；经管理人依法审查确认的债权共 31 家，总额 22.25 亿元。

经债权人会议审查确认并由泉州中院裁定确认的债权包括：有财产担保债权 3 家，确认数额 4.24 亿元；税款债权 1 家，确认数额 4961.90 万元；普通债权 123 家，确认债权数额 11.91 亿元。[1]

经管理人依法审查确认的债权包括：有财产担保债权 3 家，确认债权数额为 4.66 亿元；普通债权 29 家，确认债权数额 17.59 亿元。[2]

经管理人调查，贵人鸟职工债权总额 779.89 万元，涉及职工 1136 员。

因诉讼仲裁未决、需要补充证据材料等原因暂缓确认的债权申报总额为 1.84 亿元，涉及 9 家债权人。

经管理人初步调查梳理，截至债权申报期限届满，贵人鸟已知悉但未依法申报的债权总额 2.44 亿元。

综上，根据债权申报与审查情况、管理人对职工债权的调查情况以及公司债务信息等，贵人鸟经管理人审查确认、暂缓确认、未申报及职工债权的负债合计为 43.26 亿元。

（二）债权分类

截至 2021 年 4 月 23 日，根据《企业破产法》第八十二条的规定和债权审查确认情况，贵人鸟债权主要包括有财产担保债权、职工债权、税款债权、普通债权四类。

1. 有财产担保债权

经债权人会议审查确认并由泉州中院裁定确认及经管理人依法审查确认，有财产担保债权人已确认的债权金额共计 8.90 亿元。[3]

---

[1] 有 1 家债权人同时裁定有财产担保债权和普通债权，1 家债权人同时裁定税款债权和普通债权。
[2] 有 1 家债权人同时审查确认有财产担保债权和普通债权。
[3] 有 1 家债权人同时裁定有财产担保债权和普通债权，有 1 家债权人同时审查确认有财产担保债权和普通债权。

2. 普通债权

经债权人会议审查确认并由泉州中院裁定确认及经管理人依法审查确认，普通债权已确认的金额为 29.50 亿元。

3. 税款债权

经债权人会议审查确认并由泉州中院裁定确认，税款债权已确认的金额为 4961.90 万元。

4. 职工债权

经管理人调查，职工债权总额为 779.89 万元。

5. 其他债权

已向管理人申报的债权中，因诉讼未决、需要补充证据材料等原因暂缓确认的债权申报总额为 1.84 亿元，涉及 9 家债权人。

经管理人初步调查梳理，截至债权申报期限届满，贵人鸟已知悉但未依法申报的债权总额为 2.44 亿元。

（三）偿债能力分析

根据福建中兴资产评估房地产土地估价有限责任公司出具的偿债能力分析报告〔闽中兴评咨字（2021）第 VK30001 号〕，贵人鸟如破产清算，假定其财产均能够按照评估价值获得处置变现，财产清算价值仅为 16.92 亿元。按照《企业破产法》规定的清偿顺序，破产财产变现所得在支付必要的破产费用、共益债务、职工债权、税款债权后，普通债权清偿率仅为 15.86%。

三、重整基本情况

（一）重整背景

由于受到宏观经济下行、市场波动较大等因素的影响，加之传统运动鞋服行业受到电商行业的广泛冲击，传统贵人鸟品牌终端业务拓展乏力，公司经营业绩出现亏损，公司现金流越发紧张，难以按时偿还到期债务，公司逐渐陷入经营危机和债务危机。2018 年年报显示净亏损 6.94 亿元，2019 年年报显示净亏损 10.19 亿元。2020 年 4 月 30 日，因 2018 年度、2019 年度净利润为负值，深交所对公司股票实行退市风险警示。

（二）预重整／重整申请情况

2020 年 8 月 12 日，债权人奇皇星以公司不能清偿到期债务并且明显缺乏清偿能力为由，向泉州中院提出重整申请。

（三）重整申请受理情况

2020年9月4日，泉州中院做出决定书〔（2020）闽05破申18号〕，对贵人鸟启动预重整程序，预重整期限3个月。2020年12月8日，泉州中院做出民事裁定书〔（2020）闽05破申18号〕，裁定受理奇皇星对贵人鸟的重整申请，并于2020年12月11日指定贵人鸟清算组（清算组成员主要由泉州市、晋江市两级政府、中介机构组成）担任管理人，负责重整各项工作。

（四）重整管理模式

管理人管理财产和营业事务。

（五）重整大事记

2020年8月12日，债权人奇皇星以公司不能清偿到期债务并且明显缺乏清偿能力为由，向泉州中院提出重整申请。

2020年9月4日，公司收到泉州中院决定书〔（2020）闽05破申18号〕，决定对贵人鸟启动预重整程序。

2020年12月8日，泉州中院裁定受理奇皇星对贵人鸟的重整申请。

2020年12月11日，指定贵人鸟清算组担任管理人，负责重整各项工作。

2021年1月14日，贵人鸟重整案第一次债权人会议采用网络会议方式召开。

2021年3月16日，管理人发布贵人鸟管理人关于公开招募和遴选重整投资人的公告。

2021年4月1日，贵人鸟、管理人分别与泰富金谷及各方一致确认的其他重整投资人签署了《贵人鸟股份有限公司重整案重整投资协议》。

2021年4月23日，贵人鸟第二次债权人会议表决通过了《贵人鸟股份有限公司重整计划（草案）》。

2021年4月26日，泉州中院裁定批准重整计划，并终止贵人鸟重整程序。

2021年7月2日，贵人鸟收到泉州中院送达的民事裁定书〔（2020）闽05破26号之二〕，确认贵人鸟重整计划执行完毕。

四、重整计划的主要内容

（一）重整思路概述

（1）重整计划的主要思路为：对出资人权益进行调整，在重整前股本基础上进行资本公积转增股本，其中5.40亿股由重整投资人有条件受让，重整投资人受让股票所支付的现金对价，专项用于根据重整计划的规定清偿债务、支付相关重整费用及补充公司流动资金。4.03亿股通过以股抵债的形式用于清偿贵人鸟的债务。贵人鸟重整方案如图2-2-2所示。

（2）在重整投资人的协助下，贵人鸟将全面改善生产经营，主要从优化治理结构、降低成本、优化渠道、多元化运营模式及拓展新品牌业务等方面入手，全面改善生产经营，提高公司核心竞争力。

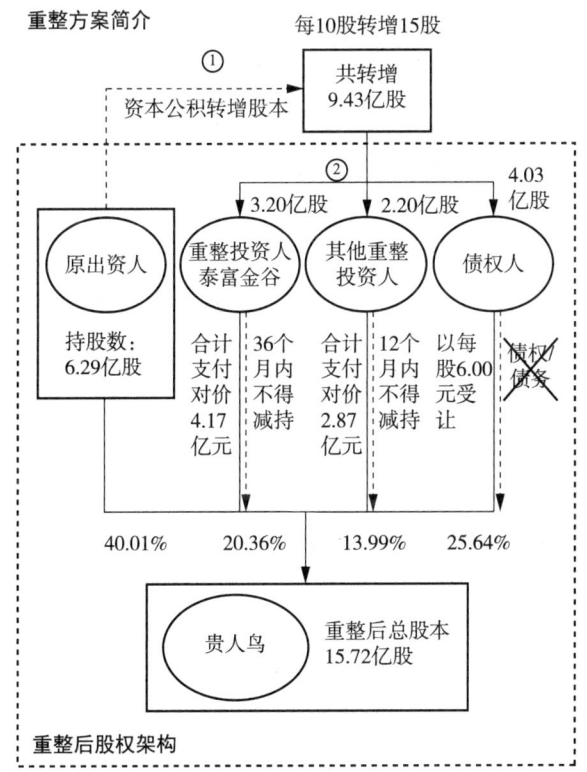

出资人权益调整方案

① 以贵人鸟现有总股本6.29亿股为基数，按每10股转增15股的比例实施资本公积转增股本，共计转增9.43亿股，全部为无限售流通股。转增后，公司股本从6.29亿股增至15.72亿股。

② 转增股票的分配如下：

- 3.20亿股由重整投资人泰富金谷以1.304元/股的对价受让，占转增后总股本的20.36%。泰富金谷承诺受让的转增股份自登记至其名下之日起36个月内不通过任何形式减持（包括但不限于集合竞价、大宗交易以及协议转让等各种方式）。

- 2.20亿股由其他重整投资人以1.304元/股的对价受让，其中高瑞、张丽丽、殷丽丽分别以8476万元取得贵人鸟A股6500万股，邹卫忠以3242万元取得贵人鸟A股2486万股。上述认购完成后，高瑞、张丽丽、殷丽丽、邹卫忠分别持有贵人鸟重整计划执行完毕后总股本的4.14%、4.14%、4.14%和1.58%。以上其他重整投资人承诺受让的转增股份自登记至其名下之日起12个月内不通过任何形式减持（包括但不限于集合竞价、大宗交易以及协议转让等各种方式）。重整投资人支付的对价主要用于根据重整计划的规定清偿债务、支付重整费用及补充公司流动资金等。

- 剩余4.03亿股用于清偿贵人鸟债权，对价为6.00元/股。

图2-2-2 贵人鸟重整方案示意图

（二）投资人及投资方案介绍

管理人于2021年3月16日发布《贵人鸟股份有限公司管理人关于公开招募和遴选重整投资人的公告》，于2021年3月29日向报名期间唯一报名者泰富金谷送达《关于重整投资人资格确认通知书》，并于2021年3月30日发布《贵人鸟股份有限公司管理人关于招募和遴选重整投资人的进展公告》，确认泰富金谷为贵人鸟的重整投资人。同时，根据泰富金谷的报名材料，贵人鸟、管理人与各方一致确认的其他重整投资人于同日签署了《贵人鸟股份有限公司重整案重整投资协议》，确认高瑞、张丽丽、殷丽丽、邹卫忠作为其他重整投资人。

泰富金谷以合计 4.17 亿元取得贵人鸟 A 股股票不少于 3.20 亿股。泰富金谷承诺受让的转增股份自登记至其名下之日起 36 个月内不通过任何形式减持。泰富金谷成立于 2019 年 11 月，主要运营农达网，是一家粮食贸易流通产业的第三方供应链服务平台，注册资本 5.20 亿元，实际控制人为李志华。

高瑞、张丽丽、殷丽丽、邹卫忠作为重整投资人以合计 2.87 亿元取得贵人鸟 A 股股票不少于 2.20 亿股。其中高瑞、张丽丽、殷丽丽以人民币 8476 万元取得贵人鸟 A 股 6500 万股，邹卫忠以 3242 万元取得贵人鸟 A 股 2486 万股。以上其他重整投资人承诺受让的转增股份自登记至其名下之日起 12 个月内不通过任何形式减持。

上述认购完成后，泰富金谷、高瑞、张丽丽、殷丽丽、邹卫忠分别持有贵人鸟重整计划执行完毕后总股本的 20.36%、4.14%、4.14%、4.14% 和 1.58%。

泰富金谷同其他重整投资人不存在一致行动意愿和安排，不存在《上海证券交易所股票上市规则》中规定的关联关系，不存在《上市公司收购管理办法》中规定的构成一致行动人的情形。

重整投资人支付的对价将主要用于清偿重整计划规定的应当以现金方式清偿的债务、支付重整费用及补充公司流动资金。

重整投资人已在 2021 年 5 月 12 日前支付完毕全部重整投资款 7.04 亿元。

（三）出资人权益调整方案

以贵人鸟现有总股本 6.29 亿股为基数，按照每 10 股转增 15 股的比例实施资本公积转增股本，共计转增 9.43 亿股股票。转增后，贵人鸟总股本将增至 15.72 亿股。前述转增股票不向原股东分配，其中 5.40 亿股由重整投资人以支付现金为条件受让，其中泰富金谷将以 4.17 亿元受让 3.20 亿股股票，其他重整投资人将以 2.87 亿元受让 2.20 亿股股票。受让对价均为 1.304 元/股。

（四）债权调整及受偿方案

1. 有财产担保债权调整及受偿

经管理人审查，截至 2021 年 4 月 23 日，有财产担保债权人共 6 家，债权金额 8.90 亿元。贵人鸟对有财产担保债权在担保财产评估值范围内优先受偿的部分予以留债，超出担保财产评估价值范围的债权按照普通债权受偿方案受偿。其中留债延期受偿方式具体如下。

（1）留债期限：3 年，自泉州中院裁定批准重整计划之日起计算。

（2）还款安排：自泉州中院裁定批准重整计划之日起计算清偿期限，即自泉州中院裁定批准重整计划之日起满一年为第一还款年度；自泉州中院裁定批准重整计划满一年之日起至满二年之日为第二还款年度；自泉州中院裁定批准重整计划满二年之日起至满三年之日为第三还款年度。第一还款年度清偿留债数额的20%，第二还款年度清偿留债数额的30%，第三还款年度清偿留债数额的50%。利息以未偿留债数额为计算基数。

（3）还款时间：留债期间每还款年度届满前10日为结息日，结息日的次日为付息还款日。

（4）留债利率：按结息日前最近一期全国银行间同业拆借中心公布的5年期LPR确定每还款年度留债利率。

（5）担保方式：留债期间担保财产抵押/质押担保关系不发生变化，在贵人鸟按照重整计划的规定清偿完毕全部有财产担保债权后，有财产担保债权人不再就担保财产享有优先受偿权，并应立即解除对担保财产设定的抵押/质押手续。未及时办理解除抵押/质押手续的，不影响担保物权的消灭。若处置担保财产，则相应有财产担保债权人在其留债余额范围内，就处置担保财产所获价款享有优先受偿权。

2. 职工债权调整及受偿

经管理人审查确认的职工债权组债权人有1136家，为779.89万元，不做调整，将由贵人鸟在重整计划执行期间以现金方式全额清偿。

3. 税款债权调整及受偿

税款债权达4961.90万元，不做调整，将由贵人鸟在重整计划执行期间以现金方式全额清偿。

4. 普通债权调整及受偿

普通债权组的债权总额为29.50亿元，共计152家债权人。普通债权在经泉州中院裁定确认后，由贵人鸟在重整计划执行期限内按照普通债权人每100元分得16.67股上市公司股票清偿，股票的抵债价格为6元/股，该部分债权的清偿比例为100%。

贵人鸟控股的企业中，存在部分企业对贵人鸟享有关联债权。为使得贵人鸟可以集中偿债资源清偿非关联债权，在此次重整过程中，前述关联债权的清偿安排劣后于非关联债权，在非关联债权按照重整计划的规定清偿完毕之前，不对该等关联债权进行清偿。在重整计划执行完毕公告之日起满3年后，根据重整计划中预留偿债资源届时的执行情况，由贵人鸟与关联公司协商确定该等关联债权的清偿安排。

5. 预计债权调整及受偿

对于因诉讼仲裁尚未终结事项暂缓确认的债权，在经泉州中院裁定确认后，可以要求贵人鸟按照重整计划中规定的同类债权清偿方案进行清偿。

对于因债权人尚未提供补充证据材料、债权人提出异议等非诉讼仲裁未决事项暂缓确认的债权，在经泉州中院裁定确认后，可以要求贵人鸟按照重整计划中规定的同类债权清偿方案进行清偿。

对于未依法申报的债权，如债权权利应受法律保护，在重整计划执行期间不得行使权利，但可以在重整计划执行完毕后要求贵人鸟按照重整计划中规定的同类债权清偿方案进行清偿。

6. 偿债资金及股票来源

贵人鸟按照重整计划的规定支付重整费用并清偿各类债权所需的资金及股票，包括以下几种：

（1）执行重整计划过程中，通过实施出资人权益调整方案所获得的部分转增股票。

（2）重整投资人受让转增股票所支付的现金对价。

（3）贵人鸟生产经营活动所产生的现金流。

7. 债务清偿顺序

如图 2-2-3 所示，模拟破产清算下普通债权清偿率是假定公司在破产清算条件下的偿债能力分析，主要来源于公司披露的偿债能力分析报告。而重组后清偿率是假定公司在重整条件下的名义清偿率。可以看出，重整后的债权清偿率情况，比清算状态

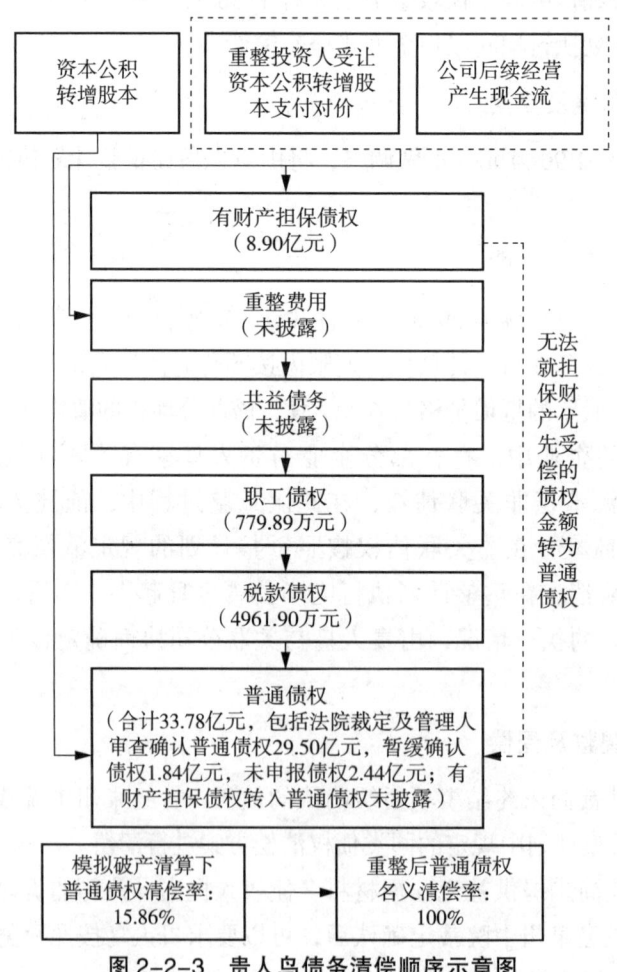

图 2-2-3 贵人鸟债务清偿顺序示意图

下的清偿率有一定提升。

重整计划披露的偿债方案显示，普通债权人按照100元普通债权分得16.67股上市公司股票，以6.00元/股的抵债价格进行股票清偿，因此重整后普通债权的名义清偿率为100%。

（五）未来经营方案

贵人鸟将通过重整程序引入在资金支持等方面具有明显背景优势的重整投资人。在重整投资人完成对贵人鸟的投资后，贵人鸟将聚焦运动鞋服的设计、研发、生产和销售等主营业务，通过注入流动资金、梳理经营渠道、运营新品牌、加强内部管理与控制、降低成本等措施，从根本上改善公司生产经营情况，提升品牌知名度和市场占有率，使贵人鸟成为经营稳健、运营规范、业绩优良的上市公司。

1. 全面改善公司运营

在重整投资人的协助下，贵人鸟将全面改善生产经营，主要从优化治理结构、降低成本、优化渠道、多元化运营模式及拓展新品牌业务等方面入手，全面改善生产经营，提高公司核心竞争力。

（1）优化治理结构。

一是完善内部决策机制。公司将严格遵守相关法律法规规定，持续规范完善内部决策机制，不断改善公司治理结构，进一步优化公司内部管理体系，做到分工明确、各司其职；同时，通过外部招聘广泛搜寻，内部培养与推荐、定向考核等方式不断选拔优质管理人才，延续公司管理团队的高职业素养，建立高效的科学决策程序，促进公司决策的程序性、效率性、优质性、长效性。

二是优化管理团队，改善法人治理机制。公司将推行"利益引导、绩效考核、持续培训、道德规范"的方针，不断优化管理团队；通过建立合理的激励机制，激发管理团队的履职能动性；通过年度、季度或者月度的绩效考核，严格要求管理团队潜心持续发展经营公司，对于绩效长期无法达标的管理人员实行轮岗、处罚、淘汰等警示手段；对管理团队长期进行定期或不定期培训，使管理团队在管理水平、专业水平、知识水平、道德水平等多方面均符合公司的长远发展要求。

（2）降低成本。

一是降低财务成本。公司前期通过银行借款、发行公司债券等方式融资，导致财务风险加大，2017—2019年各年度财务费用分别为2.28亿元、2.33亿元及1.48亿元。通过司法重整程序，贵人鸟将全面化解历史债务负担。在此基础上，贵人鸟将在后续经营过程中，通过强化财务审批制度、优化内部成本等方式严格控制带息负债的规模，进一步节约财务成本。

二是降低采购成本。通过司法重整程序，公司的财务状况将大幅改善，与供应商的议价能力将大幅提升，届时公司将全面重新梳理供应商体系，引入供应商报价机制，由采购团队对供应商进行评估,在保证原材料质量的同时,选择报价较低的供应商作为重点合作伙伴,切实降低采购成本。

(3)优化渠道。

公司拟通过如下两种途径优化公司销售渠道:一是关闭亏损店铺,全面实行经销商代理模式,将原始直联营店铺全部转为由经销商运营,并扩大经销商规模,缩小各个经销商的区域代理范围。通过对各个省份经营数据的分析,将原本"一省一经销商"模式变更为"一省多经销商"模式,实现由省级代理向市级代理转变,降低对下游经销商的依赖及下游客户的集中度,提升对经销商的话语权。截至2020年6月底,已关闭亏损店铺390家,并于2020年底之前完成直联营店铺向经销商代理模式的转变。

二是重点拓展线上销售渠道,充分利用"名鞋库"这一优质电商平台,提升贵人鸟电商运营能力;同时,充分结合直播带货、粉丝经济等新型营销模式,扩大贵人鸟品牌的线上销售规模。

(4)多元化运营模式。

在拓展贵人鸟品牌业务的同时,公司将持续拓展国际品牌的代加工业务,继续深化与国际品牌的业务合作关系,扩大业务订单规模,提升公司的产能利用率,促进经营效益的提升。

(5)拓展新品牌业务。

贵人鸟品牌的市场布局主要聚焦于国内三、四线城市及一、二线城市郊区地带,随着国际服装品牌市场的下沉影响不断加大,公司面临的市场竞争环境越发激烈。为此,公司将在巩固和提升贵人鸟品牌市场占有率的同时,逐步加大对AND1、PRINCE两个新品牌的运营推广。

2. 主营业务的发展规划

(1)运动鞋服行业市场现状。

一是得益于政策支持,运动鞋服行业持续快速发展。

2014年,国务院发布《关于加快发展体育产业促进体育消费的若干意见》,首次将全民健身上升到国家战略,提出到2025年要建立起完善的门类齐全的体育产业体系,同时让市场机制完善起来,刺激消费需求,体育产业总规模超过5万亿元,使其成为推动经济社会持续发展的重要力量,并且强调要积极支持体育用品制造业创新发展,采用新工艺、新材料、新技术,提升传统体育用品的质量水平,提高产品科技含量。2019年1月15日,国家体育总局及国家发展改革委发布《关于进一步促进体育消费的行动计划(2019—2020年)》,提出到2020年全国体育消费总规模达到1.50万亿元,人均体育消费支出占消费总支出的比重显著上升。

在多项利好政策的引导下,我国体育行业产值和增加值都在不断增长。欧睿

（Euromonitor）数据显示，从全球范围看，由于新兴市场国家消费基数低，结合居民收入快速增长、运动和健康意识提升，运动鞋服市场规模快速上升，从2007—2017年运动鞋服规模复合增速对比来看，中国增速位居全球第二，复合增速高达10.40%。同时，根据Euromonitor，2017—2022年中国运动鞋服市场将加速增长，年复合增速将达到10.90%，成为国内鞋服领域的增长引擎。

二是行业市场空间巨大。中国目前为全球第二大运动鞋服消费市场，但与发达国家相比，我国人均拥有运动鞋量较低。目前中国人均运动鞋拥有量为0.40双，距美国人均4.30双、欧洲3.70双、日本4.40双相差甚远，因此拥有巨大的提升空间。同时，随着体育产业的发展，人均可支配收入的不断提升，以及运动健康意识的不断提高，我国运动鞋服市场将迎来巨大的市场空间。

（2）公司主营业务发展规划。

在巩固现有贵人鸟传统运动鞋服业务及完善和提升线下销售渠道的基础上，公司将进一步加强和互联网商业平台的合作，通过线下线上互动，强化品牌运营，做大做强贵人鸟品牌。同时，公司将逐步加大AND1、PRINCE品牌的投入和推广，提升品牌溢价能力，以进入中高端市场，努力把贵人鸟拓展成为多品牌、多市场、多渠道的运动鞋服企业。

一是聚焦三、四线城市。作为中国运动鞋服行业的知名品牌，贵人鸟主要聚焦于国内三、四线城市及一、二线城市郊区地带。根据可得咨询（Wind）数据统计，与一线城市相比，二、三、四线城市的人均鞋服支出仍有较大提升空间，且一线城市人均鞋服开支分别为二、三、四线城市的1.50倍、2.40倍、4.00倍。二、三、四线城市人均可支配收入的提升，将带动人均鞋服消费的提升，从而为公司创造巨大的市场机遇。

二是加强互联网商业平台合作。近年来，传统运动鞋服行业受到电商行业的广泛冲击，导致传统运动鞋服行业出现经营危机。公司将充分利用"名鞋库"这一优质电商平台，提升贵人鸟电商运营能力。同时，扩大与其他电商平台的合作，利用直播带货、粉丝经济等新型营销模式，巩固并提升公司品牌的知名度及市场份额。

三是加强研发水平提升。公司传统贵人鸟品牌坚持自主研发设计，以确保贵人鸟"运动快乐"的品牌理念在产品中充分体现，未来公司将加强研发团队建设并加大研发投入，引进高水平团队优化现有团队，扩编企划、设计研发团队，进一步增强公司的鞋服设计能力，从而更加贴合市场需求。

四是推广AND1、PRINCE品牌。据2016中国体育产业消费趋势，从2013—2015年的消费趋势来看，基础性体育用品消费比重呈现明显下降的态势，而专类化体育消费正在崛起。目前公司已经获得AND1、PRINCE品牌在中国地区使用的授权，其中AND1、PRINCE将分别以篮球运动、网球运动作为品牌核心，并融入时尚潮流元素，以打造专类化运动鞋服领域的知名品牌。同时，为降低新品牌运营带来的不确定风险，针对 AND1 品牌，公司将以电商运营为重点，在取得一定成效之后，逐步布局线下运营；针对 PRINCE 品牌，公司将积极引入品牌战略合作伙伴，与品牌战略合作伙伴共同推进对 PRINCE 的市场运营，从而降低公司的运营风险。

五、重整计划的表决与批准

（一）债权人会议表决

贵人鸟第二次债权人会议于 2021 年 4 月 23 日上午 9 时 30 分以网络会议形式召开，由债权人分组表决并通过了《贵人鸟股份有限公司重整计划（草案）》。

1. 有财产担保组

出席第二次债权人会议的有财产担保债权人共 6 家，其所代表的有财产担保债权金额为 8.90 亿元，其中，出席会议并表决同意重整计划草案的债权人共 5 家，占出席会议的该组债权人的 83.33%，其所代表的债权金额为 7.34 亿元，占该组债权总额的 82.47%。因此，有财产担保债权组表决通过重整计划。

2. 普通债权组

出席第二次债权人会议的普通债权人共 124 家，其所代表的普通债权金额为 29.18 亿元，其中出席会议并表决同意重整计划草案的债权人共有 96 家，占出席会议普通债权人数的 77.42%，其所代表的普通债权额为 25.29 亿元，占普通债权总额的 86.67%。因此，普通债权组表决通过重整计划。

（二）出资人组会议表决

公司于 2021 年 4 月 23 日下午 2 时 30 分通过现场投票和网络投票相结合的方式召开出资人组会议，会议表决通过了《贵人鸟股份有限公司重整计划（草案）之出资人权益调整方案》。

出席出资人组会议的出资人或其代理人共计 14 人，持表决权的股份共计 4.29 亿股，占公司股份总数的 68.24%。其中，出席现场会议的出资人或其代理人共 2 人，代表股份数合计 4.27 亿股，占公司有表决权股份总数的 67.87%；通过网络投票参与会议的出资人共 12 人，代表股份数合计 233.06 万股，占公司有表决权股份总数的 0.37%。

出资人组会议以现场投票与网络投票相结合的方式对出资人权益调整方案进行了表决，表决情况为：出席出资人组会议的有效表决权股份总数为 4.29 亿股，占贵人鸟总股本的 68.24%，其中同意 4.29 亿股，占出席会议所有出资人所持股份的 99.99%。根据《中华人民共和国公司法》与《企业破产法》的相关规定，贵人鸟出资人组会议表决通过出资人权益调整方案。

（三）重整计划批准

2021年4月26日，泉州中院裁定批准重整计划，批准裁定文件为民事裁定书〔（2020）闽05破26号〕。

六、重整计划的执行与监督

（一）执行和监督的主体

重整计划经法院裁定批准后，由贵人鸟负责执行，管理人负责监督重整计划的执行。

重整计划执行监督期内，贵人鸟应当接受管理人的监督，及时向管理人报告重整计划的执行情况、公司财务状况、重大经营决策、重要资产处置等事项。

（二）执行和监督期限

重整计划的执行期限自重整计划获得法院裁定批准之日起计算，贵人鸟应当于2021年6月30日前执行完毕。在此期间，贵人鸟应当严格依照重整计划的规定清偿债务，并随时支付重整费用。如因非贵人鸟自身原因，致使重整计划无法在上述期限内执行完毕，贵人鸟应于执行期限届满前，向法院提交延长重整计划执行期限的申请，并根据法院批准的执行期限继续执行。

重整计划提前执行完毕的，执行期限在泉州中院裁定重整计划执行完毕之日到期。

重整计划执行的监督期限与执行期限一致。

监督期届满或者贵人鸟提前执行完重整计划的，管理人将向法院提交监督报告，自监督报告提交之日起，管理人的监督职责终止。

（三）执行的措施

1. 执行完毕的标准

下列条件全部满足并由管理人出具重整计划执行情况的监督报告后，视为执行完毕：

（1）职工债权、税款债权、普通债权已经按照债权调整和清偿方案获得清偿、提存和预留，债权人未领受的分配额已经按照重整计划的规定予以提存，根据重整计划的规定应当支付的重整费用已经支付完毕。

（2）根据重整计划的规定用于引入重整投资人的转增股票已经划转至重整投资人指定的证券账户。

就上述重整计划执行工作，自重整投资人将重整计划用于偿债的资金支付至管理人账户且泉州中院向中证登上海分公司出具协助执行通知之日起，即可视为重整计划执行结果的重大不确定性因素已经消除。此外，债权人与贵人鸟另行达成清偿协议且不损害其他债权人利益的，可视为债权人已按照重整计划的规定获得清偿。

2. 关于重整计划生效的条件

依据《企业破产法》第八十四条至第八十七条之相关规定，在债权人会议、出资人组会议表决通过并经法院裁定批准，或债权人会议、出资人组会议表决虽未通过但经申请法院裁定批准后生效。重整计划生效后，对债务人、全体债权人和出资人均具有法律约束力。

3. 偿债资源的分配

偿债的资金和股票原则上以银行转账、股票划转的方式向债权人进行分配，尚未提供领受偿债资源所需的银行账户、证券账户的债权人，请在重整计划获法院裁定批准后按照管理人指定格式书面提供领受偿债资源的银行账户、证券账户信息；未提供以及无法通知到的债权人将提存其分配额，由此产生的法律后果由相关债权人自行承担。

因债权人自身和/或其代理人、关联方的原因，导致偿债资源不能到账，或账户信息错误、账户被冻结、扣划等原因所产生的法律后果由相关债权人自行承担。

债权人可以指令将偿债资源支付/划转至债权人指定的、由该债权人所有/控制的账户或其他主体所有/控制的账户内，但因该指令导致偿债资源不能到账，以及由该指令导致的法律纠纷和市场风险由相关债权人自行承担。

4. 财产保全措施的解除

根据《企业破产法》第十九条的规定，人民法院受理破产申请后，有关债务人财产的保全措施应当解除。尚未解除对贵人鸟财产保全措施的债权人，应当在重整计划获得法院批准后5个工作日内协助办理完解除财产保全措施的手续。在债权人办理完解除财产保全措施的手续之前，管理人有权暂缓向相关债权人根据重整计划进行清偿。因相关债权人不配合导致无法按期根据重整计划受偿的，不视为重整计划未能执行完毕。此外，如债权人未能在前述规定期限内协助办理解除措施，管理人或贵人鸟有权向泉州中院申请依照重整计划的规定予以强制解除。如因债权人原因未能及时解除对贵人鸟财产的保全措施而影响公司重整计划执行或对公司生产经营造成影响及损失的，由相关债权人向公司及相关方承担法律责任。

5. 重整费用和共益债务的支付

贵人鸟重整费用包括重整案件受理费、管理人报酬、聘请中介机构的费用、转增股票登记税费、股票过户税费及管理人执行职务的费用等。其中，重整案件受理费、管理人报酬、聘请中介机构的费用，在重整计划执行期间根据《诉讼费用缴纳办法》、《最高人民法院关于审理企业破产案件确定管理人报酬的规定》及合同约定通过管理人银行账户支付，贵人鸟转增股票登记及过户税费、管理人执行职务的费用及其他重整费用根据重整计划执行实际情况由管理人银行账户随时支付。该部分预估费用如有剩余，管理人将剩余部分划入贵人鸟银行账户用于补充公司流动资金。

共益债务包括但不限于因继续履行合同所产生的债务、为继续营业而支付的劳动报酬和社会保险费用以及由此产生的其他债务，由贵人鸟按照《企业破产法》相关规定随时清偿。

6. 偿债资源的预留、提存及处理

（1）对于已经泉州中院裁定确认的债权人未按照重整计划的规定领受偿债资源的，根据重整计划应向其分配的资金、股票将提存至管理人指定的银行账户、证券账户。上述提存的偿债资源自重整计划执行完毕公告之日起满3年，债权人仍不领取的，视为放弃领受偿债资源的权利。重整计划执行人应当将提存的资金在扣除相关费用后用于补充公司流动资金，提存的股票可由重整计划执行人选择注销或者在二级市场上出售变现后，用于补充公司流动资金。

（2）对于因诉讼仲裁未决、债权人异议等事项导致管理人暂时无法做出审查结论的债权，以最终确认的债权金额为准，在经泉州中院裁定确认后，按照重整计划规定的同类债权清偿方案受偿。按照重整计划已预留的偿债资源在清偿该等债权后若仍有剩余，剩余的偿债资金将用于补充公司流动资金，剩余的偿债股票可由重整计划执行人选择注销或者在二级市场上出售变现，用于补充公司流动资金。

（3）对于贵人鸟已知悉但未依法在债权申报期限内申报的债权，如债权权利应受法律保护，以最终确认的债权金额为准，按照重整计划规定的同类债权清偿方案受偿。按照重整计划已预留的偿债资源在清偿该等债权后仍有剩余的，剩余的偿债资金将用于补充公司流动资金，剩余的偿债股票可由重整计划执行人选择注销或者在二级市场上出售变现后补充公司流动资金。

7. 转让债权的清偿

债权人在重整申请受理日（2020年12月8日）后依法对外转让债权的，受让人按照原债权人根据重整计划就该笔债权可以获得的受偿资源受偿；债权人向两个及以上的受让人转让债权的，偿债资源向受让人按照其受让的债权比例分配。

8. 资产处置事项

重整程序若为进一步夯实资产质量、改善贵人鸟资产负债结构并提升公司盈利能力而涉及财产处置事宜的，在报经泉州中院备案后，管理人及贵人鸟可以根据《企业破产法》及《贵人鸟股份有限公司重整案财产管理及变价方案》相关规定，原则上采取公开拍卖的方式进行处置。

七、重整计划顺利实施的预期效果

重整计划如能顺利实施，预计将产生以下结果：

（1）法人资格继续存续，仍是一家股票在上交所上市的股份公司。

（2）重整前产生的负债获得妥善安排。重整计划实施完毕后，贵人鸟的债务获得较高比例清偿，实现各方共赢。

（3）立足核心业务充分利用重整投资人资源和优势。重整完成后，贵人鸟主要金融和经营性负债将得到有效化解，并留有一定的流动资金用于后续生产经营恢复。

在重整投资人完成对贵人鸟的投资后，公司将聚焦运动鞋服的设计、研发、生产和销售等主营业务，通过注入流动资金、梳理经营渠道、运营新品牌、加强内部管理与控制、降低成本等措施，从根本上改善公司生产经营情况，提升品牌知名度和市场占有率，使贵人鸟成为经营稳健、运营规范、业绩优良的上市公司。

案例 3　中孚实业重整案例解析[①]

背景

河南中孚实业股份有限公司（以下简称"中孚实业"或"公司"）是 A 股有色金属板块上市公司，成立于 1997 年 1 月 28 日，重整前总股本 19.61 亿股。铝业为国民经济中的重要产业，在近年来国内铝行业整顿、竞争加剧的过程中，中孚实业形成以铝及铝精深加工为主体的产业链条，但快速的扩张叠加 2018—2020 年金融大环境收紧、行业周期性波动等原因，公司短期债务规模大、融资途径受阻，陷入流动资金紧张的局面。2020 年 10 月 13 日，债权人郑州市丰华碳素有限公司（以下简称"丰华碳素"）申请对公司重整。郑州市中级人民法院（以下简称"郑州中院"或"法院"）于 2020 年 12 月 11 日依法裁定受理中孚实业重整，并指定中孚实业清算组担任管理人（以下简称"管理人"）。2021 年 8 月 10 日，郑州中院裁定批准重整计划。2021 年 12 月 29 日，郑州中院裁定确认中孚实业重整计划已执行完毕。

方案要点

1. 出资人权益调整

以中孚实业现有总股本 19.61 亿股为基数，按照每 10 股转增 10 股的比例实施资本公积转增股本，共计转增 19.61 亿股股票（最终转增的准确股票数量以中证登上海分公司实际登记确认的数量为准），转增后，中孚实业总股本增加至 39.22 亿股。

上述转增股票不向原股东分配，其中 11.63 亿股分配给中孚实业及中孚实业五家子公司的债权人用于清偿债务，剩余 7.98 亿股股票由管理人进行附条件公开处置，股票处置所得用于支付破产费用、偿还共益债务、清偿债务及补充流动资金等。

2. 债权清偿方案

（1）有财产担保债权调整及受偿。有财产担保债权在担保财产评估值范围内优先受偿。其中，有财产担保债权对应质押保证金的，由相应的质押保证金优先清偿，未

[①] 本案例解析的内容主要根据河南中孚实业股份有限公司 2021 年 8 月 11 日公布的《河南中孚实业股份有限公司重整计划》整理而成。

能受偿的部分将按照普通债权受偿方案获得清偿。有财产担保债权以担保财产评估值为限，由中孚实业在重整计划获得法院裁定批准之日起 10 年内以现金方式予以留债分期清偿，按上述评估值留债分期清偿后，未能受偿的部分将按照普通债权受偿方案获得受偿。

（2）普通债权调整及受偿。每家债权人 20 万元以下（含本数）部分在重整计划执行期间以现金方式一次性全额清偿。

超过 20 万元部分的债权清偿方式。金融类普通债权通过以股抵债的方式清偿。每 100 元普通债权分得 7.78 股中孚实业股票，股票抵债的价格为 12.86 元/股，该部分债权清偿比例为 100%。非金融类债权包括有息债权和无息债权，具体清偿安排如下：非金融类有息债权本金部分按照金融类普通债权清偿方案通过以股抵债方式进行清偿。本金以外的利息、违约金等部分以现金方式留债 5 年分期清偿，留债期间不计利息，每年度最后一个月的 20 日偿还留债金额的 20%。非金融类无息债权可选择债权金额的 60% 在重整计划执行期间以现金方式一次性清偿，或全部以现金方式予以留债分期清偿，留债期限 5 年，留债期间不计利息，每年度最后一个月的 20 日偿还留债金额的 20%。

3. 转增股票公开处置

管理人通过公开征集意向受让方，确定原控股股东河南豫联能源集团有限责任公司（以下简称"豫联集团"）以 6.15 亿元的对价有条件以受让 4.00 亿股股票，价格为 1.54 元/股；联合受让方河南怡诚创业投资集团有限公司（以下简称"河南怡诚"）以 3.29 亿元的对价有条件受让 2.14 亿股股票，1.54 元/股；嘉兴航富股权投资合伙企业（有限合伙）（以下简称"嘉兴航富"）以 2.85 亿元的对价有条件受让 1.84 亿股股票，1.54 元/股。

4. 协调审理

中孚实业五家子公司河南中孚电力有限公司（以下简称"中孚电力"）、河南中孚铝业有限公司（以下简称"中孚铝业"）、河南中孚炭素有限公司（以下简称"中孚炭素"）、林州市林丰铝电有限责任公司（以下简称"林丰铝电"）、安阳高晶铝材有限公司（以下简称"安阳高晶"）（以上五家公司联合简称"五家子公司"）已进入重整程序。中孚实业五家子公司作为中孚实业的重要子公司，是整体重整方案偿债资源的重要来源。为使中孚实业五家子公司继续保留在中孚实业体系内，在重整计划获得各表决组表决通过的基础上，中孚实业出资人将提供部分转增股票以清偿中孚实业五家子公司债务，化解中孚实业五家子公司的债务风险。

一、公司基本信息

（一）公司及业务简介

中孚实业前身是始建于 1975 年的巩县电厂，是全国最早的地方坑口电厂之一。中孚实业成立于1997年1月28日,注册地址为河南省巩义市新华路31号,法定代表人为崔红松。公司于2002年6月26日于上海证券交易所上市。

经营范围包括铝材的生产、销售,氧化铝、煤炭、炭素制品的销售,本企业生产相关的原辅材料、机械设备、仪器仪表、零配件的销售,城市集中供热,经营本企业相关产品及技术的进出口业务,经营本企业的进料加工和"三来一补"业务。

根据公司2020年年报,公司营业收入为81.80亿元,净利润为-25.93亿元,毛利率为19.14%,净利率为-31.70%。

(二)重整前股权架构

截至2021年3月31日,中孚实业总股本为19.61亿股,公司控股股东豫联集团持有公司10.77亿股,持股比例54.93%。豫联集团与厦门豫联投资合伙企业(有限合伙)是一致行动人,合计持有中孚实业11.48亿股,占公司总股本为58.51%。公司实际控制人为Vimetco N.V.、张志平和张高波。中孚实业重整前股权架构如图2-3-1所示。

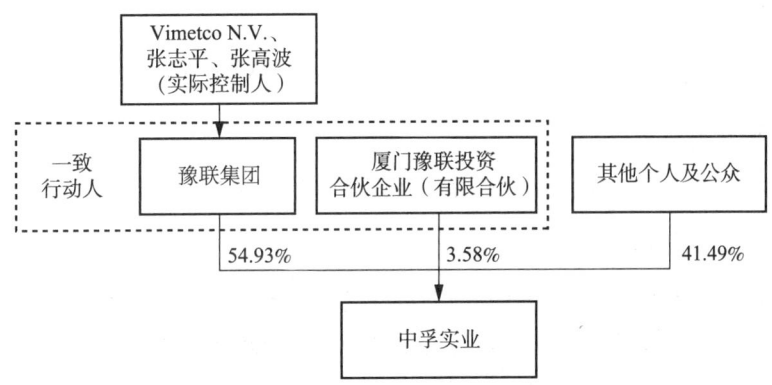

图2-3-1 中孚实业重整前股权架构

二、资产负债情况

(一)资产负债情况总览

根据中孚实业2020年半年报所披露的资产负债表,其账面价值为154.93亿元。如表2-3-1所示,根据资产评估机构出具的评估报告,以重整申请受理日2020年12月11日为评估基准日,按清算价值进行估值,中孚实业的清算价值为39.09亿元,包括流动资产22.83亿元,非流动资产16.26亿元。

表2-3-1 中孚实业资产负债情况

资产/债权类型	资产(亿元)	负债(亿元)	净资产(亿元)	资产负债率(%)
账面价值/债权金额	154.93	163.90	-8.97	105.79
评估市场价值/债权金额	39.09	163.90	-124.81	419.29

截至 2021 年 6 月 8 日，债权申报总额为 167.19 亿元。

已申报债权中，已经管理人初步审查确认的债权总额 155.50 亿元。其中，有财产担保债权确定金额 49.71 亿元，普通债权确定数额 105.56 亿元，建设工程优先受偿权确定债权金额合计 5 万元，社保债权确定的金额合计 2327.74 万元。

经管理人调查，职工债权总额为 1215.86 万元。

经管理人审查，暂缓确认的债权总额为 8.28 亿元。

经管理人审查，不予确定的债权金额为 6767.97 万元。

综上，根据债权申报与审查情况、管理人对职工债权的调查情况以及公司债务信息等，中孚实业经管理人审查确认、暂缓确认及职工债权的负债合计为 163.90 亿元。

（二）债权分类

根据《企业破产法》第八十二条的规定和债权审查确认情况，中孚实业债权主要包括职工债权、社保债权、有财产担保债权、普通债权四类。

1. 职工债权

经管理人调查公示，中孚实业职工债权金额为 1215.86 万元。

2. 社保债权

经管理人审查，中孚实业欠付社保机构的社保债权金额为 2327.74 万元。

3. 有财产担保债权

经管理人初步审查确认，中孚实业有财产担保债权总金额为 49.71 亿元，包括债权人就特定财产设定担保的债权 49.71 亿元和建设工程价款优先受偿权 5 万元。

4. 普通债权

经管理人初步审查确认，普通债权总额为 105.56 亿元。

5. 其他债权

暂缓确认债权：已向管理人申报的债权中，因存在未决诉讼等情况暂缓确认债权金额为 8.28 亿元。

（三）偿债能力分析

根据评估机构出具的偿债能力分析报告，假定在裁定受理日中孚实业进入破产清算程序且其财产均能够按评估价值变现，按照《企业破产法》规定的清偿顺序，担保财产变现所得优先用于清偿有财产担保债权，其他部分及非担保财产变现所得在支付破产费用及共益债务，并全额清偿职工债权、社保债权后，剩余财产用于清偿普通债权。在前述清偿顺序下，中孚实业在假定清算状态下普通债权清偿率为 13.74%。

三、重整基本情况

（一）重整背景

中孚实业是以铝精深加工为主体、拥有煤电铝全产业链的大型现代化国际企业。近年来，因公司短期债务规模大、融资途径受阻等原因，公司陷入流动资金紧张的局面，偿债能力较弱。审计师北京兴华会计师事务所（特殊普通合伙）对公司2019年度财务报告出具了带"与持续经营相关的重大不确定性"事项段的无保留意见的审计报告。与此同时，中孚实业下属五家重要的子公司中孚电力、中孚铝业、中孚炭素、林丰铝电、安阳高晶相继被债权人向法院申请重整。

中孚实业产业链完整，在铝精深加工方面具有很强的市场竞争力，具备良好的市场前景。若通过重整优化其资本结构、化解债务问题、提升经营效率，则可以有效提升企业价值，可较好地保障债权人、企业职工及受让方的合法权益，维护社会稳定。中孚实业的重整工作得到了河南省人民政府、郑州市人民政府、巩义市人民政府，以及最高人民法院、河南省高级人民法院、郑州中院的高度重视和大力支持。

（二）预重整／重整申请情况

2020年10月13日，债权人丰华碳素以公司不能清偿到期债务并且明显缺乏清偿能力，但具有重整价值为由，向郑州中院提出重整申请。

2020年11月10日，河南省国能建设集团有限公司（以下简称"国能建设"）等债权人以中孚实业子公司中孚电力、中孚铝业、中孚炭素不能清偿到期债务，且资产不足以清偿全部债务或明显缺乏清偿能力，但具有重整价值为由，向郑州中院申请进行重整。

2020年12月10日，恒上建设有限公司（以下简称"恒上建设"）等债权人以中孚实业子公司林丰铝电、安阳高晶不能清偿到期债务，且资产不足以清偿全部债务或有丧失清偿能力的可能，但具有重整价值为由，向郑州中院申请进行重整。

（三）重整申请受理情况

2020年12月11日，郑州中院做出民事裁定书〔（2020）豫01破申112号〕，裁定受理债权人丰华碳素对中孚实业的重整申请，并指定中孚实业清算组担任管理人。

同日，郑州中院裁定受理债权人对中孚电力、中孚铝业、中孚炭素、林丰铝电、安阳高晶的重整申请，并分别指定各公司清算组担任管理人。

（四）重整管理模式

债务人自行管理财产和营业事务。

（五）重整大事记

2020年10月13日，债权人丰华碳素以公司不能清偿到期债务并且明显缺乏清偿能力，但具有重整价值为由，向郑州中院提出重整申请。

2020年12月11日，郑州中院裁定受理丰华碳素提出的中孚实业重整申请，并于当日做出决定书〔（2020）豫01破申112号〕指定中孚实业清算组担任管理人，负责重整各项工作。同日，郑州中院分别做出（2020）豫01破申122、123、124、146、147号民事裁定书，裁定受理债权人对中孚电力、中孚铝业、中孚炭素、林丰铝电、安阳高晶的重整申请，并分别指定各公司清算组担任管理人。

2020年12月29日，郑州中院出具决定书〔（2020）豫01破27号〕，郑州中院认为，中孚实业对自身企业的状况及存在的问题较为了解，决定准许中孚实业在管理人的监督下继续生产经营。

2021年2月7日，中孚实业及其五家子公司第一次债权人会议采取网络会议方式召开。

2021年7月9日，中孚实业第二次债权人会议采取网络会议方式召开，采取线上网络投票、线下纸质投票结合的方式表决通过了《河南中孚实业股份有限公司重整计划（草案）》。

2021年8月10日，郑州中院做出民事裁定书〔（2020）豫01破27号之一〕，裁定批准重整计划，并终止中孚实业重整程序。

2021年12月29日，郑州中院做出民事裁定书〔（2020）豫01破27号之四〕，确认中孚实业重整计划执行完毕。

四、重整计划的主要内容

（一）重整思路概述

如图2-3-2所示，重整计划的主要思路为：

（1）对出资人权益进行调整，在重整前股份基础上进行资本公积转增股本，共计转增19.61亿股股票。前述转增股票不向原股东分配，全部无偿让渡。其中11.63亿股分配给中孚实业及中孚实业五家子公司的债权人用于清偿债务，剩余7.98亿股股票由管理人进行附条件公开处置，股票处置所得用于支付破产费用、偿还共益债务、清偿债务及补充流动资金等。

（2）通过整合现有资产、注入优质资产、调整盈利模式等方式，提升持续经营能力及盈利能力。

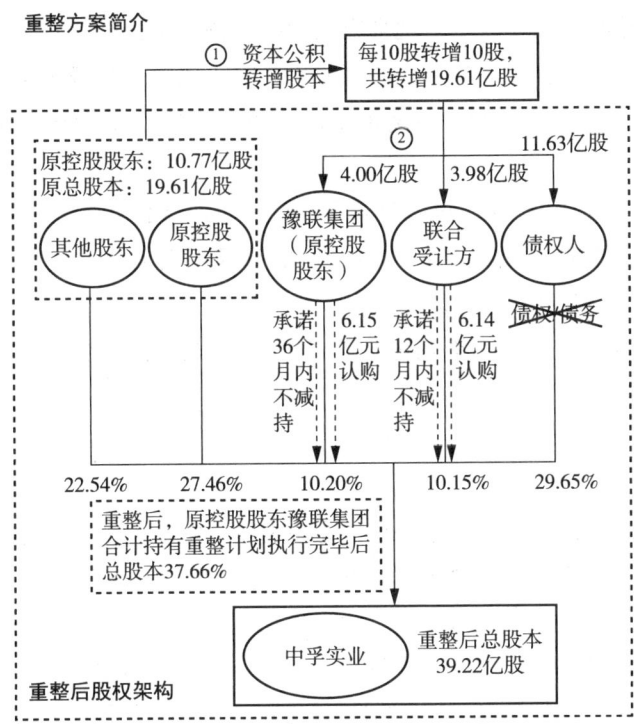

图 3-3-2 中孚实业重整方案示意图

（二）转增股票公开处置

2022年3月25日，管理人通过公开征集意向受让方，确定豫联集团、河南怡诚和嘉兴航富为受让方。

豫联集团位于河南省郑州市，成立于1997年12月16日，法定代表人崔红松，注册资本12.43亿元，是一家以电力、热力生产和供应业为主的企业。豫联集团作为本次处置股票的受让方且为公司原控股股东，原持有公司股票10.77亿股，本次受让4.00亿股股票后合计持有14.77亿股，占重整计划执行完毕后公司总股本的37.65%，仍为第一大股股东。豫联集团本次受让条件包括：

以6.15亿元的对价有条件受让4.00亿股股票，1.54元/股。

承诺登记至其名下的股票自登记之日起36个月内不得转让，且36个月内不转让现持有的中孚实业10.77亿股股票。

同时豫联集团将按照提交的支持中孚实业发展措施的内容，支持公司做好原有主营业务的持续经营，帮助公司调整产业结构，适时注入能够促进主营业务发展的优质资产，并在必要时为公司提供流动性支持。

按重整计划，重整程序结束后将通过整合现有资产、注入优质资产、调整盈利模式等方式，使中孚实业2021年、2022年、2023年归母净利润数值分别不低于6亿元、

8亿元、14亿元，或归母净利润数值合计不低于28亿元。若中孚实业归母净利润实际数值单独或合计未达到前述承诺标准，则大股东以现金方式承担差额补足义务。

河南怡诚位于河南省郑州市，成立于2010年5月24日，法定代表人为李丽锋，注册资本1亿元，是一家以金融业为主的企业。河南怡诚以3.29亿元的对价受让2.14亿股股票，1.54元/股。

嘉兴航富位于浙江省嘉兴市，成立于2022年3月4日，注册资本4亿元，是一家以资本市场服务为主的企业。实际控制人为国务院国有资产监督管理委员会。嘉兴航富将以2.85亿元的对价受让1.84亿股股票，1.54元/股。

河南怡诚和嘉兴航富作为联合受让方，承诺登记至其名下的股票自登记之日起12个月内不转让。

（三）出资人权益调整方案

以中孚实业现有总股本19.61亿股为基数，按照每10股转增10股的比例实施资本公积转增股本，共计转增19.61亿股股票（最终转增的准确股份数量以中证登上海分公司实际登记确认的数量为准），转增后中孚实业总股本由19.61亿股增至39.22亿股。前述转增股票不向原股东分配，全部无偿让渡。转增股票中11.63亿股分配给中孚实业及中孚实业五家子公司的债权人用于清偿债务。转增股票中剩余7.98亿股股票由管理人进行附条件公开处置，股票处置所得用于支付破产费用、偿还共益债务、清偿债务及补充流动资金等。

（四）债权调整及受偿方案

1. 职工债权调整及受偿

经管理人审查，职工债权金额为1215.86万元。职工债权不做调整，由中孚实业在重整计划执行期间以现金方式全额清偿。

2. 社保债权调整及受偿

经管理人审查，中孚实业欠付社保机构的社保债权金额2327.74万元。社保债权不做调整，由中孚实业在重整计划执行期间以现金方式全额清偿。

3. 有财产担保债权调整及受偿

经管理人审查，中孚实业有财产担保债权金额为49.71亿元，包括债权人就特定财产设定担保的债权49.71亿元和建设工程价款优先受偿权5万元。

有财产担保债权以担保财产的评估值为限优先受偿，优先受偿不足部分转入普通债权，按普通债权清偿方案受偿，即若担保财产的评估值可以足额覆盖债权金额，以债权额为限予以留债；若担保财产的评估值不足以覆盖债权金额，以对应担保财产的评估值为限予以留债，剩余部分债权金额转为普通债权。

有财产担保债权在担保财产评估值范围内优先受偿。

（1）有财产担保债权对应质押保证金的，由相应的质押保证金优先清偿，未能受偿的部分将按照普通债权受偿方案获得清偿。

（2）有财产担保债权以担保财产评估值为限，以现金方式予以留债分期清偿。

留债期限：10年，以2021年作为第一年。

留债利率：留债利率按重整计划提交债权人会议表决时最近一期全国银行间同业拆借中心公布的5年期LPR为基准，前3年在前述基准利率基础上下浮20%、中间3年恢复至前述基准利率、后4年在前述基准利率基础上上浮10%，利息自重整计划获得法院裁定批准之次日起算。

清偿安排：前3年每年清偿5%本金，中间3年每年清偿10%本金，后4年每年清偿13.75%本金，自2021年始至2030年止，每年度最后一个月的21日为还本日，首个还本日为2021年12月21日。留债期间利息以未清偿留债额度为计算基数，每季度最后一个月的20日为结息日，结息日的次日为付息日。

担保方式：留债期间原财产抵质押担保关系不发生变化，在中孚实业履行完上述有财产担保债权清偿义务后，有财产担保债权人应解除对担保财产设定的抵质押等手续，并不再就担保财产享有优先受偿权。债权清偿完毕后债权人有义务解除抵质押手续，未及时办理的不影响担保物权消灭。

4.普通债权调整及受偿

普通债权组的债权总额为105.56亿元，包括金融类普通债权和非金融类普通债权，具体清偿安排如下。

（1）普通债权20万元以下部分现金清偿。中孚实业普通债权中每家债权人20万元以下（含本数）部分在重整计划执行期间以现金方式一次性全额清偿。

（2）金融类普通债权通过以股抵债方式清偿。普通债权中超过20万元的金融类债权部分，以转增股票抵偿。每100元普通债权分得7.78股中孚实业A股股票，股票抵债的价格为12.86元/股，该部分债权清偿比例为100%。在以股抵债过程中，若股数不为整数，则按照"进一法"处理，即去掉拟分配股票数小数点右侧的数字，并在个位上加"1"。

通过以股抵债方式得到清偿的债权人自受让转增股票之日起1年内不得转让其所持有的通过本次重整程序所取得的中孚实业的股票。

（3）非金融类普通债权的清偿方式。普通债权中超过20万元的非金融类债权包括有息债权和无息债权，具体清偿安排如下。

非金融类有息债权。非金融类有息债权本金部分按照金融类普通债权清偿方案通过以股抵债方式进行清偿；本金以外的利息、违约金等部分以现金方式留债5年分期清偿，以2021年作为第一年，留债期间不计利息，每年度最后一个月的20日偿还留债金额的20%。

非金融类无息债权。非金融类无息债权可选择以下任一种方式获得受偿：①债权金额的 60% 在重整计划执行期间以现金方式一次性清偿。②全部以现金方式予以留债分期清偿，即留债期限 5 年，以 2021 年作为第一年，留债期间不计利息，每年度最后一个月的 20 日偿还留债金额的 20%。

5. 与五家子公司之间的关联债权调整及受偿

债权人就基于同一法律事实形成的债权向同时进入重整程序的主债务人、保证人或其他连带债务人均主张权利的，在主债务人处进行受偿，在主债务人的重整程序中获得 100% 清偿后，其他债务人不再承担清偿责任。

中孚实业与五家子公司之间存在关联债权，且中孚实业与五家子公司之间具有紧密的产业协同性，为使中孚实业可以集中清偿非关联方债权，在本次重整中，五家子公司对中孚实业享有的债权不作为偿债债权基数，不占用中孚实业的偿债资源，重整程序结束后不予清偿。

为维护中孚实业子公司与中孚实业经营上的完整性，保留子公司经营性资产，对子公司提供财产担保的债权与中孚实业提供财产担保的债权做同等处理，即中孚实业作为主债务人并以中孚实业子公司财产提供抵质押担保的债权，将参照有财产担保债权受偿方式以担保财产的评估值为限优先受偿，未能受偿部分将按照普通债权受偿方案获得受偿。

6. 融资租赁债权调整及受偿

为确保中孚实业经营性资产的稳定性，最大限度维护融资租赁债权人的合法权益，融资租赁债权参照有财产担保债权处理。以融资租赁物的评估值为限优先受偿，优先受偿不足部分转入普通债权，按普通债权清偿方案受偿，即若融资租赁物的评估值可以足额覆盖债权金额，以债权额为限予以留债；若融资租赁物的评估值不足以覆盖债权金额，以对应融资租赁物的评估值为限予以留债，剩余部分债权金额转为普通债权。

在中孚实业履行完前述清偿义务后，融资租赁物所有权转移至中孚实业，融资租赁债权人应配合债务人办理所有权转移手续；若存在抵质押手续，融资租赁债权人应解除对担保财产设定的抵质押等手续，并不再就担保财产享有优先受偿权，未及时办理的不影响担保物权消灭。

7. 预计债权调整及受偿

截至 2021 年 6 月 8 日，已向管理人申报但因存在未决诉讼等原因暂缓确认的债权 8.28 亿元。对于暂缓确认的债权以及未向管理人进行申报但仍受法律保护的债权，本次重整中预留相应偿债资源，待其债权经审查确认后，按照重整计划规定的同类债权清偿方案受偿。针对预计债权预留的偿债资源若因审查确认的孳息增加，或有负债增加等致使预留资源不足时，相应债权部分不予清偿。

8. 债务清偿顺序

如图 3-3-3 所示，模拟破产清算下普通债权清偿率是假定公司在破产清算条件下的偿债能力分析，主要来源于公司披露的偿债能力分析报告。而重组后清偿率是假定公司在重整条件下的名义清偿率。可以看出，重整后的债权清偿率比清算状态下的清偿率有一定提升。

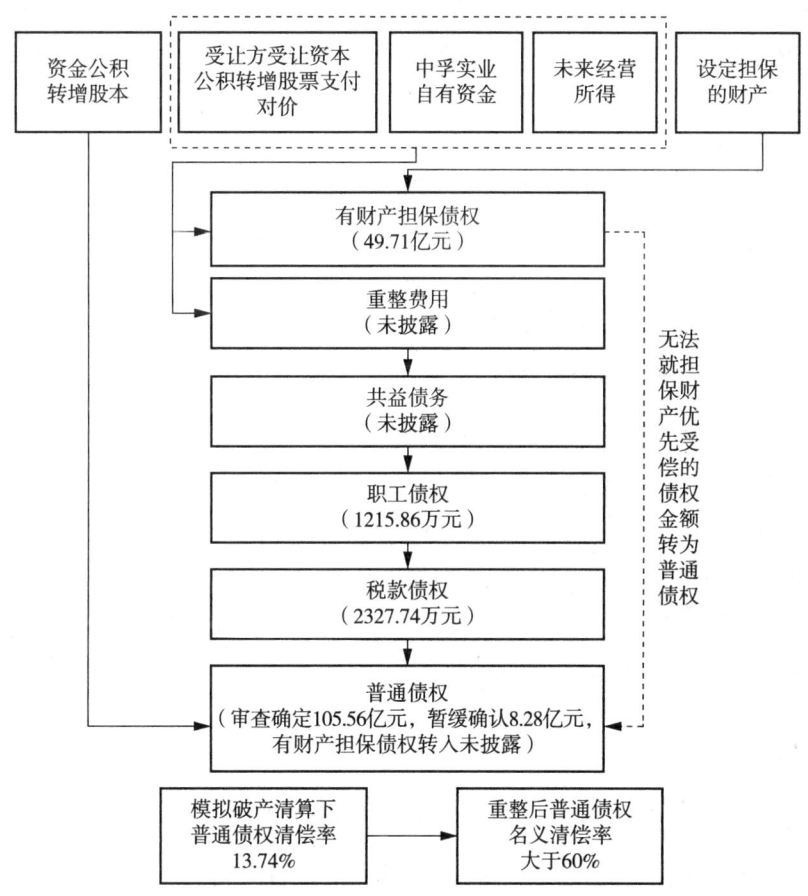

图 3-3-3 中孚实业债务清偿顺序示意图

重整计划披露的偿债方案显示：

（1）20 万元以下（含 20 万元）的普通债权以现金方式全额清偿。

（2）超过 20 万元的金融类普通债权以转增股票抵偿。每 100 元普通债权分得 7.78 股，股票抵债价格 12.86 元/股，该部分普通债权的清偿比例为 100%。

（3）超过 20 万元的非金融类债权。

非金融类有息债权本金部分按照以股抵债方式清偿，本金以外的部分以现金方式留债 5 年分期清偿，该部分普通债权的清偿比例为 100%。

非金融类无息债权本金部分可选择：①债权金额的 60% 在重整计划执行期间以现金方式一次性清偿；②全部以现金方式予以留债分期清偿，留债期限 5 年。

9. 协调审理清偿

中孚实业五家子公司已进入重整程序，存在不能清偿到期债务且明显缺乏清偿能力等情况，中孚实业对五家子公司最终的出资人权益将被大幅调整甚至调整为零。中孚实业五家子公司是中孚实业的重要子公司，也是整体重整方案偿债资源的重要来源。为使中孚实业五家子公司继续保留在中孚实业体系内，在重整计划获得各表决组表决通过的基础上，中孚实业出资人将提供部分转增股票以清偿中孚实业五家子公司债务，化解中孚实业五家子公司的债务风险，使中孚实业在五家子公司的最终权益不被调整。

（五）未来经营方案

中孚实业将通过产能转移、优质资产注入、开拓市场、控制成本费用、加强内部控制及完善治理结构等措施改善公司生产经营、提升上市公司盈利能力，使得中孚实业成为一家治理结构完善、经营稳定、业绩优良的上市公司，为持续维护中俄新时代全面战略协作伙伴关系奠定坚实基础。

1. 推进产能转移的正式投产运营，增强上市公司盈利能力

为优化资产结构、提升产品成本竞争力、实现绿色清洁生产，公司已将既有部分电解铝产能向低成本水电资源富集的四川省广元市经济技术开发区转移。目前，广元市林丰铝电有限公司年产 25 万吨产能转移项目已全部投产，达到满负荷运营状态；参股的广元中孚高精铝材有限公司年产 25 万吨产能转移项目已经投产两个工段，剩余第三工段正在建设。产能转移项目的投产运行，实现了公司部分电解铝用电由火电向水电的调整，降低了生产成本，实现利润增益；也有效减少了碳排放，进一步推进公司绿色低碳高质量发展。

2. 择机置入优质资产，调整资产结构，夯实资产质量

通过重整程序调整资产负债结构，公司将结合自身资源条件、能力与优势、所处产业的特点和行业竞争态势，聚焦主营业务及产业核心竞争力，继续发挥以煤炭开采、火力发电、电解铝、铝精深加工为一体的全产业链经营模式的优势，延链补链、提质增效，适时注入与公司主营业务能够发挥协同效应的优质资产。为充分发挥公司"煤—电—铝—铝精深加工"一体化产业链条的竞争优势，公司将视具体情况，通过现金收购的方式，将广元中孚高精铝材有限公司的股权等优质资产注入上市公司。

3. 深挖产业价值，积极开拓市场，培育新的利润增长点

中孚实业将会以现有产业链为基础，充分发挥现有的产业优势，积极培育新的业绩增长点。铝精深加工是公司未来重要的业绩增长点。公司高精铝材目前已获得多项专利。加大技术研发，把握国内市场竞争主动权，稳定主打产品市场占有率，其中罐

盖料占有率持续稳定在国内市场前列，并且已向世界前三家制罐企业大批量供货。未来，公司在做优、做强易拉罐罐料、高性能铝合金板材、高档双零铝箔毛料等已有产品基础上，利用船板、汽车板等生产技术优势，结合未来汽车轻量化及电子产品高端化市场需求，加快新产品研发，培育新的业务增长点。

4. 提升资产质量，控制各项成本，实现降本增效

重整将通过股权结构调整、产能调整、下游产线开发、财税成本收缩、原材料成本控制、燃料成本压缩等一系列举措实现降本增效。重整完成后中孚实业将通过股权结构调整实现业务整合，提升资产质量，重整后将分为四大业务板块，分别是高精铝板块、再生铝板块（新增）、电解铝板块和热电板块。控制成本措施主要体现在：一是控制财务成本，二是控制人力成本，三是控制采购成本。

5. 加强内部控制，完善上市公司各项机制建设和法人治理结构

中孚实业将加强内部控制：第一，建立完善的内部控制系统，营造完善的内部控制环境，包括建立完整的内部控制系统、制定积极的人事政策以及引进高素质人才。第二，建立风险评估机制和财务预警体系。采用定性与定量相结合的方法进行风险评估，制定管理风险的措施和建立风险预警体系。第三，构建良好的信息交流与沟通平台，包括信息的收集机制以及信息内外沟通机制。

进一步完善公司法人治理结构；通过党建引领，规范企业行为，形成企业独特竞争优势；同时积极承担社会责任，推动促进中俄双边友好外交关系的维持与加深；形成良好均衡的价值分配体系；充分调动公司内部人员的积极性。重整计划执行完毕后，金融机构按照持股比例提名推荐1名人员担任上市公司监事，并提交上市公司股东大会进行审议，加强上市公司的市场化机制建设。

五、重整计划的表决与批准

（一）债权人会议表决

中孚实业第二次债权人会议于2021年7月9日上午以网络会议形式在全国企业破产重整案件信息网上召开，采取线上网络投票、线下纸质投票结合的方式，由债权人分组对《河南中孚实业股份有限公司重整计划（草案）》进行表决。

1. 有财产担保债权组

有财产担保债权组出席会议的有表决权的债权人共13家，其中，表决同意重整计划草案的债权人共12家，占出席会议的有表决权的人数的92.31%，已超过到会有表决权的债权人的半数；其所代表债权金额为15.84亿元，占有财产担保债权总额16.66亿元的95.08%，已超过有财产担保债权总额的2/3。有财产担保债权组通过重整计划草案。

2. 普通债权组

普通债权组出席会议的有表决权的债权人共 526 家，其中，表决同意重整计划草案的债权人 507 家，占出席会议的有表决权的人数的 96.39%，已超过到会有表决权的债权人的半数；其所代表债权金额为 106.02 亿元，占普通债权总额 146.51 亿元的 72.36%，已超过普通债权总额的 2/3。普通债权组通过重整计划草案。

（二）出资人组会议表决

公司于 2021 年 7 月 9 日下午通过现场与网络相结合的方式召开出资人组会议，采取现场投票和网络投票相结合的方式对《河南中孚实业股份有限公司重整计划（草案）之出资人权益调整方案》进行表决。

出席本次出资人组会议的出资人及代理人共计 404 人，代表股份共计 12.31 亿股，占公司有表决权总股份的 62.76%。

表决情况为：同意 12.31 亿股，占本次会议有效表决权股份总数的 99.97%；反对 30.8 万股，占本次会议有效表决权股份总数的 0.03%；弃权 3700 股，占本次会议有效表决权股份总数的 0.0004%。表决通过。

（三）重整计划批准

2021 年 8 月 10 日，郑州中院做出民事裁定书〔（2020）豫 01 破 27 号之一〕，裁定批准重整计划，并终止中孚实业重整程序。

六、重整计划的执行与监督

（一）执行和监督的主体

重整计划由中孚实业负责执行，管理人负责监督。

重整计划执行监督期内，中孚实业应当接受管理人的监督，向管理人报送重整计划执行情况、公司财务状况及重大经营决策等事项。

（二）执行和监督期限

重整计划的执行期限为自重整计划获得郑州中院裁定批准之日起 6 个月，如非债务人自身原因，致使重整计划无法在上述期限内执行完毕，债务人应于执行期限届满 15 日前，向郑州中院提交延长重整计划执行期限的申请，并根据法院裁定批准的执行期限继续执行。重整计划提前执行完毕的，执行期限在郑州中院裁定重整计划执行完毕之日到期。

监督期限与执行期限一致，自重整计划获得郑州中院裁定批准之日起计算。如根据重整计划执行的实际情况，需要延长管理人监督重整计划执行的期限，则管理人将向法院提交延长重整计划执行监督期限的申请，并根据郑州中院裁定批准的期限继续履行监督职责。

（三）执行的措施

1. 偿债资源的分配

（1）每家债权人以现金方式清偿的债权部分，偿债资金原则上以银行转账方式向债权人进行分配，债权人应自重整计划获得郑州中院裁定批准之日起15日内按照管理人指定格式书面提供受领偿债资金的银行账户信息。

因债权人自身和/或其关联方的原因，导致偿债资金不能到账，或账户被冻结、扣划，产生的法律后果和市场风险由相关债权人自行承担。债权人可以指令将偿债资金支付至债权人指定的、由该债权人所有/控制的账户或其他主体所有/控制的账户内。

债权人指令将偿债资金支付至其他主体的账户的，因该指令导致偿债资金不能到账，以及由该指令导致的法律纠纷和市场风险由相关债权人自行承担。

（2）每家债权人以股票抵偿的债权部分，在重整计划执行期限内由中孚实业管理人按重整计划规定的清偿方案，将中孚实业的股票向债权人进行分配。债权人应当自重整计划获得法院裁定批准之日起15日内按照管理人指定格式书面提供受领抵债股票的证券账户信息。

对于逾期不提供证券账户信息的债权人，应向其分配的股票按照重整计划的相关规定处理，由此产生的法律后果和市场风险由相关债权人自行承担。因债权人自身和/或其关联方的原因，导致分配股票不能到账或账户被冻结、划扣等可能产生的法律后果和市场风险由相关债权人自行承担。债权人可以书面指令将抵债股票划至债权人指定的、由该债权人所有/控制的账户或其他主体所有/控制的账户内。

（3）重整计划项下提供给重整范围内关联公司用于向其债权人分配以清偿债务的转增股票，由管理人根据重整计划直接划转至重整范围内关联公司相关债权人提供的受领抵债股票的证券账户内。

（4）根据重整计划应当留债清偿的债权，在法院裁定批准重整计划后，中孚实业应向有关债权人送达留债清偿告知书；留债清偿告知书中明确留债金额及支付安排，中孚实业按照留债清偿告知书确定的留债金额及支付安排进行现金清偿。

2. 偿债资金及抵债股票的提存

（1）债权人未按照重整计划的规定受领分配的偿债资金和抵债股票的，根据重整计划应向其分配的资金和股票将提存至管理人指定的银行账户或证券账户，提存的偿债资金或股票自重整计划执行完毕之日起满3年，因债权人自身原因仍不领取的，视为放弃受领偿债资源的权利。

（2）预计债权中因涉及未决诉讼等原因导致暂缓确认的债权金额与债务人最终确认的债权金额存在差异的，应以生效裁判文书确定的金额为准，按照重整计划的规定受领偿债资金及股票。

（3）对于未在法院规定的债权申报期限内向管理人申报的债权人，在重整计划执行完毕之日起满3年未向中孚实业主张权利的，中孚实业不再承担清偿义务。

3. 债权人追偿权的行使

根据《企业破产法》第九十二条第三款的规定，债权人对债务人的保证人和其他连带债务人所享有的权利，不受重整计划的影响。但依重整计划，债权人已获得全额清偿后，为该笔债务提供担保的担保人将免除清偿责任。

4. 转让债权的清偿

在法院裁定批准重整计划之后，根据该笔债权可以获得受偿的条件及总额受偿；债权人向两人或两人以上的受让人转让债权的，债权清偿款项向受让人按照其受让的债权比例分配。若因债权转让导致受让人无法根据重整计划受偿时，由此造成的责任由债权人及其债权的受让人承担。

5. 破产费用和共益债务的支付

中孚实业重整案涉及的案件受理费、管理人报酬、管理人聘请中介机构的费用、管理人执行职务等发生的各项费用，根据相关法律法规规定、管理人相关财务制度确定的标准、相关合同约定等随时进行支付。

在重整期间及重整计划执行期间，除管理人报酬以外的法院案件受理费、管理人聘请中介机构的费用、管理人执行职务发生的其他费用等破产费用及因继续履行合同等原因产生的共益债务，将根据实际发生数额以债务人财产随时支付或清偿。

6. 暂缓确认债权与未申报债权的审查

在法院裁定批准重整计划后，暂缓确认债权经生效法律文书确认的，将依重整计划规定的同类债权受偿方案获得清偿。

未申报债权人在重整计划执行期间不得行使权利；在重整计划执行完毕后，经确定无异议的债权，将依重整计划规定的同类债权受偿方式获得清偿。

7. 财产保全措施的解除

在法院裁定批准重整计划之日起15日内，债权人应申请并配合解除对债务人财产的查封、冻结等措施。若债权人未在上述期限内申请并配合解除查封、冻结等措施，对重整计划的执行造成阻碍，债务人或管理人有权依法向法院申请强制解除查封、冻结等手续；且债务人或管理人有权将相关债权人依重整计划可获分配的现金、股权等暂缓分配，待债权人配合解除查封、冻结手续之后再行分配。

8. 提供欠付债务人的票据

在法院裁定批准重整计划之日起15日内，对于向债务人主张商业承兑汇票相关权利的债权人，应向债务人返还票据原件或通过电子商业汇票系统完成托收手续，并由债务人对其提供的票据原件及相关手续是否符合要求进行审查。若债权人未在上述期限内返还相应的票据或完成托收手续，债务人或管理人有权将相关债权人依重整计划可获分配的现金、股权等暂缓分配，待债权人提供后再行分配。

9. 信用恢复

重整计划执行完毕之后，公司资产负债结构将得到实质改善，并将恢复可持续的经营能力及盈利能力。因此，在符合相关法律规定和信贷条件的前提下，各金融机构不得因本次重整而拒绝向中孚实业提供平等融资资格，并争取给予中孚实业融资公平公正待遇及正常的信贷支持，协助中孚实业完成信用修复。

七、重整计划顺利实施的预期效果

本次重整计划如能顺利实施，预计将产生以下结果：

（1）法人资格继续存续，上市地位得以保全。中孚实业通过重整程序整体化解债务危机，同时为重整程序中债权清偿及未来经营注入流动资金支持，进而化解公司面临的严峻退市风险，重整后中孚实业仍是一家股票在上交所上市的股份公司。

（2）债权人、投资者和公司各方获得共赢。中孚实业债权将有序清偿，重整程序结束后，将改善中孚实业的负债结构；通过整合现有资产、注入优质资产、调整盈利模式等方式，提升中孚实业净利润，全体投资者的利益可以得到有效保护。

（3）立足核心业务，注入优质资产，盈利能力得到改善。公司将结合自身资源条件、能力与优势、所处产业的特点和行业竞争态势，聚焦主营业务及产业核心竞争力，继续发挥集煤炭开采、火力发电、电解铝、铝精深加工为一体的全产业链经营模式的优势，延链补链、提质增效，适时注入与公司主营业务能够发挥协同效应的优质资产。

（4）五家子公司协同重整，最大限度维护中孚实业及中孚实业五家子公司的营运价值。中孚实业出资人让渡部分股票用于保全主要子公司经营性资产，也能够使得主要子公司通过重整程序清理债务，保留在中孚实业体系内继续经营，继续发挥协同效应，为中孚实业的持续经营和持续盈利创造条件，最大限度维护中孚实业及中孚实业五家子公司的营运价值，降低重整成本，使全体出资人所持有的中孚实业股票成为有价值且有潜力的资产，有利于保护广大出资人的合法权益。

案例4　雅博股份重整案例解析[①]

背景

山东雅博科技股份有限公司（以下简称"雅博股份"或"公司"）作为金属屋面围护系统首家A股上市公司，系由山东雅百特于2015年借壳江苏中联电气股份有限公司（以下简称"中联电气"）上市更名而来，公司成立日期为2002年10月21日，重整前总股本7.46亿股。受经济下行压力不断加大、融资政策不断趋紧、建筑市场项目垫资回收延滞等多重不利因素的影响，雅博股份自身债务负担沉重，资金链断裂，陷入严重的经营困境和债务危机。2020年6月16日，债权人江苏福斯特新能源科技有限公司（以下简称"江苏福斯特"）以公司不能清偿到期债务并且明显缺乏清偿能力为由，向山东省枣庄市中级人民法院（以下简称"枣庄中院"）申请对公司进行重整。枣庄中院于2021年4月25日受理雅博股份破产重整一案，并于2021年4月29日将雅博股份重整案交由山东省枣庄市市中区人民法院（以下简称"市中区法院"或"法院"）审理。市中区法院于2021年5月6日指定雅博股份清算组担任管理人（以下简称"管理人"），具体开展各项重整工作。2021年9月30日，市中区法院裁定批准雅博股份重整计划并终止雅博股份重整程序。2022年2月16日，市中区法院裁定确认雅博股份重整计划执行完毕。雅博股份重整案成为山东省6年来唯一一例成功执行完成的上市公司重整案例，入选了2021年度山东法院破产审判十大典型案例。

方案要点

1. 出资人权益调整

以雅博股份现有总股本7.46亿股为基数，按每10股转增18.44股的比例实施资本公积转增股本，共计转增13.75亿股。转增后，公司总股本从7.46亿股增至21.21亿股（最终转增的准确股票数量以中证登深圳分公司实际登记确认的数量为准）。

前述转增股票中，应向控股股东拉萨瑞鸿投资管理有限公司（以下简称"瑞鸿投

[①] 本案例解析的内容主要根据山东雅博科技股份有限公司2021年10月8日公布的《山东雅博科技股份有限公司重整计划》整理而成。

资")及其一致行动人拉萨纳贤投资合伙企业（有限合伙）（以下简称"纳贤投资"）、陆永分配的 6.49 亿股由雅博股份以 1 元的总价格进行回购，用于完成控股股东存在的业绩补偿义务，前述股票回购之后不再注销，用于清偿负债及引入重整投资人；3.23 亿股对届时选定的股权登记日收盘后登记在册的前十名股东之外的全体股东进行分配；剩余 4.03 亿股由全体股东无偿让渡，用于清偿负债及引入重整投资人。

上述用于清偿负债及引入重整投资人的股票共计 10.52 亿股，其中 7.89 亿股由重整投资人有条件受让，作为重整投资人受让股票条件之一所支付的现金对价，专项用于根据重整计划的规定偿付债务、支付重整费用及补充公司流动资金；2.63 亿股将通过以股抵债的形式用于清偿雅博股份及其子公司山东雅百特的债务。

2. 债权清偿方案

普通债权调整及受偿：普通债权以债权人为单位，每家债权人 50 万元以下（含 50 万元）的部分，由雅博股份在重整计划获得法院裁定批准之日起 6 个月内以现金方式一次性清偿完毕，超过 50 万元的债权部分以转增股票抵偿，每 100 元普通债权分得 17.24 股公司股票，股票的抵债价格为 5.80 元/股，该部分债权的清偿比例为 100%。

3. 引入重整投资人

雅博股份通过重整程序以 7.89 亿股转增股票引入在企业管理、资源支持等方面具有明显背景优势的重整投资人。其中产业投资人山东泉兴科技有限公司（以下简称"泉兴科技"）受让 4.45 亿股股票，对价 5 亿元（其中重整投资款 4.45 亿元，业绩补偿款 5694.14 万元），并承诺 36 个月内不减持。重整后，泉兴科技持有公司 20.98% 的股份，成为雅博股份第一大股东。财务投资人合计受让 3.44 亿股股票，对价 3.44 亿元，并承诺 12 个月内不减持。

4. 协调审理

雅博股份全资子公司山东雅百特为雅博股份重要的资产组成和经营实体，持有雅博股份开展主营业务所必需的专业资质。为彻底化解雅博股份的退市风险，需要同步整体化解山东雅百特的债务危机。重整过程中，雅博股份将向山东雅百特提供 3077.61 万元现金和 1.23 亿股股票用于清偿山东雅百特的债务。

一、公司基本信息

（一）公司及业务简介

雅博股份原名中联电气。中联电气前身为盐城市中联电气制造有限公司。2009 年 12 月 18 日，中联电气股票在深交所挂牌交易。2015 年 2 月 13 日，中联电气向瑞鸿投资、纳贤投资、拉萨智度德诚创业投资合伙企业（有限合伙）非公开发行人民币普通股 1.41 亿股，并进行资产置换，取得了山东雅百特 100% 股权。2015 年 8 月 25 日，公司名称变更为"江苏雅百特科技股份有限公司"。2020年5月27日,公司名称变更为"山东雅博科技股份有限公司"。

公司总股本为7.46亿股,法定代表人为唐继勇。截至2021年6月30日,公司注册地址为山东省枣庄市市中区东海路17号。公司经营范围为金属屋面、墙面围护系统新材料的设计、研发,软件开发,光伏分布式电站系统的安装调试,建筑工程设计、咨询,金属板及配套材料、五金产品(除电动三轮车)、光伏分布式电站系统组件的批发。

雅博股份作为持股平台,主要通过核心子公司山东雅百特开展业务经营。山东雅百特于2009年4月28日在枣庄市市场监督管理局登记设立,注册资本为3亿元,法定代表人为唐继勇,注册地址为枣庄市市中区东海路17号。山东雅百特经营范围主要为金属屋面、墙面围护系统新材料的设计、研发,光伏分布式电站系统的安装调试,建筑工程设计、咨询等。雅博股份持有山东雅百特100%股权,为其唯一股东。

根据公司2020年年度报告,公司营业收入为1.25亿元,净亏损3402.93万元,毛利率为3.91%,净利率为-27.22%。

(二)重整前股权架构

截至2021年6月30日,雅博股份总股本7.46亿股。公司的控股股东为瑞鸿投资,持有3.33亿股雅博股份股票,占雅博股份总股本的44.64%。重整前雅博股份的实际控制人为陆永,股权架构如图4-1所示。

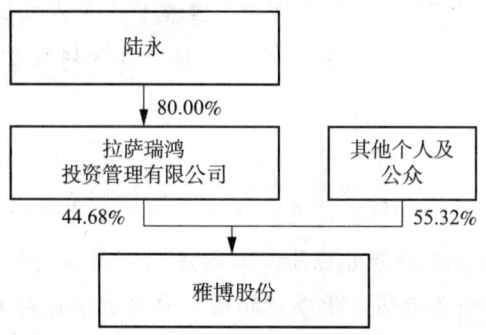

图 2-4-1 雅博股份重整前股权架构

二、资产负债情况

(一)资产负债情况总览

如表2-4-1所示,根据评估机构出具的资产评估报告,以重整申请受理日2021年4月25日为评估基准日,雅博股份资产账面价值为38.11亿元,主要由长期股权投资和其他应收款等构成。资产清算评估价值为1.77亿元,清算价值为账面价值的4.64%。

表 2-4-1 雅博股份资产负债情况

资产/债权类型	资产（亿元）	负债（亿元）	净资产（亿元）	资产负债率（%）
账面价值/债权金额	38.11	14.60	23.51	38.31
评估清算价值/债权金额	1.77	14.60	−12.83	824.86

截至重整计划提交之日，共有 1193 家债权人向管理人申报了债权，债权申报总额为 18.70 亿元，申报债权性质均为普通债权。

上述已申报债权中，经第一次债权人会议核查并已由市中区法院裁定确认的债权总额为 4.84 亿元。

上述已申报债权中，经管理人初步审查确认，但尚未经债权人会议核查及市中区法院裁定确认的债权总额为 7512.00 万元。

上述已申报债权中，经管理人审查，不予确定的债权总计 2.59 亿元。

经管理人调查，雅博股份的职工债权总额为 20.34 万元。

上述已申报债权中，因诉讼未决、需要补充证据材料等原因暂缓确认的债权总额为 8.93 亿元。

根据雅博股份财务账簿记载、公司说明及管理人初步调查梳理，未在债权申报期限内申报的债权总额 856.10 万元。

综上，根据债权申报与审查情况、管理人对职工债权的调查情况以及公司债务信息等，雅博股份经管理人审查确认、暂缓确认、未申报及职工债权的负债合计为 14.60 亿元。

（二）债权分类

根据《企业破产法》第八十二条的规定和债权审查确认情况，雅博股份债权主要包括职工债权和普通债权两类。

1. 普通债权

经管理人审查，普通债权为 5.59 亿元，共计 661 家债权人。其中，经市中区法院裁定确认的债权 4.84 亿元，涉及债权人 556 家；经管理人初步审查确认，但尚未经市中区法院裁定确认的债权 7512.00 万元，涉及债权人 105 家。

2. 职工债权

经管理人调查，职工债权为 20.34 万元，涉及职工 9 名。

3. 其他债权

暂缓确认债权：因诉讼未决、需要补充证据材料等原因暂缓确认的债权总额为 8.93 亿元，涉及债权人 528 家[①]。

---

① 其中 520 家债权人为基于雅博股份证券虚假陈述赔偿责任申报债权的股民，其债权由于相应诉讼案件尚未审结而暂缓确认；2 家债权人的部分债权已获初步审查确认，部分债权因前述诉讼未结而暂缓确认。

未申报债权：据财务账簿记载、公司说明及管理人初步调查梳理，未在债权申报期限内申报但可能受法律保护的债权总额856.10万元。

（三）偿债能力分析

根据评估机构出具的偿债能力分析报告，在模拟破产清算状态下，假定其财产均能够按照清算评估价值获得处置变现即1.77亿元，按照《企业破产法》规定的清偿顺序，破产财产的变现所得在支付必要的破产费用、共益债务、职工债权后，普通债权清偿率为10.57%。

三、重整基本情况

（一）重整背景

雅博股份是枣庄市迁址引进的A股上市公司，近年来相继参与了港珠澳大桥、北京大兴国际机场、上海国家会展中心等重大项目建设，为地区产业升级、营商环境优化做出了突出贡献。近年来，受建筑市场项目垫资回收延滞等不利因素的影响，雅博股份及其全资子公司山东雅百特资金链断裂，陷入严重经营困境和债务危机，面临退市乃至破产清算的风险。

山东雅百特作为雅博股份的全资子公司，拥有雅博股份开展主营业务所必需的专业资质，是上市公司合并报表范围内最主要的经营实体，也是上市公司最重要的营业收入来源。能否通过重整程序挽救山东雅百特，使得山东雅百特的经营性资产和业务继续保留在雅博股份体系内、全面化解其债务风险，既关系到上市公司重整后主要的财务指标能否根本性改善，也关系到上市公司能否具有持续经营能力与盈利能力，还关乎上市公司中小股东权益能否获得有效保障，将直接影响雅博股份的重整效果。

雅博股份的重整工作得到了枣庄市、市中区两级人民政府及枣庄中院、市中区法院的高度重视和大力支持。市中区法院迅速启动府院联动机制，组成精干审判团队，协调市中区政府牵头发展和改革委员会、住房和城乡建设局、人力资源和社会保障局、税务局、地方金融监督管理局等部门成立清算组，同时，借鉴有关大型上市公司重整经验，通过竞争性磋商的采购方式，公开选聘专业事务所参与清算服务，组建了"政府人员+专业律师"的专业团队。

（二）预重整/重整申请情况

2020年6月16日，债权人江苏福斯特以公司不能清偿到期债务且明显缺乏清偿能力为由，向枣庄中院申请对公司进行重整。

债权人天津市美德宝科技有限公司以山东雅百特不能清偿到期债务并且明显缺乏清偿能力为由，向枣庄中院申请对山东雅百特进行破产重整。

经山东省高级人民法院批准，2021年6月17日，枣庄中院裁定将该案交由市中区法院审理。

（三）重整申请受理情况

2021年4月25日，枣庄中院依法做出民事裁定书〔（2021）鲁04破申3号〕，裁定受理雅博股份重整一案。2021年4月29日，枣庄中院做出民事裁定书〔（2021）鲁04破申3号之一〕，将雅博股份重整案交由市中区法院审理。

2021年6月21日，市中区法院做出民事裁定书〔（2021）鲁0402破5-1号〕，裁定受理山东雅百特重整一案。

（四）重整管理模式

债务人自行管理财产和营业事务。

（五）重整大事记

2020年6月16日，债权人江苏福斯特以公司不能清偿到期债务且明显缺乏清偿能力为由，向枣庄中院申请对公司进行重整。

2021年4月25日，枣庄中院依法裁定受理雅博股份重整。

2021年4月29日，枣庄中院将雅博股份重整案交由市中区法院审理。

2021年5月6日，市中区法院指定雅博股份清算组担任管理人。

2021年5月13日，市中区法院批复许可雅博股份在重整期间继续营业，并许可管理人聘任公司原经营管理团队负责重整期间的经营管理事务。管理人将依法对公司在重整期间的经营管理事务进行监督，确保公司依法合规经营。

2021年6月18日，第一次债权人会议采取网络方式在全国企业破产重整案件信息网召开。

2021年8月19日，管理人发布了《山东雅博科技股份有限公司管理人关于公开招募和遴选重整投资人的公告》。

2021年9月10日，雅博股份、管理人与泉兴科技签署了《山东雅博科技股份有限公司重整案重整投资协议》（以下简称"重整投资协议"）。

2021年9月29日，第二次债权人会议及出资人组会议召开。第二次债权人会议表决通过了《山东雅博科技股份有限公司重整计划（草案）》（以下简称"重整计划草案"），出资人组会议表决通过了《山东雅博科技股份有限公司重整计划（草案）之出资人权益调整方案》（以下简称"出资人权益调整方案"）。

2021年9月30日，市中区法院裁定批准雅博股份重整计划，并终止雅博股份重整程序。

2022年2月16日，市中区法院裁定确认雅博股份重整计划执行完毕。

四、重整计划的主要内容

(一) 重整思路概述

如图 2-4-2 所示,重整计划的主要思路为:

(1) 对出资人权益进行调整。在重整前股份基础上进行资本公积转增股本,共计转增 13.75 亿股。转增股票中,应向控股股东瑞鸿投资及其一致行动人纳贤投资、陆永分配的 6.49 亿股由雅博股份以 1 元的总价格进行回购,用于完成控股股东存在的业绩补偿义务,前述股票回购之后不再注销,用于清偿负债及引入重整投资人;3.23 亿股

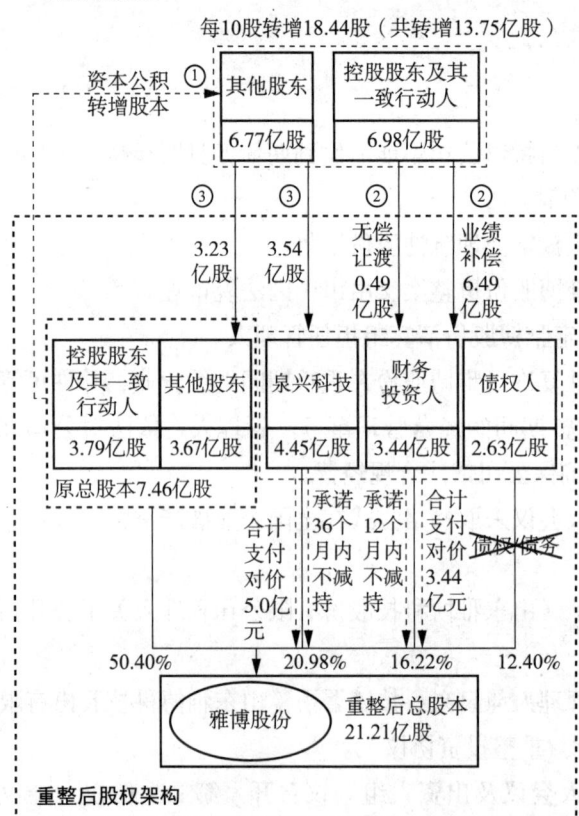

出资人权益调整方案

① 以雅博股份原总股本7.46亿股为基数,按每10股转增18.44股股票的比例实施资本公积转增股本,共可转增13.75亿股,转增后总股本增至21.21亿股。

② 转增股票的分配如下:
对控股股东的权益调整。转增股票中,应向控股股东及其一致行动人的6.98亿股股票,按照如下方式调整:

· 其中4883.37万股股票无偿让渡,专项用于引进重整投资人、通过以股抵债的方式清偿公司负债。

· 剩余6.49亿股股票专项用于完成控股股东对雅博股份业绩的补偿义务,由雅博股份以1元的总价进行回购,用于完成控股股东存在的业绩补偿义务,前述股票回购之后不再注销,雅博股份将该等股票用于清偿负债及引入重整投资人。

③ 对其他出资人的权益调整。转增股票中,应向除控股股东以外的全体股东分配的6.77亿股股票,按照如下方式调整:

· 其中3.23亿股股票,将向在本重整计划生效后的执行过程中,以届时选定的股权登记日收盘后公司登记在册的前十名股东之外的全体股东进行分配,该前十名之外的公司股东将按照股权登记日当天收盘后各自持有公司股票数量的相对比例分该等股票(若股数出现小数位,则四舍五入取整数)。

· 剩余的3.54亿股将按照重整计划的规定专项用于引进重整投资人、通过以股抵债的方式清偿负债。

图 2-4-2 雅博股份重整方案示意图

注:财务投资人由深圳招平、朴凡建筑、陈乙超及杨天荣组成。

对届时选定的股权登记日收盘后登记在册的前十名股东之外的全体股东进行分配；剩余4.03亿股由全体股东无偿让渡，用于清偿负债及引入重整投资人。

（2）引入产业投资人和财务投资人，投入资金支持后续业务发展。

（3）通过以股抵债的方式，清偿雅博股份及山东雅百特的债务。

（4）公司将保留金属屋面围护、光伏建筑一体化等方面的主营业务。通过重整投资人业务资源支持以及注入流动资金、加强内部管控、降低成本费用、完善激励约束机制等一系列措施，从根本上改善公司生产经营。

（二）投资人及投资方案介绍

1. 产业投资人

2021年9月10日，雅博股份、管理人和泉兴科技签订重整投资协议。泉兴科技成立于2021年3月12日，注册资本为1.5亿元，经营范围包括计算机软硬件及外围设备制造、以自有资金从事投资活动、科技中介服务、软件开发等。泉兴科技的实际控制人是枣庄市人民政府国有资产监督管理委员会。

泉兴科技作为产业投资人，受让转增股票4.45亿股，条件如下：

（1）产业投资人向雅博股份支付转增股票现金对价4.45亿元。

（2）产业投资人向雅博股份支付现金5694.14万元，用于代替公司孙公司深圳市三义建筑系统有限公司原股东完成对山东雅百特的业绩补偿义务。

（3）产业投资人承诺本次受让的股份自登记至其名下之日起36个月内不减持。

（4）产业投资人承诺将优化上市公司整体资产质量。山东雅百特将在重整程序中通过司法拍卖的方式公开处置部分不良资产，产业投资人承诺，如上述山东雅百特不良资产在经过3轮以上公开拍卖后仍然流拍且流拍价低于1亿元，产业投资人或其指定的主体将以不低于1亿元资金购买山东雅百特公开拍卖的不良资产。

2. 财务投资人

根据重整计划，由产业投资人泉兴科技认可的财务投资人参与公司重整。财务投资人包括深圳市招平协进二号投资中心（有限合伙）（以下简称"深圳招平"）、枣庄朴凡建筑咨询有限责任公司（以下简称"朴凡建筑"）、陈乙超以及杨天荣。重整财务投资人合计受让转增股票3.44亿股。

财务投资人1：深圳招平以货币资金1.60亿元受让雅博股份资本公积转增的1.60亿股股票。深圳招平成立于2021年10月25日，注册资本为1.60亿元，执行事务合伙人为深圳市平盈投资有限公司，实际控制人为中华人民共和国国务院。

财务投资人2：朴凡建筑以货币资金8600万元受让雅博股份资本公积转增的8600万股股票。朴凡建筑成立于2021年8月23日，注册资本为2000万元，朴凡建筑的法定代表人及实际控制人蔡继东长期从事资产投资、股权类投资等，拥有丰富的投资经验。

财务投资人3：陈乙超以货币资金8600万元受让雅博股份资本公积转增的8600万股股票。陈乙超长期从事资产投资、资产重组和破产重整投资，在深圳、西安、上海、杭州等地均有投资经历，曾亲自参与过吉林电力股份有限公司、协鑫能源科技股份有限公司、保力新能源科技股份有限公司、德奥通用航空股份有限公司等多家上市公司的投资，拥有丰富的投资经验。

财务投资人4：杨天荣以货币资金1200万元受让雅博股份资本公积转增的1200万股股票。杨天荣长期以来主要从事不良资产投资、债权收购、资产重组和破产重整，曾通过收购中国农业银行的债权参与上市公司广东盛润集团股份有限公司的破产重整。同时，杨天荣长期参与股票投资业务，有丰富的股票二级市场投资经验。

各重整财务投资人之间，以及重整财务投资人与重整产业投资人泉兴科技之间，均无关联关系且非一致行动人。财务投资人承诺本次受让的股份自登记至其名下之日起12个月内不减持。

（三）出资人权益调整方案

雅博股份以现有总股本7.46亿股为基数，其中控股股东瑞鸿投资及其一致行动人纳贤投资、陆永合计持有3.79亿股，其他股东持有3.67亿股。按每10股转增18.44股的比例实施资本公积转增股本，共计转增13.75亿股，转增后，公司股本从7.46亿股增至21.21亿股（最终转增的准确股票数量以中证登深圳分公司实际登记确认的数量为准）。上述转增股票按照如下出资人权益调整方案进行安排。

1. 对控股股东的权益调整

转增股票中，应向控股股东瑞鸿投资及其一致行动人纳贤投资、陆永分配的6.98亿股股票，按照如下方式调整。

（1）其中4883.37万股无偿让渡，专项用于引进重整投资人、通过以股抵债的方式清偿公司负债。

（2）剩余的6.49亿股完成控股股东对雅博股份的业绩补偿义务，在重整的过程中，由雅博股份以1元的总价进行回购，回购之后不再注销，雅博股份将该等股票用于清偿负债及引入重整投资人。

2. 对其他出资人的权益调整

转增股票中，应向除控股股东以外的全体股东分配的6.77亿股股票，按照如下方式调整。

（1）其中3.23亿股股票，将在重整计划生效后的执行过程中，对届时选定的股权登记日收盘后公司登记在册的前十名股东之外的全体股东进行分配。

（2）剩余的3.54股将按照重整计划的规定专项用于引进重整投资人、通过以股抵债的方式清偿负债。

在经过前述出资人权益调整后，合计10.52亿股股票将按照重整计划的规定专项用于引进重整投资人、清偿负债。

（1）公司将2.63亿股股票通过以股抵债的方式，清偿雅博股份及山东雅百特的负债。

（2）公司以7.89亿股股票有条件引进重整投资人，其中产业投资人拟受让4.45亿股股票，财务投资人拟受让3.44亿股股票。

（四）债权调整及受偿方案

1. 职工债权调整及受偿

经管理人调查，职工债权为20.34万元，涉及职工9名。职工债权不做调整，由雅博股份在重整计划获得法院裁定批准之日起6个月内依法以现金方式全额清偿。

2. 普通债权调整及受偿

普通债权总额为14.60亿元，其中经市中区法院裁定确认的债权4.84亿元，涉及债权人556家；经管理人初步审查确认，但尚未经市中区法院裁定确认的债权7512.00万元，涉及债权人105家；暂缓确认普通债权8.93亿元，涉及528家债权人；未申报债权856.10万元（暂列为普通债权）。对普通债权不做调整，将全部通过现金方式及以股抵债方式予以清偿。

（1）50万元以下（含50万元）的债权部分以现金清偿，由雅博股份在重整计划获得法院裁定批准之日起6个月内依法以现金方式一次性清偿完毕。

（2）超过50万的债权部分以转增股票抵偿。按照5.80元/股的抵债价格获得相应数量的转增股票，即每100元普通债权分得17.24股雅博股份股票（若股数出现小数位，则去掉拟分配股票数小数点右侧的数字，并在个位数上加"1"），该部分债权的清偿比例为100%。

对于雅博股份直接或间接控股的企业中，除山东雅百特外其他未进入重整程序的企业对雅博股份享有的关联债权，为使得雅博股份可以集中偿债资源清偿非关联债权，在雅博股份此次重整过程中，前述关联债权的清偿安排劣后于非关联债权，在非关联债权按照重整计划的规定清偿完毕之前，不对该等关联债权进行清偿。在重整计划执行完毕公告之日起满3年后，根据重整计划中预留偿债资源届时的执行情况，由雅博股份与关联公司协商确定该等关联债权的清偿安排。

3. 预计债权调整及受偿

暂缓待定债权：已向管理人申报，但因涉及未决诉讼等原因而尚未经管理人审查确认的债权，在债权经审查确认后可以要求雅博股份按照重整计划中规定的同类债权清偿方案进行清偿。

未申报债权：对于未依法申报的债权，如债权权利应受法律保护，在重整计划执行期间不得行使权利，但可以在重整计划执行完毕后要求雅博股份按照重整计划中规定的同类债权清偿方案进行清偿。

4. 债务清偿顺序

如图2-4-3所示,模拟破产清算下普通债权清偿率是假定公司在破产清算条件下的偿债能力分析,主要来源于公司披露的偿债能力分析报告。而重组后清偿率是假定公司在重整条件下的名义清偿率。可以看出,重整后的债权清偿率比清算状态下的清偿率有一定提升。

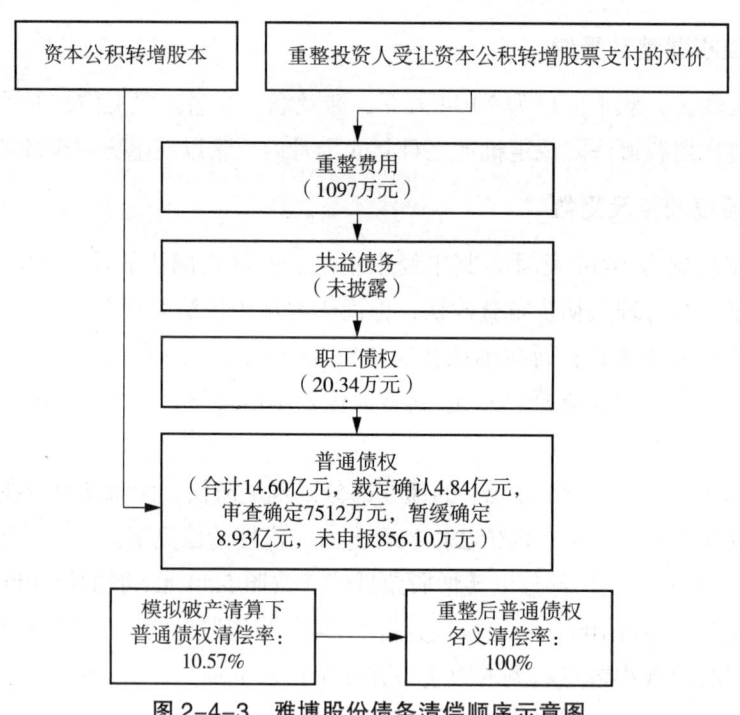

图2-4-3 雅博股份债务清偿顺序示意图

重整计划披露的偿债方案显示,普通债权人50万元以下(含50万元)的债权部分以现金方式全额清偿;超过50万元的债权部分以转增股票清偿,每100元普通债权分得17.24股,股票抵债价格5.80元/股。重整后普通债权的名义清偿率为100%。

5. 协调审理清偿

雅博股份通过核心子公司山东雅百特开展业务经营。山东雅百特已进入重整程序,存在不能清偿到期债务且明显缺乏清偿能力的情况,山东雅百特最终的出资人权益可能被大幅调整甚至调整为零。为使山东雅百特继续保留在雅博股份体系内,需要同步整体化解山东雅百特的债务危机。因此,在依法依规且不损害债权人利益的前提下,重整过程中,雅博股份将向山东雅百特提供3077.61万元现金、1.23亿股股票用于清偿山东雅百特的债务。

（五）未来经营方案

在实现重整投资人对雅博股份的战略投资之后，产业投资人将积极参与雅博股份的经营管理，产业投资人将利用国有股东身份，支持雅博股份的业务发展。未来3年公司定位：首先，保持主营业务不变，用2年时间继续回归到行业头部企业地位。其次，上市公司与全资子公司山东雅百特之间明确定位。①上市公司明确业务主线，将新基建、建筑智能信息化作为主要业务方向，同时承载体系内所有的技术研发及创新、技术专利的研发与落实、行业标准的参与及制定，并通过技术输出获取企业的收入及利润，围绕技术体系不断进行升级改造，快速使技术标准达到同欧美发达国家一致的水平。②山东雅百特作为金属围护系统行业的专业公司，继续主打市场、项目管理、项目售后服务等主要业务方向。

一是技术开发与创新计划。重视产品和技术的创新、研发及应用，在国内外经验交流和实地实践过程中，积累和研发行业内实践所需的新型系统，引领行业内系统更新升级。

二是建筑光伏一体化业务拓展计划。"十四五"规划等政策背景下，建筑光伏一体化将成为光伏产业的主要发展方向之一。公司将充分利用前期分布式光伏设计施工总承包积累的经验及丰富的建筑屋顶资源，开发建设屋顶分布式光伏，快速占领市场份额。

三是向新基建、智能信息化方向的转型计划。为推动产业创新和行业发展，子公司上海雅直科技有限公司积极参加国内外相关领域的标准编制、课题攻关、战略研究等工作。公司将利用原有的建筑信息模型等高新技术积极参与智慧建筑、智慧停车系统、安防配套设施等一系列新基建项目的建设。

四是市场与营销网络开拓计划。公司将在巩固原有区域市场优势地位的同时，结合业务分布和金属围护系统产品的未来市场需求，拓展新区域市场，深度挖掘当地市场，确保销售额不断增长。公司拟在全国范围内建立服务中心，组建售后服务团队，提升维修服务人员现场处置和解决问题的响应速度，对公司承建和维护管理的建筑实行全方位管理。

五是人力资源扩充规划。公司将把提高员工素质和引进高层次人才作为重要战略之一，完善人才的培养、引进和激励机制，努力加强人才梯队建设，尊重员工的创造力，以具有竞争力的薪资待遇、良好的工作环境与发展机遇吸引并留住人才。同时，公司将继续积极加强对员工的内部培训。

六是财务管理及内控制度健全计划。公司将继续加强财务管理工作，强化风险控制，做好财务预算和成本控制，建立健全有效的公司内控制度。公司还将根据业务运营和实际资金需求及自有资金状况决定是否进行再融资以及再融资的方式。重整完成后，产业投资人将全面参与公司日常管理，公司内部控制与治理结构将得到极大改善。

五、重整计划的表决与批准

（一）债权人会议表决

雅博股份第二次债权人会议于 2021 年 9 月 29 日以网络会议形式在全国企业破产重整案件信息网召开，由职工债权组和普通债权组分别对重整计划草案进行表决。

1. 职工债权组

职工债权组出席会议有表决权的共 9 家，其所代表的职工债权额为 20.34 万元。其中，表决同意的有 9 家，占参加表决的职工债权人数量的 100%，已超过该组出席会议债权人的半数；其所代表的职工债权额为 20.34 万元，占该组表决权总额的 100%，已超过该组表决权总额的 2/3。表决通过。

2. 普通债权组

普通债权组出席会议有表决权的共 1129 家，其所代表的普通债权金额为 11.44 亿元。其中表决同意的普通债权人 1125 家，占出席会议的普通债权人数量的 99.65%，已超过该组出席会议债权人的半数；其所代表的普通债权额为 11.44 亿元，占普通债权总额的 99.39%，已超过该组表决权总额的 2/3。表决通过。

（二）出资人组会议表决

公司于 2021 年 9 月 29 日采取现场会议与网络投票结合的方式召开出资人组会议，对出资人权益调整方案进行表决。

出席出资人组会议的股东共 258 家，其所持有表决权的股份总数为 5.78 亿股，其所持有表决权的股份占公司总股本的 77.46%。

表决情况为：同意票所代表的股份为 5.27 亿股，占出席会议股份总数的 91.18%，已超过出席本次会议股东所持表决权股份总数的 2/3。表决通过。

（三）重整计划批准

2021 年 9 月 30 日，市中区法院做出民事裁定书〔（2021）鲁 0402 破 3-3 号〕，裁定批准雅博股份重整计划，并终止雅博股份重整程序。

六、重整计划的执行与监督

（一）执行和监督的主体

重整计划由雅博股份负责执行，管理人负责监督。

（二）执行和监督期限

重整计划的执行期限为自法院裁定批准重整计划之日起 6 个月。在此期间，雅博股份应当严格依照重整计划的规定清偿债务，并随时支付重整费用。如非雅博股份自身原因，致使重整计划无法在上述期限内执行完毕，雅博股份应于执行期限届满前，向市中区法院提交延长重整计划执行期限的申请，并根据市中区法院批准的执行期限继续执行。重整计划提前执行完毕的，执行期限在市中区法院裁定重整计划执行完毕之日到期。

重整计划执行的监督期限与重整计划执行期限相同，自市中区法院裁定批准重整计划之日起计算。若根据重整计划执行的实际情况，需要延长管理人监督重整计划执行的期限，则管理人应向市中区法院提交延长重整计划执行监督期限的申请，并根据市中区法院批准的期限继续履行监督职责。重整计划执行期限提前到期的，执行监督期限相应提前到期。

（三）执行的措施

1. 偿债资源的分配

偿债的资金和股票原则上以银行转账、股票划转的方式向债权人进行分配，债权人应自重整计划获得市中区法院裁定批准之日起 7 日内按照管理人指定格式书面提供领受偿债资金和股票的银行账户、证券账户信息。未提供以及无法通知到的债权人将提存其分配额，由此产生的法律后果由相关债权人自行承担。因债权人自身和/或其代理人、关联方的原因，导致偿债资金和股票不能到账，或因账户信息错误、账户被冻结、扣划等原因所产生的法律后果和市场风险由相关债权人自行承担。债权人可以指令将偿债资金和股票支付/划转至债权人指定的、由该债权人所有/控制的账户或其他主体所有/控制的账户内，但因该指令导致偿债资金和股票不能到账，以及由该指令导致的法律纠纷和市场风险由相关债权人自行承担。

2. 财产保全措施的解除

根据《企业破产法》第十九条的规定，人民法院受理破产申请后，有关债务人财产的保全措施应当解除。尚未解除对雅博股份的财产保全措施的债权人，应当在重整计划获得法院裁定批准后 30 日内协助办理完解除财产保全措施的手续。如未能在前述规定期限内协助办理解除措施，管理人及/或雅博股份有权向市中区法院申请依照重整计划的规定予以强制解除。雅博股份有权根据债权人配合解除财产保全措施的情况向该债权人支付偿债资金和股票，因相关债权人不配合导致无法按期受领偿债资金和股票的，不视为重整计划未能执行完毕。

3. 信用等级的修复

申请强制执行并将雅博股份纳入失信被执行人名单的各债权人，应当在重整计划获得法院裁定批准后30日内向相关法院申请删除雅博股份的失信信息,并解除对债务人法定代表人、主要负责人及其他相关人员的限制消费令及其他信用惩戒措施。雅博股份有权根据债权人申请删除失信信息并解除信用惩戒措施的情况向该债权人支付偿债资金和股票,因相关债权人不配合导致无法按期受领偿债资金和股票的,不视为重整计划未能执行完毕。

4. 重整费用的支付及共益债务的清偿

(1)重整费用。依据《最高人民法院关于审理企业破产案件确定管理人报酬的规定》及管理人报酬方案计算的管理人报酬共计1097万元,按照管理人报酬方案支付。在重整期间及重整计划执行期间发生的案件受理费、管理人聘请其他中介机构的费用、转增股票登记税费及股票过户税费、管理人执行职务费用等各项重整费用,根据实际发生数额以雅博股份财产按照重整计划规定、合同约定或重整计划执行实际情况随时支付。

(2)共益债务。雅博股份重整期间的共益债务,包括但不限于因继续履行合同所产生的债务、因继续营业而支付的劳动报酬和社会保险费用以及由此产生的其他债务,由雅博股份按照《企业破产法》相关规定随时清偿。

5. 偿债资源的预留、提存及处理

(1)债权已经确定的债权人未按照重整计划的规定领受偿债资源的,根据重整计划应向其分配的资金、股票将提存至管理人指定的银行账户、证券账户。上述提存的偿债资金、股票自重整计划执行完毕公告之日起满3年,债权人仍不领取的,视为放弃领受偿债资金、股票的权利。雅博股份应当将提存的资金在扣除相关费用后用于补充公司流动资金,提存的股票可由雅博股份选择注销或者在二级市场上出售变现后,用于补充公司流动资金。

(2)对于因诉讼、仲裁未决、债权人异议等原因导致管理人暂时无法做出审查结论的债权,以最终确定的债权金额为准,按照重整计划规定的同类债权清偿方案受偿。重整计划已预留的偿债资金、股票在清偿该等债权后仍有剩余的,剩余的偿债资金将用于补充公司流动资金,剩余的偿债股票可由雅博股份选择注销或者在二级市场上出售变现后,用于补充公司流动资金。

(3)对于雅博股份已知悉但未依法在债权申报期限内申报的债权,如债权权利应受法律保护,以最终确定的债权金额为准,按照重整计划规定的同类债权清偿方案受偿。按照重整计划已预留的偿债资金、股票在清偿该等债权后仍有剩余的,剩余的偿债资金将用于补充公司流动资金,剩余的偿债股票可由雅博股份选择注销或者在二级市场上出售变现后,用于补充公司流动资金。

6. 转让债权的清偿

债权人在重整申请受理日(2021年4月25日)后依法对外转让债权的,受让人按照原债权人根据重整计划就该笔债权可以获得的偿债资源受偿；债权人向两个以上的受让人转让债权的，偿债资源向受让人按照其受让的债权比例分配。

7. 债权人对担保人或其他连带债务人权利的行使

根据《企业破产法》第九十二条第三款的规定，债权人对债务人的保证人和其他连带债务人所享有的权利，不受重整计划的影响。但债权人依重整计划获得全额清偿后，为该笔债务提供担保的担保人将不再承担清偿责任。债权人在根据重整计划获得清偿后，应协助解除对担保人财产的保全措施和抵质押登记。

七、重整计划顺利实施的预期效果

本次重整计划如能顺利实施，预计将产生以下结果。

（1）企业法人性质及市场主体资格不变，并将有效消除现存的退市风险及其他风险，提升上市公司质量。

（2）创新关联企业重整方式，整体解决雅博股份及山东雅百特的债务危机。雅博股份重整案采取分别重整、统筹推进的审理模式，统筹运用母子公司的偿债资源，提高重整效率和成功率。通过依法利用在母公司雅博股份重整程序中获得的部分资本公积转增股票及部分现金，清偿子公司山东雅百特的到期债务。重整计划实施完毕后，雅博股份和子公司山东雅百特的债务危机化解，雅博股份的基本面将发生根本性改善，同时妥善保留山东雅百特的经营资质及业务，并为进一步提升雅博股份合并报表范围内的持续经营能力奠定基础。

（3）引入有实力的重整投资人，为公司业务发展提供资金、资源、管理等全方位支持。成功引入具有国资背景的泉兴科技作为重整投资人，投入资金支持后续业务发展，为雅博股份业务经营提供了更高水平的管理支撑和资金保障，实现各方权益最大化。

在实现重整投资人对雅博股份的战略投资之后，公司将保留金属屋面围护、光伏建筑一体化等方面的主营业务，通过重整投资人的优势和资源，在支持雅博股份业务发展、提升公司融资能力等方面发挥股东作用，整合、优化雅博股份现有经营业务，全面提升雅博股份整体业务实力，继续回归到行业头部企业地位。

案例 5　海航控股重整案例解析[①]

背景

海南航空控股股份有限公司（以下简称"海航控股"或"公司"）成立于 1993 年，于 1997 年 6 月 25 日在上交所 B 股上市；于 1999 年 11 月 25 日在上交所 A 股上市，截至 2021 年 12 月 31 日，海航控股总股本为 168.06 亿股。公司主营业务是航空客、货运输等。海航集团有限公司（以下简称"海航集团"）于 2017 年底因经营失当、管理失范、投资失序等原因，爆发流动性危机，前期以企业自救为主，但未能成功化解风险，并转为严重的债务危机。2020 年 2 月 29 日，海南省依规落实风险处置的属地责任，会同相关部门成立了海南省海航集团联合工作组（以下称"联合工作组"）。联合工作组全力协助、全面推进海航集团风险处置工作，但经尽职调查和摸底了解，海航集团实际已经严重资不抵债，海航控股作为海航集团航空主业的核心企业，也面临严重的债务危机和上市公司经营风险。

2021 年 1 月 29 日，海航控股收到海南省高级人民法院（以下简称"海南高院"或"法院"）送达的通知书，因公司不能清偿到期债务，且明显缺乏清偿能力，债权人北京富来特国际货运代理有限责任公司（以下简称"北京富来特"）已向法院提出对公司进行重整的申请。2021 年 2 月 10 日，海南高院裁定受理债权人对海航控股及其十家子公司的重整申请并指定海航集团清算组担任公司及其 10 家子公司管理人（以下简称"管理人"）。2021 年 9 月 12 日，管理人确定海航集团航空主业战略投资者为辽宁方大集团实业有限公司（以下简称"方大实业"）。2021 年 9 月 27 日，海航控股及其 10 家子公司重整案第二次债权人会议及出资人组会议召开。会议表决通过了《海南航空控股股份有限公司及其十家子公司重整计划（草案）》以及相应出资人权益调整方案。2021 年 10 月 31 日，海航控股及其十家子公司分别收到了法院送达的民事裁定书，裁定批准重整计划。2021 年 12 月 31 日，海航控股及其十家子公司收到海南高院送达的民事裁定书，确认重整计划已执行完毕。海航集团重整案（包括海航集团等 321 家实质性合并重整案、海航控股重整案、海航基础设施投资集团股份有限公司重整案等）

[①] 本案例解析的内容主要根据海南航空控股股份有限公司于 2021 年 11 月 1 日公布的《海南航空控股股份有限公司及其十家子公司重整计划》整理而成。

是中国最大的破产重整案例,入选 2022 中国法治实施十大事件。

方案要点

1. 出资人权益调整

在海航控股层面,以海航控股现有 A 股股票 164.37 亿股为基数,按照每 10 股转增 10 股的比例实施资本公积转增股本,转增股票 164.37 亿股。转增后,海航控股总股本将增至 332.43 亿股。前述转增形成的 164.37 亿股股票不向原股东分配,全部按照重整计划进行分配和处置。其中:①不少于 44 亿股股票以一定的价格引入战略投资者,股票转让价款部分用于支付 11 家公司重整费用和清偿相关债务,剩余部分用于补充流动资金以提升公司的经营能力;②120.37 亿股股票以一定的价格抵偿给 11 家公司部分债权人,用于清偿相对应债务,以化解 11 家公司的债务风险、保全经营性资产、降低资产负债率。海航控股现有股东持有的存量股票不进行调整。

在子公司层面,海航航空技术有限公司(以下简称"海航技术")、北京科航投资有限公司(以下简称"科航投资")、乌鲁木齐航空有限责任公司(以下简称"乌鲁木齐航空")、海南福顺投资开发有限公司(以下简称"福顺投资")、福州航空有限责任公司(以下简称"福州航空")等 5 家子公司不进行出资人权益调整;中国新华航空集团有限公司(以下简称"新华航空")、山西航空有限责任公司(以下简称"山西航空")、云南祥鹏航空有限责任公司(以下简称"祥鹏航空")、长安航空有限责任公司(以下简称"长安航空")、广西北部湾航空有限责任公司(以下简称"北部湾航空")等 5 家子公司除对下述股东出资人权益进行调整外,其他工商登记股东的出资人权益不调整。具体安排如下:

(1)中国对外经济贸易信托有限公司(以下简称"中国外贸信托")持有的新华航空全部 11.44 亿元注册资本调整为由海航控股持有。

(2)北京鸿瑞盛达商贸有限公司(以下简称"北京鸿瑞盛达")持有的山西航空全部 3.40 亿元注册资本、海航航空集团有限公司(以下简称"航空集团")持有的山西航空全部 3.03 亿元注册资本调整为由海航控股持有。

(3)云南鹏夏元昊投资合伙企业(有限合伙)(以下简称"云南鹏夏元昊")持有的祥鹏航空全部 5.76 亿元注册资本调整为由海航控股持有。

(4)航空集团持有的长安航空全部 4.77 亿元注册资本调整为由海航控股持有。

(5)天津航空有限责任公司(以下简称"天津航空")持有的北部湾航空全部 21.00 亿元注册资本调整为由海航控股持有。

2. 债权清偿方案

(1)有财产担保债权调整及受偿。有财产担保债权的本金及利息部分可在担保财产的市场价值范围内优先清偿。市场价值范围外的本金及利息,以及全部罚息、复利、违约金、维持费等惩罚性费用将调整为普通债权，按普通债权的清偿方式清偿。

调整后的有财产担保债权将由担保人或建设工程所有权人留债清偿，具体安排如下：

留债期限为 10 年，以 2022 年为第一年，自第二年起逐年还本，还本比例分别为 2%、4%、4%、10%、10%、15%、15%、20%、20%。每年按照未偿还本金的金额付息。按原融资利率与 2.89%/ 年孰低者确定，利息自重整计划获得法院裁定批准次日起算。付息日为每年 6 月 20 日、12 月 20 日，遇节假日提前；还本日（自第二年起）为每年 12 月 20 日，遇节假日提前。首期付息日为 2022 年 6 月 20 日，首期还本日为 2023 年 12 月 20 日。

就安排留债清偿的负债，应根据重整计划规定的留债安排、留债条件等重新办理 / 变更对应担保物的抵质押登记。在留债主体履行完有财产担保债权清偿义务后，有财产担保债权及担保物权消灭，债权人不再就担保财产 / 建设工程享有优先受偿权，并应注销抵质押登记。未及时注销的，不影响担保物权的消灭。

（2）普通债权调整及受偿。调整后 11 家公司的普通债权中，每家债权人 10 万元以下（含 10 万元）的部分，由 11 家公司于法院裁定批准重整计划后 60 日内以自有资金一次性清偿完毕；自有资金不足的，以战略投资者投入的资金依规统一安排清偿。每家债权人在 11 家公司最多可受偿 10 万元。

超过 10 万元的部分处理如下：

救助贷款。债权本金及利息部分参照有财产担保债权的清偿方式清偿，留债主体为 11 家公司，具体由海航控股根据实际财务状况指定。债权的其他部分，包括但不限于罚息、复利、违约金、维持费等，按其他普通债权的清偿方式清偿。

其他普通债权。其他普通债权将同时按以下两种方式受偿，即债权人不可仅受领其中关联方清偿部分或仅受领股票抵债部分，也不可改变两种清偿方式的受领比例。

关联方清偿即由海航集团、航空集团清偿负债。每家债权人的其他普通债权中，64.38% 的债权由关联方清偿（根据合规问题总规模，最终比例可能会有适当微调）。关联方清偿的具体方式以实质合并重整计划中规定的普通债权清偿方式为准。

股票抵债，即以海航控股 A 股股票抵债。每家债权人的其他普通债权中，35.61% 的债权以股票抵偿，抵债价格为 3.18 元 / 股（最终比例以及抵债价格可能适当微调）。

3. 引入重整投资人

根据投资安排，方大实业作为牵头主体，已联合其下属关联企业设立了海南方大航空发展有限公司（以下简称"海南方大"）作为投资主体参与本次重整投资。海南方大将以 123 亿元为对价，取得海航控股不少于 44.00 亿股 A 股股票，并通过对关联方的投资安排，最终取得海航控股控制权，具体的持股安排，按照海南方大与管理人之间的重整投资协议执行。

投资款支付先决条件包括：
（1）海航控股重整计划经法院裁定批准。
（2）海航控股资本公积转增股票已经登记至管理人账户。
（3）上市公司投资通过经营者集中审查。

先决条件满足后，管理人将向海南方大发出书面通知要求海南方大支付投资款。海南方大应当根据通知要求将投资款支付至管理人指定账户。

4. 协调审理[①]

为实现海航控股及其10家子公司价值最大化，最大限度提高债权人的清偿率，基于依法协同重整思路，根据重整计划，本次重整的偿债资源包括战略投资者投入的资金、债务人持续经营的收入、海航控股资本公积转增股票以及转由关联方清偿的债务额度。前述偿债资源将统筹安排，整体用于化解11家公司全部债务。

一、公司基本信息

（一）公司及业务简介

海航控股成立于1993年，于1997年6月25日在上交所B股上市；于1999年11月25日在上交所A股上市。公司注册地址为海南省海口市国兴大道7号海航大厦，法定代表人为刘璐。公司业务范围包括国际、国内（含港澳）航空客货邮运输业务，与航空运输相关的服务业务，航空旅游，机上供应品、航空器材、航空地面设备及零配件的生产，候机楼服务和经营，保险兼业代理服务（限人身意外险）。其中航空客、货运输是海航控股的主营业务。

公司重整申请前2020年年度报告显示，公司营业收入为294.01亿元，净亏损为687.43亿元，毛利率为-41.13%，净利率为-233.81%。

（二）重整前股权架构

截至2020年12月31日，海航控股总股本为168.06亿股。海航控股的控股股东为大新华航空有限公司（以下简称"大新华航空"），其持有海航控股38.79亿股，占海航控股总股本的23.08%。海航控股重整前股权架构如图2-5-1所示。

---

① 重整方案中表述为协同重整，根据2018年3月4日印发的《全国法院破产审判工作会议纪要》第38条的规定，表述为协调审理。

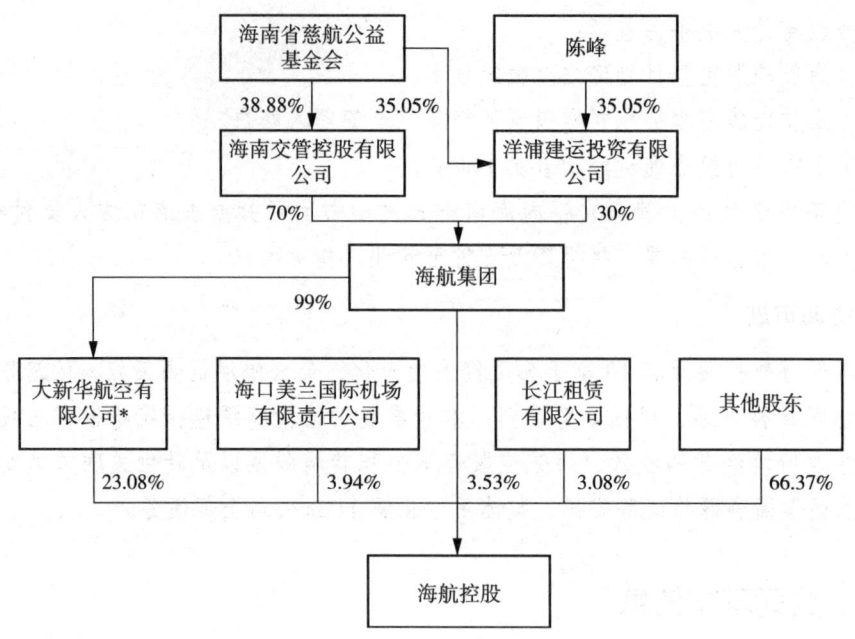

图 2-5-1 海航控股重整前股权架构

注：大新华航空通过全资子公司 Ameriacan Aviation LDC 持有海航控股 1.29% 的股权。

二、资产负债情况

（一）资产负债情况总览

表 2-5-1 海航控股资产负债情况

资产/债权类型	资产（亿元）	负债（亿元）	净资产（亿元）	资产负债率（%）
账面价值/债权金额	2176.98	1952.89	224.09	89.71
评估清算价值/债权金额	409.32	1952.89	−1543.57	477.11
评估市场价值/债权金额	945.61	1952.89	−1007.28	206.52

如表 2-5-1 所示，根据海航控股 2021 年半年度报告，截至 2021 年 6 月 30 日，海航控股合并范围总资产 2176.98 亿元，总负债 2457.48 亿元，净资产 −280.50 亿元。以 2021 年 2 月 10 日为评估基准日，11 家公司评估市场价值 945.61 亿元及清算价值为 409.32 亿元。

截至 2021 年 9 月 12 日（重整计划草案提交日），共计 4915 家债权人向 11 家公司管理人申报 9215 笔债权，债权申报金额合计 3972.09 亿元。

管理人经对已申报债权进行依法审查，并依法提交海南高院裁定的债权如下：确认债权合计 1374.43 亿元，分别为有财产担保债权 601.76 亿元、税款债权 2.59 亿元、普通债权 770.04 亿元、劣后债权 0.04 亿元；不予确认债权 1277.75 亿元。

初步审查确认的债权和暂缓确认债权 1319.92 亿元，因涉及衍生诉讼、债权人异议、事实情况复杂等原因尚未提交法院裁定，管理人预计其中 238.50 亿元债权将被法院确认。

经管理人调查，11 家公司另有截至重整申请受理日应付未付的经营性欠款共益债务、继续履行合同的融资租赁等共益债务及职工债权、未申报债权或有债务等 340 亿元，其中职工债权金额总计 1.84 亿元，涉及职工 38727 名。

综上，根据债权申报与审查情况、管理人对职工债权的调查情况以及公司债务信息等，海航控股经管理人审查确认、暂缓确认、未申报及职工债权的负债合计为 1952.89 亿元。

（二）债权分类

根据《企业破产法》《破产审判会议纪要》等法律及规定，十一家公司债权将按照职工债权、税款债权、有财产担保债权、普通债权以及劣后债权进行分类。

1. 有财产担保债权

管理人经对已申报债权进行依法审查，并依法提交海南高院裁定的有财产担保债权 601.76 亿元。

2. 职工债权

经管理人调查，11 家公司另有截至重整申请受理日应付未付的职工债权金额总计 1.84 亿元，涉及职工 38727 名。

3. 税款债权

管理人经对已申报债权进行依法审查，并依法提交海南高院裁定的税款债权 2.59 亿元。

4. 普通债权

管理人经对已申报债权进行依法审查，并依法提交海南高院裁定的普通债权 770.04 亿元。

5. 其他债权

初步审查确认的债权和暂缓确认债权 1319.92 亿元，因涉及衍生诉讼、债权人异议、事实情况复杂等原因尚未提交法院裁定，管理人预计其中 238.50 亿元债权将被法院确认。

经管理人调查，十一家公司另有截至重整申请受理日应付未付的经营性欠款共益债务、继续履行合同的融资租赁等共益债务及职工债权、未申报债权、或有债务等 338.16 亿元。

（三）偿债能力分析

管理人对 11 家公司在假定清算条件下的偿债能力进行了模拟分析。根据偿债能力分析报告，11 家公司如破产清算，假定其财产均能够按照清算价值获得处置变现，按照《企业破产法》规定的清偿顺序，担保财产变现所得优先用于偿还有财产担保债权；担保财产变现金额超过优先债权部分以及未设定担保的财产在清偿破产费用、共益债务后，按照职工债权、税款债权、普通债权的顺序进行清偿。在前述清偿顺序下，11 家公司在假定破产清算状态下普通债权清偿率为 0~12.57%。

三、重整基本情况

（一）重整背景

海航控股作为海航集团航空主业的核心企业，与海航集团控股的其他航空公司共同组成海航航空集团，是我国民航业第四大航空公司。海航控股是在上交所挂牌的上市公司，下属并表子公司 34 家，包括祥鹏航空、长安航空、新华航空、山西航空、北部湾航空、乌鲁木齐航空、福州航空、海航技术、科航投资、福顺投资等 10 家核心子公司。

受海航集团整体债务危机影响，海航控股及其下属核心子公司担保债务大规模到期，并随之产生交叉违约效应，自身负债亦大面积违约，从而严重影响生产经营活动。2020 年以来，全球新冠疫情蔓延的持续叠加冲击，更是令公司生产经营遭受严重打击。公司国际航线基本停飞，国内航线恢复缓慢，飞机大面积停场、收入断崖式下跌，而飞机租金、职工薪酬等成本居高不下，造成生产经营严重亏损，现金流几近断裂，无力偿付债务本息，正常生产经营难以维系。

因海航控股 2020 年度经审计的期末净资产为负值，且财务报告被出具无法表示意见的审计报告，海航控股被上交所实施退市风险警示。如 2021 年海航控股无法弥补净资产缺口，海航控股股票将被终止上市。一旦公司退市，无论是广大中小股民还是各债权人均将面临严重损失，海航控股后续经营发展也将面临重大不确定性。

（二）预重整／重整申请情况

2021 年 1 月 29 日，海航控股收到海南高院送达的通知书，因公司不能清偿到期债务，且明显缺乏清偿能力，债权人北京富来特已向法院提出对公司进行重整的申请。

（三）重整申请受理情况

2021 年 2 月 10 日，海南高院裁定受理债权人对海航控股及其 10 家子公司的重整申请，并指定海航集团清算组担任公司及其 10 家子公司管理人，负责重整各项工作。

（四）重整管理模式

债务人自行管理财产和营业事务。

（五）重整大事记

2021年1月29日，海航控股收到海南高院送达的通知书，因公司不能清偿到期债务，且明显缺乏清偿能力，债权人北京富来特已向法院提出对公司进行重整的申请。

2021年2月10日，海南高院裁定受理债权人对海航控股及其10家子公司的重整申请，并指定海航集团清算组担任公司及其10家子公司管理人，负责重整各项工作。

2021年3月19日，管理人发布了《海航集团航空主业战略投资者招募公告》，公开招募海航集团航空主业战略投资者。

2021年4月12日上午9时，海航控股及其10家子公司重整案第一次债权人会议通过全国企业破产重整案件信息网召开。在海南高院的指导下，第一次债权人会议顺利完成既定会议议程。

2021年9月12日，公司发布《关于海航集团航空主业战略投资者招募进展的公告》，管理人确定海航集团航空主业战略投资者为方大实业。

2021年9月27日，海航控股及其10家子公司重整案第二次债权人会议及出资人组会议召开。会议表决通过了《海南航空控股股份有限公司及其十家子公司重整计划（草案）》以及相应出资人权益调整方案。

2021年10月31日，海航控股及其10家子公司分别收到了法院送达的民事裁定书，裁定批准重整计划。

2021年12月31日，海航控股及其子公司收到海南高院送达的民事裁定书，确认重整计划已执行完毕。

四、重整计划的主要内容

（一）重整思路概述

重整计划的主要思路为：

（1）依法协同重整。依据《全国法院破产审判会议纪要》，参照过往案例经验，在海南高院的指导下，并会同相关各方充分研究后，对11家公司实施协同重整，以实现11家公司各自价值最大化，最大限度提高债权人的清偿率。

（2）引入战略投资者。管理人依法组织战略投资者遴选评审工作，确定海航集团航空主业战略投资者为方大实业。根据投资安排，海南方大将以123亿元为对价，取得海航控股不少于44.00亿股A股股票，并通过对关联方的投资安排，最终取得海航控股控制权。

（3）出资人权益调整方案。在海航控股层面，以海航控股现有A股股票164.37亿股为基数，按照每10股转增10股实施资本公积转增股本，转增股票164.37亿股。转增后，海航控股总股本将增至332.43亿股。前述转增形成的164.37亿股股票不向原股东分配，其中：

不少于44.00亿股股票以一定的价格引入战略投资者，股票转让价款部分用于支付11家公司重整费用和清偿相关债务，剩余部分用于补充流动资金以提升公司的经营能力。

120.37亿股股票以一定的价格抵偿给11家公司部分债权人。海航控股现有股东持有的存量股票不进行调整。在子公司层面，海航技术、科航投资、乌鲁木齐航空、福顺投资、福州航空等5家子公司不进行出资人权益调整；新华航空、山西航空、祥鹏航空、长安航空、北部湾航空等5家子公司的部分股权均调整为由海航控股持有。

（4）经营方面，通过重整并引入有实力的优质战略投资者，11家公司将抢抓海南自贸港建设的国家战略机遇，继续夯实和发扬国内第四大航空集团地位优势，将海航控股打造为海南自贸港国际区域航空中心双枢纽的超级承运人。

海航控股重整方案如图2-5-2所示。

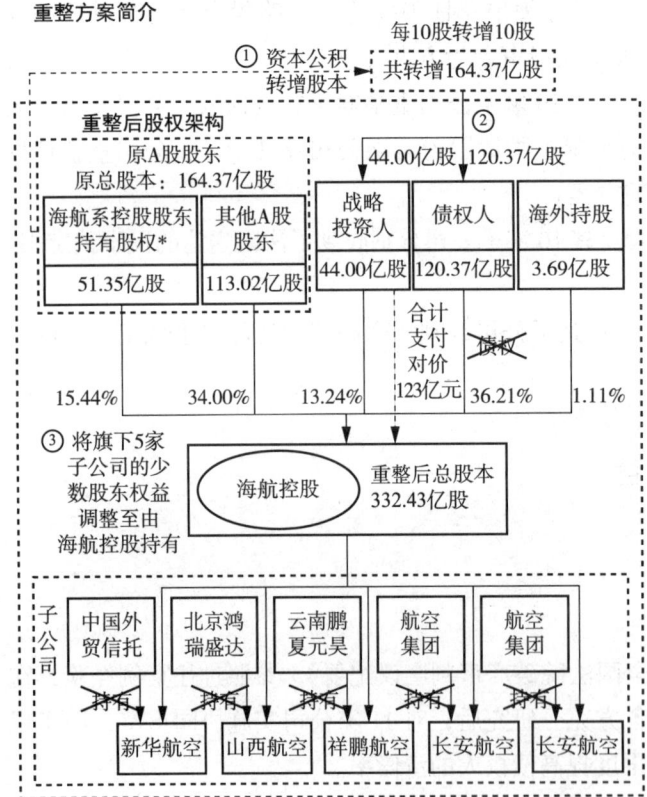

图2-5-2 海航控股重整方案示意图

注：海航系控股股东持有股权包括：大新华航空38.79亿股（大新华航空通过全资子公司 Americacan Aviation LDC持有海航控股1.29%的股权），海口美兰国际机场有限责任公司6.62亿股，海航集团5.94亿股。

（二）投资人及投资方案介绍

2021年3月19日，管理人发布了《海航集团航空主业战略投资者招募公告》，就上市公司海航控股以及上市公司以外的航空主业公司整体招募战略投资者。管理人最终确定方大实业为包括海航控股等11家公司在内的海航集团航空主业战略投资者。

方大实业成立于2000年，截至2021年8月31日，方大实业注册资本为10亿元，控股股东为北京方大国际实业投资集团有限公司，实际控制人为方威。方大实业是一家以炭素、钢铁、医药、商业四大板块为核心，跨行业、跨地区、多元化、具有较强国际竞争实力的大型企业集团。旗下拥有方大炭素新材料科技股份有限公司、方大特钢科技股份有限公司、东北制药集团股份有限公司、中兴—沈阳商业大厦（集团）股份有限公司4家上市公司；2家大型钢铁联合企业江西萍钢实业股份有限公司和四川省达州钢铁集团有限责任公司，一家大型机械制造跨国企业北方重工集团有限公司，一家大型商贸流通企业天津一商集团有限公司和医药板块所属方大群众医院等多家医院，共计300多家法人单位。

海南方大成立于2021年，是方大实业参与本次投资的投资主体。截至重整计划草案提交日，海南方大注册资本为300亿元，股东为方大实业、江西方大钢铁集团有限公司、九江萍钢钢铁有限公司、萍乡萍钢安源钢铁有限公司、四川省达州钢铁集团有限责任公司，控股股东为方大实业，实际控制人为方威。

本次重整由方大实业作为牵头主体，联合其下属关联企业江西方大钢铁集团有限公司、九江萍钢钢铁有限公司、萍乡萍钢安源钢铁有限公司、四川省达州钢铁集团有限责任公司设立海南方大作为本次投资的投资主体参与本次重整投资。

根据投资安排，海南方大将以123亿元为对价，取得海航控股不少于44.00亿股A股股票，并通过对关联方的投资安排，最终取得海航控股控制权，具体的持股安排按照海南方大与管理人之间的重整投资协议执行。投资款支付先决条件包括：①海航控股重整计划经法院裁定批准；②海航控股资本公积转增股票已经登记至管理人账户；③上市公司投资通过经营者集中审查。先决条件满足后，管理人将向海南方大发出书面通知要求海南方大支付投资款。海南方大应当根据通知要求将投资款支付至管理人指定账户。

（三）出资人权益调整方案

1.海航控股层面

以海航控股现有A股股票164.37亿股为基数，按照每10股转增10股实施资本公积转增股本，转增股票164.37亿股。转增后，海航控股总股本将增至332.43亿股。

前述转增形成的164.37亿股股票不向原股东分配，全部按照重整计划进行分配和处置。其中：①不少于44.00亿股股票以一定的价格引入战略投资者，股票转让价款部分用于支付11家公司重整费用和清偿相关债务，剩余部分用于补充流动资金以提升公司的经营能力；②120.37亿股股票以一定的价格抵偿给11家公司部分债权人，用于清偿相对应的债务以化解11家公司债务风险、保全经营性资产、降低资产负债率。海航控股现有股东持有的存量股票不进行调整。

2. 10家子公司层面

海航技术、科航投资、乌鲁木齐航空、福顺投资、福州航空等5家子公司不进行出资人权益调整；新华航空、山西航空、祥鹏航空、长安航空、北部湾航空等5家子公司除对下述股东出资人权益进行调整外，其他工商登记股东的出资人权益不调整。具体安排如下：

（1）中国外贸信托持有的新华航空全部11.44亿元注册资本调整为由海航控股持有。

（2）北京鸿瑞盛达持有的山西航空全部3.40亿元注册资本、航空集团持有的山西航空全部3.03亿元注册资本调整为由海航控股持有。

（3）云南鹏夏元昊持有的祥鹏航空全部5.76亿元注册资本调整为由海航控股持有。

（4）航空集团持有的长安航空全部4.77亿元注册资本调整为由海航控股持有。

（5）天津航空持有的北部湾航空全部21.00亿元注册资本调整为由海航控股持有。

通过出资人权益调整，预计重整计划执行完毕之后，11家公司资产负债结构将得到实质改善，可持续经营能力及盈利能力得以提升。重整后，11家公司将继续发挥协同效应，为持续经营和持续盈利创造条件，最大限度维护上市公司整体的营运价值，降低重整成本，使全体出资人所持有的11家公司股权成为有价值且有潜力的资产，有利于保护广大出资人的合法权益。

（四）债权调整及受偿方案

1. 职工债权调整及受偿

经管理人调查职工债权1.84亿元。11家公司各自的职工债权由11家公司在重整计划执行期间以自有现金全额清偿，自有资金不足的，以战略投资者投入的资金依规统一安排清偿。

2. 税款债权调整及受偿

经管理人审查确认税款债权2.59亿元。11家公司各自的税款债权由11家公司在重整计划执行期间以自有现金全额清偿，自有资金不足的，以战略投资者投入的资金依规统一安排清偿。

3. 有财产担保债权调整及受偿

经管理人审查确认有财产担保债权601.76亿元，其中无法就担保财产优先受偿转入普通债权清偿为278.20亿元。调整后的有财产担保债权将由担保人或建设工程所有权人留债清偿，具体安排如下：

（1）留债期限：10年。

（2）清偿安排：以2022年为第一年，自第二年起逐年还本，还本比例分别为2%、4%、4%、10%、10%、15%、15%、20%、20%。每年按照未偿还本金的金额付息。

（3）留债利率：按原融资利率与2.89%/年孰低者确定，利息自重整计划获得法院裁定批准次日起算。

（4）还款时间：付息日为每年6月20日、12月20日，遇节假日提前；还本日（自第二年起）为每年12月20日，遇节假日提前。首期付息日为2022年6月20日，首期还本日为2023年12月20日。

（5）担保方式：就安排留债清偿的负债，应根据重整计划规定的留债安排、留债条件等重新办理/变更对应担保物的抵质押登记。在留债主体履行完有财产担保债权清偿义务后，有财产担保债权及担保物权消灭，债权人不再就担保财产/建设工程享有优先受偿权，并应注销抵质押登记。未及时注销的，不影响担保物权的消灭。

（6）建设工程价款优先债权与抵质押担保债权的优先顺位：对于担保财产分别有建设工程价款优先债权人以及抵质押担保权人主张权利的，担保财产的市场价值先向建设工程价款优先债权人分配，以此确认其优先清偿金额；担保财产的市场价值有剩余的，再向抵质押权人分配。

（7）外币债权的留债清偿安排：外币债权涉及留债的，以确认的人民币债权金额，按2021年2月10日中国人民银行授权中国外汇交易中心公布的汇率中间价折算为外币金额作为留债金额，再按重整计划规定重新签订还款协议后，以外币进行偿还。

（8）留债金额根据重整计划确定后不再调整。留债期间，留债主体处置担保物/建设工程的，担保物/建设工程处置价款将优先用于清偿剩余尚未清偿的留债部分；如处置所得未覆盖剩余尚未清偿的留债部分，未清偿部分仍将根据重整计划的留债安排继续留债清偿；处置所得超过留债总额的，债权人可优先受偿金额也不能超过留债总额；以定期存单质押担保的债权，债权人需待存单到期后方可扣划受偿。

（9）重整后留债安排需根据重整计划的规定执行。债权人与留债主体根据重整计划规定重新签署协议，并完成抵质押物的变更/重新登记后，方可按重整计划规定获得后续清偿。重新签署的协议中不得约定重整计划以外其他加重债权人或者债务人义务的事项。

（10）如债权人基于同一主债法律关系而对11家公司中的多家公司同时享有债权（包括主债权、担保债权或其他类型的还款义务），且可同时在一家或多家公司留债清偿，债权人可选择在其中一家或多家主体留债清偿并重新签署协议，但在各公司的留债总金额不得超过该笔主债法律关系的本金及利息总额。若债权人可选择的留债总金额大于该笔主债法律关系的本金及利息总额，应当在法院裁定批准重整计划后30日内书面致函债务人，确定在各公司的留债金额分配，并在后续重新签署协议。该选择一旦做出，不得更改。债权人逾期未确定留债金额分配的，管理人有权确定相关债权在各公司的留债金额分配。

（11）救助贷款如对债务人的特定财产享有担保权，其本金及利息部分可在担保财产的市场价值范围内，按照有财产担保债权的清偿安排清偿。

（12）11家公司重整前存续的融资租赁业务，双方决定租赁业务继续，尚未确定期限、利率或其他条件的，按照上述有财产担保债权的留债期限、利率或其他条件执行。

（13）若有财产担保债权对应的担保物估值为0，或因属于后顺位抵质押而导致担保物对应剩余估值为0，则债权人不再享有优先受偿权，对应的担保物权自法院裁定重整计划生效之日起消灭，债权人有义务在法院裁定批准重整计划后30日内配合管理人与债务人注销抵质押登记。债权人完成抵质押注销登记后，方可按重整计划规定获得后续清偿。如债权人不配合，管理人或债务人可向法院申请强制执行。

4. 普通债权调整及受偿

经管理人审查确认普通债权770.04亿元，有财产担保债权中调整为普通债权清偿的278.20亿元。调整后11家公司的普通债权中，每家债权人10万元以下（含10万元）的部分，由11家公司于法院裁定批准重整计划后60日内以自有资金一次性清偿完毕，自有资金不足的，以战略投资者投入的资金依规统一安排清偿。每家债权人在11家公司最多可受偿10万元。

超过10万元的部分处理如下：

（1）救助贷款。债权本金及利息部分参照有财产担保债权的清偿方式清偿，留债主体为11家公司，具体由海航控股根据实际财务状况指定。债权的其他部分，包括但不限于罚息、复利、违约金、维持费等，按其他普通债权的清偿方式清偿。

（2）其他普通债权。其他普通债权将同时按以下两种方式受偿，即债权人不可仅受领其中关联方清偿部分或仅受领股票抵债部分，也不可改变两种清偿方式的受领比例。

关联方清偿。即由海航集团、航空集团清偿负债。每家债权人的其他普通债权中，64.38%的债权由关联方清偿（根据合规问题总规模最终比例可能会有适当微调）。关联方清偿的具体方式以实质合并重整计划中规定的普通债权清偿方式为准。根据自查报告所确认的合规问题规模，并考虑期后合规问题解决情况，计划关联方清偿债权的总规模690亿元（根据合规问题总规模，最终金额可能适当调整）。

股票抵债，即以海航控股A股股票抵债。每家债权人的其他普通债权中，35.61%的债权以股票抵偿，抵债价格为3.18元/股（最终比例以及抵债价格可能适当微调）。通过以上方式，可实现其他普通债权的全额清偿。预计其他普通债权中，每100元可获得11.20股海航控股A股股票（不足1股的部分，按1股计算），清偿35.61%；另64.38%由关联方清偿。综上，重整后普通债权的名义清偿率为100%。

5. 预计债权调整及受偿

根据管理人审查结果以及预估结果，公司预计债权238.50亿元。就截至重整计划执行完毕之日的预计债权,管理人将预留偿债资源,待其债权经审查确认之后,根据其法律性质按照重整计划规定的同类债权清偿条件受偿。管理人根据测算情况,为预计债权预留偿债资源。同时,为确保上市公司合规问题彻底解决,海航集团、航空集团完全履行自身承诺,如极端情况下预留股票资源不足以清偿该等债权,差额部分将全部进行关联方清偿,清偿方式以实质合并重整计划中规定的普通债权清偿方式为准。

6. 劣后债权调整及受偿

公司劣后债权合计 0.04 亿元。劣后债权不占用本次重整偿债资源,不安排债权清偿。在重整计划裁定批准之日起满 3 年后,若为预计债权预留的偿债资源经分配后仍有剩余,则劣后债权可参照其他普通债权的清偿安排进行清偿;若预留的偿债资源不足以清偿所有劣后债权,则按各劣后债权金额的比例进行分配。

7. 债务清偿顺序

图 2-5-3 中,模拟破产清算下普通债权清偿率是假定公司在破产清算条件下的偿债能力分析,主要来源于公司披露的偿债能力分析报告。而重组后清偿率是假定公司在重整条件下的名义清偿率。可以看出,重整后的债权清偿率比清算状态下的清偿率有一定提升。

根据偿债能力分析报告,11 家公司如破产清算,假定其财产均能够按照清算价值获得处置变现,普通债权清偿率仅为 0~12.57%。普通债权在重整计划执行期限内以现金和股票形式受偿;10 万元以下(含 10 万元)的债权部分在法院裁定批准重整计划后 60 日内以现金方式全额清偿,10 万元以上部分。救助贷款的债权本金及利息部分参照有财产担保债权的清偿方式清偿,留债主体为 11 家公司;预计其他普通债权中,每 100 元可获得 11.20 股海航控股 A 股股票,清偿 35.61%;另 64.38% 由关联方清偿,抵债价格为 3.18 元/股。通过以上方式,可实现其他普通债权的全额清偿。综上,重整后普通债权的名义清偿率为大于 35.61%。

8. 协调审理清偿

基于依法协同重整思路,根据重整计划,本次重整的偿债资源包括战略投资者投入的资金、债务人持续经营的收入、海航控股资本公积转增股票以及转由关联方清偿的债务额度。前述偿债资源将统筹安排,整体用于化解 11 家公司全部债务。其中,有财产担保债权将以担保物市场价值为限由担保人或建设工程所有权人留债清偿,超出担保物估值部分转为普通债权清偿;救助贷款参照有财产担保债权,由 11 家公司留债展期清偿;职工债权、税款债权以及一部分普通债权以现金即期全额清偿;剩余普通债权按照统一比例分别通过海航控股转增股票抵债清偿和转由关联方清偿的方式清偿,具体以清偿方案为准。通过上述方式将解决 11 家公司债务问题,实现上市公司轻装上阵。

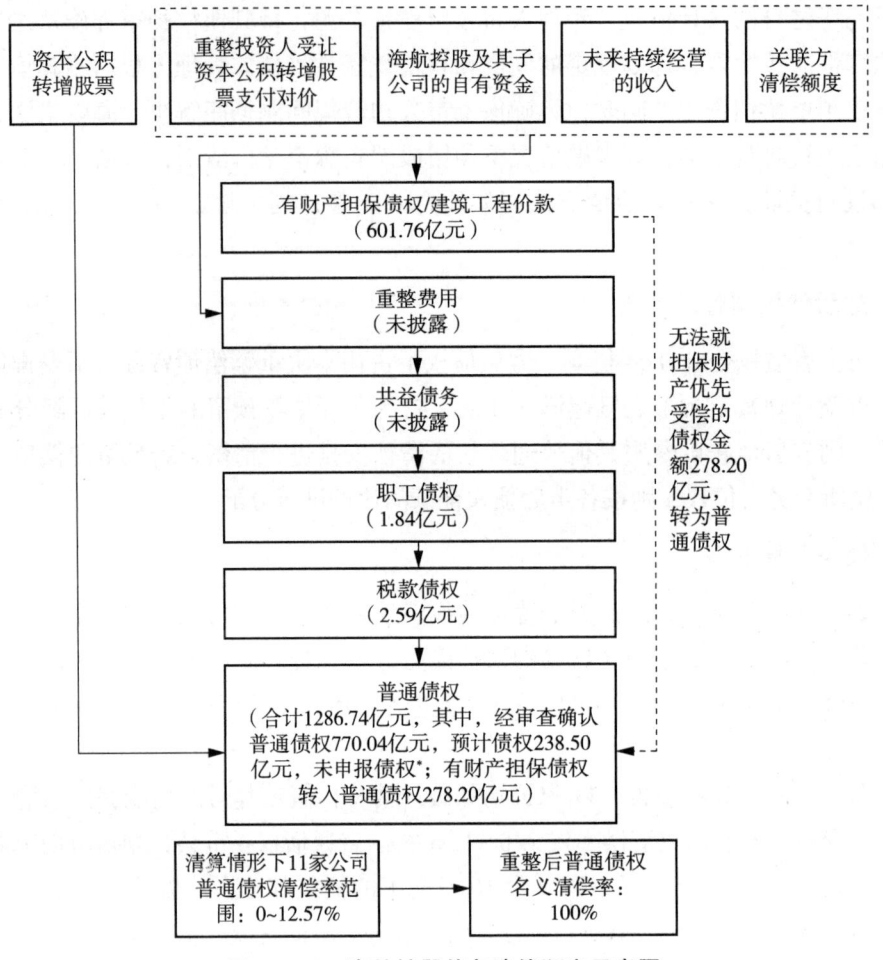

图 2-5-3 海航控股债务清偿顺序示意图

注：经管理人调查，十一家公司另有截至重整受日应付未付的经营性欠款共益债务、继续履行合同的融资租赁等共益债务及职工债权、未申报债权、或有债务等 340 亿元，其中除职工债权金额总计 1.84 亿元外，共益债务、未申报债权等明细金额未披露。

（五）未来经营方案

1. 航空主业持续、健康、优质发展的总体思路与举措

（1）依托海南自贸港，打造突出核心优势的新海南航空集团；构建海航控股以全服务航空突出服务优势、其他航司以低成本航空提升单位收益的差异化双驱动模式；构筑以自贸港政策托底的专业化企业群。

（2）紧扣市场节奏，在恢复内力的基础上加速发展，至 2022 年国内业务完全恢复至 2019 年水平并实现小幅增长。

（3）完善市场布局策略，形成"一张网"主架构，构建以国内快线为主、国际航线"长短结合"的全球一体化航线网络。

（4）完善机队发展规划，优化机队结构。

（5）完善航旅产品，提高辅业收入及占比。航旅产品体系从大众化向个性化转变，建立从高端到大众的全产品体系。加大辅营产品开发，构建充满活力的产业生态。大力发展航空维修业务，实现拓展增收。

2. 管理重塑、管理重组，完善公司治理

（1）进一步完善上市公司各项机制建设。公司将充分听取广大股东的合理建议或意见，股东将通过法定程序参与上市公司董事会及监事会改组的方式参与上市公司的内部治理，使海航控股的治理结构更加科学规范，切实保障债权人股东及广大中小股东的合法权益。

（2）进一步强化、完善有效的公司治理结构和内控机制，避免再次现合规问题。

从制度建设上，防范再次发生资金占用和违规担保的情形，海航控股应不断完善治理结构，以确保所有股东的利益不受侵害。未经依法决议程序，公司不得将资金直接或间接地提供给控股股东及其他关联方使用。

从程序控制上，杜绝控股股东违规占用资金等情形，进一步规范、完善关联交易，从程序控制上杜绝控股股东违规占用资金等情形。为进一步规范公司与控股股东及其他关联方的资金往来，确保公司的关联交易不损害公司和全体股东利益，海航控股要对关联交易审核程序、审核范围、关联交易价格的确定、关联交易审核委员会及其职责、与控股股东及其他关联方资金往来的限制、法律责任等方面做出明确而具体的规定，当公司发生控股股东及其他关联方侵占公司资产、损害公司及股东利益情形时，公司董事会应采取有效措施要求控股股东及其他关联方停止侵害并就该损害造成的损失承担赔偿责任。

进一步完善对外担保制度。海航控股要进一步完善对外担保制度，并严格依法执行法定和章程规定的对外担保审议程序，严格控制担保总额，关注担保对象的还款能力，并积极采取反担保等有效的风险防控措施，严格执行与关联方的互保安排。

五、重整计划的表决与批准

（一）债权人会议表决

2021年9月27日上午，海南高院通过网络会议召开了公司及其10家子公司第二次债权人会议，对重整计划草案进行表决。2021年10月23日15时，海南高院组织管理人、债权人代表、出资人代表、债务人代表及联合工作组代表等各相关方对海航控股等11家公司表决情况进行核查。根据核查结果，海航控股等11家公司各表决组均已通过重整计划草案。其中，海航控股的各组表决情况如下：

（1）有财产担保债权组。表决同意的债权人占出席会议的该组债权人数量的97.44%，其所代表的债权金额为292.99亿元，占该组债权总额的99.94%。该组已通过重整计划草案。

（2）普通债权组。表决同意的债权人占出席会议的该组债权人数量的72.84%，其所代表的债权金额为976.56亿元，占该组债权总额的93.48%。该组已通过重整计划草案。

（3）出资人组。海南控股出资人组会议于2021年9月27日下午召开，并通过了《海南航空控股股份有限公司出资人权益调整方案》。

（二）出资人组会议表决

海航控股出资人组会议于2021年9月27日下午2时30分采取现场投票与网络投票相结合的方式召开，出资人组会议表决通过了《海南航空控股股份有限公司出资人权益调整方案》。

出资人组会议以现场投票与网络投票相结合的方式对出资人权益调整方案进行了表决，表决情况为：出席本次出资人组会议的有效表决权股份总数为77.45亿股，占海航控股总股本的46.09%，其中同意73.75亿股，占出席会议所有出资人所持股份的95.22%。根据《中华人民共和国公司法》与《企业破产法》的相关规定，海航控股出资人组会议表决通过了出资人权益调整方案。

（三）重整计划批准

2021年10月31日，海航控股及其10家子公司分别收到了法院送达的民事裁定书，裁定批准重整计划。

六、重整计划的执行与监督

（一）执行和监督的主体

根据《企业破产法》第八十九条的规定，经法院裁定批准的重整计划由11家公司负责执行，管理人负责监督债务人执行重整计划。在重整计划执行的监督期限内，11家公司应接受管理人的监督，及时向管理人报告重整计划执行情况、公司财务状况以及重大经营决策、资产处置等事项，并配合管理人的各项监督工作。

（二）执行和监督期限

重整计划的执行期限为自法院裁定批准重整计划之日起3个月。重整计划执行期限内，11家公司应严格依照重整计划的规定清偿债务，并优先支付重整费用。

如非债务人自身原因，致使重整计划无法在上述期限内执行完毕，债务人应于执行期限届满前15日内向海南高院提交延长重整计划执行期限的申请，并根据海南高院批准的执行期限继续执行。重整计划提前执行完毕的，执行期限在执行完毕之日到期。

重整计划执行的监督期限与重整计划执行期限一致。若海航控股申请延长执行期限，管理人亦将申请延长监督期限。

（三）执行的措施

1. 偿债资金的分配

就每家债权人可获得的现金清偿，偿债资金原则上以银行转账方式向债权人进行分配，债权人应自重整计划获得海南高院裁定批准之日起 15 日内按照管理人指定格式向管理人书面提供受领偿债资金的银行账户信息。因债权人自身和/或其关联方的原因，导致偿债资金不能到账，或账户被冻结、扣划，产生的法律后果和市场风险由相关债权人自行承担。

债权人可以指令将偿债资金支付至该债权人所有/控制的账户或其他主体所有/控制的账户内。债权人指令将偿债资金支付至其他主体的账户的，因该指令导致偿债资金不能到账，以及由该指令导致的法律后果和市场风险由相关债权人自行承担。

2. 抵债股票的分配

就每家债权人可获得的股票，在重整计划执行期限内对海航控股转增股票进行分配。债权人应自重整计划获得海南高院裁定批准之日起 15 日内按照管理人指定格式向管理人书面提供受领抵债股票的证券账户信息。

逾期不提供证券账户信息的债权人，由此产生的法律后果和市场风险由相关债权人自行承担。因债权人自身和/或其关联方的原因，导致分配股票不能到账，或账户被冻结、扣划所产生的法律后果和市场风险由相关债权人自行承担。

3. 关联方清偿安排

在重整计划经法院裁定批准后，海航控股等 11 家公司将不再因合规问题享有对关联方的债权，合规问题解决；根据重整计划可获得关联方清偿的债权人将取得对海航集团和航空集团的债权。管理人将向海航集团管理人提供债权人名单及金额等相关信息，由海航集团管理人据此通知债权人根据实质合并重整计划的规定提供相关资料，以获得受偿。若债权人逾期提交相应的材料，由此产生的法律后果和市场风险由相关债权人自行承担。

4. 偿债资源的预留、提存及处理

如债权人就确定债权未及时受领偿债资源，或因债权未经海南高院裁定确认而未能受领偿债资源，管理人根据重整计划将应向其分配的偿债资金提存/预留至管理人银行账户或其指定的银行账户，将应向其分配的抵债股票转由管理人提存/预留，即视为 11 家公司已根据重整计划履行了清偿义务。以上所有提存/预留的偿债资金和抵债股票，在提存/预留期间均不计息。针对不同情况的债权，具体规则如下：

（1）债权已经海南高院裁定确认，债权人因自身原因未按照重整计划的规定受领偿债资源的，自海南高院裁定批准重整计划之日起满1年后视为债权人放弃受偿，就为其预留的偿债资源：

为债权人10万元以下（含10万元）的普通债权预留的偿债资金将由11家公司用于补充流动资金。

为债权人10万元以上的其他普通债权预留的股票将由管理人依法处置。

海航集团、航空集团不再承担清偿责任。

11家公司不再承担留债清偿义务，并可随时办理抵质押注销登记。

（2）因各种原因未经海南高院裁定确认的债权，债权金额以海南高院最终裁定确认金额，或司法机关的生效裁判文书确认金额为准。自债权金额确认后，债权人因自身原因未按照重整计划的规定受领偿债资源的，自债权金额确认之日起满1年后，视为债权人放弃受偿，但预留期限最长不超过重整计划裁定批准之日起3年。预留资源的处理方式同第（1）点。

（3）对于未在法院规定的债权申报期限内向管理人申报的债权，在海南高院裁定批准重整计划之日起满1年未向11家公司主张权利的，视为放弃受偿，预留资源的处理方式同第（1）点。

5. 债权人对其他还款义务人的权利

债权人对债务人的保证人和其他连带债务人、主债务人所享有的权利，不受重整计划的影响。

（1）债权人的选择受偿权。如债权人就其对11家公司的债权可同时向11家公司外的其他主体主张清偿，债权人享有选择权，可先不受领重整计划中明确的偿债资源，先行向其他主体主张清偿。管理人将根据其债权确认情况预留对应的偿债资源，预留期见前述"4.偿债资源的预留、提存与处理"。

其他主体清偿上述债权后，是否可向11家公司追偿，将依照《中华人民共和国民法典》（以下简称《民法典》）担保制度等法律规定处理，但如其他主体进入破产程序，根据《最高人民法院关于适用〈中华人民共和国企业破产法〉若干问题的规定（三）》第五条，其无权向11家公司追偿。若其他主体可追偿，其将替代原债权人对11家公司预留偿债资源享有受偿权利，但预留期不调整。

（2）多主体留债的处理。如债权人就其对11家公司的债权可同时向11家公司外的其他主体主张清偿的，债权人享有选择权，可先不受领重整计划中明确的偿债资源，先行向其他主体主张清偿。管理人将根据其债权确认情况预留对应的偿债资源，预留期见前述"4.偿债资源的预留、提存与处理"。

其他主体清偿上述债权后，是否可向11家公司追偿，将依照《民法典》担保制度等法律规定处理，但如其他主体进入破产程序，根据《最高人民法院关于适用〈中华人民共和国企业破产法〉若干问题的规定（三）》第五条，其无权向11家公司追偿。

若其他主体可追偿，其将替代原债权人对 11 家公司预留偿债资源享有受偿权利，但预留期不调整。

6. 转让债权的清偿

债权人在重整计划受理日后对外转让债权的，受让人按照原债权人根据重整计划就该笔债权可以获得的受偿资源受偿；债权人向两个以上的受让人转让债权的，若受让人之间无约定，则偿债资源向受让人按照其受让的债权比例分配，但普通债权中小额现金清偿部分仅分配一次，即 10 万元，并按照受让方各自受让债权比例进行分配。

7. 重整费用

11 家公司重整程序中产生的破产费用包括重整案件受理费、管理人报酬、管理人执行职务的费用、管理人聘请中介机构的费用、转增股票登记税费、股票过户税费等，在重整计划执行期内由 11 家公司以现金优先清偿。其中，重整案件受理费依据《诉讼费用缴纳办法》支付；管理人报酬依据《最高人民法院关于审理企业破产案件确定管理人报酬的规定》以现金优先一次性支付；管理人聘请中介机构的费用依据相关合同约定支付；转增股票登记税费、股票过户税费、管理人执行职务的费用等其他重整费用根据重整计划的执行情况由 11 家公司以现金优先支付。

8. 共益债务的清偿

11 家公司重整期间的共益债务，包括但不限于因继续履行合同所产生的债务、重整期间新签署的飞机租赁合同及补充协议项下的债务、为继续营业而支付的劳动报酬和社会保险费用及由此产生的其他债务，由 11 家公司按照《企业破产法》相关规定及合同约定随时清偿。

9. 对债务人财产限制措施的解除

根据《企业破产法》第十九条的规定，人民法院受理破产申请后，有关债务人财产的保全措施应当解除。尚未解除对 11 家公司财产保全措施的债权人，应当在重整计划获得法院裁定批准后协助办理完解除财产保全措施的手续。如因债权人原因未能及时解除对 11 家公司财产的保全措施而影响公司重整计划执行或对公司生产经营造成影响及损失，由相关债权人向公司及相关方承担法律责任。

10. 信用修复

重整计划执行完毕之后，11 家公司资产负债结构将得到实质改善，并将恢复可持续的经营能力及盈利能力。因此，在符合相关法律规定和信贷条件的前提下，各债权银行应当给予 11 家公司融资贷款公平公正的待遇及正常的信贷支持，不得对 11 家公司再融资设定任何没有法律依据的限制。在重整计划获法院裁定批准后，各金融机构应及时调整 11 家公司信贷分类，并上报中国人民银行征信系统调整债务人征信记录，确保重整后 11 家公司运营满足正常征信要求。

在海南高院裁定批准重整计划之日起 15 日内，将债务人纳入失信被执行人名单的各债权人应向相关法院申请删除债务人的失信信息，并解除对债务人法定代表人、主要负责人及其他全部相关人员的限制消费令及其他信用惩戒措施。若债权人未在上述期限内申请删除失信信息并解除信用惩戒措施，债务人或管理人有权向法院申请强制执行。

七、重整计划顺利实施的预期效果

（1）司法实践案例参考。海航集团重整案（包括海航集团等 321 家实质性合并重整案、海航控股重整案、海航基础设施投资集团股份有限公司重整案等）是中国最大的破产重整案例，也是万亿元级别债务体量的法治化、市场化风险处置的探索和尝试，将为未来司法案例、巨型企业重组提供可借鉴、可操作的方法和路径。

（2）老股东承担相应的责任。在海航控股的破产重整工作完成后，海航控股老股东团队股权将依法依规清零，其股权将转移至债权人享有。

（3）海航控股的历史包袱得到解决，上市地位得以续存。通过重整计划的实施，各类的债权将依法得到妥善清偿，上市公司的各类合规问题将得到妥善解决，上市公司将卸下沉重的债务包袱，财务情况得到改善，实现轻装上阵，上市公司将得以良性发展。

（4）引入有实力的战略投资人。海航控股通过引入投资人方大实业，满足了战略投资人实力要求的需求。通过投资人的资金和资源的投入，十一家公司将牢牢把握海南自贸港建设的国家战略机遇，继续发挥国内第四大航空集团地位优势，将海航控股打造成为自贸港国际区域航空中心双枢纽的超级承运人。

案例6　海航基础重整案例解析①

> **背景**

海航基础设施投资集团股份有限公司（以下简称"海航基础"或"公司"），现更名为"海南机场设施股份有限公司"成立于1993年5月，于2002年8月在上交所挂牌上市。2016年2月，海航基础实施重大资产重组，重组完成后控股股东变更为海航基础控股集团有限公司（以下简称"基础控股"），总股本为39.08亿股。海航基础业务范围包括机场、地产、物业、免税、酒店等，其中机场运营及地产开发是海航基础的业务重心。近年来，受海航集团整体债务危机波及，且伴随国内宏观经济增速放缓、经济下行压力不断加大、国内房地产调控政策升级等大环境影响，海航基础及其20家子公司财务状况恶化、资金链日趋紧张、关联资产严重减值、出现大额亏损。

2021年1月29日，海航基础收到海南省高级人民法院（以下简称"海南高院"或者"法院"）送达的通知书，因公司不能清偿到期债务，且明显缺乏清偿能力，债权人中国华融资产管理股份有限公司海南省分公司（以下简称"中国华融"）已向法院提出对公司进行重整的申请。同日，债权人海南中泰亚美家具有限公司（以下简称"中泰亚美"）等13家债权人分别向法院申请对海航国际旅游岛开发建设（集团）有限公司（以下简称"国际旅游岛"）等20家子公司进行重整的相关事宜。2021年2月10日，海南高院裁定受理债权人对海航基础及其20家子公司的重整申请，并指定海航集团清算组担任公司及其20家子公司管理人。2021年9月13日，管理人已经确定海航集团机场板块战略投资者为海南省发展控股有限公司（以下简称"海南控股"）。2021年9月28日，海航基础及其20家子公司重整案第二次债权人会议及海航基础出资人组会议召开，二十家子公司中涉及出资人权益调整事项的公司采取书面方式进行出资人组表决，各公司有财产担保债权组、普通债权组以及出资人组均表决通过《海航基础设施投资集团股份有限公司及其二十家子公司重整计划（草案）》以及相应出资人权益调

---

① 本案例解析的内容主要根据海航基础设施投资集团股份有限公司于2021年11月1日公布的《海航基础设施投资集团股份有限公司及其二十家子公司重整计划》整理而成。

整方案。2021年10月31日,海南高院裁定批准《海航基础设施投资集团股份有限公司及其二十家子公司重整计划》,并终止海航基础及其20家子公司重整程序。2021年12月31日,海航基础及其20家子公司收到海南高院送达的民事裁定书,确认重整计划已执行完毕。海航集团重整案(包括海航集团等321家实质性合并重整案、海航控股重整案、海航基础重整案等)是中国最大的破产重整案例,入选2022中国法治实施十大事件。

方案要点

1. 出资人权益调整

在海航基础层面,以海航基础现有A股股票39.08亿股为基数,按照每10股转增20股实施资本公积转增股本,转增股票78.15亿股。前述转增形成的股票中:

(1) 33.00亿股股票以一定的价格引入战略投资者,股票转让价款部分用于支付21家公司重整费用和清偿相关债务,剩余部分用于补充流动资金以提升公司的经营能力;15.83亿股股票以一定的价格抵偿给21家公司部分债权人,用于清偿相对应的债务以化解21家公司债务风险、保全经营性资产、降低资产负债率。

(2) 剩余29.32亿股中,控股股东及其支配的股东取得的2.97亿股注销以履行业绩承诺补偿义务;14.93亿股回填上市公司,用于解决海航基础自查报告和自查报告补充公告中披露的相关问题,回填股票用于抵偿债务;中小股东获得的11.42亿股自行保留。

完成业绩承诺股份注销后,海航基础总股本114.25亿股。

在20家子公司层面,就三亚凤凰国际机场有限责任公司(以下简称"凤凰机场")的下述出资人权益进行调整:深圳平安汇通投资管理有限公司(以下简称"平安汇通")持有凤凰机场的14.46亿元注册资本调整为由海航基础持有。其他子公司出资人权益不调整。

2. 债权清偿方案

(1) 有财产担保债权调整及受偿。有财产担保债权的本金及利息部分可在担保财产的市场价值范围内优先受偿。市场价值范围外的本金及利息,以及全部罚息、复利、违约金、维持费等惩罚性费用将调整为普通债权,按普通债权的清偿方式清偿。

调整后的有财产担保债权将由担保人或建设工程所有权人留债清偿,具体安排如下:

留债期限:对于债务人以其特定财产提供担保的债权,留债期限为10年;对于建设工程价款优先受偿权，留债期限为3年。

清偿安排：对于债务人以其特定财产提供担保的债权，以2022年为第一年，自第四年起逐年还本，首期还本日为2025年12月21日，还本比例分别为10%、10%、10%、15%、15%、20%、20%，每年按照未偿还本金的金额付息；对于建设工程价款优先受偿权，以2022年为第一年，自第一年起开始逐年还本，首期还本日为2022年12月21日，还本比例为30%、30%、40%。

留债利率：对于债务人以其特定财产提供担保的债权，按原融资利率与3%/年孰低者确定，利息自重整计划获得法院裁定批准次日起算，该利率不受中国人民银行的利率政策调整影响，首期付息日为2022年12月21日；对于建设工程价款优先受偿权，不再计算利息。

还款时间：对于债务人以其特定财产提供担保的债权，每年度最后一个月的20日为结息日，结息日的次日（21日）为付息还款日；第四年起每年结息日的次日为还本日。对于建设工程价款优先受偿权，每年度最后一个月的21日为还本日。

担保方式：就安排留债清偿的负债，应根据重整计划规定的留债安排、留债条件等重新办理/变更对应担保财产的抵质押登记。在留债主体履行完有财产担保债权清偿义务后，有财产担保债权及担保物权消灭，债权人不再就担保财产/建设工程享有优先受偿权，并应注销抵质押登记。未及时注销的，不影响担保物权的消灭。

（2）普通债权调整及受偿。

调整后21家公司的普通债权中，每家债权人10万元以下（含10万元）的部分，由21家公司于法院裁定批准重整计划后60日内以自有资金一次性清偿完毕，自有资金不足的，以战略投资者投入的资金依规统一安排清偿。每家债权人在21家公司合计最多可受偿10万元。

超过10万元的部分处理如下：

救助贷款。债权本金及利息部分参照有财产担保债权的清偿方式清偿，留债主体为21家公司，具体由海航基础根据实际财务状况指定。债权的其他部分，包括但不限于全部罚息、复利、违约金、维持费等，按其他普通债权的清偿方式清偿。

其他普通债权。其他普通债权以海航基础转增股票抵债的方式清偿，抵债价格为15.56元/股。

3. 引入重整投资人

根据投资安排，海南控股将以85.50亿元为对价，取得海航基础以资本公积转增的33.00亿股A股股票，最终取得海航基础控制权。具体的持股安排，按照海南控股与管理人之间签署的重整投资协议执行。

投资款支付可分两期进行，其支付先决条件包括：

（1）海航基础重整计划经法院裁定批准。

（2）海航基础资本公积转增股票已经登记至管理人账户。

（3）上市公司投资取得海南省国有资产监督管理委员会批准。

（4）上市公司投资通过经营者集中审查。

先决条件满足后，管理人将书面通知海南控股缴纳第一期投资款60.00亿元，海南控股应根据通知将第一期投资款支付至管理人指定账户。第二期投资款25.50亿元应不晚于海南高院裁定批准重整计划后的第90日支付。

4. 协调审理[①]

为实现海航基础及其20家子公司价值最大化，最大限度提高债权人的清偿率，基于依法协同重整思路，根据重整计划，海航基础重整案的偿债资源包括战略投资者投入的资金、债务人持续经营的经营收入、海航基础资本公积转增所得股票。前述偿债资源将统筹安排，整体用于化解21家公司全部债务。

一、公司基本信息

（一）公司及业务简介

海航基础成立于1993年5月，2002年8月在上交所挂牌上市。2016年2月，海航基础实施重大资产重组，重组完成后控股股东变更为基础控股，注册地址为海南省海口市美兰区国兴大道5号海南大厦主楼42层，总股本为39.08亿股，法定代表人为董事长鲁晓明。海航基础业务范围包括机场、地产、物业、免税、酒店等，涉及海南省内外若干枢纽机场的运营管理，临空临港配套设施开发建设，大型临空临港、政府办公区等业态的物业服务，综合性城市高档宾馆的运营管理业务及多品类的出入境免税品经营销售业务。

公司重整申请前2020年年度报告显示，公司营业收入为63.15亿元，净亏损为96.50亿元，毛利率为30.75%，净利率为-152.82%。

（二）重整前股权架构

截至2020年12月31日，海航基础总股本为39.08亿股。海航基础的控股股东为基础控股，其持有海航基础22.49亿股，占海航基础总股本的57.56%。海航基础重整前股权架构如图2-6-1所示。

[①] 重整方案中表述为协同重整，根据2018年3月4日印发的《全国法院破产审判工作会议纪要》第38条规定，表述为协调审理。

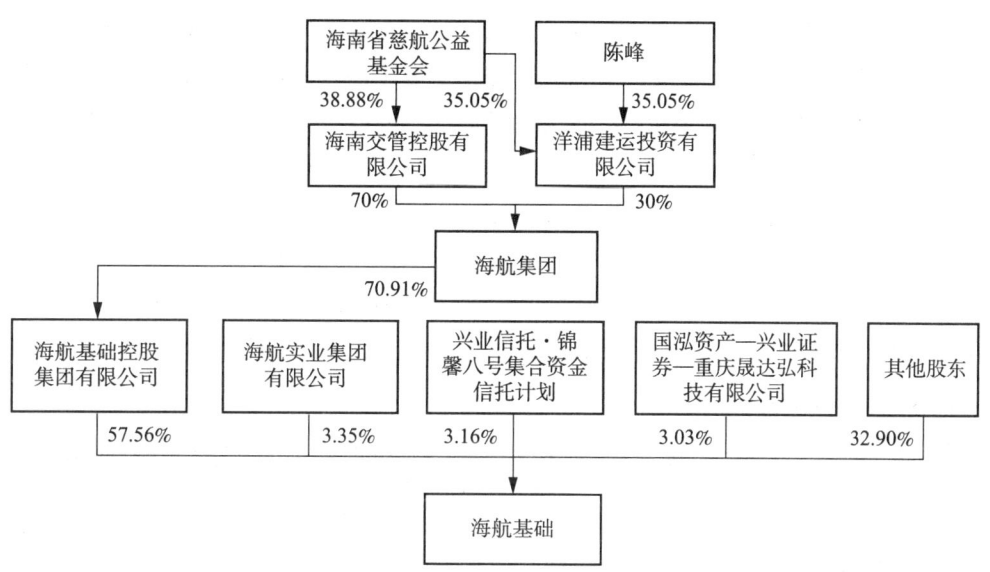

图 2-6-1 海航基础重整前股权架构

二、资产负债情况

(一)资产负债情况总览

表 2-6-1 海航基础资产负债情况

资产/债权类型	资产(亿元)	负债(亿元)	净资产(亿元)	资产负债率(%)
账面价值/债权金额	588.53	978.92	-390.39	166.33
评估清算价值/债权金额	228.98	978.92	-749.94	427.51
评估市场价值/债权金额	481.69	978.92	-497.23	203.23

如表 2-6-1 所示,根据海航基础 2021 年半年度报告,截至 2021 年 6 月 30 日,海航基础合并范围总资产 588.53 亿元,总负债 505.42 亿元,净资产 83.11 亿元。以 2021 年 2 月 10 日为评估基准日,海航基础及其 20 家子公司资产市场价值为 481.69 亿元,评估清算价值为 228.98 亿元。

截至 2021 年 9 月 13 日(即重整计划草案提交之日),共计 3242 家债权人向 21 家公司管理人申报债权 4937 笔,债权申报金额总计 1888.62 亿元。管理人经对已申报债权进行依法审查,并向海南高院申请裁定的债权如下:确认债权金额 530.49 亿元,分别为有财产担保债权 190.31 亿元、税款债权 12.31 亿元、普通债权 327.80 亿元、劣后债权 0.07 亿元;不予确认债权 550.33 亿元。此外,807.80 亿元债权尚未申请法院裁定确认,管理人预计其中 421.50 亿元债权将被确认。经管理人调查,21 家公司继续履行合同涉及的融资租赁债务、截至受理日应付未付的经营性欠款等共益债务及职工债权,以及未申报债权等27亿元，其中职工债权金额总计0.14亿元，涉及职工4062名。

综上，根据债权申报与审查情况、管理人对职工债权的调查情况以及公司债务信息等，海航基础经管理人审查确认、暂缓确认、未申报及职工债权的负债合计约为978.92亿元。

（二）债权分类

根据《企业破产法》《破产审判会议纪要》等法律及规定，二十一家公司债权将按照职工债权、税款债权、有财产担保债权、普通债权以及劣后债权进行分类。

1. 有财产担保债权

管理人经对已申报债权进行依法审查，并向海南高院申请裁定的有财产担保债权金额为190.31亿元。

2. 职工债权

经管理人调查，21家公司截至受理日应付未付的职工债权金额总计0.14亿元，涉及职工4062名。

3. 税款债权

管理人经对已申报债权进行依法审查，并向海南高院申请裁定的税款债权金额为12.31亿元。

4. 普通债权

管理人经对已申报债权进行依法审查，并向海南高院申请裁定的普通债权金额为327.80亿元。

5. 其他债权

此外，807.80亿元债权尚未申请法院裁定确认，管理人预计其中421.50亿元债权将被确认。

经管理人调查，21家公司继续履行合同涉及的融资租赁债务、截至受理日应付未付的经营性欠款等共益债务，以及未申报债权等26.86亿元。

（三）偿债能力分析

管理人对海航基础及其20家子公司在假定清算条件下的偿债能力进行了模拟整体分析和单体分析。根据偿债能力分析报告，海航基础及其20家子公司如破产清算，假定其财产均能够按照评估价值获得处置变现，按照《企业破产法》规定的清偿顺序，担保财产变现所得优先用于偿还有财产担保债权；担保财产变现金额超过有财产担保债权部分以及未设定担保的财产在清偿破产费用、共益债务后，按照职工债权、税款债权、普通债权的顺序进行清偿。在前述清偿顺序下，21家公司在破产清算假设下的普通债权清偿率为0~47.93%。

三、重整基本情况

(一)重整背景

海航基础是在上交所挂牌的上市公司,下属并表子公司共有116家,其中核心子公司包括海航基础产业集团有限公司、海南海航迎宾馆有限公司、国际旅游岛、海南海岛临空产业集团有限公司等20家公司,主营业务包括机场的运营管理、各类临空产业园区及地产项目的开发及管理、航空配套工程、物业服务、豪华型酒店及免税店的经营与管理,其中机场运营及地产开发是海航基础的业务重心。近年来,受海航集团整体债务危机波及,且伴随国内宏观经济增速放缓、经济下行压力不断加大、国内房地产调控政策升级等大环境影响,海航基础及其20家子公司财务状况恶化、资金链日趋紧张、关联资产严重减值、出现大额亏损。2020年以来,受新冠疫情叠加影响,机场及地产业务遭受冲击,海航基础及其20家子公司经营性收入降低,债务大面积逾期,更因拖欠项目工程款引发较多诉讼,存在间接触发大规模群体事件的风险。至2020年末,海航基础及其20家子公司实际已明显缺乏清偿能力,如不及时采取有效措施,将面临暂停上市、退市乃至破产清算的风险。如对21家公司的资产直接进行处置,不足以清偿全部债务,但海航基础作为海南省内高市值的上市公司之一,服务品质一流,市场认可度高,同时也影响着机场的稳定运营,海航基础及其20家子公司具有较高的重整价值,通过破产重整具有恢复健康可持续发展的可能。

(二)预重整/重整申请情况

2021年1月29日,债权人中国华融、平安银行股份有限公司海口分行、海口佳永丰实业有限公司、中泰亚美等14家债权人分别以海航基础等21家公司不能清偿到期债务且明显缺乏清偿能力为由,向海南高院申请对海航基础实施破产重整。

(三)重整申请受理情况

2021年2月10日,海南高院分别裁定受理债权人对海航基础及其20家子公司提出的破产重整申请,并指定海南省人民政府成立的海航集团清算组为管理人。

(四)重整管理模式

债务人自行管理财产和营业事务。

(五)重整大事记

2021年1月29日,海航基础收到海南高院送达的通知书,因公司不能清偿到期债务,且明显缺乏清偿能力,债权人中国华融已向法院提出对公司进行重整的申请。同日,债权人中泰亚美等13家债权人分别向法院申请对国际旅游岛等20家子公司进行重整的相关事宜。

2021 年 2 月 10 日，海南高院裁定受理债权人对海航基础及其 20 家子公司的重整申请，并指定海航集团清算组担任公司及其 20 家子公司管理人。

2021 年 3 月 19 日，管理人发布了《海航集团机场板块战略投资者招募公告》，公开招募海航集团机场板块战略投资者。

2021 年 4 月 13 日，在海南高院的指导下，海航基础及子公司重整案第一次债权人会议顺利完成既定会议议程。

2021 年 9 月 13 日，公司发布《关于海航集团机场板块战略投资者招募进展的公告》，管理人已经确定海航集团机场板块战略投资者为海南控股。

2021 年 9 月 13 日，海航基础及其 20 家子公司向海南高院及债权人会议提交《海航基础设施投资集团股份有限公司及其 20 家子公司重整计划（草案）》。

2021 年 9 月 28 日，海航基础及其 20 家子公司重整案第二次债权人会议及海航基础出资人组会议召开，20 家子公司中涉及出资人权益调整事项的公司采取书面方式进行出资人组表决，各公司有财产担保债权组、普通债权组以及出资人组均表决通过《海航基础设施投资集团股份有限公司及其 20 家子公司重整计划（草案）》以及相应出资人权益调整方案。

2021 年 10 月 31 日，海南高院裁定批准《海航基础设施投资集团股份有限公司及其二十家子公司重整计划》，并终止海航基础及其 20 家子公司重整程序。

2021 年 12 月 31 日，海航基础及其 20 家子公司收到海南高院送达的民事裁定书，确认重整计划已执行完毕。

四、重整计划的主要内容

（一）重整思路概述

重整计划的主要思路为：

（1）依法协同重整。依据《全国法院破产审判会议纪要》，参照过往案例经验，在海南高院的指导下，并会同相关各方充分研究后，对 21 家公司实施协同重整，以实现 21 家公司各自价值最大化，最大限度提高债权人的清偿率。

（2）引入战略投资者。在海南高院的监督下，管理人正式确认海南控股为包括海航基础等 21 家公司在内的海航集团机场板块战略投资者，由海南控股作为直接投资主体参与本次重整投资。根据投资安排，海南控股将以 85.50 亿元为对价，取得海航基础以资本公积转增的 33.00 亿股 A 股股票，最终取得海航基础控制权。

（3）出资人权益调整方案。在海航基础层面，以海航基础现有 A 股股票 39.08 亿股为基数，按照每 10 股转增 20 股实施资本公积转增股本，转增股票 78.15 亿股。

33.00 亿股股票以一定的价格引入战略投资者，股票转让价款部分用于支付 21 家公司重整费用和清偿相关债务，剩余部分用于补充流动资金以提升公司的经营能力；

15.83亿股股票以一定的价格抵偿给21家公司部分债权人,用于清偿相对应的债务以化解21家公司债务风险、保全经营性资产、降低资产负债率。

剩余29.32亿股中,控股股东及其支配的股东取得的2.97亿股注销以履行业绩承诺补偿义务,14.93亿股回填上市公司,用于解决海航基础自查报告和自查报告补充公告中披露的相关问题,回填股票用于抵偿债务;中小股东获得的11.42亿股自行保留。完成业绩承诺股份注销后,海航基础总股本114.25亿股。在20家子公司层面就凤凰机场的出资人权益进行调整:平安汇通持有凤凰机场14.46亿元注册资本调整为由海航基础持有。其他子公司出资人权益不调整。

(4)经营方面。通过重整并引入有实力的优质战略投资者,海航基础及其20家子公司将深耕海南、抢抓海南自贸港政策发展机遇,依托自身资源及核心能力,打造机场运营管理、临空产业投资运营等业务发展新格局,实现公司向高质量发展转型升级,成为自贸港建设的领军企业。海航基础重整方案如图2-6-2所示。

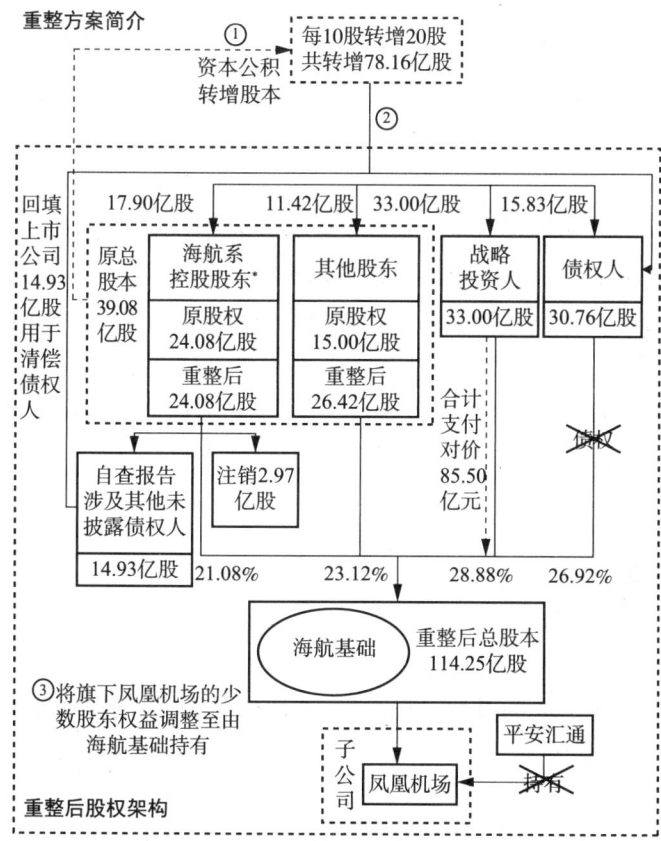

图2-6-2 海航基础重整方案示意图

（二）投资人及投资方案介绍

2021年3月19日，管理人发布《海航集团机场板块战略投资者招募公告》，就上市公司海航基础以及上市公司以外的机场关联资产整体招募战略投资者。管理人最终确定海南控股为包括海航基础等21家公司在内的海航集团机场板块战略投资者。

海南控股是海南省人民政府批准成立的国有企业，成立于2005年1月。截至2021年8月31日，海南控股注册资本为135.84亿元，由海南省国有资产监督管理委员会（持股90%）和海南省财政厅（持股10%）共同持股，实际控制人为海南省国有资产监督管理委员会。该司是海南省人民政府为了引进大项目，带动省外资金投资海南，推进省内重大项目实施，促进海南经济发展而设立的国有资本投资运营公司。公司主营业务由区域综合开发、免税商贸、玻璃及深加工制造、建筑装饰、发电、金融、水利基础设施建设等构成。海南控股作为控股型公司，不具体负责各业务板块的运营，主要通过下属子公司来实现对各业务板块的经营与管理，其中部分板块经营情况通过投资收益的形式体现。

海南控股作为直接投资主体参与本次重整投资。

根据投资安排，海南控股将以85.50亿元为对价，取得海航基础以资本公积转增的33.00亿股A股股票，取得海航基础控制权，具体的持股安排，按照海南控股与管理人之间签署的重整投资协议执行。

投资款支付先决条件包括：①海航基础重整计划经法院裁定批准；②海航基础资本公积转增股票已经登记至管理人账户；③上市公司投资取得海南省国有资产监督管理委员会批准；④上市公司投资通过经营者集中审查。先决条件满足后，管理人将书面通知海南控股支付第一期投资款（金额为60亿元），第一期投资款于海南高院裁定批准重整计划后的60日内支付；第二期投资款为25.50亿元，应于海南高院裁定批准重整计划后的90日内支付。海南控股应当根据通知要求将投资款支付至管理人指定账户。

（三）出资人权益调整方案

1. 海航基础层面

以海航基础现有A股股票39.08亿股为基数，按照每10股转增20股的比例实施资本公积转增股本，转增股票78.15亿股。

前述转增股票中：

（1）33.00亿股股票以一定的价格引入战略投资者，股票转让价款部分用于支付21家公司重整费用和清偿相关债务，剩余部分用于补充流动资金以提升公司的经营能力；15.83亿股股票以一定的价格抵偿给21家公司部分债权人，用于清偿相对应的债务以化解21家公司债务风险、保全经营性资产、降低资产负债率。

（2）剩余29.32亿股中，控股股东及其支配的股东取得的2.97亿股注销以履行业绩承诺补偿义务；14.93 亿股回填上市公司，用于解决海航基础自查报告和自查报告补充公告中披露的相关问题，回填股票用于抵偿债务；中小股东获得的 11.42 亿股自行保留。

完成业绩承诺股份注销后，海航基础总股本 114.25 亿股。

2. 20 家子公司层面

就凤凰机场的出资人权益进行调整：平安汇通持有的凤凰机场 14.46 亿元注册资本调整为由海航基础持有。其他子公司出资人权益不调整。

（四）债权调整及受偿方案

1. 职工债权调整及受偿

经管理人审查确认，职工债权额 0.14 亿元。21 家公司各自的职工债权由 21 家公司在重整计划执行期间以自有现金全额清偿，如自有资金不足，以战略投资者投入的资金依规统一安排清偿。

2. 税款债权调整及受偿

经管理人审查确认，税款债权额为 12.31 亿元。21 家公司各自的税款债权由 21 家公司在重整计划执行期间以自有现金全额清偿，如自有资金不足，以战略投资者投入的资金依规统一安排清偿。

3. 有财产担保债权调整及受偿

经管理人审查确认，有财产担保债权额 190.31 亿元，其中无法就担保财产优先受偿的债权金额 90.30 亿元转为普通债权清偿。调整后的有财产担保债权将由担保人或建设工程所有权人留债清偿，具体安排如下。

（1）留债期限：对于债务人以其特定财产提供担保的债权，留债期限为 10 年；对于建设工程价款优先受偿权，留债期限为 3 年。

（2）清偿安排：对于债务人以其特定财产提供担保的债权，以 2022 年为第一年，自第四年起逐年还本，首期还本日为 2025 年 12 月 21 日，还本比例分别为 10%、10%、10%、15%、15%、20%、20%，每年按照未偿还本金的金额付息；对于建设工程价款优先受偿权，以 2022 年为第一年，自第一年起开始逐年还本，首期还本日为 2022 年 12 月 21 日，还本比例为 30%、30%、40%。

（3）留债利率：对于债务人以其特定财产提供担保的债权，按原融资利率与 3%/ 年孰低者确定，利息自重整计划获得法院裁定批准次日起算，该利率不受中国人民银行的利率政策调整影响，首期付息日为 2022 年 12 月 21 日；对于建设工程价款优先受偿权，不再计算利息。

（4）还款时间：对于债务人以其特定财产提供担保的债权，每年度最后一个月的 20 日为结息日，结息日的次日（21 日）为付息还款日；第四年起每年结息日的次日为还本日；对于建设工程价款优先受偿权，每年度最后一个月的 21 日为还本日。

（5）担保方式：就安排留债清偿的负债，应根据重整计划规定的留债安排、留债条件等重新办理/变更对应担保财产的抵质押登记。在留债主体履行完有财产担保债权清偿义务后，有财产担保债权消灭，债权人不再就担保财产/建设工程享有优先受偿权，并应注销抵质押登记。未及时注销的，不影响担保物权的消灭。

（6）建设工程价款优先债权与抵质押担保债权的优先顺位：对于担保财产分别有建设工程价款优先债权人以及抵质押权人主张权利的，担保财产的市场价值先向建设工程价款优先债权分配，以此确认其优先清偿金额；市场价值有剩余的，再向抵质押权人分配。

（7）外币债权的留债清偿安排：外币债权涉及留债的，以确认的人民币债权金额，按 2021 年 2 月 10 日中国人民银行授权中国外汇交易中心公布的汇率中间价折算为外币金额作为留债金额，在按重整计划规定重新签订还款协议后，以外币进行偿还。

（8）留债金额根据重整计划确定后不再调整。留债期间，若留债主体处置担保物/建设工程，担保物/建设工程处置价款将优先用于清偿剩余尚未清偿的留债部分；如处置所得未覆盖剩余尚未清偿的留债部分，未清偿部分仍将根据重整计划的留债安排继续留债清偿；处置所得超过留债总额的，债权人可优先受偿金额不能超过留债总额；以定期存单质押担保的债权，债权人需待存单到期后方可扣划受偿。

（9）重整后留债安排需根据重整计划的规定执行。债权人与留债主体根据重整计划规定重新签署协议，并完成抵质押物的变更/重新登记后，方可按重整计划规定获得后续清偿。重新签署的协议中不得约定重整计划以外其他加重债权人或者债务人义务的事项。

（10）如债权人基于同一主债法律关系而对 21 家公司中的多家公司同时享有债权（包括主债权、担保债权或其他类型的还款义务），且可同时在一家或多家公司留债清偿，债权人可选择在其中一家或多家主体留债清偿并重新签署协议，但在各公司的留债总金额不得超过该笔主债法律关系的本金及利息总额。若债权人可选择的留债总金额大于该笔主债法律关系的本金及利息总额，应当在法院裁定批准重整计划后 30 日内书面致函债务人，确定在各公司的留债金额分配，并在后续重新签署协议。该选择一旦做出，不得更改。债权人逾期未确定留债金额分配的，管理人有权确定相关债权在各公司的留债金额分配。

（11）救助贷款如对债务人的特定财产享有担保权，其本金及利息部分可在担保财产的市场价值范围内，按照有财产担保债权的清偿安排清偿。

（12）21 家公司重整前存续的融资租赁业务，双方决定租赁业务继续，尚未确定期限、利率或其他条件的，按照上述有财产担保债权的留债期限、利率或其他条件执行。

（13）如有财产担保债权对应的担保物估值为 0，或因属于后顺位抵质押而导致担保物对应剩余估值为 0，则债权人不再享有优先受偿权，对应的担保物权自法院裁定重整计划生效之日起消灭，债权人有义务在法院裁定批准重整计划后 30 日内配合管理人与债务人注销抵质押登记。债权人完成抵质押注销登记后，方可按重整计划规定获得后续清偿。如债权人不配合，管理人或债务人可向法院申请强制执行。

4. 普通债权调整及受偿

经管理人审查确认普通债权 327.80 亿元，从有财产担保债权转入普通债权 90.30 亿元。调整后 21 家公司的普通债权中，每家债权人 10 万元以下（含 10 万元）的部分，由 21 家公司于法院裁定批准重整计划后 60 日内以自有资金一次性清偿完毕，自有资金不足的，以战略投资者投入的资金依规统一安排清偿。每家债权人在 21 家公司最多可受偿 10 万元。

超过 10 万元的部分处理如下：

（1）救助贷款债权。债权本金及利息部分参照有财产担保债权的清偿方式清偿，留债主体为 21 家公司，具体由海航基础根据实际财务状况指定。债权的其他部分，包括但不限于全部罚息、复利、违约金、维持费等，按其他普通债权的清偿方式清偿。

（2）其他普通债权。其他普通债权以海航基础转增股票抵债的方式安排清偿。抵债价格为 15.56 元 / 股。通过以上方式，可实现其他普通债权的全额清偿。预计其他普通债权中，每 100 元可获得 6.43 股海航基础 A 股股票。

5. 预计债权调整及受偿

就截至重整计划执行完毕之日的预计债权，将预留偿债资源，待其债权经审查确认之后，根据其自身法律性质按照重整计划规定的同类债权清偿条件清偿。管理人根据测算情况，为预计债权预留留债额度、现金以及股票偿债资源。

6. 劣后债权调整及受偿

公司劣后债权合计 0.07 亿元。劣后债权不直接占用本次重整偿债资源，不安排债权清偿。在法院裁定批准重整计划之日起满 3 年后，若为预计债权预留的偿债资源分配后仍有剩余，则劣后债权可参照其他普通债权的清偿安排进行受偿；若预留的偿债资源不足以清偿所有劣后债权，则按各劣后债权金额的比例进行分配。

7. 债务清偿顺序

图 2-6-3 中，模拟破产清算下普通债权清偿率是假定公司在破产清算条件下的偿债能力分析，主要来源于公司披露的偿债能力分析报告。而重组后清偿率是假定公司在重整条件下的名义清偿率。可以看出，重整后的债权清偿率比清算状态下的清偿率有一定提升。

根据偿债能力分析报告，21 家公司如破产清算，假定其财产均能够按照评估价值获得处置变现，普通债权清偿率仅为 0~47.93%。普通债权在重整计划执行期限内以现金和股票形式受偿，10 万元以下（含 10 万元）的债权部分在重整计划后 60 日内以现金方式全额清偿，10 万元以上部分，救助贷款的债权本金及利息部分参照有财产担保债权的清偿方式清偿，留债主体为 21 家公司，债权的其他部分，包括但不限于全部罚息、复利、违约金、维持费等，按其他普通债权的清偿方式清偿；其他普通债权中，以海航基础转增股票抵债的方式安排清偿。抵债价格为15.56元/股。预计其他普通债权中，每100元可获得6.43股海航基础A股股票。综上，重整后普通债权的名义清偿率为100%。

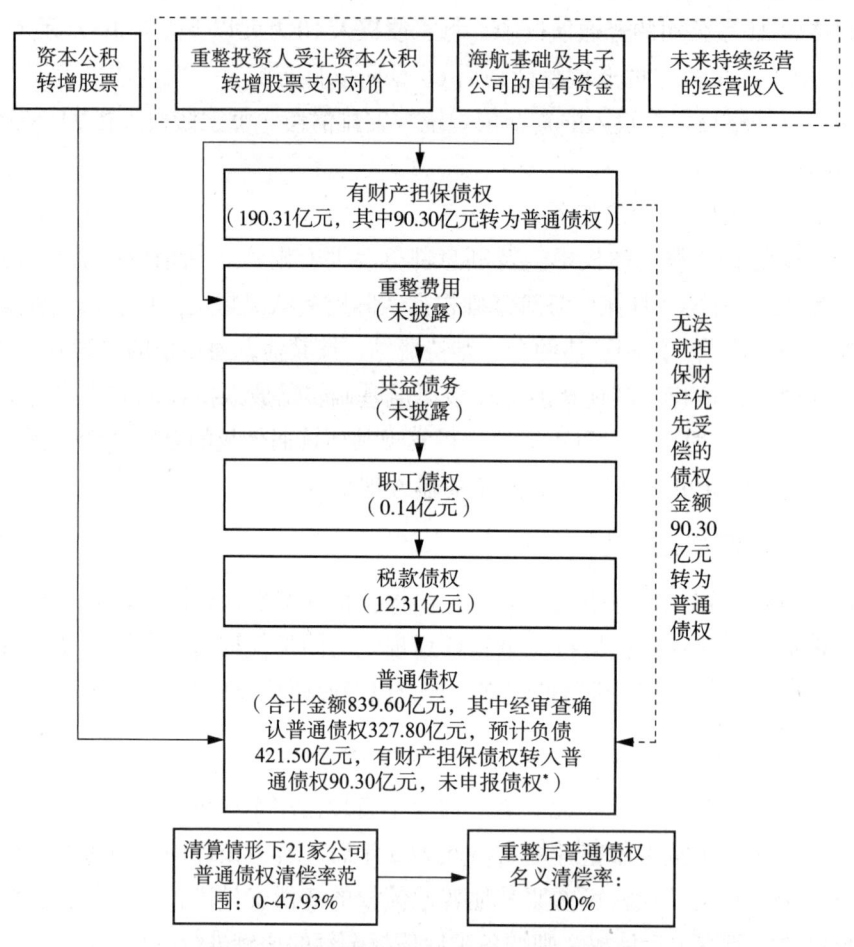

图 2-6-3　海航基础债务清偿顺序示意图

注1：经管理人调查，二十一家公司继续履行合同涉及的融资租赁债务、截至受理日应付未付的经营性欠款等共益债务及职工债权，以及未申报债权等27亿元，其中除职工债权0.14亿元外，共益债务、未申报债权等明细金额未披露。

8. 协调审理清偿

基于依法协同重整思路，根据重整计划，海航基础重整案的偿债资源包括战略投资者投入的资金、债务人持续经营的收入、海航基础资本公积转增所得股票。前述偿债资源将统筹安排，整体用于化解21家公司全部债务。其中有财产担保债权将以担保财产市场价值为限由担保人或工程所有权人留债清偿，超出担保财产估值部分转为普通债权清偿；救助贷款债权参照有财产担保债权，由21家公司留债展期清偿；职工债权、税款债权以及一部分普通债权以现金即期全额清偿；其他普通债权以海航基础资本公积转增股票抵偿债务的方式清偿，具体以清偿方案为准。通过上述方式将彻底解决债务问题，实现上市公司轻装上阵。

（五）未来经营方案

1. 海航基础持续、健康、优质发展的总体思路与举措

海航基础将深耕海南、服务自贸港，依托战略投资者资源及核心能力，打造机场运营管理、临空产业投资运营、持有型物业经营及物业管理等业务发展新格局，实现公司向高质量发展转型升级，成为自贸港建设的领军企业。

（1）做优做强空港服务业，打造自贸港交通门户。海航基础将重点围绕岛内枢纽机场资源，对标中国香港、新加坡等地空港枢纽，提升安全运行能力和服务质量管理水平，突破航空市场开发及商业资源经营等领域，致力打造成为行业内领先的机场运营管理服务商。

（2）加强与免税牌照公司合作，积极营造良好免税业发展氛围。海航基础利用机场航站楼等业务资源，通过参股、提供经营场地形式与免税牌照公司开展合作。海航基础将进一步提高免税题材相关的物业管理和服务水平，协同合作伙伴持续做大海南免税市场规模，利用独有优势，协调各航司及旅游机构，做好机场免税与市内免税业务的整合联动与商业文化升级，为全球旅客提供无缝隙、全流程的购物服务体验。

（3）地产业务转型升级，明确发展目标建设海南最大免税商业集群。海航基础将及时调整思路，逐步退出房地产开发业务，将资源重新向主业聚集。一方面，积极谋划加速国兴大道沿线地产项目的出让与盘活，加速退出房地产类投资，加快资金回流。另一方面，加快日月广场周边地块的商业开发，以日月广场为中心，打造海南最大的高档商业和免税商业物业集群，在未来3年力争日月广场免税面积扩展到10万平方米，封关前后形成海南岛内高端商品和奢侈品及免税业务的核心区。

2. 全方位管理重塑、管理重组，完善公司治理

（1）与投资人、金融机构建立稳定的沟通机制，并将在法律框架范围内依法享有和行使股东权利，同时积极参与海航基础内部治理。

（2）进一步完善上市公司各项机制建设。公司将充分听取各金融机构股东与广大中小股东的合理建议或意见，同时，投资人及金融机构股东有权依照公司章程及相关法律法规的规定推荐、提名专业人士担任海航基础的董事（含独立董事）或监事。通过将专业人士引进上市公司董事会或监事会，进一步完善上市公司的治理机制，进一步增强上市公司决策的科学性，进一步完善上市公司的市场化机制建设。

（3）进一步强化、完善有效的公司治理结构和内控机制。修改章程，从制度建设层面防范再次发生资金占用和违规担保的情形；进一步规范、完善关联交易，从程序控制上杜绝控股股东违规占用资金等情形；进一步完善对外担保制度。

五、重整计划的表决与批准

（一）债权人会议表决

2021年9月28日上午，海南高院通过网络会议召开了公司及其20家子公司第二次债权人会议，对重整计划草案进行表决。2021年10月23日下午3时，海南高院组织管理人、债权人代表、出资人代表、债务人代表及联合工作组代表等各相关方对海航基础等21家公司表决情况进行核查。根据核查结果，海航基础等21家公司各表决组均已通过重整计划草案。

海航基础没有财产担保债权，不设有财产担保债权表决组。各组表决情况如下：

（1）普通债权组。表决同意的债权人占出席会议的该组债权人的100.00%，其所代表的债权金额为165.21亿元，占该组债权总额的99.04%。该组通过重整计划草案。

（2）出资人组。海航基础出资人组会议于2021年9月28日下午召开，并通过《海航基础设施投资集团股份有限公司出资人权益调整方案》。

（二）出资人组会议表决

海航基础出资人组会议于2021年9月28日下午2时30分采取现场投票与网络投票相结合的方式召开，会议表决通过了《海航基础设施投资集团股份有限公司出资人权益调整方案》。

出资人组会议以现场投票与网络投票相结合的方式对出资人权益调整方案进行了表决，表决情况为：出席本次出资人组会议的有效表决权股份总数为26.47亿股，占海航基础总股本的67.72%，其中同意26.36亿股，占出席会议所有出资人所持股份的99.58%。根据《公司法》与《企业破产法》的相关规定，海航基础出资人组会议表决通过了出资人权益调整方案。

（三）重整计划批准

2021年10月31日，海南高院裁定批准《海航基础设施投资集团股份有限公司及其二十家子公司重整计划》，并终止海航基础及其20家子公司重整程序。

六、重整计划的执行与监督

（一）执行和监督的主体

根据《企业破产法》第八十九条的规定，经法院裁定批准的重整计划由21家公司负责执行，管理人负责监督债务人执行重整计划。重整计划执行的监督期限内，21家公司应接受管理人的监督，及时向管理人报告重整计划执行情况、公司财务状况，以及重大经营决策、资产处置等事项，并配合管理人的各项监督工作。

（二）执行和监督期限

重整计划的执行期限为自法院裁定批准重整计划之日起 3 个月。重整计划执行期限内，21 家公司应严格依照重整计划的规定清偿债务，并优先支付重整费用。

如非债务人自身原因，致使重整计划无法在上述期限内执行完毕，债务人应于执行期限届满的 3 日前向海南高院提交延长重整计划执行期限的申请，并根据海南高院批准的执行期限继续执行。重整计划提前执行完毕的，执行期限在执行完毕之日到期。

重整计划执行的监督期限与重整计划执行期限一致。若海航基础申请延长执行期限，管理人亦将申请延长监督期限。

（三）执行的措施

1. 偿债资金的分配

就每家债权人可获得的现金清偿，偿债资金原则上以银行转账方式向债权人进行分配，债权人应自重整计划获得海南高院裁定批准之日起 15 日内按照管理人指定格式向管理人书面提供受领偿债资金的银行账户信息。

因债权人自身和/或其关联方的原因，导致偿债资金不能到账，或账户被冻结、扣划，产生的法律后果和市场风险由相关债权人自行承担。

债权人可以指令将偿债资金支付至该债权人所有/控制的账户或其他主体所有/控制的账户内。债权人指令将偿债资金支付至其他主体的账户的，因该指令导致偿债资金不能到账，以及由该指令导致的法律后果和市场风险由相关债权人自行承担。

2. 抵债股票的分配

就每家债权人可获得的股票，在重整计划执行期限内按重整计划规定的清偿方案，将海航基础的股票向债权人进行分配。债权人应自重整计划获得海南高院裁定批准之日起 15 日内按照管理人指定格式书面提供领受抵债股票的证券账户信息。

逾期不提供证券账户信息的债权人，由此产生的法律后果和市场风险由相关债权人自行承担。因债权人自身和/或其关联方的原因，导致抵债股票不能到账，或账户被冻结、扣划，产生的法律后果和风险由相关债权人自行承担。

3. 偿债资源的预留、提存及处理

如债权人就确定债权未及时受领偿债资源，或因债权未经海南高院裁定确认而未能受领偿债资源，管理人根据重整计划将应向其分配的偿债资金提存/预留至管理人银行账户或其指定的银行账户，将应向其分配的抵债股票转由管理人提存/预留，即视为 21 家公司已根据重整计划履行了清偿义务。以上所有提存/预留的偿债资金和抵债股票，在提存/预留期间均不计息。不同情况的债权区分如下：

（1）债权已经海南高院确认，债权人因自身原因未按照重整计划的规定受领偿债

资源，且自海南高院裁定批准重整计划之日起满 1 年后仍未受领的，视为债权人放弃为其预留的偿债资源。已提存的偿债资源：①为债权人 10 万元以下（含 10 万元）债权部分提存的偿债资金将由 21 家公司用于补充流动资金；②为债权人 10 万元以上的其他普通债权提存的股票将由管理人依法处置，处置变现价款在支付必要的处置税费后用于补充 21 家公司经营性流动资金；③21 家公司不再承担留债清偿义务，并可随时办理抵质押注销登记。

（2）由各种原因导致暂未经海南高院确认的债权，债权金额以司法机关做出的生效裁判确认金额为准。自债权金额确认后，债权人因自身原因未按照重整计划的规定受领偿债资源的，自债权金额确认之日起满 1 年（且不超过法院裁定批准重整计划之日起 3 年）视为债权人放弃受领偿债资源的权利。预留偿债资源的处理方式同第（1）点。

（3）对于未在法院规定的债权申报期限内向管理人申报的债权，在海南高院裁定批准重整计划之日起满 1 年未向海航基础及其 20 家子公司主张权利的，视为放弃受偿，预留偿债资源的处理方式同第（1）点。

4. 债权人对其他还款义务人的权利

债权人对债务人的保证人和其他连带债务人、主债务人所享有的权利，不受重整计划的影响。

（1）债权人的选择受偿权。如债权人就其对 21 家公司的债权，可同时向 21 家公司外的其他主体主张清偿，债权人享有选择权，可先不受领重整计划中明确的偿债资源，而是向其他主体主张清偿。管理人将根据其债权确认情况预留对应的偿债资源，预留期见前述"3. 偿债资源的预留、提存与处理"。

其他主体清偿上述债权后，是否可向 21 家公司追偿，将依照《民法典》担保制度等法律法规规定处理，但如其他主体进入破产程序，根据《最高人民法院关于适用〈中华人民共和国企业破产法〉若干问题的规定（三）》第五条，其无权向 21 家公司追偿。其他主体可追偿的，将替代原债权人，对 21 家公司预留偿债资源享有受偿权利，但预留期不调整。

（2）多主体留债的处理。如根据重整计划或其他还款义务人的重整计划的规定，债权人可以同时在 21 家公司及其他还款义务人留债清偿，且留债清偿额度之和大于该笔债权本金及利息总额，则债权人应当在法院裁定批准全部重整计划之日（以最晚的时间为准）起 30 日内做出选择，确定留债主体及留债金额并重新签署协议，但在各公司的留债总金额不得超过该笔主债法律关系的本金及利息总额。该决定一经做出，不得更改。债权人逾期未做出选择的，各重整程序管理人有权协商确定相关债权在各公司的留债金额分配。

如其他未进入破产程序的保证人清偿该笔留债债权，将继受取得该笔债权在 21 家公司以及其他重整公司的留债额度。

5. 转让债权的清偿

债权人在重整计划受理日后对外转让债权的,受让人按照原债权人根据重整计划就该笔债权可以获得的受偿资源受偿;债权人向两个以上的受让人转让债权的,若受让人之间无约定,则偿债资源向受让人按照其受让的债权比例分配,但普通债权中小额现金清偿部分仅分配一次,即 10 万元,并按照受让方各自受让债权比例进行分配。

6. 重整费用

21 家公司重整程序中产生的破产费用包括重整案件受理费、管理人报酬、管理人执行职务的费用、聘请中介机构的费用、转增股票登记税费、股票过户税费等,在重整计划执行期限内由 21 家公司以现金优先清偿。其中,重整案件受理费依据《诉讼费用缴纳办法》支付;管理人报酬依据《最高人民法院关于审理企业破产案件确定管理人报酬的规定》自重整计划获得法院批准之日起一个月内通过管理人账户支付,管理人报酬由法院最终确定,将根据法院最终确定的报酬收取方案以现金方式通过管理人账户优先一次性支付;管理人聘请中介机构的费用依据相关合同约定支付;转增股票登记税费、股票过户税费、管理人执行职务的费用等其他重整费用根据重整计划的执行情况,由 21 家公司以现金优先清偿。

7. 共益债务的清偿

21 家公司重整期间的共益债务,包括但不限于因继续履行合同所产生的债务、为继续营业而支付的劳动报酬和社会保险费用及由此产生的其他债务,根据实际发生数额由 21 家公司按照《企业破产法》相关规定以及相关合同约定随时清偿。

8. 对债务人财产限制措施的解除

根据《企业破产法》第十九条的规定,人民法院受理破产申请后,有关债务人财产的保全措施应当解除。尚未解除对 21 家公司财产保全措施的债权人,应当在重整计划获得法院裁定批准后协助办理完解除财产保全措施的手续。因债权人原因未能及时解除对 21 家公司财产的保全措施而影响公司重整计划执行或对公司生产经营造成影响及损失的,由相关债权人向公司及相关方承担赔偿责任。

9. 信用修复

重整计划执行完毕之后,21 家公司资产负债结构将得到实质改善,并将恢复可持续的经营能力及盈利能力。因此,在符合相关法律规定和信贷条件的前提下,各债权银行应当给予 21 家公司融资贷款公平公正的待遇及正常的信贷支持,不得对 21 家公司再融资设定任何没有法律依据的限制。在重整计划获法院裁定批准后,各金融机构应及时调整 21 家公司信贷分类,并上报中国人民银行征信系统调整债务人征信记录,确保重整后 21 家公司运营满足正常征信要求。

在海南高院裁定批准重整计划之日起 15 日内,将债务人纳入失信被执行人名单的各债权人应向相关法院申请删除债务人的失信信息,并解除对债务人法定代表人、主要负责人及其他全部相关人员的限制消费令及其他信用惩戒措施。若债权人未在上述期限内申请删除失信信息并解除信用惩戒措施,债务人或管理人有权将相关债权人依重整计划可获分配的现金、股票等暂缓分配,待信用惩戒措施解除后再行向债权人分配。

七、重整计划顺利实施的预期效果

(1)上市公司维持上市地位,上市公司得以健康发展。通过重整计划的实施,海航基础避免了面临破产清算的危机,公司的各类债务问题得到解决,财务状况得到改善,化解了退市风险,公司实现轻装上阵,健康发展。

(2)拆分运营,合规问题得到解决,促进公司健康发展。海航集团重整案中通过拆分不同业务板块,分板块运营。按照海航基础合规问题的整改计划,控股股东及其支配的股东将通过回填转增股票给海航基础的方式解决合规问题机场。板块的海航基础在完成重整后,将吸取教训,严格执行公司内控制度,修改章程,从制度建设层面防范再次发生资金占用和违规担保的情形;进一步规范、完善关联交易从程序控制上杜绝控股股东违规占用资金等情形;进一步完善对外担保制度。

(3)引入有实力的战略投资人。海航基础引入海南控股,满足了战略投资人实力要求的需求,以及海南当地重要资源持有的要求。通过重整并引入有实力的优质战略投资者,海航基础及二十家子公司将深耕海南、把握海南自贸港政策发展机遇,以自身资源及核心能力为依托,开拓机场运营管理、临空产业投资运营等业务发展新格局,实现公司向高质量发展转型升级、成为自贸港建设的领军企业。

案例 7　供销大集重整案例解析[①]

> 背景

供销大集集团股份有限公司（以下简称"供销大集"或"公司"），原名西安民生集团股份有限公司，前身是成立于 1959 年的西安市民生百货商店，1992 年改制为股份公司，1994 年 1 月 10 日在深交所 A 股上市，重整前总股本 59.82 亿股。其第一大股东为海航商业控股有限公司（以下简称"海航商控"），下属并表子公司 101 家，包括宝鸡商场有限公司（以下简称"宝鸡商场"）、长春美丽方民生购物中心有限公司（以下简称"长春美丽方"）、重庆大集商业管理有限公司（以下简称"重庆大集"）等 24 家核心子公司，其主要业务涵盖百货购物中心、商超连锁、商贸地产及供应链创新业务。由于海航集团整体债务危机，并受新冠疫情叠加影响，25 家公司财务状况恶化、资金链断裂、债务大面积逾期、关联资产严重减值。至 2020 年末，供销大集等 25 家公司的资金链已然断裂不能清偿到期债务且明显缺乏清偿能力，债务全面逾期，生产经营难以为继，面临破产清算风险。对 25 家公司的资产直接进行处置不足以清偿全部债务，但供销大集作为国内知名商超企业，市场认可度高，25 家公司具有较大的重整价值，通过依法破产重整，公司具有恢复健康并持续发展的可能。

2021 年 1 月 29 日，供销大集收到海南省高级人民法院（以下简称"海南高院"或"法院"）送达的通知书，债权人北京睿达信房地产评估有限公司（以下简称"北京睿达信"）以公司不能清偿到期债务且明显缺乏清偿能力为由，向法院申请对公司进行重整。2021 年 2 月 10 日，海南高院依法裁定受理供销大集等 25 家公司的破产重整案，并指定海南省人民政府成立的海航集团清算组担任前述 25 家公司管理人，具体开展重整各项工作。2021 年 9 月 30 日，供销大集及 24 家子公司召开重整案第二次债权人会议，各表决组均通过《供销大集集团股份有限公司及其二十四家子公司重整计划（草案）》。2021 年 10 月 31 日，海南高院裁定批准重整计划，并终止重整程序。2021 年 12 月 31 日，公司及 24 家子公司收到了海南高院送达的民事裁定书，海南高院裁定确认重整计划已执行完毕。海航集团重整案（包括海航集团等 321 家实质性合并重整案、

[①] 本案例解析的内容主要根据供销大集集团股份有限公司于 2021 年 11 月 1 日公布的《供销大集集团股份有限公司及其二十四家子公司重整计划》整理而成。

海航控股重整案、海航基础重整案等）是中国最大的破产重整案例，入选 2022 中国法治实施十大事件。

方案要点

1. 出资人权益调整

在供销大集层面：以供销大集现有股票 59.82 亿股为基数，按照每 10 股转增 34.90 股的比例实施资本公积转增，转增股票 208.80 亿股。

（1）海航商控及其一致行动人、特定关联方合计持有的 28.11 亿股共计转增 98.12 亿股股票，全部回填至上市公司，其中未履行 2018 年、2019 年业绩承诺应注销的 11.00 亿股对应转增新股 38.39 亿股注销用于履行该等股东 2018 年、2019 年的部分业绩承诺补偿义务；剩余存量股 17.11 亿股对应转增 59.73 亿股补偿给上市公司，用于解决《关于上市公司治理专项自查报告的公告》《关于针对自查报告整改计划的补充公告》中披露的相关问题对上市公司造成的部分损失。

（2）新合作商贸及其一致行动人合计持有的 14.71 亿股在本次转增中获得的股票 51.33 亿股按如下方式调整，其中：未履行 2018 年、2019 年业绩承诺应注销的 11.06 亿股对应转增 38.60 亿股注销用于履行该等股东 2018 年、2019 年的部分业绩承诺补偿义务；其余存量股 3.65 亿股对应转增 12.73 亿股，在确定 2020 年业绩承诺补偿方案且新合作商贸及其一致行动人履行完 2020 年业绩承诺补偿义务前暂不向其分配，待公司相关审议程序确定业绩补偿方案后，根据股东大会决议处置。

（3）其余股东持有的 17.00 亿股对应转增新股 59.35 亿股，按照同等比例将其中 22.12 亿股给上市公司，用于向债权人分配抵偿上市公司债务、未来引进重整投资人及改善公司持续经营能力，剩余 37.24 亿股按照其持股数量相对比例分配该等股票。

完成上述步骤后，供销大集总股本 191.64 亿股。最终准确股票数量以中证登深圳分公司实际登记确认的数量及监管机构认可的结果为准。其中 59.82 亿股为原有股东存量股票（其中 22.06 亿股需履行 2018 年、2019 年业绩承诺补偿义务尚待解除质押冻结后注销）；37.24 亿股转增股票为中小股东持有；53.18 亿股转增股票用于未来引进重整投资人及改善公司持续经营能力和现金流，28.67 亿股向债权人分配抵偿上市公司债务及改善公司持续经营能力，12.73 亿股在相关方履行完 2020 年业绩承诺补偿义务前暂不分配。本次出资人权益调整方案不涉及 2020 年业绩承诺补偿事项，2020 年业绩承诺补偿相关事项依相关规定另行处理。

在子公司方面，不进行出资人权益调整。

2. 债权清偿方案

（1）有财产担保债权调整及受偿。有财产担保债权的本金及利息部分可在担保财产的市场价值范围内优先清偿。市场价值范围外的本金及利息，以及全部的罚息、复利、违约金等惩罚性费用将调整为普通债权，按普通债权的清偿方式清偿。

调整后的有财产担保债权将由担保人或建设工程所有权人留债清偿，具体安排如下。

留债期限：10年。

清偿安排：以2022年为第一年，自第二年起逐年还本，还本比例分别为5%、5%、5%、5%、10%、15%、15%、20%、20%，每年按未偿还本金的金额付息。

留债利率：按原融资利率与3.00%/年孰低者确定，利息自重整计划获得法院裁定批准次日起算，该利率不受中国人民银行的利率政策调整影响。

还款时间：付息日为每年6月20日、12月20日，遇节假日提前；还本日（自第二年起）为每年12月20日，遇节假日提前。首期付息日为2022年6月20日，首期还本日为2023年12月20日。

担保方式：就安排留债清偿的负债，应根据重整计划规定的留债安排、留债条件等重新办理/变更对应担保物的抵质押登记。在留债主体履行完有财产担保债权清偿义务后，有财产担保债权及担保物权消灭，债权人不再就担保财产/建设工程享有优先受偿权，并应注销抵质押登记。未及时注销的，不影响担保物权的消灭。

（2）普通债权调整及受偿。25家公司的普通债权中，每家债权人1万元以下（含1万元）的部分，由25家公司在重整计划执行期限内以自有资金一次性清偿完毕，自有资金不足的，以偿债资源的现金部分依规统一安排清偿。超过1万元的部分以供销大集股票抵债。每家债权人的其他普通债权中，预计其他普通债权每100元可获得25股供销大集股票（不足1股的部分，按1股受偿），抵债价格为4元/股（最终比例以及抵债价格可能适当微调）。通过上述安排，可实现普通债权全额清偿。

3. 引入重整投资人

公司已于2021年12月31日完成重整工作，根据《供销大集集团股份有限公司及其二十四家子公司重整计划》中"先重整，后引战"的相关安排，预留53.18亿股用于引进重整投资人及改善公司持续经营能力和现金流。公司于2022年9月13日收到中国供销集团有限公司子公司新供销产业发展基金管理有限责任公司（以下简称"新供销基金"）的投资意向函。公司于2022年10月26日与意向战略投资者新供销基金签订战略合作框架协议。

截至2023年12月31日，公司尚未披露战略投资者，仍在全力推进战略投资者引进工作。公司将根据上市公司相关规则披露意向战略投资者引入的有关进展。

4. 协调审理[①]

为实现供销大集及其24家子公司价值最大化，最大限度提高债权人的清偿率，基

---

① 重整方案中表述为协同重整，根据2018年3月4日印发的《全国法院破产审判工作会议纪要》第38条的规定，表述为协调审理。

于依法协同重整思路，根据重整计划，本次重整的偿债资源包括供销大集资本公积转增股票、债务人持续经营的收入、债务人自有资金、管理人处置供销大集部分转增股票或部分资产所获现金以及未来引进重整投资人所获资金。前述偿债资源将协同安排，整体用于化解25家公司全部债务。

一、公司基本信息

（一）公司及业务简介

供销大集原名西安民生集团股份有限公司，前身是成立于1959年的西安市民生百货商店，1992年改制为股份公司，于1994年1月10日在深交所A股上市，其第一大股东为海航商控。截至2020年12月31日，总股本为59.82亿股。公司注册地址为陕西省西安市解放路103号，法定代表人杜小平。供销大集为大型全国性商品流通服务企业，定位为新时代集成商业运营商，主要业务涵盖百货购物中心、商超连锁、商贸地产及供应链创新业务。下属并表子公司101家，包括宝鸡商场、长春美丽方、重庆大集、高淳县悦达置业有限公司（以下简称"高淳悦达"）、汉中世纪阳光商厦有限公司（以下简称"阳光商厦"）、湖南酷铺商业管理有限公司（以下简称"湖南酷铺"）、湖南天玺大酒店有限公司（以下简称"湖南天玺"）、海南供销大集供销链网络科技有限公司（以下简称"供销链网络"）、海南供销大集控股有限公司（以下简称"大集控股"）、海南望海国际商业广场有限公司（以下简称"望海国际"）、陕西民生家乐商业运营管理有限公司（以下简称"家乐运营"）、陕西民生家乐商业连锁有限责任公司（以下简称"家乐连锁"）、西安民生百货管理有限公司（以下简称"西安民生"）、西安兴正元购物中心有限公司（以下简称"兴正元中心"）、湖南新合作湘中物流有限公司（以下简称"湘中物流"）、湖南新合作湘中国际物流园投资开发有限公司（以下简称"湘中国际"）、上海家得利超市有限公司（以下简称"上海家得利"）、苏州市瑞珀置业有限公司（以下简称"瑞珀置业"）、山东海航商业发展有限公司（以下简称"山东商业"）、泰安新合作商贸有限公司（以下简称"泰安新合作"）、天津国际商场有限公司（以下简称"天津国际"）、天津宁河海航置业投资开发有限公司（以下简称"宁河置业"）、易生大集投资发展有限公司（以下简称"易生大集"）、延安民生百货有限责任公司（以下简称"延安民生"）24家核心子公司。

根据公司重整申请前2020年年度报告，公司营业收入为22.11亿元，净亏损46.06亿元，毛利率为37.77%，净利率为-208.32%。

（二）重整前股权架构

截至 2020 年 12 月 31 日，供销大集总股本为 59.82 亿股，其中，海航商控及其一致行动人［指海航商控、海南海岛酒店管理有限公司、青岛海航地产开发有限公司、长春海航投资有限公司、国际旅游岛、海南海航工程建设有限公司的合称］和特定关联方［指海航商控、海南海岛酒店管理有限公司、青岛海航地产开发有限公司、长春海航投资有限公司、国际旅游岛、海南海航工程建设有限公司、海航投资控股有限公司、海航实业集团有限公司、海航资本集团有限公司、北京海旅盛域股权投资中心（有限合伙）、上海轩创投资管理有限公司的合称］合计持有 28.11 亿股，占比 46.99%；新合作商贸及其一致行动人［指新合作商贸、湖南新合作实业投资有限公司、山东泰山新合作商贸连锁有限公司、十堰市新合作超市有限公司、张家口新合作元丰商贸连锁有限公司、江苏新合作常客隆连锁超市有限公司、江苏信一房产开发有限公司、延边新合作连锁超市有限公司、济宁市兖州区新合作百意商贸有限公司、山东新合作超市连锁有限公司、常熟市龙兴农副产品物流有限公司、河南省新合作商贸有限责任公司、赤峰新合作超市连锁有限公司、河北新合作土产再生资源有限责任公司、江苏悦达置业有限公司、耿发（中国境内自然人）的合称］合计持有 14.70 亿股，占比 24.58%，其他股东持股比例均在 5% 以下。公司实际控制人为海航商控。截至 2020 年 12 月 31 日，公司股东总数为 135023 家，其中前十大股东合计持股 32.38 亿股，占比 54.13%。供销大集重整前股权架构如图 2-7-1 所示。

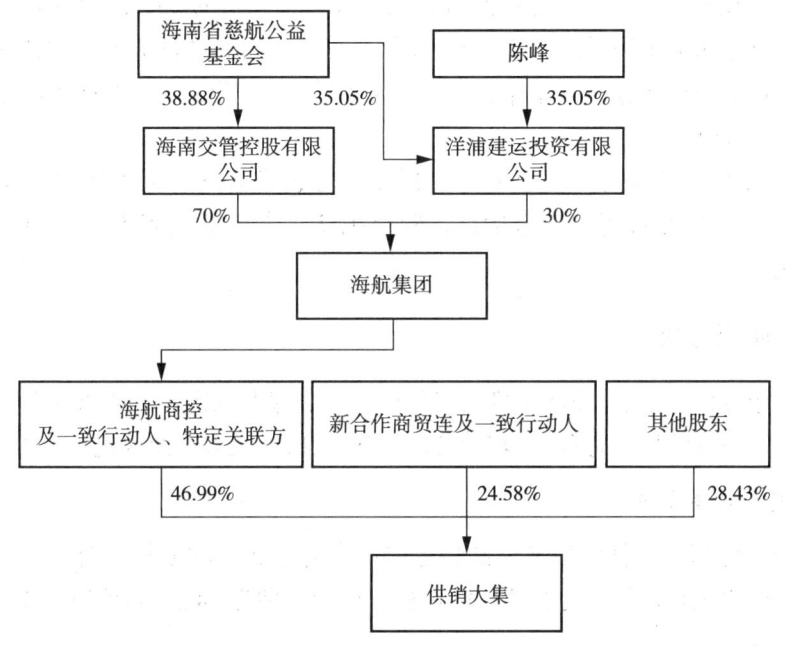

图 2-7-1　供销大集重整前股权架构

二、资产负债情况

（一）资产负债情况总览

表 2-7-1　供销大集资产负债情况

资产/债权类型	资产（亿元）	负债（亿元）	净资产（亿元）	资产负债率（%）
账面价值/债权金额	264.72	244.70	20.02	92.44
评估清算价值/债权金额	108.33	244.70	-136.37	225.88
评估市场价值/债权金额	240.49	244.70	-4.21	101.75

如表 2-7-1 所示，根据供销大集 2021 年半年度报告，截至 2021 年 6 月 30 日，供销大集合并范围总资产 264.72 亿元（不含合规问题资产）。以 2021 年 2 月 10 日为评估基准日，25 家公司资产市场价值为 240.49 亿元，清算价值为 108.33 亿元。

截至 2021 年 9 月 15 日（重整计划草案提交日），共有 5696 家债权人向 25 家公司管理人申报 7304 笔债权，债权申报金额合计 332.25 亿元。管理人对已申报债权进行依法审查，并经海南高院依法裁定的债权如下：确认债权合计 201.28 亿元，分别为有财产担保债权 84.23 亿元、税款债权 5.41 亿元、建设工程价款优先债权 1.22 亿元、普通债权 110.42 亿元，不予确认债权 37.72 亿元。初步审查确认的债权和暂缓确认债权 93.25 亿元，因涉及诉讼仲裁未决、争议较大、附条件未成就等原因尚未提交法院裁定，管理人预计其中 34.00 亿元债权将被法院确认。

需要特别说明的是，除上述已经裁定确认和预计确认的 235.28 亿元债权外，经管理人调查，截至重整申请受理日 25 家公司另有应付未付经营性欠款、继续履行合同的债务等共益债务及职工债权、未申报债权等 9.42 亿元，其中职工债权金额总计 0.15 亿元，涉及职工 3608 名。

综上，根据债权申报与审查情况、管理人对职工债权的调查情况以及公司债务信息等，供销大集经管理人审查确认、暂缓确认、未申报及职工债权的负债合计为 244.70 亿元。

（二）债权分类

根据《企业破产法》《破产审判会议纪要》等法律及规定，二十五家公司债权将按照职工债权、税款债权、有财产担保债权、普通债权以及劣后债权进行分类。

1. 有财产担保债权

有财产担保债权包括对债务人的特定财产享有担保权的债权和对债务人的特定建设工程享有建设工程价款优先受偿权的债权，金额分别为 84.23 亿元和 1.22 亿元。

2. 职工债权

经管理人调查，截至重整申请受理日 25 家公司职工债权金额 0.15 亿元，涉及职工

3608 名。

3. 税款债权

经管理人审查，截至 2021 年 9 月 15 日，税款债权为 5.41 亿元。

4. 普通债权

在本次重整中，经法院裁定确认为普通债权的债权 110.42 亿元。

5. 其他债权

因涉及诉讼仲裁未决、争议较大、附条件未成等原因尚未提交法院裁定，管理人预计其中 34.00 亿元债权将被法院确认。

经管理人调查，截至重整申请受理日 25 家公司另有应付未付经营性欠款、继续履行合同的债务等共益债务及未申报债权等 9.27 亿元。

（三）偿债能力分析

为给债权人表决重整计划草案提供必要参考，管理人委托评估机构对 25 家公司在假定清算条件下的偿债能力进行了模拟整体分析和单体分析。根据偿债能力分析报告，25 家公司如破产清算，假定其财产均能够按照清算价值获得处置变现，按照《企业破产法》规定的清偿顺序，担保财产变现所得优先用于偿还有财产担保债权；担保财产变现金额超过优先债权部分以及未设定担保的财产在清偿破产费用、共益债务后，按照职工债权、税款债权、普通债权的顺序进行清偿。

在前述清偿顺序下，25 家公司在假定破产清算状态下普通债权清偿率为 0~81.15%。

三、重整基本情况

（一）重整背景

供销大集是在深交所挂牌的上市公司，下属并表子公司 101 家，包括宝鸡商场、长春美丽方、重庆大集、高淳悦达、阳光商厦、湖南酷铺、湖南天玺、供销链网络、大集控股、望海国际、家乐运营、家乐连锁、西安民生、兴正元中心、湘中物流、湘中国际、上海家得利、瑞珀置业、山东商业、泰安新合作、天津国际、宁河置业、易生大集、延安民生 24 家核心子公司。由于海航集团整体债务危机，并受新冠疫情叠加影响，25 家公司财务状况恶化、资金链断裂、债务大面积逾期、关联资产严重减值。至 2020 年末，供销大集等 25 家公司的资金链已然断裂，不能清偿到期债务且明显缺乏清偿能力，生产经营难以为继，面临破产清算风险。对 25 家公司的资产直接进行处置不足以清偿全部债务，但供销大集作为国内知名商超企业，市场认可度高，25 家公司具有较大的重整价值，通过依法破产重整，公司具有恢复健康并持续发展的可能。

（二）预重整 / 重整申请情况

2021年1月29日，供销大集收到海南高院送达的通知书，债权人北京睿达信以公司不能清偿到期债务且明显缺乏清偿能力为由，向法院申请对公司进行重整。

（三）重整申请受理情况

海南高院于2021年2月10日依法裁定受理供销大集等25家公司的破产重整案。

（四）重整管理模式

债务人自行管理财产和营业事务。

（五）重整大事记

2021年1月29日，供销大集收到海南高院送达的通知书，债权人北京睿达信以公司不能清偿到期债务且明显缺乏清偿能力为由，向法院申请对公司进行重整。

2021年2月10日，海南高院依法裁定受理供销大集等25家公司的破产重整案，并指定海南省人民政府成立的海航集团清算组担任前述25家公司管理人，具体开展重整各项工作。

2021年2月10日，公司收到法院送达的复函〔（2021）琼破1-64号〕及复函〔（2021）琼破1-64之一〕，同意公司在联合工作组的领导下，在管理人的监督下，在重整期间继续营业，并自行管理财产和营业事务。

2021年4月14日，供销大集及子公司重整案第一次债权人会议由海南高院主持，在全国企业破产重整案件信息网以网络及现场会议的方式召开。

2021年9月30日，供销大集及其24家子公司重整案第二次债权人会议及出资人组会议召开，出资人组表决通过了出资人权益调整方案；债权人会议对《供销大集集团股份有限公司及其二十四家子公司重整计划（草案）》进行表决，并确定表决截止期限为2021年10月20日。截至表决期满，各表决组均表决通过重整计划草案。

2021年10月31日，海南高院裁定批准重整计划。

2021年12月31日，供销大集及其24家子公司收到了海南高院送达的民事裁定书，法院裁定确认重整计划已执行完毕。

四、重整计划的主要内容

（一）重整思路概述

重整计划的主要思路为：

（1）依法协同重整。依据《全国破产审判会议纪要》，参照过往案例经验，在海南高院的指导下，并会同相关各方充分研究后，对25家公司实施协同重整，以实现25

家公司各自价值最大化,最大限度提高债权人的清偿率。

(2)出资人权益调整方案。在供销大集层面将进行出资人权益调整,资本公积转增股票部分用于抵偿负债,部分用于招募重整投资人。重整投资人后续可通过购买转增股票参股或控股供销大集。在子公司层面对于 24 家子公司在供销大集并表范围内的股东,因为 24 家子公司债权人的普通债权将在扣除小额清偿部分后按照统一比例分别通过供销大集转增股票抵偿,其出资人权益不进行调整。对于 24 家子公司在供销大集并表范围外的外部股东,因外部股东历史上一直积极支持子公司发展,且在资源、渠道和运营等方面存在一定优势,可对未来子公司经营提供进一步支持,故对 24 家子公司的出资人权益不进行调整。供销大集重整方案如图 2-7-2 所示。

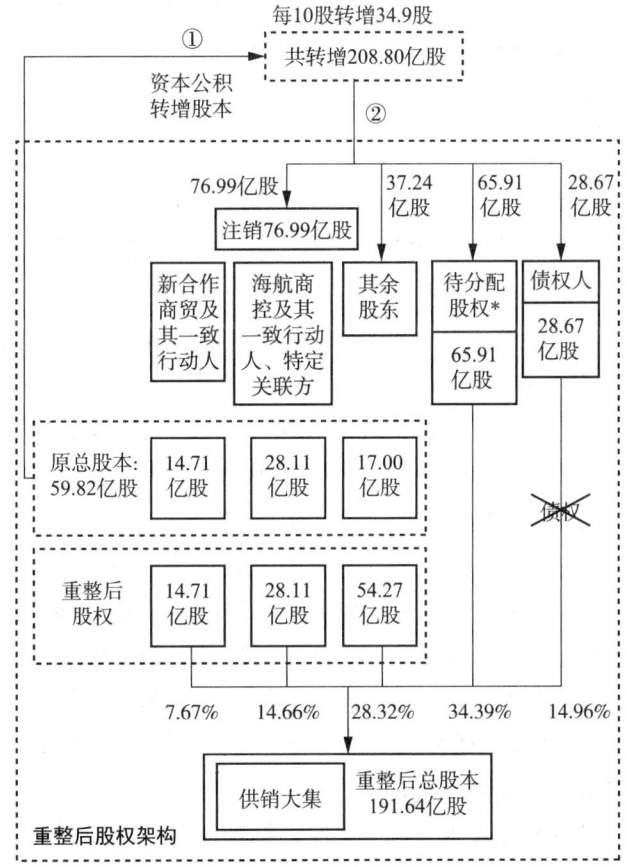

图 2-7-2 供销大集重整方案示意图

注:待处置股权,其中 53.18 亿股由上市公司用该部分股权用于未来引进重整投资者以及改善公司持续经营能力;剩余 12.73 亿股待 2020 年业绩承诺确定后,再确定处置方案。

（3）引入战略投资者。根据重整计划中"先重整，后引战"的相关安排，预留部分转增股票用于引进重整投资人及改善公司持续经营能力和现金流。

（4）经营方面。在实现重整投资人对供销大集的战略投资之后，供销大集将统筹规划购物中心、连锁超市、商贸物流地产及供应链金融等主营业务，依托海南自贸港，挖掘新业务增长点。

（二）引入投资人情况

公司于 2021 年 12 月 31 日完成重整工作，根据《供销大集集团股份有限公司及其二十四家子公司重整计划》中"先重整，后引战"的相关安排，预留 53.18 亿股用于引进重整投资人及改善公司持续经营能力和现金流。公司于 2022 年 9 月 13 日收到中国供销集团有限公司子公司新供销基金的投资意向函。公司于 2022 年 10 月 26 日与意向战略投资者新供销基金签订战略合作框架协议。

截至 2023 年 12 月 31 日，公司尚未披露战略投资者，仍在全力推进战略投资者引进工作。公司将根据上市公司相关规则披露意向战略投资者引入的有关进展。

（三）出资人权益调整内容

1. 供销大集层面

以供销大集现有股票 59.82 亿股为基数，按照每 10 股转增 34.90 股的比例实施资本公积转增股本，转增股票 208.80 亿股。

海航商控及其一致行动人、特定关联方合计持有的 28.11 亿股共计转增 98.12 亿股股票，全部回填至上市公司，其中：未履行 2018 年、2019 年业绩承诺应注销的 11.00 亿股对应转增新股 38.39 亿股注销用于履行该等股东 2018 年、2019 年的部分业绩承诺补偿义务；剩余存量股 17.11 亿股对应转增 59.73 亿股补偿给上市公司，用于解决自查报告、自查报告补充公告中披露的相关问题对上市公司造成的部分损失。

新合作商贸及其一致行动人合计持有的 14.71 亿股在本次转增中获得的股票 51.33 亿股按如下方式调整，其中：未履行 2018 年、2019 年业绩承诺应注销的 11.06 亿股对应转增 38.60 亿股注销用于履行该等股东 2018 年、2019 年的部分业绩承诺补偿义务；其余存量股 3.65 亿股对应转增 12.73 亿股，在确定 2020 年业绩承诺补偿方案且新合作商贸及其一致行动人履行完 2020 年业绩承诺补偿义务前暂不向其分配，待公司相关审议程序确定业绩补偿方案后，根据股东大会决议处置。

其余股东持有的 17.00 亿股对应转增新股 59.35 亿股，按照同等比例将其中 22.12 亿股给上市公司，用于向债权人分配抵偿上市公司债务、未来引进重整投资人及改善公司持续经营能力，剩余 37.24 亿股按照其持股数量相对比例分配该等股票。

完成上述步骤后，供销大集总股本 191.64 亿股。最终准确股票数量以中证登深圳分公司实际登记确认的数量及监管机构认可的结果为准。其中 59.82 亿股为原有股东存量股票（其中 22.06 亿股需履行 2018 年、2019 年业绩承诺补偿义务尚待解除质押冻结后注销）；37.24亿股转增股票为中小股东持有；53.18亿股转增股票用于未来引进重整投资人及改善公司持续经营能力和现金流，28.67亿股向债权人分配抵偿上市公司债务及改善公司持续经营能力，12.73亿股在相关方履行完毕2020年业绩承诺补偿义务前暂不分配。本次出资人权益调整方案不涉及2020年业绩承诺补偿事项，2020年业绩承诺补偿相关事项依相关规定另行处理。

2. 子公司层面

在子公司方面，不进行出资人权益调整。

（四）债权调整及受偿方案

1. 有财产担保债权调整及受偿

有财产担保债权包括对债务人的特定财产享有担保权的债权和对债务人的特定建设工程享有建设工程价款优先受偿权的债权，金额分别为84.23亿元和1.22亿元。担保债权将以担保物的市场价值（68.28亿元）为限，由担保人或建设工程所有权人留债清偿，其中超出担保物估值部分债权金额为17.16亿元，转为普通债权清偿。

调整后的有财产担保债权将由担保人或建设工程所有权人留债清偿，具体安排如下。

留债期限：10年。

清偿安排：以2022年为第一年，自第二年起逐年还本，还本比例分别为5%、5%、5%、5%、10%、15%、15%、20%、20%。每年按照未偿还本金的金额付息。

留债利率：按原融资利率与3.00%/年孰低者确定，利息自重整计划获得法院裁定批准次日起算，该利率不受中国人民银行的利率政策调整影响。

还款时间：付息日为每年6月20日、12月20日，遇节假日提前；还本日（自第二年起）为每年12月20日，遇节假日提前。首期付息日为2022年6月20日，首期还本日为2023年12月20日。

担保方式：就安排留债清偿的负债，应根据重整计划规定的留债安排、留债条件等重新办理/变更对应担保物的抵质押登记。在留债主体履行完有财产担保债权清偿义务后，有财产担保债权及担保物权消灭，债权人不再就担保财产/建设工程享有优先受偿权，并应注销抵质押登记。未及时注销的，不影响担保物权的消灭。

建设工程价款优先债权与抵质押担保债权的优先顺位：对于担保财产分别有建设工程价款优先债权人以及抵质押权人主张权利的，担保财产的市场价值先向建设工程价款优先债权分配，以此确认其优先清偿金额；担保财产的市场价值有剩余的，再向抵质押权人分配。

留债金额根据重整计划确定后不再调整。留债期间，若留债主体处置担保物/建设工程，担保物/建设工程处置价款将优先用于清偿剩余尚未清偿的留债部分；如处置所得未覆盖剩余尚未清偿的留债部分，未清偿部分仍将根据重整计划的留债安排继续留债清偿；处置所得超过留债总额的，债权人可优先受偿金额也不能超过留债总额；以定期存单质押担保的债权，债权人需待存单到期后方可扣划受偿。

重整后留债安排需根据重整计划的规定执行。债权人与留债主体根据重整计划规定重新签署协议，并完成抵质押物的变更/重新登记后，方可按重整计划规定获得后续清偿。重新签署的协议中不得约定重整计划以外其他加重债权人或者债务人义务的事项。

如债权人基于同一主债法律关系而对25家公司中的多家公司同时享有债权（包括主债权、担保债权或其他类型的还款义务），且可同时在一家或多家公司留债清偿，债权人可选择在其中一家或多家主体留债清偿并重新签署协议，但在各公司的留债总金额不得超过该笔主债法律关系的本金及利息总额。若债权人可选择的留债总金额大于该笔债权总额，应当在法院裁定批准重整计划后30日内书面致函债务人，确定在各公司的留债金额分配并重新签署协议。该选择一旦做出，不得更改。债权人逾期未确定留债金额分配的，管理人有权确定相关债权在各公司的留债金额分配。

如有财产担保债权对应的担保物估值为0，或后顺位抵质押而导致担保物对应剩余估值为0，则有财产担保债权人不再享有优先受偿权，对应的担保物权自法院裁定重整计划生效之日起消灭，债权人有义务在法院裁定批准重整计划后30日内配合管理人与债务人注销抵质押登记。债权人完成抵质押注销登记后，方可按重整计划规定获得后续清偿。如债权人不配合，管理人或债务人可向法院申请强制执行。

2. 职工债权调整及受偿

经管理人调查，截至重整申请受理日25家公司职工债权金额0.15亿元，涉及职工3608名。25家公司各自的职工债权由25家公司在重整计划执行期间以自有现金全额清偿，自有资金不足的，以偿债资源的现金部分依规统一安排清偿。

3. 税款债权调整及受偿

经管理人审查，截至2021年9月15日，税款债权为5.41亿元。25家公司各自的税款债权由25家公司统筹偿债资源，根据相关法律规定，以现金方式全额清偿，自有资金不足的，以偿债资源的现金部分依规统一安排清偿。

4. 普通债权调整及受偿

普通债权包括债权人对债务人享有的除有财产担保债权、职工债权、税款债权及劣后债权以外的其他债权。在本次重整中，除经法院裁定确认为普通债权的110.42亿元外，还包括有财产担保债权中调整为普通债权的债权17.16亿元，因此，普通债权合计为127.58亿元。

25家公司的普通债权中，每家债权人1万元以下（含1万元）的部分，由25家公司在重整计划执行期限内以自有资金一次性清偿完毕，自有资金不足的，以偿债资源的现金部分依规统一安排清偿。每家债权人在25家公司最多可现金受偿1万元。超过1万元的部分以供销大集股票抵债。每家债权人的其他普通债权中预计每100元可获得25股供销大集股票（不足1股的部分，按1股受偿），抵债价格为4元/股，最终比例以及抵债价格可能适当微调。通过上述方式可实现其他普通债权全额清偿。

5. 预计债权及劣后债权调整及受偿

就截至重整计划执行完毕之日的预计债权，管理人将预留偿债资源，待其债权经审查确认之后，根据法律性质按照重整计划规定的同类债权清偿条件受偿。管理人根据测算情况，为预计债权预留偿债资源。

劣后债权不占用本次重整偿债资源，不安排债权清偿。在重整计划被法院裁定批准之日起满3年后，若为预计债权预留的偿债资源经分配后仍有剩余，则劣后债权可参照其他普通债权的清偿安排进行清偿；若预留的偿债资源不足以清偿所有劣后债权，则按各劣后债权金额的比例进行分配。

6. 债务清偿顺序

如图2-7-3所示，模拟破产清算下普通债权清偿率是假定公司在破产清算条件下

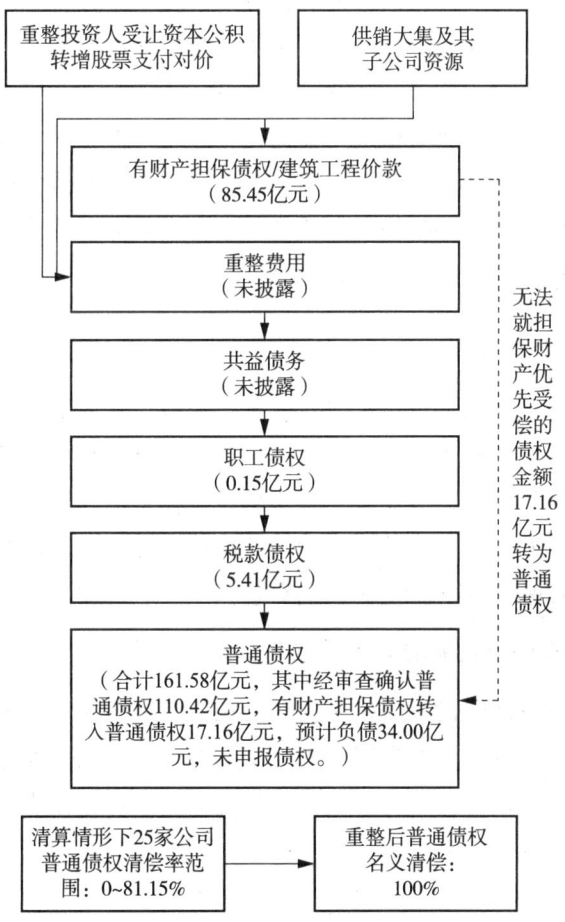

图2-7-3 供销大集债务清偿顺序示意图

注：经管理人调查，截至重整申请受理日二十五家公司另有应付未付经营性欠款、继续履行合同的债务等共益债务及职工债权，以及未申报债权等9.42亿元，除职工债权0.15亿元外，共益债务、未申报债权等明细金额未披露。

的偿债能力分析，主要来源于公司披露的偿债能力分析报告。而重组后清偿率是假定公司在重整条件下的名义清偿率。可以看出，重整后的债权清偿率比清算状态下的清偿率有一定提升。

重整计划披露的偿债方案显示，25家公司的普通债权中，每家债权人1万元以下（含1万元）的部分，由25家公司在重整计划执行期限内以自有资金一次性清偿完毕，超过1万元的部分以供销大集股票抵债。每家债权人的其他普通债权中预计每100元可获得25股供销大集股票（不足1股的部分，按1股受偿），抵债价格为4元/股，最终比例以及抵债价格可能适当微调。通过上述方式可实现其他普通债权全额清偿。

7. 协调审理清偿

基于依法协同重整思路，根据重整计划，本次重整的偿债资源包括供销大集资本公积转增股票、债务人持续经营的收入、债务人自有资金、管理人处置供销大集部分转增股票或部分资产所获现金以及未来引进重整投资人所获资金。前述偿债资源将协同安排，整体用于化解25家公司全部债务。其中：有财产担保债权将以担保物市场价值为限由担保人或建设工程所有权人留债清偿，超出担保物估值部分转为普通债权清偿；职工债权、税款债权以及一部分普通债权将以现金全额清偿；剩余普通债权按照统一比例以供销大集转增股票抵债的方式全额清偿，具体以清偿方案为准。通过上述方式将彻底解决债务问题，实现上市公司轻装上阵。

（五）未来经营方案

供销大集将通过重整程序招募在企业管理、业务协同、资源支持等方面具有明显优势的重整投资人。在实现重整投资人对供销大集的战略投资之后，供销大集将统筹规划主营业务，通过重整投资人业务资源支持以及注入流动资金等一系列措施，从根本上改善公司生产经营，实现高效有序的经营，维持并进一步提升供销大集在市场上的竞争力，使供销大集成为经营稳健、运营规范、业绩优良的上市公司。

1. 供销大集未来健康发展的总体思路与举措

（1）紧抓海南自贸港建设机遇拓展全岛免税、跨境购等新业务。挖掘新业务增长点，同步加强线上平台的建设与发展，推动市场业务的开拓。通过互相参股、合资经营等方式，积极与免税商业体合作开店，拓展离岛及全岛免税业务。进一步构建商贸运营、生产加工、仓储物流结合的"产业地产"格局，持续拓展"跨境贸易业务金融"产业链、"国内商城业务供应商贸易业务金融"产业链。

（2）深耕"供、销"商业模式，稳步发展，优化存量，深化服务。供销大集将践行新型商业运营理念，以商业为核心，多业态协同支持。构建连通城乡消费的流通服务体系，实现城乡信息流、物流、资金流、商流有效统一，提升城乡商品流通的效率，加快新零售发展步伐。

（3）完善市场布局策略，打造特色供应链平台，提升经营能力。以广东顺客隆为基点，加速辐射粤港澳大湾区；打造优质供应链与有特色的全国性电商平台；推动公司资产市场化经营；以资源优化重整持续提升经营能力。

2. 完善上市公司治理结构、管理重塑、强化风险防范

（1）严格落实三会治理。建立控股股东侵害公司或其他股东利益时的责任追究制度；将进一步完善对外担保制度，严格依法执行法定和章程规定的对外担保审议程序；进一步督促并强化管理人员的风险识别能力和风险管理意识。

（2）通过厘清业务边界，整合业务资源，切实发挥各业务板块之间的协同效应。通过精简组织机构，清理冗余企业，瘦身健体等措施优化人力资源配置，提升公司劳动效能。

（3）强化类金融风险防范。在引进重整投资人后，供销大集合规工作将补齐短板，强化内部控制监督检查。

五、重整计划的表决与批准

（一）债权人会议表决

2021年9月30日上午，海南高院通过网络会议召开了公司及其24家子公司第二次债权人会议，对重整计划草案进行表决，并在会议上明确表决截止时间为2021年10月20日下午4时。供销大集等25家公司各表决组，包括有财产担保债权组和普通债权组，均表决通过重整计划草案。其中，供销大集各组表决情况如下：

（1）有财产担保债权组。表决同意的债权人占出席会议的该组债权人数量的100.00%，其所代表的债权金额为15.51亿元，占该组债权总额的88.10%。该组通过重整计划草案。

（2）普通债权组。表决同意的债权人占出席会议的该组债权人数量的98.75%，其所代表的债权金额为56.57亿元，占该组债权总额的99.93%。该组通过重整计划草案。

（二）出资人组会议表决

2021年9月30日下午，供销大集采取现场投票与网络投票相结合的方式召开了出资人组会议，对出资人权益调整方案进行表决。

出席本次出资人组会议的出资人或其代理人共计751人，所持表决权的股份总数为24.80亿股，占公司总股本的41.49%，占本次会议有表决权股份总数的65.72%。其中，出席现场会议的出资人或出资人代理人共19人，代表股份数合计20.80亿股，占

公司总股本的 34.80%，占本次会议有表决权股份总数的 55.12%；通过网络投票参与会议的出资人共 732 人，代表股份数合计 4 亿股，占公司总股本的 6.69%，占本次会议有表决权股份总数的 10.60%。

本次出资人组会议以现场投票与网络投票相结合的方式对出资人权益调整方案进行了表决，表决情况为：出席本次出资人组会议的有表决权股份总数为 24.80 亿股，占供销大集总股本的 41.49%，其中同意 24.78 亿股，占出席会议有表决权股份的 99.83%。根据《公司法》与《企业破产法》的相关规定，供销大集出资人组会议表决通过了出资人权益调整方案。

（三）重整计划批准

2021 年 10 月 31 日，海南高院做出民事裁定书〔（2021）琼破 21 号之六〕，裁定批准《供销大集集团股份有限公司及其二十四家子公司重整计划》。

六、重整计划的执行与监督

（一）执行和监督的主体

经法院裁定批准的重整计划由债务人负责执行，即 25 家公司是重整计划的执行主体。

根据《企业破产法》第九十条的规定，管理人负责监督债务人执行重整计划。重整计划执行监督期限内，25 家公司应接受管理人的监督，及时向管理人报告重整计划执行情况、公司财务状况以及重大经营决策、资产处置等事项，并配合管理人的各项监督工作。

（二）执行和监督期限

重整计划的执行期限为自法院裁定批准重整计划之日起 3 个月。

如非债务人自身原因，致使重整计划无法在上述期限内执行完毕，债务人应于执行期限届满前 15 日内向海南高院提交延长重整计划执行期限的申请，并根据海南高院批准的执行期限继续执行。

重整计划提前执行完毕的，执行期限在执行完毕之日到期。

重整计划执行的监督期限与重整计划执行期限一致，若供销大集申请延长执行期限，管理人亦将申请延长监督期限。

根据重整计划执行的实际情况，需要延长管理人监督重整计划执行期限的，由管理人向海南高院提交延长重整计划执行监督期限的申请，并根据海南高院批准的期限继续履行监督职责。

（三）执行的措施

1. 偿债资金的支付

就每家债权人可获得的现金清偿，偿债资金原则上以银行转账方式向债权人进行分配，债权人应自重整计划获得海南高院裁定批准之日起 15 日内按照管理人指定格式向管理人书面提供受领偿债资金的银行账户信息。因债权人自身和／或其关联方的原因，导致偿债资金不能到账，或账户被冻结、扣划，产生的法律后果和市场风险由相关债权人自行承担。

2. 抵债股票的分配

就每家债权人可获得的股票，在重整计划执行期限内以供销大集转增股票进行分配。债权人应自重整计划获得海南高院裁定批准之日起 15 日内按照管理人指定格式向管理人书面提供受领抵债股票的证券账户信息。债权人逾期不提供证券账户信息，由此产生的法律后果和市场风险由相关债权人自行承担。因债权人自身和／或其关联方的原因，导致分配股票不能到账，或账户被冻结、扣划所产生的法律后果和市场风险由相关债权人自行承担。

3. 偿债资源的预留、提存与处理

如债权人就确认债权未及时受领偿债资源，或因债权未经海南高院裁定确认而未能受领偿债资源，管理人根据重整计划将应向其分配的偿债资金提存／预留至管理人银行账户或其指定的银行账户，将应向其分配的抵债股票转由管理人提存／预留，即视为 25 家公司已根据重整计划履行了清偿义务。以上所有提存／预留的偿债资金和抵债股票，在提存／预留期间均不计息。

4. 债权人对其他还款义务人的权利

债权人的选择受偿权：如债权人就其对 25 家公司的债权可同时向 25 家公司外的其他主体主张清偿，债权人享有选择权，可先不受领重整计划中明确的偿债资源，先行向其他主体主张清偿。管理人将根据其债权确认情况预留对应的偿债资源，预留期见前述"偿债资源的预留、提存与处理"。

多主体留债的处理：如根据重整计划或其他还款义务人重整计划的规定，债权人可以同时在 25 家公司及其他还款义务人处留债清偿，且留债清偿额度之和大于该笔主债法律关系本金及利息总额，则债权人应该在法院裁定批准全部重整计划之日（以最晚的时间为准）起 30 日内书面致函债务人，确定留债主体及留债金额，并重新签署协议，但在各公司的留债总金额不得超过该笔主债法律关系的本金及利息总额。该选择一经做出，不得更改。债权人逾期未做出选择的，各重整程序管理人有权协商确定相关债权在各公司的留债金额分配。

5. 转让债权的清偿债权

债权人在重整申请受理日后对外转让债权的，受让人按照原债权人根据重整计划就该笔债权可以获得的受偿资源受偿，债权人向两个以上的受让人转让债权的，若受让人之间无约定，则偿债资源向受让人按照其受让的债权比例分配，但普通债权中小额现金清偿部分仅分配一次，即 1 万元，并按照受让方各自受让债权比例进行分配。

6. 重整费用的支付及共益债务的清偿

重整费用的支付：25 家公司重整程序中产生的破产费用包括重整案件受理费、管理人报酬、管理人执行职务的费用、管理人聘请中介机构的费用、转增股票登记税费、股票过户税费等，在重整计划执行期内由 25 家公司以现金优先清偿。其中重整案件受理费依据《诉讼费用缴纳办法》支付；管理人报酬依据《最高人民法院关于审理企业破产案件确定管理人报酬的规定》以现金优先一次性支付；管理人聘请中介机构的费用依据相关合同约定支付；转增股票登记税费、股票过户税费、管理人执行职务的费用等其他重整费用根据重整计划的执行情况由 25 家公司以现金优先支付。

共益债务的清偿：25 家公司重整期间的共益债务，包括但不限于因继续履行合同所产生的债务、为继续营业而支付的劳动报酬和社会保险费用及由此产生的其他债务，由 25 家公司按照《企业破产法》相关规定及合同约定随时清偿。

7. 对债务人财产限制措施的解除

根据《企业破产法》第十九条的规定，人民法院受理破产申请后，有关债务人财产的保全措施应当解除。尚未解除对 25 家公司财产保全措施的债权人，应当在重整计划获得法院裁定批准后协助办理完解除财产保全措施的手续。如因债权人原因未能及时解除对 25 家公司财产的保全措施而影响公司重整计划执行或对公司生产经营造成影响及损失，由相关债权人向公司及相关方承担法律责任。

8. 合规问题整改与业绩承诺解决

出资人权益调整方案实施完毕后，海航商控及其关联方非经营性资金占用、未披露担保等问题将得到最大限度的化解，按照出资人权益调整方案公告前一日收盘价计算，未解决部分金额 699292.83 万元。公司已按照非经营性资金占用、未披露担保等问题可能产生的最大口径向海航商控及其关联方申报债权 257 亿元，其中包含公司于 2021 年 1 月 30 日及 2 月 9 日发布的自查报告、自查报告补充公告中披露的非经营性资金占用 189.99 亿元、需关注资产 9.79 亿元以及未披露担保 40 亿元（由于未披露担保部分责任仍未最终确认，暂按照债权人申报金额计算，因此高于披露数据，具体以最终实际债权审查认定结果为准）。通过出资人权益调整无法解决的部分将在海航商控及其关联方破产重整程序中获得清偿，但存在不能足额清偿的风险。

对于 2018 年、2019 年业绩承诺补偿，业绩承诺方未完成注销义务的部分股票，将通过注销该部分股票对应转增新股及业绩承诺方通过清偿债务等方式解除应补偿股票质押冻结后注销解决，但存在股票无法解除质押的风险。就因不能注销股票而未履行完的补偿责任，供销大集将继续向相关承诺方追偿。相关业绩承诺方未履行完补偿义务前，对该部分业绩承诺股票不享有表决权以及获得股利分配的权利。

9. 信用修复

（1）重整计划执行完毕之后，25家公司资产负债结构将得到实质改善，并将恢复可持续的经营能力及盈利能力。因此，在符合相关法律规定和信贷条件的前提下，各债权银行应当给予25家公司融资贷款公平公正的待遇及正常的信贷支持，不得对25家公司再融资设定任何没有法律依据的限制。在重整计划获法院裁定批准后，各金融机构应及时调整25家公司信贷分类，并上报中国人民银行征信系统调整债务人征信记录，确保重整后25家公司运营满足正常征信要求。

（2）在海南高院裁定批准重整计划之日起15日内，将债务人纳入失信被执行人名单的各债权人应向相关法院申请删除债务人的失信信息，并解除对债务人法定代表人、主要负责人及其他全部相关人员的限制消费令及其他信用惩戒措施。若债权人未在上述期限内申请删除失信信息并解除信用惩戒措施，债务人或管理人有权将相关债权人依重整计划可获分配的现金、股票等暂缓分配，待信用惩戒措施解除后再行向债权人分配。

七、重整计划顺利实施的预期效果

（1）公司解除破产清算危机，法人地位得以存续。

供销大集作为国内知名商超企业，市场认可度高，二十五家公司具有较大的重整价值。通过重整程序，二十家公司避免了破产清算的风险，公司的法人地位得以保存，为公司恢复健康并持续发展的提供了可能。

（2）重整计划如顺利实施，将大大改善公司的财务情况，为经营改善提供基础。

根据重整计划，在重整整体完成后，公司核心财务指标均会明显改善。各类债权得到妥善解决，高企的利息费用有望得到大幅下降，资产负债率将明显降低，公司的财务情况和流动性危机得到缓解，这将为公司未来的经营提供良好基础。

（3）完成重整便于后续招募有实力的优质重整投资人，实现健康发展。

完成重整后，上市公司卸下包袱，便于后续招募有实力的优质重整投资人，实现轻装上阵、良性发展。供销大集等二十五家公司将依托海南自贸港，挖掘新业务增长点，同步加强线上平台的建设与发展，以变革创新为动力，优化供应链及数字资源，发挥各业务间相互协同效应，推动市场业务的开拓。在未来的经营中将着力抢抓自贸岛建设机遇，拓展全岛免税业务，做大在海南地区业务规模。同时，对于其他地区亏损严重的百货超市门店坚决关闭，为公司后续良性运转做好准备。上市公司将努力恢复业务至正常水平，实现扭亏为盈的目标。

案例8 广州浪奇重整案例解析[①]

背景

广州市浪奇实业股份有限公司(以下简称"广州浪奇"或"公司")是以日化产品与食品(食糖与饮料)的生产与销售为主营业务的上市公司。公司前身为广州油脂化工厂,始建于1959年,是华南地区早期日化产品定点生产企业,1992年由国有企业改组为股份制企业,并于1993年11月8日在深交所上市,成为广州市首批规范化上市的股份制公司,重整前总股本6.27亿股。公司于2020年9月披露存货账实不符,随后涉嫌信息披露违规被中国证监会立案调查、公司相关人员涉嫌刑事犯罪等,导致广州浪奇陷入严重的债务危机与经营困境。2021年2月6日公司公告债权人立根融资租赁有限公司(以下简称"立根租赁")以不能清偿到期债务且明显缺乏清偿能力,但仍具有重整的价值为由,向广州市中级人民法院(以下简称"广州中院"或"法院")申请对公司进行预重整。2021年4月6日,广州中院决定对公司进行预重整,并同时指定广州浪奇清算组担任广州浪奇预重整阶段临时管理人。2021年6月1日,债权人立根租赁向广州中院申请对广州浪奇进行重整。2021年9月29日,广州中院裁定受理广州浪奇重整案件,并指定广州浪奇清算组担任管理人。2021年11月11日公司收到法院裁定,批准重整计划,并终止公司重整程序。2021年12月23日,公司收到广州中院送达的裁定书,确认重整计划已执行完毕。广州浪奇重整案为广州中院审理的首个上市公司预重整案件,是广东法院服务保障高质量发展破产审判典型案例。

方案要点

1. 出资人权益调整

以广州浪奇现有总股本6.27亿股为基数,按每10股转增15.69股的比例实施资本公积转增股本,共计转增9.85亿股股票。转增完成后,广州浪奇的总股本由6.27亿股增至16.12亿股(最终转增的准确股票数量以中证登实际登记确认的数量为准)。

[①] 本案例解析的内容主要根据广州市浪奇实业股份有限公司于2021年11月12日公布的《广州市浪奇实业股份有限公司重整计划》整理而成。

前述转增股票不向股东分配,其中重整投资人认购 0.41 亿股转增股份;剩余的转增股份 9.44 亿股用于清偿普通债权人。

2. 债权清偿方案

(1)有财产担保债权调整及受偿。有财产担保债权将在担保财产的价值范围内优先清偿,剩余部分转为普通债权清偿。

(2)普通债权调整及受偿。

广州浪奇普通债权按如下方式清偿:

对于 10 万元以下(含 10 万元)的小额债权或每家债权在该金额以内的部分,将以现金 100% 清偿。

对于每家普通债权在 10 万元以上的部分,将以广州浪奇的股份清偿,每 100 元债权将获得 15.13 股广州浪奇股份(不足 1 股的按 1 股计算),作价 6.61 元 / 股,清偿率为 100%。

3. 引入重整投资人

广州轻工工贸集团有限公司(以下简称"轻工集团")为广州浪奇的重整投资人。重整投资人以 1.50 亿元对价认购 0.41 亿股转增股份,重整投资人增持后持股比例为 14.60%(含原持有的股份)并承诺其持有的股份 3 年内不减持(向重整投资人同一控制下的关联方转让除外)。重整投资人轻工集团为广州浪奇的原控股股东,重整后,轻工集团仍为广州浪奇的第一大股东。

一、公司基本信息

(一)公司及业务简介

广州浪奇公司前身为广州油脂化工厂,始建于 1959 年,是华南地区早期日化产品定点生产企业。公司成立于 1978 年 6 月 20 日,1992 年由国有企业改组为股份制企业,并于 1993 年 11 月 8 日在深交所挂牌上市,成为"中国日化第一股"。公司注册登记于广州市市场监督管理局,截至 2020 年 12 月 31 日,公司注册地址为广州市天河区临江大道 393 号 501 室,法定代表人为赵璧秋。公司总股本 6.27 亿股。

广州浪奇于 2019 年并购广州华糖食品有限公司,形成日用化工板块及食品饮料板块双主业业务结构。公司建立了以"浪奇"为总品牌,和"高富力""天丽""万丽""维可倚""肤安"等品牌系列组成的日化品牌体系,其中,"浪奇""高富力"两大注册商标荣获"中国驰名商标","万丽"荣获"广东省著名商标"。

根据公司重整申请前 2020 年年度报告,公司营业收入为 33.15 亿元,净亏损 47.43 亿元,毛利率为 5.37%,净利率为 -143.08%。

(二) 重整前股权架构

截至 2020 年 12 月 31 日，广州浪奇总股本为 6.27 亿股。公司的控股股东为轻工集团，所持广州浪奇股份为 1.95 亿股，占比 31.04%。重整前公司实际控制人为广州市人民政府国有资产监督管理委员会，如图 2-8-1 所示。

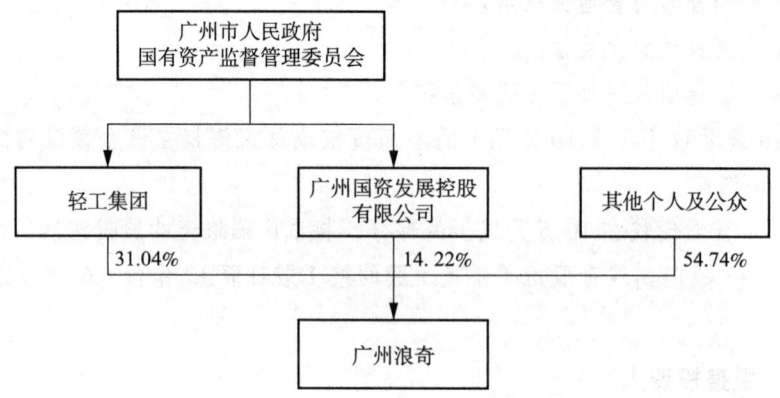

图 2-8-1 广州浪奇重整前股权架构

二、资产负债情况

(一) 资产负债情况总览

如表 2-8-1 所示，根据临时管理人聘请的评估机构北京中企华资产评估有限责任公司出具的《广州市浪奇实业股份有限公司资产评估报告》(中企华评报字〔2021〕第 4032 号) 和审计机构致同会计师事务所 (特殊普通合伙) 广州分所出具的审计报告 (致同专字〔2021〕第 440C017209 号)，截至 2021 年 3 月 31 日，广州浪奇经审计的资产价值为 23.42 亿元，在模拟清算情况下的快速变现价值为 14.95 亿元，清算价值为账面价值的 63.83%。

表 2-8-1 广州浪奇资产负债情况

资产/债权类型	资产（亿元）	负债（亿元）	净资产（亿元）	资产负债率（%）
账面价值/债权金额	23.42	64.92	-41.50	277.20
评估清算价值/债权金额	14.95	64.92	-49.97	434.25

截至 2021 年 11 月 2 日，共有 150 家债权人向管理人申报了债权，债权申报总额为 68.51 亿元。其中有财产担保债权金额 5.41 亿元，普通债权金额 63.10 亿元。

截至 2021 年 11 月 2 日，经管理人审查确认的债权金额 40.84 亿元，其中，有财产担保债权金额 4881.94 万元，普通债权金额 40.35 亿元。

因涉诉未结或正在进行其他法律程序等原因而暂缓确认债权金额 11.03 亿元。

经管理人调查，重整计划预计涉及的职工债权金额为 1393.50 万元。

经管理人调查，重整计划预计涉及的税款债权金额为 4.88 亿元。

预计可能通过补充证据材料获得确认的债权金额 6180.24 万元。

经管理人调查广州浪奇尚有账面记载未申报的债权以及涉及投资人提起的民事赔偿诉讼等未申报的预计债权 7.40 亿元。

根据债权申报及审查情况，不予确认债权金额 13.35 亿元。

综上，根据债权申报与审查情况、管理人对职工债权的调查情况以及公司债务信息等，广州浪奇经管理人审查确认、暂缓确认、未申报及职工债权的负债合计为 64.92 亿元。

（二）债权分类

1. 有财产担保债权

经管理人审查确认的有财产担保债权 4881.94 万元，涉及债权人 1 家（该债权人同时享有普通债权）。

2. 职工债权

经管理人调查，重整计划预计的职工债权金额为 1393.50 万元，包括长期应付职工薪酬 1239.16 万元和管理层风险金 154.34 万元。

3. 税款债权

经管理人调查，重整计划预计的税款债权金额为 4.88 亿元。

4. 普通债权

经管理人审查确认的普通债权金额为 40.35 亿元，涉及债权人 80 家。

5. 其他债权

暂缓确认债权：因涉诉未结或正在进行其他法律程序等原因而暂缓确认债权金额 11.03 亿元，涉及债权人 26 家，为普通债权。

可能获得确认的债权：不予确认债权中可能通过补充证据材料获得确认的债权金额 6180.24 万元，涉及债权人 20 家，为普通债权。

未申报预计债权：广州浪奇尚有账面记载未申报的债权以及涉及投资人提起的民事诉讼赔偿等预计债权金额 7.40 亿元，为普通债权。

（三）偿债能力分析

根据评估机构出具的偿债能力分析报告，以 2021 年 3 月 31 日为基准日，如广州浪奇破产清算，假定其财产均能按照评估值变现，依照《企业破产法》规定的清偿顺序，财产变现所得在支付破产费用及共益债务、职工安置费用和税款债权后，剩余财产用于清偿普通债权（含初步审查确认债权、暂缓确认债权和预计债权），在前述清偿顺序下，广州浪奇在模拟清算状态下普通债权清偿率为10.14%。①

三、重整基本情况

（一）重整背景

广州浪奇是一家在深交所上市的国有企业，主营业务包括日化和食品的生产和销售。2020年9月广州浪奇披露存货账实不符，随后涉嫌信息披露违规被中国证监会立案调查、公司相关人员涉嫌刑事犯罪等，导致广州浪奇陷入严重的债务危机与经营困境。2020年度收入、利润大幅下滑，公司由此涉及诸多诉讼（仲裁）事项、债务逾期及部分银行账户、子公司及参股公司股权被冻结。根据广州浪奇2020年年度报告，净资产为–36.72亿元，被深交所实施退市风险警示和其他风险警示，广州浪奇急需通过重整化解债务危机并改善经营状况，以维持上市地位。

（二）预重整/重整申请情况

2021年2月6日，债权人立根租赁以广州浪奇不能清偿到期债务且已明显缺乏清偿能力，但仍具备重整价值为由，向广州中院申请对广州浪奇进行预重整。

2021年6月1日，债权人立根租赁向法院申请对公司进行重整。

（三）重整申请受理情况

2021年9月29日，广州中院裁定受理债权人立根租赁对广州浪奇公司的重整申请。

（四）重整管理模式

债务人自行管理财产和营业事务。

---

① 偿债能力分析报告出具之后，随着债权审查等工作的持续推进，普通债权金额调整为59.86亿元，税款债权调整为7.13亿元，职工债权调整为1974.41万元，在财产评估值等数额不变的情况下，模拟破产清算状态下的普通债权清偿率将调整为11.64%；偿债能力分析报告涉及的财产评估值基准日为2021年3月31日，其后截至2021年9月29日（重整申请受理日），合计涉及净支出为4100万元；在重整期间及重整计划执行期间（截至2021年12月31日），预计公司净支出1200万元，如考虑该因素，测算的普通债权清偿率将调整为10.76%，与偿债能力分析报告涉及的数据相差不大。

（五）重整大事记

2021年2月6日，债权人立根租赁以广州浪奇不能清偿到期债务且已明显缺乏清偿能力，但仍具备重整价值为由，向广州中院申请对广州浪奇进行预重整。

2021年4月6日，广州中院决定对公司进行预重整，并指定广州浪奇清算组担任预重整阶段临时管理人。

2021年6月1日，债权人立根租赁认为公司已不能清偿其到期债务，资产已不足以清偿全部债务，但仍具有一定的重整价值。虽然法院已于2021年4月6日决定对公司实施预重整，但为进一步推进重整事宜，特向法院申请对公司进行重整。

2021年6月2日，广州浪奇披露了《关于公司及临时管理人公开招募投资人的公告》。

2021年6月8日，经临时管理人公开招募，确定轻工集团为重整投资人。

2021年9月29日，广州中院裁定受理广州浪奇重整案件，并指定广州浪奇清算组担任管理人。

2021年10月19日，公司收到广州中院送达的决定书〔（2021）粤01破282-1号〕，准许公司在管理人的监督下自行管理财产和营业事务。

2021年11月9日，第一次债权人会议召开，表决通过了《广州市浪奇实业股份有限公司重整计划（草案）》。

2021年11月11日，广州中院裁定批准广州浪奇重整计划，终止重整程序。

2021年12月23日，广州中院裁定确认重整计划执行完毕。

四、重整计划的主要内容

（一）重整思路概述

如图2-8-2所示，重整计划的主要思路为：

（1）对出资人权益进行调整，在重整前股份基础上进行资本公积转增股本，合计转增9.85亿股。其中9.44亿股将用于向广州浪奇的债权人抵偿债务，偿债股票价格为6.61元/股；剩余0.41亿股由重整投资人以1.50亿元认购。

（2）公司明确将日化和食品作为主业，处置低效的贸易板块。在业务布局、发展路径、商业模式方面进行升级、转型及创新。一方面，立足主业，从相对低端的制造类业务到高水准的智能制造业务发展；另一方面，以上市公司为产融结合平台，从自营自建为主的内生增长方式到自营自建及投资并购并重的发展方式转型，整合资源，均衡发展。

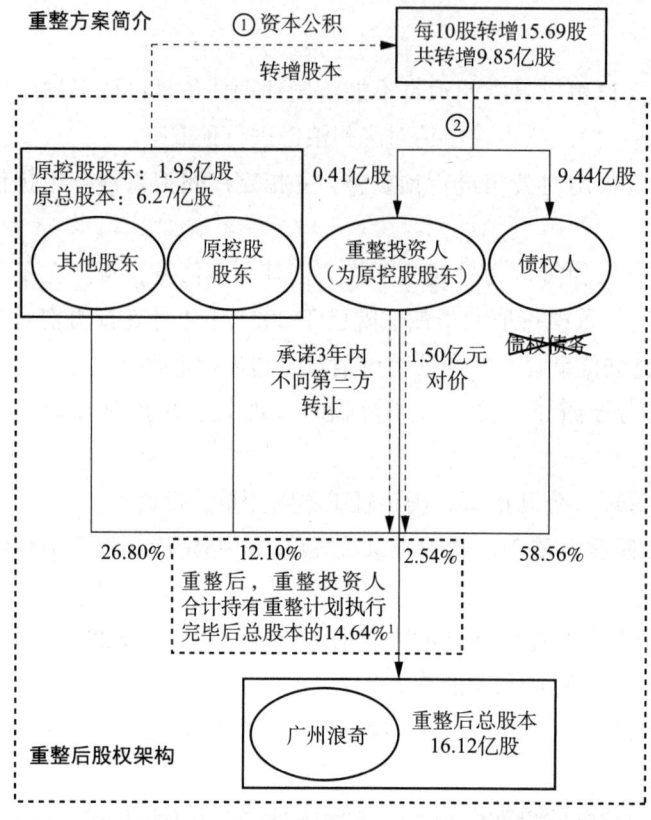

图 2-8-2 广州浪奇重整方案示意图

注：基于案例分析的需要，广州浪奇重整方案示意图中对案例数据进行简化处理，简化计算后重整后轻工集团持股比例 14.64% 与在重整计划中提到的重整后轻工集团持股比例 14.60% 存在尾差，具体以重整计划为准。

（二）投资人及投资方案介绍

2021年6月8日，经临时管理人公开招募，确定轻工集团为重整投资人。轻工集团成立于2002年12月12日，注册地为广州市越秀区沿江东路407号，注册资本19.90亿元，轻工集团的实际控制人为广州市人民政府国有资产监督管理委员会。重整投资人轻工集团为公司的原控股股东，重整后轻工集团仍为公司的控股股东。

重整投资人轻工集团有条件受让广州浪奇资本公积转增股份中的0.41亿股，加上重整投资人原持有的股份1.95亿股，合计持有重整计划执行完毕后总股本的14.60%。

重整投资人受让股份的条件包括：

（1）设定限售期。由重整投资人受让的股份以及其原持有的股份在重整计划执行完毕之日起3年内不得转让（向重整投资人同一控制下的关联方转让的情况除外）。

（2）适时注入优质资产。在重整计划执行完毕并实现平稳有序的过渡后，重整投资人将根据相关法律的规定，并结合广州浪奇的战略定位和发展规划，适时注入优质资产，提升持续经营能力和盈利能力。

（3）承诺为小额债权的 100% 现金清偿提供资金。重整计划对广州浪奇普通债权中 10 万元以下（含 10 万元）的小额债权或每家债权在该金额以内的部分进行 100% 现金清偿，在重整计划预留现金不足的情况下，重整投资人将于满足这些债权清偿条件时继续按照 3.69 元/股的价格受让资本公积转增股份（股份涵盖于用于抵债的 9.44 亿股范围内），筹集偿债资金。

（三）出资人权益调整方案

以广州浪奇现有股本 6.27 亿股为基数，按每 10 股转增 15.69 股的比例实施资本公积转增股本，转增 9.85 亿股股份，转增后广州浪奇的总股本将增加至 16.12 亿股。

转增的股票中 9.44 亿股将用于向广州浪奇的债权人抵偿债务，偿债股票价格为 6.61 元/股；剩余 0.41 亿股由重整投资人按照确定重整投资人之日 2021 年 6 月 8 日广州浪奇的收盘价 3.69 元/股的价格认购，认购金额 1.50 亿元。

（四）债权调整及受偿方案

1. 有财产担保债权调整及受偿

截至 2021 年 11 月 2 日，有财产担保债权涉及金额 4881.94 万元，涉及债权人 1 家（该债权人同时享有普通债权），其担保财产为保证金账户内的资金余额 240.10 万元，直接进行优先清偿，不足部分转为普通债权，金额为 4641.84 万元。不涉及权益调整事项。

2. 职工债权调整及清偿

在重整状态下，预计职工债权为 1393.50 万元，将予以预留并在符合条件时据实支付。

3. 税款债权调整及清偿

在重整状态下，预计税款债权为 4.88 亿元，将予以预留并在符合条件时据实支付。

4. 普通债权调整及受偿

截至 2021 年 11 月 2 日，普通债权总额为 59.40 亿元，包括审查确认普通债权 40.35 亿元，暂缓确认的普通债权 11.03 亿元，可能通过补充证据材料获得确认的普通债权 6180.24 万元以及未申报的预计债权 7.40 亿元。若考虑有财产担保转入普通债权的部分 4641.84 万元，普通债权合计 59.86 亿元。

普通债权清偿方案如下：

（1）10 万元以下（含 10 万元）的小额债权或每家债权在该金额以内的部分进行

100%现金清偿。

（2）对于每家债权人债权金额在 10 万元以上的普通债权，将采用以股抵债的方式清偿，每 100 元将获得 15.13 股广州浪奇股份（不足 1 股的按 1 股计算），以股抵债价格 6.61 元/股。其中，银行债权人以股抵债获得的股份，在重整计划执行完毕之日起 3 年内放弃除股东会决议事项中对公司增加或者减少注册资本之外所有事项的表决权，且除通过二级市场集中竞价交易外，不得向除轻工集团外持股超过 5% 的股东及其关联方转让。

5. 未确定债权调整及受偿

（1）对于暂缓确认的债权，重整中按照管理人初步审查的金额或其申报金额预留偿债资源，在其债权经审查确认之后按同类债权清偿方案予以清偿。如果最终其债权不能成立，或者虽成立但债权金额小于申报金额或初步审查金额，多预留的偿债资源将先用于清偿其他预留偿债资源不足的债权（如有），若有剩余的股份将注销，剩余的资金则用于补充公司流动资金。

（2）对于重整计划草案提交表决之前仍未申报但账面有记载的债权，在重整计划中预留偿债资源；如果后续实际产生，在重整计划执行完毕后，按照重整计划的规定由预留的偿债资源清偿。若不足，先由重整计划中多预留的其他偿债资源清偿；若仍不足，由重整后的广州浪奇按照重整计划规定的同类债权清偿方案清偿。

（3）对于已经预提但暂未达到支付条件的职工债权及税款债权，参照审计机构清查情况预留，若有不足，先由其他多预留的偿债资源变现清偿；若再有不足，由涉贸易业务已计提减值的低效资产变现清偿；若仍有不足，由重整后的广州浪奇承担。若预留的资金有剩余，将先用于清偿其他预留偿债资源不足的债权（如有），最终剩余的资金则用于补充公司流动资金。

（4）对于因投资者索赔损失可能产生的预计债权，未来按照法院裁判结果确定，在取得生效裁判文书之前或者重整计划执行期间不得行使权利；在取得生效裁判文书且重整计划执行完毕后，按照重整计划规定的同类债权清偿方案清偿。若预留的偿债资源有剩余，将先用于清偿其他预留偿债资源不足的债权（如有），剩余的股份将用于清偿其他预留偿债资源不足的债权（如有），若仍有剩余将注销，剩余的资金则用于补充公司流动资金。

6. 债务清偿顺序

如图 2-8-3 所示，模拟破产清算下普通债权清偿率是假定公司在破产清算条件下的偿债能力分析，主要来源于公司披露的偿债能力分析报告。而重组后清偿率是假定公司在重整条件下的名义清偿率。可以看出，重整后的债权清偿率比清算状态下的清偿率有一定提升。

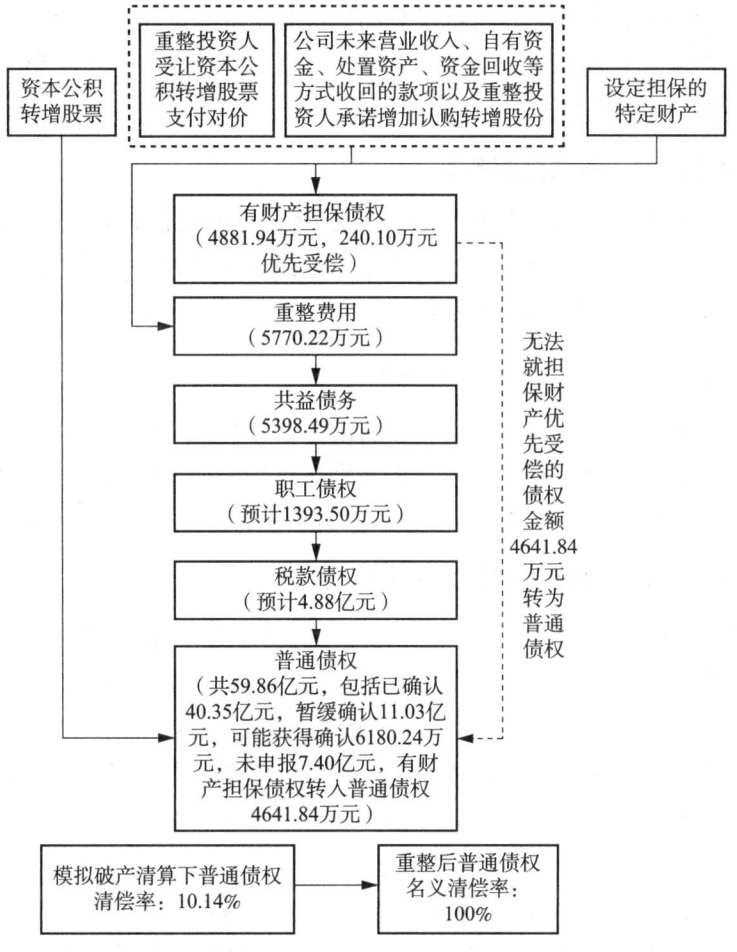

图 2-8-3 广州浪奇债务清偿顺序示意图

重整计划披露的偿债方案显示，普通债权人 10 万元以下（含 10 万元）的债权部分以现金方式全额清偿；超过 10 万元的债权部分将采用以股抵债的方式清偿，每 100 元将获得 15.13 股广州浪奇股份（不足 1 股的按 1 股计算），以股抵债价格 6.61 元/股，清偿率为 100%。

（五）未来经营方案

广州浪奇将明确"十四五"规划总体思路，切实以规划引领实现突破发展，打造具有竞争力的时尚日用消费品上市公司，坚持产业经营和资本运营的产融结合的两轮驱动，做强做大日用化工板块和食品饮料板块两大生产运营创利实体，实现运营机制市场化、企业管理精细化、生产制造智能化、品牌发展时尚化。

1. 深耕核心领域，聚焦主业发展

公司进一步优化业务布局，做到聚焦主业、突出重点。明确以日用化工板块及食品饮料板块为主业，整合经营资源并投入核心业务，提升盈利能力，提高投资项目及

技术改造项目回报率，形成具有竞争优势的核心基干业务。同时针对年轻消费者不断成长的个性化需求，开发相应的高品质新品，以适应市场的快速发展节奏，开展品牌升级改造，促进品牌年轻化。

2. 加强渠道建设，布局全国市场

公司将稳步推进全国拓展战略，聚焦 KA（Key Account 系统）渠道和电商渠道，并以两个主要拓展渠道为业务增长驱动引擎，以业务协同发展为准则，优化和拓展经销商客户，实现全国业务持续健康发展。

3. 促进科技成果转化，优化产品结构

公司将继续做好科技资源的整合，加强创新平台和人才建设，完善技术创新和新产品开发奖励机制，鼓励与科研单位合作开发新产品，加大奖励力度，研发部实行绩效考核，与产品销售量挂钩，以此提升创新实力和能力，促进科技成果转化。

4. 优化生产效率，新增生产能力有效释放

在日用化工板块，公司新运营的辽宁浪奇实业有限公司作为广州浪奇拓展东北市场、华北市场的桥头堡，通过明确发展战略、优化顶层设计，集聚了多方资源。通过广州浪奇日用品有限公司实施的消毒产品场地改造及包装自动化升级项目，达到国际日化企业和浪奇自有品牌消毒产品的要求，进一步依据国内知名大型日化企业客户消毒产品的加工生产标准，打造成可供应高标准、多品类、多规格、质量可靠、柔性生产、成本领先产品的规模化消毒产品生产基地。

在食品饮料板块，通过精制糖低碳生产技术升级改造项目，对厂区现有生产工艺和设备进行升级改造。通过积极引进新设备和工艺，利用互联网＋平台，寻找新商机，增强"红棉"品牌效应，打造企业利润增长点。通过华糖食品饮料线二期和智能立体仓、原料储存仓扩建项目，缓解旺季现有生产线的压力，确保公司产品质量水平，减少对原始设备制造商的依赖，提高货物的储存量，用智能化出入库系统提高进出库工作效率，减少了人工成本和差错率。

5. 处置涉贸易业务已计提减值的低效资产

对于广州浪奇贸易板块已计提减值的低效资产，后续由广州浪奇通过继续追收或公开拍卖等方式进行处置，不再提交债权人会议审议。在扣除相关成本及费用之后，将按照重整计划的规定先用于清偿其他预留偿债资源不足的债权（如有），若有剩余，则用于补充公司流动资金。

6. 适时注入优质资产，提升公司业绩

在完成重整并实现平稳有序的过渡后，根据广州浪奇的战略定位和发展规划，重整投资人将根据相关法律法规的规定，适时将优质资产注入上市公司，提升上市公司持续经营能力和盈利能力。

五、重整计划的表决与批准

（一）债权人会议表决

2021年11月9日，公司第一次债权人会议通过网络方式召开，会议对《广州市浪奇实业股份有限公司重整计划（草案）》由普通债权组进行表决。

普通债权组出席会议的有表决权的债权人共106家。其中，表决同意的债权人共103家，占该组出席会议债权人数量的97.17%，已超过到会有表决权的债权人的半数；其所代表债权金额为46.73亿元，占普通债权组总额的94.82%，已超过本组债权总额的2/3。表决通过。

（二）出资人组会议表决

公司出资人组会议于2021年11月9日采取现场投票与网络投票相结合的方式召开，对《广州市浪奇实业股份有限公司重整计划草案出资人权益调整方案》进行表决。

通过现场投票的股东及股东代表6人，代表股份1.98亿股，占上市公司总股份的31.61%。通过网络投票的股东299人，代表股份1.70亿股，占上市公司总股份的27.05%。上述共计305人，代表股份3.68亿股，占会议股权登记日公司有表决权股份总数的58.66%。

表决结果：同意3.63亿股，占出席会议股东所持有效表决权股份总数的98.49%；反对0.05亿股，占出席会议股东所持有效表决权股份总数的1.51%；弃权0股。

出资人组会议对出资人权益调整方案投同意票的表决权股数，超过出席本次会议股东所持表决权的2/3。根据《企业破产法》第八十五条的规定，出资人权益调整方案获得出资人组会议表决通过。

（三）重整计划批准

2021年11月11日，广州中院做出民事裁定书〔（2021）粤01破282-1号〕，裁定批准广州浪奇重整计划，并终止广州浪奇重整程序。

六、重整计划的执行与监督

（一）执行和监督的主体

重整计划由广州浪奇负责执行，管理人负责监督。

（二）执行和监督期限

重整计划的执行期限自重整计划获得广州中院裁定批准之日起计算，执行期限为一个月。在此期间，广州浪奇将严格依照重整计划的规定清偿债务，并随时支付破产费用和可能产生的共益债务。

如非广州浪奇自身原因，致使重整计划无法在上述期限内执行完毕，广州浪奇应于执行期限届满前，向广州中院提交延长重整计划执行期限的申请，并根据广州中院批准的延长期限继续执行。重整计划提前执行完毕的，执行期限在执行完毕之日到期。

重整计划执行的监督期限与重整计划执行期限相同，自广州中院裁定批准重整计划之日起计算。

如根据重整计划执行的实际情况，需要延长管理人监督重整计划执行期限，管理人将向广州中院提交延长重整计划执行监督期限的申请，并根据广州中院批准的延长期限继续履行监督职责。重整计划执行期限提前到期的，监督期限相应提前到期。

（三）执行的措施

1. 偿债资金的支付及股份的划转

债权人应于广州中院裁定批准重整计划后10日内按照管理人指定的格式书面提供受领现金及偿债股份的账户信息。对于逾期不提供或因其自身原因无法通知到的债权人，广州浪奇将提存其受偿现金及股份，由此产生的法律后果由相关债权人自行承担。因债权人自身和/或其代理人、关联方的原因，导致无法支付和划转，或由于账户信息错误、账户被冻结、扣划等原因所产生的法律后果由相关债权人自行承担。

2. 偿债资源的预留、提存及处理

（1）预计优先顺位债权部分。预计债权中已经预提但尚未达到支付条件的职工债权与税款债权，将参照账面金额预留款项，将来在有关条件成立时清偿。如果预留的现金不足，先由其他债权多预留的资金或股份变现后进行清偿；若仍有不足，由重整后的广州浪奇承担。如果预留的资金有剩余，将用于清偿重整计划中预留偿债资源不足的其他债权（如有）；若仍有剩余资金，则补充公司流动资金。

（2）普通债权部分。对于债权已经法院裁定确认的债权人未按照重整计划的规定受领清偿的现金及抵债股份，将提存至管理人指定的账户，如果自重整计划执行完毕公告之日起满3年，因债权人自身原因仍未领取，视为放弃受领的权利。

预计债权中因未在法院规定的债权申报期限内向管理人申报债权的债权人，在重整计划执行期间不得行使权利，在重整计划执行完毕后可以向广州浪奇主张权利，但是未在诉讼时效期间等法定期间内主张权利的，广州浪奇不再承担责任。

前述情形中预留/提存的多余偿债资源，将先用于清偿其他预留偿债资源不足的债权（如有），若有剩余的股份将予以注销，若有剩余资金则用于补充公司流动资金。

3. 关于投资者损失索赔事项

预计债权中因投资者索赔损失可能产生的债权金额最终以生效裁判文书确认为准，按照重整计划规定的普通债权清偿方案清偿。在广州浪奇公告行政处罚决定之后，对

于未在法定期限内主张权利的投资者，广州浪奇不再承担责任。

考虑到投资者索赔金额存在不确定性，难以准确预估，对于预计债权中预估的该项债权，如果最终经法院裁判不能成立或者成立的金额小于预估金额，由此多预留的偿债资源将先用于清偿其他预留偿债资源不足的债权（如有），若有剩余股份将予以注销。如果最终经法院裁判成立的金额大于预估金额，将先行以为暂缓确认债权或前述其他预计债权等所预留的偿债资源清偿。如果仍有不足，将以广州浪奇涉贸易业务已计提减值的低效资产处置所得价款清偿。如果需要以股份清偿，则由广州浪奇自行决定使用前述资金购买股份实施清偿或者折现清偿。如仍有不足，由重整后的广州浪奇承担。

4. 重整费用与共益债务的支付

案件受理费、管理人执行职务的费用、管理人报酬等破产费用将在重整计划执行完毕之前优先支付；管理人或债务人聘请中介机构的费用按照相关合同支付；划转股份费用等其他破产费用根据重整计划执行的进展情况随时支付。

广州浪奇在重整期间产生的共益债务，包括因继续履行合同所产生的债务、为继续营业支付的劳动报酬和社会保险费用以及由此产生的其他债务等，根据重整计划执行的进展情况由债务人随时支付。

破产费用、共益债务在重整计划执行期间依法由管理人监督下的账户进行支付，经管理人测算，本案所涉及的破产费用与共益债务为0.71亿元，预重整期间的净支出为0.41亿元。

5. 财产保全措施的解除

根据《企业破产法》第十九条的规定，人民法院受理破产申请后，有关债务人财产的保全措施应当解除。如广州浪奇相关财产在重整计划生效后仍然存在保全措施，相关债权人应当及时协助办理完解除财产保全措施及其他权利限制措施。否则，将暂缓向该债权人实施清偿，因此导致该债权人无法按期受领清偿资金及股份的，不影响关于重整计划是否执行完毕的认定。同时，因债权人的原因导致广州浪奇的财产保全措施未能够及时解除而对广州浪奇生产经营造成影响和损失，以及影响重整计划执行的，由相关债权人向广州浪奇等承担相应的法律责任。

6. 信用修复

在广州浪奇重整计划执行完毕之后，公司的资产负债结构将得到实质性的改善，将全面恢复甚至提升可持续经营能力及盈利能力。广州浪奇后续将及时申请税务部门、工商部门、债权银行等给予支持，协助广州浪奇快速完成信用修复。

7. 专项委托代理合同的继续履行

预重整之前，在2020年5月13日至2021年4月1日期间，广州浪奇集中爆发多起诉讼案件纠纷，广州浪奇委托北京大成（广州）律师事务所负责其中17个案件的相关事项。这些协议均采取"基础费用+风险代理费用"的形式，其中涉及的基础法律费用均已于预重整之前支付完毕，并约定该部分律师费不与任何费用相抵扣，也不因任何事由退还；风险代理费用按广州浪奇减少损失或追收回款的4%~6%计算。考虑到后续代理的成果（减少广州浪奇的债权金额或追收回款）将不对债权人追加分配，而由重整后的广州浪奇用作流动资金，故对于这些委托代理合同将继续履行，因此而可能支付的后续律师费用由重整后的广州浪奇另行支付，不占用偿债资源，亦不影响管理人报酬等破产费用的计算和支付。

七、重整计划顺利实施的预期效果

广州浪奇重整计划如能顺利实施，预计将产生以下结果：

（1）广州浪奇法人资格继续存续。通过重整计划，广州浪奇避免了破产清算，法人主体资格将存续，仍是一家在深交所上市的股份公司。

（2）重整前产生的负债获得妥善安排，实现未来经营轻装上阵。重整计划实施完毕后，广州浪奇的债务获得较高比例清偿，实现各方共赢。通过重整计划的实施，广州浪奇摆脱历史包袱，财务状况得到改善，主营业务重新走上健康发展的轨道。

（3）进一步优化业务布局，提升盈利能力，提高经营效率。明确日用化工板块及食品饮料板块作为主业，整合经营资源并投入核心业务，提升盈利能力，提高投资项目及技改项目回报率，形成具有竞争优势的核心基干业务。重整计划批准后，闲置及利用效率不高的资产在本次重整中予以处置，生产经营格局得到优化，现金流更加充足，资产利用率提高，持续盈利能力将得到显著增强。

案例 9　天津松江重整案例解析[①]

背景

天津松江股份有限公司（以下简称"天津松江"或"公司"）从事房地产业务和信息服务业务，成立于 2001 年 12 月 21 日，重整前总股本 9.35 亿股。近年来，因财务成本过高、经营管理不善等多重原因，同时受新冠疫情及外部政策等综合因素影响，天津松江出现严重债务风险和经营危机。债权人天津松江一澜物业管理有限公司（以下简称"一澜物业"）于 2021 年 3 月 26 日向天津市第二中级人民法院（以下简称"天津二中院"或"法院"）提出对天津松江的重整申请。2021 年 4 月 20 日，天津二中院裁定受理天津松江破产重整案件，并于 4 月 21 日指定天津松江清算组担任管理人。2021 年 11 月 15 日，法院裁定批准重整计划，并终止公司重整程序。2022 年 3 月 9 日，天津二中院裁定确认重整计划已执行完毕。

方案要点

1. 出资人权益调整

以天津松江总股本 9.35 亿股为基数，按每 10 股转增 26.47 股的比例实施资本公积转增股本，共计转增 24.76 亿股（最终以中证登上海分公司实际登记确认的数量为准）。转增后，公司股本从 9.35 亿股增至 34.11 亿股。

前述转增股票不向原股东分配，由管理人分配和处置，其中 14 亿股由重整战略投资者有条件受让，剩余的 10.76 亿股用于向天津松江债权人抵偿债务。

2. 债权清偿方案

（1）有财产担保债权调整及受偿。有财产担保债权在担保财产的评估价值或处置所得价款范围内优先受偿，其中：

有财产担保债权对应质押保证金的，由相应的质押保证金优先清偿，未能受偿的部分将按照普通债权受偿方案获得清偿。

[①] 本案例解析的内容主要根据天津松江股份有限公司于 2021 年 11 月 16 日公布的《天津松江股份有限公司重整计划》整理而成。

有财产担保债权对应的担保财产予以保留的，就担保财产评估值范围内的债权，由天津松江在重整计划获得法院裁定批准之日起3个月内以现金方式全额清偿，未能受偿的部分将按照普通债权受偿方案获得清偿。

有财产担保债权对应的担保财产予以处置变现的，相应有财产担保债权以担保财产处置所得价款优先受偿，未能受偿的部分将按照普通债权受偿方案获得清偿。

（2）普通债权调整及受偿。为最大限度地保护债权人合法权益、提高债权人的受偿水平，根据天津松江实际情况，普通债权将通过现金及以股抵债方式予以清偿。

50万元以下（含50万元）部分以现金方式一次性清偿。

超过50万的部分以转增股票抵偿，每100元普通债权分得10.53股天津松江A股股票，股票的抵债价格为9.50元/股，该部分债权的清偿比例为100%。

3. 引入重整投资人

天津津诚国有资本投资运营有限公司（以下简称"津诚资本"）和张坤宇以联合体的身份作为公司重整战略投资者，由天津津诚金石资本管理有限公司（以下简称"津诚金石"，为津诚资本指定的参与重整的实施主体）以5亿元对价有条件受让5.00亿股转增股票。由张坤宇及其指定的与其一同参与本次重整的天津天朗壹号企业管理合伙企业（有限合伙）、天津天朗贰号企业管理合伙企业（有限合伙）、天津天朗叁号企业管理合伙企业（有限合伙）（以下简称"张坤宇及其指定方"）以9亿元对价有条件受让9亿股转增股票。

一、公司基本信息

（一）公司及业务简介

公司于2001年12月21日在天津市滨海新区市场监督管理局注册登记成立。于2009年借壳福建天香集团股份有限公司在上交所上市。截至2020年12月31日，公司注册地址为天津华苑产业区海泰发展六道6号海泰绿色产业基地A座4-061室，总股本9.35亿股，法定代表人为阎鹏。

公司的主要业务类型包括房地产业务和信息技术服务业务。公司房地产业务以自主开发及销售为主，主要分为住宅开发和商业地产。2020年公司房地产开发的业务范围主要集中在天津、广西，其中天津占较大比重。信息技术服务业务方面，主要利用虚拟化等云计算技术，为客户提供软件、云计算、系统集成、互联网数据中心（Internet Data Center, IDC）建设与托管、IT产品分销、网络安全等"一站式"IT服务。

根据公司2020年年度报告，公司营业收入为10.82亿元，净利润为-41.16亿元，毛利率为39.89%，净利率为-380.41%。

（二）重整前股权架构

截至 2020 年 12 月 31 日，天津松江总股本 9.35 亿股。公司的控股股东为天津滨海发展投资控股有限公司，其所持天津松江的股份为 2.74 亿股，占天津松江总股本的 29.30%。重整前公司实际控制人为天津市国有资产监督管理委员会，股权架构如图 2-9-1 所示。

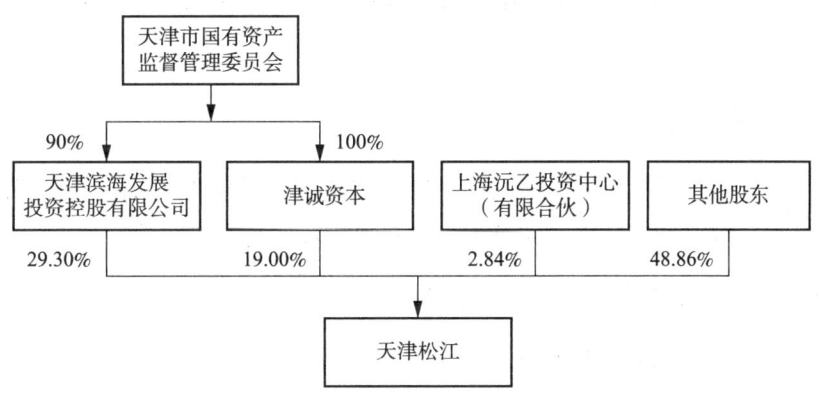

图 2-9-1　天津松江重整前股权架构

二、资产负债情况

（一）资产负债情况总览

如表 2-9-1 所示，截至 2021 年 4 月 20 日，天津松江账面资产合计 29.92 亿元，主要包括长期股权投资、其他应收款、投资性房地产、存货、固定资产等。根据管理人聘请的评估机构中联资产评估集团有限公司出具的《天津松江股份有限公司破产重整涉及资产清算价值评估项目资产评估报告》，以重整申请受理日为评估基准日，以破产清算为假设前提，天津松江资产评估价值为 19.21 亿元，清算价值为账面价值的 64.19%。

表 2-9-1　天津松江资产负债情况

资产/债权类型	资产（亿元）	负债（亿元）	净资产（亿元）	资产负债率（%）
账面价值/债权金额	29.92	119.22	-89.30	398.46
评估清算价值/债权金额	19.21	119.22	-100.01	620.61

截至 2021 年 9 月 30 日，共有 72 家债权人向管理人申报了债权，债权申报总额 125.73 亿元。

已申报债权中，经管理人审查确认债权金额为 111.28 亿元，其中有财产担保债权金额 17.80 亿元，税款债权金额 748.80 万元，普通债权金额 93.41 亿元。

根据债权申报及审查情况，不予确认债权的金额为 11.97 亿元。

暂缓确认的债权金额为1.14亿元，其中有财产担保债权金额945.34万元，普通债权金额为1.04亿元。

经管理人初步调查，职工债权金额2296.37万元。

根据天津松江提供的债务信息资料，未申报债权共计6.57亿元。

综上，根据债权申报与审查情况、管理人对职工债权的调查情况以及公司债务信息等，天津松江经管理人审查确认及暂缓确认、未申报及职工债权的负债合计为119.22亿元。

（二）债权分类

根据《企业破产法》的相关规定，结合债权申报与审查情况，天津松江债权将分为有财产担保债权、职工债权、税款债权、普通债权四类。

1. 有财产担保债权

经管理人审查确认的有财产担保债权金额为17.80亿元。

2. 职工债权

经管理人审查，职工债权金额合计2296.37万元。

3. 税款债权

经管理人审查，税款债权金额为748.80万元。

4. 普通债权

经管理人审查确认的普通债权金额为93.41亿元。

5. 其他债权

暂缓确认的债权金额合计为1.14亿元，包括有财产担保债权945.34万元和普通债权1.04亿元。

根据天津松江提供的债务信息，未申报债权为6.57亿元。

（三）偿债能力分析

根据评估机构中联资产评估集团有限公司出具的偿债能力分析报告即《天津松江股份有限公司破产重整案假设清算下偿债能力分析项目评估咨询报告》，如天津松江破产清算，假定其财产均能参考评估价值在假定清算条件下快速变现，按照《企业破产法》规定的清偿顺序，担保财产变现所得优先用于偿还有财产担保债权，其他财产变现所得在支付破产费用及共益债务、职工债权、税款债权后，剩余财产用于清偿普通债权。在前述清偿顺序下，天津松江普通债权在假定破产清算状态下的清偿率仅为9.97%。

三、重整基本情况

（一）重整背景

天津松江是一家在上交所上市的股份有限公司，主营业务包括房地产业务和信息服务业务。近年来，因财务成本过高、经营管理不善等多重原因，同时受新冠疫情及外部政策等综合因素影响，天津松江出现严重债务风险和经营危机。由于2018年度、2019年度经审计的归属母公司所有者的净利润均为负值，已被实施退市风险警示。同时，因公司2020年度经审计的期末净资产为负值，面临退市风险。

（二）预重整/重整申请情况

2021年3月26日，债权人一澜物业以公司不能清偿到期债务，且明显缺乏清偿能力为由，向法院申请对公司进行破产重整。

（三）重整申请受理情况

2021年4月20日，天津二中院裁定受理一澜物业对天津松江的破产重整申请。

2021年4月21日，天津二中院指定天津松江清算组担任天津松江管理人。

（四）重整管理模式

债务人自行管理财产和营业事务。

（五）重整大事记

2021年3月26日，债权人一澜物业以公司不能清偿到期债务，且明显缺乏清偿能力为由，向法院申请对公司进行破产重整。

2021年4月20日，天津二中院做出民事裁定书〔（2021）津02破申70号〕裁定受理天津松江重整案件。

2021年4月21日，天津二中院做出决定书〔（2021）津02破50号〕指定天津松江清算组担任公司管理人。

2021年5月12日，天津二中院做出复函〔（2021）津02破50号〕及决定书〔（2021）津02破50号之一〕，准许公司重整期间继续营业，并在管理人的监督下自行管理财产和营业事务。

2021年6月17日，第一次债权人会议采取网络会议方式召开，会议表决通过了《天津松江股份有限公司破产重整案财产管理及变价方案》。

2021年8月6日，管理人发布《关于公开招募天津松江股份有限公司重整战略投资者的公告》。

2021年10月20日，管理人与重整投资人津诚资本、张坤宇签署了《关于天津松江股份有限公司重整投资协议》。

2021年11月12日,第二次债权人会议采取网络会议方式召开,会议表决通过了《天津松江股份有限公司重整计划(草案)》。

2021年11月15日,法院做出民事裁定书〔(2021)津02破50号之七〕,裁定批准《天津松江股份有限公司重整计划》,并终止公司重整程序。

2022年3月9日,法院做出民事裁定书〔(2021)津02破50号之八〕,确认公司重整计划执行完毕。

四、重整计划的主要内容

(一)重整思路概述

如图2-9-2所示,重整计划的主要思路为:

(1)对出资人权益进行调整,在重整前股份基础上进行资本公积转增股本,共计转增24.76亿股,其中10.76亿股用于清偿债务,剩余14亿股用于引入重整投资人,股票转让价款优先用于支付重整费用、清偿共益债务以及清偿债务,剩余部分用于提升天津松江的经营能力。

(2)借助重整投资人的优势,聚焦信息技术服务主营业务,处置低效资产。

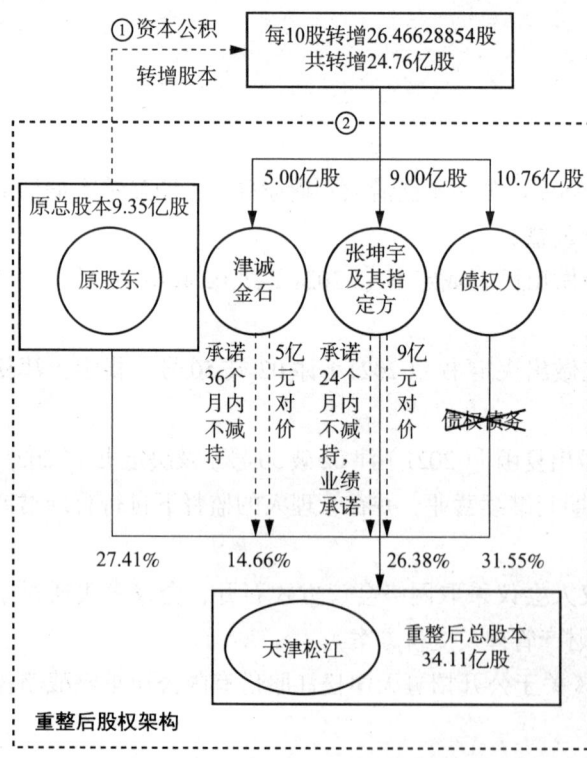

图2-9-2 天津松江重整方案示意图

（二）投资人及投资方案介绍

2021年10月20日，管理人与津诚资本、张坤宇签署了重整投资协议，明确津诚资本、张坤宇联合体的战略投资者身份，并确定由津诚金石、张坤宇、天津天朗壹号企业管理合伙企业（有限合伙）、天津天朗贰号企业管理合伙企业（有限合伙）、天津天朗叁号企业管理合伙企业（有限合伙）作为参与天津松江重整投资的具体实施主体。

重整投资人基本情况如下：

津诚资本成立于2017年7月5日，注册资本为137.70亿元，为天津市国有资产监督管理委员会出资设立的国有独资公司。经营范围包括股权管理、产业投资、基金运营、企业兼并重组、资产经营管理、资本运作、投资管理等。津诚金石为津诚资本全资子公司，为津诚资本指定的参与本次重整的实施主体。

张坤宇出生于1986年，毕业于河北工业大学，中共党员，天津卓朗科技发展有限公司（以下简称"卓朗科技"）创始人，现任天津松江董事、副总经理，卓朗科技党委书记、总经理。张坤宇作为天津松江保留资产卓朗科技的创始人，在信息技术领域深耕多年，具备丰富的行业资源和较强的管理能力。天津天朗壹号企业管理合伙企业（有限合伙）、天津天朗贰号企业管理合伙企业（有限合伙）、天津天朗叁号企业管理合伙企业（有限合伙）为张坤宇指定与其一同参与本次重整的实施主体，实际控制人均为张坤宇。

津诚资本、张坤宇以联合体身份参与天津松江重整，有条件受让14.00亿股转增股票，支付价款将主要用于支付重整费用、清偿共益债务、清偿债务以及支持上市公司经营等。具体安排如下。

（1）津诚金石有条件受让转增股票5.00亿股，受让条件包括：

支付转增股票受让价款5亿元。

津诚金石承诺本次受让的转增股票自登记至其名下之日起36个月内不减持。

津诚资本及津诚金石为天津松江对接各类优质资源，为公司业务发展提供支持。

（2）张坤宇及其指定方将有条件受让转增股票中的9.00亿股，受让条件包括：

支付转增股票受让价款9亿元。

张坤宇为天津松江对接信息技术服务主业相关产业资源，支持公司经营发展。

张坤宇及其指定方承诺本次受让的转增股票自登记至其名下之日起24个月内不减持。

张坤宇承担业绩承诺义务，承诺2022年、2023年天津松江归属母公司所有者的净利润累计不低于3.2亿元，若业绩承诺期内累计实际归属母公司所有者的净利润低于前述标准,由张坤宇在天津松江 2023 年度审计报告披露后 3 个月内以现金对未完成部分进行差额补偿。

(三)出资人权益调整方案

以天津松江现有总股本 9.35 亿股为基数,按每 10 股转增 26.47 股的比例实施资本公积转增股票,共计转增 24.76 亿股(最终以中证登上海分公司实际登记确认的数量为准),转增后公司股本从 9.35 亿股增至 34.11 亿股。

转增股票中 14.00 亿股用于引进重整投资人,重整投资人以 1 元/股的价格受让,转增股票中 10.76 亿股股票将用于向天津松江债权人抵偿债务。

(四)债权调整及受偿方案

1. 有财产担保债权调整及受偿

有财产担保债权涉及金额 17.89 亿元,包括经管理人审查确认的有财产担保债权 17.80 亿元和暂缓确认的有财产担保债权 945.34 万元。其中在有财产担保评估价值范围内的优先受偿金额为 6.78 亿元,转为普通债权的金额为 10.59 亿元。

有财产担保债权在担保财产的评估价值或处置所得款项范围内优先受偿,其中:

(1)有财产担保债权对应质押保证金的,由相应的质押保证金优先清偿,未能受偿的部分将按照普通债权受偿方案获得清偿。

(2)有财产担保债权对应的担保财产予以保留的,就担保财产评估值范围内的债权,由天津松江在重整计划获得法院裁定批准之日起 3 个月内以现金方式全额清偿,未能受偿的部分将按照普通债权受偿方案获得清偿。

(3)有财产担保债权对应的担保财产予以处置变现的,相应有财产担保债权以担保财产处置所得款项优先受偿,未能受偿的部分将按照普通债权受偿方案获得清偿。

但对于仅就债务人特定财产享有抵押权或质押权且债务人不是主债务人或保证人的债权,即使担保财产评估价值或处置所得价款低于有财产担保债权金额,有财产担保债权金额大于担保财产评估价值或处置所得价款的部分依法也不再转入普通债权。

2. 职工债权调整及受偿

经管理人初步调查与审查,职工债权合计 2296.37 万元。职工债权不做调整,将由天津松江在重整计划获得法院裁定批准之日起 3 个月内以现金方式全额清偿。

3. 税款债权调整及受偿

经管理人审查，天津松江各类税款债权共计 748.80 万元。税款债权不做调整，将由天津松江在重整计划获得法院裁定批准之日起 3 个月内以现金方式全额清偿。

4. 普通债权调整及受偿

天津松江普通债权中经管理人审查确认的普通债权 93.41 亿元、暂缓确认的普通债权 1.04 亿元、无法就担保财产价值优先受偿而依法转入的普通债权 10.59 亿元。此外，未申报的普通债权 6.57 亿元。

普通债权具体受偿方案如下：

（1）每家债权人 50 万元以下（含 50 万元）的债权部分，由天津松江在重整计划获得法院裁定批准之日起 3 个月内以现金方式一次性清偿。

（2）每家债权人超过 50 万元的债权部分，由转增股票抵偿，每 100 元普通债权分得 10.53 股天津松江 A 股股票（若股数出现小数位，则去掉拟分配股票数小数点右侧的数字，并在个位数上加"1"），股票的抵债价格为 9.50 元/股，该部分债权的清偿比例为 100%。

5. 其他债权调整及受偿

暂缓确认债权将根据各类债权的性质和债权申报金额预留相应的偿债资源，该类债权在经管理人审查确认后按重整计划规定的同类债权受偿方式予以清偿。

未申报债权将根据公司提供的债务信息资料载明的债权性质和账面记载未申报金额预留偿债资源，该类债权在申报并经债务人审查确认后按重整计划规定的同类债权受偿方式予以清偿。

6. 债务清偿顺序

如图 2-9-3 所示，模拟破产清算下普通债权清偿率是假定公司在破产清算条件下的偿债能力分析，主要来源于公司披露的偿债能力分析报告。而重组后清偿率是假定公司在重整条件下的名义清偿率。可以看出，重整后的债权清偿率比清算状态下的清偿率有较大提升。

重整计划披露的偿债方案显示，普通债权人 50 万元以下（含 50 万元）的债权部分以现金方式全额清偿；超过 50 万元的债权部分以转增股票清偿。重整后普通债权的名义清偿率为 100%。

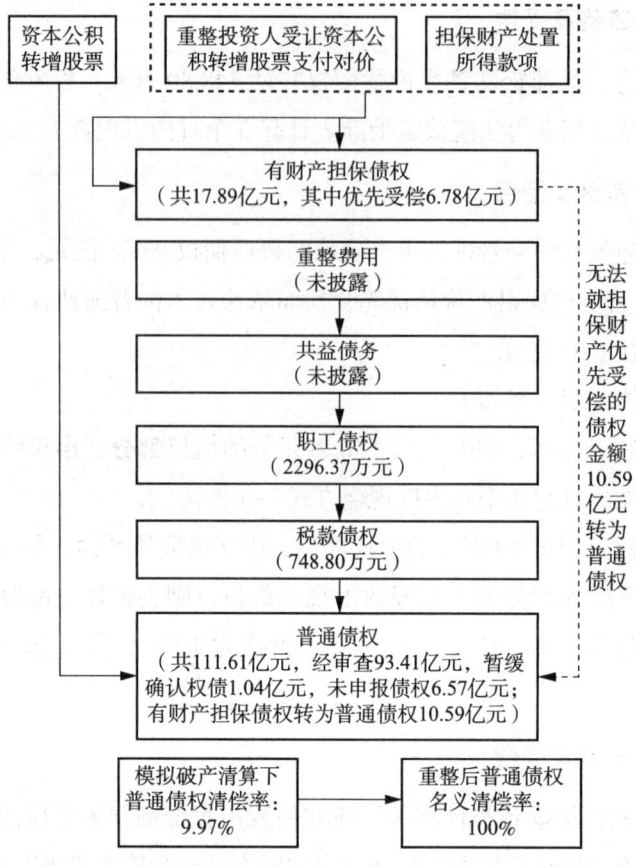

图 2-9-3 天津松江债务清偿顺序示意图

（五）未来经营方案

公司原有的主营业务包括房地产业务和信息技术服务业务。近年出现严重的债务危机，以重整为契机，天津松江的债务危机得以化解，并大力发展信息技术业务。在战略投资者的支持下，天津松江立足于卓朗科技的竞争优势，围绕信息技术应用创新产业方向，公司将聚焦信息技术产业，主要从事软件与系统集成、IDC托管与建设、云基础软件与云服务、IT产品分销与增值服务等业务。通过发挥上市公司融资平台优势、合理运用重整投资人注入的资金，加大对重点业务板块的资金投入力度，对接优质资源，扩大公司的影响力，拓宽业务渠道和服务范围，在主营业务领域持续创新发展。

1. 软件与系统集成业务

重整完成后天津松江将聚焦制造业数字化转型和政府、教育和医疗数字化转型垂直细分市场，在持续扩大业务规模的同时，不断提高软件收入占比，增强盈利能力。公司将继续加大在软件和系统集成领域的投入力度，深入开展工业软件、大数据软件、数字孪生技术和仿真模拟技术研发创新，力争在关键核心技术与信创领域取得新突破。业务布局上，公司在巩固京津冀和中部地区业务的基础上，还计划在长三角和珠三角地区设立分支机构，扩大业务覆盖范围，拓展业务领域，拉动业务增长。

2. IDC 托管与建设业务

公司 IDC 业务发展目标是在中国主要经济中心为客户提供高性能数据中心服务和新一代人工智能算力服务。围绕上述目标，公司计划继续在京津冀地区、国家骨干枢纽节点城市和省会城市建设运营高性能数据中心，同时积极拓展数据中心建设服务，扩大业务规模。公司将加大数据中心投入力度，通过 5 年开发建设，使公司可运营的机架数超过 50000 架，成为高性能数据中心领域的有力竞争者。

3. 云基础软件和云服务

公司将继续加大在云基础软件和云服务领域的研发投入力度，始终聚焦云基础软件信息创新应用的尖端和前沿领域，不断加强通信协议等关键核心技术的攻关突破，确保产品功能完善，性能领先。同时，公司将进一步深耕客户需求，重点为智能制造等新兴企业和处于转型期的传统企业提供更加灵活、个性化的云计算软件产品，为智能制造和传统产业的转型升级赋能。在渠道建设方面，公司将在重整投资人的支持下继续加大投入力度，持续开发新的渠道资源，不断扩大产品市场占有率；同时不断为渠道赋能，逐步将实施工作转交渠道合作伙伴负责。未来，随着渠道的建设发展，公司在云基础软件领域收入将保持快速稳定增长，形成公司新的利润增长点。

4. IT 产品分销和增值服务

公司将持续优化和提升内部管理和运营效率，继续强化自身技术优势，重点拓展技术含量更高、毛利水平更高的软件、云服务增值分销业务，提升公司在这一领域的竞争力。

5. 财产处置

为聚焦信息技术主营业务，夯实公司资产质量，天津松江后续将对公司低效或非日常经营所必需的资产进行处置，为日常经营业务提供有效支撑。

五、重整计划的表决与批准

（一）债权人会议表决

2021 年 6 月 17 日，公司第一次债权人会议采取网络会议方式在全国企业破产重整案件信息网召开，会议对《天津松江股份有限公司破产重整案财产管理及变价方案》进行了表决。

2021 年 11 月 12 日，第二次债权人会议采取网络会议方式在全国企业破产重整案件信息网召开，会议对《天津松江股份有限公司重整计划（草案）》分有财产担保债权组和普通债权组进行了表决。

1. 有财产担保债权组

有财产担保债权组出席会议的有表决权的债权人共 5 家。其中，表决同意的债权人共 5 家，占该组出席会议债权人数量的 100%，已超过到会有表决权的债权人的半数；其所代表债权金额为 6.78 亿元，占优先受偿的有财产担保债权总额的 100%，已超过本组债权总额的 2/3。表决通过。

2. 普通债权组

普通债权组出席会议的有表决权的债权人共 63 家。其中，表决同意的债权人共 59 家，占该组出席会议债权人数量的 93.65%，已超过到会有表决权的债权人的半数；其所代表债权金额为 88.74 亿元，占普通债权组总额的 89.14%，已超过本组债权总额的 2/3。表决通过。

（二）出资人组会议表决

公司于 2021 年 11 月 12 日通过现场与网络相结合的方式召开出资人组会议，采取现场投票与网络投票相结合的方式对出资人权益调整方案进行表决。

出席出资人组会议的出资人或其代理人共计 11 人，所持表决权股份 4.92 亿股，占公司有表决权股份总数的 52.60%。表决情况为：同意 4.92 亿股，占出席会议所有出资人所持股份的 99.96%，已超过出席会议股东所持表决权股份的 2/3，表决通过。

（三）重整计划批准

2021 年 11 月 15 日，天津二中院裁定批准重整计划，并终止公司重整程序，备案文书为民事裁定书〔（2021）津 02 破 50 号之七〕。

六、重整计划的执行与监督

（一）执行和监督的主体

重整计划由天津松江负责执行，管理人负责监督执行。

（二）执行和监督期限

重整计划的执行期限为自重整计划获得法院裁定批准之日起 3 个月。如非债务人自身原因，致使重整计划无法在上述期限内执行完毕，债务人应于执行期限届满 15 日前，向法院提交延长重整计划执行期限的申请，并根据法院裁定批准的执行期限继续执行。

重整计划执行的监督期限与执行期限一致，如根据重整计划执行的实际情况需要延长管理人监督重整计划执行的期限，则管理人应向法院提交延长重整计划执行监督期限的申请，并根据法院裁定批准的期限继续履行监督职责。

（三）执行的措施

1. 破产费用的支付及共益债务的清偿

天津松江涉及的重整案件受理费、财产处置税费、转增股票登记税费、股票过户税费、管理人聘请中介机构的费用、管理人执行职务等发生的各项费用，根据相关法律法规规定、管理人相关财务制度确定的标准、相关合同约定等随时进行支付。其中，管理人报酬将依据《最高人民法院关于审理企业破产案件确定管理人报酬的规定》，并综合考虑天津松江实际状况及管理人的工作投入情况等，由法院最终确定。

根据《企业破产法》相关规定，天津松江在重整期间形成的各项共益债务，将以债务人财产及/或战略投资者提供的偿债资金全额清偿。为共益债务预留的资金有剩余时，则剩余部分将用于补充公司流动资金。

2. 偿债资源的分配与提存

（1）偿债资源的分配。每家债权人以现金方式清偿的债权部分，偿债资金原则上将以银行转账方式向债权人进行分配，债权人应自重整计划获得法院裁定批准之日起15日内按照管理人指定格式书面提供受领偿债资金的银行账户信息。

每家债权人以转增股票抵偿的债权部分，抵债股票原则上将以股票划转方式向债权人进行分配，债权人应自重整计划获得法院裁定批准之日起15日内按照管理人指定格式书面提供受领抵债股票的证券账户信息。

（2）偿债资源的提存。债权人未按照重整计划的规定受领分配的偿债资金、抵债股票的，根据重整计划应向其分配的资金将提存至管理人指定的银行账户，应向其分配的抵债股票将提存至管理人指定的证券账户。

提存的偿债资金、抵债股票自重整计划执行完毕之日起满3年，因债权人自身原因仍不领取的，视为放弃受领偿债资源的权利，提存的偿债资金用于补充公司流动资金，抵债股票由债务人进行公开处置，处置变现价款在支付相应的处置成本后用于补充公司流动资金。

3. 偿债资源的预留及处理

（1）暂缓确认债权的预留及处理。在重整计划生效后，由管理人负责暂缓确认债权的审查。暂缓确认债权经审查确认后，将依重整计划规定的同类债权受偿方式获得清偿；若因债权人原因，暂缓确认债权在重整计划执行完毕之日起满3年仍未获确定，则视为债权人放弃受领偿债资源的权利。

（2）未申报债权的预留及处理。未依照《企业破产法》规定申报但仍受法律保护的债权，在重整计划执行期间不得行使权利。自重整计划生效后，未申报债权人可在重整计划执行完毕之日起3年内向天津松江补充申报债权。未申报债权经审查确认后，由重整后的天津松江依重整计划规定的同类债权受偿方式进行清偿；未申报的债权人在重整计划执行完毕之日起满 3 年仍未主张权利的，视为债权人放弃向天津松江求偿的权利。

4. 债权人对其他还款义务人的权利

根据《企业破产法》第九十二条第三款的规定，债权人对债务人的保证人或其他承担清偿责任的债务人所享有的权利，不受重整计划的影响。

债权人的债权在天津松江之外存在主债务人、担保人或其他承担清偿责任的债务人的，相关债权人在选择按照重整计划确定的债权清偿方案获得清偿之前，有权依法向该类主体主张权利。如债权人拟或正在向该类主体主张权利，则该债权人可在法院裁定批准重整计划之日起 15 日内，按照管理人指定格式向管理人书面申请将依重整计划依法获得分配的偿债资源由管理人自法院裁定批准重整计划之日起依法保管 2 年，该保管不视为清偿债权。若债权人逾期未申请，则视为同意按重整计划进行清偿。债权人依照重整计划确定的债权清偿方案获得清偿之后，不得再向天津松江之外的主债务人、担保人或其他承担清偿责任的债务人主张权利。

若在该保管期间，债权人以书面方式要求按照重整计划进行清偿，应当一并说明向其他主债务人、担保人或其他承担清偿责任的债务人行使权利获得清偿的情况，管理人将在其未获清偿的债权范围内按重整计划规定以相应保管的偿债资源向其进行清偿。债权人向其他主债务人、担保人或其他承担清偿责任的债务人行使权利未能获得清偿或仅获得部分清偿的，债权人因按重整计划规定受领保管的偿债资源而形成的相关风险由债权人承担。

5. 转让债权的清偿

在法院裁定受理天津松江重整案件后至法院裁定批准重整计划之前，如债权人拆分转让债权致使按重整计划可获得的清偿额高于债权未拆分转让之前，造成不公平清偿，则重整计划仍将按照拆分转让前债权可获得的受偿条件及受偿总额进行清偿。

在法院裁定批准重整计划之后，债权人转让债权的，受让人按照原债权人根据重整计划就该笔债权可以获得的受偿条件及总额受偿。

债权人转让债权导致债权拆分的，如转让人与受让人无特别约定，债权清偿款项将向受让人按照其受让的债权比例分配。若债权转让导致受让人无法根据重整计划受偿，由此造成的责任由债权人及其债权的受让人承担。

6. 提供欠付债务人的票据

在法院裁定批准重整计划之日起 15 日内，债权人应以获偿金额向债务人开立相应欠付的发票。若债权人未在上述期限内开立发票，债务人或管理人有权将相关债权人依重整计划可获分配的偿债资源暂缓分配，待债权人提供后再行分配。

7. 财产强制措施的解除

在法院裁定批准重整计划之日起 15 日内，债权人应申请并配合解除对债务人财产的查封、冻结等措施。若债权人未在上述期限内申请并配合解除查封、冻结等措施，对重整计划的执行造成阻碍，债务人或管理人有权依法向法院申请强制解除查封、冻结等手续；若有关法院认为解除财产查封、冻结措施以债权人配合为必要条件，债权人未予以配合，对重整计划执行造成阻碍，债务人或管理人有权将相关债权人依重整计划可获分配的偿债资源暂缓分配，待债权人配合解除查封、冻结手续之后再行分配。

8. 重整计划的变更

重整计划执行过程中，因遇国家政策调整、法律修改变化等特殊情况或发生意外事件致使重整计划无法继续执行的，天津松江或管理人有权申请变更重整计划一次。变更后的重整计划在权益受到调整或影响的债权人组及/或出资人组表决通过并获得法院裁定批准后，由天津松江执行变更后的重整计划，管理人予以监督。

9. 债权人债权转让的清偿方式

在法院裁定受理天津松江重整后至法院裁定批准重整计划之前，如债权人拆分转让债权致使按重整计划可获得的清偿额高于债权未拆分转让之前，造成不公平清偿，则重整计划仍将按照拆分转让前债权可获得的受偿条件及受偿总额进行清偿。

在法院裁定批准重整计划之后，债权人转让债权的，受让人按照原债权人根据重整计划就该笔债权可以获得的受偿条件及总额受偿。

债权人转让债权导致债权拆分的，如转让人与受让人无特别约定，债权清偿款项将向受让人按照其受让的债权比例分配。若因债权转让导致受让人无法根据重整计划受偿，由此造成的责任由债权人及其债权的受让人承担。

10. 债务人信用等级的恢复

在法院裁定批准重整计划之日起 15 日内，将债务人纳入失信被执行人名单的各债权人应向相关法院申请删除债务人的失信信息，并解除对债务人法定代表人、主要负责人及其他相关人员的限制消费令及其他信用惩戒措施。若债权人未在上述期限内申请删除失信信息并解除信用惩戒措施，债务人或管理人有权将相关债权人依重整计划可获分配的偿债资源暂缓分配，待删除失信信息并解除信用惩戒措施后再行向债权人分配。

在重整计划获法院裁定批准后，金融机构债权人应及时调整债务人企业信贷分类，并上报中国人民银行征信系统调整债务人征信记录，确保重整后天津松江运营符合征信要求。

七、重整计划顺利实施的预期效果

本次重整计划如能顺利实施，预计将产生以下结果：

（1）公司独立法人主体资格及证券市场主体资格不变，仍是一家在上交所上市的股份有限公司。

（2）天津松江的债务危机得以化解，公司的财务状况将得到根本改善，逐步恢复持续经营能力和盈利能力，重回良性发展轨道，从而使债权人、原中小股东持有的股票成为真正意义上的优质资产，使所有利益主体分享重整成功带来的重整效益。

（3）借助投资人的支持和优势，大力发展信息技术业务，实现业务转型，天津松江的基本面将发生根本性转变，围绕信息技术应用创新产业方向，通过引入先进的管理模式和高水平的创新人才，持续完善公司治理结构和内控体系，不断提高研发创新和经营管理水平，努力将公司打造成为中国软件和信息技术领域领先的上市企业，创建国内软件一流品牌。

案例 10　康美药业重整案例解析①

背景

康美药业股份有限公司（以下简称"康美药业"或者"公司"）成立于1997年6月18日，是一家以生产和销售中药饮片、中成药、中药材等产品为主营业务的公司，于2001年3月19日在上交所主板上市，重整前总股本49.74亿股。自2018年12月以来，康美药业陆续爆出存在虚增货币资金、虚增营业收入及控股股东非经营性资金占用等问题，加上受经济下行等因素影响，公司经营风险累积。同时，因债务负担过于沉重，公司陷入严峻的债务危机。自2021年4月29日起，其股票被实施退市风险警示。债权人广东揭东农村商业银行股份有限公司（以下简称"揭东农商行"）于2021年4月22日申请对康美药业进行重整。揭阳市中级人民法院（以下简称"揭阳中院"或"法院"）于2021年6月4日裁定受理公司重整案件，并指定北京市金杜（深圳）律师事务所担任重整管理人。2021年11月26日，揭阳中院裁定批准重整计划。2021年12月29日，揭阳中院做出民事裁定书〔（2021）粤52破1号之四〕，裁定确认康美药业重整计划执行完毕。康美药业重整案入选2021年度全国破产经典案例，是全国首例横跨刑事、民事、行政三大领域的上市公司破产重整典型案例，也是近年来广东法院审理的影响力最大的上市公司破产重整案，是广东法院服务保障高质量发展破产审判典型案例。

方案要点

1. 出资人权益调整

康美药业重整前总股本49.74亿股，其中涉及员工股权激励需回购注销的股票0.35亿股，以扣除上述股票后的49.39亿股为基数，按每10股转增18股的比例实施资本公积转增股票，共计转增88.90亿股，转增后康美药业总股本将增至138.29亿股。② 前

---

① 本案例解析的内容主要根据康美药业股份有限公司于2021年11月27日公布的《康美药业股份有限公司重整计划》整理而成。

② 按重整计划安排，员工股权激励需回购注销0.35亿股，重整后总股本为138.29亿股，但截至2024年3月，康美药业总股本为138.64亿股。

述转增股票中，12.66亿股用于解决资金占用问题，11.13亿股向中小股东进行分配，28.79亿股由重整投资人有条件受让，36.32亿股通过以股抵债的形式用于清偿康美药业的债务。

2. 债权清偿方案

（1）有财产担保债权调整及受偿。有财产担保债权按照担保财产评估价值或者处置变现收入优先受偿。超过财产评估价值部分或者按照处置变现收入未能受偿部分作为普通债权受偿。

（2）普通债权调整及受偿。普通债权以债权人为单位，每家债权人50万元以下（含50万元）的部分，在重整计划执行期限内以现金方式一次性清偿完毕，超过50万元的部分，按照如下分类进行清偿：

每家普通债权人每100元普通债权分得8.829股股票，股票的抵债价格为10元/股。

每家普通债权人每100元普通债权分得7.29元现金。

每家普通债权人每100元普通债权分得4.42份信托收益权份额。

3. 引入重整投资人

广东神农氏企业管理合伙企业（以下简称"神农氏"）作为康美药业重整投资人，神农氏及财务投资人拟共同支付不超过65亿元的投资资金，获得康美药业41.45亿股的转增股票，占康美药业重整后总股本138.29亿股的29.97%。其中，神农氏拟以不超过54.19亿元的投资资金对康美药业进行投资，获得康美药业35.09亿股的转增股票，占康美药业实施资本公积转增股票后总股本138.29亿股的25.37%；财务投资人拟以10.81亿元的投资资金对康美药业进行投资，获得康美药业6.36亿股的转增股票，占康美药业重整后总股本138.29亿股的4.60%。康美药业重整财务投资人包括广发证券股份有限公司（以下简称"广发证券"）、芜湖鑫同瑞企业管理中心（有限合伙）（以下简称"芜湖鑫同瑞"）、深圳市招平领航投资中心（有限合伙）（以下简称"深圳招平航"）和华润深国投信托有限公司（以下简称"华润深国投"）。

一、公司基本信息

（一）公司及业务简介

康美药业前身为广东康美药业股份有限公司，成立于1997年6月18日，由马兴田创立，注册地址为广东省普宁市流沙揭神路东侧，办公地址为广东省深圳市福田区下梅林泰科路，现任法定代表人为公司董事长赖志坚。2001年3月19日，公司股票在上交所主板上市。2009年1月7日，广东康美药业股份有限公司正式更名为康美药业股份有限公司。公司以中药饮片生产、销售为核心，实施中医药全产业链一体化运营模式。公司经营范围包括中药饮片、西药、保健食品及食品、中成药、医疗器械等。

根据公司 2020 年年报，公司营业收入为 54.12 亿元，净利润为 –310.96 亿元，毛利率为 3.43%，净利率为 –574.58%。

（二）重整前股权架构

截至 2020 年 12 月 31 日，康美药业总股本为 49.74 亿股。公司控股股东为康美实业投资控股有限公司，持有公司股份 16.13 亿股，持股比例 32.42%。公司实际控制人为马兴田、许冬瑾夫妇，如图 2-10-1 所示。

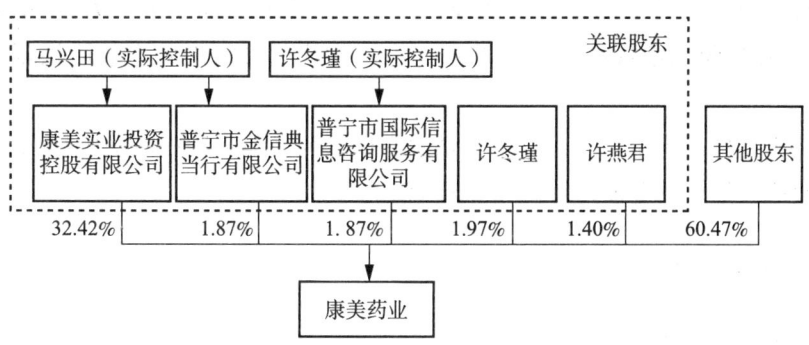

图 2-10-1　康美药业重整前股权架构

二、资产负债情况

（一）资产负债情况总览

根据资产评估机构中联资产评估集团有限公司出具的评估报告，以重整申请受理日 2021 年 6 月 4 日为评估基准日，按市场价值进行估值，康美药业资产的市场价值为 224.43 亿元。按清算价值估值，康美药业的清算价值为 108.60 亿元，清算价值为市场价值的 48.39%。康美药业资产主要包括其他应收款、应收账款、长期股权投资等。康美药业资产负债情况如表 2-10-1 所示。

表 2-10-1　康美药业资产负债情况

资产/债权类型	资产（亿元）	负债（亿元）	净资产（亿元）	资产负债率（%）
评估市场价值/债权金额	224.43	471.51	–247.08	210.09
评估清算价值/债权金额	108.60	471.51	–362.91	434.17

截至 2021 年 11 月 11 日，共 57854 家债权人申报了债权，债权申报总额为 496.82 亿元。

已申报债权中，经第一次债权人会议核查并由揭阳中院裁定确认的债权合计总额

232.72 亿元，其中有财产担保债权为 42.30 亿元，税款债权为 0.52 亿元，普通债权为 189.90 亿元。

经管理人初步审查，尚需经债权人会议核查及揭阳中院裁定确认的债权总额 105.33 亿元，均为普通债权。

已申报债权中，不予确认债权金额 16.05 亿元。

因诉讼未决等原因，债权人已申报但管理人尚无法确定其金额而暂缓确认的债权涉及的金额为 133.44 亿元，均为普通债权。

经管理人调查，截至重整申请受理日，康美药业职工债权金额为 84.70 万元。另有 172.80 万元的职工债权涉及劳动仲裁，将于仲裁裁决做出并生效后根据仲裁结果确定。

综上，根据债权申报与管理人审查情况，康美药业经揭阳中院裁定确认、未申报、暂缓确认及职工债权的负债合计为 471.51 亿元。

（二）债权分类

1. 有财产担保债权

经管理人审查，康美药业的有财产担保债权金额为 42.30 亿元，涉及 5 家债权人。

2. 职工债权

经管理人调查公示，康美药业职工债权金额为 84.70 万元，涉及 4 家债权人。另有 172.80 万元的职工债权涉及劳动仲裁，将根据生效仲裁裁决确定该部分职工债权金额。

3. 税款债权

经管理人审查，康美药业欠付税务机关的税款债权金额为 0.52 亿元，涉及 1 家债权人。

4. 普通债权

经管理人审查确认的普通债权合计 295.23 亿元。其中，已经揭阳中院裁定确认的普通债权 189.90 亿元，涉及 1214 家债权人（1 家债权人同时享有有财产担保债权与普通债权，1 家债权人同时享有税款债权与普通债权），已经管理人初步审查确认但尚未经揭阳中院裁定确认的普通债权 105.33 亿元，涉及 177 家债权人。

5. 其他债权

康美药业暂缓确认的债权涉及申报金额 133.44 亿元，其中包括涉及证券虚假陈述集体诉讼的债权，涉及债权人 56007 家。

（三）偿债能力分析

管理人委托评估机构中联资产评估集团有限公司对康美药业在假设破产清算条件

下的清偿能力进行了分析，并出具偿债能力分析报告，即《康美药业股份有限公司破产重整假设清算前提下偿债能力分析项目评估咨询报告》。以重整申请受理日为基准日，康美药业如实施破产清算，假定全部有效资产能够按预计的资产清算价值变现，按照《企业破产法》规定的清偿顺序，担保财产变现所得将优先用于偿还有财产担保债权（担保财产变现所得不足以清偿有财产担保债权部分，将转化为普通债权进行清偿），剩余其他资产变现所得，在支付或清偿破产费用、共益债务、职工债权、税款债权后，普通债权的清偿率为 21.93%。

三、重整基本情况

（一）重整背景

康美药业主要从事中药饮片生产和销售。自 2018 年 12 月以来，康美药业陆续爆出存在虚增货币资金、虚增营业收入、虚增营业利润及控股股东非经营性资金占用等重大问题，再加上受宏观经济下行、金融去杠杆以及医药行业政策频繁调整等因素的影响，公司经营风险累积。同时，因自身债务负担沉重，到期债务偿付压力巨大，存在严峻的债务危机。2020 年公司经审计的期末净资产为负值，且当年被出具无法表示意见的审计报告，其股票自 2021 年 4 月 29 日起被实施退市风险警示。因此，公司存在严重的债务危机和沉重的历史遗留问题，面临严峻退市风险。

（二）预重整/重整申请情况

2021 年 4 月 22 日，债权人揭东农商行以康美药业不能清偿到期债务，且已资不抵债，但仍具有重整价值为由，向揭阳中院申请对康美药业进行重整。

（三）重整申请受理情况

2021 年 6 月 4 日，根据债权人的申请，揭阳中院依法做出民事裁定书〔（2021）粤52 破申 1 号〕，裁定受理康美药业重整一案。同日，揭阳中院做出决定书〔（2021）粤52 破 1 号〕，指定北京市金杜（深圳）律师事务所担任管理人，负责开展各项重整工作。

（四）重整管理模式

债务人自行管理财产和营业事务。

（五）重整大事记

2021 年 4 月 22 日，债权人揭东农商行以康美药业不能清偿到期债务，且已资不抵债，但仍具有重整价值为由，向揭阳中院申请对康美药业进行重整。

2021 年 6 月 4 日，根据债权人揭东农商行的申请，揭阳中院依法做出民事裁定书

〔(2021)粤52破申1号〕,裁定受理康美药业重整一案。

2021年6月4日,揭阳中院指定北京市金杜(深圳)律师事务所担任重整管理人。

2021年6月23日,法院准许公司在重整期间在管理人的监督下自行管理财产和经营事务。

2021年8月10日,康美药业第一次债权人会议采取网络会议方式召开。

2021年9月30日,公司披露了《康美药业股份有限公司关于公开招募和遴选重整投资人的公告》。

2021年11月15日,康美药业第二次债权人会议采取网络会议方式召开,并采取线上表决的方式。表决通过了《康美药业股份有限公司重整计划(草案)》。

2021年11月26日,揭阳中院裁定批准《康美药业股份有限公司重整计划》,并终止康美药业重整程序。

2021年12月14日,康美药业、管理人与神农氏签署了《关于参与康美药业股份有限公司重整程序之投资协议书》;康美药业、管理人、神农氏与财务投资人签署了《关于参与康美药业股份有限公司重整投资相关事项之确认书》。

2021年12月29日,揭阳中院裁定确认重整计划执行完毕。

四、重整计划的主要内容

(一)重整思路概述

如图2-10-2所示,重整计划的主要思路为:

(1)对出资人权益进行调整,在重整前股份基础上扣除涉及员工股权激励需要回购注销的部分,进行资本公积转增股本,共计转增88.90亿股。其中,12.66亿股用于解决资金占用问题;11.13亿股向中小股东进行分配;28.79亿股由重整投资人有条件受让,重整投资人受让股票所支付的现金对价,专项用于根据重整计划支付重整费用、清偿债务、补充公司流动资金;36.32亿股将通过以股抵债的形式用于清偿康美药业的债务。上述出资人权益调整中用于解决资金占用问题的12.66亿股亦转让给重整投资人,重整投资人合计受让41.45亿股股票。

(2)以债务清偿为目的设立信托平台公司承接信托底层资产,以平台公司100%股权作为信托财产设立信托,并由受托人通过平台公司管理、处分信托底层资产。

(3)通过重整程序引入在企业管理、资源支持等方面具有明显优势的重整投资人,保留并聚焦以中药饮片为核心的主营业务,通过重整投资人的业务资源支持以及注入流动资金、加强内部管控、降低成本费用、完善激励约束机制等一系列措施,从根本上改善康美药业生产经营。

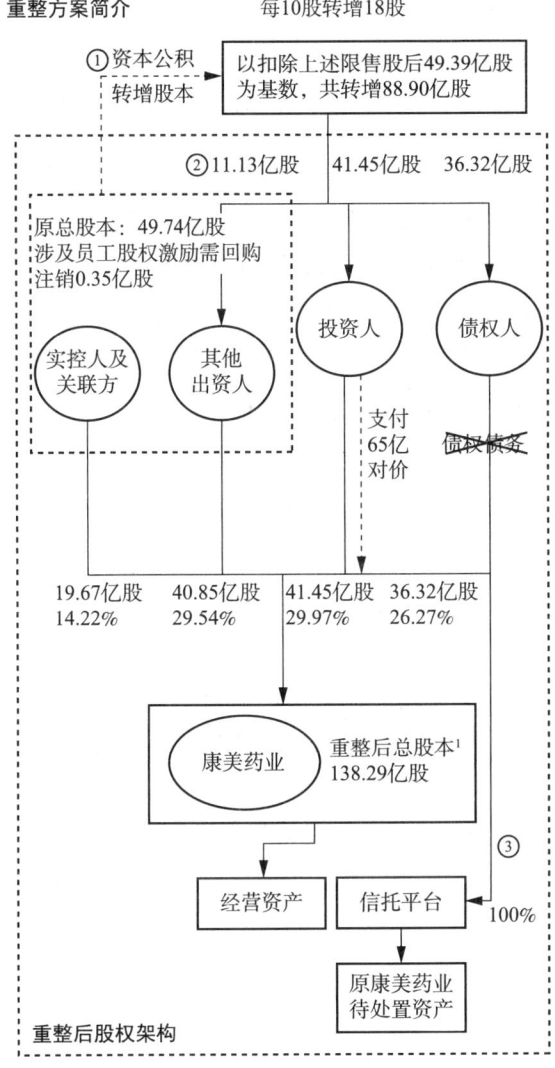

图 2-10-2 康美药业重整方案示意图

注：按重整计划安排，员工股权激励需回购注销 0.35 亿股，重整后总股本为 138.29 亿股，但截至 2024 年 3 月，康美药业总股本为 138.64 亿股。

（二）投资人及投资方案介绍

经过公开招募和遴选程序，神农氏成为康美药业的重整投资人，根据康美药业、管理人与神农氏签署的《关于参与康美药业股份有限公司重整程序之投资协议书》，神农氏及财务投资人拟共同支付不超过 65 亿元的投资资金，获得康美药业 41.45 亿股的转增股票，占康美药业实施资本公积转增股票后总股本 138.29 亿股的 29.97%。

其中，神农氏拟以不超过 54.19 亿元的投资资金对康美药业进行投资，获得康美药业 35.09 亿股的转增股票，占康美药业实施资本公积转增股票后总股本 138.29 亿股的

25.37%。

财务投资人拟以 10.81 亿元的投资资金对康美药业进行投资，获得康美药业 6.36 亿股的转增股票，占康美药业实施资本公积转增股票后总股本 138.29 亿股的 4.60%。

1. 重整投资人

神农氏成立于 2021 年 11 月 3 日，注册资本 54.29 亿元，实际控制人为广州市人民政府。经营范围包括信息技术咨询服务、市场营销策划、以自有资金从事投资活动、企业管理咨询、企业管理和互联网信息服务。神农氏股东分别为广州医药集团有限公司、广东粤财产业投资基金合伙企业（有限合伙）、广东恒健资产管理有限公司、揭阳市金叶发展有限公司与广州神农氏中医药发展有限责任公司。

2. 财务投资人

康美药业、管理人、神农氏与财务投资人于 2021 年 12 月 14 日签署了《关于参与康美药业股份有限公司重整投资相关事项之确认书》。

财务投资人 1：广发证券以货币资金 4.81 亿元受让康美药业资本公积转增的 2.83 亿股股票。广发证券成立于 1994 年 1 月 21 日，注册资本 76.21 亿元，无实际控制人。

财务投资人 2：芜湖鑫同瑞以货币资金 3 亿元受让康美药业资本公积转增的 1.76 亿股股票。芜湖鑫同瑞成立于 2021 年 12 月 1 日，注册资本为 5 亿元，疑似实际控制人为李厚文。

财务投资人 3：深圳招平领航以货币资金 2 亿元受让康美药业资本公积转增的 1.18 亿股股票。深圳招平领航成立于 2021 年 11 月 23 日，注册资本为 2 亿元，实际控制人为国务院国有资产监督管理委员会。

财务投资人 4：华润深国投以货币资金 1 亿元受让康美药业资本公积转增的 5882 万股股票。华润深国投成立于 1982 年 8 月 24 日，注册资本 110 亿元，实际控制人为国务院国有资产监督管理委员会。

在本次重整中，重整投资人及财务投资人的义务包括：①支付股票受让总价款 65 亿元，所筹集的资金将部分用于解决资金占用问题、支持上市公司做好原有主营业务的持续经营、实施产业优化升级方案以及向下属公司注入流动性。部分资金用于清偿重整计划规定的应当以现金方式清偿的债务，包括普通债权中应当以现金形式清偿的债务以及执行重整计划所需支付的各项费用。②重整投资人应承诺依据重整计划所受让的全部股票，自登记至其名下之日起在约定的锁定期内不通过任何形式减持（包括集合竞价、大宗交易以及协议转让等各种方式），登记日以中证登上海分公司实际登记日为准，但重整投资人持有前述股票之后在同一实际控制人控制的不同主体之间（含子公司）进行协议转让、无偿划转、实施增资，不受前述减持限制；除前述不受减持限制的情形之外，任何受让前述股票的第三方均应继续受前述承诺的约束。

（三）出资人权益调整方案

康美药业原总股本49.74亿股，其中涉及员工股权激励需回购注销的股票0.35亿股，以康美药业扣除上述股票后的49.39亿股为基数，按每10股转增18股的比例实施资本公积转增股票，共计转增88.90亿股，转增后康美药业总股本将增至138.29亿股。

前述转增股票中，12.66亿股用于解决康美药业资金占用问题，11.13亿股向中小股东进行分配，28.79亿股由重整投资人有条件受让，36.32亿股将通过以股抵债的形式用于清偿康美药业的债务。上述出资人权益调整中用于解决资金占用问题的12.66亿股亦转让给重整投资人，重整投资人合计受让41.45亿股股票。

（四）债权调整及受偿方案

1. 有财产担保债权调整及受偿

经管理人审查，康美药业的有财产担保债权金额42.30亿元，涉及5家债权人。根据担保财产的评估价值和担保范围，有财产担保债权中4.20亿元可以就担保财产获得优先清偿，其余38.10亿元由于无法就担保财产优先受偿，列入普通债权。

按照《企业破产法》的规定，有财产担保债权人就担保财产享有优先受偿的权利。有财产担保债权可以按照担保财产评估价值或者处置变现收入优先受偿。其中：

（1）有财产担保债权对应的担保财产未处置变现的，在担保财产的评估价值范围内优先受偿。有财产担保债权优先受偿部分，将由康美药业在重整计划执行期限内以现金方式一次性清偿。

（2）有财产担保债权对应的担保财产公开处置变现的，以担保财产处置变现收入受偿。

超过担保财产评估价值部分或者处置变现收入后未能受偿部分作为普通债权，按照普通债权组的受偿方案获得清偿。

2. 职工债权调整及受偿

经管理人调查公示，康美药业职工债权金额84.70万元，涉及4家债权人。另有172.80万元的职工债权涉及劳动仲裁，将根据生效仲裁裁决确定该部分职工债权金额。职工债权不做调整，在重整计划执行期限内以现金方式一次性清偿。

3. 税款债权调整及受偿

经管理人审查，康美药业欠付税务机关的税款债权金额0.52亿元，涉及1家债权人。税款债权不做调整，在重整计划执行期限内以现金方式一次性清偿。

4. 普通债权调整及受偿

普通债权涉及金额466.77亿元，包括揭阳中院裁定确认的普通债权189.90亿元，涉及1214家债权人（1家债权人同时享有有财产担保债权与普通债权，1家债权人同时享有税款债权与普通债权）；已经管理人初步审查确认但尚未经揭阳中院裁定确认的债权 105.33 亿元，涉及债权人 177 家，暂缓确认的债权涉及申报金额 133.44 亿元，涉及债权人 56007 家；若考虑无法就担保财产优先受偿的需列入普通债权的债权 38.10 亿元；普通债权合计 466.77 亿元。

普通债权调整及清偿方案如下：

（1）对每家普通债权人 50 万元以下（含 50 万元）的债权部分，按照 100% 的比例进行现金清偿。

（2）对每家普通债权人超过 50 万元的债权部分采用以股抵债、现金清偿和信托受益权方式清偿。

每家普通债权人每 100 元普通债权分得 8.829 股股票（分配股票的最终数量以中证登上海分公司实际登记确认的数量为准，若股数出现小数位，则去掉拟分配股票数小数点右侧的数字，并在个位数上加"1"），股票的抵债价格为 10 元/股。

每家普通债权人每 100 元普通债权分得 7.29 元现金。

每家普通债权人每 100 元债权分得 4.42 份信托受益权份额。

此外，为使康美药业可以集中偿债资源清偿非关联债权，在此次重整过程中，关联债权的清偿安排劣后于非关联债权，在非关联债权按照重整计划的规定清偿完毕之前，不对该等关联债权进行清偿。在重整计划执行完毕公告之日起满 3 年后，根据重整计划中预留偿债资源届时的执行情况，由康美药业与关联方协商确定该等债权的清偿安排。

5. 其他债权调整及受偿

因诉讼未决等原因，债权人已申报但管理人尚无法确定其金额而暂缓确认的债权，本次重整预留相应的偿债资源，待其债权经揭阳中院裁定确定之后，可以按照重整计划规定的同类债权清偿条件受偿。

在重整计划提交债权人会议表决前未进行申报但在康美药业账面记载的债权，在重整计划执行期间不得行使权利；在重整计划执行完毕后申报的，由康美药业负责审查，并按照重整计划规定的同类债权清偿方案进行清偿。

6. 债务清偿顺序

如图 2-10-3 所示，模拟破产清算下普通债权清偿率是假定公司在破产清算条件下的偿债能力分析，主要来源于公司披露的偿债能力分析报告。而重组后清偿率是假定公司在重整条件下的名义清偿率。可以看出，重整后的债权清偿率情况，比清算状态下的清偿率有较大提升。

重整计划披露的偿债方案显示：

（1）普通债权人 50 万元以下（含 50 万元）的债权部分以现金方式全额清偿。

（2）普通债权人超过 50 万元的债权部分采用以股抵债、现金清偿和信托受益权方式清偿。

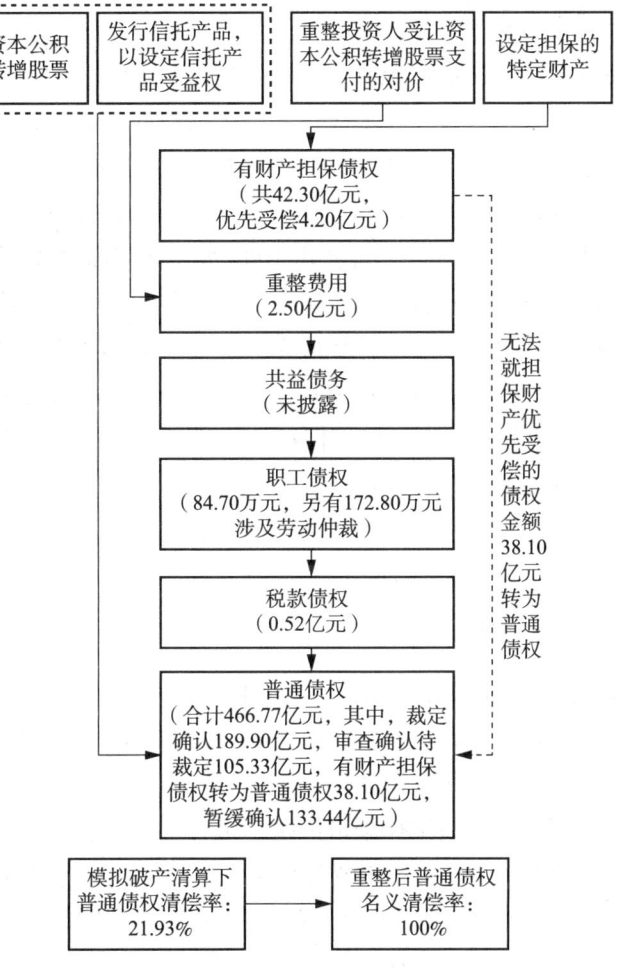

图 2-10-3 康美药业债务清偿顺序示意图

每家普通债权人每 100 元普通债权分得 8.829 股股票，股票的抵债价格为 10 元/股。

每家普通债权人每 100 元普通债权分得 7.29 元现金。

每家普通债权人每 100 元债权分得 4.42 份信托受益权份额。

因此，重整后普通债权的名义清偿率为 100%。

（五）未来经营方案

康美药业将以重整为契机，通过重整程序引入在企业管理、资源支持等方面具有明显优势的重整投资人，保留并聚焦以中药饮片为核心的主营业务，通过重整投资人的业务资源支持以及注入流动资金、加强内部管控、降低成本费用、完善激励约束机制等一系列措施，从根本上改善康美药业生产经营，实现高效有序的经营状态，维持并进一步提升康美药业的竞争力，使康美药业成为经营稳健、运营规范、业绩优良的上市公司。

1. 资产剥离及信托方案

康美药业待处置资产构成情况复杂，短期内处置难度较大，为了实现资产价值最大化，维护债权人的合法权益，将通过设立财产权信托的方式，在信托计划项下实现待处置资产的清理、确权和处置等工作。待处置资产管理方案的主要内容如下：

康美药业以债务清偿为目的设立信托平台公司承接信托底层资产，并委托建信信托有限责任公司作为受托人，以平台公司 100% 股权作为信托财产设立信托，并由受托人通过平台公司管理、处分信托底层资产。康美药业的信托底层资产主要包括存货、子公司股权、应收账款等，以及原控股股东及其关联方用于解决资金占用问题的抵债资产等。信托设立后，最终受益人每 100 元债权将分得 4.42 份信托受益权份额。信托的最终受益人为债权最终得到确认的、债权金额超过 50 万元、需要按照重整计划以信托受益权进行清偿的债权人。信托财产具有独立性，是独立于委托人、受托人、受益人的财产。在信托计划项下实现待处置资产清理、确权和处置等工作，处置所得在优先支付相关费用后向最终受益人分配。

2. 整合优势资源，调整、优化业务结构

（1）聚焦优势产业，提高核心竞争力。通过串联中药材种植、产地初加工、饮片生产、配方颗粒生产各环节，进一步提升公司在优势品种、品规上的核心竞争力，从而形成品种、品质、规模、成本上的板块优势。

（2）强化规模商业，融通聚拢渠道网络。提升重点医院渠道的市场份额，强化核心地区的药品供应服务。在运营康美智慧药房平台及依托现有 OTC 渠道同大型连锁机构合作的基础上，强化规模商业，融通聚拢销售网络，寻找新的利润增长点。

（3）盘活潜力产业，把握行业资源抓手。凭借康美药业管理全国六成以上中药材交易量的行业地位，做好做优中药管理，加快药材仓布局，完善物流运输体系，结合运营的康美中国药材价格指数和建设中的中药材大宗商品交易平台，积极探索切入中药材大宗商品贸易机会，拓展中药城板块新的营收增长点。

（4）清理边缘副业，释放内部资源潜力。结合非中药业务的发展情况，大力清理非主营业务相关板块，加速去多元化进程。

3. 全面改善公司经营

（1）优化公司治理结构和决策机制。按照《中华人民共和国证券法》《公司法》《上市公司治理准则》等法律法规要求，进一步完善公司章程、内部控制制度、财务管理制度、信息披露管理制度等，同时结合公司业务发展规划和经营现状，整合冗余业务，优化并明确公司组织架构。

（2）强化财务审批流程。划分财务审批权限，建立内部会计稽核制度，加强资金审批控制，严控成本，并规范资金使用。

（3）优化管理团队，提升公司治理水平。

五、重整计划的表决与批准

（一）债权人会议表决

康美药业第一次债权人会议于 2021 年 8 月 10 日上午通过网络会议的方式在全国企业破产重整案件信息网上召开，会议表决通过了选任和设立债权人委员会的事项。

康美药业第二次债权人会议于 2021 年 11 月 15 日通过网络会议的方式在全国企业破产重整案件信息网上召开，会议对重整计划草案分有财产担保债权组和普通债权组进行了表决。

1. 有财产担保债权组

出席会议并表决同意的有财产担保债权人占该组出席债权人数量的 100%，已超过到会有表决权的债权人的半数；其所代表的债权金额为 4.20 亿元，占全部有财产担保债权总额的 100%。表决通过重整计划草案。

2. 普通债权组

出席会议并表决同意的普通债权人占该组出席债权人数量的 99.85%，已超过到会有表决权的债权人的半数；其所代表的债权金额为 339.19 亿元，占普通债权组债权总额的 86.43%，已超过本组债权总额的 2/3。表决通过重整计划草案。

（二）出资人组会议表决

公司于 2022 年 11 月 15 日下午通过现场投票和网络投票相结合的方式召开出资人组会议，会议表决通过了出资人权益调整方案。

出席出资人组会议的出资人或其代理人共计 1351 人，所持表决权股份 30.80 亿股，占公司有表决权股份总数的 61.93%。表决情况为：同意 26.06 亿股，占出席会议所有出资人所持股份的 84.58%，已超过出席会议股东所持表决权股份的 2/3。表决通过。

（三）重整计划批准

2021 年 11 月 26 日，揭阳中院做出民事裁定书〔（2021）粤 52 破 1 号之一〕，裁定批准康美药业重整计划，并终止重整程序。

六、重整计划的执行与监督

（一）执行和监督的主体

重整计划经揭阳中院裁定批准后，由康美药业负责执行，管理人负责监督重整计划的执行。

（二）执行和监督期限

重整计划的执行期限为自重整计划获得揭阳中院裁定批准之日起至 2022 年 4 月 30 日。重整计划提前执行完毕的，执行期限自执行完毕之日起届满。如非康美药业自身原因，致使重整计划无法在上述期限内执行完毕，康美药业应至少于执行期限届满 3 日前向揭阳中院提交延长重整计划执行期限的申请，并根据揭阳中院批准的执行期限继续执行。

重整计划的监督期限与执行期限一致。重整计划提前执行完毕的，监督期限亦自重整计划执行完毕之日届满。根据重整计划执行的实际情况，需要延长重整计划执行监督期限的，由管理人将向揭阳中院提交延长重整计划执行监督期限的申请，并根据揭阳中院裁定批准的期限继续履行监督职责。

（三）执行的措施

1. 偿债资源的分配

（1）偿债资金的分配。每家债权人以现金方式受偿的债权部分，偿债资金原则上以银行转账方式向债权人进行分配。债权人应自揭阳中院批准重整计划之日起 10 日内按照重整计划要求的格式提供接受偿债资金的银行账户信息。

逾期不提供相关信息、因债权人自身和／或其关联方的原因，导致偿债资金不能到账，或账户被冻结、扣划，产生的法律后果和风险由相关债权人自行承担。债权人可以书面指令将偿债资金支付至债权人指定的、由该债权人所有／控制的账户或其他主体所有／控制的账户内。

债权人指令将偿债资金支付至其他主体的账户的，因该指令导致偿债资金不能到账，以及由该指令导致的法律纠纷和风险由相关债权人自行承担。

（2）抵债股票的分配。每家债权人以股票抵偿的债权部分，在重整计划执行期限内由康美药业按重整计划规定的清偿方案，将康美药业的股票向债权人进行分配。债权人应自揭阳中院批准重整计划之日起 10 日内按照重整计划要求的书面格式提供受领股票的证券账户信息。如暂无法提供证券账户信息，应向公司书面说明情况。

逾期不提供相关信息、因债权人自身或其关联方的原因，导致抵债股票不能到账，或账户被冻结、扣划，产生的法律后果和风险由相关债权人自行承担。债权人可以书面指令将抵债股票划转至债权人指定的、由该债权人所有／控制的账户或其他主体所有／控制的账户内。

债权人指令将抵债股票划转至其他主体的账户的，因该指令导致抵债股票不能到账，以及由该指令导致的法律纠纷和风险由相关债权人自行承担。

（3）信托受益权。按照重整计划规定，通过信托受益权受偿的债权人有权获得信托计划的信托受益权份额，相关债权人应当根据重整计划和受托人的要求，提供信托受益权转让的相关材料并与委托人签署信托受益权转让协议。

2. 偿债资源的提存及处理

债权已经揭阳中院裁定确认的债权人未按照重整计划的规定领受分配的偿债资金、抵债股票和信托受益权的，根据重整计划应向其分配的资金、股票和信托受益权将提存至管理人指定的银行账户、证券账户和代持主体的信托账户，提存的偿债资金、股票和信托受益权自重整计划执行完毕之日起满3年，因债权人自身原因仍不领取的，视为放弃受领清偿款项的权利。已提存的偿债资金将用于补充康美药业流动资金；抵债股票由管理人进行公开处置，处置变现价款在支付必要的处置税费后用于补充上市公司经营性流动资金；信托受益权归属公司，收益扣除信托费用后用于补充上市公司流动资金。

预计债权中暂未确定的债权金额与最终确认的债权金额存在差异的，以最终确认的债权金额为准，按照重整计划的规定受领偿债资金、股票及信托受益权。已按照重整计划预留的偿债资金、股票及信托受益权在清偿上述债权后仍有剩余的，剩余的偿债资金将用于补充康美药业流动资金；抵债股票由管理人进行公开处置，处置变现价款在支付必要的处置税费后用于补充上市公司经营性流动资金；信托受益权归属公司，收益扣除信托费用后用于补充上市公司流动资金。

以上所有提存的偿债资金、抵债股票和信托受益权，在提存期间均不计息。

3. 剩余抵债股票的处置安排

在重整计划项下用于偿债的转增股票如在清偿债务或提存之后仍有剩余，将在提存期届满后一年内进行公开处置，处置变现价款在支付必要的税费及处置费用后用于补充上市公司经营性流动资金。

4. 破产费用的支付和共益债务的清偿

（1）破产费用。康美药业的破产费用包括案件受理费、管理人报酬、聘请中介机构的费用、设立信托计划的相关费用、转增股票登记税费、股票过户税费及管理人执行职务的费用等，预计金额2.5亿元，在重整计划执行期限内依法优先支付。重整计划执行完毕后，该部分预计费用如有剩余，管理人将剩余部分划入康美药业账户用于补充上市公司流动资金。

（2）共益债务。康美药业重整期间的共益债务，包括但不限于因继续履行合同所产生的债务、继续营业而应支付的劳动报酬和社会保险费用以及由此产生的其他债务，由康美药业按照《企业破产法》的相关约定及相关合同约定随时清偿。

5. 转让债权的清偿

债权人在债权申报期届满日后依法对外转让债权的，受让人按照原债权人就该笔债权根据重整计划可以获得的受偿条件和总额受偿；债权人向两人以上的受让人转让债权的，偿债资金、抵债股票及信托受益权向受让人按照其受让的债权比例进行分配。

6. 财产限制措施的解除

根据《企业破产法》第十九条的规定，人民法院受理破产申请后，有关债务人财产的保全措施应当解除。尚未解除对康美药业财产保全措施的债权人，应当在重整计划获得揭阳中院批准后，协助办理完解除财产保全措施的手续。

公司有权根据债权人配合解除财产保全措施的情况，向该债权人支付偿债资金、抵债股票及信托受益权。因相关债权人不配合，导致无法按期受领偿债资金、抵债股票及信托受益权的，不视为重整计划未能执行完毕。因债权人的原因未能及时解除对康美药业财产的保全措施而对上市公司生产经营造成影响和损失，以及影响上市公司重整计划执行的，由相关债权人向上市公司及相关方承担赔偿责任。

7. 优先股和限制性股票的处置安排

股权激励员工、优先股股东申报的债权经确认后，将按照普通债权的清偿方式进行清偿。清偿工作完成后，揭阳中院将出具司法协助执行通知书，管理人据此向中国证登上海分公司申请依法注销优先股和股权激励计划涉及的股票。

8. 信用修复

在重整计划经揭阳中院批准后，康美药业可向相关债权银行提出信用记录修复申请，相关债权银行应及时调整企业信贷分类，并上报中国人民银行征信系统调整企业征信记录。

七、重整计划顺利实施的预期效果

康美药业重整计划如能顺利实施，预计将产生以下结果。

（1）法人资格继续存续，仍是一家股票在上交所上市的股份公司。

（2）重整前产生的负债获得妥善安排。重整计划实施完毕后，康美药业的债务获得较高比例清偿，实现各方共赢。

（3）康美药业重整前的关联方资金占用问题得到解决。

（4）作为首例证券虚假陈述集体诉讼的债权解决方案在中国资本市场具有里程碑意义。

（5）立足核心业务，充分利用重整投资人资源和优势。重整完成后，康美药业将借助重整投资人全国渠道网络优势，着力恢复公司在医药领域的核心竞争力，从而形成品种、品质、规模、成本上的板块优势。同时强化规模商业，融通聚拢渠道网络，盘活潜力产业，把握行业资源抓手，清理边缘副业，释放内部资源潜力。

案例 11　东方网络重整案例解析[①]

背景

东方时代网络传媒股份有限公司（以下简称"东方网络"或"公司"）主营电子测量仪器制造业务，成立于 1989 年 6 月 26 日，总股本 7.54 亿股，经广西壮族自治区人民政府批准，以桂林广陆数字测控技术有限公司截至 2001 年 8 月 31 日经审计的净资产为基础，依法整体变更设立的股份有限公司。由于受到宏观经济下行、市场波动较大等因素影响，尤其前期投资的合伙型基金承诺的回购条件、保证担保条件触发，公司债务陡增，资不抵债。东方网络向桂林市中级人民法院（以下简称"桂林中院"或"法院"）寻求破产保护，2021 年 5 月 26 日公司进入预重整程序，法院指定广西智迪尔破产清算有限公司（以下简称"智迪尔"）担任东方网络预重整临时管理人。预重整第一次债权人会议于 2021 年 10 月 9 日召开，截至 2021 年 10 月 25 日表决通过重整计划草案以及智迪尔继续担任管理人。2021 年 10 月 27 日，桂林中院裁定受理公司重整申请。2021 年 11 月 29 日，在桂林中院的主持下，东方网络重整案第一次债权人会议召开，表决通过重整计划草案以及出资人权益调整方案。法院于 2021 年 11 月 30 日裁定批准重整计划。2021 年 12 月 31 日，桂林中院裁定确认公司重整计划执行完毕、终结公司重整程序。东方网络重整案是广西第一例上市公司预重整转重整并成功重整案，被列为 2021 年度广西破产审判十大典型案例，获全国破产经典案例提名奖。

方案要点

1. 出资人权益调整

以东方网络现有总股本 7.54 亿股为基数，按每 100 股转增 69.38 股的比例实施资本公积转增股票，共计转增 5.23 亿股，全部为无限售流通股。转增后，东方网络总股

[①] 本案例解析的内容主要根据东方时代网络传媒股份有限公司于 2021 年 12 月 1 日公布的《东方时代网络传媒股份有限公司重整计划》整理而成。

本从 7.54 亿股增至 12.77 亿股。

前述转增股票不向原股东分配,用于引进重整投资人以及偿还对外负债。其中,2.45 亿股用于清偿大额普通债权(东方网络债权中金额超过 500 万元的债权,归入大额普通债权组),对价为 5.2 元/股;0.33 亿股属于预留股票,根据《东方时代网络传媒股份有限公司重整计划》,待定债权、预计债权中金额超过 500 万元(不含本数)的,按待定债权金额、预计债权金额预留抵债股票;剩余 2.45 亿股由重整投资人以 0.6 元/股的对价受让,用于根据重整计划的规定清偿债务、支付重整费用及补充公司流动资金等。

2. 债权清偿方案

(1)有财产担保债权调整及受偿。

债权额低于特定担保财产清算价值的有财产担保债权,自桂林中院裁定批准重整计划之日起 6 个月内以货币方式一次性清偿。

债权额超过特定担保财产清算价值的有财产担保债权,东方网络在桂林中院裁定批准重整计划之日起 2 个月内按照《全部资产清算价值资产评估报告》载明的担保财产的清算价格为底价在淘宝或者京东拍卖平台启动公开拍卖,拍卖所得扣除税费以及其他交易成本、费用后的余额,用于清偿有财产担保债权;清偿后的剩余未受清偿的有财产担保债权转为普通债权,按照重整计划规定的普通债权的调整及清偿方案受偿。

(2)普通债权调整及受偿。

东方网络普通债权中金额在 500 万元以下(含本数)的债权,以货币方式全额清偿,清偿期限如下:

100 万元以下(含本数)的部分,自桂林中院裁定批准重整计划之日起 1 个月内清偿。

超过 100 万元的部分,自桂林中院裁定批准重整计划之日起 6 个月内清偿。

东方网络普通债权中债权额超过 500 万元的债权,在经桂林中院裁定确认后,按照每 100 元债权额获得 19.23 股转增股票予以抵偿。抵债价格为 5.2 元/股,该部分大额普通债权受偿比例为 100%。以股抵债过程中,若债权人可分得股票存在不足 1 股情形,则该债权人分得股票数量按照"进一法"处理,即去掉拟分配股票小数点右侧的数字后,在个位上加"1"。

上述以股抵债获得的股票数量超过 1000 万股(不含本数)的债权人,自抵债股票登记至该债权人名下之日起 6 个月内不得减持其持有的抵债股票。

3. 引入重整投资人

重整投资人科翔高新技术发展有限公司(以下简称"科翔高新")以 0.6 元/股的对价受让 2.45 亿股东方网络资本公积转增的股票,重整投资人受让股票支付的对价专项用于根据重整计划的规定清偿债务、支付重整费用及补充公司流动资金等。重整投资人承诺：

（1）东方网络重整计划执行完毕后3个会计年度（执行完毕之日的下个自然年度为第一个会计年度），东方网络经审计的净利润（以扣除非经常性损益前后孰低者为准）合计不低于2.50亿元。如未能实现，重整投资人将在第三个会计年度审计报告出具后30日内，以货币方式补足差额部分。

（2）重整投资人本次受让的转增股票自登记至其名下之日起36个月内，不通过任何形式减持（包括但不限于集合竞价、大宗交易以及协议转让等各种方式）。

一、公司基本信息

（一）公司及业务简介

东方网络是经广西壮族自治区人民政府批准，以桂林广陆数字测控技术有限公司截至2001年8月31日经审计的净资产值为基础，依法整体变更设立的股份有限公司，于2007年10月12日在深交所主板上市，重整前总股本7.54亿股。法人代表张群，公司注册地及主要办事机构所在地为广西桂林市七星区临江路234号。公司主营业务为电子测量仪器制造、销售以及技术开发、咨询、服务，组织文化艺术交流活动，园区、市政设施、物业管理服务。

根据公司2020年年度报告，公司营业收入为2.12亿元，净利润为–10.75亿元，毛利率为32.74%，净利率为–507.06%。

（二）重整前股权架构

截至2021年8月31日，东方网络总股本7.54亿股，其中流通受限股3.75万股，公司股东共计4.29万户。公司的控股股东为彭朋、南通东柏文化发展合伙企业（有限合伙），合计持有9845万股东方网络股票，合计持股比例13.07%。东方网络重整前股权架构如图2-11-1所示。

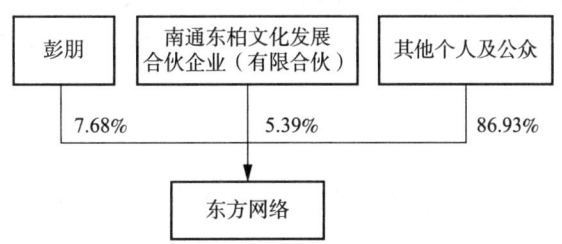

图2-11-1　东方网络重整前股权架构

二、资产负债情况

(一)资产负债情况总览

表 2-11-1 东方网络资产负债情况

资产/债权类型	资产(亿元)	负债(亿元)	净资产(亿元)	资产负债率(%)
账面价值/债权金额	5.15	17.14	−11.99	332.82
评估清算价值/债权金额	4.09	17.14	−13.05	419.07

如表 2-11 所示,截至评估基准日 2021 年 5 月 31 日,东方网络账面资产合计 5.15 亿元,主要由流动资产和长期股权投资等构成。其中,流动资产账面价值 4.28 亿元,长期股权投资价值 0.87 亿元。

根据评估机构出具的资产评估报告,评估价值总额为 4.09 亿元。

根据债权申报及审查情况,结合东方网络的账面记载或者东方网络已知悉情况,截至重整申请受理日,东方网络有财产担保债权为 0.74 亿元,职工债权为 159.51 万元,税款债权为 322.74 万元,普通债权为 14.63 亿元,待定债权为 33.81 万元,预计负债 1.72 亿元。

综上,根据债权申报与审查情况、管理人对职工债权的调查情况以及公司债务信息等,东方网络经管理人审查确认、暂缓确认、未申报及职工债权的负债合计为 17.14 亿元。

(二)债权分类

截至 2021 年 8 月 31 日,根据《企业破产法》第八十二条的规定和债权审查确认情况,债权人对东方网络享有的债权主要包括:足额财产担保债权、不足额财产担保债权,职工债权、税款债权和普通债权。

1. 有财产担保债权

管理人审查有财产担保债权为 0.74 亿元,共计 3 家债权人。其中,足额财产担保债权组的债权总额为 0.63 亿元,共 2 家;不足额财产担保债权组的债权金额为 0.11 亿元,共 1 家。

2. 职工债权

经管理人调查,职工债权为 159.51 万元,共计债权职工 11 人。

3. 税款债权

税款债权为 322.74 万元,共计 1 家债权人。

4. 普通债权

管理人审查普通债权为 14.63 亿元，共计 29 家债权人。其中，小额普通债权组的债权总额为 0.41 亿元，共 22 家；大额普通债权组的债权金额为 14.22 亿元，共 7 家。

5. 其他债权

待定债权金额为 33.81 万元，尚未确认的待定债权人 6 人。

经管理人初步调查梳理，尚未申报债权人 29 人，预计债权金额合计为 1.72 亿元。

（三）偿债能力分析

根据评估机构出具的偿债能力分析报告，东方网络如破产清算，假定其财产均能够按照清算评估价值获得处置变现即 4.09 亿元，扣除担保财产后的剩余可供分配金额为 3.37 亿元。按照《企业破产法》规定的清偿顺序，剩余可供分配的金额在 100% 支付或清偿必要的破产费用（按 2000 万元预计）、共益债务（按 1000 万元预计）、职工债权（159.51 万元）、税款债权（322.74 万元）后，可用于清偿普通债权（含已确认普通债权、待定债权、预计债权、有财产担保债权清偿不足转普通债权 207 万元，金额合计 163724.90 万元）的偿债金额为 3.02 亿元，普通债权清偿率为 18.46%。

三、重整基本情况

（一）重整背景

由于受到宏观经济下行、市场波动较大等因素影响，尤其前期投资的合伙型基金承诺的回购条件、保证担保条件触发，公司债务陡增，净资产为负，资不抵债。

（二）预重整／重整申请情况

2021 年 4 月 19 日，东方网络召开第六届董事会第三十五次会议，审议通过了《关于公司拟向法院申请重整（或预重整）的议案》。

2021 年 4 月 20 日，东方网络召开第六届监事会第十四次会议，审议通过了《关于公司拟向法院申请重整（或预重整）的议案》。

2021 年 5 月 6 日，东方网络召开 2021 年第三次临时股东大会，以占出席会议所有股东所持股份的 100% 同意，全票表决通过了《关于公司拟向法院申请重整（或预重整）的议案》。

2021 年 6 月 25 日[①]，公司向桂林中院递交重整申请，桂林中院收取材料。

---

① 该日期为桂林中院公告（2021）桂03民申5号所披露的日期，在重整计划中，公司于2021年6月24日向桂林中院递交重整申请。

(三）重整申请受理情况

2021年5月26日，桂林中院做出决定书〔（2021）桂03破申5号〕，决定对东方网络进行预重整。同日，桂林中院做出决定书〔（2021）桂03破申5号之一〕，指定智迪尔担任东方网络预重整临时管理人。临时管理人发布债权申报公告，申报截止日为2021年6月28日。

2021年10月27日，公司收到桂林中院下发的民事裁定书〔（2021）桂03破申5号之一〕和决定书〔（2021）桂03破6号、（2021）桂03破6号之二〕，桂林中院裁定受理公司重整申请，并指定智迪尔担任公司重整期间的管理人。

(四）重整管理模式

债务人自行管理财产和营业事务。

(五）重整大事记

2021年5月26日，桂林中院同意启动预重整程序，任智迪尔为预重整临时管理人。

2021年6月8日，对外披露《关于临时管理人公开招募和遴选重整投资人的公告》。

2021年7月22日，与科翔高新签署了重整投资协议，该协议现已发生法律效力。

2021年10月9日，在桂林中院的主持下，东方网络预重整案第一次债权人会议在桂林中院22号法庭召开。

2021年10月25日，表决通过重整计划草案议案以及智迪尔继续担任管理人。

2021年10月27日，公司收到桂林中院下发的民事裁定书〔（2021）桂03破申5号之一〕和决定书〔（2021）桂03破6号、（2021）桂03破6号之二〕，桂林中院裁定受理公司重整申请，并指定智迪尔担任公司重整期间的管理人。

2021年11月29日，在桂林中院的主持下，东方网络重整案第一次债权人会议在桂林中院新闻发布中心召开，表决通过了东方网络重整计划草案。

2021年11月30日，桂林中院裁定批准东方网络重整计划并终止公司重整程序。

2021年12月31日，桂林中院裁定确认公司重整计划执行完毕、终结公司重整程序。

四、重整计划的主要内容

(一）重整思路概述

重整计划的主要思路为：

（1）对出资人权益进行调整，在现有股份基础上进行转增，共计转增5.23亿股，其中2.45亿股由重整投资人科翔高新受让；2.45亿股用于清偿大额普通债权人；0.33亿股属于预留股票，根据《重整计划》，待定债权、预计债权中金额超过500万元（不含本数）的，按待定债权金额、预计债权金额预留抵债股票。

（2）出清文化传媒板块中的不良资产及引入重整投资人具备的产业优势、做优做强城市与综合园区服务业务来改善经营以提高经营效益。

东方网络重整方案如图2-11-2所示。

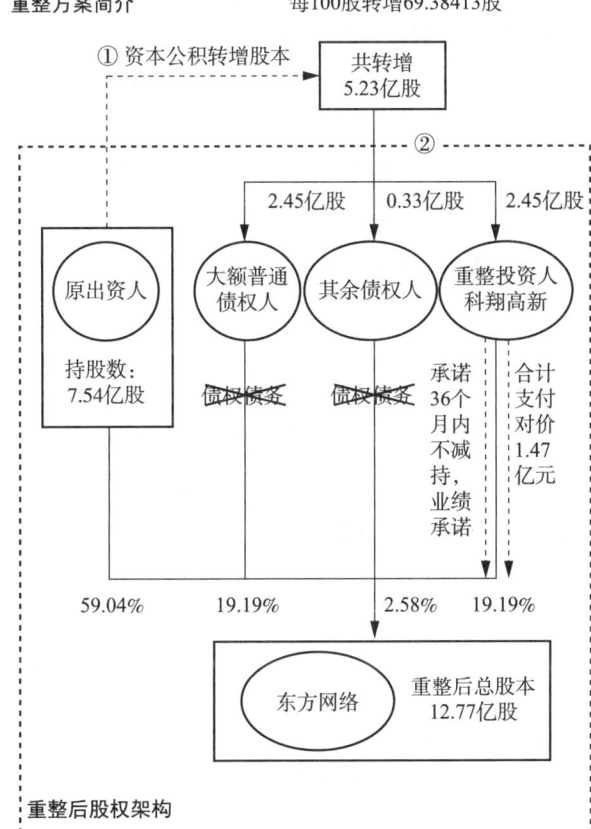

图2-11-2 东方网络重整方案示意图

注：重整前科翔高新持有南通东柏文化发展合伙企业（有限合伙）7.50%的合伙份额，南通东柏文化发展合伙企业（有限合伙）持有东方网络5.39%的股份。

（二）投资人及投资方案介绍

东方网络管理人和重整投资人科翔高新于2021年7月22日签订重整投资协议。科翔高新成立于2012年8月16日，注册资本为6亿元，是南通民营企业集群的资产管理平台和产业链管理平台。经营范围包括房地产开发经营、各类工程建设活动、货物进出口、技术进出口等。

根据重整计划，重整投资人科翔高新以0.6元/股的对价受让2.45亿股东方网络资本公积转增的股票，重整投资人受让股票所支付的对价专项用于清偿债务、支付重整费用及补充公司流动资金等。重整投资人承诺：

东方网络重整计划执行完毕后3个会计年度（执行完毕之日的下个自然年度为第一个会计年度），东方网络经审计的净利润（以扣除非经常性损益前后孰低者为准）合计不低于2.50亿元。如未能实现，重整投资人将在第三个会计年度审计报告出具后30日内，以货币方式补足差额部分。

重整投资人本次受让的转增股票自登记至其名下之日起36个月内，不通过任何形式减持（包括但不限于集合竞价、大宗交易以及协议转让等各种方式）。

（三）出资人权益调整方案

东方网络现有总股本7.54亿股为基数，按每100股转增69.38股的比例实施资本公积转增股票，共计转增5.23亿股，全部为无限售流通股，转增后，公司股本从7.54亿股增至12.77亿股（最终转增的准确股票数量以中证登深圳分公司实际登记确认的数量为准）。上述转增股份不向原股东分配，专项用于引进重整投资人及清偿东方网络债务，其中2.45亿股由重整投资人科翔高新以0.6元/股有条件受让；2.45亿股用于清偿大额普通债权，对价为5.2元/股；0.33亿股属于预留股票，根据重整计划，待定债权、预计债权中金额超过500万元（不含本数）的，按待定债权金额、预计债权金额预留抵债股票。以股抵债后剩余股票超过2.45亿股（不含本数）的部分由东方网络选择注销或者在二级市场上出售变现后，用于补充公司流动资金。

（四）债权调整及受偿方案

1. 足额财产担保债权调整及受偿

经管理人审查，有财产担保债权额低于特定担保财产清算价值的有财产担保债权，为足额财产担保债权，债权总额为0.63亿元，共计2家债权人，清偿方案为自桂林中院裁定批准重整计划之日起6个月内以货币方式一次性清偿。清偿完毕后，有财产担保债权人不再就担保财产享有优先受偿权，并应立即解除对担保财产设定的抵质押手续。未及时办理解除抵质押手续的，不影响担保物权的消灭，且应该赔偿因此给东方网络造成的损失。

2. 不足额财产担保债权调整及受偿

债权额超过特定担保财产清算价值的有财产担保债权为不足额财产担保债权，债权总额为0.11亿元，共计1家债权人。东方网络在桂林中院裁定批准重整计划之日起2个月内以资产评估报告载明的担保财产的清算价格为底价在淘宝或者京东拍卖平台启动公开拍卖，拍卖所得扣除税费以及其他交易成本、费用后的余额，用于清偿有财产担保债权；清偿后的剩余未受清偿的有财产担保债权转为普通债权，按照重整计划规定的普通债权的调整及清偿方案受偿。但鉴于担保财产尚未处置，在计算以股抵债的股票数量时，暂时按抵押权金额预留用于抵债的股票。抵质押担保权人需配合东方网络及时办理抵质押的解除手续，以便公开拍卖。若首次拍卖没能成交，下一次拍卖底价按照上一次拍卖底价的 90% 确定，直至最终拍卖成交，或者在自愿前提下以上一次的拍卖底价抵偿给有财产担保债权人为止。

3. 职工债权组调整及受偿

职工债权总额为 159.51 万元，债权职工人数 11 人。职工债权不做调整，由东方网络在重整计划执行期限内及时以货币方式全额清偿。根据《最高人民法院关于适用〈中华人民共和国企业破产法〉若干问题的规定（三）》第十一条第二款之规定，不设职工债权组。

4. 税款债权组调整及受偿

税款债权总额为 322.74 万元，共计 1 家债权人。税款债权不做调整，由东方网络在重整计划执行期限内及时以货币方式全额清偿。根据《最高人民法院关于适用〈中华人民共和国企业破产法〉若干问题的规定（三）》第十一条第二款之规定，不设税款债权组。

5. 小额普通债权组调整及受偿

东方网络普通债权中金额在 500 万元以下（含本数）的债权，归入小额普通债权组，债权总额为 0.41 亿元，共计债权人 22 家，有财产担保债权转入普通债权的债权金额为 270 万元。根据东方网络实际情况，小额普通债权的债权金额不做调整，但在重整计划执行期间分期以货币方式清偿。100 万元以下（含本数）的部分，自桂林中院裁定批准重整计划之日起 1 个月内清偿；超过 100 万元的部分，自桂林中院裁定批准重整计划之日起 6 个月内清偿。

6. 大额普通债权组调整及受偿

东方网络普通债权中金额超过 500 万元的债权，归入大额普通债权组，债权总额为 14.22 亿元，共计 7 家债权人。经过桂林中院裁定确认，按照每 100 元债权额获得 19.23 股转增股票予以抵偿，抵债价格 5.2 元/股。该部分大额普通债权受偿比例为 100%，预计用于抵债的转增股票总数 2.45 亿股（含管理人已确认的大额普通债权所需的抵债股票数以及为预计债权预留的抵债股票数）。以股抵债过程中，债权人可分得的股票存在不足 1 股情形的，该债权人分得的股票数量按照"进一法"处理，即去掉拟分配股票数小数点右侧的数字后，在个位数上加"1"。

7. 待定债权及预计债权调整及受偿

（1）待定债权。对于因诉讼、仲裁尚未终结事项暂缓确认的待定债权，在经桂林中院裁定确认后，可以要求东方网络按照重整计划中规定的同类债权清偿方案进行清偿。对于因债权人尚未提供补充证据材料、债权人提出异议等非诉讼、仲裁未决事项暂缓确认的待定债权，在经桂林中院裁定确认后，可以要求东方网络按照重整计划中规定的同类债权清偿方案进行清偿。

（2）预计债权。东方网络账面有记载或者东方网络已知悉，但尚未申报的债权，如债权权利应受法律保护，由东方网络负责审查，在重整计划执行期间不得行使权利，但可以在重整计划执行完毕后要求东方网络按照重整计划中规定的同类债权清偿方案进行清偿。

8. 债务清偿顺序

东方网络债务清偿顺序如图2-11-3所示。

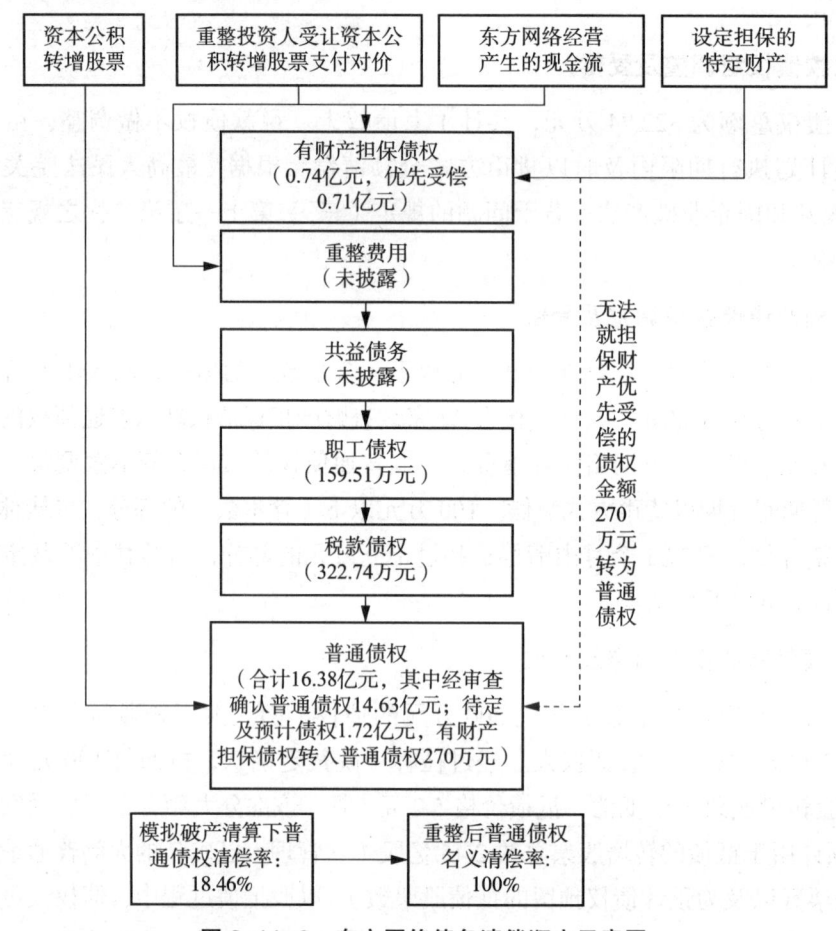

图2-11-3 东方网络债务清偿顺序示意图

（五）未来经营方案

1. 稳步发展精密量具量仪板块

东方网络的全资子公司桂林广陆数字测控有限公司（以下简称"广陆数测"）为国家高新技术企业、广西创新型企业、广西智能工厂示范企业，是中国数显量具量仪领导者，是中国数显量具量仪的龙头企业，数显核心技术达到世界先进水平。广陆数测将通过持续稳定的研发投入来进一步优化产品结构、丰富产品线，以卓越的品质和服务、可靠的交付能力持续提升品牌影响力，保持在业内的领先优势以及全球竞争力，力争成为业内领先、世界一流的精密量具量仪制造企业和测量服务企业。

（1）持续优化现有产品结构。公司拟利用现有技术储备，发挥品牌、渠道和工艺相对领先的优势，扩大表类和千分尺类产品的种类和生产规模，实现表类、千分尺类产品与卡尺类产品的均衡发展，进一步提升市场占有率。

（2）布局非接触式视觉测量业务。未来测量行业将会是接触式测量与非接触式测量并举的发展方向，广陆数测现有的产品主要以接触式测量产品为主；但经过多年的技术储备，已经具备涉足非接触式测量产品的能力，并推出了激光测量仪等一系列的产品。

（3）发展室外测量产品及服务。在空间上，产品由室内测量逐步走向室外测量。目前公司的产品多数用于制造业车间室内的产品测量，广陆数测利用积累的电子研发能力，经过近几年的持续研发投入，已经有少量产品运用于室外测量，应用于高铁、风力发电、高速公路、太阳能发电、建筑工地等行业，这将是公司下一个重点关注的应用场景。

（4）打造智能测量产品。结合数字化、智能制造、5G等新技术发展生态型测量产品，打造智能测量产品。产品总体规划向数字化方向发展，跟上5G时代对数字化、工业互联网、智能制造的市场需求，在大测量的范畴内，更加深入地与客户一起，为客户打造量身定制的整体测量服务（硬件与软件并举）。逐步使公司由单一制造型企业向服务与制造并举型企业转变，为客户打造质量云平台，帮客户建设整个公司的测量数据管理系统。

（5）客户资源开发。根据国内经济率先复苏的情形，公司将调整销售策略，努力稳定国际市场，加大广陆品牌的建设与宣传力度，同时加强国内销售渠道的建设和投入，积极提高市场占有率与经济效益。

2. 出清文化传媒板块

通过重整，对文化传媒板块中现有资产中已丧失盈利能力或处于停滞状态的子公司和业务进行剥离，避免其进一步侵蚀上市公司利润，以改善上市公司的资产结构，提升上市公司的盈利能力。

3. 做优做强产业园综合管理服务业务板块

在现有产业基础上，通过引入有相关产业背景及资源的重整投资人，做优做强产业园综合管理服务业务，服务于新型基础设施建设和新型城镇化建设，为政府及企业客户提供产业规划研究、建设管理、招商引资、运营维护等一站式或模块化服务。

（1）产业研究服务。公司于2020年末开始布局综合性产业研究，从资源整合入手，通过与行业协会、高等院校、社会研究机构合建、共享数据库汇集行业商业数据，旨在建立起全国性的产业研究咨询服务平台体系，打造全国产业地图，通过数字化方式展示产业经济的空间布局，以此实现对产业现状、企业资源、行业组织、产业结构等的重新解读，进而为政府、企业客户提供产业政策调研、产业市场研究、投资可行性研究、融资可行性研究、立项可行性研究、产业申报咨询、产业规划咨询、产业园转型升级咨询等方面的服务。

（2）代建业务。公司将通过自建或整合方式进一步完善资质、加强人才梯队建设，以品质塑造品牌，与产业研究服务联动，锚定上游产业资源，先做强再做大，实现代建服务的健康有序发展。

（3）物业管理服务。未来将以人才梯队建设、服务体系完善、资质提升为工作重点，打造涵盖住宅物业服务、商写物业服务、综合园区物业服务和城市物业管理服务的全领域物业服务体系。

4. 获得投资方注入的优质资源

在完成重整后，为进一步增强东方网络的盈利能力，重整投资人将进一步充分发挥其较强的经济实力、产业资源及在市场拓展、企业管理等方面的背景优势，为东方网络提供必要的资源支持。重整投资人未来将根据企业经营需求和实际条件，在充分论证且各方面条件成熟的基础上，择机实施资产注入方案。

5. 改善上市公司资金流及修复融资功能

重整投资人重整投资资金，除用于偿付重整所需的债务及支付重整期间产生的各项费用外，主要用于推进东方网络精密机械量具量仪制造业务板块产业升级，收购相关产业资产，补充东方网络流动资金，后续通过精密量具量仪制造与综合产业园区服务双主业产业升级和业务突破，多渠道募资降低综合融资成本，修复融资功能，改善和提升"现金造血"能力。

五、重整计划的表决与批准

（一）债权人会议表决

2021年11月29日，东方网络重整案第一次债权人会议在桂林中院（桂林市七星区毅峰路19号）召开，表决通过《东方时代网络传媒股份有限公司重整计划（草案）》。

1. 足额财产担保债权组

同意票2张，反对票0张，弃权票0张，本组投同意票人数占本组出席会议人数的100%，其所代表的债权金额占本组债权总额的100%。表决通过。

2. 不足额财产担保债权组

同意票1张，反对票0张，弃权票0张，本组投同意票人数占本组出席会议人数的100%，其所代表的债权金额占本组债权总额的100%。表决通过。

3. 大额普通债权组

同意票 7 张，反对票 2 张，弃权票 0 张，本组投同意票人数占本组出席会议人数的 77.78%，其所代表的债权金额占本组债权总额的 81.06%。表决通过。

4. 小额普通债权组

同意票 21 张，反对票 1 张，弃权票 0 张，本组投同意票人数占本组出席会议人数的 95.45%，其所代表的债权金额占本组债权总额的 96.00%。表决通过。

（二）出资人组会议表决

2021 年 10 月 8 日召开预重整案出资人组会议，审议以网络投票和现场投票的表决方式通过出资人权益调整方案，对于本次出资人组会议对出资人权益调整方案的表决结果为"通过"的，在东方网络进入重整程序后继续有效。东方网络进入重整程序后的东方网络重整计划草案如对东方网络出资人权益调整方案（内容）未做修改或者虽有修改但该修改对东方网络出资人没有不利影响，东方网络的出资人组不再重复召开出资人组会议进行再次表决。

2021 年 11 月 29 日召开第一次债权人会议，因重整计划草案涉及出资人权益调整，出资人组会议亦表决通过了重整计划草案中所涉出资人权益调整事项。

（三）重整计划批准

2021 年 11 月 30 日，桂林中院下发的民事裁定书〔（2021）桂 03 破 6 号〕，裁定批准公司重整计划并终止公司重整程序。

六、重整计划的执行与监督

（一）执行和监督的主体

重整计划由东方网络负责执行，管理人负责监督东方网络重整计划的执行。

重整计划执行监督期内，东方网络应当接受管理人的监督，及时向管理人报告重整计划的执行情况、公司财务状况、重大经营决策、重要资产处置等事项。监督期届满或者东方网络提前执行完重整计划的，管理人要向桂林中院提交监督报告。自监督报告提交之日起，管理人的监督职责终止。

（二）执行和监督期限

重整计划的执行期限自重整计划获得桂林中院裁定批准之日起计算，重整计划执行期限为 6 个月。在此期间，东方网络应当严格依照重整计划的规定清偿债务，支付破产费用。如非东方网络自身原因,致使东方网络重整计划无法在上述期限内执行完毕,东方网络应于执行期限届满前,向桂林中院提交延长重整计划执行期限的申请,并根据桂林中院批准的执行期限继续执行。桂林中院如认为需要延长执行期限,可以依职权决定延长重整计划的执行期限。重整计划提前执行完毕的,执行期限在桂林中院裁定重整计划执行完毕之日到期。

重整计划执行的监督期限与重整计划执行期限相同,自桂林中院裁定批准重整计划之日起计算。如根据重整计划执行的实际情况,需要延长管理人监督重整计划执行的期限,则管理人将向桂林中院提交延长重整计划执行监督期限的申请,并根据桂林中院批准的期限继续履行监督职责。桂林中院依职权延长重整计划执行期限的,监督期限自动相应延长。重整计划执行期限提前到期的,监督期限相应提前到期。

(三)执行的措施

1. 偿债资金和抵债股票的分配

偿债的资金和抵债股票原则上以银行转账、股票划转的方式向债权人进行分配,尚未提供领受偿债资源所需的银行账户、证券账户的债权人,应在重整计划获桂林中院批准后按照管理人指定格式书面提供领受偿债资源的银行账户、证券账户信息。未提供以及无法通知到的债权人将提存其分配额,由此产生的法律后果由相关债权人自行承担。因债权人自身及/或其代理人、关联方的原因,导致偿债资源不能到账,或因账户信息错误、账户被冻结、扣划等原因所产生的法律后果由相关债权人自行承担。债权人可以指令将偿债资源支付/划转至债权人指定的、由该债权人所有/控制的账户或其他主体所有/控制的账户内,但因该指令导致偿债资源不能到账,以及由该指令导致的法律纠纷和市场风险由相关债权人自行承担。

2. 财产保全措施的解除

根据《企业破产法》第十九条的规定,人民法院受理破产申请后,有关债务人财产的保全措施应当解除。尚未解除对东方网络财产保全措施的债权人,应当在重整计划获得法院批准后5个工作日内协助办理完解除财产保全措施的手续。在债权人办理完解除财产保全措施的手续之前,管理人有权暂缓向相关债权人根据重整计划进行清偿。

3. 偿债资金/股票的预留、提存及处理

(1)已经桂林中院裁定确认的债权人,未按照重整计划的规定领受偿债资源的,根据重整计划应向其分配的资金、股票将提存至管理人指定的银行账户、证券账户。上述提存的偿债资源自重整计划执行完毕公告之日起满3年,债权人仍不领取的,视为放弃领受偿债资源的权利。东方网络应当将提存的资金在扣除相关费用后用于补充公司流动资金,提存的抵债股票除重整投资人按照重整计划的规定认购外,其余由东

方网络选择注销或者在二级市场出售变现后，用于补充公司流动资金。

（2）对于因诉讼仲裁未决、债权人异议等事项导致管理人暂时无法做出审查结论的债权，以最终确认的债权金额为准，在经桂林中院裁定确认后，按照重整计划规定的同类债权清偿方案受偿。按照重整计划已预留的偿债资源在清偿该等债权后仍有剩余的，剩余的偿债资金将用于补充公司流动资金，剩余的偿债股票除重整投资人按照重整计划的规定认购外，其余由东方网络选择注销或者在二级市场出售变现后，用于补充公司流动资金。

（3）对于东方网络已知悉但未依法在债权申报期限内申报的债权，如债权权利应受法律保护，以最终确认的债权金额为准，按照重整计划规定的同类债权清偿方案受偿。按照重整计划已预留的偿债资源在清偿该等债权后仍有剩余的，剩余的偿债资金将用于补充公司流动资金，剩余的偿债股票除重整投资人按照重整计划的规定认购外，其余由东方网络选择注销或者在二级市场出售变现后，用于补充公司流动资金。

4. 转让债权的清偿

债权人在重整申请受理日后依法对外转让债权的，受让人按照原债权人根据重整计划就该笔债权可以获得的受偿资源受偿。债权人向两个及以上的受让人转让债权的，偿债资源向受让人按照其受让的债权比例分配。

5. 协调、促成下属子公司清偿负债，降低相关债权人对东方网络的债权额

东方网络促成下属控股子公司上海量具刃具厂有限公司，在桂林中院裁定批准重整计划之日起2个月内，以资产评估报告载明的位于上海市松江区九亭镇沧泾路200号房地产（已经抵押给债权人广西南雅宝鑫投资有限公司）的清算价格为底价在淘宝或者京东拍卖平台启动公开拍卖，拍卖所得扣除税费以及其他交易费用后的余额，在最高额抵押担保金额范围内优先用于清偿广西南雅宝鑫投资有限公司抵押担保债权。上海量具刃具厂有限公司承担上述抵押担保责任后，广西南雅宝鑫投资有限公司对东方网络的普通债权金额相应减少，同时上海量具刃具厂有限公司成为东方网络普通债权人。

东方网络协调桂林东方时代投资有限公司管理人尽快处置变现资产，清偿所欠东方网络债权人的负债，以降低相关债权人对东方网络的债权金额。

桂林中院裁定批准重整计划后，东方网络协调宁波梅山保税港区东网安杰股权投资合伙企业（有限合伙）尽快采用货币或者实物（权益）分配形式，尽可能多地实现浙商银行股份有限公司宁波分行的优先合伙份额投资收益，以降低其对东方网络的债权金额。

6. 子公司抵债股票的处理

东方网络督促其控股子公司根据中国证券监管法律法规的相关规定，处理根据重整计划获得的抵债转增股票。

7. 重整费用和共益债务的支付

东方网络预重整、重整期间的破产费用，预重整及重整期间所负债务（共益债务）将以货币方式及时全额支付或清偿。东方网络破产费用包括重整案件受理费 30 万元、管理人报酬 800 万元（含预重整阶段及重整阶段管理人报酬，付款进度按合同约定执行）、聘请审计、评估、证券服务等中介机构的费用（200 万元）、转增股票登记税费（据实支付）、股票过户税费（据实支付）及诉讼或仲裁费用（据实支付）等，均及时以货币方式支付。

8. 资产处置事项

（1）为彻底消除导致东方网络审计报告被出具保留意见的因素，东方网络具有不确定性因素的资产需要在 2021 年 12 月 31 日前予以剥离。东方网络所持合伙份额，以及因承担合伙份额回购义务、保证担保义务所新获得的全部合伙份额、追偿权利（含尚未确定的或有权利）等，将在桂林中院裁定批准重整计划之日起 2 个月内，以 1000 万元为拍卖底价（总额）在淘宝或者京东拍卖平台"整体打包"公开拍卖变现。若无人参与竞买或者虽参与竞买但拒绝做出有效报价或者出价人反悔等导致无法变现，重整投资人承诺在 2021 年 12 月 31 日前以 1000 万元价格整体协议受让。

（2）在重整期内以及重整计划执行期内，为进一步夯实资产质量、改善东方网络资产负债结构并提升公司盈利能力而涉及财产处置事宜的，在报经桂林中院备案后，管理人及东方网络可以根据《企业破产法》的相关规定依法处置。原则上，处置应该采取公开拍卖的方式进行。

七、重整计划顺利实施的预期效果

本次重整计划如能顺利实施，预计将产生以下结果：

（1）法人资格继续存续，仍是一家股票在深交所上市的股份公司。

（2）重整前产生的负债获得妥善安排。重整计划实施完毕后，东方网络的债务获得较高比例清偿，实现各方共赢。

（3）重整投资人充分利用自身优势。科翔高新将提供资金为东方网络重整提供必要的资金来源；同时利用自身的行业经验，制定和实施东方网络未来经营方案及未来发展规划，在保持精密量具量仪制造业务稳健发展的同时，通过引入重整投资人具备的产业优势、做优做强城市与综合园区服务业务。

案例 12　众泰汽车重整案例解析[①]

> **背景**

众泰汽车股份有限公司（以下简称"众泰汽车"或"公司"）是一家在深交所挂牌公开交易的上市公司。公司主营汽车钣金覆盖件、汽车模具研发加工、汽车仪表、汽车线束、汽车传感器、摩托车仪表、摩托车传感器、其他车用电器件，兼营钢质、木质防盗门。公司是国内最大的车用零配件生产加工企业之一。公司成立于 1998 年 8 月 31 日，重整前总股本 20.28 亿股。

众泰系 8 家公司指众泰汽车合并报表范围内被法院受理破产的下属 8 家子公司的合称，具体指永康众泰汽车有限公司（以下简称"永康众泰"）、浙江铁牛汽车车身有限公司（以下简称"铁牛车身"）、浙江众泰汽车制造有限公司（以下简称"众泰制造"）、众泰新能源汽车有限公司（以下简称"众泰新能源"）、湖南江南汽车制造有限公司（以下简称"江南制造"）、浙江众泰汽车销售有限公司（以下简称"众泰汽销"）、杭州益维汽车工业有限公司（以下简称"杭州益维"）、杭州杰能动力有限公司（以下简称"杰能动力"）。

受到汽车行业整体景气度不高，行业竞争日趋激烈，公司流动资金短缺、内部管理不善、公司整车汽车销量大幅下降等各种不利因素影响，众泰汽车及下属整车板块相关子公司自 2019 年农历春节后逐渐陷入经营危机和财务危机，且日趋严重。2020 年以来，突如其来的新冠疫情为汽车行业按下"暂停键"，使得公司经营雪上加霜。2020 年 10 月至 2021 年 6 月，众泰系 8 家公司因陷入债务危机，先后被人民法院受理破产申请。2020 年 9 月 16 日，债权人浙江永康农村商业银行股份有限公司向永康市人民法院（以下简称"永康法院"）提交预重整申请书。2020 年 9 月 21 日，永康法院同意对众泰汽车进行预重整，并选任浙江京衡律师事务所为众泰汽车预重整管理人。2021 年 6 月 9 日，因众泰汽车不能清偿到期债务，且有明显丧失清偿能力的可能，浙江省金华市中级人民法院（以下简称为"金华中院"或"法院"）根据债权人的申请，依法裁定受理重整申请，并指定管理人具体开展重整各项工作。2021 年 11 月 30 日，公司收到了金华中院送达的民事裁定书〔（2021）浙 07 破 13 号〕，裁定批准公司重整计划，并

[①] 本案例解析的内容主要根据众泰汽车股份有限公司于 2021 年 12 月 1 日公布的《众泰汽车股份有限公司重整计划》整理而成。

终止公司重整程序。2021年12月28日，公司收到金华中院民事裁定书，确认公司重整计划执行完毕。该案例入选2021年浙江法院破产审判十大典型案例。

方案要点

1. 出资人权益调整

以众泰汽车现有的20.28亿股股本为基数，按照每10股转增15股的比例实施资本公积转增股票，共计转增30.41亿股股票。转增后，众泰汽车总股本将由20.28亿股增至50.69亿股（最终转增的准确股票数量以重整计划执行阶段的司法协助通知书载明的内容及中证登深圳分公司实际登记确认的数量为准）。

上述转增股票中，10.14亿股分配给众泰汽车及众泰系8家公司的债权人用于清偿债务；20.27亿股由重整投资人江苏深商控股集团有限公司（以下简称"江苏深商"）及/或其指定的关联方和财务投资人有条件受让，重整投资人和财务投资人受让股票所支付的对价部分作为偿债资金用于清偿重整计划规定的债权，部分用于补充流动资金改善经营能力等。

2. 债权清偿方案

（1）有财产担保债权调整及受偿。有财产担保债权在对应担保财产的评估价值范围内优先受偿，其中有财产担保债权对应质押保证金的，由相应的质押保证金优先清偿；有财产担保债权对应的担保财产未纳入重整资产范围的，将予以处置变现，相应有财产担保债权以担保财产处置所得款项净值优先受偿；有财产担保债权对应的担保财产未处置变现的，就担保财产评估值范围内的债权，在重整计划获得法院裁定批准后以现金方式予以留债分期清偿。留债期限5年，留债利率按5年期LPR下浮100个基点确定，本金按前低后高的原则进行清偿，2023年、2024年、2025年、2026年分别按照留债本金的10%、20%、30%、40%进行清偿，利息每年支付。

未能受偿的部分将按照普通债权（若依法享有普通债权）受偿方案获得清偿。

（2）普通债权调整及受偿。每家普通债权人10万元以下（含10万元）的债权部分，在重整计划获得法院裁定批准之日起30个工作日内依法以现金方式一次性清偿完毕。

每家普通债权人超过10万元的债权部分，以股票方式清偿，每100元普通债权分得7.70股众泰汽车A股股票（若股数出现小数位，则去掉拟分配股票数小数点右侧的数字，并在个位数上加"1"），该部分普通债权的清偿比例为100%。债权人自受偿转增股票之日起6个月内不得转让其所持有的众泰汽车股票。

众泰汽车及众泰系8家公司因相互担保、为第三方共同提供担保、作为共同债务人而形成的债权，对于有众泰汽车及众泰系8家公司财产担保的，先按照有财产担保债权受偿方案受偿，再在主债务人处受偿。债权人在一家或几家公司的破产程序中获得100%清偿后，其他债务人将不再承担清偿责任。

（3）关联债权受偿与调整。根据统筹重整原则，众泰汽车与其各级子公司之间、各级子公司相互之间的关联债权不占用众泰汽车及众泰系8家公司的偿债资源，不在重整计划中安排清偿。关联债权将在重整完毕后根据上市公司整体生产经营情况妥善解决。若众泰汽车及众泰系8家公司中任意一家公司的重整计划未取得法院批准，则上述约定失效，各关联方均可依法向重整未获批的公司主张权利。

3. 引进重整投资人

江苏深商为重整投资人，重整投资人及/或其指定的关联方和财务投资人合计有条件受让众泰汽车资本公积转增股本的20.27亿股，且重整投资人或财务投资人任一方持有众泰汽车的股权比例均不超过29.99%，重整投资人及/或其指定的关联方和财务投资人合计支付的重整投资款为20亿元。在众泰汽车重整完成后，众泰汽车的控股股东将由铁牛集团有限公司（以下简称"铁牛集团"）变更为重整投资人江苏深商及/或其指定的关联方。

重整投资人：重整投资人合计受让12.27亿股转增股票，受让条件为提供8亿元资金用于支付重整费用、清偿债务、补充公司流动资金；承诺本次受让的转增股票自登记至其名下之日起36个月内不减持。另行以资产评估值承接部分低效资产等。

财务投资人：财务投资人合计受让8亿股转增股票，受让条件为按照1.5元/股价格受让转增股票，相应款项用于支付重整费用、清偿债务、补充公司流动资金；承诺本次受让的转增股票自登记至其名下之日起12个月内不减持等。

4. 协调审理

众泰系8家公司作为上市公司合并报表范围内的全资子公司，是众泰汽车整车板块业务中主要的经营实体。为使众泰系8家公司继续保留在上市公司体系内，在偿还债务与保留经营性资产中实现平衡，在众泰汽车重整计划草案获得各表决组表决通过并经法院裁定批准的基础上，结合重整投资人的意见与建议，分别向众泰汽车及众泰系8家公司提供部分转增股票和现金以清偿其债务，实施统筹重整。重整偿债资源在众泰系8家公司的分配因不影响众泰汽车本级的偿债方案，对重整计划草案的表决通过没有影响。众泰汽车本级重整计划经法院裁定批准后，即可实施资本公积转增股票，不受众泰系8家公司的重整结果及进度影响。

一、公司基本信息

（一）公司及业务简介

众泰汽车成立于1998年8月31日，公司注册地与主要办事机构所在地为浙江省金华市永康市经济开发区北湖路1号，登记机关为浙江省市场监督管理局，总股本

20.28 亿股，法定代表人为胡水梭，经营范围包括汽车整车及零部件、汽车配件、摩托车配件（不含发动机）等。

众泰汽车前身金马股份有限公司（以下简称"金马股份"）于 2000 年 6 月 16 日在深交所正式挂牌上市。2017 年，金马股份以向铁牛集团等发行股份的方式购买永康众泰 100% 股权，该重大资产重组实施完成后，金马股份更名为众泰汽车，控股股东由黄山金马集团有限公司变更为铁牛集团，众泰汽车转型为一家以汽车整车研发、制造及销售为核心业务的上市公司。铁牛集团于 2020 年 12 月 18 日被宣告破产。

根据公司重整申请前 2019 年年度报告，合并报表下实现了 29.86 亿元的营业收入，但营业成本高达 31.61 亿元，公司净利润为 –111.91 亿元，毛利率为 –5.86%，净利率为 –374.78%。

（二）重整前股权架构

众泰汽车重整前股本总数为 20.28 亿股。第一大股东为铁牛集团，持股比例为 38.78%。铁牛集团于 2020 年 8 月 31 日由永康法院受理破产，并于同年 12 月 18 日被宣告破产。众泰汽车重整前股权架构如图 2-12-1 所示。

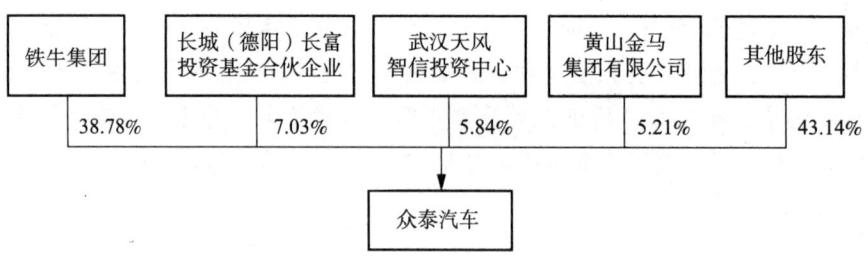

图 2-12-1 众泰汽车重整前股权架构

二、资产负债情况

（一）资产负债情况总览

表 2-12-1 众泰汽车资产负债情况

资产/债权类型	资产（亿元）	负债（亿元）	净资产（亿元）	资产负债率（%）
账面价值/债权金额	184.11	62.64	121.47	34.02
评估清算价值/债权金额	3.10	62.64	–59.54	2020.65

如表 2-12-1 所示，2020 年 6 月 30 日公司披露的母公司资产负债表显示，资产账面价值为 184.11 亿元。根据评估机构对资产清算价值的评估，截至评估基准日 2020 年

12月31日，众泰汽车资产评估总值为3.10亿元，其中流动资产评估值为1.95亿元，非流动资产评估值为1.15亿元。

截至2021年10月25日，债权人向管理人申报债权共计81.82亿元，涉及债权46笔，包括优先债权金额1.19亿元，普通金额80.62亿元。

截至2021年10月25日，管理人对已申报债权依法审查后形成如下结论。

管理人初步审查确认债权32笔，确认金额共计53.57亿元，其中，确认优先债权（均为有财产担保债权）2笔，确认优先债权总额1.19亿元；确认普通债权31笔（其中1笔既确认优先债权又确认普通债权），确认普通债权总额52.38亿元。

另确认迟延履行期间加倍债务利息等劣后债权154.53万元。

经管理人调查，众泰汽车无付职工债权。

在已申报债权中，因主体不适格、已过诉讼时效等原因不予确定的债权6笔，涉及申报金额17.32亿元。

在已申报债权中，因涉及未决诉讼等尚未审查确认的债权8笔，涉及申报金额共计8.40亿元。

众泰汽车2021年6月30日账面记载但尚未申报债权金额0.67亿元。

综上，根据债权申报与审查情况、管理人对职工债权的调查情况以及公司债务信息等，众泰汽车经管理人审查确认、暂缓确认、未申报的负债合计为62.64亿元。

（二）债权分类

1. 有财产担保债权

有财产担保债权人在担保财产评估值范围内优先清偿0.62亿元，超出担保物价值且依法可以转为普通债权的有0.95亿元。

2. 普通债权

经管理人审查，众泰汽车普通债权包括管理人初步审查确认的普通债权（含无法就担保财产价值优先获偿而依法转入的普通债权部分），经审查确认的普通债权52.95亿元。

3. 劣后债权

经管理人审查，众泰汽车存在因债务人未及时履行生效法律文书而产生的迟延履行期间加倍利息，共计154.53万元，劣后债权不占用本次重整偿债资源。

4. 其他债权

暂缓确认债权：在已申报债权中，因涉及未决诉讼等尚未审查确认的债权8笔，涉及申报金额共计8.40亿元。

未申报债权：经管理人审查，众泰汽车账面记载但尚未申报债权金额0.67亿元。

（三）偿债能力分析

根据评估机构出具的偿债能力分析报告，如众泰汽车破产清算，假定其财产均能按照评估值变现，依照《企业破产法》规定的清偿顺序，担保财产变现所得优先用于偿还有财产担保债权，其他财产的变现所得在支付或偿还破产费用及共益债务后，剩余财产用于清偿普通债权（含初步审查确认债权、暂缓确认债权、无法就担保财产价值优先获偿而依法转入普通债权部分、未申报债权），在前述清偿顺序下，众泰汽车在假定破产清算状态下普通债权清偿率为2.55%。

三、重整基本情况

（一）重整背景

众泰汽车是以汽车整车研发、制造及销售为核心业务的上市公司。受到汽车行业整体景气度不高，行业竞争日趋激烈，公司流动资金短缺、内部管理不善、公司整车汽车销量大幅下降等各种不利因素影响，众泰汽车及下属整车板块相关子公司自2019年农历春节后逐渐陷入经营危机和财务危机，且日趋严重。2020年，突如其来的新冠疫情为汽车行业按下"暂停键"，使得公司经营雪上加霜。

虽然在地方政府和金融机构的支持下，公司前期积极采取了纾困措施，并开展了全面的内部改革，但最终仍未能力挽狂澜，时至今日众泰汽车仍面临着流动资金匮乏、有息负债全面逾期、生产经营全面停顿、诉讼案件缠身、资产被查封等种种复杂局面。

同时，众泰系8家公司作为上市公司合并报表范围内的全资子公司，是众泰汽车整车板块业务中主要的经营实体，是众泰汽车主要的营业收入和利润来源。重整投资人参与众泰汽车重整的主要目标是使众泰汽车业务与资产具备持续经营能力，这些公司已进入破产程序且处于资不抵债境地，依照《企业破产法》的相关规定，众泰汽车对众泰系8家公司享有的出资人权益将被调整为零。对此，各方达成共识：对众泰汽车及其下属核心子公司实施重整并借此引进投资者是众泰汽车及其下属核心子公司化解当前困境的唯一出路，也是众泰汽车资产价值最大化、债权人利益保护程度最大化、中小投资者利益保护程度最大化的最优方案。

（二）预重整/重整申请情况

2020年10月至2021年6月，众泰系8家公司因陷入债务危机，先后被人民法院受理破产申请。2020年9月16日，债权人浙江永康农村商业银行股份有限公司向永康法院提交预重整申请书。2020年9月21日，永康法院发出通知书〔（2020）浙0784民诉前调2422号〕，同意对众泰汽车进行预重整，并依法选任浙江京衡律师事务所为众泰汽车预重整管理人。2021年6月9日，金华中院根据债权人的申请正式受理众泰汽车重整一案，并于2021年6月29日指定预重整管理人担任管理人。

(三)重整申请受理情况

2021年6月9日,金华中院根据债权人的申请正式受理众泰汽车重整一案,并于2021年6月29日指定预重整管理人担任管理人。

(四)重整管理模式

债务人自行管理财产和营业事务。

(五)重整大事记

2020年9月16日,债权人浙江永康农村商业银行股份有限公司向永康法院提交预重整申请书。

2020年9月21日,永康法院同意对众泰汽车进行预重整,并选任浙江京衡律师事务所为众泰汽车预重整管理人。

2020年9月23日,众泰汽车及预重整管理人发布公开招募投资人的公告。

2021年6月9日,众泰汽车收到金华中院送达的民事裁定书〔(2020)浙07破申7号〕,金华中院裁定受理浙江永康农商行股份有限公司对公司的重整申请。

2021年6月29日,公司收到金华中院送达的决定书〔(2021)浙07破13号〕,金华中院指定浙江京衡律师事务所担任管理人。

2021年8月5日,众泰汽车重整案第一次债权人会议召开,会议表决通过了管理人继续执行职务议案和财产管理与变价方案。

2021年9月30日,评审投票结果确定由江苏深商为重整投资人,上海钛启汽车科技合伙企业、湖南致博智车股权投资合伙企业(有限合伙)作为后顺位备选重整投资人。当日,公司及管理人与江苏深商签署了《众泰汽车股份有限公司重整投资协议》。

2021年11月9日,公司第二次债权人会议采取网络会议方式召开,公司出资人组会议采取现场投票与网络投票相结合的方式召开。

2021年11月30日,公司收到了金华中院送达的民事裁定书〔(2021)浙07破13号〕,裁定批准公司重整计划,并终止公司重整程序。公司进入重整计划执行阶段。

2021年12月28日,公司收到金华中院民事裁定书,确认公司重整计划执行完毕。

四、重整计划的主要内容

(一)重整思路概述

如图2-12-2所示,重整计划的主要思路为:

(1)对出资人权益进行调整,以众泰汽车现有总股本20.28亿股为基数,按每10股转增15股的比例实施资本公积转增股本,共计转增30.41亿股。其中,10.14亿股用于抵偿众泰汽车及众泰系8家公司的债务;20.27亿股由重整投资人江苏深商及/或其指定的关联方和财务投资人有条件受让，且重整投资人或财务投资人任一方持有众泰汽车的股权比例均不超过29.99%，重整投资人及/或其指定的关联方和财务投资人合计支付的重整投资款为20亿元。

（2）以众泰汽车重整为契机，对公司实施市场化改革，推动改革脱困和转型升级工作，同时将结合重整投资人所处行业的资源优势，以恢复优化传统业务和升级拓展新业务为战略导向，实现业绩快速回暖。

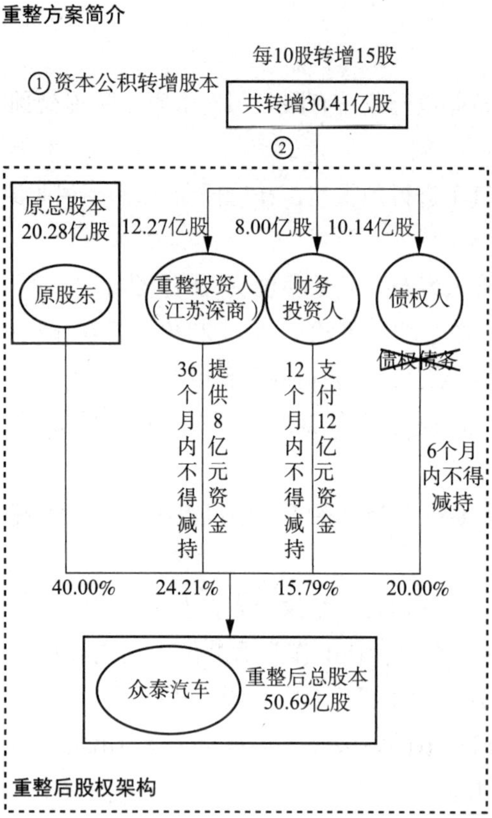

重整方案简介

①资本公积转增股本：每10股转增15股，共转增30.41亿股

②转增股票的分配：
- 原总股本20.28亿股（原股东）——40.00%
- 重整投资人（江苏深商）12.27亿股，提供8亿元资金，36个月内不得减持——24.21%
- 财务投资人8.00亿股，支付12亿元资金，12个月内不得减持——15.79%
- 债权人10.14亿股，债权偿还，6个月内不得减持——20.00%

重整后总股本50.69亿股

出资人权益调整方案

① 按每10股转增15股的比例实施资本公积转增股，本共计转增30.41亿股。总股本由20.28亿股增至50.69亿股。

② 转增股票的分配如下。

- 重整投资人合计受让12.27亿股转增股票，受让条件为：
  - 提供8亿元资金用于支付重整费用、清偿债务、补充公司流动资金。
  - 承诺本次受让的转增股票自登记至其名下之日起36个月内不减持。
  - 利用产业协同优势，帮助众泰汽车尽快恢复全国性的销售网络；向众泰汽车提供优质产业资源，引进高端技术开发团队。

- 财务投资人合计受让8亿股转增股票，受让条件为：
  - 按照1.5元/股价格受让转增股票，相应款项用于支付重整费用、清偿债务、补充公司流动资金。
  - 承诺本次受让的转增股票自登记至其名下之日起12个月内不减持。
  - 承诺其与江苏深商不存在《中华人民共和国证券法》《上市公司收购管理办法》等规定的一致行动情形，不是江苏深商的一致行动人。

- 10.14亿股用于清偿债务，其中：
  - 2.49亿股将分配给众泰汽车债权人用于清偿债务。
  - 7.65亿股将提供给众泰系8家公司用于向其债权人分配以清偿债务。
  - 6个月内不得转让其所持有的众泰汽车股票。

图 2-12-2　众泰汽车重整方案示意图

（二）投资人及投资方案介绍

2021年9月30日，管理人最终确定由江苏深商作为公司重整投资人。同日，公司及管理人与江苏深商签署了《众泰汽车股份有限公司重整投资协议》。

江苏深商成立于2020年9月29日，法定代表人为黄继宏，注册资本2亿元，由深圳市深商控股集团股份有限公司100%持股，无实际控制人。重整投资人江苏深商及/或其指定的关联方有条件受让众泰汽车转增股票12.27亿股，现金对价为8亿元。受让条件为：

（1）提供8亿元资金用于支付重整费用、清偿债务、补充公司流动资金。

（2）维护好一定时期内停工停产后的整车生产资质和相关市场准入，协助众泰汽车恢复整车制造产业。

（3）利用产业协同优势，帮助众泰汽车尽快恢复全国性的销售网络。

（4）向众泰汽车提供优质产业资源，引进高端技术开发团队，在全球范围内遴选车型；为众泰汽车导入国家《新能源汽车产业发展规划（2021—2035年）》中重点鼓励的纯电新能源汽车生产、产业技术支撑等。

（5）发挥自身优势，尽可能最大限度保全众泰汽车在全国范围内的各个基地。

（6）通过综合方式推动众泰汽车下属指定平台履行原售各类汽车车型涉及的售后维保责任。

（7）另行以资产评估值承接部分低效资产。

（8）承诺本次受让的转增股票自登记至其名下之日起36个月内不减持，但其持有前述转增股票之后在同一实际控制人控制的不同主体之间（含子公司）进行协议转让、无偿划转、实施增资不受前述持股锁定期限制。

（9）重整投资人应当符合包括但不限于国家和地方证监、交易所、工业和信息化、发展和改革、自然资源等监管部门和机构的其他相关条件。国家法律、规章、政策变化不影响重整投资人的投资决策，重整投资人仍应全面履行重整投资人的义务。

在众泰汽车重整计划完成后，众泰汽车的控股股东将由铁牛集团变更为重整投资人江苏深商及/或其指定的关联方。

财务投资人合计有条件受让众泰汽车转增股票8亿股，现金对价为12亿元。受让条件为：

（1）按照1.5元/股价格受让转增股票，相应款项用于支付重整费用、清偿债务、补充公司流动资金。

（2）充分利用其自身优势，支持众泰汽车发展。

（3）承诺其与江苏深商不存在《中华人民共和国证券法》《上市公司收购管理办法》等规定的一致行动情形，不是江苏深商的一致行动人。

（4）承诺本次受让的转增股票自登记至其名下之日起12个月内不减持，但其持有前述转增股票之后在同一实际控制人控制的不同主体之间（含子公司）进行协议转让、无偿划转、实施增资不受前述持股锁定期限制。

（5）应当符合包括但不限于国家和地方证监、证券交易所等监管机构的其他相关条件。国家法律、规章、政策变化不影响财务投资人的投资决策，财务投资人仍应全面履行财务投资人的义务。

（三）出资人权益调整方案

以众泰汽车现有总股本20.28亿股为基数，按每10股转增15股的比例实施资本公积转增股本，共计转增30.41亿股。转增完成后，众泰汽车的总股本由20.28亿股增至50.69亿股（最终转增的准确股票数量以重整计划执行阶段的司法协助通知书载明的内容及中证登深圳分公司实际登记确认的数量为准）。

前述转增股票不向原股东分配，全部按照重整计划的规定进行分配和处理。其中：10.14 亿股用于抵偿众泰汽车及众泰系 8 家公司的债务，其中 2.49 亿股将分配给众泰汽车债权人用于清偿债务；7.65 亿股将提供给众泰系 8 家公司用于向其债权人分配以清偿债务。20.27 亿股由重整投资人江苏深商及 / 或其指定的关联方和财务投资人有条件受让，且重整投资人或财务投资人任一方持有众泰汽车的股权比例均不超过 29.99%，重整投资人及 / 或其指定的关联方和财务投资人合计支付的重整投资款为 20 亿元。

（四）业绩补偿方案

众泰汽车前身为金马股份。2017 年，金马股份实施了发行股份购买资产的重大资产重组，向铁牛集团等 22 名股东以发行股份的方式购买永康众泰 100% 股权，重组完成后更名为众泰汽车，因此铁牛集团成为控股股东，并对重组标的公司众泰汽车做出业绩承诺。

鉴于重组标的公司在业绩承诺年度未实现业绩承诺，根据众泰汽车与铁牛集团签署的协议，铁牛集团作为业绩补偿义务人，应当以股份、现金或者现金和股份相结合的方式履行业绩补偿义务。

业绩补偿义务人铁牛集团持有众泰汽车股份 7.86 亿股，其中累计已质押股份 6.48 亿股，铁牛集团客观上无法以股票方式履行业绩补偿义务。因此，对于众泰汽车依法向铁牛集团申报的业绩补偿债权，铁牛集团管理人经审查，按照现金方式计算依法确认了业绩补偿债权共计 139.50 万元。同时，铁牛集团于 2020 年 8 月 31 日由法院受理破产申请，后续铁牛集团所持众泰汽车股票权益依法须通过铁牛集团破产财产变价方案的执行由铁牛集团债权人享有。铁牛集团持有的众泰汽车股票经公开变价或以股抵债后，相关业绩补偿义务无法向受让铁牛集团持有的众泰汽车股票的投资人主张，因此应当最大限度依法向铁牛集团主张，铁牛集团应当按照破产财产分配方案向众泰汽车履行清偿责任。

（五）债权调整及受偿方案

1. 有财产担保债权调整及受偿

经管理人审查，众泰汽车存在有财产担保债权。有财产担保债权人在担保财产评估值范围内优先清偿 0.62 亿元，超出担保财产价值且依法可以转为普通债权的有 0.95 亿元。以上有财产担保债权对应的担保财产均不纳入重整资产范围。

有财产担保债权在对应担保财产的评估价值范围内优先受偿，其中：

（1）有财产担保债权对应质押保证金的，相应质押保证金不纳入重整资产范围，由相应的质押保证金优先清偿，未能受偿的部分将按照普通债权受偿方案获得清偿。

（2）有财产担保债权对应的担保财产未纳入重整资产范围的，将予以处置变现，相应有财产担保债权以担保财产处置所得款项净值优先受偿，未能受偿的部分将按照普通债权（若依法享有普通债权）受偿方案获得清偿。

（3）有财产担保债权对应的担保财产未处置变现的，就担保财产评估值范围内的债权，在重整计划获得法院裁定批准后以现金方式予以留债分期清偿。若债权的主债务人和抵质押人均为众泰汽车及众泰系8家公司，则留债部分的金额由主债务人进行留债清偿，留债期间原设定的物保措施不发生变化，在履行完上述有财产担保债权清偿义务后，有财产担保债权人应当解除以担保财产设定的抵质押手续，并不再就担保财产享有优先受偿权。未及时办理解除抵质押手续的，不影响担保物权的消灭。具体留债方案如下。

留债期限：5年；2022年为第一年，2023年为第二年，2024年为第三年，2025年为第四年，2026年为第五年。

留债利率：留债利率按重整计划提交法院及债权人会议前最近一期全国银行间同业拆借中心公布的5年期LPR下浮100个基点确定，利息自重整计划获法院裁定批准之日起计算，利息计算基数为每年未偿付留债本金金额。

还款方式：本金按前低后高的原则进行清偿，2023年、2024年、2025年、2026年分别按照留债本金的10%、20%、30%、40%进行清偿。每年度最后一个月的20日为结息日，结息日次日为付息日，首个付息日为2022年12月21日，首个还本日为2023年12月21日。

担保方式：留债期间原有的财产担保关系不发生变化，在履行完毕上述有财产担保债权清偿义务后，有财产担保债权人应当解除以担保财产设定的抵质押手续，并不再就担保财产享有优先受偿权。未及时办理解除抵质押手续的，不影响担保物权的消灭。

经管理人审查，有财产担保债权人共计2家，分别为中国工商银行股份有限公司歙县支行、上海浦东发展银行股份有限公司合肥分行，前者担保财产为众泰汽车持有的上海飞众汽车配件有限公司100%股权，按上述第二种方式变现清偿，后者担保财产为众泰汽车2895万元保证金，按上述第一种方式全额以现金方式清偿。优先受偿不足部分依法转入普通债权，按普通债权受偿方案清偿。

2. 普通债权调整及受偿

经管理人审查，众泰汽车普通债权包括管理人初步审查确认的普通债权（含无法就担保财产价值优先获偿而依法转入的普通债权部分）、暂缓确认的普通债权。其中，经审查确认的普通债权52.95亿元，暂缓确认的普通债权8.40亿元，有财产担保债权转入的普通债权0.95亿元。

每家普通债权人10万元以下（含10万元）的债权部分，在重整计划获得法院裁定批准之日起30个工作日内依法以现金方式一次性清偿完毕。

每家普通债权人超过10万元的债权部分，以股票方式清偿，每100元普通债权分得 7.70 股众泰汽车 A 股股票（若股数出现小数位，则去掉拟分配股票数小数点右侧的数字，并在个位数上加"1"），该部分普通债权的清偿比例为 100%。债权人根据重整计划应受偿的股票自划转至其指定的账户之日起归其所有，该部分股票的收益或损失与债务人无关。债权人自受偿转增股票之日起 6 个月内不得转让其所持有的众泰汽车股票。

众泰汽车及众泰系 8 家公司因相互担保、为第三方共同提供担保、作为共同债务人而形成的债权，对于有众泰汽车及众泰系 8 家公司财产担保的，先按照有财产担保债权受偿方案受偿，再在主债务人处受偿。债权人在一家或几家公司的破产程序中获得 100% 清偿后，其他债务人将不再承担清偿责任。

3. 劣后债权调整及受偿

经管理人审查，众泰汽车存在因债务人未及时履行生效法律文书而产生的迟延履行期间加倍利息，共计 154.53 万元，劣后债权将不占用本次重整偿债资源。对于可能涉及的行政罚款、民事惩罚性赔偿金（包括因债务人未及时履行生效法律文书而产生的迟延履行期间加倍利息）、刑事罚金等劣后债权，亦不安排偿债资源。

4. 其他债权调整及受偿

（1）关联债权。根据统筹重整原则，在本次重整中，众泰汽车与其各级子公司之间、各级子公司相互之间的关联债权不占用众泰汽车及众泰系 8 家公司的偿债资源，不在重整计划中安排清偿。关联债权将在重整完毕后根据上市公司整体生产经营情况妥善解决。若众泰汽车及众泰系 8 家公司中任意一家公司的重整计划未取得法院批准，则上述约定失效，各关联方均可依法向重整未获批的公司主张权利。

（2）暂缓确认债权。在重整计划生效后，暂缓确认债权经生效法律文书确认的，将依重整计划规定的同类债权受偿方案予以清偿。

（3）未申报债权。在重整计划草案提交债权人会议讨论表决后补充申报的，将根据债权的性质、数额按同类债权清偿标准清偿。其中如有重整前发生的税款债权等优先债权补充申报的，以转增的股票进行清偿，偿债价格按照重整计划规定的偿债价格和实际清偿时的股票价格孰高者确定。法院裁定受理众泰汽车重整案之日起满 3 年，仍未向众泰汽车补充申报债权的债权人，不再享有受偿的权利。

5. 债务清偿顺序调整及受偿

如图 2-12-3 所示，模拟破产清算下普通债权清偿率是假定公司在破产清算条件下的偿债能力分析，主要来源于公司披露的偿债能力分析报告。而重组后清偿率是假定公司在重整条件下的名义清偿率。可以看出，重整后的债权清偿率比清算状态下的清偿率有一定提升。

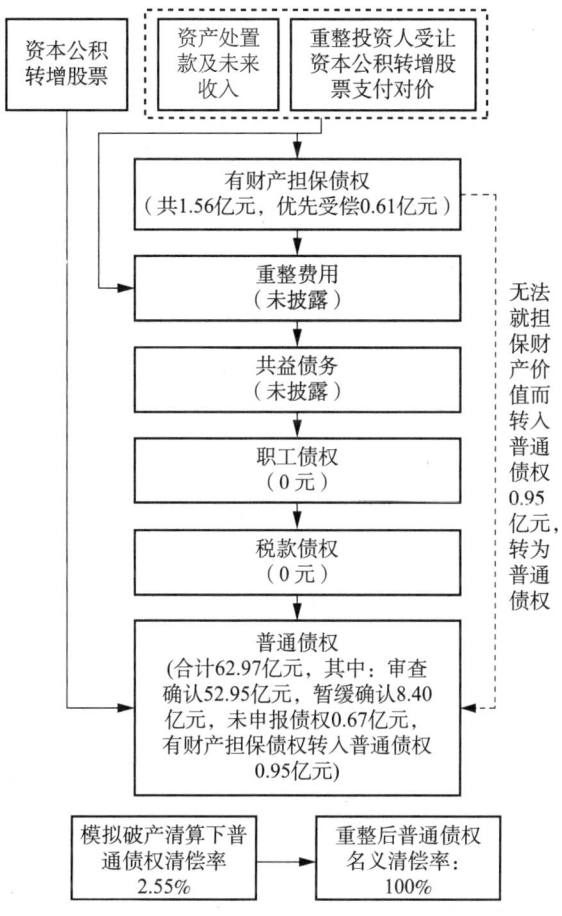

图 2-12-3 众泰汽车债务清偿顺序示意图

6. 协调审理清偿

为使众泰系 8 家公司继续保留在众泰汽车体系内，在偿还债务与保留经营性资产中实现平衡，实现上市公司重整效果最优化，经向法院汇报，并与主要债权人等进行充分沟通，在重整计划草案获得各表决组表决通过并经法院裁定批准的基础上，结合重整投资人的意见与建议，向众泰系 8 家公司提供部分转增股票和现金以清偿其债务。众泰系 8 家公司将实施统筹重整，以提高债权人的清偿率，实现企业财产价值最大化和债权人的公平受偿。

重整偿债资源在众泰系 8 家公司的分配因不影响众泰汽车本级的偿债方案，对重整计划草案的表决通过没有影响。众泰汽车本级重整计划经法院裁定批准后，即可实施资本公积转增股票，不受众泰系 8 家公司的重整结果及进度影响。

（六）未来经营方案

在重整计划获得法院批准之后，重整投资人将以众泰汽车重整为契机，对公司实施市场化改革，推动改革脱困和转型升级工作，同时将结合重整投资人所处行业的资源优势，以恢复优化传统业务和升级拓展新业务为战略导向，实现业绩快速回暖。经营方案具体如下。

1. 恢复优化传统业务

重整品牌战略，布局中高端品牌。众泰汽车将针对众泰、君马等多个民族汽车品牌，逐步调整品牌战略，构建特色战略体系，致力打造最有影响力的民族汽车企业。短期计划对旗下所属品牌进行重组，通过合并同质化车型、优化产品序列、优化费用结构和重整经销商网络等策略，集中资源，提振销量；长期计划以收购、合资的方式构建品牌矩阵，布局中高端新能源汽车市场。

整改生产基地、提升生产质量。重整前，各工厂停产时间较长，部分设备已老旧过时。重整后，将注入资金优化现有产线和设备，尽快复工复产，通过整改后的产线与设备实现柔性化生产，通过降低车间能耗，减少返工率和二次制造成本浪费，提升人工作业效率等手段，提高制造产品质量，支持多产品混线生产。

建立高效管理体系，加强信息化建设。面对竞争日益激烈的外部市场环境，当今企业之间的较量与比拼，已不仅仅简单地局限于市场开拓能力方面，企业内部管理能力在企业竞争中日益重要。建立并持续优化流程体系是提升企业内部管理水平的重要手段，众泰汽车将建立基于产品全生命周期的新产品开发体系，提升研发效率；推进IT系统建设，提高企业信息化程度，不断完善管理体系建设与信息化改革。

重塑供应链体系，提升核心竞争力。供应链管理是维系整个企业正常运转的重要环节，为了保证众泰汽车顺利复产，众泰汽车将重点重塑供应链体系，采取新老供应商联合开发、核心产品遴选等举措，保证成本优势及原材料的稳定供应；顺应车身轻量化趋势，提升产品续航能力；联合智能网联头部企业，提升汽车自动化程度；利用本地供应商资源，深入与其合作的程度，引进第三方物流，实现零距离供货，保证物流效率。通过以上举措，重塑完整高效的供应链体系，让企业实现效益最大化。

2. 升级拓展新业务

（1）布局网约车市场，打造出行生态系统。随着城镇化速度的加快、经济发展程度的提高和人民生活水平的改善，人们对出行服务的需求日益多元化，网约车凭借其用车方便快捷、关注用户体验等优势，成为城市出行主要的交通方式之一。2020年，全国网约车用户规模3.65亿人，市场规模3840亿元，有200多家网约车平台获得经营许可。一、二线城市由于较高的人口密度和较旺盛的出行需求，市场持续保持增长；三、四线城市人口基数大，网约车渗透率低，市场潜力大。中国网约车市场增速在2020年开始放缓，但是整体规模还是以15%的增速攀升，预计至2022年底市场规模将超过5000亿元，市场空间巨大。随着国家对网约车市场的逐步规范以及人民对出行品质要求的日益提高，定制化网约车出行成为趋势，众泰汽车将借助重整投资人的资源优势，快速布局网约车市场，拓展众泰汽车发展空间。

（2）聚焦消费热点，推动微型电动车下乡。A00级纯电动车具备便利性高、合规性和安全性强（相较于低速电动车）、使用成本低等特征，特别适合居民短途代步出行，深受都市人群、都市女性、低线城市居民和城镇农村居民的喜爱。

根据乘用车市场信息联席会公布的数据，2015—2020 年，我国 A00 级纯电动车销量从 7 万辆增长至 29 万辆，复合增长率为 33%。2020 年虽然受到新冠疫情的影响，但 A00 级纯电动车凭借精准的市场定位和极具竞争力的售价，打开了农村和城市通勤代步市场，实现快速增长，同比增速为 62.7%。2021 年我国 A00 级纯电动车市场迎来爆发式增长，1 月至 6 月实现销量 32.8 万辆，同比增速高达 556.6%。随着短途出行需求的快速释放以及参与者的不断涌入，未来几年 A00 级纯电动车市场将是新能源汽车领域发展潜力最大、竞争最激烈的细分赛道之一。众泰汽车将积极布局微型电动车下乡业务，抢占微型电动车市场制高点。

（3）紧抓市场机遇，聚力打造经典产品。我国汽车产业发展环境正在日益改善，人民收入和消费水平不断提高，对汽车等高价值商品的消费能力日趋增强，同时国家也出台了一系列产业政策，支持汽车制造业发展，致力打造汽车强国。

根据先导国家经验，当乘用车千人保有量达到 150 辆左右时，会经历一次"需求平台期"的调整，恢复后新车年销量将用较长时间实现乘用车千人保有量从 150 辆到 400 辆的波动式新增长。中国尚处于"需求平台期"阶段，汽车市场的发展势不可当，未来我国汽车市场发展空间巨大。众泰汽车将以消费者需求为导向，以"大力发展新能源车和智能汽车"方针为纲领，聚力打造经典产品，进一步向智能化、网联化的方向加快产品研发速度，推动产品平台化研发和市场化升级，降低产品成本，增强产品竞争力，同时加大资源投入助力新能源汽车技术产业化和市场化。

（七）财产处置方案

为优化上市公司财产结构，将视生产经营需要处置众泰汽车部分低效与无效财产。处置财产主要包括部分对外债权、长期股权投资以及其他实物资产等。

上述财产将在重整计划获法院裁定批准后由重整投资人或其指定的第三方按照资产评估值承接，支付的对价将用于补充众泰汽车现金流。对外股权投资由重整投资人或其指定的第三方承接后，对应的股权投资从上市公司体系整体置出，不再列入上市公司合并报表范围。

五、重整计划的表决与批准

（一）债权人会议表决

众泰汽车及其 8 家子公司第二次债权人会议于 2021 年 11 月 9 日上午 9 时采取网络会议方式召开。众泰汽车表决情况如下：

本次会议的表决截止时间为 2021 年 11 月 20 日下午 5 时，3 家债权人因内部报批要求无法在上述表决期限内进行表决，向管理人提交延期表决申请。截至公告提交时，其中1家债权人已完成表决，经法院审核确定，剩余2家债权人须在11月24日下午5时前完成表决。

截至重整计划草案提交债权人会议表决，众泰汽车无职工债权和税款债权。对未纳入重整资产范围的财产享有担保权的债权人，因重整计划草案对其权益并未进行调整，不参与重整计划草案的表决。本次债权人会议设普通债权组对众泰汽车重整计划草案进行表决。截至《关于公司及下属子公司债权人会议召开情况的公告》提交之时，普通债权组出席会议的有表决权的债权人共36家，其中，表决同意重整计划草案的债权人共28家，占出席会议的有表决权的债权人数量的77.78%，已超过出席会议有表决权的债权人的半数；其所代表债权金额为46.68亿元，占普通债权总额56.55亿元的82.55%，已超过普通债权总额的2/3。

综上，根据《企业破产法》第八十四条和第八十六条的规定，本次债权人会议表决通过重整计划草案。

众泰汽车下属8家子公司表决情况如下：

会议的表决截止时间为2021年11月20日下午5时。众泰制造有2家债权人、杭州益维有1家债权人因内部报批要求无法在上述表决期限内进行表决，向管理人提交延期表决申请并获法院许可，截至公告提交时该债权人已完成表决。江南制造有3家债权人因内部报批要求无法在上述表决期限内进行表决，向管理人提交延期表决申请，截至《关于公司及下属子公司债权人会议召开情况的公告》提交之时，其中1家债权人已完成表决，经法院审核确定，剩余2家债权人须在11月25日下午5时前完成表决。

众泰制造、江南制造、永康众泰、众泰新能源、众泰汽销、铁牛车身、杭州益维、杰能动力各表决组均通过重整计划草案。申请延期且尚未投票的债权人可继续行使表决权，但对表决结果已不产生实质性影响。

根据《企业破产法》的相关规定，重整计划在获各表决组表决通过后，尚需经法院裁定批准后方能产生法律效力。众泰汽车及下属8家子公司众泰制造、江南制造、永康众泰、众泰新能源、众泰汽销、铁牛车身、杭州益维、杰能动力管理人将依法向法院提交裁定批准重整计划的申请。公司将跟进并及时公告相关进展。

（二）出资人组会议表决

众泰汽车第二次债权人会议于2021年11月9日采取现场投票与网络投票相结合的方式召开，本次出资人组会议表决通过了《众泰汽车股份有限公司重整计划草案之出资人权益调整方案》。

表决的议案是出资人权益调整方案，股东出席的整体情况如下：

通过现场和网络投票的股东5324人，代表股份13.83亿股，占上市公司总股份的

68.19%，其中中小股东 5321 人，代表股份 3.68 亿股，占上市公司总股份的 18.12%。

其中，通过现场投票的股东 6 人，代表股份 8.93 亿股，占上市公司总股份的 44.02%。

通过网络投票的股东 5318 人，代表股份 4.90 亿股，占上市公司总股份的 24.17%。股东整体表决结果：同意 13.78 亿股，占出席会议所有股东所持股份的 99.64%；反对 0.05 亿股，占出席会议所有股东所持股份的 0.35%；弃权 20 万股（其中，因未投票默认弃权 0 股），占出席会议所有股东所持股份的 0.01%。

对出资人权益调整方案，参与表决的出资人的支持率超过 2/3，表决通过。

（三）重整计划批准

2021 年 11 月 30 日，公司收到了金华中院送达的民事裁定书〔(2021) 浙 07 破 13 号〕，裁定批准公司重整计划，并终止公司重整程序。公司进入重整计划执行阶段。

六、重整计划的执行与监督

（一）执行和监督的主体

依照《企业破产法》第八十九条的规定，重整计划由债务人负责执行。重整投资人应配合债务人执行重整计划。根据《企业破产法》第九十条之规定，管理人负责监督重整计划的执行。

依照《企业破产法》第九十条的规定，自金华中院批准重整计划之日起，在重整计划规定的监督期内，由管理人监督重整计划的执行。

（二）执行和监督期限

重整计划的执行期限自重整计划获得金华中院裁定批准之日起计算，于 2021 年 12 月 31 日前执行完毕。在此期间，应当严格依照重整计划的规定清偿债务，并随时支付和清偿破产费用和共益债务。重整计划执行的监督期限与执行期限一致。重整计划提前执行完毕的，监督期限亦于重整计划执行完毕之日届满。

（三）执行的措施

1. 重整计划的生效条件

重整计划草案依照《企业破产法》第八十四条至第八十七条之相关规定，由众泰汽车债权人会议按各表决组分别进行表决。截至重整计划草案提交债权人会议表决，众泰汽车无职工债权和税款债权。对未纳入重整资产范围的财产享有担保权的债权人，因重整计划草案对其权益并未进行调整，不参与重整计划草案的表决。本次债权人会议设普通债权组对重整计划草案进行表决。

普通债权组和出资人会议均通过重整计划草案时，重整计划即为通过。管理人将自重整计划通过之日起10日内，向法院提出批准重整计划的申请。部分债权组未通过重整计划草案，并拒绝再次表决或者再次表决仍未通过重整计划草案的，管理人有权向法院申请依法裁定批准重整计划。

重整计划草案由普通债权组和出资人会议表决通过并经法院裁定批准后生效，或普通债权组、出资人会议表决虽未全部通过但经法院裁定批准后生效。

2. 重整计划的效力

重整计划获得金华中院裁定批准后，对众泰汽车、众泰汽车全体出资人、众泰汽车全体债权人、重整投资人、财务投资人等均有约束力。重整计划对相关方权利义务的规定效力及于该项权利义务的承继方或受让方。

3. 偿债资金、股票、留债的分配与执行

（1）每家债权人以现金方式清偿的债权部分，偿债资金原则上以银行转账方式向债权人进行分配，债权人应在重整计划草案表决期内按照指定格式，书面提供领受偿债资金的银行账户信息。

因债权人自身和/或其关联方的原因，导致偿债资金不能到账，或账户被冻结、扣划，产生的法律后果和市场风险由相关债权人自行承担。债权人可以指令将偿债资金支付至债权人指定的、由该债权人所有/控制的账户或其他主体所有/控制的账户内。

债权人指令将偿债资金支付至其他主体的账户的，因该指令导致偿债资金不能到账，以及由该指令导致的法律纠纷和市场风险由相关债权人自行承担。

（2）每家债权人以股票清偿的债权部分，在重整计划执行期限内由众泰汽车管理人按重整计划规定的清偿方案，将众泰汽车的股票向债权人进行分配。债权人应在重整计划草案表决期内按照指定格式书面提供领受偿债股票的证券账户信息。

对于逾期不提供证券账户信息的债权人，应向其分配的股票将按照重整计划的相关规定处理，由此产生的法律后果和市场风险由相关债权人自行承担。因债权人自身和/或其关联方的原因，导致分配股票不能到账，或账户被冻结、扣划等，可能产生的法律后果和市场风险由相关债权人自行承担。债权人可以书面指令将偿债股票划转至债权人指定的、由该债权人所有/控制的账户或其他主体所有/控制的账户内。

（3）重整计划规定提供给众泰系8家公司用于向其债权人分配以清偿债务的转增股票，由管理人直接划转至众泰系8家公司相关债权人提供的领受偿债股票的证券账户内。

（4）根据重整计划应当留债清偿的债权，在金华中院裁定批准重整计划后，相关公司应向有关债权人送达留债清偿告知书；留债清偿告知书中明确留债金额及支付安排，相关公司按照留债清偿告知书确定的留债金额及支付安排进行现金清偿。债权人可根据需要与众泰汽车签署书面留债协议（协议签署与否不影响留债清偿安排的效

力），协议内容应符合重整计划的规定。

4. 偿债资金和偿债股票的提存及处理

债权人未按照重整计划的规定领受分配的偿债资金和／或偿债股票的，根据重整计划应向其分配的资金和／或股票将提存至管理人指定的银行账户和／或证券账户，提存的偿债资金和／或股票自金华中院裁定受理众泰汽车重整之日起满3年，因债权人自身原因仍不领取的，视为债权人放弃受偿的权利；为其提存的偿债资金将用于补充众泰汽车经营性流动资金；为其提存的偿债股票进行公开处置，处置变现价款在支付相应的处置成本后用于补充众泰汽车经营性流动资金。

暂缓确认的债权金额与金华中院最终裁定确认的债权金额存在差异的，应以生效裁判文书确定的金额为准，按照重整计划的规定受领偿债资金及股票。已按照重整计划预留的偿债资金和偿债股票在清偿上述债权后仍有剩余的，剩余的偿债资金将用于补充众泰汽车经营性流动资金；剩余的偿债股票进行公开处置，处置变现价款在支付相应的处置成本后用于补充众泰汽车经营性流动资金。

对于账面有记载但未在规定的债权申报期限内向管理人申报的债权人，在法院裁定受理众泰汽车重整申请之日起满3年未向众泰汽车主张权利的，根据重整计划为其提存的偿债资金将用于补充众泰汽车经营性流动性资金；为其提存的偿债股票进行公开处置，处置变现价款在支付相应的处置成本后用于补充众泰汽车经营性流动资金。

5. 破产费用的支付及共益债务的清偿

依照《最高人民法院关于审理企业破产案件确定管理人报酬的规定》，管理人报酬将综合考虑本次重整的复杂性、管理人勤勉履职情况与管理人对重整的贡献等因素，在重整计划获得金华中院裁定批准后由法院确定，以债务人财产予以支付。

在重整期间及重整计划执行期间，除管理人报酬以外的法院案件受理费，管理人聘请评估机构、财务顾问、网络会议服务机构等中介机构的费用，管理人执行职务发生的其他费用等破产费用及因继续履行合同等原因产生的共益债务，将根据实际发生数额以债务人财产随时支付或清偿。

6. 债权人对其他主债务人或担保人等追偿权的行使

债权人的债权在众泰汽车及众泰系8家公司之外存在主债务人、担保人和其他还款义务人的，债权人对主债务人、担保人和其他还款义务人所享有的权利，不受重整计划的影响；该债权人可在金华中院裁定批准重整计划之日起15日内向管理人书面申请将依重整计划依法获得分配的偿债资源由管理人自法院裁定批准重整计划之日起依法代管，代管期限不超过2年，但该类债权人仍应按照重整计划的规定，解除对债务人财产的强制措施；若债权人未在法院裁定批准重整计划之日起15日内向管理人提出代管申请，则视为同意按重整计划进行清偿。

若在该代管期间,债权人以书面方式要求按照重整计划进行清偿,则管理人将按重整计划规定以代管的偿债资源进行清偿。

若在上述代管期间,债权人未以书面方式要求按照重整计划进行清偿,则管理人将在代管期届满后将代管的偿债资源提存至重整计划规定的提存期限届满之日;代管期届满前,债权人可根据需要书面申请延长代管期限,管理人收到申请后将报告人民法院,经人民法院审核确定后,相关偿债资源由管理人继续代管;提存期限届满,因债权人自身原因仍不领取且未申请延长代管期限的,视为放弃受领偿债资源的权利,提存的偿债资金将用于补充众泰汽车经营性流动资金;提存的偿债股票进行公开处置,处置变现价款在支付必要的处置成本后用于补充众泰汽车经营性流动资金。

债权人在按重整计划获得清偿前,向其他主债务人或担保人行使权利获得清偿的,有义务将该获偿情况书面告知管理人。

7. 债权人债权转让的清偿方式

在金华中院裁定批准重整计划之前,若债权人通过转让债权、分拆债权等方式改变债权形态,并导致该债权在形态变更之后按重整计划可获得清偿额高于或优于债权未改变形态之前,则该等债权形态的变更将导致对其他债权人的不公平清偿,为此重整计划仍将以该等债权形态改变之前的债权进行清偿。

在金华中院裁定批准重整计划之后,债权人对外转让债权的,受让人按照原债权人根据重整计划就该笔债权可以获得的受偿条件及总额受偿;债权人向两名及以上的受让人转让债权的,债权清偿款项按照受让的债权比例向受让人分配。若因债权转让导致受让人无法根据重整计划受偿,由此造成的责任由债权人及其债权的受让人承担。

8. 债务人财产强制措施的解除

(1)对债务人财产抵质押手续的解除。在金华中院裁定批准重整计划后,除涉及留债清偿以外的债权人应配合债务人、管理人完成对债务人财产抵质押手续的解除。若债权人未在2021年12月31日内配合解除财产抵质押手续,对重整计划执行造成阻碍,债务人或管理人有权依法向金华中院申请强制解除原抵质押手续;且债务人或管理人有权将相关债权人依重整计划可获分配的现金、股票等暂缓分配,待债权人配合解除财产抵质押手续之后再行分配。

(2)对债务人财产查封、冻结措施的解除。在金华中院裁定批准重整计划之日起15日内,债权人应申请并配合解除对债务人财产的查封、冻结等措施。若债权人未在上述期限内申请并配合解除查封、冻结等措施,对重整计划的执行造成阻碍,债务人或管理人有权依法向法院申请强制解除查封、冻结等手续;且债务人或管理人有权将相关债权人依重整计划可获分配的现金、股票等暂缓分配,待债权人配合解除查封、冻结等手续之后再行分配。

9. 提供欠付债务人的票据

在金华中院裁定批准重整计划之日起15日内，向债务人主张票据相关权利的债权人，应向债务人返还票据原件或通过电子商业汇票系统完成托收手续，并由债务人对其提供的票据原件及相关手续是否符合要求进行审查。若债权人未在上述期限内返还相应票据或完成托收手续，债务人或管理人有权将相关债权人依重整计划可获分配的现金、股票等暂缓分配，待债权人提供后再行分配。

10. 债务人信用等级的恢复

在金华中院裁定批准重整计划之日起15日内，将债务人纳入失信被执行人名单的各债权人应向相关法院申请删除债务人的失信信息，并解除对债务人法定代表人、主要负责人及其他相关人员的限制消费令及其他信用惩戒措施。若债权人未在上述期限内申请删除失信信息并解除信用惩戒措施，债务人或管理人有权将相关债权人依重整计划可获分配的现金、股票等暂缓分配，待信用惩戒措施解除后再行向债权人分配。

在重整计划获金华中院裁定批准后，各金融机构应及时调整债务人企业信贷分类，并上报中国人民银行征信系统调整债务人征信记录，确保重整后众泰汽车及相关子公司运营符合征信要求。

11. 资金占用解决方案调整

前期为解决上市公司资金占用问题，加快众泰汽车重整进程，2021年4月众泰汽车债权人永康市总部中心开发建设有限公司（以下简称"总部中心"）与上市公司、铁牛集团签署债务抵偿协议。总部中心同意，在人民法院裁定受理众泰汽车重整申请之日豁免对上市公司的2.39亿元债权，该等豁免金额相应抵偿铁牛集团对上市公司的资金占用。现将资金占用解决方案调整为：众泰汽车下属子公司众泰新能源、众泰汽销、永康众泰、铁牛车身、杭州益维和杰能动力的普通债权人按照其重整计划的债权调整和受偿方案豁免债权中的2.39亿元部分相应抵偿铁牛集团对上市公司的资金占用，豁免债权中的剩余部分相应抵偿上市公司可能的或有风险。若上述众泰汽车下属子公司中的一家或多家重整计划草案未表决通过且未取得法院批准，导致豁免债权不足2.39亿元，则总部中心仍豁免缺口部分的债权。

12. 江南制造破产管辖权争议情况

江南制造系众泰汽车三级子公司，永康法院于2020年10月16日裁定受理江南制造重整申请案件，长沙市中级人民法院于2021年1月12日裁定受理江南制造破产清算案件。2021年11月3日，管理人收到永康法院通知书〔（2020）浙0784破14号〕，江南制造破产案件由长沙市中级人民法院审理，两地进行"联动重整、协调审理"，坚持同一投资人不变。两地法院就江南制造破产案件衔接协同，以实现众泰汽车和江南制造联动重整的目标。

13. 重整计划的解释与变更

（1）重整计划的解释。在重整计划执行过程中，若债权人或利益相关方对重整计划部分内容存在不同理解，且该理解将导致利益相关方的权益受到影响，则债权人或利益相关方可以向管理人申请对重整计划相关内容进行解释。管理人在收到该申请之后，应基于公平公正的原则对相关内容进行解释。

（2）重整计划的变更。在重整计划执行过程中，因出现国家政策调整、法律修改变化等特殊情况，导致重整计划部分内容无法执行的，债务人或管理人可以向金华中院申请对重整计划进行一次变更。金华中院经审查许可后，债务人或者管理人应当及时提出新的重整计划。该变更后的新重整计划应提交给因变更而受不利影响的债权人组及/或出资人组进行表决。表决、申请金华中院批准以及金华中院裁定批准变更后的新重整计划的程序与原重整计划的程序相同。

七、重整计划顺利实施的预期效果

众泰汽车重整计划如能顺利实施，预计将产生以下结果：

（1）上市地位得以保全。众泰汽车化解了公司面临的严峻退市风险，上市地位将得以维持，主营业务得以保留，财务状况得到进一步改善，提升持续盈利能力。

（2）重整前产生的巨额负债获得妥善安排。上市公司能够通过重整程序清理债务，重获新生，保障众泰汽车持续发展。同时，众泰汽车出资人让渡部分股票用于保全主要子公司经营性资产，也能够帮助主要子公司清理债务，保留在上市公司体系内继续经营，继续发挥协同效应，为众泰汽车的持续经营和持续盈利创造条件，最大限度维护众泰汽车及其主要子公司的营运价值，降低重整成本，提升原中小股东、债权人持有的众泰汽车股票的价值，有利于维护各方主体的共同利益。

（3）公司信用得以修复。众泰汽车在重整计划获金华中院裁定批准后，被挪出失信被执行人名单，并被解除法定代表人、主要负责人及其他相关人员的限制消费令及其他信用惩戒措施。各金融机构调整公司信贷分类，并上报中国人民银行征信系统调整公司征信记录，确保众泰汽车及相关子公司运营符合征信要求。

案例 13　凯瑞德重整案例解析[①]

背景

凯瑞德控股股份有限公司（以下简称"凯瑞德"或"公司"）是一家在深交所挂牌公开交易的上市公司，当前主营业务为煤炭贸易业务，成立于 2000 年 6 月 12 日，总股本 1.76 亿股。因公司 2020 年末净资产为负、净利润为负且营业收入低于 1 亿元，公司股票交易被实施了退市风险警示。同时，凯瑞德因前前任实际控制人吴联模、前任实际控制人张培峰的违法犯罪行为而存在违规担保行为、最近 3 个会计年度（2018 年、2019 年、2020 年）经审计归属上市公司股东的扣除非经常性损益的净利润均为负且 2020 年年度审计报告显示公司持续经营能力存在不确定性，公司股票交易被实施了其他风险警示。

债权人王建伟于 2021 年 8 月 31 日以凯瑞德不能清偿到期债务且明显丧失清偿能力为由，向荆门市中级人民法院（以下简称"荆门中院"或"法院"）申请对凯瑞德进行破产重整。2021 年 10 月 15 日，公司进入预重整程序，法院指定山东博翰源律师事务所担任临时管理人。法院于 2021 年 11 月 5 日裁定受理公司重整案件，并指定凯瑞德清算组担任重整管理人。2021 年 12 月 8 日，荆门中院裁定批准重整计划，终止重整程序。2021 年 12 月 31 日，公司收到荆门中院下发的民事裁定书〔（2021）鄂 08 民破 1 号之三〕，裁定确认重整计划执行完毕并终结公司破产重整程序。该案例是荆门首例上市公司破产重整案。

方案要点

1. 出资人权益调整

以凯瑞德现有总股本 1.76 亿股为基数，按每 10 股转增 10.89 股的比例实施资本公积转增股票，共计转增 1.92 亿股。转增后，公司股本从 1.76 亿股增至 3.68 亿股。

转增股票不向原股东分配，其中 0.96 亿股出让给重整投资人；0.50 亿股用于清偿凯瑞德债务；0.46 亿股由管理人参考二级市场价格予以变现，变现所得用于发展公司业务。

[①] 本案例解析的内容主要根据凯瑞德控股股份有限公司于 2021 年 12 月 10 日公布的《凯瑞德控股股份有限公司重整计划》整理而成。

2. 债权清偿方案

普通债权调整及受偿。依据出资人权益调整方案资本公积转增股票中的 0.50 亿股用于清偿债务，由管理人向列明的普通债权人进行分配，普通债权人每 10000 元债权可分配 287.91 股股票。部分债权人同意在债权人会议表决通过重整计划且经荆门中院裁定批准后，自愿放弃其在重整程序中应分配现金偿债资源和股票偿债资源，该款项和股票将全部用于提高本次重整债权核查报告中管理人列明的其他普通债权人的清偿比例。

3. 引入重整投资人

王健系凯瑞德现第一股东且就凯瑞德违规担保提出了解决方案，能够对凯瑞德未来恢复持续经营和盈利能力提供一定融资支持；湖北农谷实业集团有限责任公司（以下简称"农谷集团"）作为荆门市人民政府旗下国资平台，与凯瑞德未来发展主业存在产业协同性，能更好地促成凯瑞德与荆门市人民政府的战略合作。基于以上考虑，管理人确定王健及农谷集团为凯瑞德重整投资人，并于 2021 年 12 月 6 日签署重整投资协议书。重整投资人受让条件包括：

（1）王健采取合法形式承担公司债务 2.78 亿元。

（2）王健向公司捐赠 4779 万元资金，该资金不用于清偿债务，仅用于重整后发展主业。

（3）王健承诺凯瑞德未来 3 年主营业务收入分别达到 4 亿元、6 亿元、9 亿元。同时为凯瑞德提供不少于 1 亿元的流动性支持用于重整后发展主业。

（4）转增股票 0.96 亿股中的 0.35 亿股指定过户至农谷集团名下，0.61 亿股过户至王健名下。

（5）王健重整前后的全部股份需锁定 36 个月，农谷集团持有的股份需锁定 36 个月。

由于重整前王健持有 0.14 亿股，重整受让 0.61 亿股后，王健合计持有公司股份 0.75 亿股，占资本公积转增后总股本的 20.38%，是公司的第一大股东、实际控制人；农谷集团重整前未持有凯瑞德股份，重整后持有 0.35 亿股，占资本公积转增后总股本的 9.51%。

一、公司基本信息

（一）公司及业务简介

凯瑞德成立于 2000 年 6 月 12 日，前身为山东德棉股份有限公司。2006 年 10 月 18 日，公司股票在深交所中小板上市。2014 年 11 月 6 日，公司名称变更为凯瑞德控股股份有限公司。2020 年 7 月 31 日，公司注册地址由山东省德州市变更为湖北省荆门市。凯瑞德现所在地为湖北省荆门市高新区掇刀区培公大道 201 号（鑫港国际商贸城）C4-1 幢二楼 201，总股本 1.76 亿股，法定代表人李燕媚。

凯瑞德经营范围为互联网信息产业投资，供应链管理及相关配套服务，金属矿石（贵稀金属除外）加工、销售，纺纱、织布，纺织原料、纺织品、服装及家庭用品、纺织设备及器材、配件、测试仪器的批发、零售，煤炭（符合国家标准的）、焦炭、办公设备、五金机电、日用百货、工艺美术品（不含文物、象牙及其制品）、钢材、建材、汽车配件的批发、零售，纺织技术服务及咨询服务（不含中介），仓储（不含危险化学品），批准范围内的自营进出口业务，代理进出口业务。

根据公司 2020 年年度报告，公司营业收入为 2651.37 万元，净利润为 -2.02 亿元，毛利率为 91.34%，净利率为 -761.87%。

（二）重整前股权架构

截至 2021 年 9 月 30 日，凯瑞德股份总数为 1.76 亿股，流通股 1.69 亿股，登记在册的股东人数共计 9228 家。其中，张振东持有 0.14 亿股，占比 8.23%，最大股东为王健。具体如图 2-13-1 所示。

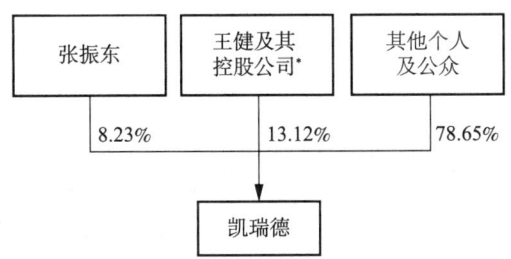

图 2-13-1　凯瑞德重整前股权架构

注：王健实际控制保成鼎盛国际贸易（北京）有限公司（以下简称"保成鼎盛"），王健与保成鼎盛存在一致行动关系；保成鼎盛与宁波广世天商贸有限公司唯一股东、实际控制人毕经祥先生共同设立临汾天亿乐企业管理合伙企业（有限合伙）（以下简称"天亿乐"）。综上，上述股东中，王健、保成鼎盛、毕经祥及天亿乐存在一致行动关系。

二、资产负债情况

（一）资产负债情况总览

表 2-13-1　凯瑞德资产负债情况

资产 / 债权类型	资产（亿元）	负债（亿元）	净资产（亿元）	资产负债率（%）
账面价值 / 债权金额	4.03	17.44	-13.41	432.75
评估清算价值 / 债权金额	0.33	17.44	-17.11	5284.85

如表 2-13-1 所示，根据 2020 年年报，截至 2020 年 12 月 31 日，凯瑞德总资产账面价值为 4.03 亿元。

根据评估机构出具的凯瑞德资产评估报告，凯瑞德现有全部资产评估总值为 0.33 亿元。

截至 2021 年 12 月 5 日，共计 83 家债权人申报债权，债权申报金额共计 15.61 亿元，其中 82 家债权人申报普通债权 15.38 亿元，1 家债权人申报税款债权 2339 万元。

经债权人申报债权、管理人登记造册并审查编制债权表，已经确认普通债权 13.83 亿元、税款债权 704.71 万元，共计 13.90 亿元。

因诉讼未决暂缓确认的债权申报总额为 1.33 亿元，涉及债权人 1 家。

凯瑞德及管理人已知悉、债权人未依法在债权申报期限内申报的债权总额 2.21 亿元。

经管理人调查，凯瑞德无职工债权。

综上，根据债权申报与审查情况、管理人对职工债权的调查情况以及截至受理日公司财务账簿的记录等，凯瑞德经管理人审查确认、暂缓确认、未申报负债合计为 17.44 亿元。

（二）债权分类

截至 2021 年 12 月 5 日，根据《企业破产法》第八十二条的规定和债权审查确认情况，债权人对凯瑞德享有的债权包括税款债权、普通债权。

1. 税款债权

经管理人核查确认的凯瑞德税款债权总额 704.71 万元。

2. 普通债权

已审查确认普通债权总额为 13.83 亿元，共计 82 家债权人。

3. 其他债权

普通债权诉讼未决但管理人审查不做抗辩暂缓确认的债权金额为 1.33 亿元；尚存在未按照《企业破产法》规定申报但可能受法律保护的债权总额 2.21 亿元。

（三）偿债能力分析

根据评估机构出具的偿债能力分析报告，凯瑞德如破产清算，假定其财产均能够按照评估价值获得处置变现，财产清算价值仅 3252.15 万元。按照《企业破产法》规定的清偿顺序，该变现金额在全额支付必要的破产费用、清偿税款债权后，普通债权清偿率为 1.06%。

三、重整基本情况

（一）重整背景

因公司 2020 年末净资产为负、净利润为负且营业收入低于 1 亿元，公司股票交易被实施了退市风险警示。同时，凯瑞德前前任实际控制人吴联模、前任实际控制人张培峰的违法犯罪行为使公司违规提供担保、最近 3 个会计年度（2018 年、2019 年、2020 年）经审计归属上市公司股东的扣除非经常性损益的净利润均为负且 2020 年年度审计报告显示公司持续经营能力存在不确定性，公司股票交易被实施了其他风险警示。

(二）预重整/重整申请情况

2021年8月31日，债权人王建伟以凯瑞德不能清偿到期债务且明显丧失清偿能力为由，向荆门中院申请对凯瑞德进行破产重整。荆门中院收到重整申请后，根据最高人民法院《关于审理上市公司破产重整案件工作座谈会纪要》的规定，要求凯瑞德提供证券监督管理部门的意见等材料，并逐级报最高人民法院审查。

审查期间，凯瑞德向荆门中院申请预重整，荆门中院经审查决定自2021年10月15日起对凯瑞德启动预重整，并指定山东博翰源律师事务所为临时管理人。

（三）重整申请受理情况

经最高人民法院批复同意，荆门中院于2021年11月5日依法做出民事裁定书〔（2021）鄂08破申1号〕及决定书〔（2021）鄂08法委鉴字第34号〕，裁定受理凯瑞德重整案并指定凯瑞德清算组为凯瑞德重整管理人。

（四）重整管理模式

债务人自行管理财产和营业事务。

（五）重整大事记

2021年8月31日，债权人王建伟以凯瑞德不能清偿到期债务且明显丧失清偿能力为由，向荆门中院申请对凯瑞德进行破产重整。

2021年10月15日，荆门中院经审查决定对凯瑞德启动预重整，并指定山东博翰源律师事务所为临时管理人。

2021年11月5日，经最高人民法院批复同意，荆门中院依法做出民事裁定书〔（2021）鄂08破申1号〕及决定书〔（2021）鄂08法委鉴字第34号〕，裁定受理凯瑞德重整案并指定凯瑞德清算组为凯瑞德重整管理人。

2021年11月12日，公司收到荆门中院送达的决定书〔（2021）鄂08民破1号〕，准许公司在管理人的监督下自行管理财产和营业事务。

2021年12月6日，公司召开第一次债权人会议及出资人组会议，表决通过了《凯瑞德控股股份有限公司财产管理与变价方案》《凯瑞德控股股份有限公司重整计划（草案）》；同日，公司向荆门中院提交了裁定批准重整计划的申请。

2021年12月6日，管理人通过商业谈判方式确定王健及农谷集团为凯瑞德重整投资人，由管理人与王健签署重整投资协议书。

2021年12月8日，荆门中院做出民事裁定书〔（2021）鄂08民破1号〕，裁定批准凯瑞德重整计划，终止凯瑞德重整程序。

2021年12月31日，公司收到荆门中院下发的民事裁定书〔（2021）鄂08民破1

号之三〕，荆门中院裁定确认重整计划执行完毕并终结凯瑞德破产重整程序。

四、重整计划的主要内容

（一）重整思路概述

重整计划的主要思路为：

（1）对出资人权益进行调整，在现有股份基础上进行转增，合计转增1.92亿股，重整投资人受让0.96亿股。其中，0.61亿股过户至重整投资人王健的账户，用于清偿债务和发展凯瑞德主业；0.35亿股用于引入荆门市人民政府国有资产监督管理委员会100%持股的农谷集团。

（2）凯瑞德将从根本上化解当前的债务危机，优化股本结构和治理模式，调整各项财务指标至健康状态。具体如图2-13-2所示。

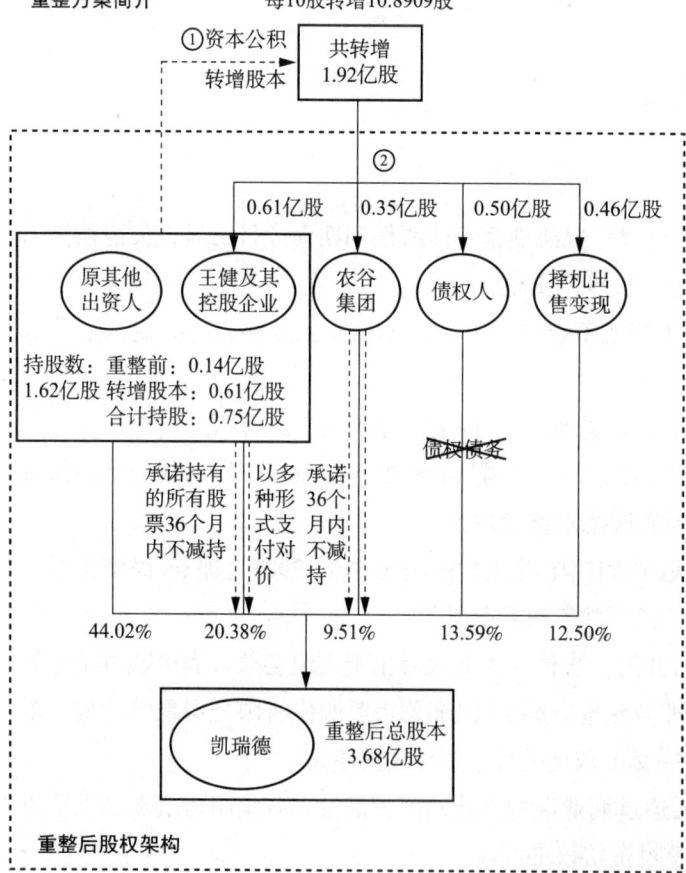

图2-13-2 凯瑞德重整方案示意图

注：基于案例分析的需要，凯瑞德重整方案示意图中对案例数据进行简化处理，简化计算后重整后王健、农谷集团持股比例20.38%、9.51%与在重整计划中提到的重整后王健、农谷集团持股比例20.45%、9.49%存在尾差，具体以重整计划为准。

（二）投资人及投资方案介绍

2021年12月6日，管理人通过商业谈判方式确定王健及农谷集团为凯瑞德重整投资人，由管理人与王健签署重整投资协议书。王健系凯瑞德现第一股东且就凯瑞德违规担保提出了解决方案，能够对凯瑞德未来恢复持续经营和盈利能力提供一定融资支持；农谷集团作为荆门市人民政府旗下国资平台，与凯瑞德未来发展主业存在产业协同性，能更好地促成凯瑞德与荆门市人民政府的战略合作。重整投资人有条件受让股份、解决历史遗留问题。

（1）解决违规担保问题。由于前前任实际控制人吴联模、前任实际控制人张培峰的违法犯罪行为，凯瑞德存在违规担保金额3.64亿元，其中已判决违规担保金额2.30亿元，未判决违规担保金额1.34亿元。王健采取合法形式承担凯瑞德债务2.78亿元。首先等额解决已经判2.30亿元违规担保事项，其次等额解决未判决的4880.95万元违规担保事项。对于未判决违规担保金额1.34亿元与4880.95万元的差额部分8516.61万元，王健承诺如法院未来生效判决凯瑞德承担还款责任的金额超出4880.95万元，就超出部分以现金方式向凯瑞德全额补偿。

上述王健承担的凯瑞德债务2.78亿元已经由本次重整的债权核查报告审查确认，王健采取合法形式保证该2.78亿元债务对应的债权申报人明确放弃向凯瑞德主张任何债权权利，在重整计划草案获得法院批准后该2.78亿元债权对应的债权申报人明确全部放弃对应的现金和股票偿债资源，该偿债资源不用于清偿债务，用于发展凯瑞德主业。

（2）解决主业发展问题。由于前前任实际控制人吴联模、前任实际控制人张培峰的违法犯罪行为，凯瑞德原有主业陷入停滞，王健承诺凯瑞德未来3年主营业务收入分别达到4亿元、6亿元、9亿元。为了实现主业快速发展，王健促成凯瑞德全面履行与荆门市人民政府签署的战略合作框架协议，引入荆门市人民政府国有资产监督管理委员会100%持股的农谷集团协同成为重整投资人，并将0.96亿股中的0.35亿股指定过户至农谷集团名下，0.61亿股过户至王健名下。以荆门市国资平台公司持有凯瑞德股份为契机，积极发挥荆门市的区位优势、产业优势，积极发挥凯瑞德上市公司的品牌优势、资金优势和龙头示范效用，优先围绕大农业、大健康产业发展主业，全面落实凯瑞德与荆门市人民政府的合作。

（3）采取多种措施支持凯瑞德发展主业。

王健向凯瑞德无偿赠与4779万元资金，该资金不用于清偿债务，仅用于重整后发展主业。

王健为凯瑞德提供不少于1亿元的流动性支持用于重整后发展主业。

本次重整投资人有条件受让的资本公积转增股份将按照深交所的有关规定由王健、农谷集团自律锁定36个月，同时重整前第一大股东王健持股股份亦锁定36个月，以体现对中小股东权益的保护，同时兼顾债权人和股东权益保护的平衡。由于重整前王健持有 0.14 亿股，重整受让 0.61 亿股后，王健合计持有公司股份 0.75 亿股，占资本公积转增后总股本的 20.38%，是公司的第一大股东、实际控制人；农谷集团重整前未持有凯瑞德股份，重整后持有 0.35 亿股，占资本公积转增后总股本的 9.51%。

（三）出资人权益调整方案

以凯瑞德现有总股本 1.76 亿股为基数，按每 10 股转增 10.89 股的比例实施资本公积转增股票，共计转增 1.92 亿股。转增后，公司股本从 1.76 亿股增至 3.68 亿股。前述 1.92 亿股转增股票不向股东分配，其中 0.96 亿股出让给重整投资方，0.50 亿股用于清偿债务，0.46 亿股由管理人参考二级市场价格予以变现，变现所得用于发展公司业务。

（四）债权调整及受偿方案

1. 税款债权调整及受偿

经管理人审查确认的税款债权金额合计为 704.71 万元，由管理人在重整计划执行期间通过现金方式一次性全额清偿。

2. 普通债权调整及受偿

经管理人审查确认的普通债权总额 13.83 亿元，共计 82 家债权人。

对已经确认的普通债权金额，凯瑞德按以下方式清偿：

在重整计划执行期间，管理人依据凯瑞德第一次债权人会议通过的财产管理与变价方案的授权处置财产变现资金支付破产费用、清偿税款债权后的剩余资金将全额用于清偿普通债权。假设财产管理与变价方案处置财产能够按照评估价值获得处置变现，普通债权清偿率为 1.06%，实际清偿率须根据资产处置所得具体确定。

重整计划草案出资人权益调整方案中资本公积转增股票 0.50 亿股用于向本次重整债权核查报告中管理人列明的普通债权人进行分配，提高普通债权人清偿比例，普通债权人每 10000 元债权可分配 287.91 股凯瑞德股票（若股数出现小数位，则去掉拟分配股票数小数点右侧的数字后加"1"）。

部分债权人同意在债权人会议表决通过重整计划且荆门中院裁定批准重整计划后，自愿放弃其在重整程序中应分配现金偿债资源和股票偿债资源，自愿放弃偿债资源的债权金额为 1.51 亿元，该款项和股票 435.39 万股将全部用于提高本次重整债权核查报告中管理人列明的其他普通债权人的清偿比例。

3. 特殊债权调整及受偿

（1）待确认债权。重整债权核查报告中管理人列明的暂缓确认债权 1.33 亿元，在经荆门中院或管理人审查确认后，债权人可以要求凯瑞德按照重整计划中规定的同类债权调整和受偿方案进行清偿。

重整债权核查报告中管理人列明的未申报债权 2.21 亿元，根据《企业破产法》第九十二条第二款的规定,在重整计划执行期间不得行使权利;在重整计划执行完毕后,债权人可以按照重整计划规定的同类债权的调整和受偿方案向凯瑞德主张权利,未申报债权人如无法与凯瑞德就重整计划规定的同类债权受偿金额协商一致,须获得司法机构生效判决或仲裁机构生效裁决确认。

(2)新确认还款义务的债权。对于重整债权核查报告中管理人列明的未申报债权范围之外、基于2021年11月5日荆门中院受理凯瑞德重整案以前存在的债权证据、事实、理由并在凯瑞德重整第一次债权人会议2021年12月6日召开后向凯瑞德主张权利的债权,不再分配股票,不再分配部分债权人放弃的应分配款项及股票,仅按普通债权清偿率1.06%进行清偿。实际清偿率须根据资产处置所得具体确定。

4.债务清偿顺序

凯瑞德债务清偿顺序如图2-13-3所示。

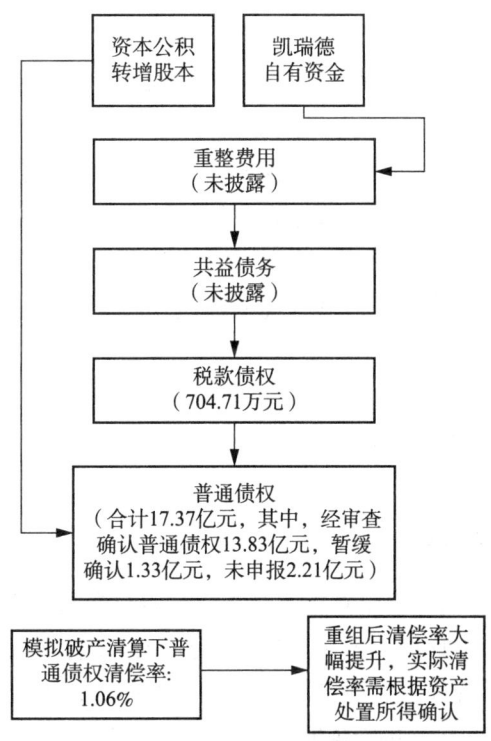

图2-13-3 凯瑞德债务清偿顺序示意图

(五)未来经营方案

通过重整程序,凯瑞德将从根本上化解当前的债务危机,资产负债率大幅下降,股本结构和治理模式迅速优化,各项财务指标调整至健康状态,持续发展能力、资金融通能力、自我造血能力等正常生产经营状态得以全面恢复。

1. 优化整合资源

充分发挥上市公司规范化管理制度优势、激励平台优势，引进吸收战略管控能力强、工作经验丰富、国际视野开阔、决策科学、运营效率突出的经营管理团队，全面实施体制优化和管理改善，提升内部运行效率和治理能力，为后续主业发展奠定坚实基础。

2. 优化治理结构

在决策层面严格规范"三会"运作，强化决策程序，健全约束机制，优化"三会"成员专业配置，确保战略层面决策的科学有效性；在管理层面优化组织结构及人员配置，强化与责任权利相匹配的职能分工与考核机制，提升经营管理团队履职能力、执行力和创新能力；在业务执行层面进一步健全内控管理制度，优化财务审批流程，加强经营过程的合规意识与风险防范意识，强化内部审计稽核与证券法务风控职能，从根本上杜绝违规行为，防范经营、财务风险，维护股东利益。

3. 优化主业发展

凯瑞德现有煤炭贸易业务逐步稳定提升，2019年全年实现开票收入1.56亿元，2020年实现开票收入2.94亿元，煤炭贸易业务作为公司的主营业务已能实现微盈利，依托重整获得的经营资源，公司将继续深耕现有煤炭贸易业务，不断做大做强。同时深化履行与荆门市人民政府签署的战略合作框架协议，在时机合适时，充分发挥上市公司便利的融资平台优势，通过现金收购或发行股份及现金方式收购商业模式清晰、发展方向稳定、盈利趋势明显、估值合理的优质资产发展公司主业，进一步优化公司业务结构、提升公司盈利能力。

五、重整计划的表决与批准

（一）债权人会议表决

2021年12月6日，荆门中院召集召开了公司重整案第一次债权人会议。该次债权人会议议程主要包括：①管理人做阶段性工作报告；②管理人做债权核查报告，债权人会议核查债权表；③管理人做财产状况调查报告；④管理人对《凯瑞德控股股份有限公司财产管理与变价方案》进行说明，债权人会议表决财产管理与变价方案；⑤债务人对《凯瑞德控股股份有限公司重整计划（草案）》进行说明，债权人会议表决重整计划草案。

1. 税款债权组

2021年12月6日，公司召开第一次债权人会议，出席该次债权人会议的有表决权的税款债权人1家，代表债权总额704.71万元。同意重整计划草案的税款债权人1家，占出席会议的税款债权人数量的100%；同意重整计划草案的税款债权人所代表的债权额704.71万元，占税款债权总额的100%，已超过本组债权总额的2/3。税款债权组通过重整计划草案。

2. 普通债权组

2021年12月6日，公司召开第一次债权人会议，出席该次债权人会议的普通债权人73家，表决权额12.96亿元。同意重整计划草案的普通债权组的债权人71家，占出席会议的普通债权组债权人数量的97.26%；同意重整计划草案的普通债权组债权人所代表的债权额12.30亿元，占普通债权组债权总额的94.91%，已超过本组债权总额的2/3。普通债权组通过重整计划草案。

（二）出资人组会议表决

2021年12月6日，公司采用现场投票与网络投票表决相结合的方式召开出资人组会议。

出席会议的股东及股东授权代表334人，代表有表决权股份7293.66万股，占公司有表决权总股份的41.44%。其中，出席现场会议的股东及股东授权代表3人，代表股份2783.17万股，占公司有表决权总股份的15.81%；通过网络投票的股东331人，代表股份4510.49万股，占公司有表决权总股份的25.63%。中小投资者（单独或合计持有公司5%以上股份的股东及其一致行动人以外的其他股东）共333名，代表公司有效表决权的股份5844.96万股，占公司有效表决权总股份的33.21%。

表决情况为：同意6189.01万股，占出席会议所有股东所持股份的84.85%；反对963.76万股，占出席会议所有股东所持股份的13.21%；弃权140.89万股（其中因未投票默认弃权0股），占出席会议所有股东所持股份的1.93%。

（三）重整计划批准

2021年12月8日，荆门中院裁定批准重整计划。

六、重整计划的执行与监督

（一）执行和监督的主体

重整计划由凯瑞德负责执行，管理人负责监督。

（二）执行和监督期限

重整计划执行期限自重整计划或重整计划草案获得荆门中院裁定批准之日起计算，重整计划执行期限为25天。在此期间，凯瑞德应当严格依照重整计划的规定支付破产费用、清偿债务。

如非凯瑞德自身原因，致使凯瑞德重整计划无法在上述期限内执行完毕，凯瑞德应于执行期限届满前，向荆门中院提交延长重整计划执行期限的申请，并根据荆门中院批准的执行期限继续执行。荆门中院如认为需要延长执行期限，可以依职权决定延长重整计划的执行期限。重整计划提前执行完毕的，执行期限在荆门中院裁定重整计划执行完毕之日到期。

（三）执行的措施

1. 偿债资金的分配

根据重整计划需要向债权人分配的偿债资金或者需要预留的偿债资金划入管理人指定的银行账户；重整费用根据重整计划的规定支付完毕或划入管理人指定的银行账户。资本公积转增股份全部登记至管理人或管理人指定的证券账户。

2. 偿债股票的分配

偿债股票应划转至债权人指定证券账户。若债权人在债权人会议召开前未提供证券账户信息，应在荆门中院裁定批准重整计划或重整计划草案后10日内，按照指定格式书面提供领受分配股票的证券账户信息。股票在划转至管理人证券账户15日内划转至债权人指定账户。非凯瑞德和管理人原因，导致抵债股票不能转入债权人指定证券账户，或账户被冻结、扣划，由此产生的法律后果由相关债权人自行承担。对于股票划转到债权人指定账户之前或之后的价格变化，凯瑞德和管理人不做承诺、不承担责任。股票划转及过户至债权人指定证券账户的税费、手续费为重整费用，由凯瑞德承担。

3. 偿债资金和股票的提存及处理

（1）经管理人审查确认债权的债权人偿债资金/股票的分配、提存及处理。偿债资金和清偿债务股票原则上以银行转账、股票划转的方式向债权人进行分配，管理人通知债权人提供银行账户、证券账户，若债权人在债权人会议召开前尚未提供领受偿债资源所需的银行账户、证券账户，应在债权人会议后3日内按照管理人指定格式书面提供领受偿债资源的银行账户、证券账户信息。

债权人按照重整计划在规定期限内提供银行账户但未提供证券账户信息的，视为拒绝领受清偿债务股票。未能领受股票留存于管理人账户由管理人择机变现进行分配，股票处置变现资金的分配方法为：按照债权人根据重整计划应分得股票数量占总留存股票的比例，以全部留存股票的变现现金总额为基础计算确定各债权人可分配的股票处置变现资金。在管理人向荆门中院提交重整计划执行监督报告前，尚有留存股票未能处置变现的，以及处置变现尚未分配的资金转入管理人指定的凯瑞德账户，由凯瑞德择机变现，按照上述分配方法分配。

对于未按照重整计划在规定期限内提供银行账户且未提供证券账户的，根据重整计划应向其分配的资金、股票将提存至管理人指定的银行账户、证券账户。管理人向荆门中院提交重整计划执行监督报告前，将提存的现金及股票转入管理人指定的凯瑞德账户。上述提存的偿债资源自重整计划执行完毕公告之日起满3年，债权人仍不领取的，视为放弃领受偿债资源的权利。凯瑞德应当将提存的资金在扣除相关费用后用于补充公司流动资金，提存的清偿债务股票由凯瑞德择机变现后，用于补充公司流动资金。因债权人自身及/或其代理人、关联方的原因，导致偿债资源不能到账，或因账户信息错误、账户被冻结、扣划等原因所产生的法律后果由相关债权人自行承担。

（2）为待确认债权预留偿债资金、股票的提存及处理。管理人依据债权受偿方案为待确认债权预留的现金和股票在重整计划执行期间留存于管理人账户。管理人向荆门中院提交重整计划执行监督报告前，将预留的现金及股票转入管理人指定的凯瑞德账户。暂缓确认债权、未申报债权后续主张债权并经审核确认的，管理人或凯瑞德依照重整计划规定的同类债权的清偿方案清偿。上述提存的偿债资源自重整计划执行完毕公告之日起满3年，债权人仍未申报或申报但不领取的，视为放弃领受偿债资源的权利。

（3）用于发展主业的0.46亿股股票处置变现处理。经出资人组审议通过，本次重整出资人权益调整方案中，资本公积转增股票中的0.46亿股由管理人参考二级市场价格予以变现，变现所得用于发展公司业务。为避免出现大量股票减持造成二级市场波动，维护全体股东及债权人利益，上述0.46亿股股票处置方案需经凯瑞德董事会、股东大会审议通过后方可实施。在管理人向荆门中院提交重整计划执行监督报告前，尚有留存股票未能处置变现的以及处置变现的资金转入管理人指定的凯瑞德账户，由凯瑞德择机变现。

4. 重整费用的支付

在重整期间及重整计划执行期间发生的案件受理费、管理人聘请中介机构的费用、转增股票登记税费及股票过户税费、管理人执行职务费用等各项重整费用，根据实际发生数额以凯瑞德财产按照重整计划规定、合同约定或重整计划执行实际情况随时支付。

5. 财产保全措施的解除

根据《企业破产法》第十九条的规定，人民法院受理破产申请后，有关凯瑞德财产的保全措施应当解除。尚未解除对凯瑞德财产保全措施的债权人，应当在重整计划获得法院裁定批准估30日内协助办理完解除财产保全措施的手续。在债权人办理完毕解除财产保全措施的手续之前，管理人有权暂缓向相关债权人根据重整计划进行清偿，偿债资源暂存于管理人账户，视为重整计划执行完毕。因相关债权人未及时解除财产保全措施导致无法按期根据重整计划受偿的，不视为重整计划未能执行完毕。此外，如债权人未能在前述规定期限内协助办理解除措施，管理人或凯瑞德有权向荆门中院申请依照重整计划的规定予以强制解除。如因债权人原因未能及时解除对凯瑞德财产的保全措施而影响公司重整计划执行或对公司生产经营造成影响及损失的，由相关债权人向公司及相关方承担法律责任。

6. 债务人财产保全措施的解除及信用等级的修复

（1）财产保全措施的解除。根据《企业破产法》第十九条的规定，人民法院受理破产申请后,有关债务人财产的保全措施应当解除。尚未解除对凯瑞德财产保全措施的债权人,应当在重整计划获得法院裁定批准后30日内协助办理完解除财产保全措施的手续。如未能在前述规定期限内协助办理解除措施,管理人及/或凯瑞德有权向荆门中院申请依照重整计划的规定予以强制解除。凯瑞德有权根据债权人配合解除财产保全措施的情况向该债权人划转偿债资金和股票,因相关债权人不配合导致无法按期领受偿债资金和股票的,不视为重整计划未能执行完毕。

(2)信用等级的修复。申请强制执行并将凯瑞德纳入失信被执行人名单的各债权人,应当在重整计划获得法院裁定批准后30日内向相关法院申请删除凯瑞德的失信信息,并解除对债务人法定代表人、主要负责人及其他相关人员的限制消费令及其他信用惩戒措施。凯瑞德有权根据债权人申请删除失信信息并解除信用惩戒措施的情况向该债权人划转偿债资金和股票,因相关债权人不配合导致无法按期领受偿债资金和股票的,不视为重整计划未能执行完毕。

7. 债权人对担保人或其他连带债务人权利的行使

根据《企业破产法》第九十二条第三款的规定,债权人对债务人的保证人和其他连带债务人所享有的权利,不受重整计划的影响;但债权人依重整计划获得全额清偿后,为该笔债务提供担保的担保人将不再承担清偿责任。债权人在根据重整计划获得清偿后,应协助解除对担保人财产的保全措施和注销抵质押登记。

七、重整计划顺利实施的预期效果

本次重整计划如能顺利实施,预计将产生以下结果:

(1)企业主体不变。凯瑞德的企业法人性质及市场主体资格不变,并有助于化解现存的退市风险及其他风险,提升上市公司质量。

(2)获得资金支持。在此次重整计划中,重整投资人王健将无偿赠与4779万元资金以及提供不少于1亿元的流动性支持,用于公司重整后发展主业。该举措改善了公司的资本结构以及资金状况,为后续持续发展打下基础。与此同时,该举措亦增强了债权人豁免剩余未清偿债权,消除资不抵债、退市危机的信心,增强了债权人所持0.50亿股股份持续增值、减少债权损失的信心。

(3)政企共谋发展。为了实现主业快速发展,王健促成凯瑞德全面履行与荆门市人民政府签署的战略合作框架协议,引入荆门市人民政府国有资产监督管理委员会100%持股的农谷集团协同成为重整投资人。以荆门市国资平台公司持有凯瑞德股份为契机,充分突出荆门市绿色有机食品、康养生态环境支撑的长寿之乡特色,积极发挥荆门市的区位优势、产业优势,积极发挥凯瑞德上市公司的品牌优势、资金优势和龙头示范效用,优先围绕大农业、大健康产业发展主业,全面落实凯瑞德与荆门市人民政府的合作。

案例 14　华谊嘉信重整案例解析[①]

背景

北京华谊嘉信整合营销顾问集团股份有限公司（以下简称"华谊嘉信"或"公司"）从事文化娱乐与先进生产制造相关业务，成立于 2003 年 1 月 23 日，总股本 6.71 亿股，于 2010 年登陆创业板。受中国证监会处罚及举债式并购扩张影响，加之行业发展变化，华谊嘉信并购资产收益未达预期，加之疫情影响导致公司现金枯竭、业务趋于停滞、客户大量流失，财务状况严重恶化。2021 年 3 月 5 日，经董事会审议通过，拟以公司不能清偿到期债务但具有重整价值及重整可能为由，向有管辖权的人民法院申请对公司进行重整。2021 年 3 月 26 日，公司进入预重整程序，北京市第一中级人民法院（以下简称"北京一中院"或"法院"）指定北京大成律师事务所担任临时管理人。法院于 2021 年 10 月 28 日裁定受理公司重整案，并指定北京大成律师事务所担任管理人。2021 年 12 月 16 日，北京一中院下发的民事裁定书〔(2021) 京 01 破 264 号之二〕批准华谊嘉信重整计划，并终止华谊嘉信重整程序。2021 年 12 月 31 日，法院裁定批准重整计划执行完毕。该重整案为北京市首例上市公司重整案。

方案要点

1. 出资人权益调整

以华谊嘉信现有总股本 6.71 亿股为基数，按每 10 股转增 3.8 股的比例实施资本公积转增股票，共计转增 2.55 亿股。转增后，公司股本从 6.71 亿股增至 9.26 亿股。转增的 2.55 亿股做如下分配：其中 0.04 亿股进行回购注销，注销完成后总股本为 9.22 亿股；1.45 亿股由重整投资人以 1.1 元/股的对价受让，用于根据重整计划的规定清偿债务、支付重整费用及补充公司流动资金等；剩余 1.06 亿股用于清偿债务。

[①] 本案例解析的内容主要根据北京华谊嘉信整合营销顾问集团股份有限公司于 2021 年 12 月 16 日公布的《北京华谊嘉信整合营销顾问集团股份有限公司重整计划》整理而成。

2. 债权清偿方案

（1）有财产担保债权调整及受偿。如担保财产非重整所必需财产，对担保财产进行处置变现，债权人就担保财产变现价款优先受偿，自法院裁定批准重整计划之日至担保财产变现价款分配至债权人指定的银行账户之日期间以担保财产变现价款为本金，参照原融资利率计息并付息。剩余未能优先受偿部分，按照普通债权清偿方案受偿。

如担保财产为重整所必需财产，根据评估报告中担保财产清算评估值确定债权优先受偿部分，该部分在重整计划执行期间以现金方式优先受偿，未能优先受偿部分，按照普通债权清偿方案受偿。

（2）普通债权调整及受偿。重整计划中普通债权的调整及受偿方案具体如下。

每家债权人16万元以下（含16万元）的债权部分，获得全额现金清偿，于重整计划执行期间清偿80%，自重整计划执行完毕后1个月内清偿剩余的20%。

对于超过16万元部分，债权人可在如下方案中择一种获得清偿：

通过资本公积转增的华谊嘉信股份进行以股抵债，每100元分得7.2股股份，以股抵债价格为13.75元/股，以股抵债部分的清偿率为100%。

按10%的清偿率在重整计划执行期间以现金清偿，剩余部分华谊嘉信豁免清偿。

3. 引入重整投资人

为挽救华谊嘉信，并使重整计划顺利进行，华谊嘉信重整案引入专业的重整投资人杭州福石资产管理有限公司（以下简称"福石资产"）或其认可的第三方，重整投资人合计受让1.45亿股转增股票。根据2021年12月23日公司公布的《关于确定重整投资人暨签订重整投资协议的进展公告》，重整投资人福石资产认购0.40亿股，深圳市高新投集团有限公司（以下简称"深圳高新投"）认购0.29亿股，北京文投九州鼎盛科技发展有限公司（以下简称"文投九州"）认购0.13亿股，上海五喆企业管理咨询合伙企业（有限合伙）（以下简称"上海五喆"）认购0.11亿股，邵雨田认购0.20亿股，丁韵桓认购0.25亿股，赵祖富认购0.07亿股。

一、公司基本信息

（一）公司及业务简介

华谊嘉信成立于2003年1月23日。2009年5月，经发行人创立大会暨第一次股东大会全体发起人一致同意，整体变更为股份有限公司，并于2009年5月27日在北京市工商行政管理局完成工商变更登记，注册资本为3400万元。2010年4月21日，华谊嘉信在深交所上市。2022年6月27日，企业变更名称为北京福石控股发展股份有限公司，注册资本变更为9.22亿元。

华谊嘉信经营范围为企业总部管理，市场营销策划，信息咨询服务，技术服务、技术开发、技术咨询、技术交流、技术转让、技术推广，广告设计、代理，广告制作，广告发布，企业形象策划，会议及展览服务，摄像及视频制作服务，图文设计制作，票务代理服务，组织文化艺术交流活动，计算机系统服务，市场调查（不含涉外调查），翻译服务，项目策划与公关服务，专业设计服务，日用品销售，电子产品销售，软件销售，工艺美术品及礼仪用品销售（象牙及其制品除外），互联网信息服务，演出经纪，出版物零售。

根据公司 2020 年年度报告，公司营业收入为 9.70 亿元，净利润为 -5.80 亿元，毛利率为 30.06%，净利润率为 -59.79%。

（二）重整前股权架构

截至 2021 年 3 月 31 日，华谊嘉信股份总数为 6.71 亿股，其中，宋春静持有 0.77 亿股，占比 11.44%，刘伟持有 0.92 亿股，占比 13.65%。由于 2020 年 9 月 30 日，刘伟将所持有的全部股份所代表的表决权委托给福石资产，因此公司实际控制人为福石资产。华谊嘉信重整前股权架构如图 2-14-1 所示。

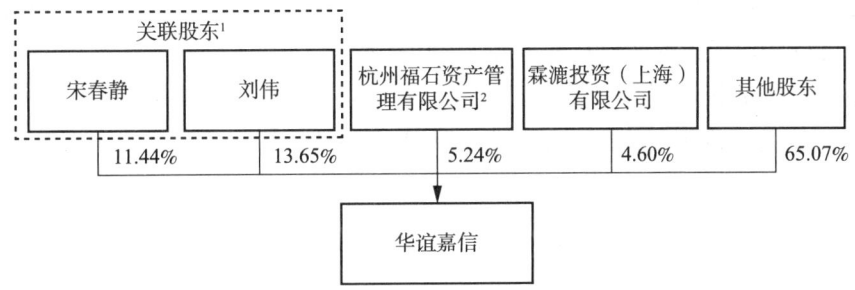

图 2-14-1 华谊嘉信重整前股权架构

注：1. 宋春静为刘伟的前妻。
2. 2020 年 9 月 30 日，刘伟将所持有的全部股份所代表的表决权委托给福石资产，不再是实际控制人。

二、资产负债情况

（一）资产负债情况总览

表 2-14-1 华谊嘉信资产负债情况

资产/债权类型	资产（亿元）	负债（亿元）	净资产（亿元）	资产负债率（%）
账面价值/债权金额	3.43	14.36	-10.93	418.66
评估清算价值/债权金额	1.92	14.36	-12.44	747.92
评估市场价值/债权金额	5.69	14.36	-8.67	252.37

如表 2-14-1 所示，根据审计报告，截至 2021 年 3 月 31 日，华谊嘉信资产总额为 3.43 亿元。

根据评估报告，以 2021 年 3 月 31 日为评估基准日，华谊嘉信总资产的市场价值为 5.69 亿元，清算价值为 1.92 亿元。

根据审计报告，截至 2021 年 3 月 31 日，华谊嘉信负债总额为 13.01 亿元。

截至 2021 年 11 月 29 日，共有 297 家债权人向管理人申报债权（含预重整期间申报的债权），债权申报金额合计 13.90 亿元。其中，经管理人审核，初步确认债权金额合计 12.81 亿元（前述债权最终金额以北京一中院裁定确认金额为准），暂缓确认债权 7276.66 万元，不予确认 3622.81 万元。

根据管理人调查，公示的职工债权共计 2066.13 万元。职工债权金额最终以北京一中院裁定确认金额为准。

管理人审查确认普通债权涉及债权人共 65 家，债权金额合计 12.32 亿元。

管理人初步审查确认劣后债权 1866.04 万元。

税款债权涉及债权人 1 人，债权金额为 35.39 万元。

根据华谊嘉信提供的财务账簿记载数据等，截至 2021 年 11 月 29 日已知的未依法申报但可能受法律保护的债权总额为 6074.00 万元。

综上，根据债权申报与审查情况、管理人对职工债权的调查情况以及截至受理日公司财务账簿的记录等，华谊嘉信经管理人审查确认、暂缓确认、未申报及职工债权的负债合计为 14.36 亿元。

（二）债权分类

1. 有财产担保债权

有财产担保债权人就担保财产享有优先受偿的权利，根据评估报告的评估结论，有财产担保债权担保财产的清算价值评估值为 2979.89 万元，涉及有财产担保债权人 1 家。

2. 职工债权

职工债权涉及债权人 36 人，债权金额为 2066.13 万元。

3. 税款债权

税款债权组涉及税款债权人 1 人，债权金额为 35.39 万元。

4. 普通债权

普通债权涉及普通债权人共 65 家，债权金额合计 12.32 亿元。

5. 劣后债权

管理人初步审查确认劣后债权 1866.04 万元。

6. 其他债权

暂缓确认债权涉及 231 家债权人，债权性质均为普通债权，暂缓确认金额 7276.66 万元。

未申报债权：未依法申报但可能受法律保护的债权总额为 6074.00 万元。

（三）偿债能力分析

根据评估机构出具的偿债能力分析报告，如果华谊嘉信破产清算，假定其财产均能够按清算评估价值变现，按照《企业破产法》规定的清偿顺序，担保财产变现所得优先用于偿还有财产担保债权优先受偿部分；担保财产变现金额超过有财产担保债权优先受偿部分的款项以及未设定担保的财产支付或在清偿破产费用、共益债务后，按照职工债权、税款债权、普通债权的顺序进行清偿。在前述清偿顺序下，华谊嘉信在假定破产清算状态下普通债权清偿率为 8.69%。

三、重整基本情况

（一）重整背景

受中国证监会处罚及举债式并购扩张影响，加之行业发展变化，华谊嘉信并购资产收益未达预期，加之疫情影响导致公司现金枯竭、业务趋于停滞、客户大量流失，财务状况严重恶化。

根据 2020 年年度业绩预告披露的数据，截至 2020 年 12 月 31 日，公司净资产预计为负，已经不能清偿到期债务，但公司主营业务尚有一定的市场竞争优势及规模，假如公司能依法出清历史包袱，则具备持续经营能力。

（二）预重整／重整申请情况

2021 年 3 月 5 日，经华谊嘉信董事会审议通过，拟以公司不能清偿到期债务但具有重整价值及重整可能为由，向有管辖权的人民法院申请对公司进行重整，该事项经公司 2021 年第二次临时股东大会审议通过。

（三）重整申请受理情况

2021 年 3 月 26 日，北京一中院决定对华谊嘉信启动预重整。

2021 年 4 月 9 日，公司收到北京一中院下发的决定书〔（2021）京 01 破申 82 号〕，指定北京大成律师事务所担任公司预重整期间临时管理人。

2021 年 10 月 28 日，北京一中院裁定受理华谊嘉信破产重整案，并于同日指定北京大成律师事务所为公司管理人。

（四）重整管理模式

债务人自行管理财产和营业事务。

（五）重整大事记

2021年3月5日，经公司董事会审议通过，向北京一中院申请对公司进行重整。

2021年3月26日，北京一中院决定对华谊嘉信启动预重整。

2021年4月9日，北京一中院下发决定书〔（2021）京01破申82号〕，指定北京大成律师事务所担任公司预重整期间临时管理人。

2021年10月28日，北京一中院裁定受理华谊嘉信破产重整案，并于同日指定北京大成律师事务所为公司管理人，公司股票交易于2021年10月29日被继续实施退市风险警示。

2021年11月5日，公司收到北京一中院送达的决定书〔（2021）京01破264号之一〕，决定准许公司在管理人的监督下自行管理财产和营业事务。

2021年11月15日，公司与福石资产签订《北京华谊嘉信整合营销顾问集团股份有限公司重整投资协议》。

2021年12月1日，公司第一次债权人会议在北京一中院的主持下通过网络形式召开。

2021年12月16日，北京一中院下发民事裁定书〔（2021）京01破264号之二〕批准华谊嘉信重整计划，并终止华谊嘉信重整程序。同日，公司收到福石资产的关于认定重整投资人的告知函，以及邵雨田、乐荣贝、赵祖富、丁韵桓、文投九州发来的告知函，邵雨田、乐荣贝、赵祖富、丁韵桓、文投九州成为重整投资人。

2021年12月23日，公司收到福石资产、乐荣贝、邵雨田和丁韵桓的通知，由于个人原因，乐荣贝不再成为重整投资人，原定拟由乐荣贝认购的股份由邵雨田和丁韵桓分别认购。

2021年12月31日，公司收到北京一中院做出的民事裁定书〔（2021）京01破264号之四〕，确认公司重整计划执行完毕，重整程序终结。

四、重整计划的主要内容

（一）重整思路概述

重整计划的主要思路为：

（1）对出资人权益进行调整，在现有股份基础上按每10股转增3.8股的比例实施资本公积转增股份，合计转增2.55亿股。其中，1.45亿股于引入重整投资人，所支付的对价将用于根据重整计划的规定清偿债务、支付重整费用及补充公司流动资金等。其中转增股票中的0.04亿股进行回购注销，1.06亿股用于清偿华谊嘉信债务。

（2）通过重整投资人业务资源支持以及注入流动资金、加强内部管控、降低成本费用、完善激励约束机制等一系列措施，保留大数据营销、内容营销、公关广告等主营业务。

华谊嘉信重整方案如图 2-14-2 所示。

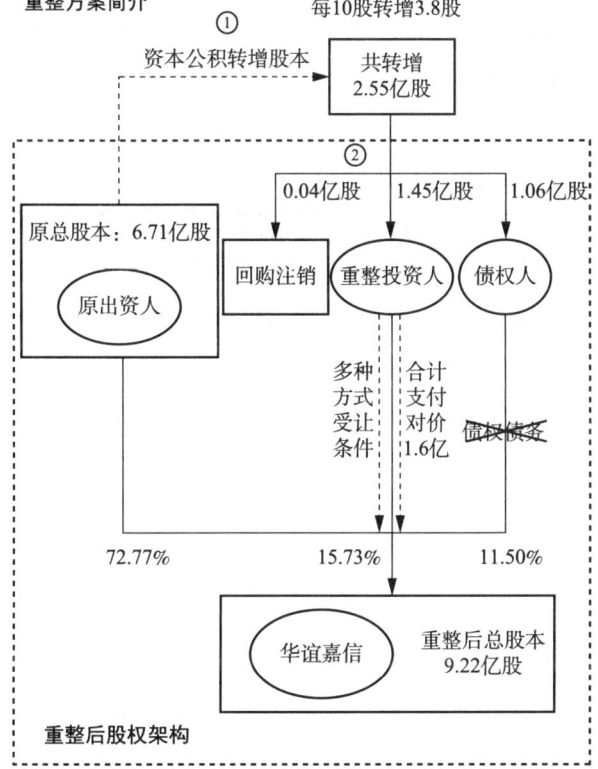

图 2-14-2　华谊嘉信重整方案示意图

（二）投资人及投资方案介绍

2020 年 9 月 30 日，福石资产通过与刘伟签署表决权委托协议成为公司控股股东，开始正式主导公司的持续经营维持及纾困等工作。

2021 年 3 月 23 日，公司 2021 年第二次临时股东大会审议通过了议案，公司拟将福石资产或其认可的第三方作为重整投资人。

2021 年 11 月 15 日，公司与福石资产签订重整投资协议。

2021 年 12 月 10 日，公司收到福石资产的《关于认定深圳高新投集团有限公司作为联合重整投资人的告知函》，深圳高新投作为其认可的第三方作为重整投资人，参与认购部分转增形成的股份。

2021 年 12 月 16 日，公司收到福石资产关于认定重整投资人的告知函，以及邵雨田、乐荣贝、赵祖富、丁韵桓、文投九州发来的告知函，邵雨田、乐荣贝、赵祖富、丁韵桓、文投九州成为重整投资人。

2021年12月23日，公司收到福石资产、乐荣贝、邵雨田和丁韵桓的通知，由于个人原因，乐荣贝不再成为重整投资人，原定拟由乐荣贝认购的股份由邵雨田和丁韵桓分别认购。公司收到文投九州发来的告知函，确认文投九州作为联合重整投资人受让本次转增股份数量为0.13亿股。

根据公司于2021年12月23日公布的《关于确定重整投资人暨签订重整投资协议的进展公告》，各重整投资人认购股份情况如表2-14-2所示，最终准确数量以中证登深圳分公司实际登记确认的数量为准。

表2-14-2　华谊嘉信重整投资人认购股份情况

投资人名称/姓名	认购股份（亿股）
福石资产	0.40
深圳高新投	0.29
文投九州	0.13
上海五喆	0.11
邵雨田	0.20
丁韵桓	0.25
赵祖富	0.07
合计	1.45

上述机构重整投资人背景如下。

重整投资人1：福石资产成立于2016年8月18日，实际控制人及法定代表人均为陈永亮，注册资本1亿元，福石资产是国内一家主要从事困境企业资产整合的公司。

重整投资人2：深圳高新投成立于1994年12月29日，实际控制人为刘苏华，注册资本138.52亿元。经营范围包括投资开发、信息咨询、贷款担保、自有物业租赁等。

重整投资人3：文投九州成立于2020年9月7日，实际控制人为杨科挺，注册资本3333万元，是一家以科技推广和应用服务业为主的企业。

重整投资人4：上海五喆成立于2021年12月20日，注册资本50万元，是一家以商务服务业为主的企业。

重整投资人受让股份的条件包括：

（1）向华谊嘉信支付1.6亿元现金作为华谊嘉信股份受让对价款，即受让价格1.1元/股；该现金将用于支付重整费用、清偿共益债务及各类债权，如有剩余则作为华谊嘉信流动资金。

（2）根据华谊嘉信后续的经营发展需要，在重整计划经北京一中院批准后，向华谊嘉信提供总额不低于3亿元的借款作为流动性支持，用于保证华谊嘉信的可持续发展。

（3）保障现有的数据营销、内容营销、公关广告业务的稳定发展，积极与字节跳动有限公司（后更名为抖音有限公司）、头条系等公司合作在抖音、快手、小红书等新型社交及短视频平台进行电商代运营、数字化整合营销等业务。

（4）财务投资人的引入事项。重整计划执行完毕后，重整投资人将视情况引入其合法拥有或管理的优质资产或者华谊嘉信股东大会认可的其他优质资产，经证券监督管理机构批准后（如需）注入华谊嘉信。

（5）重整计划执行完毕后，重整投资人将积极联合金融机构在流动资金、业务发展、资产注入等方面对华谊嘉信提供进一步支持，具体另行签署相关协议进行约定。

（6）福石资产承诺华谊嘉信2022年、2023年、2024年3年扣除非经常性损益后的净利润合计不低于3.6亿元；若最终实现的2022年、2023年、2024年3年扣除非经常性损益后的净利润合计未达到该标准，未达到部分由福石资产在2024年会计年度审计报告公布后3个月内以现金方式予以补足。

（7）为了保证华谊嘉信在重整完成后的长期稳定发展，福石资产承诺根据华谊嘉信重整计划取得受让股份后36个月内不出售所持华谊嘉信股份，福石资产认可的其他主体根据华谊嘉信重整计划取得应受让股份后12个月内不出售所持华谊嘉信股份。

（三）出资人权益调整方案

华谊嘉信以现有总股本6.71亿股为基数，按每10股转增3.8股的比例实施资本公积转增股票，共计转增2.55亿股，转增后，公司股本从6.71亿股增至9.26亿股。前述转增股票不向原股东分配，除因上海东汐广告传播有限公司未完成业绩目标，霖漉投资（上海）有限公司（以下简称"霖漉投资"）作为业绩补偿义务人需要对华谊嘉信进行补偿，即公司应将霖漉投资持有公司股份回购注销，因霖漉投资所持公司股份已质押，公司未能实施回购。故在出资人权益调整方案表决通过且重整计划经北京一中院裁定批准后，华谊嘉信将采取适当措施对霖漉投资现持有股份实施资本公积转增相应形成的0.04亿股股份进行回购注销，未注销的转增股份2.51亿股将按照重整计划用于引进重整投资人及清偿各类债务。其中，1.45亿股用于有条件引入重整投资人，1.06亿股用于抵偿已申报的债权，如有剩余，剩余部分将于二级市场公开处置，处置所得用于补充公司流动资金。注销完成后总股本为9.22亿股。

（四）债权调整及受偿方案

1. 有财产担保债权调整及受偿

经管理人审查，有财产担保债权担保财产的清算价值评估值为2979.89万元。如担保财产非重整所必需财产，对担保财产进行处置变现，债权人就担保财产变现价款优先受偿，自法院裁定批准重整计划之日至担保财产变现价款分配至债权人指定的银行账户之日期间以担保财产变现价款为本金，参照原融资利率计息并付息。剩余未能优先受偿部分，按照普通债权清偿方案受偿。如担保财产为重整所必需财产，根据评估报告中担保财产清算评估值确定债权优先受偿部分，该部分在重整计划执行期间以现金方式优先受偿，未能优先受偿部分，按照普通债权清偿方案受偿。

2. 职工债权以及税款债权调整及受偿

管理人审查确认职工债权总额为 2066.13 万元，税款债权总额为 35.39 万元。均不做调整，将在重整计划执行期限内以现金方式全额清偿。

3. 普通债权调整及受偿

管理人审查确认普通债权人共 65 家，债权金额合计 12.32 亿元。普通债权的调整及受偿方案具体如下。

每家债权人 16 万元以下（含 16 万元）的债权部分，获得全额现金清偿，于重整计划执行期间清偿 80%，自重整计划执行完毕后 1 个月内清偿剩余的 20%。

对于超过 16 万元部分，债权人可在如下方案中择一种获得清偿：

（1）通过资本公积转增的华谊嘉信股份进行以股抵债，每 100 元分得 7.27 股股份，以股抵债价格为 13.75 元/股，以股抵债部分的清偿率为 100%。在以股抵债过程中，如债权人可分得的股份数量不为整数，则该债权人分得的股份数量按照"进一法"处理，即去掉拟分配股份数小数点右侧的数字后，在个位数上加"1"。

（2）按 10% 的清偿率在重整计划执行期间以现金清偿，剩余部分华谊嘉信豁免清偿。

4. 劣后债权调整及受偿

管理人初步审查确认劣后债权 1866.04 万元。如债权金额超过 16 万元部分的普通债权人全部选择以股抵债方式清偿，在重整计划经北京一中院批准之日起 3 年后，预留的偿债资源经分配后仍有剩余，则劣后债权可参照普通债权的清偿安排进行清偿；若预留的偿债资源不足以清偿所有劣后债权，则按各劣后债权金额的比例进行分配。

如债权金额超过 16 万元部分的普通债权人未全部选择以股抵债方式清偿，劣后债权全部豁免，不予清偿。

5. 预计债权调整及受偿

对于债权被暂缓确认的债权人，将为其预留偿债资源，待其债权依法获得确认后，按照重整计划规定的清偿方式进行清偿。根据《企业破产法》的相关规定，未依法申报债权的债权人，在重整计划执行期间不得行使权利，在重整计划执行完毕后，债权得到确认的，可行使权利。未申报债权中的普通债权统一按照 10% 的清偿率以现金清偿，剩余部分予以豁免。自重整计划执行完毕之日起满 3 年，因债权人原因不领受偿债资源的，视为其放弃领受偿债资源的权利。因普通债权人行使清偿选择权、最终确认债权金额与暂缓确认债权金额不一致、放弃领受偿债资源等原因，在对劣后债权清偿后（如需）如有剩余的偿债资源，华谊嘉信可将剩余资金在扣除相关费用后（如有）用于补充公司流动资金，剩余股份将在二级市场处置变现，变现所得作为华谊嘉信财产。

6. 债务清偿顺序

华谊嘉信债务清偿顺序如图 2-14-3 所示。

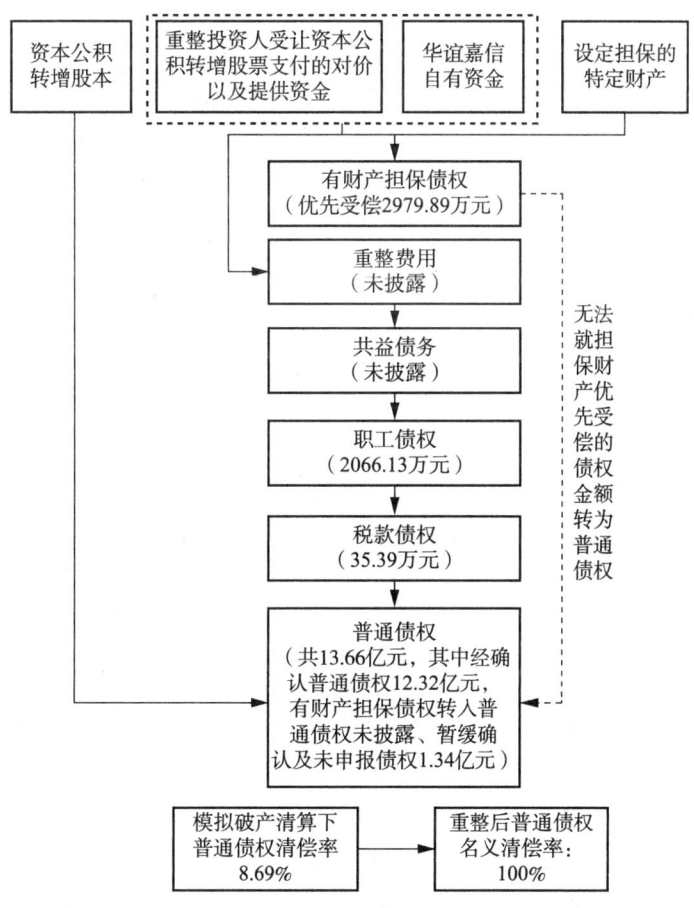

图 2-14-3　华谊嘉信债务清偿顺序示意图

（五）未来经营方案

华谊嘉信将立足于现有核心业务，保留大数据营销、内容营销、公关广告等主营业务，继续打造以娱乐社会化内容和营销大数据为支撑的全球化数字化全域营销传播集团，重新打造涵盖移动互联网的营销传播全产业链。

通过重整投资人业务资源支持以及注入流动资金、加强内部管控、降低成本费用、完善激励约束机制等一系列措施，从根本上改善公司生产经营，实现高效有序的经营状态，维持并进一步提升华谊嘉信在文化传媒行业的竞争力，使华谊嘉信成为经营稳健、运营规范、业绩优良的上市公司。

1. 夯实原有业务，继续做大做强

公司未来在公关广告业务的发展将着力于三个方面。

（1）重新打造核心运营团队。公司将投入更多的资金来强化团队实力，扩张团队规模，从而为客户提供更优质的服务。

（2）供应商体系重构。重整完成后，公司资金状况获得极大改善，将会对供应商进行重新筛选，重新制定比价策略，从而提升公司的利润水平。

（3）客户行业结构调整。公司将在确保大客户不流失的前提下，合理调整业务结构，增加汽车行业的服务类型和非汽车行业客户，提升公司总体客户量及业务数量。目前电子消费品、快速消费品、美妆、医疗美容等领域无论是规模体量还是发展速度都较为"亮眼"，公司要继续加强前述领域的拓展，不断改善客户结构，获取更多拥有较高毛利水平的订单。

2. 拓展新业务

（1）互动营销业务。产品公司将抓住重整契机，以汽车企业数字营销服务需求为核心构建互动营销团队，发展互动营销业务，逐步扩充至3C产品（计算机类、通信类和消费类电子产品）和快速消费品领域。依托迪思传媒集团现有客户资源，从公关业务向数字营销拓展。在内容上全面视频化，加强创意、编导和制作团队建设。以社交媒体和品牌社区为核心构建传播结构，形成独特的核心竞争力。公司将打造巨量平台的投放能力，在抖音、快手、哔哩哔哩、小红书等主流短视频媒体平台上，通过流量筛选与购买的方式，提升客户品牌知名度，并利用互动属性实现订单转化。

（2）电商代运营业务。公司将开拓直播电商的全链条运营业务，通过与网红达人的合作，构建巨型网红达人联盟，实现"头部网红引流、腰部网红创收、尾部网红培育"的互动形态，并积极拓展各类产业客户资源，将更多的产品导入直播平台。借此，公司将会为客户提供品牌咨询、公关创意、定向投放、直播带货、售后服务的全链条服务，并且与公司传统的公关广告业务结合，为客户打造全方位的广告投放与销售转化，提升客户满意度。

（3）技术产品（数字化整合营销平台）业务。华谊嘉信将构建产品与研发团队，通过对多个环节数据的打通、融合，形成大量基础数据，在此基础上进行标签化和结构化，进而将数据改造成为能够随时加工处理的成熟数据。同时，通过人工智能加以深度学习，对数据进行全面画像，形成个人的偏好指南，根据其偏好进行定向推送，从而有效提高销售转化率。在积累了一定的数据分析能力后，可以进行多种产品延伸，包括人群画像分析、产品舆情分析、竞品分析、私域流量分析等，并能够通过可视化的方式形成多种软件即服务产品，对外提供服务。

3. 利用资本优势，推动快速发展

上市公司的优势在于打通资本市场，能够利用资本市场的资源进行投资并购，实现跨越式发展。重整完成后，公司将卸下历史包袱，摆脱债务危机，可以利用多种金融衍生品来募集资金或支付对价，进行投资并购。

4. 加强内部管理，努力降本增效

公司将对内部组织架构、管理模式、部门职责、风控方式、业务流程等进行重新审视和改革，对原有不合理的部分予以修正，建立新模式。华谊嘉信将打破行业内大型公司比较普遍的拼图式业务模型，运用技术和数据思维，构建底层数据打通、技术应用共享的全新平台工作模式。华谊嘉信将立足于大数据与技术结合的产品路线，开发技术产品，满足客户的共性需求，实现规模扩张。最终通过积淀数据和打通营销、销售数据，以人群数据为底层，构建完整的营销一体化平台。

五、重整计划的表决与批准

（一）债权人会议表决

2021年12月1日，在北京一中院的主持下，公司重整案第一次债权人会议采取网络会议方式通过全国企业破产重整案件信息网召开。与会债权人于有效时限内通过有效的表决方式提交了表决票。

1. 重整计划草案

根据重整计划草案，有财产担保债权组、职工债权组、税款债权组的债权人由于债权未受调整不参与本次表决。由普通债权组对重整计划草案进行表决。

表决结果为：享有表决权的普通债权人共计65家，债权总额为12.32亿元。出席债权人会议62家，表决同意共计52家，占出席会议的债权人数量的83.87%；表决同意债权人所代表债权额为9.30亿元，占普通债权组债权总额的75.48%。根据《企业破产法》第八十四条、第八十六条规定，重整计划草案获得债权人会议表决通过。

2. 财产管理方案

表决结果为：享有表决权的债权人共计65家，债权总额为12.32亿元。出席债权人会议62家，表决同意共计52家，占出席会议的债权人数量的83.87%；表决同意债权人所代表债权额为9.30亿元，占无财产担保债权总额的比例为75.52%。根据《企业破产法》第六十四条，财产管理方案获得债权人会议表决通过。

3. 未来债权人会议召开及表决形式的方案

表决结果为：享有表决权的债权人共计65家，债权总额为12.32亿元。出席债权人会议62家，表决同意共计55家，占出席会议的债权人数量的88.71%；表决同意债权人所代表债权额为9.48亿元，占无财产担保债权总额的比例为76.92%。根据《企业破

产法》第六十四条,未来债权人会议召开及表决形式的方案获得债权人会议表决通过。

(二)出资人组会议表决

2021年12月1日,公司采用现场投票与网络投票相结合的方式召开出资人组会议暨2021年第四次临时股东大会。

参加本次出资人组会议表决的出资人及出资人代理人共269人,代表公司有表决权的股份2.17亿股,占公司股份总数的32.38%。其中参加网络投票的出资人268人,所持股份1.09亿股,占公司股份总数的16.21%。通过网络投票的中小出资人268人,代表股份1.09亿股,占公司股份总数的16.21%。公司部分董事、高级管理人员、管理人代表、北京一中院法官以及律师等相关人士出席了本次会议。

表决情况为:对于《北京华谊嘉信整合营销顾问集团股份有限公司重整计划草案出资人权益调整方案》,同意10034.07万股,占出席会议所有出资人所持有效表决权股份总数的92.19%;反对848.32万股,占出席会议所有出资人所持有效表决权股份总数的7.79%;弃权1.68万股,占出席会议所有出资人所持有效表决权股份总数的0.02%。关联股东福石资产回避表决。

(三)重整计划批准

2021年12月16日,公司收到北京一中院下发的民事裁定书〔(2021)京01破264号之二〕。北京一中院裁定:批准华谊嘉信重整计划,终止华谊嘉信重整程序,本裁定为终审裁定。

六、重整计划的执行与监督

(一)执行和监督的主体

重整计划由华谊嘉信负责执行,管理人负责监督。

(二)执行和监督期限

重整计划的执行期限自重整计划获得北京一中院裁定批准之日起计算,华谊嘉信应当于2021年12月31日前执行完毕。重整计划提前执行完毕的,执行期限于执行完毕之日到期。如重整计划无法在上述期限内执行完毕,华谊嘉信应于执行期限届满前向北京一中院提交延长重整计划执行期限的申请,并在北京一中院批准的延长执行期限内继续执行。

重整计划执行的监督期限与执行期限一致。根据重整计划执行的实际情况,需要延长重整计划执行监督期限的,由管理人向北京一中院提交延长重整计划执行监督期限的申请,并在北京一中院裁定批准的延长期限内继续履行监督职责。

（三）执行的措施

1. 现金清偿措施

每家债权人以现金方式受偿的债权部分，偿债资金以银行转账方式通过管理人指定的银行账户向债权人指定银行账户划转，债权人应在 2021 年 12 月 15 日之前（含 12 月 15 日），按照指定格式以书面方式提供领受偿债资金的银行账户信息。非华谊嘉信和管理人原因，导致偿债资金不能转入债权人指定银行账户，或账户被冻结、扣划，由此产生的法律后果由相关债权人自行承担。逾期不提供银行账户信息的债权人，应向其分配的现金将按照重整计划的相关规定处理，由此产生的法律后果由相关债权人自行承担。

2. 以股抵债清偿措施

每家债权人以股受偿的债权部分，在重整计划执行期限内以资本公积转增股份进行分配。债权人应在 2021 年 12 月 15 日之前（含 12 月 15 日），按照指定格式书面提供领受分配股份的证券账户信息。非华谊嘉信和管理人原因，导致抵债股份不能转入债权人指定证券账户，或账户被冻结、扣划，由此产生的法律后果由相关债权人自行承担。逾期不提供证券账户信息的债权人，应向其分配的股份将按照重整计划的相关规定处理，由此产生的法律后果由相关债权人自行承担。

3. 普通债权人选择权的行使

债权金额超过 16 万元的普通债权人，应在 2021 年 12 月 15 日之前（含 12 月 15 日），按照指定格式书面提供债权清偿方式选择告知书。债权人逾期未告知的，视为选择按 10% 的清偿率在重整计划执行期间以现金清偿，剩余部分豁免清偿。

4. 偿债资金和抵债股份的提存及处理

债权人未按照重整计划的规定受领分配的偿债资金和抵债股份的，根据重整计划应向其分配的资金和股份将提存至管理人指定的银行账户或证券账户，提存的偿债资金或股份自重整计划执行完毕之日起满 3 年，因债权人自身原因仍不领取的，视为放弃受领偿债资源的权利。

5. 转让债权的受偿

债权人在重整计划执行完毕前转让债权的，受让人按照原债权人根据重整计划就其债权可以获得的受偿条件及总额受偿；债权人向两家及以上的受让人转让债权的，所有债权受让人只能在原债权人根据重整计划规定获得的受偿范围内受偿。

6. 债务人财产强制措施的解除

在法院裁定批准重整计划之日起 5 日内，债权人应申请并配合解除对债务人财产的查封、冻结等措施。若债权人未在上述期限内申请并配合解除查封、冻结等措施，债务人或管理人有权依法向法院申请强制解除查封、冻结等手续；同时债务人或管理人有权将相关债权人依重整计划可获分配的偿债资源暂缓分配，予以提存，待债权人配合解除查封、冻结手续之后再行分配。因相关债权人不配合导致无法按期受领偿债资金和抵债股份的，不视为重整计划未能执行完毕。

7. 债务人财产担保措施的解除

在华谊嘉信根据重整计划规定履行完有财产担保债权清偿义务后，有财产担保债权人应解除对担保财产设定的抵质押手续，并不再就担保财产享有优先受偿权。未及时办理解除抵质押手续的，不影响担保物权的消灭。

8. 重整费用的支付和共益债务的清偿

重整费用的支付：华谊嘉信重整费用包括案件受理费、管理人报酬、聘请中介机构提供预重整及重整专项服务的费用、管理人执行职务的费用、转增股份登记过户产生的相关费用等，预估为2200万元。其中，案件受理费、管理人报酬、聘请中介机构提供预重整及重整专项服务的费用，按《诉讼费用交纳办法》、《最高人民法院关于审理企业破产案件确定管理人报酬的规定》及相关合同约定由华谊嘉信支付。华谊嘉信转增股份登记过户产生的相关费用、管理人执行职务的费用及其他重整费用根据重整计划执行的实际情况及相关协议的约定由华谊嘉信支付。

共益债务的清偿：华谊嘉信重整期间的共益债务，包括但不限于因继续履行合同所产生的债务、为继续营业而支付的劳动报酬、社会保险费用以及借款等债务，由华谊嘉信按照相关合同约定及实际发生情况随时清偿。

9. 信用修复

重整计划执行完毕之后，华谊嘉信资产负债结构将得到实质改善，可持续经营能力及盈利能力得以提升。因此，在符合相关法律规定的前提下，各债权银行应当继续给予华谊嘉信融资贷款公平公正的待遇及正常的信贷支持，不得对华谊嘉信再融资设定任何没有法律依据的限制。重整计划执行完毕后，各金融机构应及时调整华谊嘉信信贷分类，并上报中国人民银行征信系统调整华谊嘉信征信记录，确保华谊嘉信运营满足正常征信要求。

在重整计划执行完毕后10日内，将华谊嘉信纳入失信被执行人名单的各债权人应向相关法院申请删除华谊嘉信的失信信息，并解除对华谊嘉信法定代表人、实际控制人及其他全部相关人员的限制消费令及其他信用惩戒措施。

七、重整计划顺利实施的预期效果

重整计划如能顺利实施，预计将产生以下结果。

（1）华谊嘉信的法人主体资格继续存在，仍是一家股票在深交所上市的股份公司。

（2）成为北京市首例上市公司重整案。该案仅用时49天，至重整计划执行完毕仅用时64天，其成功办理为北京类似困境上市公司通过重整实现纾困解难起到了积极、正面的导向作用。

（3）重整计划执行完毕之后，华谊嘉信资产负债结构将得到实质改善，可持续经营能力及盈利能力得以提升。因此，在符合相关法律规定的前提下，各债权银行应当继续给予华谊嘉信融资贷款公平公正的待遇及正常的信贷支持，不得对华谊嘉信再融资设定任何没有法律规定的限制。

（4）重整方案执行完毕后，华谊嘉信原有业务盈利情况将得到改善，同时在经营方案中的其他业务开展后，华谊嘉信的利润情况还将进一步提升。福石资产预计华谊嘉信2022年、2023年、2024年三年扣除非经常性损益后的净利润合计不低于3.6亿元。

案例 15　华昌达重整案例解析[①]

> **背景**

华昌达智能装备集团股份有限公司（以下简称"华昌达"或"公司"）成立于2003年2月27日，于2011年12月16日在深交所创业板上市，重整前总股本5.76亿股，是一家以工业高端智能型自动化装备研发、设计、制造等为主营业务的高新技术企业，其自身主要作为持股平台，与下属核心子公司上海德梅柯汽车装备制造有限公司（以下简称"德梅柯"）共同形成了集自动化智能装备研发、系统集成解决方案设计及自动化项目管理于一体的智能装备产业集团。近年来，受原大股东债务诉讼、国内外经济下行、行业周期性波动及新冠疫情等因素影响，华昌达逐步陷入生产经营困境，并引发债务危机。因2020年度经审计净资产为负值，公司股票被深交所实施退市风险警示。2021年5月25日，债权人深圳市高新投集团有限公司（以下简称"深圳高新投"）以华昌达不能清偿到期债务且资产不足以清偿全部债务、明显缺乏清偿能力，但有重整价值为由，向湖北省十堰市中级人民法院（以下简称"十堰中院"或"法院"）申请对华昌达进行重整。2021年6月24日，十堰中院做出决定书〔（2021）鄂03破申20号之一〕，决定自2021年6月24日起对华昌达启动预重整程序，并指定北京市金杜（深圳）律师事务所担任华昌达临时管理人。于2021年11月18日依法裁定受理华昌达和其核心子公司德梅柯重整案，并指定北京市金杜（深圳）律师事务所担任华昌达和其核心子公司德梅柯管理人。2021年12月20日，采用网络会议方式召开第一次债权人会议，同日十堰中院分别做出民事裁定书〔（2021）鄂03破29号及30号〕，裁定批准华昌达、德梅柯的重整计划并终止重整程序，重整计划进入执行阶段。2021年12月31日，十堰中院做出民事裁定书〔（2021）鄂03破29号及30号之一〕，确认华昌达、德梅柯重整计划执行完毕，并终结重整程序。该案系人民法院探索运用"预重整机制"成功实现上市公司重整的典型案例，成为全国历时最短的上市公司重整案件之一，也是近年来首例获得债权人全票通过的上市公司重整案例。

[①] 本案例解析的内容主要根据华昌达智能装备集团股份有限公司于2021年12月20日公布的《华昌达智能装备集团股份有限公司重整计划》整理而成。

方案要点

1. 出资人权益调整

华昌达现有总股本5.76亿股，其中涉及员工股权激励需回购注销的限售股721万股，注销后华昌达总股本为5.69亿股。重整计划将以华昌达5.69亿股为基数，按照每10股转增15.00股的比例实施资本公积转增股票，共计转增8.53亿股股票。转增后，华昌达总股本将由5.76亿股增加至14.29亿股。其中涉及员工股权激励需回购注销的限售股721万股在满足条件后予以回购注销，注销完成后华昌达总股本为14.22亿股。

转增的股票中，6.23亿股用于有条件引入重整投资人，2.30亿股将用于抵偿华昌达及其核心子公司德梅柯的债务。

2. 债权清偿方案

（1）有财产担保债权调整及受偿。

有财产担保债权将在担保财产的评估价值范围内，以货币形式全额受偿，超出担保财产评估价值的部分作为普通债权受偿。

（2）普通债权调整及受偿。

普通债权在经十堰中院裁定确认或者经管理人审核认定后，在重整计划执行期限内以货币和股票形式受偿。每家债权人普通债权数额20万元以下（含20万元）的部分以货币形式全额受偿；超过20万元的部分，每100元受偿转增股票13.6股，股票的抵债价格为7.35元/股，该部分债权的清偿比例为100%。

3. 引入重整投资人

华昌达在重整程序中引进了实力雄厚、具有国资背景等综合优势的深圳高新投以及其认可的财务投资人，在协助公司摆脱经营困境的同时，为公司可持续发展提供全方位的帮助与支持。

深圳高新投作为重整产业投资人有条件受让3.20亿股转增股票，并支付转增股票对价3.84亿元。深圳高新投承诺本次受让的转增股票自登记至其名下之日起36个月内不通过任何形式减持，同时承诺利用自身资金和业务优势为华昌达经营发展提供3亿元额度内的直接或间接融资支持。

财务投资人合计以3.64亿元对价受让3.03亿股转增股票，其中深圳塔桥投资合伙企业（有限合伙）（以下简称"塔桥投资"）受让0.81亿股转增股票，对价0.97亿元；丽水淳熙企业管理合伙企业（有限合伙）（以下简称"丽水淳熙"）受让0.29亿股转增股票，对价0.35亿元；王建郡受让0.67亿股转增股票，对价0.81亿元；丁志刚受让0.59亿股转增股票，对价0.71亿元；贺振华受让0.67亿股转增股票，对价0.80亿元。财务投资人承诺本次受让股票自登记至其名下之日起12个月内不减持。

4. 协调审理

华昌达全资子公司德梅柯作为华昌达合并报表范围内重要的资产组成和经营实体，持有华昌达开展主营业务所必需的主要核心专业资质，为彻底化解华昌达的退市风险，需同步整体化解华昌达核心子公司德梅柯的债务危机。因此，本次重整过程中，华昌达将通过债务清偿、资本性投入、提供财务资助等方式向德梅柯提供 4.18 亿元现金、0.77 亿股转增股票用于清偿德梅柯的各类债务。

一、公司基本信息

（一）公司及业务简介

华昌达，成立于 2003 年 2 月 27 日，公司股票于 2011 年 12 月 16 日在深交所创业板上市。公司住所地为十堰市东益大道 9 号，登记机关为十堰市市场监督管理局，法定代表人陈泽。重整前公司总股本为 5.76 亿股。

登记经营范围为机械设备及电气、环保设备、机械输送系统设计、制造、销售、安装、检修；机械、电器设备、仪器仪表、刃量具、工装夹具、仪器仪表、检测设备，电子计算机及配件，软件，办公设备及耗材，水泵阀门、五金交电、橡胶制品、化工产品（不含危险品和国家限制经营的化学品）、金属材料、建材销售；汽车零部件生产及销售；货物进出口、技术进出口。

德梅柯成立于 2011 年 9 月 22 日，注册资本 1.73 亿元，主要办事机构所在地为十堰市东益大道 9 号，法定代表人为陈泽，是国内白车身自动化生产线智能制造集成系统供应商。经营范围包括汽车工业装备设备设计、制造及系统集成，物流仓储设备、装卸设备（除特种设备）、焊接设备、工业自动化设备、夹具、模具、金属工具的制造、加工、销售，从事货物进出口及技术进出口业务。华昌达持有德梅柯 100% 股权，为唯一股东。

根据公司 2020 年主要经营业绩公告，公司营业收入为 16.00 亿元，净亏损为 5.86 亿元，毛利率为 13.21%，净利率为 -36.63%。

（二）重整前股权架构

截至 2021 年 9 月 30 日，华昌达总股本 5.76 亿股，股东总数 24972 家。公司大股东石河子德梅柯投资合伙企业（有限合伙）（以下简称"石河子德梅柯"）持有公司股份 1.22 亿股，占比 21.27%；颜华直接持有公司 0.42 亿股，占比 7.29%，同时陈泽是石河子德梅柯的实际控制人，因此公司实际控制人为陈泽。华昌达重整前股权架构如图 2-15-1 所示。

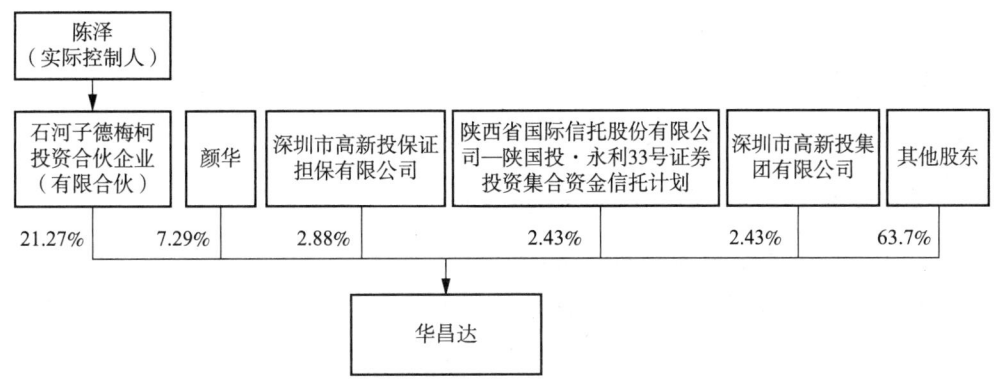

图 2-15-1　华昌达重整前股权架构

二、资产负债情况

（一）资产负债情况总览

表 2-15-1　华昌达资产负债情况

资产／债权类型	资产（亿元）	负债（亿元）	净资产（亿元）	资产负债率（％）
账面价值／债权金额	12.20	22.69	−10.49	185.98
评估清算价值／债权金额	2.72	22.69	−19.97	834.19

如表 2-15-1 所示，截至评估基准日 2021 年 6 月 30 日，华昌达总资产账面价值为 12.20 亿元，主要包括其他应收款、长期股权投资、固定资产等。

截至 2021 年 6 月 30 日，共有 107 家债权人向管理人申报债权，债权申报数额共计 21.59 亿元，其中，6 家债权人申报 6 笔有财产担保债权和建设工程价款优先受偿权，申报数额合计 6.78 亿元；1 家债权人申报 1 笔税款债权，申报数额合计 2429.74 万元；102 家债权人申报 103 笔普通债权，申报数额合计 14.57 亿元。

经管理人初步审查确认的债权总额为 13.93 亿元，其中有财产担保债权为 6.74 亿元，税款债权金额为 2429.74 万元，普通债权总额 6.95 亿元；暂缓确认的普通债权 7.24 亿元；此外，经梳理统计及管理人调查，不予确认的债权 56.14 万元，未申报债权 1.52 亿元。

综上，根据债权申报与审查情况、公司债务信息等，华昌达经管理人审查确认、暂缓确认、未申报的负债合计为 22.69 亿元。

（二）债权分类

根据《企业破产法》的规定及债权审查情况，华昌达债权分为有财产担保债权、普通债权以及税款债权三类。

1. 有财产担保债权

有财产担保债权涉及债权人2家,债权数额合计6.74亿元。

2. 税款债权

经管理人调查,华昌达重整案涉及的税款债权数额合计2429.74万元。重整计划对税款债权不做调整,根据《最高人民法院关于适用〈中华人民共和国企业破产法〉若干问题的规定(三)》第十一条第二款之规定,不设税款债权组。

3. 普通债权

普通债权涉及债权人95家,债权数额合计6.95亿元。

4. 其他债权

暂缓认定债权:因诉讼未决、需要补充证据材料、债权人提出异议、豁免金额待确认等原因暂缓认定的债权共10笔,涉及10家债权人,债权申报总额为7.24亿元,均为普通债权(其中包含债务豁免债权人1家)。

未申报债权:经管理人调查梳理,华昌达账面有记载但未申报的债权数额为1.52亿元。

(三)偿债能力分析

根据评估机构出具的偿债能力分析报告,截至评估基准日2021年6月30日,华昌达如实施破产清算,假定其财产均能够按照评估价值获得处置变现,财产清算价值仅为2.72亿元,按照《企业破产法》规定的清偿顺序,破产财产的变现所得在支付必要的破产费用、共益债务等后,普通债权清偿率仅为2.42%。同时,考虑到破产清算状态下需要对全部职工进行补偿安置,将导致职工安置费用进一步增加,继而导致可用于清偿债务的财产价值进一步降低。加之司法实践中破产清算程序耗时极为漫长,可能带来超过预期的费用。

三、重整基本情况

(一)重整背景

华昌达是一家以工业高端智能型自动化装备研发、设计、制造等为主营业务的高新技术企业,其自身主要作为持股平台,与下属核心子公司德梅柯共同形成了集自动化智能装备研发、系统集成解决方案设计及自动化项目管理于一体的智能装备产业集团。受原大股东债务诉讼、国内外经济下行、行业周期性波动及新冠疫情等因素影响,华昌达逐步陷入生产经营困境，并引发债务危机。因 2020 年度经审计净资产为负值，公司股票被深交所实施退市风险警示，因华昌达不能清偿到期债务、资产不足以清偿全部债务且明显缺乏清偿能力，但具有通过重整再生的可能，十堰中院根据债权人深圳高新投申请依法裁定受理华昌达重整一案。

德梅柯作为华昌达的全资子公司，是上市公司合并报表范围内最主要的经营实体，也是华昌达重要的营业收入来源，能否通过重整程序挽救德梅柯，使其经营性资产和业务继续保留在华昌达体系内、全面化解其债务风险，既关系到公司重整后主要的财务指标能否根本性改善，也关系到公司能否具有持续经营能力与盈利能力，还关乎广大中小股东权益能否获得有效保障，将直接影响华昌达的重整效果。为实现重整效果最优化，德梅柯重整必须与华昌达重整有机结合。

（二）预重整 / 重整申请情况

2021 年 5 月 25 日，债权人深圳高新投以华昌达不能清偿到期债务且资产不足以清偿全部债务、明显缺乏清偿能力但具有重整价值为由，向十堰中院申请对华昌达进行重整。

2021 年 11 月 15 日，债权人深圳高新投以德梅柯符合《企业破产法》第二条规定的不能清偿到期债务且明显缺乏清偿能力但具有重整价值为由，向十堰中院申请对德梅柯进行重整。

（三）重整申请受理情况

2021 年 6 月 24 日，公司收到十堰中院送达的决定书〔（2021）鄂 03 破申 20 号之一〕，十堰中院决定对公司启动预重整，并暂定北京市金杜（深圳）律师事务所为临时管理人。

2021 年 11 月 18 日，十堰中院做出民事裁定书〔（2021）鄂 03 破申 20 号〕，以华昌达不能清偿到期债务、资产不足以清偿全部债务且明显缺乏清偿能力，但具有较高的重整价值为由，裁定受理华昌达重整一案；以及民事裁定书〔（2021）鄂 03 破申 40 号〕及决定书〔（2021）鄂 03 破申 40 号〕，裁定受理债权人深圳高新投对德梅柯的重整申请，并指定北京市金杜（深圳）律师事务所担任德梅柯管理人。

因华昌达预重整及其子公司德梅柯均指定北京市金杜（深圳）律师事务所担任管理人，所以华昌达在被十堰中院裁定受理华昌达重整案时，仍然指定北京市金杜（深圳）律师事务所担任管理人。

（四）重整管理模式

管理人管理财产和营业事务。

（五）重整大事记

2021年5月25日，债权人深圳高新投以华昌达不能清偿到期债务且资产不足以清偿全部债务、明显缺乏清偿能力，但有重整价值为由，向十堰中院申请对华昌达进行重整。

2021年6月24日，公司收到十堰中院送达的决定书〔（2021）鄂03破申20号之一〕，十堰中院决定对公司启动预重整，并暂定北京市金杜（深圳）律师事务所为临时管理人。

2021年11月15日，债权人深圳高新投以德梅柯符合《企业破产法》第二条规定的不能清偿到期债务且明显缺乏清偿能力但具有重整价值为由，向十堰中院申请对德梅柯进行重整。

2021年11月18日，十堰中院做出民事裁定书〔（2021）鄂03破申20号〕，以华昌达不能清偿到期债务、资产不足以清偿全部债务且明显缺乏清偿能力，但具有较高的重整价值为由，裁定受理华昌达重整案，并指定北京市金杜（深圳）律师事务所担任德梅柯管理人。

2021年11月18日，华昌达全资子公司德梅柯收到十堰中院送达的民事裁定书，裁定受理深圳高新投对德梅柯的重整申请，并指定北京市金杜（深圳）律师事务所担任德梅柯管理人。

2021年12月1日，管理人与深圳高新投及其认可的财务投资人签署《华昌达智能装备集团股份有限公司重整投资协议书》。

2021年12月20日，采用网络会议方式召开第一次债权人会议，有财产担保债权组和普通债权组均表决通过了重整计划草案。

2021年12月20日，十堰中院做出民事裁定书〔（2021）鄂03破29号及30号〕，裁定批准华昌达、德梅柯的重整计划并终止重整程序，重整计划进入执行阶段。

2021年12月31日，收到十堰中院做出的裁定书〔（2021）鄂03破29号及30号之一〕，确认华昌达、德梅柯重整计划执行完毕，并终结重整程序。

四、重整计划的主要内容

（一）重整思路概述

重整计划的主要思路为：

（1）对出资人权益进行调整，进行资本公积转增，共计转增8.53亿股，其中6.23亿股用于有条件引入重整投资人；2.30亿股用于抵偿华昌达及其核心子公司德梅柯的债务。

（2）在重整程序中引进具有国资背景、资金资源等综合实力的重整投资人，并通过优化公司治理结构、降低运营成本、强化人才储备及推动核心技术研发升级等措施，全面恢复和加强主营业务持续经营，并谋求核心竞争力的不断提升和市场份额的持续扩大。华昌达重整方案如图2-15-2所示。

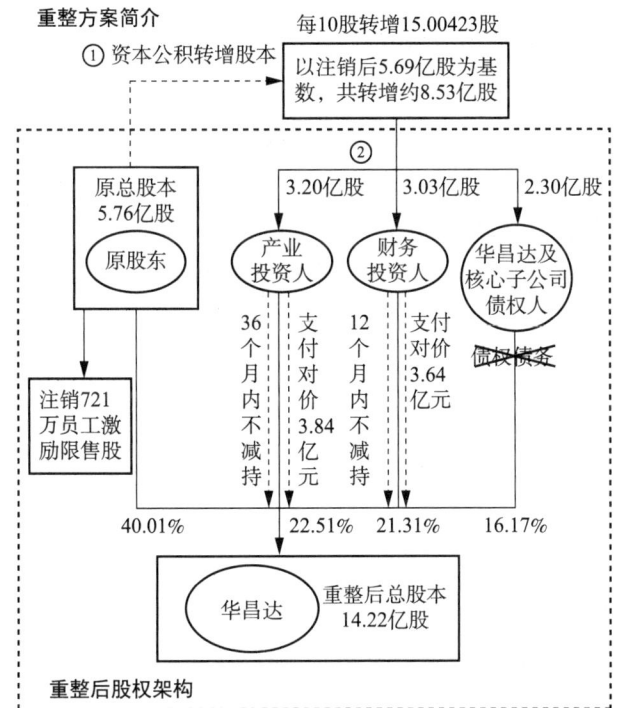

图2-15-2 华昌达重整方案示意图

（二）投资人及投资方案介绍

1. 产业投资人

2021年8月30日，华昌达召开了第四届董事会第十七次（临时）会议、第四届监事会第十二次（临时）会议，审议通过了关于签署暨关联交易的议案。公司与债权人深圳高新投友好协商，深圳高新投有意向成为公司战略投资者，通过投资现金、注入优质资产等方式，参与公司重整投资，故公司决定与深圳高新投签订重整投资框架协议。债权人深圳高新投为公司持股5%以上股东，上述事项构成关联交易。

2021年12月1日，华昌达管理人与深圳高新投签署《华昌达智能装备集团股份有限公司重整投资协议书》，并引入深圳高新投及其认可的主体作为华昌达的重整投资人。

深圳高新投成立于1994年12月29日，是深圳市委、市政府为解决中小科技企业融资难问题而设立的专业金融服务机构，公司注册资本138.52亿元，是一家专业从事资产管理、投资管理等综合管理的投资运营型企业,具备资本市场主体信用 AAA 最高评级,能够为企业提供自初创期到成熟期的全方位投融资服务,具备参与上市公司重整投资的相关经验。

产业投资人深圳高新投受让条件如下:

深圳高新投作为重整产业投资人有条件受让 3.20 亿股转增股票,并支付转增股票对价 3.84 亿元。

深圳高新投承诺利用自身资金和业务优势为华昌达经营发展提供 3 亿元额度内的直接或间接融资支持。

深圳高新投承诺本次受让的转增股票自登记至其名下之日起 36 个月内不通过任何形式减持。深圳高新投承诺于 2021 年 12 月 20 日前,按照重整投资协议书的约定将股票受让价款一次性支付至管理人指定的银行账户。

2. 财务投资人

公司于 2021 年 12 月 23 日收到深圳高新投送达的《关于重整投资人投资额和权益分配的通知书》,深圳高新投与塔桥投资、丽水淳熙、王建郡、丁志刚、贺振华分别签署了《关于合作重整华昌达智能装备集团股份有限公司的协议书》,由各方共同参与公司重整。

财务投资人 1:塔桥投资成立于 2021 年 12 月 8 日,是深圳华特尔集团有限公司(以下简称"华特尔集团")管理的有限合伙企业。华特尔集团始创于 1998 年,业务范围涵盖实业投资、科技开发、资产管理等领域。资产管理和金融投资是华特尔集团的主业之一。华特尔集团投资领域聚焦于具有核心竞争优势,或有较大发展潜力的"两高六新"等国家战略性新兴产业,重点投资先进制造业、医疗健康、新材料、金融服务等优秀高成长性企业。

财务投资人 2:丽水淳熙成立于 2021 年 12 月 20 日,是张湧管理的有限合伙企业,张湧是德展金投集团有限公司(以下简称"德展金投")创始人,现担任德展金投董事长。德展金投是一家产融结合的多元化集团企业,业务板块涵盖投资、药业、文旅、矿业、航空等多个领域。旗下设有全资子公司美林控股集团有限公司与德融资本管理有限公司,分别承载实业运营以及投融资功能。其中,德融资本管理有限公司立足于实体产业投融资管理,广泛开展资本运作、并购整合、股权投资等业务。

财务投资人 3:王建郡,于 1996 年创业,2002 年创立苏州泽海信息科技集团有限公司,现任苏州泽海信息科技(集团)有限公司董事长、深圳瀚德金融科技控股有限公司副董事长等职,具有 20 余年实体企业决策管理经验以及丰富的产业并购和供应链资源整合经验,曾主持参与家电、医疗器械、金融科技、智慧安全、地产旅游等多行业领域的投资和并购重组、司法重整项目。王建郡同时兼任上海交通大学上海高级金融学院校友总会执行会长、国际金融家论坛并购重组专业委员会理事长等职。

财务投资人 4:丁志刚,于 1998 年创立江苏国网集团,进入通信设备销售领域,该公司现已成为一家控股多家企业，业务涵盖连锁零售、商业房产、金融与资产投资等领域，分布于江苏、浙江、上海、安徽等地区的实业集团。截至 2021 年 11 月，国网集团旗下零售门店 200 多家、商业房产 30 多万平方米、金融及资产投资规模 15 亿元，现有员工 3000 余人，年营业额 50 多亿元。丁志刚自 1997 年开始进入金融投资领域，20 多年来带领团队重点研究制造业的市场变化、行业趋势、技术升级和产业整合，专注于长期投资和价值创造。

财务投资人 5：贺振华，现任上海璞醴资产管理合伙企业（普通合伙）董事长，拥有 20 多年资本市场投资经验，其业务范围涵盖高端制造、科技、消费、医疗健康等行业。

根据重整计划，财务投资人合计受让 3.03 亿股转增股票的条件如下：

向华昌达支付转增股票现金对价 3.64 亿元。

财务投资人承诺本次受让股票自登记至其名下之日起 12 个月内不减持。

重整投资人认购股份情况如表 2-15-2 所示。

表 2-15-2　华谊嘉信重整投资人认购股份情况

投资人名称/姓名	受让转增股票（亿股）	投资金额（亿元）
深圳高新投	3.20	3.84
塔桥投资	0.81	0.97
丽水淳熙	0.29	0.35
王建郡	0.67	0.81
丁志刚	0.59	0.71
贺振华	0.67	0.80
合计	6.23	7.48

（三）出资人权益调整方案

华昌达现有总股本 5.76 亿股，其中涉及员工股权激励需回购注销的限售股 721 万股，注销后华昌达总股本为 5.69 亿股。重整计划将以华昌达 5.69 亿股为基数，按每 10 股转增 15.00 股的比例实施资本公积转增股票，共计转增 8.53 亿股。转增后，华昌达总股本将由 5.76 亿股增至 14.29 亿股（最终实际转增的股票数量以重整计划执行阶段的司法协助执行通知书载明的内容及中证登深圳分公司实际登记确认的数量为准）；前述 721 万股限售股在满足条件后予以回购注销，注销完成后华昌达总股本为 14.22 亿股。前述转增股票不向原股东进行分配，将按照重整计划的规定用于引进重整投资人、清偿各类债务。具体安排如下：

（1）6.23 亿股用于有条件引入重整投资人。重整投资人支付的资金用于清偿各类债务及补充公司流动资金。

（2）2.30 亿股用于抵偿华昌达及其核心子公司德梅柯的债务。华昌达作为持股平台，主要通过德梅柯具体开展业务经营，为彻底化解华昌达的退市风险，并维持和提升华昌达的持续经营能力，需要同步化解德梅柯的债务危机。因此，在依法依规且不损害债权人利益的前提下，在重整过程中，华昌达将提供转增股票用于清偿德梅柯债务。

（四）债权调整及受偿方案

1. 有财产担保债权调整及受偿

经管理人审查，有财产担保债权人共 2 家，债权金额 6.74 亿元，有财产担保债权将在担保财产的评估价值范围内，以货币形式全额受偿，超出担保财产评估价值的部分作为普通债权受偿。

华昌达和德梅柯分别作为主债务人或担保人，如有提供担保，则债权人在两家重整企业中的受偿原则如下：如主债务人提供担保财产，则在担保财产评估价值范围内，由主债务人优先以货币形式清偿；如担保人提供担保财产，在主债务人未提供担保财产或提供的担保财产不足以全额清偿的情况下，在担保人提供的担保财产评估价值范围内，由担保人以货币形式清偿；如按照上述方式仍未获得全额清偿，则剩余部分转为主债务人的普通债务获得清偿。

2. 普通债权调整及受偿

经管理人调查，普通债权人合计 95 家，债权总额为 6.95 亿元，普通债权在经十堰中院裁定确认或者经管理人审核认定后，在重整计划执行期限内以货币和股票形式受偿。每家债权人普通债权数额 20 万元以下（含 20 万元）的部分以货币形式全额受偿；超过 20 万元的部分，每 100 元受偿转增股票 13.6 股，股票的抵债价格为 7.35 元/股，该部分债权的清偿比例为 100%。

若同一笔债权，因连带保证或连带债务等原因，债权人向华昌达和德梅柯分别申报普通债权并获十堰中院裁定确认，则该笔债权应参加主债务人重整程序并获得清偿。

3. 税款债权调整及受偿

经管理人调查，华昌达重整案涉及的税款债权数额合计 2429.74 万元，税款债权经十堰中院裁定确认或者管理人审核认定后，在重整计划执行期间以货币形式全额受偿。

4. 预计债权调整及受偿

暂缓确认的债权按照经十堰中院裁定确认或者经管理人审核认定后，按照同类债权的调整和受偿方案调整和受偿。

未申报债权在重整程序终止后申报的，由华昌达负责审查，在重整计划执行完毕前不得行使权利，在重整计划执行完毕后按照同类债权的调整和受偿方案调整和受偿。

5. 其他债权调整及受偿

债权人与华昌达另行达成清偿协议且不损害其他债权人利益的，可视为债权人已按照重整计划的规定获得清偿。

6. 债务清偿顺序

华昌达债务清偿顺序如图 2-15-3 所示。

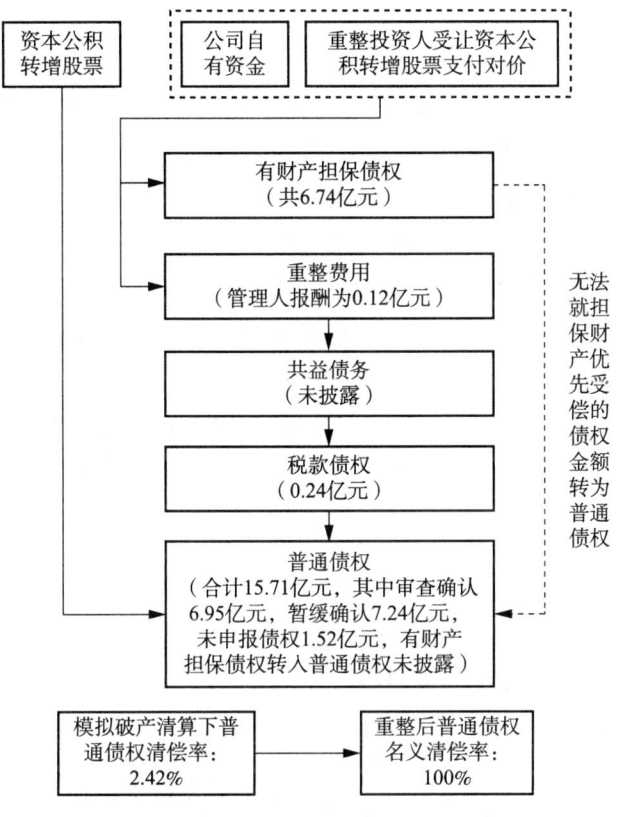

图 2-15-3 华昌达债务清偿顺序示意图

7. 协调审理清偿

华昌达作为持股平台，主要通过核心子公司德梅柯开展业务经营，为彻底化解华昌达的退市风险，并维持和提升华昌达的持续经营能力，需要同步整体化解德梅柯的债务危机。因此，在依法依规且不损害债权人利益的前提下，本次重整过程中，华昌达将通过债务清偿、资本性投入、提供财务资助等方式向德梅柯提供 4.18 亿元现金、0.77 亿元股票用于清偿德梅柯的债务。

（五）未来经营方案

通过重整程序，华昌达将从根本上化解当前的债务危机，资产负债率大幅下降，股本结构和治理模式得到进一步优化，各项财务指标调整至健康状态，融资能力、自我造血能力等正常生产经营状态得以全面恢复。同时，华昌达在重整程序中将引进具有国资背景、资金资源等综合实力的重整投资人。重整投资人在取得公司大股东地位之后，将充分运用自身资金、资源等相关优势为公司主营业务强化经营以及未来新业务开拓发展提供全方位支持，通过优化公司治理结构、降低运营成本、强化人才储备及推动核心技术研发升级等措施，全面恢复和加强主营业务持续经营，并谋求核心竞争力的不断提升和市场份额的持续扩大。

1. 强化人才梯队建设

未来，公司将带领不离不弃的全员伙伴，在现有发展基础上明确自身发展通道，制定未来晋升目标，共同进步，共同发展。重整完成后，公司将进行整体组织结构和职业发展通道的优化，将公司内的职业发展通道分为四类：专业技术类、管理类、通用类、项目管理类。一方面，对各职业发展路径分别进行层级细分，每个层级都明确设置岗位的任职资格、能力素质等要求，对各岗位进行岗位价值评估，得出对标行业市场的职级，结合行业和公司状况，对标确定公司各岗位的薪酬福利标准。另一方面，明确管理岗位与专业技术岗位发展通道，梳理每个职位标准及要求，对每一位员工的岗位进行评估。如此一来，公司将通过建立统一的职级标准、明确的上升通道、匹配的薪酬福利标准，为人才发展及培养提供基础依据。

2. 提高生产经营效率

公司将在原有成熟经营管理体系基础上，加强各关键职能体系的工作联动性，进行高密度配合，即市场职能部门根据公司现有重点技术产品，对目标客户进行跟踪维护，加大市场拓展力度，争取行业订单。

3. 加大持续研发的投入

重整完成后，公司将在重整投资人等相关方的支持下，加大研发投入，在高端机器人自动化装备的 3D 验证、机械设计、电控设计、机器人集成、系统集成控制软件设计等核心设计环节，从客户角度出发，依据客户的需求进行技术设计；通过精密的 3D 数模仿真、机械设计，确保各零部件的形状、尺寸、结构以及机械的运动方式等符合客户需求；通过自动化设计以及电控程序软件编写、机器人集成设计，确保机械系统在自动化控制下按照客户的工艺流程需求自动运行；通过系统集成控制软件的设计，将通信技术与数据处理、加工及电子标签（RFID）存储的计算机技术相结合，在自动化生产系统的各个模块之间、自动化生产系统模块与企业管理层模块之间及时准确地传输数据，满足客户对自动化生产系统模块管理的个性化需求，并实现自动化生产系统与企业管理系统的有机结合与有效联动。

4. 健全财务管理及内控制度

重整完成后，公司将继续加强财务管理工作，强化风险控制，做好财务预算和成本控制，建立健全有效的公司内控制度。公司还将根据业务运营和扩张的实际资金需求及自有资金状况决定是否进行再融资以及再融资的方式，为公司发展提供资金支持，产业投资人也将参与公司日常管理，补充具有丰富经验的管理人员，配合公司管理团队继续实施体制优化和管理改革。

五、重整计划的表决与批准

（一）债权人会议表决

公司第一次债权人会议于 2021 年 12 月 20 日采取网络会议方式在全国企业破产重整案件信息网召开，对财产管理方案草案、重整计划草案进行了表决。

1. 财产管理方案草案

出席会议的有表决权的债权人中，表决同意财产管理方案草案的债权人共 97 家，占出席会议的 97 家债权人的 100%；其所代表的无财产担保债权金额为 6.95 亿元，占无财产担保债权总额 6.95 亿元的 100%。

2. 重整计划草案

（1）有财产担保债权组。有财产担保债权组对重整计划草案的表决结果为：出席会议的有表决权的有财产担保债权人共 2 家，所代表的有财产担保债权金额为 6.74 亿元。其中，表决同意重整计划草案的债权人共 2 家，占出席会议的该组债权人数量的 100%，其所代表的有财产担保债权金额为 6.74 亿元，占该组债权总额 6.74 亿元的 100%。该组通过重整计划草案。

（2）普通债权组。普通债权组对重整计划草案的表决结果为：出席会议的有表决权的普通债权人共 95 家，所代表的普通债权金额为 6.95 亿元。其中，表决同意重整计划草案的债权人共 95 家，占出席会议的该组债权人数量的 100%，其所代表的普通债权金额为 6.95 亿元，占该组债权总额 6.95 亿元的 100%。该组通过重整计划草案。

（二）出资人组会议表决

公司于 2021 年 12 月 20 日下午通过现场和网络相结合的方式召开出资人组会议，会议表决通过了《华昌达智能装备集团股份有限公司重整计划（草案）之出资人权益调整方案》。

出席出资人组会议的股东或其代理人共计 146 人，出席会议的股东所持有表决权的股份总数为 2.29 亿股。出席会议的股东所持有表决权的股份数占公司有表决权股份总数的 39.73%。

表决情况为：出席出资人组会议的股东所持有表决权的股份总数为 2.29 亿股，其中同意票所代表的股份数为 2.25 亿股，占出席会议所有股东所持股份的 98.25%，已超过出席会议股东所持表决权的 2/3。出资人组会议表决通过出资人权益调整方案。

（三）重整计划批准

2021 年 12 月 20 日，十堰中院裁定批准重整计划，并终止华昌达重整程序，批准备查文件为民事裁定书〔（2021）鄂 03 破 29 号〕。

六、重整计划的执行与监督

（一）执行和监督的主体

重整计划由华昌达负责执行，管理人负责监督。

重整计划监督期限内，华昌达应接受管理人的监督，及时向管理人报告重整计划的执行情况、公司财务状况，以及重大经营决策、财产处置等事项。

（二）执行和监督期限

重整计划的执行期限自重整计划获得十堰中院裁定批准之日起至 2022 年 4 月 30 日止。华昌达应于 2022 年 4 月 30 日前执行完毕。在此期间，华昌达应当严格依照重整计划的规定清偿债务，并随时支付重整费用和清偿共益债务。

如非华昌达自身原因，致使华昌达重整计划无法在上述期限内执行完毕，华昌达应于执行期限届满前，向十堰中院提交延长重整计划执行期限的申请，并根据十堰中院批准的执行期限继续执行。重整计划提前执行完毕的，执行期限在执行完毕之日到期。

重整计划执行的监督期限与重整计划执行期限相同，自十堰中院裁定批准重整计划之日起至 2022 年 4 月 30 日止，重整计划执行期限延长或者提前到期的，执行监督期限相应延长或者提前到期。

（三）执行的措施

1. 重整计划执行完毕的标准

重整投资人向管理人支付足以支付重整费用和货币形式清偿款的资金；资本公积转增股票登记至管理人证券账户。

2. 债权清偿原则的特殊说明

两家重整企业存在作为共同担保人或共同债务人以及交叉提供担保等情况，就债权人对两家重整企业享有的债权，在依法申报并被十堰中院裁定确认后，其清偿安排原则如下：

（1）有财产担保债权。华昌达和德梅柯分别作为主债务人或担保人，如有提供担保财产，则债权人在两家重整企业中的受偿原则如下：

如主债务人提供担保财产，则在担保财产评估价值范围内，由主债务人优先以货币形式清偿。

如担保人提供担保财产，在主债务人未提供担保财产或提供的担保财产不足以全额清偿的情况下，在担保人提供的担保财产评估价值范围内，由担保人以货币形式清偿。

如按照上述方式仍未获得全额清偿，则剩余部分转为主债务人的普通债务获得清偿。

（2）普通债权。若同一笔债权，因连带保证或连带债务等原因，债权人向华昌达和德梅柯分别申报普通债权并获十堰中院裁定确认，则该笔债权应参加主债务人重整程序并获得清偿。

3. 偿债资源的分配

偿债的资金和股票原则上以银行转账、股票非交易过户的方式向债权人进行分配，各债权人按照管理人指定格式书面提供领受偿债资源的银行账户和证券账户信息；未提供或无法通知到的债权人对应的偿债资源，管理人按照重整计划规定提存，由此产生的法律后果由相关债权人自行承担。

因债权人自身和/或其代理人、关联方的原因，导致偿债资源不能到账，或因账户信息错误、账户被冻结、扣划等原因所产生的法律后果由相关债权人自行承担。债权人可以指令将偿债资源划转至债权人指定的、由该债权人所有/控制的账户或其他主体所有/控制的账户内，但因该指令导致偿债资源不能到账以及由该指令导致的法律纠纷和市场风险，由相关债权人自行承担。债权人通知管理人向其他主体所有/控制的账户划转偿债资源的，应当提供公证文书。

4. 财产保全措施的解除

根据《企业破产法》第十九条的规定，人民法院受理破产申请后，有关债务人财产的保全措施应当解除。尚未申请解除对华昌达财产保全措施的债权人，应当在重整计划获得法院批准后 30 日内协助办理完解除财产保全措施的手续。如未能在前述规定期限内协助办理解除措施的手续，管理人和华昌达均有权向十堰中院申请强制解除并暂缓划转偿债资源。

5. 重整费用的支付和共益债务的清偿

（1）重整费用。华昌达重整费用包括重整案件受理费和其他诉讼费、管理人执行职务的费用、聘请中介机构的费用、管理人报酬、转增股票登记费、过户费、印花税、财产管理和变价费用及其他重整计划执行费用等。其中，重整案件受理费、管理人报酬、聘请中介机构的费用，按照《诉讼费用缴纳办法》、《最高人民法院关于审理企业破产案件确定管理人报酬的规定》及合同约定支付；其他重整费用根据实际情况随时支付。经计算，管理人报酬为 1198.78 万元，在法院裁定批准重整计划后收取。

（2）共益债务。华昌达重整期间的共益债务，包括但不限于因继续履行合同所产生的债务、为继续营业而支付的劳动报酬和社会保险费用以及由此产生的其他债务，由华昌达按照《企业破产法》相关规定随时清偿。

6. 偿债资源的预留、提存及处理

债权人未及时领受偿债资源的，根据重整计划应向其分配的资金、股票由管理人提存。上述提存的偿债资源自重整计划执行完毕之日起满 3 年债权人仍不领受的，视为放弃领受的权利。债权人放弃领受的偿债资源，由管理人变价后支付给华昌达补充流动资金。

7. 转让债权的清偿

债权人在重整申请受理日 2021 年 11 月 18 日后依法对外转让债权的，受让人按照原债权人根据重整计划就该笔债权可以获得的受偿资源受偿；债权人向两个及以上的受让人转让债权的，偿债资源向受让人按照其受让的债权比例分配。

8. 连带债务人

根据《企业破产法》第九十二条第三款的规定，债权人对债务人的保证人和其他连带债务人所享有的权利，不受重整计划的影响。债权人按照重整计划受偿后，对于债权未受偿部分可以要求保证人和其他连带债务人继续清偿。债务人的保证人和其他连带债务人向债权人承担清偿责任后，不得再向华昌达主张包括追偿权在内的任何权利。

七、重整计划顺利实施的预期效果

本次重整计划如能顺利实施，预计将产生以下后果：

（1）华昌达的企业法人性质及市场主体资格不变，仍是一家股票在深交所上市的股份公司。

（2）整体解决华昌达及德梅柯的债务危机。重整计划实施完毕后，华昌达的债务获得较高比例清偿，实现各方共赢。重整计划完成后，华昌达出资人所持公司股票绝对数量不会因重整而减少，同时，随着债务危机、经营困境的化解以及重整投资人对公司业务发展的支持，华昌达将重回良性发展轨道，出资人所持有的和债权人分得的华昌达股票将成为真正有价值的资产。

（3）重整投资人充分利用自身资源和优势支持公司发展壮大。重整引入了实力雄厚的深圳高新投作为产业投资人，投资人将从资金、经营管理等方面提供全方位支持，并进一步依托十堰市汽车全产业链平台市场基础和产业聚集优势，为华昌达争取金融扶持、股权投资和政策支持，拓展公司市场，促进销售增长，最终达到提升盈利能力的目的，华昌达将从根本上化解当前的债务危机。

案例 16　华英农业重整案例解析[①]

背景

作为国内首家鸭行业的上市公司，河南华英农业发展股份有限公司（以下简称"华英农业"或"公司"）成立于 2002 年 1 月 30 日，重整前总股本 5.34 亿股，系以樱桃谷鸭加工为主，集祖代种鸭繁育，父母代种鸭、种鸡孵化，养殖、屠宰冷冻加工，熟食加工，饲料生产，羽绒加工等系列化生产于一体的国家大型禽类食品加工企业，公司在 2009 年 12 月 16 日于深交所上市。2020 年以来，受新冠疫情、市场环境、流动资金短缺等多种因素影响，华英农业面临严峻的债务危机和经营危机。2021 年 5 月 26 日，债权人潢川瑞华供应链管理有限责任公司（以下简称"瑞华公司"）以公司不能清偿到期债务并且明显缺乏清偿能力为由，向河南省信阳市中级人民法院（以下简称"信阳中院"或"法院"）提出预重整申请。2021 年 8 月 12 日，瑞华公司向法院申请由预重整程序转入重整程序。法院于 2021 年 11 月 20 日裁定受理华英农业重整案，并指定北京市金杜（深圳）律师事务所和中勤万信会计师事务所（特殊普通合伙）河南分所为管理人，负责重整期间的相关工作。2021 年 12 月 22 日，法院裁定批准重整计划，并终止华英农业重整程序。2022 年 4 月 14 日，信阳中院裁定重整计划执行完毕，终结华英农业重整程序。该案例是河南上市公司预重整转重整成功第一案。

方案要点

1. 出资人权益调整

以华英农业现有总股本 5.34 亿股为基数，按照每 10 股转增 29.92 股的比例实施资本公积转增股本，共计转增 15.99 亿股股票，转增后，华英农业总股本将增至 21.33 亿股。前述转增股票不向原股东分配，其中 10.67 亿股由重整投资人有条件受让，剩余 5.32 亿股将用于按照重整计划规定的债权受偿方案清偿债务。

[①] 本案例解析的内容主要根据河南华英农业发展股份有限公司于 2021 年 12 月 23 日公布的《河南华英农业发展股份有限公司重整计划》整理而成。

2. 债权清偿方案

（1）有财产担保债权调整及受偿。华英农业有财产担保债权，在特定财产评估值范围内，以留债方式延期受偿或以该财产处置变现款受偿，未受偿部分按照普通债权受偿方案受偿。

（2）普通债权调整及受偿。以债权人为单位，每家债权人50万元以下（含50万元）的债权部分，由公司在重整计划执行期限内以现金方式清偿；超过50万元的债权部分，每100元债权可获得13.245股华英农业的转增股票，按7.55元/股确定抵债价格，该部分债权视为100%清偿。

3. 引入重整投资人

为顺利推进华英农业重整工作及提高重整效率，保障华英农业重整成功，实现公司运营价值最大化，华英农业重整案引进了上海新增鼎资产管理有限公司（以下简称"新增鼎"）或其指定主体与财务投资人联合作为华英农业的重整投资人。新增鼎指定其投资设立的信阳市鼎新兴华产业投资合伙企业（有限合伙）（以下简称"鼎新兴华"）作为产业投资人；河南光州辰悦实业有限公司（以下简称"光州辰悦"）、信阳华信投资集团有限责任公司（以下简称"信阳华信"）等作为财务投资人。在华英农业的重整计划执行期间，产业投资人及财务投资人有条件受让共计10.67亿股的转增股票。重整投资人受让转增股票的条件如下：

合计向华英农业提供不低于6.20亿元偿债资金。

向华英农业提供0.90亿元用于解决华英农业存在的控股股东资金占用问题。

根据华英农业经营发展需要，协助为重整后的华英农业提供不高于15亿元的融资支持等。

一、公司基本信息

（一）公司及业务简介

华英农业成立于2002年1月30日，注册地址为河南省潢川县产业集聚区工业大道1号，法定代表人为公司董事长曹家富。公司于2009年12月16日在深交所上市，经营范围包括禽业养殖、屠宰加工及制品销售（国家法律法规需要前置审批的除外），货运，经营货物和技术的进出口贸易（国家限定公司经营或禁止进出口的商品及技术除外），饲料生产销售，父母代樱桃谷鸭、种蛋的生产经营，包装装潢、其他印刷品印刷（凭证），粮食收购，羽毛、羽绒的收购、加工及销售，羽绒制品、床上用品、服装、寝具、玩具的加工制作及销售等。

根据公司重整申请前2020年年报，公司营业收入为31.26亿元，净利润为-10.17亿元，毛利率为-13.76%，净利率为-32.53%。

（二）重整前股权架构

截至 2021 年 11 月 20 日，华英农业总股本为 5.34 亿股，皆为人民币普通股，其中有限售条件股份合计 0.03 亿股，无限售条件流通股份合计 5.31 亿股。华英农业重整前股权架构如图 2-16-1 所示。

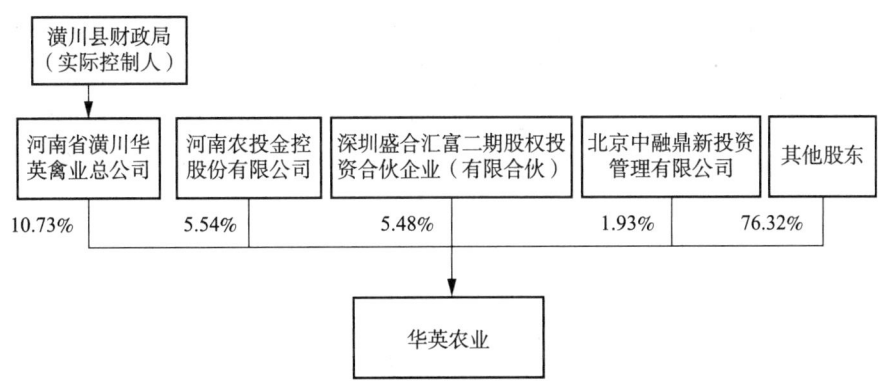

图 2-16-1　华英农业重整前股权架构

二、资产负债情况

（一）资产负债情况总览

表 2-16-1　华英农业资产负债情况

资产/债权类型	资产（亿元）	负债（亿元）	净资产（亿元）	资产负债率（%）
账面价值/债权金额	59.38	62.88	−3.50	105.89
评估清算价值/债权金额	23.29	62.88	−39.59	269.99

如表 2-16-1 所示，华英农业账面资产主要包括其他应收款、长期股权投资、固定资产等，根据评估机构出具的资产评估报告，以 2021 年 11 月 20 日为评估基准日，华英农业账面资产总额为 59.38 亿元；按照清算价值法进行评估，上述资产评估总值为 23.29 亿元。

共有 354 家债权人向管理人申报债权，申报债权总额为 65.79 亿元。其中，23 家债权人申报有财产担保债权，申报数额合计 23.29 亿元；330 家债权人申报普通债权，申报数额合计 42.39 亿元。2 家债权人申报税款债权，申报数额合计 0.10 亿元。

截至 2022 年 12 月 1 日，经管理人初步审查确认的债权总额 53.69 亿元，其中有财产担保债权金额为 13.39 亿元，普通债权金额为 40.19 亿元，税款债权金额为 0.10 亿元。不予确定的债权涉及金额 3.22 亿元。

经管理人调查，华英农业的职工债权总额为 3.42 亿元，包含欠付职工工资、欠付社保、职工集资款及因职工安置产生的经济补偿金等，其中职工安置产生的经济补偿金以最终职工安置过程中实际产生的金额为准。

在已向管理人申报的债权中，因诉讼未决、需要补充证据材料等原因暂缓确认的债权申报总额为 2.16 亿元。

根据华英农业财务账簿记载、公司说明及管理人初步调查梳理，截至 2021 年 12 月 1 日，华英农业已知悉但债权人未依法申报的债权总额 3.62 亿元。

综上，根据债权申报与审查情况、管理人对职工债权的调查情况以及公司债务信息等，华英农业经管理人审查确认、暂缓确认、未申报及职工债权的负债合计为 62.88 亿元。

（二）债权分类

根据《企业破产法》第八十二条之规定和债权申报审查确认情况，华英农业债权主要包括有财产担保债权、税款债权、职工债权、普通债权四类。

1. 有财产担保债权

管理人初步审查确认的有财产担保债权共计 15 笔，债权金额合计 13.39 亿元。

2. 税款债权

经管理人审查确认的税款债权 2 笔，债权金额为 0.10 亿元。

3. 职工债权

经管理人调查，职工债权总额为 3.42 亿元。

4. 普通债权

管理人审查确认的普通债权 309 笔，债权金额为 40.19 亿元。

5. 其他债权

暂缓确认债权：因诉讼未决、需要补充证据材料等原因暂缓确认的债权申报总额为 2.16 亿元，涉及 21 笔债权。

未申报债权：根据管理人初步调查梳理，华英农业未依法申报的债权总额 3.62 亿元。

（三）偿债能力分析

根据评估机构出具的偿债能力分析报告，截至 2021 年 11 月 20 日，华英农业如破产清算，假定其财产均能够按照评估价值获得处置变现，财产清算价值仅为 23.29 亿元。按照《企业破产法》规定的清偿顺序，担保财产变现所得将优先用于偿还有财产担保债权（担保财产变现所得不足以清偿有财产担保债权的部分，将转为普通债权进行清偿），剩余其他资产变现所得在支付或清偿破产费用、共益债务、职工债权、税款债权后，普通债权清偿率仅为 16.49%。

三、重整基本情况

（一）重整背景

2020 年以来，受新冠疫情、市场环境、流动资金短缺等多种因素影响，华英农业面临严峻的债务危机和经营危机。同时，公司 2020 年度的财务会计报告被出具无法表示意见的审计报告，公司股票自 2021 年 4 月 30 日起被实施退市风险警示。因此，华英农业亟须在 2021 年通过重整程序对资产和债务进行彻底重组，以解决公司存在的严重债务危机和历史遗留问题，恢复持续经营能力，进而化解华英农业面临的严峻退市风险。

（二）预重整／重整申请情况

2021 年 5 月 26 日，债权人瑞华公司以公司不能清偿到期债务并且明显缺乏清偿能力为由，向信阳中院提出预重整申请。2021 年 8 月 12 日，债权人申请由预重整程序转入重整程序。

（三）重整申请受理情况

2022 年 11 月 20 日，信阳中院做出民事裁定书〔（2021）豫 15 破申 4 号〕，裁定受理华英农业重整案，并指定北京市金杜（深圳）律师事务所和中勤万信会计师事务所（特殊普通合伙）河南分所为管理人。

（四）重整管理模式

债务人自行管理财产和营业事务。

（五）重整大事记

2021 年 5 月 26 日，债权人瑞华公司以公司不能清偿到期债务并且明显缺乏清偿能力为由，向信阳中院提出预重整申请。

2021 年 8 月 12 日，瑞华公司向法院申请由预重整程序转入重整程序。

2021 年 11 月 20 日，信阳中院裁定受理华英农业重整案，并指定北京市金杜（深圳）律师事务所和中勤万信会计师事务所（特殊普通合伙）河南分所为管理人。

2021 年 11 月 24 日，公司收到管理人发来的《河南华英农业发展股份有限公司关于公开招募和遴选重整投资人的通知》。

2021 年 12 月 22 日，华英农业第一次债权人会议表决通过了《河南华英农业发展股份有限公司重整计划（草案）》。

2021年12月22日，收到了信阳中院送达的（2021）豫15破6-1号《民事裁定书》，裁定批准华英农业《重整计划》，并终止华英农业重整程序。

2021年12月23日，公司与重整投资人分别签署《河南华英农业发展股份有限公司重整投资协议》。

2022年4月14日，信阳中院做出民事裁定书〔（2021）豫15破6-4号〕，裁定重整计划执行完毕，终结华英农业重整程序。

四、重整计划的主要内容

（一）重整思路概述

重整计划的主要思路为：

（1）对出资人权益进行调整，在现有股份基础上进行转增，共计转增15.99亿股股票，其中10.67亿股由重整投资人有条件受让，5.32亿股用于按照重整计划规定的债权受偿方案清偿债权。

（2）公司将保留鸭养殖全产业链的主营业务，通过重整投资人业务资源支持、注入流动资金、加强内部管控、降低成本费用、完善激励约束机制等一系列措施，从根本上改善公司生产经营，实现高效有序的经营状态，维持并进一步提升华英农业在鸭行业的竞争力。

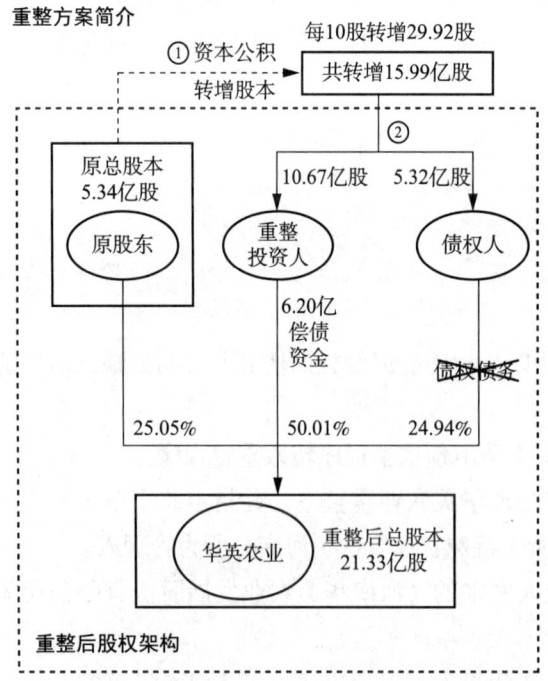

图2-16-2 华英农业重整方案示意图

（二）投资人及投资方案介绍

2021年12月23日，华英农业与鼎新兴华、光州辰悦、信阳华信、潢川县农投新动能企业管理中心（有限合伙）（以下简称"农投新动能"）、信阳市广兴股权投资管理中心（有限合伙）（以下简称"广兴股权"）签署《河南华英农业发展股份有限公司重整投资协议》。新增鼎指定其投资设立的鼎新兴华作为产业投资人，鼎新兴华联合光州辰悦、信阳华信、农投新动能、广兴股权作为财务投资人参与华英农业重整，在华英农业的重整计划执行期间受让10.67亿股的转增股票。根据重整投资协议及2021年12月18日的相关补充公告，重整投资人共计投入7.55亿元，其中0.90亿元用于解决控股股东非经营性资金占用问题，剩余6.65亿元在按照重整计划的规定支付重整费用、清偿各类负债（含预留部分）后，剩余部分用于补充公司流动资金。

根据重整投资协议及相关补充公告，投资安排如下：

（1）鼎新兴华将以3.62亿元有条件受让华英农业转增股票5.12亿股及解决0.43亿元控股股东非经营性资金占用问题。

（2）光州辰悦将以2.42亿元有条件受让华英农业转增股票3.42亿股及解决0.29亿元控股股东非经营性资金占用问题。

（3）信阳华信将以0.74亿元有条件受让华英农业转增股票1.05亿股及解决0.09亿元控股股东非经营性资金占用问题。

（4）农投新动能将以0.32亿元有条件受让华英农业转增股票0.44亿股及解决0.04亿元控股股东非经营性资金占用问题。

（5）广兴股权将以0.45亿元有条件受让华英农业转增股票0.64亿股及解决0.05亿元控股股东非经营性资金占用问题。

根据重整投资协议，鼎新兴华、光州辰悦、信阳华信、农投新动能、广兴股权承诺本次受让的转增股票自登记至其指定证券账户之日起36个月内不通过任何形式减持（包括集合竞价、大宗交易以及协议转让等各种方式）。根据华英农业经营发展需要，协助为重整后的华英农业提供不高于15亿元的融资支持。

2022年2月18日，华英农业与鼎新兴华、广兴股权及四川兴华鼎企业管理有限公司（以下简称"四川兴华鼎"）签署重整投资协议的补充协议。广兴股权同意将其拟受让的华英农业3%股票、中华英农业1%股票以0.15亿元转由四川兴华鼎受让。重整完成后各重整投资人的持股数量和比例情况如表2-16-2所示。

表2-16-2 华英农业重整投资人持股数量和比例情况

投资人名称	持股数量（亿股）	持股比例（%）
鼎新兴华	5.12	24.00
光州辰悦	3.42	16.01
信阳华信	1.05	4.91
农投新动能	0.44	2.09

续表

投资人名称	持股数量（亿股）	持股比例（%）
广兴股权	0.43	2.00
四川兴华鼎	0.21	1.00
合计	10.67	50.01

重整投资人背景介绍如下。

重整投资人：新增鼎，原名上海新增鼎资产管理有限公司，现更名为新增鼎（海南）投资发展有限公司，成立于2015年4月30日，注册资本1.7亿元，实际控制人刘永好，以商务服务业为主。

产业投资人：鼎新兴华，成立于2021年12月23日，信阳鼎信产业投资集团有限公司成员，是一家以资本市场服务为主的企业，注册资本7.1亿元，为重整投资人新增鼎指定的参与本次重整的主体。

财务投资人1：光州辰悦，成立于2019年7月30日，中原豫资投资控股集团有限公司成员，是一家以计算机、通信和其他电子设备制造业为主的企业，注册资本1亿元，法定代表人屈万兵。

财务投资人2：信阳华信，成立于2001年3月21日，信阳市建设投资总公司成员，是一家以金融业为主的企业，注册资本50亿元，法定代表人黄在国。

财务投资人3：农投新动能，成立于2019年8月20日，中原豫资投资控股集团有限公司成员，是一家以商务服务业为主的企业，注册资本3.24亿元。

财务投资人4：广兴股权，成立于2021年12月23日，是一家以资本市场服务为主的企业，注册资本1000万元，执行事务所合伙人张勇。

财务投资人5：四川兴华鼎，原名四川兴华鼎企业管理有限公司，现更名为海南兴华鼎企业管理有限公司，成立于2021年12月10日，拉萨经济技术开发区新希望投资有限公司成员，是一家以商务服务业为主的企业，注册资本1200万元，法定代表人为陈晓音。

（三）出资人权益调整方案

以华英农业现有总股本5.34亿股为基数，按照每10股转增29.92股的比例实施资本公积转增股本，共计转增15.99亿股股票，转增后总股本将增至21.33亿股。前述转增股票不向原股东分配，其中10.67亿股由重整投资人有条件受让，5.32亿股用于按照重整计划规定的债权受偿方案清偿债务。

（四）债权调整及受偿方案

1. 有财产担保债权调整及受偿

经管理人审查，有财产担保债权人共15家，债权金额13.39亿元，在特定财产评估值范围内，以留债方式延期受偿或以该财产处置变现款受偿，未受偿部分按照普通债权受偿方案受偿。其中留债延期受偿方式具体如下。

（1）留债期限：7年，自法院裁定批准重整计划执行完毕之日（不含当日）起计算。

（2）留债本息：留债余额为审查确认的本金，留债利率以法院裁定批准重整计划之日前最近一期全国银行间同业拆借中心公布的5年期LPR确定，利息自法院裁定批准重整计划之日（不含当日）起算。

（3）还款方式：按季付息，以每个季度的最后一日为结息日（如遇法定节假日或公休日可顺延至下一个工作日），前四年不偿还留债本金，第五年年末偿还留债本金的30%，第六年年末偿还留债本金的30%，留债期间届满前一个月内清偿留债本金的剩余40%。

（4）担保措施：留债期间就原特定财产享有优先权的法律关系不变，在华英农业履行完毕上述清偿义务后，债权人与华英农业债权债务关系消灭，相关抵押权人或质权人应及时配合华英农业办理解除抵质押手续。

2. 税款债权调整及受偿

经管理人审查确认的税款债权人2家，为0.10亿元，将由华英农业在重整计划执行期间以现金方式全额清偿。

3. 职工债权调整及受偿

职工债权3.42亿元，将由华英农业在重整计划执行期间以现金方式全额清偿。

4. 普通债权调整及受偿

经管理人调查，华英农业普通债权人合计309家，债权总额为40.19亿元。以债权人为单位，每家债权人50万元以下（含50万元）的债权部分，由公司在重整计划执行期限内以现金方式清偿；超过50万元的债权部分，每100元债权可获得13.245股华英农业的转增股票，按7.55元/股确定抵债价格。

为保留子公司经营性资产的完整性，进而保障上市公司的整体盈利能力，普通债权中由子公司提供财产担保的债权，参照有财产担保债权受偿方案受偿。

为使得华英农业可以集中偿债资源清偿非关联债权，在华英农业重整过程中，普通债权中华英农业控股子公司对华英农业享有的关联债权的清偿安排劣后于非关联债权，在非关联债权按照重整计划的规定清偿完毕之前，不对该等关联债权进行清偿。在重整计划执行完毕公告之日起满3年后，根据重整计划中预留偿债资源届时的执行情况，由华英农业与控股子公司协商确定该等关联债权的清偿安排。

5. 预计债权调整及受偿

已向管理人申报，但因诉讼未决、需要补充证据材料、债权人或债务人提出异议等原因暂缓确认的债权，以及华英农业已知悉但债权人未依法申报的债权，重整计划按照其申报金额或账面记载金额进行相应预留，其债权经审查确认后按照重整计划规定的同类债权的受偿方案受偿。

6. 偿债资金及股票来源

华英农业按照重整计划的规定支付重整费用、清偿共益债务及清偿各类债权所需的资金及股票包括以下几种：

（1）执行重整计划过程中，通过实施出资人权益调整方案所获得的部分转增股票。

（2）重整投资人受让转增股票所支付的现金对价。

（3）处置低效资产所得的价款。

（4）华英农业生产经营所产生的现金流及后续融资。

7. 债务清偿顺序

华英农业债务清偿顺序如图2-16-3所示。

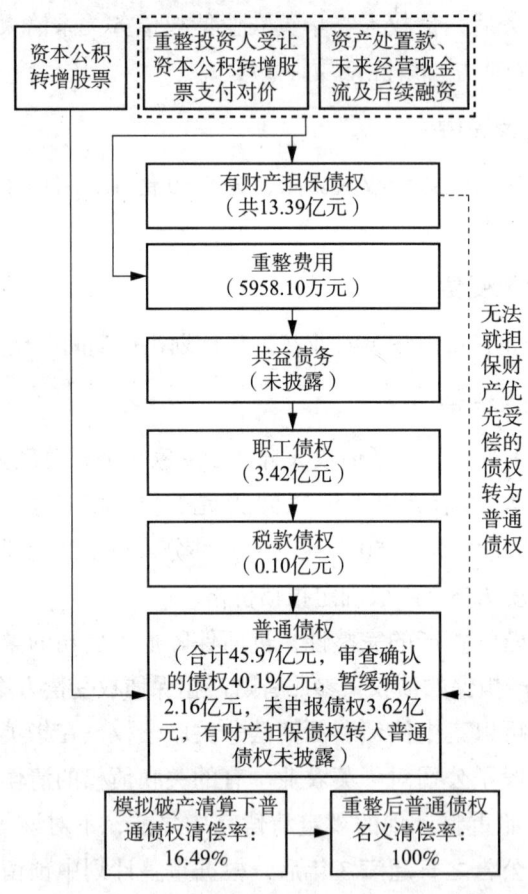

图2-16-3 华英农业债务清偿顺序示意图

（五）未来经营方案

华英农业将通过重整程序引入在企业管理、与公司业务协同、资源支持等方面具有明显优势的重整投资人。在实现重整投资人对华英农业的战略投资之后，公司将保留鸭养殖全产业链的主营业务，通过重整投资人业务资源支持以及注入流动资金、加强内部管控、降低成本费用、完善激励约束机制等一系列措施，从根本上改善公司生产经营，实现高效有序的经营，维持并进一步提升华英农业在鸭行业的竞争力，使华英农业成为经营稳健、运营规范、业绩优良的上市公司。

1. 引入重整投资人

重整期间，管理人通过公开招募和遴选，确定了新增鼎或其指定主体与财务投资人联合作为华英农业的重整投资人。重整投资人内部根据各自产业背景、资金实力的不同划分为产业投资人、财务投资人。重整投资人受让转增股票的条件如下：

（1）合计向华英农业提供不低于6.20亿元偿债资金。

（2）向华英农业提供0.90亿元用于解决华英农业存在的控股股东资金占用问题。

（3）根据华英农业经营发展需要，协助为重整后的华英农业提供不高于15亿元的融资支持。

（4）利用产业投资人的资源、管理、市场等优势与华英农业形成互补，并根据情况适时注入优质资产，助力华英农业"好起来、飞起来"；利用财务投资人的优势，为华英农业提供协调政策、税收及融资等支持，恢复和增强华英农业的持续经营和盈利能力。

2. 优化资产结构

为最大限度保护债权人的合法利益，华英农业将对现有资产中影响上市公司盈利能力的部分，包括其他应收款和预付账款等对外债权、持续亏损和不再经营的对外投资等资产，参照《中华人民共和国拍卖法》及相关规定，原则上参考评估价值确定，采取公开拍卖、公开变卖、协议转让等合法方式进行剥离，避免其进一步侵蚀上市公司利润，以改善华英农业资产结构，优化华英农业资产的质量和盈利能力。具体处置资产的范围由管理人报告法院后确定。

3. 全面改善公司经营

（1）聚焦主业发展，增强核心实力。华英农业作为国内鸭行业首家上市企业，曾先后获得"中国名牌""中国驰名商标""全国质量管理先进企业""全国食品安全示范企业""中国食品工业百强企业""中国最受尊敬的鸭肉企业""国家级出口鸭肉示范区""全国食品工业优秀龙头企业"等荣誉称号。"华英"品牌拥有深厚的文化价值和良好的品牌形象，在整个行业具有较高的知名度和美誉度。公司未来将进一步优化业务布局，做到"聚焦主业，增强实力"，明确以鸭养殖全产业链作为核心主业，整合经营资源并投入核心业务，重点提升熟食和羽绒等后端产品的附加值和盈利能力，形成具有竞争优势的核心主营业务。

（2）改善公司治理结构，提升经营能力。

健全激励约束机制。华英农业将全面梳理内部控制制度及人员配置，重新制定薪酬及绩效考核体系，进一步优化激励机制，加强绩效考核，提高员工绩效。

强化财务及内审风险控制流程。重整完成后，公司将通过以下四方面强化财务风险控制：第一，严格划分财务审批权限，加强资金审批控制，规范公司资金使用；第二，完善内部会计稽核制度，保障内部控制的质量，把好审批流程每道关；第三，加强员工职业素质培养，重视道德规范建设；第四，严格执行预算和收支管理，合理调度资金，重视财务预算工作。

完善内部决策机制。公司将严格遵守相关法律法规规定，持续规范完善内部决策机制，不断改革公司治理结构。

（3）控制债务规模，降低财务成本。历史年度，公司债务规模较大，承担了较高的财务费用，对公司业绩产生了较大的不利影响。重整完成后，公司主要有息负债将依法得到清偿，财务成本将大幅降低，公司能够轻装上阵，有利于公司改善盈利能力，进而改善财务结构，保障现金流稳定。

（4）适时收购优质资产和再融资，提升公司业绩。在完成重整并实现平稳有序的过渡后，根据华英农业的战略定位和发展规划，产业投资人将根据相关法律法规的规定，适时注入优质资产和通过资本市场再融资，提升上市公司持续经营能力和盈利能力。同时，公司亦将充分利用财务投资人的优势，为公司提供协调政策、税收及融资等支持，助力华英农业尽快实现"好起来、飞起来"的战略目标。

五、重整计划的表决与批准

（一）债权人会议表决

华英农业第一次债权人会议于 2022 年 12 月 22 日上午通过线上与线下相结合的方式召开，其中线上债权人会议在浦发智慧破产管理系统召开，线下债权人会议在信阳市百花之声一楼格局屏天下会议室召开。表决通过重整计划草案。

1. 有财产担保组

出席第一次债权人会议有表决权的有财产担保债权人共 14 家，其所代表的有财产担保债权金额为 12.62 亿元，其中，12 家债权人同意重整计划草案，占出席会议的该组债权总人数的 85.71%，已超过该组出席会议债权人的半数；该部分债权人所代表的债权金额为 11.49 亿元，占有财产担保债权总额 12.70 亿元的 90.47%，已超过该组债权总额的 2/3。有财产担保债权组表决通过重整计划草案。

2. 普通债权组

出席第一次债权人会议有表决权的普通债权人共 308 家，其所代表的普通债权金额为 37.89 亿元，其中共有 297 家债权人同意重整计划草案，占出席会议普通债权人数量的 96.43%，超过半数；其所代表的普通债权为 33.28 亿元，占普通债权总额 38.43 亿元的 86.60%。

（二）出资人组会议表决

公司于2021年12月22日下午通过现场投票和网络投票相结合的方式召开出资人组会议，会议表决通过了《河南华英农业发展股份有限公司重整计划（草案）之出资人权益调整方案》。

出席出资人组会议的股东及股东代表共计404人，代表股份共计为1.75亿股，占公司有表决权股份总数5.34亿股的32.75%。其中，出席现场会议的股东及股东代理人共6人，代表股份数合计0.56亿股，占公司有表决权股份总数的10.48%；通过网络投票参与会议的出资人共398人，代表股份数合计1.19亿股，占公司有表决权股份总数的22.27%。

出资人组会议以现场投票与网络投票相结合的方式对出资人权益调整方案进行了表决，表决情况为：同意1.62亿股，占参加会议股东所持股份的92.78%。根据《公司法》与《企业破产法》的相关规定，华英农业出资人组会议表决通过出资人权益调整方案。

（三）重整计划批准

2021年12月22日，信阳中院裁定批准重整计划，批准裁定文件为民事裁定书〔（2021）豫15破6-2号〕。

六、重整计划的执行与监督

（一）执行和监督的主体

重整计划经法院裁定批准后，由华英农业负责执行，管理人负责监督重整计划的执行。重整计划执行监督期内，华英农业应当接受管理人的监督，及时向管理人报告重整计划的执行情况、公司财务状况、重大经营决策、重要资产处置等事项。

监督期届满或者华英农业提前执行完重整计划的，管理人将向法院提交监督报告，自监督报告提交之日起，管理人的监督职责终止。

（二）执行和监督期限

重整计划的执行期限自重整计划获得法院裁定批准之日起计算，华英农业应当于2022年4月30日前执行完毕。如因非华英农业自身原因，致使重整计划无法在上述期限内执行完毕，华英农业应于执行期限届满前，向法院提交延长重整计划执行期限的申请，管理人同时向法院申请延长重整计划执行的监督期限，根据法院批准的期限继续执行和履行监督职责。

（三）执行的措施

1. 执行完毕的标准

（1）有财产担保债权、税款债权、职工债权、普通债权已经按照债权调整和受偿方案获得清偿、提存和预留，债权人未领受的分配额已经按照重整计划的规定予以提存；根据重整计划的规定应当支付的重整费用已经支付完毕。

（2）根据重整计划的规定，重整投资人已经足额支付了投资款项至管理人银行账户，用于引入重整投资人的转增股票已经划转至重整投资人指定的证券账户。

重整计划生效后，就上述重整计划执行工作，自现金清偿所需资金支付至管理人银行账户以及法院就资本公积转增股票事项向中证登深圳分公司出具司法协助执行通知书后，即可视为重整计划执行结果的重大不确定性因素已经消除。此外，债权人与华英农业另行达成清偿协议且不损害其他债权人利益的，可视为债权人已按照重整计划的规定获得清偿。

2. 关于重整计划生效的条件

依据《企业破产法》第八十四条至第八十七条之相关规定，重整计划在华英农业债权人会议、出资人组会议表决通过并经法院裁定批准，或债权人会议、出资人组会议表决虽未通过但经法院裁定批准后生效。重整计划生效后，对债务人、全体债权人、重整投资人和出资人及相关权利承继方均具有法律约束力。

3. 偿债资源的分配

偿债的资金和股票原则上以银行转账、股票划转的方式向债权人进行分配，尚未提供领受偿债资源所需的银行账户、证券账户的债权人，在重整计划获法院裁定批准后按照管理人指定格式书面提供领受偿债资源的银行账户、证券账户信息；未提供以及无法通知到的债权人将提存其分配额，由此产生的法律后果由相关债权人自行承担。

因债权人自身和/或其代理人、关联方的原因，导致偿债资源不能到账，或账户信息错误、账户被冻结、扣划等，所产生的法律后果由相关债权人自行承担。

债权人可以指令将偿债资源划转至债权人指定的、由该债权人所有/控制的账户或其他主体所有/控制的账户内，但因该指令导致偿债资源不能到账，以及由该指令导致的法律纠纷和市场风险由相关债权人自行承担。

根据重整计划应当留债清偿的债权，在法院裁定批准重整计划后，华英农业应向有关债权人送达留债清偿告知书；留债清偿告知书中明确留债金额及支付安排，华英农业按照留债清偿告知书确定的留债金额及支付安排进行清偿。债权人可根据需要与华英农业签署书面留债协议，协议内容应符合重整计划的规定。

4. 重整费用的支付和共益债务的清偿

华英农业重整费用包括重整案件受理费、管理人报酬、聘请中介机构的费用、转增股票登记税费、股票过户税费及管理人执行职务的费用等，共计 5958.10 万元。其中，重整案件受理费、管理人报酬、聘请中介机构的费用，在重整计划执行期间通过管理人银行账户支付；华英农业转增股票登记及过户税费、管理人执行职务的费用及其他重整费用根据重整计划执行实际情况由管理人银行账户随时支付。该部分预估费用如有剩余，管理人将剩余部分划入华英农业银行账户用于补充公司流动资金。

共益债务包括但不限于因继续履行合同所产生的债务、为继续营业而支付的劳动报酬和社会保险费用以及由此产生的其他债务，由华英农业按照《企业破产法》相关规定随时清偿。

5. 偿债资源的预留、提存及处理

（1）已经法院裁定确认的债权人未按照重整计划的规定领受偿债资源的，根据重整计划应向其分配的资金、股票将提存至管理人指定的银行账户、证券账户。上述提存的偿债资源自重整计划执行完毕公告之日起满3年债权人仍不领取的，视为放弃领受偿债资源的权利。重整计划执行人应当将提存的资金在扣除相关费用后用于补充公司流动资金，提存的股票可由重整计划执行人选择注销或者在二级市场出售变现后，用于补充公司流动资金。

（2）对于因诉讼未决、需要补充证据材料、债权人或债务人提出异议等原因导致管理人暂时无法做出审查结论的债权、华英农业已知悉但未依法在债权申报期限内申报的债权以及其他依法需华英农业承担的破产债权，如债权权利应受法律保护，以最终确认的债权金额为准，按照重整计划规定的同类债权受偿方案受偿。按照重整计划已预留的偿债资源在清偿该等债权后仍有剩余的，剩余的偿债资金将用于补充公司流动资金，剩余的偿债股票可由重整计划执行人选择注销或者在二级市场出售变现后，用于补充公司流动资金。如偿债资源不足，则由公司以后续生产经营所得按照重整计划规定的受偿方案安排清偿。

6. 转让债权的清偿

债权人在法院裁定受理华英农业重整案后依法对外转让债权的，受让人按照原债权人根据重整计划就该笔债权可以获得的受偿资源受偿；债权人向两个及以上的受让人转让债权的，受偿资源向受让人按照其受让的债权比例分配。

7. 财产强制措施的解除

在法院裁定批准重整计划后5个工作日内，除涉及留债清偿以外的债权人应配合华英农业、管理人完成对华英农业财产抵质押手续的解除。若债权人未在上述期限内配合解除财产抵质押手续，对重整计划执行造成阻碍，华英农业或管理人有权向法院申请依照重整计划的规定予以强制解除；且华英农业或管理人有权将相关债权人依重整计划可获分配的现金、股票等暂缓分配，待债权人配合解除财产抵质押手续之后再行分配。

根据《企业破产法》第十九条之规定，人民法院受理破产申请后，有关债务人财产的保全措施应当解除。尚未解除对华英农业财产保全措施的债权人，应当在重整计划获法院裁定批准后5个工作日内办理完解除财产保全措施的手续。若债权人未在上述期限内办理完解除财产保全措施手续，华英农业或管理人有权向法院申请依照重整计划的规定予以强制解除；且华英农业或管理人有权将相关债权人依重整计划可获分配的现金、股票等暂缓分配，待债权人配合解除财产保全措施手续之后再行分配。

8. 债务人信用等级的恢复

在法院裁定批准重整计划之日起 15 日内，将华英农业纳入失信被执行人名单的各债权人应向相关法院申请删除华英农业的失信信息，并解除对华英农业法定代表人、主要负责人及其他相关人员的限制消费令及其他信用惩戒措施。若债权人未在上述期限内申请删除失信信息并解除信用惩戒措施，华英农业或管理人有权将相关债权人依重整计划可获分配的现金、股票等暂缓分配，待信用惩戒措施解除后再向债权人分配。

在重整计划获法院裁定批准后，各金融机构应及时调整华英农业企业信贷分类，并上报中国人民银行征信系统调整华英农业征信记录，确保重整后华英农业运营符合征信要求。

9. 重整计划的解释与修正

在重整计划执行过程中，若债权人或利益相关方对重整计划部分内容存在不同理解，且该理解将导致利益相关方的权益受到影响，则债权人或利益相关方可以向管理人申请对重整计划相关内容进行解释。管理人在收到该申请之后，应基于公平、公正的原则对相关内容进行解释。

在重整计划执行过程中，因出现国家政策调整、法律修改变化等情况，导致重整计划全部或部分内容无法执行，华英农业或管理人可以向法院申请对重整计划进行一次修正。经法院审查许可后，华英农业或管理人应当自获得法院许可之日起一个月内提出重整计划修正案。该重整计划修正案应提交给因修正而受不利影响的债权人组及/或出资人组进行表决。表决、向法院申请裁定批准以及法院裁定批准重整计划修正案的程序与原重整计划的程序相同。重整计划执行人仅申请对重整计划所涉的重整投资人予以变更，重整计划其他内容不做调整或调整后优于原有内容的，可以向法院申请直接裁定批准变更后的重整计划。

七、重整计划顺利实施的预期效果

本次重整计划如能顺利实施，预计将产生以下结果：

（1）法人资格继续存续，仍是深交所上市公司。

（2）重整前产生的负债获得妥善安排。重整计划实施完毕后，华英农业的债务获得较高比例清偿，实现各方共赢。

（3）立足核心业务充分利用重整投资人资源和优势。重整完成后，华英农业主要金融和经营性负债将得到有效化解，并留有一定的流动资金用于后续生产经营恢复。华英农业将围绕种禽孵化/养殖、商品鸭养殖、饲料生产、屠宰加工、熟食加工、副产品加工、羽绒加工等禽养殖全产业链业务进行深度调整和整合。

案例 17　实达集团重整案例解析①

背景

作为国内 A 股上市的首家 IT 企业，福建实达集团股份有限公司（以下简称"实达集团"或"公司"）的核心业务包括移动智能终端业务、移动智能终端配套电池电源业务、物联网周界安防业务三大板块，公司成立于 1988 年 5 月 30 日，重整前总股本为 6.22 亿股。近年来，由于受到金融机构收贷和偿还到期债务的双重压力，经营流动资金的缺乏使实达集团及其下属核心子公司均陷入严重的债务危机，正常生产经营受到严重影响。债权人北京空港富视国际房地产投资有限公司（以下简称"北京空港"）以公司不能清偿到期债务且明显缺乏清偿能力为由，于 2021 年 2 月 9 日向福建省福州市中级人民法院（以下简称"福州中院"或"法院"）提出对公司进行重整的申请。2021 年 3 月 31 日，福州中院下发通知书〔（2021）闽 01 破申 6 号〕，同意实达集团启动预重整工作，由上海市方达律师事务所担任临时管理人，组织开展预重整指导工作。2021 年 11 月 26 日，福州中院做出民事裁定书〔（2021）闽 01 破申 6 号〕，裁定受理实达集团破产重整一案，并于同日做出决定书〔（2021）闽 01 破 19 号〕，指定上海市方达律师事务所担任管理人。2021 年 12 月 27 日，福州中院裁定批准重整计划，并终止实达集团重整程序。2021 年 12 月 31 日，福州中院送达民事裁定书〔（2021）闽 01 破 19 号之二〕，确认实达集团重整计划执行完毕。该案例是福建法院破产审判典型案例。

方案要点

1. 出资人权益调整

以实达集团现有总股本 6.22 亿股为基数，按每 10 股转增 25 股的比例实施资本公积转增股本，转增 15.56 亿股。转增后，实达集团的总股本将由 6.22 亿股增加至 21.78 亿股。前述 15.56 亿股转增股票不向原股东进行分配，全部由重整投资人有条件受让，重整投资人提供的资金用于支付成人清偿破产费用和共益债务、清偿债务、补充上市

---

① 本案例解析的内容主要根据福建实达集团股份有限公司于 2021 年 12 月 28 日公布的《福建实达集团股份有限公司重整计划》整理而成。

公司流动资金及促进上市公司产业升级。

2. 债权清偿方案

（1）有财产担保债权调整及受偿。有财产担保债权在对应担保财产的市场价值范围内以现金方式优先受偿；若对应担保财产的市场价值不足以覆盖有财产担保债权的全部金额，对于实达集团为主债务人或保证人的债权，债权金额超出依法可供其债权受偿的担保财产市场价值的部分依法转入普通债权进行清偿。

（2）普通债权调整及受偿。每家普通债权人债权额35万元以下（含35万元）的债权由实达集团在重整计划执行期限内以现金方式清偿完毕；每家普通债权人债权额超过35万元的部分按照31%的比例清偿。

3. 引入重整投资人

实达集团在本次重整程序中引进了实力雄厚的产业投资人福建省大数据集团有限公司（以下简称"大数据公司"）和衢州东昆科技服务中心（有限合伙）（以下简称"衢州东昆"）等11名财务投资人。重整投资人合计提供9.00亿元认购15.56亿股转增股票。

产业投资人大数据公司受让5.45亿股转增股票，在重整计划执行完毕后，大数据公司将成为实达集团的控股股东，其受让股份的条件包括提供2.5亿元重整资金，资产注入，并且承诺本次受让的转增股票自登记至其名下之日起36个月内不通过任何形式减持。

财务投资人合计受让10.11亿股转增股票，其受让股份的条件包括提供6.5亿元重整资金，承诺本次受让的转增股票自登记至其名下之日起12个月内不通过任何形式减持。

一、公司基本信息

（一）公司及业务简介

实达集团成立于1988年5月30日。公司股票（A股）于1996年8月8日在上交所挂牌交易。注册地址为福州市经济技术开发区科技工业园A小区C号标准厂房，实际经营地址为福建省福州市鼓楼区洪山园路67号实达大厦13层。

公司主营业务包括移动智能终端业务、移动智能终端配套电池电源业务、物联网周界安防业务。实达集团2018年度、2019年度经审计的净利润为负值，连续2年亏损且2019年度经审计的净资产为负值，公司股票于2020年6月16日被实施退市风险警示；因公司2020年度期末净资产仍为负值，公司股票继续被实施退市风险警示。

根据公司重整申请前2020年年报，公司营业收入为11.51亿元，净亏损为5.91亿元，毛利率为9.18%，净利率为-51.33%。

（二）重整前股权架构

截至 2021 年 12 月 10 日，实达集团的股本总数为 6.22 亿股，实缴资本为 6.22 亿元。第一大股东为北京昂展科技发展有限公司（以下简称"北京昂展"），持股比例为 25.06%。根据公司公告，截至 2021 年 11 月 30 日，郑州航空港经济综合实验区管理委员会为公司的实际控制人。实达集团重整前股权架构如图 2-17-1 所示。

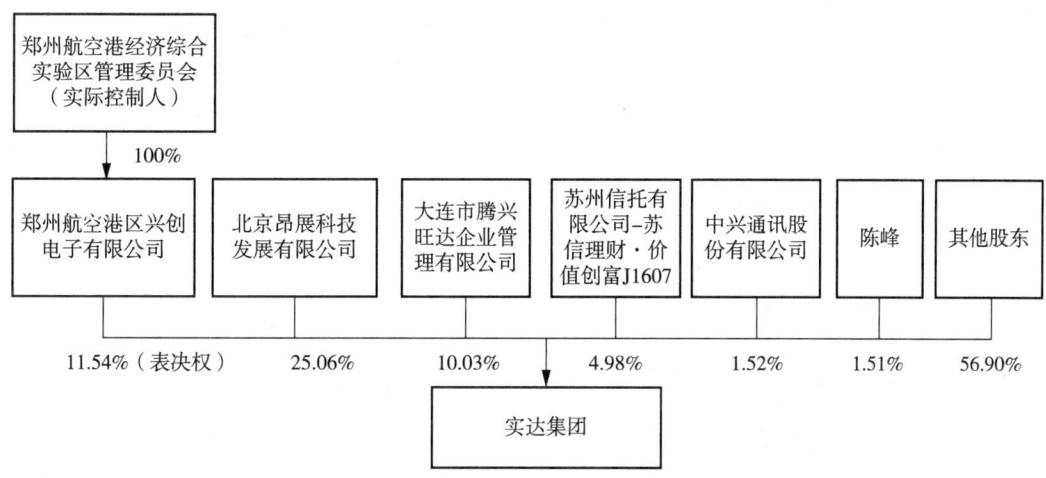

图 2-17-1　实达集团重整前股权架构

注：北京昂展及其一致行动人北京百善仁和科技有限责任公司、景百孚于 2019 年 11 月 12 日与兴创电子签署了《不可撤销的表决权放弃协议》，北京昂展及其一致行动人不可撤销地放弃其持有的 2.05 亿股上市公司股份（占上市公司总股本的 32.92%）对应的表决权，仅保留 6% 表决权；腾兴旺达、陈峰于 2019 年 11 月 12 日与兴创电子签署了《不可撤销的表决权委托协议》，腾兴旺达及陈峰将其所持有的 0.72 亿股上市公司股份（占上市公司总股本的 11.54%）对应的表决权委托给兴创电子行使。因郑州航空港经济综合实验区管理委员会间接持有兴创电子 100% 股权，因此郑州航空港经济综合实验区管理委员会成为上市公司的实际控制人。

二、资产负债情况

（一）资产负债情况总览

表 2-17-1　实达集团资产负债情况

资产/债权类型	资产（亿元）	负债（亿元）	净资产（亿元）	资产负债率（%）
评估市场价/债权金额	4.62	19.74	−15.12	427.27
评估清算价值/债权金额	3.89	19.74	−15.85	507.46

如表 2-17-1 所示，根据评估机构出具的市场价值报告和清算价值报告，以预重整申请受理日即 2021 年 3 月 31 日为评估基准日，实达集团总资产市场价为 4.62 亿元，清算价值为 3.89 亿元。

截至 2021 年 12 月 18 日，共有 48 家债权人向管理人申报了债权，债权申报数额为 19.25 亿元，其中有财产担保债权 5 家，申报数额共计 11.65 亿元；税款债权人 1 家，申报数额共计 96 万元；普通债权人 42 家，申报数额共计 7.59 亿元。

根据管理人审查，已确认债权 31 家 37 笔（系存在一家 2 笔的情形），确认数额共计 15.57 亿元。其中，有财产担保债权 4 笔，确认数额 8.69 亿元；税款债权 1 笔，确认数额 90.35 万元；普通债权 27 笔，确认数额共计 6.80 亿元；劣后债权 5 笔，确认数额共计 735.37 万元。因诉讼未决、需要补充证据材料等原因而尚未由管理人出具最终审查意见予以确认的债权 9 家，涉及申报数额 3.74 亿元，需待诉讼终结、证据材料补充完整后进行审查认定。管理人审查不予确认的债权 8 家，涉及申报数额共计 0.13 亿元。

经实达集团梳理统计及管理人调查，实达集团尚有账面记载未申报债权 4500 万元。经管理人调查，实达集团职工债权总额 494.87 万元，涉及职工债权人 4 家，款项性质为欠付职工的工资报酬等。此外，经测算，假设实达集团与全体职工解除劳动合同，预计需要支付经济补偿金等职工安置费用 1217.47 万元。

综上，根据债权申报与审查情况、管理人对职工债权的调查情况以及公司债务信息等，实达集团经管理人审查确认、暂缓确认、未申报及职工债权的负债合计为 19.74 亿元。

（二）债权分类

根据《企业破产法》对债权分类的规定，结合债权人向实达集团申报债权的实际情况，实达集团债权分为有财产担保债权、职工债权、税款债权、普通债权四类。

1. 有财产担保债权

有财产担保债权金额为 11.55 亿元，其中已确认金额 8.69 亿元，因诉讼未决，需要补充证据材料等原因而尚未由管理人出具审查意见予以确认的金额 2.86 亿元。

2. 职工债权

实达集团职工债权人共 4 家，债权数额为 494.87 万元。

3. 税款债权

税款债权人共 1 家，债权数额为 90.35 万元。

4. 普通债权

根据管理人审查，已确认普通债权金额为 6.80 亿元。

5. 其他债权

因诉讼未决，需要补充证据材料等原因尚未经管理人审查确认的债权金额 3.74 亿元，其中包含有财产担保债权待确认金额 2.86 亿元。

（三）偿债能力分析

为给债权人表决重整计划草案提供必要参考，管理人对实达集团在假定破产清算条件下的偿债能力进行了模拟分析。根据模拟分析测算，在假设对实达集团进行破产清算情况下，实达集团在破产清算状态下普通债权的受偿率为12.29%，但管理人认为，鉴于实达集团的资产流动性较弱，这一比例仍然存在很大的不确定性，实达集团在破产清算状态下普通债权的实际清偿比例可能远低于上述预估比例。

三、重整基本情况

（一）重整背景

实达集团是一家股票在上交所主板上市的股份有限公司，核心业务包括移动智能终端业务、移动智能终端配套电池电源业务和物联网周界安防业务三大板块。近年来，由于受到金融机构收贷和偿还到期债务的双重压力，经营流动性资金的缺乏使实达集团及其下属核心子公司均陷入严重的债务危机，正常生产经营受到严重影响。因实达集团2018年度、2019年度经审计的净利润为负值，连续2年亏损且2019年度经审计的净资产为负值，公司股票于2020年6月16日被实施退市风险警示；因公司2020年度期末净资产仍为负值，公司股票继续被实施退市风险警示。因此，实达集团股票面临被终止上市的风险。

（二）预重整/重整申请情况

2021年2月9日，实达集团债权人北京空港以公司不能清偿到期债务、明显缺乏清偿能力，符合重整条件为由，向福州中院提出对公司进行重整的申请。

（三）重整申请受理情况

2021年3月31日，福州中院做出通知书〔（2021）闽01破申6号〕，同意实达集团启动预重整工作，由上海市方达律师事务所担任临时管理人，组织开展预重整指导工作。

2021年11月26日，福州中院做出民事裁定书〔（2021）闽01破申6号〕，裁定受理实达集团破产重整一案，并于同日做出决定书〔（2021）闽01破19号〕，指定上海市方达律师事务所担任管理人。

（四）重整管理模式

债务人自行管理财产和营业事务。

（五）重整大事记

2021年2月9日，实达集团债权人北京空港以公司不能清偿到期债务、明显缺乏清偿能力，符合重整条件为由，向福州中院法院提出对公司进行重整的申请。

2021年3月31日，福州中院做出通知书〔（2021）闽01破申6号〕，同意实达集团启动预重整工作，由上海市方达律师事务所担任临时管理人，组织开展预重整指导工作。

2021年11月26日，福州中院做出民事裁定书〔（2021）闽01破申6号〕，裁定受理实达集团破产重整一案，并于同日做出决定书〔（2021）闽01破19号〕，指定上海市方达律师事务所担任管理人。

2021年12月6日，实达集团、管理人与产业投资人大数据公司签署了重整投资协议。同日，实达集团、管理人与衢州东昆等11名财务投资人分别签署了重整投资协议。

2021年12月10日，法院准许公司继续营业及自行管理财产和营业事务。

2021年12月27日，实达集团重整案第一次债权人会议及出资人组会议召开，第一次债权人会议表决通过了《福建实达集团股份有限公司重整计划（草案）》，出资人组表决通过了《福建实达集团股份有限公司重整计划（草案）之出资人权益调整方案》。

2021年12月27日，福州中院裁定批准《福建实达集团股份有限公司重整计划》，并终止实达集团重整程序。

2021年12月31日，公司收到福州中院送达的民事裁定书〔（2021）闽01破19号之二〕，确认实达集团重整计划执行完毕。

四、重整计划的主要内容

（一）重整思路概述

重整计划的主要思路为：

（1）对出资人权益进行调整，在现有股份基础上进行转增，共计转增15.56亿股股票，其中5.45亿股由产业投资人有条件受让，10.11亿股由财务投资人有条件受让。

（2）引入有实力的重整投资人，获取投资款，注入优质资产；对出资人权益进行调整，在现有股份基础上进行转增，用股份转让所得可以有效地偿还债务，并为公司未来的经营提供资本基础。

（3）处置原有资产，剥离与未来业务规划方向存在偏离的资产，加速不匹配资产出清，通过资产变现取得资金，用于偿还部分债务。

（4）制订切实可行的经营发展方案，弥补公司亏损。

实达集团重整方案如图2-17-2所示。

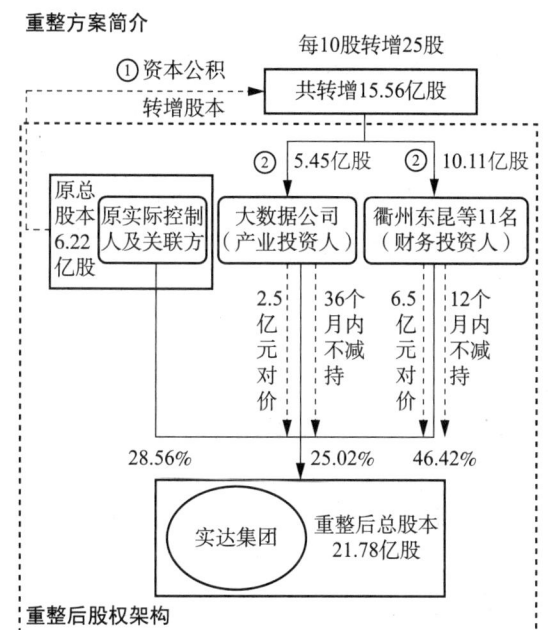

图 2-17-2 实达集团重整方案示意图

（二）投资人及投资方案介绍

2021年12月6日，实达集团、管理人与产业投资人大数据公司签署了重整投资协议。同日，实达集团、管理人与衢州东昆等11名财务投资人分别签署了重整投资协议。11名财务投资人包括衢州东昆、北京华夏远策资产管理有限公司、王珊、周映霏、许秀芸、郑刘颖、黄浪峰、刘浪英、冷霞、武敏、林强及其指定的其他主体。

产业投资人大数据公司成立于2021年8月26日，是福建省人民政府国有资产监督管理委员会下属全资子公司，其设立目的是统筹推进福建省公共数据的运营管理和电子政务建设，目标是做强做优做大数字经济产业，优化产业布局。大数据公司持有福建省星云大数据应用服务有限公司（以下简称"星云大数据"）84.25%的股份，星云大数据是福建省人民政府授权的省级政务信息外包服务主要提供商、省级政务信息开放开发特许经营主体，目标是成为福建省互联网经济的主力军和福建省公共服务平台建设运营的领军企业。

大数据公司作为产业投资人，将以2.5亿元的对价受让实达集团资本公积转增的5.45亿股股票；衢州东昆等11名财务投资人将以6.5亿元的对价受让10.11亿股股票。重整投资人受让条件包括：

（1）大数据公司、衢州东昆等11名财务投资人应当支付合计9.0亿元的重整资金作为受让股份的对价。

（2）大数据公司承诺，在重整计划执行完毕后，将其合法拥有或管理的优质资产或者实达集团股东大会认可的其他优质资产，经证券监督管理机构批准后（如需）注入实达集团。

（3）大数据公司承诺本次受让的转增股票自登记至其名下之日起36个月内不通过任何形式减持，衢州东昆等11名财务投资人承诺本次受让的转增股票自登记至其名下之日起12个月内不通过任何形式减持。

（4）财务投资人林强承诺根据重整计划按照不低于破产重整程序中评估机构确定的股权价值受让实达集团持有的深圳市兴飞科技有限公司（以下简称"深圳兴飞"）所有可转让股权。

（三）资产处置情况

为进一步夯实实达集团资产质量，改善资产负债结构并提升公司持续盈利能力，结合实达集团的实际情况，将保留以下资产：实达大厦、中科融通物联科技无锡有限公司（以下简称"中科融通"）100%股权、对中科融通的应收款以及部分公司日常经营所需的资产。

除上述保留资产外，将对其他资产按照以下方式进行处置。

（1）所有实达集团持有的深圳兴飞可转让的股权，由财务投资人林强或其指定主体根据重整计划按照不低于重整程序中评估机构确定的受让股权价值受让。

（2）其他非保留资产将根据实际情况按照如下方式进行处置：①对于依法可以拍卖，且市场价值和预计拍卖收入超过拍卖费用的资产，根据资产具体情况进行单项或者整体打包拍卖。其中，第一次拍卖的起拍价按照市场价值确定；如果流拍，可以下调起拍价进行再次拍卖，每次下调幅度不超过前次拍卖起拍价的20%；如经过三次拍卖仍不能拍卖成交，则管理人有权选择继续拍卖或公开变卖或协议转让。②对于依法不得拍卖，或市场价值和预计拍卖收入明显少于拍卖费用的资产，将采取公开变卖或协议转让的方式进行处置。依照上述方案处置资产所得的款项，将全部存入管理人账户（资产处置税费直接自变现价款中支付），并向普通债权人进行分配。

（四）出资人权益调整方案

以实达集团现有总股本为基数，按每10股转增25股的比例实施资本公积转增股本，共计转增15.56亿股（最终转增的准确股票数量以中证登上海分公司实际登记确认的数量为准）。转增后，实达集团的总股本将增加至21.78亿股。

上述由资本公积转增的股份，在重整计划批准后按照重整计划规定由重整投资人有条件受让。产业投资人大数据公司受让5.45亿股转增股票，财务投资人合计受让10.11亿股转增股票，其受让股份的条件包括：提供6.5亿元重整资金、承诺本次受让的转增股票自登记至其名下之日起十二个月内不通过任何形式减持。转增股份变现所得用于支付破产费用和共益债务、清偿债务、补充上市公司流动性及促进上市公司产业升级。

（五）债权调整及受偿方案

1. 有财产担保债权调整及受偿

实达集团有财产担保债权人共 5 家，有财产担保债权数额为 11.55 亿元。

依据担保财产的市场价值及担保范围，有财产担保债权中 1.85 亿元可就担保财产获得优先清偿，纳入有财产担保债权组，8.29 亿元因无法就担保财产优先受偿而依法转入普通债权组，剩余 1.41 亿元依法不予清偿。

有财产担保债权在对应担保财产的市场价值范围内以现金方式优先受偿；若对应担保财产的市场价值不足以覆盖有财产担保债权的全部金额，对于实达集团为主债务人或保证人的债权，债权金额超出依法可供其债权受偿的担保财产市场价值的部分依法转为普通债权进行清偿。对于仅就实达集团特定财产享有担保物权，但实达集团不是主债务人或保证人的债权，如担保财产市场价值低于有财产担保债权金额，则有财产担保债权金额超过依法可供其债权受偿的担保财产市场价值的部分，依法不再转为普通债权受偿。

2. 职工债权调整及受偿

实达集团职工债权人共 4 人，债权数额为 494.87 万元。

职工债权不做调整，以现金方式全额清偿。

3. 税款债权调整及受偿

税款债权人共 1 家，债权数额为 90.35 万元。

4. 普通债权调整及受偿

实达集团普通债权总额为 15.97 亿元，其中：

（1）已确认数额为 6.80 亿元。

（2）已经向管理人申报，但截至重整计划提交之日因诉讼未决、需要补充证据材料等原因尚未经管理人审查认定的债权（待确认债权）数额 0.88 亿元。

（3）无法就担保财产全额优先受偿、但不足部分依法能够转为普通债权继续受偿的有财产担保债权金额 8.29 亿元，纳入普通债权组。

普通债权每家债权人 35 万元以下（含 35 万元）的债权部分将以现金方式全额清偿；超过 35 万元的债权部分将以现金方式按照 31% 的比例清偿。

5. 其他债权调整及受偿

经管理人审查确认，但尚未经债权人会议核查和法院裁定确认的债权，在法院裁定确认后，按照重整计划规定的同类债权的清偿条件获得清偿。实达集团账面记载的在实达集团进入重整程序前已成立但未依法申报的债权，重整计划执行完毕后，按照重整计划规定的同类债权的清偿条件获得清偿。劣后债权不予清偿。

6. 债务清偿顺序

实达集团债务清偿顺序如图 2-17-3 所示。

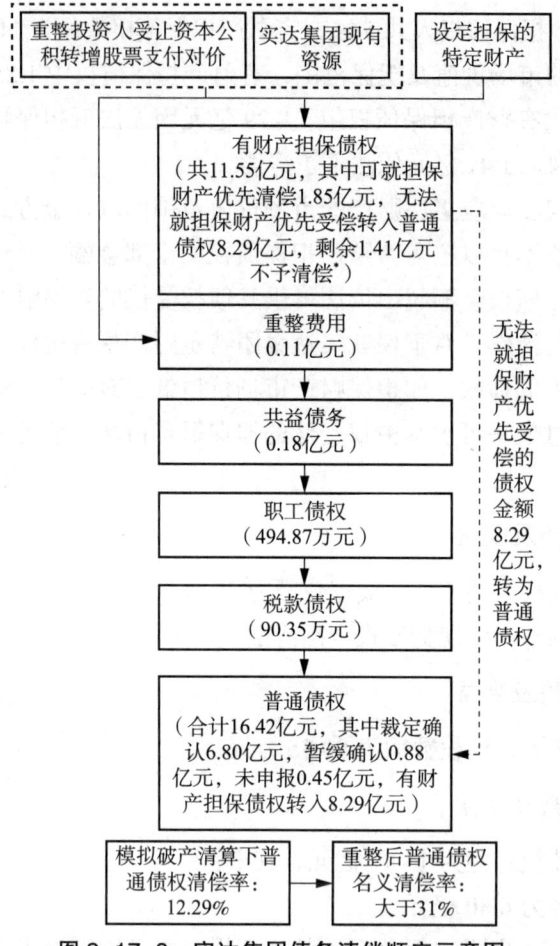

图 2-17-3 实达集团债务清偿顺序示意图

注：对于仅就实达集团特定财产享有担保物权，但实达集团不是主债务人或保证人的债权，如担保财产市场价值低于有财产担保债权金额，则有财产担保债权金额超过依法可供其债权受偿的担保财产市场价值的部分，依法不再转为普通债权受偿。

（六）未来经营方案

重整程序完成后，实达集团将继续保留物联网周界安防业务，并从根本上全面改善实达集团经营管理，恢复、提升市场占有率。结合上市公司实际情况，重整投资人将大力支持、恢复、发展留存的物联网周界安防相关业务，并且在符合相关监管法律法规的前提下，重整投资人将择机为上市公司注入大数据等领域资产，力争将上市公司打造成中国 IT 领域的优质上市平台。

1. 物联网周界安防板块经营方案

保留资产中的中科融通植根于防入侵及相关安防领域，是国内智慧物联产品供应商、解决方案提供商和运营服务商。中科融通多次受邀参与国家级安全防控项目和重点行业规范与发展规划的制定工作，拥有专利授权 21 项、软件著作权 26 项、软件产品登记证书 16 个，在市场上具有较强的技术优势。

目前，中科融通仍在正常经营中。近年来，因上市公司流动性紧张并陷入债务危机，中科融通无法获得上市公司有效支持以及获取融资授信，整体资产规模有所下降，并对业务开展造成一定影响，业务规模有所下降。中科融通自身具有较强的技术优势、专业过硬，未来中科融通将重点深耕人工智能物联网（AIoT）研发，自主构建 AIoT 云 + 边缘计算的体系架构，坚持打造与升级"融合 AIoT 云和边缘智能感知"的立体式安全防护系统，继续扩展中科融通在中国司法、武警、边防、公安、石化、机场等高安全要求行业的订单规模。除传统的物联网智能周界安防业务和边疆地区智能安防解决方案外，中科融通还将加大对低空无人机防御和管制技术的研发和市场推广力度，预计在 2023 年完成无人机防御技术结合立体安防在边防、监狱监所、核电站、油田、机场等主要行业的技术适配和测试工作，2024 年形成平面周界技术、低空防御，无人巡检技术相结合的全态势立体安防技术，在资金充足的情况下，可以适当扩大生产规模，提升利润空间。同时，重整投资人可以利用自身资源助力中科融通实现产业升级，大幅提升盈利能力。

2. 降低运营成本，提高经营效益

实达集团将进一步完善上市公司各项管理制度及其实施流程，加强经营费用、运营成本及财务费用管理，提升整体管理水平和经营效率：第一，严格划分财务审批权限，加强资金审批控制，规范上市公司资金使用行为；第二，建立内部会计稽核制度，保障内部控制的质量，对生产经营实施全面精细化管理，把好审批流程每道关；第三，严格执行"收支两条线"的基本制度，实施机构与人员扁平化管理，合理调度资金，降低人力成本和管理费用。通过采取多项减负措施，有效降低上市公司的运营成本，促进主营业务的恢复及发展。

3. 拟注入资产

大数据公司作为重整投资人，拟在符合相关法律法规的前提下，适时将资产注入上市公司，注入方式包括但不限于现金购买资产、发行股份购买资产。

五、重整计划的表决与批准

（一）债权人会议表决

公司第一次债权人会议于 2021 年 12 月 27 日上午 9 时 30 分采用网络形式召开，对《福建实达集团股份有限公司重整计划（草案）》由有财产担保债权组、普通债权组进行了分组表决。

1. 有财产担保债权组

出席本次债权人会议的有财产担保债权人共 4 家，其所代表的债权金额为 1.85 亿元。其中出席会议并表决同意重整计划草案的债权人共 4 家，占出席会议的该组债权人的 100%，超过本组出席会议债权人的半数；该 4 家债权人所代表的债权金额为 1.85 亿元，占该组债权总额的 100%，超过本组债权总额的 2/3。因此，有财产担保债权组表决通过重整计划草案。

2. 普通债权组

出席本次债权人会议的普通债权人共 37 家，其所代表的债权金额为 14.8 亿元。其中出席会议并表决同意重整计划草案的债权人共 35 家，占出席会议的该组债权人的 94.59%，超过本组出席会议债权人的半数；该 35 家债权人所代表的债权金额为 14.4 亿元，占该组债权总额的 92.41%，超过本组债权总额的 2/3。因此，普通债权组表决通过重整计划草案。

根据《企业破产法》第八十四条第二款、第八十六条第一款的规定，重整计划草案获得本次债权人会议表决通过。

（二）出资人组会议表决

实达集团出资人组会议于 2021 年 12 月 27 日下午 2 时 30 分采取现场投票与网络投票相结合的方式召开，会议表决通过了《福建实达集团股份有限公司重整计划（草案）之出资人权益调整方案》。

出席本次出资人组会议的出资人或其代理人共计 328 人，所持表决权的股份总数为 1.47 亿股，占公司有表决权股份总数的 23.64%。其中，出席现场会议的出资人或出资人代理人共 1 人，代表股份数合计 0.37 亿股，占公司有表决权股份总数的 6.00%；通过网络投票参与会议的出资人共 327 人，代表股份数合计 1.10 亿股，占公司有表决权股份总数的 17.64%。

会议表决情况为：出席本次出资人组会议的有效表决权股份总数为 1.47 亿股，占公司总股本的 23.64%，其中同意 1.46 亿股，占出席会议所有出资人所持股份的 99.20%。

根据《公司法》与《企业破产法》的相关规定，实达集团出资人组会议表决通过出资人权益调整方案。

（三）重整计划批准

实达集团于 2021 年 12 月 27 日收到福州中院送达的民事裁定书〔(2021) 闽 01 破 19 号之一〕，裁定批准实达集团重整计划，并终止实达集团重整程序。

六、重整计划的执行与监督

(一) 执行和监督的主体

重整计划由实达集团负责执行,管理人负责监督。

(二) 执行和监督期限

重整计划的执行期限自重整计划获得福州中院裁定批准之日起至 2022 年 4 月 30 日止。在此期间内,实达集团应当严格依照重整计划的规定清偿债务,并随时支付或清偿重整费用和共益债务。

重整计划提前执行完毕的,执行期限在执行完毕之日到期。如因客观原因,致使重整计划无法在上述执行期限内执行完毕,实达集团应于执行期限届满前,向法院提交延长重整计划执行期限的申请,并根据法院批准的执行期限继续执行。

重整计划执行的监督期限与执行期限一致。重整计划提前执行完毕的,监督期限亦自重整计划执行完毕之日起届满。根据重整计划执行的实际情况,需要延长重整计划执行监督期限的,由管理人向法院提交延长重整计划执行监督期限的申请,并根据法院批准的期限继续履行监督职责。监督期限届满时,管理人将向福州中院提交监督报告,自监督报告提交之日起,管理人的监督职责终止。

(三) 执行的措施

1. 偿债资金的分配

偿债资金原则上以银行转账方式向债权人进行分配,债权人应在债权人会议表决重整计划草案之日起 7 日内,按照管理人指定格式书面提供领受偿债资金的银行账户信息。逾期不提供银行账户信息的债权人,应向其分配的资金将按照重整计划的相关规定处理,由此产生的法律后果和市场风险由相关债权人自行承担。非因实达集团和管理人原因,导致偿债资金不能转入债权人指定银行账户,或债权人指定银行账户被冻结、扣划,由此产生的法律后果和市场风险由相关债权人自行承担。债权人可以书面指令将偿债资金划转至债权人指定的、由该债权人所有/控制的账户或其他主体所有/控制的账户内。债权人指令将偿债资金划转至其他主体所有/控制的账户的,因该指令导致偿债资金不能到账,以及由该指令导致的法律纠纷和市场风险由相关债权人自行承担。

2. 关于分配款项的领取及提存

债权经法院裁定确认后的债权人未按照重整计划的规定领受分配的偿债资金的,根据重整计划应向其分配的资金将提存至管理人指定的银行账户,提存的偿债资金自重整计划执行完毕公告之日起满 3 年,因债权人自身原因仍不领取的,视为放弃受领清偿款项的权利,已提存的偿债资金将归还上市公司用于补充流动资金。待确认债权根据重整计划为其预留偿债资金,如经管理人审查不予确认或未获法院裁定确认,为其预留的偿债资金将归还上市公司用于补充流动资金。已按照重整计划预留的偿债资金在清偿上述债权后仍有剩余的,剩余的偿债资金将归还上市公司用于补充流动资金。对于账面记载未申报债权,在重整计划执行完毕公告之日起满3年未向公司主张权利的或者虽主张权利但经审查不成立或者有证据证明债权不成立的,不再清偿。根据重整计划为其预留的偿债资金将归还上市公司用于补充流动资金。

3. 转让债权的清偿

债权人在重整申请受理日之后依法对外转让债权的,受让人按照原债权人根据重整计划就该笔债权可以获得的受偿条件受偿;债权人向两个及以上的受让人转让债权的,偿债资金向受让人按照其受让的债权比例分配。

4. 破产费用的支付

依据《最高人民法院关于审理企业破产案件确定管理人报酬的规定》计算的管理人报酬共计1082万元(管理人将在向债权人进行分配的同时收取相应的管理人报酬)。在重整期间及重整计划执行期间,法院案件受理费、管理人聘请其他中介机构的费用、转增股票登记税费、股票过户税费、管理人执行职务等发生的各项破产费用,根据实际发生数额以债务人财产随时支付。

5. 共益债务的清偿

实达集团重整期间的共益债务,包括但不限于因继续履行合同所产生的债务、为继续营业而支付的劳动报酬和社会保险费用以及由此产生的其他债务,将根据实际发生数额以债务人财产随时支付。

6. 财产保全措施的解除

根据《企业破产法》第十九条的规定,人民法院受理破产申请后,有关债务人财产的保全措施应当解除。尚未解除对实达集团财产保全措施的债权人,应当在重整计划获得法院裁定批准后协助办理完解除财产保全措施的手续。实达集团有权根据债权人配合解除财产保全措施的情况向该债权人进行清偿。因债权人的原因未能及时解除对实达集团财产的保全措施而对公司生产经营造成影响和损失,以及影响公司重整计划执行的,由相关债权人向公司及相关方承担赔偿责任。

7. 抵质押措施的解除

为保障重整计划的实施,所有对债务人资产设置了抵质押措施的债权人应当在重整计划获得法院裁定批准后协助办理完抵质押措施的解除手续。实达集团有权根据债权人配合办理解除抵质押措施的情况向该债权人进行清偿,因债权人的原因未能及时解除对实达集团资产的抵质押措施而对公司生产经营造成影响和损失,以及影响公司重整计划执行的,由相关债权人向公司及相关方承担赔偿责任。

8. 信用修复

重整计划执行完毕之后,公司资产负债结构将得到实质改善,并将恢复可持续经营能力及盈利能力。因此,在符合相关法律规定的前提下,各债权银行应继续给予实达集团正常的信贷支持,协助实达集团完成信用修复。

七、重整计划顺利实施的预期效果

本次重整计划如能顺利实施,则实达集团原股东所持股票将不变。同时,实达集团在本次重整程序中引进了实力雄厚的重整投资人,在重整完成后,随着债务危机化解及重整投资人对公司业务发展的支持,实达集团将逐步恢复持续经营能力和盈利能力,重回良性发展轨道,基本面将发生重大改善,全体出资人所持有的实达集团股票将成为真正有价值的资产,有利于保护广大出资人的合法权益。

(1)上市地位得以保全。实达集团的法人主体继续存续,证券市场主体资格不变,仍是一家在上交所上市的股份有限公司。实达集团通过重整程序对资产和债务进行彻底重组,以解决公司存在的严重债务危机,进而化解公司面临的严峻退市风险。

(2)重整前产生的巨额负债获得妥善安排。实达集团依托于福州中院的府院联动机制,通过重整投资人受让资本公积转增股票支付的对价清偿债权,重整投资人与企业原有业务优势互补;及时做好信息披露工作,切实保护中小投资者权益。

(3)公司信用得以修复。重整计划执行完毕之后,公司资产负债结构将得到实质改善,并将恢复可持续经营能力及盈利能力。因此,在符合相关法律规定的前提下,各债权银行能继续给予实达集团正常的信贷支持,协助实达集团完成信用修复。

案例 18　索菱股份重整案例解析[1]

背景

深圳市索菱实业股份有限公司（以下简称"索菱股份"或"公司"）成立于1997年10月17日，是一家致力于车载信息终端（Car Information Device，CID）系统、自动驾驶及车联网相关软硬件产品研发、生产及销售的汽车配套厂商。索菱股份的股票于2015年6月11日在深交所中小企业板上市，重整前总股本4.22亿股。自2018年中期以来，受国家宏观政策调控、经济环境及汽车电子行业周期等因素的影响，公司遭遇了20多年来经营历史上前所未有的困局，陷入流动性危机及债务纠纷、公司银行账户和资产被查封、冻结等，生产经营受到较大影响。2020年8月21日，因公司不能清偿到期债务且明显缺乏清偿能力，债权人建华建材（中国）有限公司（以下简称"建华中国"）向深圳市中级人民法院（以下简称"深圳中院"或"法院"）申请对公司进行重整，法院于2020年12月15日决定启动索菱股份预重整程序，指定北京市金杜（深圳）律师事务所担任索菱股份预重整期间的临时管理人。2021年11月26日，深圳中院裁定受理索菱股份重整一案，指定北京市金杜（深圳）律师事务所担任管理人。2021年12月27日，深圳中院裁定批准重整计划，并终止索菱股份重整程序。2021年12月31日，深圳中院裁定确认重整计划执行完毕。该案例是2021年度深圳破产审判典型案例。

方案要点

1. 出资人权益调整

以索菱股份现有总股本4.22亿股为基数，按每10股转增10股的比例实施资本公积转增股本，共计转增4.22亿股。转增后，索菱股份总股本将增至8.44亿股。前述转增股票不向原股东进行分配，其中1.80亿股用于引入重整投资人，并由重整投资人提供资金有条件受让，相应资金根据重整计划的规定用于支付重整费用、清偿各类债务、

---

[1] 本案例解析的内容主要根据深圳市索菱实业股份有限公司于2021年12月28日公布的《深圳市索菱实业股份有限公司重整计划》整理而成。

补充公司流动资金；其余2.42亿股用于直接抵偿索菱股份和子公司广东索菱电子科技有限公司（以下简称"广东索菱"）的债务。

2. 债权清偿方案

（1）有财产担保债权调整及受偿。有财产担保债权在抵质押财产评估价值范围内以货币形式优先受偿，未能优先受偿的部分按照普通债权的调整和受偿方案调整和受偿；以索菱股份的应收账款提供质押担保的债权就相关应收账款的清收收入优先受偿，未能优先受偿的部分按照普通债权的调整和受偿方案调整和受偿。

（2）普通债权调整及受偿。每家普通债权人普通债权数额20万元以下（含20万元）的部分以货币形式全额受偿；超过20万元的部分，每100元受偿转增股票8.5股。参照财务顾问的分析，抵债股票抵债价格为11.76元/股，该部分债权获得全额受偿。

3. 引入重整投资人

索菱股份引入汤和控股集团有限公司（以下简称"汤和控股"）和深圳市高新投集团有限公司（以下简称"深圳高新投"）作为投资人。汤和控股与深圳高新投共计有条件受让资本公积转增的1.80亿股转增股票，对价为4.41亿元，价格为2.45元/股。汤和控股认购1.30亿股，支付对价3.19亿元；深圳高新投认购0.50亿股，支付对价1.22亿元。

4. 协调审理

因索菱股份的全资子公司广东索菱亦不能清偿到期债务，广东索菱的债权人向深圳中院提出了对广东索菱进行重整的申请，并申请将广东索菱与索菱股份的重整程序进行同步协调审理，广东索菱清偿债务所需要的货币和股票由索菱股份以投资人支付的投资款和转增股票提供。索菱股份和广东索菱共同的债权人有权选择按照索菱股份或者广东索菱的重整计划受偿，广东索菱的债权人通过广东索菱的重整程序获得与索菱股份债权人同等水平的清偿。

一、公司基本信息

（一）公司及业务简介

索菱股份成立于1997年10月17日，曾用名为深圳市索菱实业有限公司。经中国证监会批准，公司股票于2015年6月11日在深交所挂牌上市。公司注册地址为深圳市南山区南头街道安乐社区关口二路15号智恒产业园19栋2层，办公地址为深圳市南山区后海大道与海德一道交汇处中洲控股金融中心B栋3609，登记机关为深圳市市场监督管理局南山分局，总股本4.22亿股。

索菱股份的经营范围包括一般经营项目和许可经营项目。一般经营项目包括汽车用收录（放）音机、车载激光唱片（Compact Disc，CD）、车载数字视频光盘（Video Compact Disc，VCD）、车载多用途数字光盘（Digital Versatile Disc，DVD）（含全球定位系统）液晶显示屏一体机、车载智能终端、汽车自动驾驶系统及软硬件、新能源汽车充电设施、新能源汽车动力电池、云计算软硬件、物联网智能设备的研发和销售；国内贸易（不含专营、专卖、专控商品）；经营进出口业务（法律、行政法规、国务院决定禁止的项目除外，限制的项目须取得许可后方可经营），与上述项目有关的技术开发、咨询；投资兴办实业。许可经营项目包括汽车用收录（放）音机、车载CD、车载VCD、车载DVD（含全球定位系统）液晶显示屏一体机、车载智能终端、汽车自动驾驶系统及软硬件、新能源汽车充电设施、新能源汽车动力电池、云计算软硬件、物联网智能设备的生产。

根据公司重整申请前2019年年度报告，公司营业收入为9.39亿元，净利润为0.06亿元，毛利率为22.98%，净利率为0.64%。

（二）重整前股权架构

截至2021年9月30日，索菱股份总股本4.22亿股，股东总数为1.24万家，控股股东为肖行亦，共持有公司股份1.43亿股，持股比例为33.99%。根据索菱股份发布的公告，肖行亦声明无条件且不可撤销地放弃其持有的索菱股份1.43亿股股票对应的表决权，在其完全、足额还清中山乐兴企业管理咨询有限公司（以下简称"中山乐兴"）的借款前，非经中山乐兴书面同意，不恢复行使表决权。目前，索菱股份控股股东为按持有股份表决权统计的第一大股东中山乐兴，实际控制人为许培锋。索菱股份重整前股权架构如图2-18-1所示。

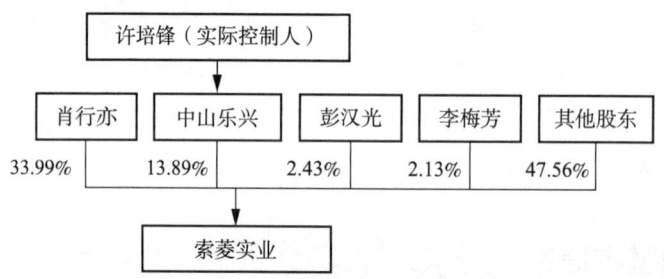

图2-18-1 索菱股份重整前股权架构

二、资产负债情况

（一）资产负债情况总览

表2-18-1 索菱股份资产负债情况

资产/债权类型	资产（亿元）	负债（亿元）	净资产（亿元）	资产负债率（%）
账面价值/债权金额	16.49	31.94	-15.45	193.69
评估清算价值/债权金额	3.45	31.94	-28.49	925.80

如表 2-18-1 所示，截至 2020 年 12 月 31 日，索菱股份总资产账面价值为 16.49 亿元。根据评估机构出具的资产评估报告，以 2020 年 12 月 31 日为评估基准日，按照清算价值进行估算，索菱股份资产的评估清算价值为 3.45 亿元，评估清算价值为账面价值的 20.92%。

截至 2021 年 12 月 18 日，共有 79 家债权人向管理人申报 84 笔债权，申报债权总额为 35.63 亿元。其中，3 家债权人申报 3 笔有财产担保债权，申报数额 1.63 亿元；76 家债权人申报 81 笔普通债权，申报数额 34.00 亿元（有 5 家债权人分别申报 2 笔普通债权）。

经管理人审查，初步审核认定 59 家债权人的 62 笔债权，债权数额 31.11 亿元。其中，有财产担保债权 2 笔，债权数额 1.68 亿元；普通债权 60 笔，债权数额 29.43 亿元。

因债权申报主体不适格、证据不足等原因，已申报但管理人不予确认的债权共有 20 笔，申报金额为 3.05 亿元。

因诉讼未决和需要补充证据材料等原因暂缓认定的债权申报总额为 0.58 亿元。

未申报债权包括索菱股份账面有记载但未申报的债权，以及未申报的因虚假陈述导致的投资者索赔。2020 年 12 月 10 日，索菱股份收到中国证监会行政处罚决定书（〔2020〕105 号）。根据该决定书认定的事实，索菱股份 2016—2018 年年报存在虚假记载、2017 年和 2018 年年报存在重大遗漏。已有 59 名投资者提起诉讼，诉讼请求合计 1552.06 万元。

经管理人初步调查，索菱股份职工债权数额预计 893.73 万元。

综上，根据索菱股份债权申报与审查情况、管理人对职工债权的调查情况以及截至受理日公司财务账簿的记录等，管理人审查确认的债权总额为 31.94 亿元。

（二）债权分类

根据《企业破产法》第八十二条的规定，索菱股份债权包括有财产担保债权、职工债权和普通债权。

1. 有财产担保债权

有财产担保债权人 2 家，是中国银行股份有限公司深圳福田支行（以下简称"中行福田支行"以及光大金瓯资产管理有限公司（以下简称"光大金瓯"），债权数额合计 1.68 亿元。

2. 职工债权

经管理人初步调查，索菱股份职工债权数额预计 893.73 万元。

3. 普通债权

普通债权涉及债权已获管理人审核认定的普通债权人 57 家以及法院赋予临时表决

权的债权人，债权数额为已获审核认定的 29.43 亿元以及法院赋予的临时表决权额。

4. 其他债权

暂缓确认债权：已向管理人申报的债权中，因存在未决诉讼等情况暂缓确认债权金额为 0.58 亿元。

未申报债权包括索菱股份账面有记载但未申报的债权，以及未申报的因虚假陈述导致的投资者索赔。已有 59 名投资者提起诉讼，诉讼请求合计 1552.06 万元。

（三）偿债能力分析

根据评估机构出具的偿债能力分析报告（北方亚事咨评字〔2021〕第 01-044 号），如索菱股份破产清算，假定其有效财产均能参考评估价值快速变现，按照《企业破产法》规定的清偿顺序，担保财产变现所得优先用于偿还有财产担保债权，其他财产变现所得在支付破产费用、职工债权、职工安置费用、税款债权后，剩余财产用于清偿普通债权。在前述清偿顺序下，索菱股份普通债权在假定破产清算状态下的清偿率仅为 8.86%。

三、重整基本情况

（一）重整背景

索菱股份成立于 1997 年 10 月 17 日，是一家致力于 CID、自动驾驶及车联网相关软硬件产品研发、生产及销售的汽车配套厂商。索菱股份的股票于 2015 年 6 月 11 日在深交所中小企业板上市。自 2018 年中期以来，受国家宏观政策调控、经济环境及汽车电子行业周期等因素的影响，公司遭遇了 20 多年来经营历史上前所未有的困局，陷入流动性危机及债务纠纷，公司银行账户和资产被查封、冻结等，生产经营受到较大影响。

子公司广东索菱是索菱股份重要的生产基地，是索菱股份主要的营业收入和利润来源，重整投资人参与索菱股份重整的主要目标是使索菱股份业务与资产具备持续经营能力，同步重整能最大限度维护索菱股份及广东索菱的整体营运价值，以实现索菱股份资产价值最大化。

（二）预重整/重整申请情况

2020 年 8 月 21 日，索菱股份收到债权人建华中国的关于申请重整的通知书。通知书称，因公司不能清偿到期债务且明显缺乏清偿能力，建华中国已于 2020 年 8 月 21 日向深圳中院申请对公司进行重整。因索菱股份的全资子公司广东索菱亦不能清偿到期债务，广东索菱的债权人向深圳中院提出了对广东索菱进行重整的申请，并申请将广东索菱与索菱股份的重整程序进行同步协调审理。

（三）重整申请受理情况

2021年11月26日，深圳中院裁定受理索菱股份重整一案和广东索菱重整一案，并指定北京市金杜（深圳）律师事务所担任管理人。

（四）重整管理模式

管理人管理财产和营业事务。

（五）重整大事记

2020年8月21日，因公司不能清偿到期债务且明显缺乏清偿能力，建华中国向深圳中院申请对公司进行重整。

2020年12月15日，深圳中院决定对公司启动预重整，并指定京市金杜（深圳）律师事务所担任公司预重整期间管理人。

2021年2月4日，债权人江苏鑫田实业投资有限公司（以下简称"江苏鑫田实业"）提出对广东索菱进行重整的申请并请求法院程序合并审理索菱股份重整案和广东索菱重整案。

2021年11月26日，深圳中院裁定受理索菱股份重整一案和广东索菱重整一案。

2021年11月29日，深圳中院于做出决定书〔（2021）粤03破599号〕，指定北京市金杜（深圳）律师事务所担任管理人。

2021年12月8日，索菱股份管理人与汤和控股签署《关于深圳市索菱实业股份有限公司的重整投资协议书》。

2021年12月15日，索菱股份管理人与深圳高新投签署《关于深圳市索菱实业股份有限公司的重整投资协议书》。

2021年12月27日，索菱股份及广东索菱第一次债权人会议采取网络会议方式在全国企业破产重整案件信息网召开，并表决通过了重整计划草案。

2021年12月27日，深圳中院裁定批准重整计划并终止重整程序。

2021年12月31日，深圳中院裁定确认重整计划执行完毕，终结公司重整程序。

四、重整计划的主要内容

（一）重整思路概述

如图2-18-2所示，重整计划的主要思路为：

（1）对出资人权益进行调整，以现有总股本4.22亿股为基数，按照每10股转增10股的比例转增合计4.22亿股，总股本扩大至8.44亿股；其中转增股票1.80亿股用于引入重整投资人。重整投资人支付的资金用于支付重整费用、清偿部分债务、补充公司流动资金。转增股票2.42亿股用于抵偿索菱股份和广东索菱的债务，使子公司广东索菱保留在索菱股份体系内。

（2）借助重整投资人的纾困支持，尽快恢复正常经营。保持主营业务不变，明确公司与子公司之间的定位。改善财务结构，恢复盈利能力。

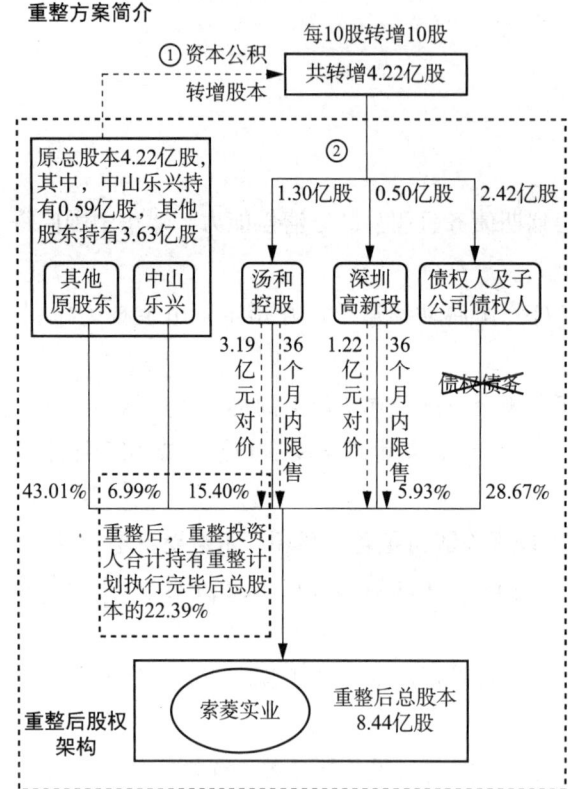

图2-18-2 索菱股份重整方案示意图

（二）投资人及投资方案介绍

2021年12月8日，索菱股份管理人与汤和控股签署《关于深圳市索菱实业股份有限公司的重整投资协议书》。2021年12月15日，索菱股份管理人与深圳高新投签署《关于深圳市索菱实业股份有限公司的重整投资协议书》，深圳高新投确定与汤和控股共同作为重整投资人参与索菱股份重整相关事宜。

作为本次重整投资人参与重整投资的牵头方，汤和控股成立于2017年10月13日，法定代表人为汪贵华。汤和控股以品牌为源，产业链为流，旗下拥有地产、新材料、矿业、物流等产业板块，利用品牌效益，建立全新生态系统，精控原材料、产业多元化、运输、客户服务等环节，环环相扣、相互支撑，充分发挥全产业链协同价值,实现集团稳健发展。汤和控股与公司股东中山乐兴均由同一实际控制人许培锋控制。

深圳高新投,成立于 1994 年 12 月 29 日,法定代表人和实际控制人均为刘苏华。深圳高新投是深圳市委市政府为解决中小科技企业融资难问题而设立的专业金融服务机构,是一家专业从事资产管理、投资管理等综合管理的投资运营型企业,具备资本市场主体信用 AAA 最高评级,能够为企业提供自初创期到成熟期的全方位投融资服务,具备参与上市公司重整投资的相关经验。深圳高新投与公司是无关联关系的独立第三方,也不存在其他可能或已经造成公司对其利益倾斜的其他关系。

汤和控股与深圳高新投共同作为重整投资人通过索菱股份重整出资人权益调整程序共计有条件受让资本公积转增的 1.80 亿股股票。重整投资人向索菱股份提供合计 4.41 亿元资金,由重整投资人按照深圳中院做出对索菱股份进行预重整决定之日前 20 个交易日股票成交均价 3.06 元 / 股的八折,即 2.45 元 / 股的价格有条件受让,受让资金用于支付重整费用、清偿部分债务、补充公司流动资金。投资人做出如下承诺:

(1)汤和控股认购 1.30 亿股,支付对价 3.19 亿元。汤和控股和中山乐兴由同一实际控制人许培锋控制,许培锋是重整后索菱股份的控股股东,以及实际控制人;汤和控股负责索菱股份重整后的生产经营和管理。汤和控股承诺,在汤和控股作为重整后索菱股份主要股东以及索菱股份所在行业相关法律法规、政策、经济环境均未发生重大不利变化的前提下,通过包括但不限于改善生产经营、注入其他经营资产等各类方式,保证自 2022 年 1 月 1 日至 2024 年 12 月 31 日期间索菱股份实现的年平均净利润不低于 1.4 亿元。若因汤和控股原因导致上述承诺未实现,应当在索菱股份 2024 年年度报告披露后 3 个月内以现金方式补足。

(2)深圳高新投认购 0.50 亿股,支付对价 1.22 亿元。

(3)全体重整投资人认购的转增股票自登记至重整投资人证券账户之日起限售 36 个月。

(4)如最终索菱股份和广东索菱的债务超出预计规模,导致用于抵偿债务的 2.42 亿股转增股票不足以抵偿全部债务,全体重整投资人等比例降低认购转增股票股数,或者等比例用认购的转增股票抵偿债务,确保索菱股份和广东索菱的债务得到全部清偿。

(三)出资人权益调整方案

根据 2021 年 12 月 31 日公司公告,本次重整以索菱股份现有总股本 4.22 亿股为基数,按每 10 股转增 10 股的比例实施资本公积转增股本,共计转增 4.22 亿股。转增后,索菱股份总股本将增至 8.44 亿股。前述转增股票不向原股东进行分配,其中 2.42 亿股用于抵偿索菱股份和全资子公司广东索菱的债务，抵债股票抵债价格为 11.76 元 / 股；1.80 亿股股票由重整投资人按照 2.45 元 / 股的价格受让。

（四）债权调整及受偿方案

1. 有财产担保债权调整及受偿

有财产担保债权 2 家，是中行福田支行以及光大金瓯，债权数额合计 1.68 亿元。

有财产担保债权在抵质押财产评估价值范围内以货币形式优先受偿，未能优先受偿的部分按照普通债权调整和受偿方案调整和受偿；以索菱股份的应收账款提供质押担保的债权就相关应收账款的清收收入优先受偿，未能优先受偿的部分按照普通债权调整和受偿方案调整和受偿。在重整计划执行期间相关应收账款未能清收完毕的，有财产担保债权人可以要求先行按照普通债权调整和受偿方案调整和受偿，待应收账款清收回款后再行结算和补充优先受偿。

2. 职工债权调整及受偿

经管理人初步调查，索菱股份重整案涉及的职工债权数额合计 893.73 万元。重整计划对职工债权不做调整，根据《最高人民法院关于适用〈中华人民共和国企业破产法〉若干问题的规定（三）》第十一条第二款规定，不设职工债权组。

3. 普通债权调整及受偿

普通债权涉及债权已获管理人审核认定的普通债权人 57 家以及法院赋予临时表决权的债权人，债权数额为已获审核认定的 29.43 亿元以及法院赋予的临时表决权额。

为保护债权人合法权益，普通债权全额受偿。每家普通债权人普通债权数额 20 万元以下（含 20 万元）的部分以货币形式全额受偿；超过 20 万元的部分，每 100 元受偿转增股票 8.5 股。参照财务顾问的分析，抵债股票抵债价格为 11.76 元 / 股，该部分债权获得全额清偿。

4. 预计债权调整及受偿

（1）暂缓认定债权。暂缓认定债权经深圳中院裁定确认或者经管理人审核认定后，按照同类债权的调整和受偿方案调整和受偿。

（2）未申报债权。未申报债权在重整程序终止后申报的，由索菱股份负责审查，在重整计划执行完毕前不得行使权利，在重整计划执行完毕后按照同类债权的调整和受偿方案调整和受偿。

对于因虚假陈述导致的投资者索赔形成的债权，按照普通债权的调整和受偿方案调整和受偿，保障投资者的合法权利，确保相关投资者能够得到妥善的清偿安排。

5. 债务清偿顺序

索菱股份债务清偿顺序如图 2-18-3 所示。

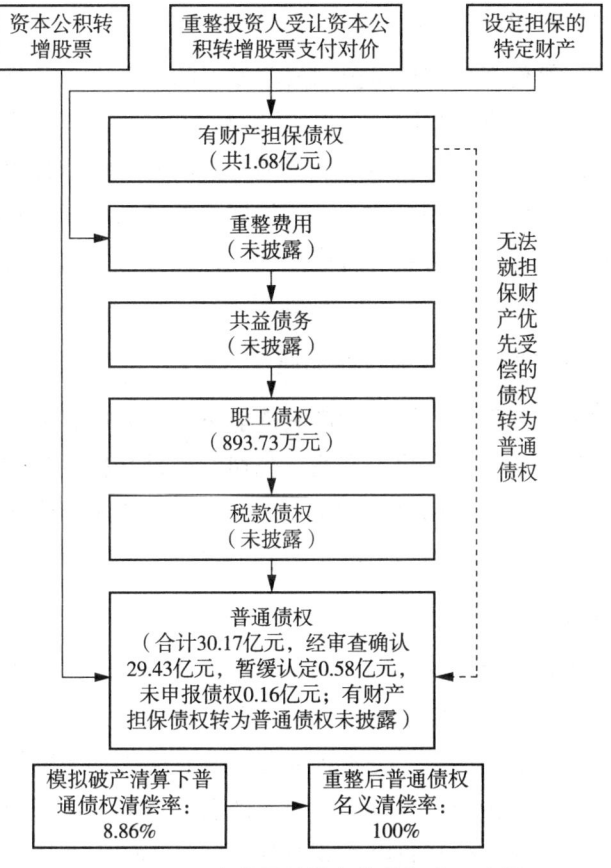

图 2-18-3 索菱股份债务清偿顺序示意图

6. 协调审理清偿

为使广东索菱继续保留在索菱股份体系内，最大限度维护索菱股份及广东索菱的整体营运价值，以实现索菱股份资产价值最大化，广东索菱在重整程序中清偿债务所需要的货币和股票由索菱股份以重整投资人支付的投资款和转增股票提供。广东索菱的债权人通过广东索菱的重整程序获得与索菱股份债权人同等水平的清偿。索菱股份和广东索菱共同的债权人有权选择按照索菱股份或者广东索菱的重整计划受偿。

（五）未来经营方案

1."1+2"战略、双轮驱动

公司自设立以来，高度重视产品和技术的创新、研发及应用。公司拥有 300 人左右的研发团队，未来公司将加大研发投入，引进人才，不断优化研发团队建设，同时以 CID 为中心，一方面从车联网平台延伸到智能交通，另一方面从智能驾驶舱延伸到自动驾驶；坚持双轮驱动，以商用车和乘用车业务为发展驱动。

2. 市场与营销网络开拓计划

不断开拓市场、优化客户结构是公司战略发展的重点之一，公司一直跟广州汽车集团股份有限公司、上海汽车集团股份有限公司、丰田汽车公司等客户保持良好的合作关系。公司在巩固自身原有区域市场优势地位的同时，将结合业务分布和车联网系统产品未来市场需求，深度挖掘当地市场，拓展新的区域市场，实现公司产品销售预期目标，不断提升公司产品的市场占有率。此外，在提升公司业绩的同时，增加客户对公司品牌的认可，为再次合作打下良好基础。

3. 加强、提升生产能力，提高产品品质

公司将不断加强内部管理，提升生产制造能力，全方位打造数字化智能工厂，组建行业领先的高度自动化、信息化生产线。公司专门设立精益制造部门，全面推行精益生产理念，通过 PDCA（Plan, Do, Check, Action）循环持续不断地改进，减少浪费、降低成本、提高生产力和产品质量，保持专业化的一流生产制造能力。

4. 人力资源扩充规划

重整完成后，随着公司业务的恢复和业务规模的扩大，将需要更多的高水平设计人才、项目营销人员和经验丰富的管理人才。公司将把提高员工素质和引进高层次人才作为企业发展的重要战略之一，完善人才的培养、引进和激励机制，努力加强人才梯队建设，尊重员工的创造力，以具有竞争力的薪资待遇、良好的工作环境与发展机遇吸引并留住人才。同时，公司将继续积极加强对员工的内部培训，建立起能够适应公司管理和未来发展需要的高水平、高素质员工队伍。

5. 财务管理及内控制度健全计划

重整完成后，公司将继续加强财务管理工作，强化风险控制，做好财务预算和成本控制，建立健全有效的公司内控制度。公司还将根据业务运营和扩张的实际资金需求及自有资金状况决定是否进行再融资以及再融资的方式，为公司发展提供资金支持。同时，汤和控股及其一致行动人将巩固控股股东地位，不断提升公司日常管理，公司内部控制与治理结构将得到极大改善。包括但不限于规范上市公司及各子公司规章制度，加强各岗位工作流程标准化、制度化建设，强化公司内控监督管理体系，确保上市公司内部控制有效、内部控制实施与评价工作有序进行。届时，公司将以更加规范、高效的模式运行。

五、重整计划的表决与批准

（一）债权人会议表决

索菱股份重整案第一次债权人会议及出资人组会议于 2021 年 12 月 27 日通过网络

方式召开。第一次债权人会议设有财产担保债权组和普通债权组，均表决通过了《深圳市索菱实业股份有限公司重整计划（草案）》；出资人组也表决通过了《深圳市索菱实业股份有限公司重整计划（草案）之出资人权益调整方案》。

1. 有财产担保组

有财产担保债权组共1家债权人出席会议，表决同意的有财产担保债权人为1家，占出席会议有表决权的有财产担保债权人数量的100%，超过半数；其所代表的债权额为754.05万元，占有财产担保债权总额的100%，达到2/3以上。有财产担保债权组表决通过重整计划草案。

2. 普通债权组

普通债权组共53家债权人出席会议，表决同意的普通债权人为53家，占出席会议有表决权的普通债权人数量的100%，超过半数；其所代表的债权额为26.40亿元，占普通债权总额28.67亿元的92.08%，达到2/3以上。普通债权组表决通过重整计划草案。根据《企业破产法》第八十六条第一款的规定，重整计划草案获得本次债权人会议表决通过。

（二）出资人组会议表决

出资人组会议以现场投票与网络投票相结合的方式对出资人权益调整方案进行了表决，表决情况如下：

通过现场参会和网络投票参加出资人组会议的索菱股份股东共171家，代表有表决权的股份数量0.81亿股，占公司有表决权股份总数的19.24%。其中，现场参会的股东4家，代表有表决权的股份数量0.59亿股，占公司有表决权股份总数的13.93%；网络投票的股东167家，代表有表决权的股份数量0.22亿股，占公司有表决权股份总数的5.31%。

表决结果：同意8083.52万股，占出席会议所有股东有效表决票数的99.63%，达到2/3以上；反对30.01万股，占出席会议所有股东所持股份的0.37%；弃权0股。

其中，中小股东总表决情况：同意2224.62万股，占出席会议中小股东所持股份的98.67%；反对30.01万股，占出席会议中小股东所持股份的1.33%；弃权0股。

出席本出资人组会议的股东未对表决结果提出异议，会议审议的议案获得表决通过。

根据《公司法》与《企业破产法》的相关规定，索菱股份出资人组会议表决通过出资人权益调整方案。

(三)重整计划批准

2021年12月27日,深圳中院裁定批准重整计划并终止重整程序。

六、重整计划的执行与监督

(一)执行和监督的主体

根据《企业破产法》第九十条之规定,管理人监督索菱股份执行重整计划。

重整计划执行监督期限内,索菱股份应当接受管理人的监督,及时向管理人报告重整计划的执行情况、公司财务状况、重大经营决策、重要资产处置等事项。

(二)执行和监督期限

重整计划执行的监督期限与重整计划执行期限相同,为自深圳中院裁定批准重整计划之日起6个月。

重整计划执行期限延长或者提前到期的,执行监督期限相应延长或者提前到期。

监督期限届满或者索菱股份提前执行完重整计划的,管理人应当向深圳中院提交监督报告,自监督报告提交之日起,管理人的监督职责终止。

(三)执行的措施

1. 偿债资金的分配和抵债股票的分配

偿债的资金和股票原则上以银行转账、股票非交易过户的方式向债权人进行分配,各位债权人按照管理人指定格式尽快书面提供领受偿债资源的银行账户和证券账户信息;对于未提供或无法通知到的债权人对应的偿债资源,管理人将按照重整计划规定提存,由此产生的法律后果由相关债权人自行承担。

因债权人自身和/或其代理人、关联方的原因,导致偿债资源不能到账,或因账户信息错误、账户被冻结、扣划等原因所产生的法律后果由相关债权人自行承担。债权人通知管理人向其他主体账户内划转偿债资源的,应当提供公证文书,并承诺该划转导致的一切风险和责任均由相关债权人自行承担。

2. 偿债资金和抵债股票的预留、提存及处理

债权人未及时领受偿债资源的,根据重整计划应向其分配的偿债资源由管理人提存。上述提存的偿债资源自重整计划执行完毕之日起满3年债权人仍不领受的,视为放弃领受。债权人放弃领受的偿债资源或按照重整计划预留的偿债资源在清偿债权后仍有剩余的,用于补充公司流动资金,偿债股票由索菱股份变价后用于补充公司流动资金。

3. 重整费用的支付

索菱股份重整费用包括重整案件受理费和其他诉讼费、管理人执行职务的费用、管理人报酬、转增股票登记费、过户费、印花税、财产管理和变价费用、其他重整计划执行费用和其他重整费用。其中，重整案件受理费、管理人报酬，按照《诉讼费用缴纳办法》《最高人民法院关于审理企业破产案件确定管理人报酬的规定》支付；其他重整费用根据实际情况随时支付。

根据管理人与索菱股份在预重整期间协商的意见，管理人报酬根据《最高人民法院关于审理企业破产案件确定管理人报酬的规定》，以债务人最终清偿的财产价值总额为基数，按照上述司法解释规定的比例分段计算。有财产担保债权优先受偿部分均不纳入管理人报酬基数。清偿财产中的股票价格以表决重整计划草案的债权人会议召开前一个交易日索菱股份股票的收盘价计算，具体计算方式为：分配给债权人的股票数量×2021年12月24日股票收盘价。管理人报酬的最终数额由法院依法确定。管理人报酬在法院裁定批准重整计划且投资人支付投资款后收取70%，在重整计划执行完毕后收取30%。

4. 共益债务的清偿

索菱股份重整期间的共益债务，包括但不限于因继续履行合同所产生的债务、为继续营业而支付的劳动报酬和社会保险费用以及由此产生的其他债务，由索菱股份按照《企业破产法》的相关规定随时清偿。在重整期间和重整计划执行期间，管理人没有需要支付的因重整程序而发生的共益债务。

5. 财产保全措施的解除

根据《企业破产法》第十九条之规定，人民法院受理破产申请后，有关债务人财产的保全措施应当解除。申请对索菱股份财产采取保全措施的债权人应当在重整计划获得法院批准之日起30日内协助办理完财产保全措施的解除手续。如未能在前述规定期限内协助办理解除财产保全措施，管理人和索菱股份有权向深圳中院申请予以强制解除并暂缓支付、划转偿债资源。

6. 关于保证人和其他连带债务人

根据《企业破产法》第九十二条第三款的规定，债权人对债务人的保证人和其他连带债务人所享有的权利，不受重整计划的影响。债权人按照重整计划受偿后，对于债权未受偿部分可以要求保证人和其他连带债务人继续清偿。债务人的保证人和其他连带债务人向债权人承担清偿责任后，不得再向索菱股份主张包括追偿权在内的任何权利。

重整计划以索菱股份股票抵偿部分债务，以股抵债价格和相应债务全额受偿对索菱股份和索菱股份合并报表范围内企业具有效力。债权人取得股票后未能通过股票实际变价收入全额受偿的，股票变价后，债权人可以就未能获得清偿的余额部分向索菱股份合并报表范围内企业以外的保证人和其他连带债务人追偿。

七、重整计划顺利实施的预期效果

重整完成后，在广东索菱继续保留在索菱股份体系内的基础上，随着债务危机、经营困境的化解以及投资人对公司的支持，索菱股份的基本面将发生根本性改善，并逐步恢复持续经营和盈利能力，全体出资人所持有的和债权人分得的索菱股份股票将成为有价值的资产，有利于保护广大出资人的合法权益。

（1）上市地位得以保全。索菱股份通过重整程序，解决了债务危机及历史问题，生产经营逐步回归正常，进而化解公司面临的严峻退市风险。

（2）财务成本降低。因前期在手项目较多，公司采用应收账款保理、大股东股权质押等方式融资，导致资金链断裂后公司每年的财务费用较高。重整完成后，公司有息负债将依法得到清偿，财务成本大幅降低，使得公司能够轻装上阵，盈利能力也将得到改善。

（3）财务结构得到改善。受债务危机影响，公司部分银行账户被冻结，公司账面货币资金远远不够支付公司当期到期债务及利息。通过重整程序，公司引进重整投资人，在解决债务危机的同时得到超过4亿元的流动资金，公司的财务结构将得到明显改善。公司账户的查封冻结措施将依法解除，公司不再受账户冻结的影响，生产经营也将恢复正常。

案例 19　赫美集团重整案例解析[①]

> **背景**

深圳赫美集团股份有限公司（以下简称"赫美集团"或"公司"）是主营商业、高端制造业的在深交所上市的公司，成立于 1994 年 11 月 2 日，重整前总股本 5.28 亿股。自 2018 年起，受金融市场去杠杆影响，赫美集团向银行等金融机构借款难度增加，无法获取新增授信，难以及时归还欠款，多渠道筹措资金未果，陷入债务危机。由于无法偿还到期债务，债权人深圳市华远显示器件有限公司（以下简称"华远显示"）于 2020 年 12 月 24 日向深圳市中级人民法院（以下简称"深圳中院"或"法院"）申请对赫美集团进行重整，同时申请启动预重整程序。深圳中院于 2021 年 2 月 1 日决定对赫美集团启动预重整，并指定深圳诚信会计师事务所（特殊普通合伙）以及北京市君合（深圳）律师事务所共同担任预重整期间管理人。2021 年 11 月 29 日，深圳中院裁定受理赫美集团重整案，指定深圳诚信会计师事务所（特殊普通合伙）、北京市君合（深圳）律师事务所共同担任管理人。2021 年 12 月 20 日召开赫美集团出资人组会议，由公司股东审议并表决通过了《深圳赫美集团股份有限公司重整计划草案之出资人权益调整方案》。第一次债权人会议于 2021 年 12 月 29 日召开，同日法院裁定批准重整计划，终止重整程序。2021 年 12 月 31 日，赫美集团收到重整投资人重整投资款，深圳中院裁定确认赫美集团重整计划执行完毕。本案系运用预重整制度优势助推上市公司重整成功的典型案例，是广东法院服务保障高质量发展破产审判典型案例。

> **方案要点**

1. 出资人权益调整

以赫美集团现有总股本 5.28 亿股为基数，按每 10 股转增 14.84 股的比例实施资本

[①] 本案例解析的内容主要根据深圳赫美集团股份有限公司于 2021 年 12 月 29 日公布的《深圳赫美集团股份有限公司重整计划》整理而成。

公积转增股票，共计转增7.83亿股，转增后，公司股本从5.28亿股增至13.11亿股。

前述转增股票不向原股东分配，全部无偿渡让，其中1.84亿股（包括预留的1000万股）用于清偿赫美集团及其核心子公司债务，剩余转增股票中的5.99亿股用于引进重整投资人，股票转让款用于支付赫美集团及其核心子公司破产费用、清偿赫美集团及其核心子公司债务及补充赫美集团流动资金。

2. 债权清偿方案

（1）有财产担保债权调整及受偿。有财产担保债权将在担保财产清算价值或者实际变现价款范围内优先受偿，未优先受偿的债权按照普通债权清偿。

（2）普通债权调整及受偿。对普通债权不做调整，将全部通过现金方式及以股抵债方式予以清偿。

每家债权人50万元以下（含50万元）部分债权金额以现金全额清偿。

每家债权人超过50万的债权部分，通过以股抵债方式清偿，每100元的普通债权可获得10股赫美集团股票。

3. 引入重整投资人

赫美集团在预重整期间引入海南时代榕光实业投资合伙企业（有限合伙）（以下简称"时代榕光"）、王雨霏、孝义市富源金来热源有限公司（以下简称"富源金来"）作为意向重整投资人，并于2021年11月29日与时代榕光、王雨霏、富源金来签订了重整投资协议。时代榕光、王雨霏、富源金来作为重整投资人参与赫美集团的重整工作。重整投资人合计受让转增股票5.99亿股，支付股份转让款为5.99亿元，1元/股。其中，时代榕光受让3.15亿股，支付股权转让对价3.15亿元；王雨霏受让2.19亿股，支付股权转让对价2.19亿元；富源金来受让0.64亿股，支付股权转让对价0.64亿元。重整投资人同时无偿提供1.73亿股赫美集团股票及300万元资金，用于清偿赫美集团可能承担的违规担保及相关赔偿责任，以及解决相应的偿债安排。

4. 协调审理[①]

赫美集团作为持股平台，主要通过两家核心子公司惠州浩宁达科技有限公司（以下简称"惠州浩宁达"）、深圳赫美商业有限公司（以下简称"赫美商业"）开展业务。为彻底化解赫美集团退市风险，需要同步整体化解赫美集团两家核心子公司惠州浩宁达、赫美商业的债务危机。赫美集团在重整过程中将通过资本性投入等方式向惠州浩宁达提供1556.8万元现金和200.92万股股票，向赫美商业提供367.1万元现金和28.3

---

① 重整方案中表述为协同重整，根据2018年3月4日印发的《全国法院破产审判工作会议纪要》第38条规定，表述为协调审理。

万股股票，惠州浩宁达、赫美商业用于支付破产费用及清偿债务，以使惠州浩宁达、赫美商业的主要经营性资产和业务继续保持在赫美集团体系内。

一、公司基本信息

（一）公司及业务简介

赫美集团曾用名为"深圳浩宁达电能仪表制造公司"以及"深圳浩宁达仪表股份有限公司"，成立于1994年11月2日，于2010年2月9日在深交所上市。重整前总股本5.28亿股，注册地址为深圳市坪山新区金牛西路16号华瀚科技工业园2号厂房218A，法定代表人为王磊。公司主营业务为国际品牌服装、鞋帽、箱包等，现运营品牌包括MCM、FURLA、MSGM系列等国际高端品牌，以及自有品牌集合店OBLU、VENITA，品类涉及饰品、珠宝、男装、女装、休闲装、运动装、童装、鞋类等。赫美集团是一家为数不多的A股上市高端消费品零售业务运营商，旗下运营的国际品牌门店遍布国内主要一、二、三线城市，基本覆盖国内所有高端商业地产，形成线下门店+线上电商平台的销售全渠道。

根据公司2020年年度报告，公司营业收入为4.67亿元，净亏损为7.49亿元，毛利率为35.08%，净利率为−160.39%。

（二）重整前股权架构

如图2-19-1所示，截至2021年9月30日，赫美集团总股本5.28亿股，股东总数16186家。公司的控股股东为汉桥机器厂有限公司，合计持有1.25亿股，持股比例23.69%；其他主要股东包括：郝毅，合计持有0.61亿股，持股比例为11.58%；吉林环城农村商业银行股份有限公司，合计持有0.58亿股，持股比例为10.96%。重整前赫美集团无实际控制人。

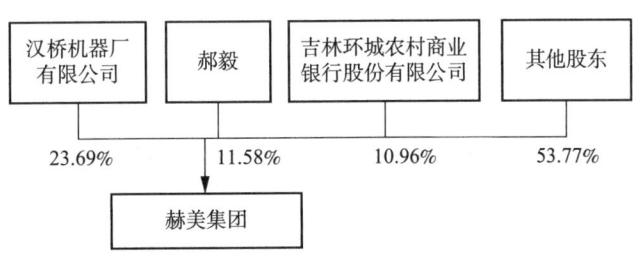

图2-19-1 赫美集团重整前股权架构

二、资产负债情况

（一）资产负债情况总览

表2-19-1 赫美集团资产负债情况

资产/债权类型	资产（亿元）	负债（亿元）	净资产（亿元）	资产负债率（%）
账面价值/债权金额	23.72	34.30	-10.58	144.60
评估清算价值/债权金额	4.64	34.30	-29.66	739.22

如表2-19-1所示，根据评估机构出具的资产评估报告，截至评估基准日2021年6月30日，赫美集团账面资产合计23.72亿元，主要由流动资产和长期股权投资等构成。其中，长期股权投资账面价值4.15亿元。资产清算价值总额为4.64亿元。

截至2021年11月29日，债权人向管理人申报债权金额共计为79.21亿元。

经管理人审查，确认赫美集团债权金额共计为18.80亿元。其中，有财产担保债权为4.51亿元，税款债权为10.79万元，普通债权合计为14.29亿元。不予确认债权涉及债权人60家，涉及债权申报金额为42.31亿元。

暂缓确认债权总额为15.49亿元[①]。

经管理人调查，职工债权金额为50.29万元。

根据赫美集团债权申报与审查情况，管理人对职工债权的调查情况以及截至受理日公司财务账簿的记录等，经管理人初步审查确认的负债总额为34.30亿元。

（二）债权分类

赫美集团债权人分为有财产担保债权组、职工债权组、税款债权组和普通债权组。

1. 有财产担保债权

经管理人审查，有财产担保债权人3人，债权金额为4.51亿元。

2. 职工债权

经管理人审查，职工债权金额为50.29万元。

3. 税款债权

经管理人审查，税款债权人1家，债权金额为10.79万元。

---

① 暂缓确认债权申报金额为15.28亿元，其中申报的1.32亿元因涉及诉讼等，该部分债权申报利息记至2021年11月28日，申报金额为1.54亿元。剩余6家债权人申报金额13.95亿元因涉及尚未解决的违规担保责任或相关赔偿责任，暂缓确认，最终以生效法律文书确认为准。因此截至2021年11月28日，经管理人审查暂缓债权总额为15.49亿元。

4. 普通债权

经管理人审查,普通债权人 125 家,债权金额为 14.29 亿元。

5. 其他债权

暂缓确认债权:其中 14 家债权人申报的金额 1.32 亿元因涉及诉讼等,该部分债权申报利息计至 2021 年 11 月 28 日,申报金额为 1.54 亿元。6 家债权人申报金额合计 13.95 亿元涉及尚未解决的违规担保责任或相关赔偿责任,暂缓确认,最终以法律文书确认为准。

此外,中国对外经济贸易信托公司(以下简称"外贸信托")部分申报债权因诉讼未决且未明确对赫美集团诉讼金额,暂缓确认。

(三)偿债能力分析

根据管理人分析,赫美集团如破产清算,假定全部有效资产均能够按照清算评估价值变现,按照《企业破产法》规定的清偿顺序,破产财产的变现所得在支付必要的破产费用及优先债权后,剩余向普通债权人分配的财产总额为 2.43 亿元,需清偿的普通债权金额为 30.03 亿元,普通债权的清偿率为 8.09%。但是这一比例仍存在重大不确定性,赫美集团实际破产清算状态下的普通债权比例较上述预估并不乐观。如赫美集团破产清算,能够达到上述普通债权清偿率的前提是财产均能够按照评估价值变现。但根据赫美集团的实际情况以及破产财产处置实践,如赫美集团破产清算,其主要资产中的房屋建筑物、机器设备将失去生产功能,被迫快速变现,价值会大打折扣;对外债权账龄较长,回收难度大。这些因素都会导致可用于清偿普通债权的财产价值进一步降低。基于以上因素,赫美集团在破产清算状态下普通债权实际受偿率可能比上述偿债能力分析预计的结果更低。

三、重整基本情况

(一)重整背景

自 2018 年起,受金融市场去杠杆影响,赫美集团向银行等金融机构借款难度增加,无法获取新增授信,难以及时归还欠款,多渠道筹措资金未果,陷入债务危机。因公司主要银行账户被冻结、违反规定程序对外提供担保及关联方资金占用、公司生产经营活动受到严重影响相关事项触发《深圳证券交易所股票上市规则》规定的其他风险警示情形,公司股票交易被实施其他风险警示。2020 年年度报告中公司存在最近 3 个会计年度扣除非经常性损益前后净利润孰低者均为负值,且最近一年审计报告显示公司持续经营能力存在不确定性的情形,因此赫美集团因虽资不抵债,但具有一定的重整价值，被债权人申请重整。

（二）预重整/重整申请情况

2020年12月24日，债权人华远显示以公司不能清偿到期债务且明显缺乏清偿能力为由，向深圳中院申请对公司进行重整，并请求法院对公司进行预重整。

（三）重整申请受理情况

2021年2月1日，深圳中院决定对赫美集团启动预重整程序，并指定深圳诚信会计师事务所（特殊普通合伙）、北京市君合（深圳）律师事务所共同担任管理人。

2021年11月29日，深圳中院裁定受理赫美集团重整案，指定深圳诚信会计师事务所（特殊普通合伙）、北京市君合（深圳）律师事务所共同担任管理人。

（四）重整管理模式

债务人自行管理财产和营业事务。

（五）重整大事记

2020年12月24日，债权人华远显示以公司不能清偿到期债务且明显缺乏清偿能力为由，向深圳中院申请对公司进行重整，同时申请对赫美集团启动预重整程序。

2021年2月1日，深圳中院决定对赫美集团启动预重整程序，并指定深圳诚信会计师事务所（特殊普通合伙）、北京市君合（深圳）律师事务所共同担任管理人。

2021年11月29日，深圳中院裁定受理赫美集团重整案，指定深圳诚信会计师事务所（特殊普通合伙）、北京市君合（深圳）律师事务所共同担任管理人。同日，公司、管理人与时代榕光、王雨霏、富源金来签署了重整投资协议。

2021年12月9日，赫美集团和管理人收到深圳中院送达的决定书〔（2021）粤03破618号〕，准许赫美集团在管理人的监督下自行管理财产和营业事务。

2021年12月29日，召开第一次债权人会议，同日法院裁定批准重整计划，终止重整程序。

2021年12月31日，深圳中院裁定确认赫美集团重整计划执行完毕。

四、重整计划的主要内容

（一）重整思路概述

如图2-19-2所示，重整计划的主要思路为：

（1）对出资人权益进行调整，在现有股份基础上进行转增，共计转增7.83亿股，其中5.99亿股用于引入重整投资人，重整投资人支付的资金用于支付重整费用、清偿赫美集团可能承担清偿责任的违规担保及相应赔偿责任债权以及补充赫美集团流动资金。

（2）通过重整投资人注入资金、加强内部管理、降低成本费用等从根本上改善公司生产经营，实现高效有序的经营，维持并进一步提升赫美集团在行业内的竞争力。

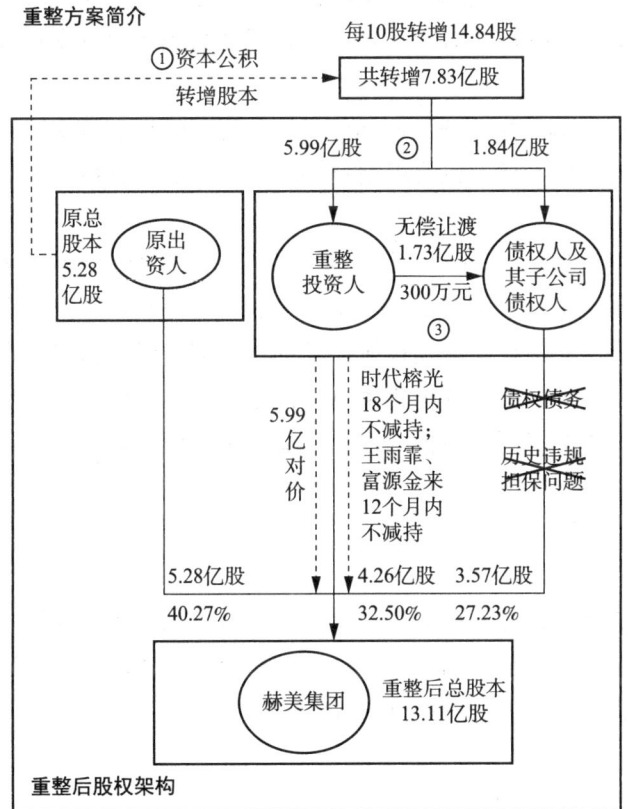

图 2-19-2　赫美集团重整方案示意图

（二）投资人及投资方案介绍

赫美集团在预重整期间引入时代榕光、王雨霏、富源金来作为意向重整投资人。公司、管理人与时代榕光、王雨霏、富源金来于 2021 年 11 月 29 日签署了重整投资协议，重整投资人背景如下：

时代榕光，成立于 2020 年 9 月 15 日，注册资本 3.50 亿元，经营范围包括以自有资金从事投资活动、创业投资、信息咨询服务（不含许可类信息咨询服务）等。自然人郑梓豪持有时代榕光 99% 的股权，海南国鹏新材料科技有限公司持有时代榕光 1% 的股权。

富源金来，成立于 2015 年 2 月 16 日，注册资本 1 亿元，法定代表人兰锁田。经营范围包括热力生产与供应、经销精煤、原煤、焦炭、铝矾土、生铁、铁矿粉、钢材、建材（油漆除外）、五金交电、机械设备、商务服务。自然人兰锁田持有富源金来 70%

股权，自然人郝冠兵持有富源金来 30% 的股权。

自然人王雨霏，住所地为山西省太原市迎泽区。

根据重整计划的相关内容，重整投资人的受让条件包括：

（1）重整投资人以 1 元/股的价格受让 5.99 亿股转增股票。其中，时代榕光受让 3.15 亿股，支付股权转让对价 3.15 亿元；王雨霏受让 2.19 亿股，支付股权转让对价 2.19 亿元；富源金来受让 0.64 亿股，支付股权转让对价 0.64 亿元。重整投资人合计支付股份转让款 5.99 亿元。

（2）重整投资人将提供 1.73 亿股赫美集团股票和 300 万元，用于清偿赫美集团可能承担清偿责任的违规担保和相关赔偿责任，以及根据赫美集团公告的重整投资人需解决的偿债安排。

（3）时代榕光承诺，自受让转增股票之日起 18 个月内，不转让其所持有的赫美集团股票；王雨霏、富源金来承诺，自受让转增股票之日起 12 个月内，不转让其所持有的赫美集团股票。如前述锁定期内外贸信托申报债权所涉及的诉讼案件尚未做出终审判决，则富源金来持有的股票继续锁定。如有赫美集团重整计划规定的预留股票不足以清偿的未申报债权及因其他历史遗留问题须清偿的债权，清偿股票由富源金来无偿提供。

（三）出资人权益调整方案

以赫美集团现有总股本 5.28 亿股为基数，按每 10 股转增 14.84 股的比例实施资本公积转增股票，共计转增 7.83 亿股，转增后，公司股本从 5.28 亿股增至 13.11 亿股（最终转增的准确股票数量以中证登深圳分公司实际登记确认的数量为准）。

1. 引进重整投资人

转增股票中 5.99 亿股用于引进重整投资人，重整投资人以 1 元/股的价格受让。股票转让款 5.99 亿元用于支付赫美集团及其核心子公司破产费用、清偿赫美集团及其核心子公司债务及补充赫美集团流动资金。

2. 清偿债务

转增股票中 1.84 亿股股票（包括预留的 1000 万股股票用于清偿有财产担保债权转为的普通债权和赫美集团及其核心子公司财务账册记载但尚未申报的债权）用于清偿赫美集团及协同重整的核心子公司债务。其中赫美集团通过资本性投入等方式向惠州浩宁达提供 200.92 万股股票，向赫美商业提供 28.31 万股股票，惠州浩宁达、赫美商业用于支付破产费用及清偿债务，以使其主要经营性资产和业务继续保持在赫美集团的体系内。

3. 历史违规担保债权

由重整投资人合计无偿提供 1.73 亿股股票及 300 万元资金，按照普通债权的清偿方式清偿赫美集团的历史违规担保债权及可能承担赔偿责任的债权。

（四）债权调整及受偿方案

1. 有财产担保债权调整及受偿

有财产担保债权将在担保财产（评估机构对赫美集团所持惠州浩宁达股权的评估清算价值为 6549.85 万元，但结合评估机构出具的惠州浩宁达评估报告及管理人对惠州浩宁达的债权审查结果，惠州浩宁达已严重资不抵债，股东权益为零）清算价值或实际变现价款范围内优先受偿，未优先受偿的债权按照普通债权清偿。鉴于担保财产实际变现价款尚不确定，暂以评估机构确定的担保财产清算价值 1.47 亿元作为优先受偿金额，按照普通债权清偿的金额为 3.04 亿元。

3 家公司分别作为主债务人或担保人，如有提供担保财产，则债权人在 3 家公司的受偿原则如下：如主债务人提供担保财产，则在担保财产清算价值或实际变现价款范围内，由主债务人优先以现金方式清偿；如担保人提供担保财产，在主债务人未提供担保财产或提供的担保财产不足以全额清偿的情况下，在担保人提供的担保财产清算价值或实际变现价款范围内，由担保人以现金方式清偿；如按照上述方式仍未获得全额清偿，则剩余部分转为主债务人的普通债务获得清偿。

2. 职工债权调整及受偿

经管理人调查，职工债权金额为 50.29 万元。职工债权不做调整，在重整计划执行期限内以现金方式全额清偿。此外，相关剥离业务板块的人员安置预计需要的资金 900 万元，将予以预留，以实际支付的清偿资金为准。

3. 税款债权调整及受偿

经管理人审查，税款债权金额为 10.79 万元。税款债权不做调整，在重整计划执行期限内以现金方式全额清偿。

4. 普通债权调整及受偿

普通债权总额为 32.82 亿元，其中管理人审查确认债权金额 14.29 亿元，有财产担保债权未优先受偿的债权 3.04 亿元按照普通债权清偿，暂缓确认债权 15.49 亿元。

为支持赫美集团重整，惠州浩宁达将在赫美集团正式进入重整程序并且重整计划获得深圳中院裁定批准后，免除赫美集团 7439.25 万元债务的清偿责任。将按照以下方式进行清偿：

（1）50 万元以下（含 50 万元）部分以现金全额清偿。

（2）50 万元以上部分全部通过以股抵债方式清偿，普通债权人每 100 元普通债权分得 10 股股票，以分得的股票抵偿债务，股票的抵债价格为 10 元/股，该部分债权的清偿比例为 100%。如债权人可分得的股票数量不为整数，则该债权人分得的股票数量按照"进一法"处理（去掉拟分配股票数小数点右侧的数字后，在个位数上加"1"）。

（3）若同一笔债权因连带保证或连带债务等原因，债权人向赫美集团及其子公司均申报债权并获得确认,则该笔债权在赫美集团重整程序中获得清偿,在子公司重整程序中不再对其重复清偿。

5. 未申报债权调整及受偿

未申报债权的清偿将预留一定数量股票,合计预留 1000 万股(同时用于担保财产实际变价金额小于预计金额而需把预计的有财产担保债权转为普通债权的部分)。前述预留股票在重整计划执行完毕公告之日起满 3 年,如清偿债务后仍有剩余,剩余的股票将按照赫美集团股东大会生效决议予以处置。如预留股票不足以清偿未申报债权,清偿股票由重整投资人无偿提供,且不得向赫美集团追偿。

此外,外贸信托申报部分债权因诉讼未决且未明确对赫美集团诉讼金额,暂缓确认,最终以生效法律文书为准。如生效法律文书认定外贸信托对赫美集团享有债权,清偿该债权所需的偿债股票等资源由富源金来无偿提供,且不得向赫美集团追偿。

6. 债务清偿顺序

赫美集团债务清偿顺序如图 2-19-3 所示。

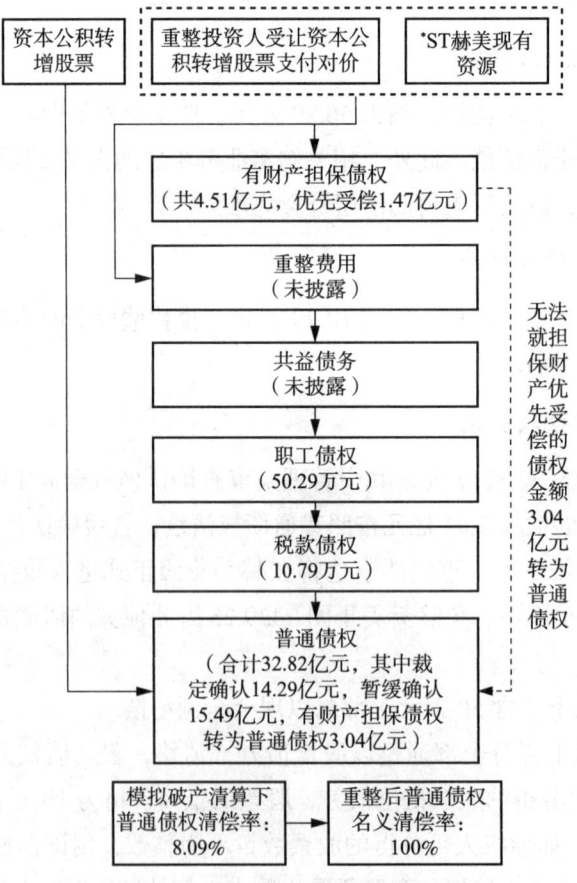

图 2-19-3　赫美集团债务清偿顺序示意图

7. 协调审理清偿

为继续保留高端制造、商业等核心运营资产及价值，在分别清理惠州浩宁达和赫美商业两家子公司资产负债基础上，赫美集团在重整过程中将通过资本性投入等方式向惠州浩宁达提供1556.8万元现金和200.92万股股票，向赫美商业提供367.1万元现金和28.3万股股票，惠州浩宁达、赫美商业用于支付破产费用及清偿债务，以使得惠州浩宁达、赫美商业的主要经营性资产和业务继续保持在赫美集团体系内。

（五）未来经营方案

赫美集团以重整为契机，在重整投资人对赫美集团进行战略投资后，赫美集团将保留销售服装服饰、珠宝首饰等主营业务，通过重整投资人注入流动资金、加强内部管控、降低成本费用、完善激励约束机制等一系列措施，从根本上改善公司生产经营。

1. 资源业务整合

通过本次重整程序，赫美集团将借助重整投资人在产业、财务等方面的优势，一方面，实现对资产和业务的全面整合，统筹协调解决公司债务问题，恢复公司持续经营及盈利能力，保障债权人、股东、职工等的利益，同时降低运营成本，改善现金流状况，增强上市公司的核心竞争力和持续盈利能力，实现重生。另一方面，整合各方行业资源及优势，在主营业务上实现进一步产业协同发展，尤其在高端品牌消费领域将形成多层面业务互补的模式。

2. 品牌代理

品牌代理运营是公司的业务核心，未来公司将充分发挥团队的运营经验，布局重奢、中奢、轻奢和潮流等品牌，打造具有市场竞争力的品牌矩阵组合。此外，将致力于从品牌代理商跃升为品牌运营商，从货品采购实现部分产品生产授权。

3. 店铺及渠道

针对品牌产品类目、知名度以及区域市场特性，公司计划开设品牌正价门店、品牌正价集合门店、品牌单品类正价集合门店、品牌折扣集合门店等多种形式的门店，有效地贴合市场需求，在饱和布局二、三线市场的同时，深度渗透下沉市场。高端消费品线上业务是未来仍将持续大幅增长的市场。同时，线上业务以较低的初始投入成本优势，有利于运营商通过线上获取品牌市场数据，从而降低线下经营的市场风险。因此，公司将通过新零售部门承接品牌的线上代运营业务，以各种形式开展新零售业务。

4. 产品类目

随着公司业务规模的逐步扩大，经营品牌数量的不断增加，公司经营的产品类目将从服装、箱包配饰逐步增加，未来可扩展至钟表、珠宝、日化家百等。

5. 区域布局

公司未来重点布局海南市场，快速恢复内地市场业务规模，形成内地市场、海南市场、线上市场的综合布局。海南市场将开展更多经营形式、更多产品类目的运营策略。内地市场继续贯彻多种门店组合、有效渗透的方针，在恢复原有的市场规模的基础上，增加品牌组合，不断实现量的增长。

6. 电商业务

赫美电商计划用一年时间打造高端消费品电商服务商行业头部品牌；用3~5年时间成为高端消费品电商服务商行业第一品牌；赫美电商致力于与赫美商业取得良好业务协同，反哺赫美商业线下业务。

7. 投资并购

通过品牌代理＋收购＋合资运营的形式，实现矩阵式跨越发展，打造属于赫美集团的优质品牌矩阵。同时通过卡位头部商业体、继续布局线下渠道，建立国际品牌在中国的分销体系。

五、重整计划的表决与批准

（一）债权人会议表决

2021年12月29日，赫美集团重整案第一次债权人会议采取网络会议方式在全国企业破产重整案件信息网召开，本次会议审议、表决通过《深圳赫美集团股份有限公司重整计划草案》。

1. 有财产担保债权组

有财产担保债权组有3家债权人出席会议，表决同意赫美集团重整计划草案的有财产担保债权人2家，占出席会议有表决权有财产担保债权人数量的66.67%，超过半数；其所代表的债权额为3.52亿元，占有财产担保债权总额4.51亿元的78.05%，达到2/3以上，该组表决通过。

2. 普通债权组

普通债权组有134家债权人出席会议，同意赫美集团重整计划草案的普通债权人119家，占出席会议有表决权普通债权人数量的88.81%，超过半数；其所代表的债权额为15.24亿元，占普通债权总额21.01亿元的72.54%，达到2/3以上，该组表决通过。

（二）出资人组会议表决

2021年12月20日采取现场会议与网络投票相结合的方式召开出资人组会议，审议通过出资人权益调整方案，会议由公司管理人召集，通过现场和网络投票的股东及股东代理人 150 名，代表有表决权股份 2.89 亿股，占公司有表决权股份总数的 54.68%。

表决结果：同意 2.88 亿股，占出席本次会议有效表决权股份总数的 99.90%；反对 26.51 万股，占出席本次会议有效表决权股份总数的 0.09%；弃权 2 万股，占出席本次会议有效表决权股份总数的 0.0069%。

参加本次会议投票的中小股东表决结果：同意 4434.69 万股，占出席本次会议中小股东有效表决权股份总数的 99.36%；反对 26.51 万股，占出席本次会议中小股东有效表决权股份总数的 0.59%；弃权 2 万股，占出席本次会议中小股东有效表决权股份总数的 0.04%。

本议案为特别决议事项，已获现场与网络投票的出资人所持有表决权股份总数的 2/3 以上通过。

（三）重整计划批准

2021 年 12 月 29 日，深圳中院做出民事裁定书〔（2021）粤 03 破 618 号之二〕，裁定批准赫美集团重整计划，并终止赫美集团重整程序。

六、重整计划的执行与监督

（一）执行和监督的主体

重整计划由赫美集团负责执行，管理人负责监督执行。

（二）执行和监督期限

重整计划的执行期限为自重整计划获得法院裁定批准之日起 3 个月。重整计划执行完毕后，赫美集团应向深圳中院和管理人提交执行情况报告，确认重整计划执行完毕。如需延长执行期限，在执行期限届满前，赫美集团应向深圳中院提出延期申请。

重整计划执行的监督期限与执行期限一致，重整计划执行监督期限内，赫美集团应接受管理人的监督，及时向管理人报告执行情况。监督期限届满时，管理人应向深圳中院提交监督报告，自监督报告提交之日起，管理人的监督职责终止。

（三）执行的措施

1. 货币资金和抵债股票的分配

每家债权人以现金进行受偿的部分，相应货币资金以银行转账方式向债权人进行分配，债权人应于裁定批准重整计划公告之日起 10 日内按照管理人指定格式书面提供领受货币资金的银行账户信息。

每家债权人以股票抵债进行受偿的部分，债权人应于法院裁定批准重整计划公告之日起 10 日内按照管理人指定格式提供领受分配股票的证券账户信息。

逾期不提供银行账户或证券账户信息的债权人，应向其分配的货币资金和股票将按照重整计划的相关规定处理，由此产生的法律后果和市场风险由相关债权人自行承担。因债权人自身和/或其关联方的原因，导致分配的货币资金或股票不能到账，或账户被冻结、扣划所产生的法律后果和市场风险由相关债权人自行承担。债权人可以书面指令将偿债资金或抵债股票划转至债权人指定的由该债权人所有/控制的账户或其他主体所有/控制的账户内。

2. 偿债资金和抵债股票的提存及处理

深圳中院已经裁定确认的债权人未按照重整计划的规定领受偿债资源的，根据重整计划应向其分配的资金、股票将提存至管理人指定的银行账户、证券账户。上述提存的偿债资源自重整计划执行完毕公告之日起满 3 年，债权人仍不领取的，视为放弃领受偿债资源的权利。重整计划执行人应当将提存的资金在扣除相关费用后用于补充公司流动资金，提存的股票将按照赫美集团股东大会生效决议予以处置。

对于因诉讼、仲裁未决、债权人异议等原因导致管理人暂时无法做出审查结论的债权，以最终确认的债权金额为准，在经深圳中院裁定确认后，按照重整计划规定的同类债权清偿方案受偿。按照重整计划已预留的偿债资源在清偿该等债权后仍有剩余的，剩余的偿债资金将用于补充公司流动资金，剩余的偿债股票将按照赫美集团股东大会生效决议予以处置。

对于未申报债权，如债权权利应受法律保护，以最终确认的债权金额为准，按照重整计划规定的同类债权清偿方案受偿。按照重整计划已预留的偿债资源在清偿该等债权后仍有剩余的，剩余的偿债资金将用于补充公司流动资金，剩余的偿债股票将按照赫美集团股东大会生效决议予以处置。

3. 破产费用的支付和共益债务的清偿

（1）破产费用。赫美集团破产费用包括重整案件受理费和其他诉讼费、管理人执行职务的费用、管理人报酬、转增股票登记费、过户费、印花税、财产管理和变价费用、其他重整计划执行费用和其他重整费用。其中重整案件受理费、管理人报酬，按照《诉讼费用交纳办法》《最高人民法院关于审理企业破产案件确定管理人报酬的规定》支付；其他重整费用根据实际情况随时支付。

根据管理人与赫美集团在预重整期间协商的意见，管理人报酬根据《最高人民法院关于审理企业破产案件确定管理人报酬的规定》，以债务人最终清偿的财产价值总额为基数，按照上述司法解释规定的比例分段计算。有财产担保债权优先受偿部分均不纳入管理人报酬基数。清偿财产中的股票价格以表决重整计划的债权人会议召开前一个交易日赫美集团股票的收盘价计算，具体计算方式为：分配给债权人的股票数量 × 2021 年 12 月 28 日股票收盘价。管理人报酬的最终数额由法院依法确定。管理人报酬在法院裁定批准重整计划且投资人支付投资款后收取70%，在重整计划执行完毕后收取30%。

（2）共益债务。赫美集团重整期间的共益债务，包括但不限于因继续履行合同所产生的债务为继续营业而应支付的工资、社会保险费用等债务，由赫美集团按照相关法律规定和合同约定随时清偿。

4. 转让债权的清偿

债权人依法转让债权的，受让人按照原债权人根据重整计划就其债权可以获得的清偿条件及总额受偿；债权人向两家及以上的受让人依法转让债权的，所有债权受让人只能在原债权人根据重整计划规定获得的清偿范围内进行清偿。

5. 财产保全措施的解除

根据《企业破产法》第十九条的规定，人民法院受理破产申请后，有关债务人财产的保全措施应当解除。尚未解除对赫美集团财产保全措施的债权人，应于裁定批准重整计划公告之日起10日内协助办理完解除财产保全措施的手续。在债权人办理完解除财产保全措施的手续之前，管理人将暂缓向该债权人支付货币资金和抵债股票。因债权人的原因未能及时解除对赫美集团财产的保全措施而对公司生产经营造成影响和损失，以及影响公司重整计划执行的，由相关债权人向公司及相关方承担赔偿责任。

6. 资产处置

（1）网络拍卖。赫美集团继续经营所需资产（主要包括赫美集团持有惠州浩宁达赫美商业股权等）原则上保留，赫美集团其他资产将根据《企业破产法》以及财产变价方案的相关规定处置变价，处置财产所得用于清偿对应的有财产担保债权人或补充赫美集团流动资金。根据《企业破产法》等法律和司法解释相关规定，财产处置将通过网络拍卖平台（京东网等最高人民法院公布的司法拍卖网络服务提供者）公开处置，首次拍卖的起拍价为评估报告确定的拟处置资产清算价值；如拍卖未能成交，管理人可选择在前次流拍价的基础上，降20%继续拍卖或以流拍价通过协议转让的方式予以处置。

（2）免除债务清偿责任。鉴于赫美集团及惠州浩宁达、赫美商业整体重整，赫美集团分别免除惠州浩宁达、赫美商业对赫美集团全部负债的清偿责任。

七、重整计划顺利实施的预期效果

本次重整计划如能顺利实施，预计将产生以下结果。

企业法人资格不变继续存续，并将有效消除现存的退市风险及其他风险，提升上市公司质量。

（1）整体解决赫美集团及其核心子公司的债务危机。重整计划实施完毕后，整体化解赫美集团两家核心子公司惠州浩宁达、赫美商业的债务危机,以使惠州浩宁达、赫美商业的主要经营性资产和业务继续保持在赫美集团体系内。赫美集团的基本面将发生根本性改善,并逐步恢复持续经营能力和盈利能力,重回良性发展轨道,全体出资人所持有的和债权人分得的赫美集团股票将成为真正有价值的资产。

(2)历史违规担保问题得以解决。重整完成后,赫美集团公司尚未解决的历史违规担保问题将由重整投资人以资金、股份相结合的方式,按照普通债权的清偿方式予以清偿。如解决历史遗留问题所需的股票超出重整投资人无偿提供的股票数量,清偿股票由重整投资人无偿提供,且不得向赫美集团追偿。

(3)实现对资产和业务的全面整合。通过重整程序,赫美集团将借助重整投资人在产业、财务等方面的优势,一方面实现对资产和业务的全面整合,统筹协调解决公司债务问题,恢复公司持续经营及盈利能力,保障债权人、股东、职工等的利益,同时降低运营成本,改善现金流状况。另一方面整合各行业资源及优势,在主营业务上实现进一步产业协同发展,尤其在高端品牌消费领域将形成多层面业务互补的模式。

案例 20　恒康医疗重整案例解析[①]

> **背景**

恒康医疗集团股份有限公司（以下简称"恒康医疗"或"公司"）原名甘肃独一味生物制药股份有限公司。公司系 2006 年 12 月由甘肃独一味生物制药有限责任公司整体变更设立。公司于 2008 年 3 月 6 日在深交所上市交易。重整前总股本 18.65 亿股。公司以医疗服务为核心，立足于医疗服务和药品制造双轮驱动的大健康产业。其中，药品制造为公司基础产业，公司致力于药品的研发、生产、销售已 20 余年，拥有中成药、化药等领域的多个龙头产品。

受近年来运用金融杠杆大规模收购医院进行激进扩张的影响，公司负债规模增长过快，流动负债远大于流动资产，财务费用激增，恒康医疗逐步陷入债务危机。在公司股票已被实施退市风险警示叠加其他风险警示的情况下，恒康医疗急需通过重整化解债务危机并改善经营状况，以维持上市地位。2020 年 8 月 24 日，债权人广州中同汇达商业保理有限公司（以下简称"中同汇达"）以恒康医疗不能清偿到期债务，并且明显缺乏清偿能力为由，向甘肃省陇南市中级人民法院（以下简称"陇南中院"或"法院"）申请对恒康医疗进行重整。恒康医疗在法定期限内对重整未提出异议。2021 年 7 月 8 日，陇南中院经审查裁定受理对恒康医疗的重整申请。2021 年 8 月 6 日，陇南中院指定北京市君合律师事务所、甘肃阶州律师事务所为恒康医疗重整管理人。2022 年 4 月 22 日，陇南中院裁定批准重整计划。2022 年 6 月 23 日，陇南中院裁定确认重整计划执行完毕，终结公司重整程序。该案例是甘肃省法院优化营商环境典型案例。

> **方案要点**

1. 出资人权益调整

以恒康医疗现有总股本 18.65 亿股为基数，按每 10 股转增 7.5 股的比例实施资本

[①] 本案例解析的内容主要根据恒康医疗集团股份有限公司于 2022 年 4 月 23 日公布的《恒康医疗集团股份有限公司重整计划》整理而成。

公积转增股份,共计转增13.99亿股股份。转增后的股份全部为无限售流通股。恒康医疗的总股本将由18.65亿股增加至32.64亿股。

上述转增产生的13.99亿股股票不再向恒康医疗原股东分配,由重整投资人有条件受让。

2. 债权清偿方案

(1) 有财产担保债权调整及受偿。有财产担保债权在担保财产市场评估价值范围内100%清偿,超出市场评估价值范围的部分转为普通债权清偿。市场评估价值范围内的有财产担保债权,在重整计划执行期内,一次性以现金方式清偿50%;剩余部分予以留债分期清偿,留债期限为3年。本金每6个月还款一次,分6期偿还完毕,每期还款金额为留债总额的10%、10%、20%、20%、20%、20%。留债利率为固定利率4%,利息每3个月支付一次。留债期间原有的财产担保关系不发生变化。

(2) 普通债权调整及受偿。50万元以下(含50万元)部分一次性全额以现金方式清偿。超过50万元部分的10%以现金方式清偿。超过50万元部分的90%予以留债分期清偿,留债期限为5年。本金每年还款一次,分5期偿还完毕,每期还款金额为超出50万元部分的5%、5%、10%、20%、50%。原金融债权收取利息的,每期留债利率为固定利率4%,利息每3个月支付一次。其余债权不计息。

3. 引入重整投资人

北京新里程健康产业集团有限公司(以下简称"新里程")、北京合音投资中心(有限合伙)(以下简称"合音投资")、大河融智(天津)企业管理合伙企业(有限合伙)(以下简称"大河融智")、深圳通芝康健康产业投资企业(有限合伙)(以下简称"深圳通芝康")、五矿金通股权投资基金管理有限公司(以下简称"五矿金通")、成都振兴嘉业股权投资中心(有限合伙)(以下简称"成都振兴嘉业")为公司重整投资人。

产业投资人新里程有条件受让恒康医疗转增股票8.26亿股,现金对价为10.49亿元,作价1.27元/股。财务投资人合音投资、大河融智、深圳通芝康、五矿金通、成都振兴嘉业合计有条件受让恒康医疗转增股票5.73亿股,现金对价为7.45亿元,作价1.30元/股。重整投资人合计提供资金17.94亿元,用于支付和清偿破产费用、共益债务,清偿债务或补充公司流动资金等。

一、公司基本信息

(一) 公司及业务简介

恒康医疗系一家位于甘肃省的A股上市公司,重整前总股本18.65亿股,注册地址为甘肃省陇南市康县王坝独一味工业园区,法定代表人林杨林。公司于2008年3月6日在深交所上市交易。

恒康医疗主营业务包括药品生产、化妆品零售、医院管理、以自有资金从事投资活动、化妆品批发、医学研究和试验发展、技术服务等。恒康医疗以医疗服务为核心,立足于医疗服务和药品制造双轮驱动的大健康产业。药品制造为公司基础产业,公司致力于药品的研发、生产、销售已20余年,拥有中成药、化药等领域的多个龙头产品。

根据公司重整申请前2019年审计报告,合并报表下实现了36.84亿元的营业收入,但营业成本为39.62亿元,且财务费用支出高达3.94亿元,公司净亏损为24.98亿元,毛利率为26.40%,净利率为–67.81%。

(二)重整前股权架构

如图2-20-1所示,截至2021年9月30日,恒康医疗的股本总数为18.65亿股。第一大股东为阙文彬,持股比例为28.93%。

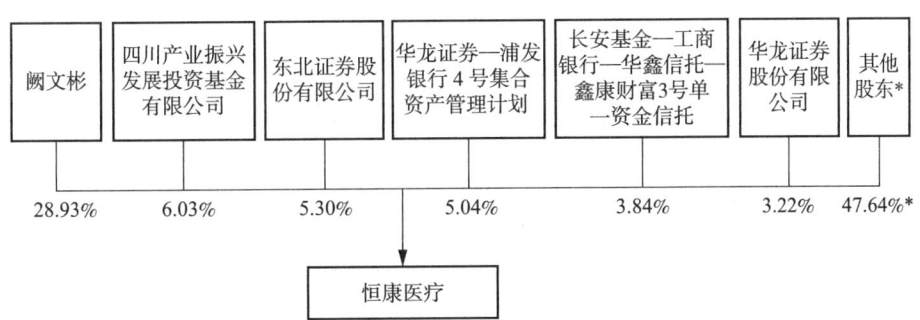

图2-20-1 恒康医疗重整前股权架构

注:其他股东均为持股比例小于5%的股东。

二、资产负债情况

(一)资产负债情况总览

表2-20-1 恒康医疗资产负债情况

资产/债权类型	资产(亿元)	负债(亿元)	净资产(亿元)	资产负债率(%)
账面价值/债权金额	47.22	27.26	19.96	57.73
评估清算价值/债权金额	20.77	27.26	–6.49	131.25
评估市场价值/债权金额	39.16	27.26	11.90	69.61

如表2-20-1所示,截至重整申请受理。2021年7月8日,恒康医疗账面资产总

额为 47.22 亿元。根据管理人聘请的评估机构出具的资产评估报告，截至评估基准日 2021 年 7 月 8 日，在模拟破产清算状态下，恒康医疗资产评估清算价值为 20.77 亿元，评估市场价值 39.16 亿元。

截至重整计划草案第一次提交债权人会议之日，共有 68 家债权人向管理人申报了合计 88 笔债权，申报债权总额 40.27 亿元，其中有财产担保债权金额为 10.42 亿元，普通债权金额为 29.85 亿元。根据债权的申报情况和审计机构的审计情况，恒康医疗账面尚有 2158.37 万元债权未向管理人申报。

经过管理人审查统计，经管理人初步审查确认的债权共 50 笔，确认债权金额为 26.40 亿元，其中有财产担保债权为 9.63 亿元，普通债权为 16.77 亿元；因诉讼、仲裁未决暂缓确认的债权共 2 笔，涉及债权金额为 0.61 亿元；全额不予确认的债权共 36 笔，全额不予确认的债权及部分不予确认的债权共涉及申报金额 13.26 亿元。

据管理人调查，恒康医疗因欠付工资、社会保险、法律规定的离职补偿金等形成的职工债权共计 309.02 万元。

根据债权的申报情况和审计机构的审计情况，恒康医疗账面尚有 2158.37 万元债权未向管理人申报。

综上，根据恒康医疗债权申报与审查情况、管理人对职工债权的调查情况以及截至重整申请受理日公司财务账簿的记录等，初步审查确认的负债总额为 27.26 亿元。

（二）债权分类

根据《企业破产法》的相关规定和债权审查确认情况，恒康医疗债权分为职工债权、有财产担保债权和普通债权三类。

1. 有财产担保债权

经管理人初步审查确认的有财产担保债权为 9.63 亿元。

2. 职工债权

据管理人调查，恒康医疗因欠付工资、社保、法律规定的离职补偿金等形成的职工债权共计 309.02 万元。

3. 普通债权

经管理人初步审查确认的债普通债权为 16.77 亿元。

4. 其他债权

因诉讼、仲裁未决暂缓确认的债权共 2 笔，涉及债权金额为 0.61 亿元。

根据债权的申报情况和审计机构的审计情况，恒康医疗账面尚有 2158.37 万元债权未向管理人申报。

（三）偿债能力分析

按照《企业破产法》规定的清偿顺序，在破产清算状态下，债务人的担保财产变现价款优先用于清偿有财产担保债权后，剩余部分以及非担保财产优先支付和清偿破产费用、共益债务后按照职工债权、税款债权、普通债权的顺序依次清偿。根据评估机构出具的偿债能力分析报告，以2021年7月8日为基准日，对恒康医疗在模拟破产清算状态下的偿债能力进行测算，普通债权在此情况下的清偿率为35.69%，但实践中能否达到这一清偿比例仍存在很大的不确定性。

三、重整基本情况

（一）重整背景

受近年来运用金融杠杆大规模收购医院进行激进扩张的影响，恒康医疗负债规模增长过快，流动负债远大于流动资产，财务费用激增，恒康医疗逐步陷入债务危机。

在公司经营过程中，因触及"连续两年会计年度经审计的净利润均为负值"，根据《深圳证券交易所股票上市规则》（2018年11月修订）的相关规定，公司股票交易于2020年5月6日开市时起被实施退市风险警示。因2020年年度报告中公司存在最近3个会计年度扣除非经常性损益前后净利润孰低者均为负值，且最近一年审计报告显示公司持续经营能力存在不确定性的情形。根据《深圳证券交易所股票上市规则》第13.3条第（六）项的相关规定，公司股票将于2021年4月29日开市起被叠加实施其他风险警示。因此，恒康医疗急需通过重整化解债务危机并改善经营状况，以维持上市地位。

（二）预重整/重整申请情况

2020年8月24日，公司债权人中同汇达以公司债务规模较大，资产负债率较高，有明显丧失清偿能力的可能性，但仍具有重整价值为由，向陇南中院提出重整申请。

（三）重整申请受理情况

2021年7月8日，陇南中院做出民事裁定书〔(2020)甘12破申1号〕，依法裁定受理恒康医疗重整一案，并于2021年8月6日做出决定书〔(2021)甘12破1-1号〕，指定北京市君合律师事务所、甘肃阶州律师事务所为恒康医疗重整管理人，由北京市君合律师事务所连晶、甘肃阶州律师事务所李文阁担任管理人负责人。

（四）重整管理模式

经公司申请及管理人请示，陇南中院作出《关于同意债务人继续营业的批复》，同意恒康医疗在重整期间继续营业，公开信息未披露具体重整管理模式。

（五）重整大事记

2020年8月24日，债权人中同汇达向陇南中院提出对恒康医疗的重整申请。

2021年7月8日，陇南中院依法裁定受理恒康医疗重整一案。

2021年8月6日，陇南中院做出决定书〔（2021）甘12破1-1号〕，指定北京市君合律师事务所、甘肃阶州律师事务所为恒康医疗重整管理人。

2021年9月16日，恒康医疗通过网络和现场会议的方式召开重整案第一次债权人会议。

2021年9月28日，新里程和中民医疗投资股份有限公司（以下简称"中民医疗"）两家意向重整投资人向管理人提交重整投资方案。在陇南中院指导下，在甘肃省陇南市中信公证处的公证下，由债权人代表、股东代表、职工代表及外部专家组成的评审小组对两家意向重整投资人进行评审，新里程（作为重整产业投资人）与合音投资、大河融智、深圳通芝康、五矿金通（代表其管理的1号基金）、成都振兴嘉业（前述5家主体作为重整财务投资人）组成的联合体得票最高，被评选为恒康医疗重整投资人，中民医疗为备选投资人。

2022年3月21日，管理人与新里程及财务投资人、恒康医疗签署了《恒康医疗集团股份有限公司重整投资协议》。

2022年4月7日，恒康医疗重整案第二次债权人会议通过网络和现场会议的方式召开。重整计划草案获得表决通过。

2022年4月22日，陇南中院裁定批准重整计划。

2022年6月23日，陇南中院裁定确认恒康医疗重整计划执行完毕，终结恒康医疗重整程序。

四、重整计划的主要内容

（一）重整思路概述

如图2-20-2所示，重整计划的主要思路为：对出资人权益进行调整，以恒康医疗现有总股本18.65亿股为基数，按每10股转增7.5股的比例实施资本公积转增股份，共计转增产生13.99亿股股份，全部为无限售流通股。本次转增完成后，恒康医疗的总股本将由18.65亿股增加至32.64亿股。上述转增产生的13.99亿股股票不再向恒康医疗原股东分配，由重整投资人有条件受让。其中，8.26亿股股票全部由产业投资人新里程以1.27元/股的价格有条件受让；5.73亿股股票全部由财务投资人以1.3元/股的价格有条件受让。重整投资人受让股票所支付的对价将用于支付或清偿重整费用、共益债务和根据重整计划需要一次性现金清偿的其他债务及预留偿债资金、补充恒康医疗流动资金以及用于向康县独一味生物制药有限公司（以下简称"独一味"）增资。

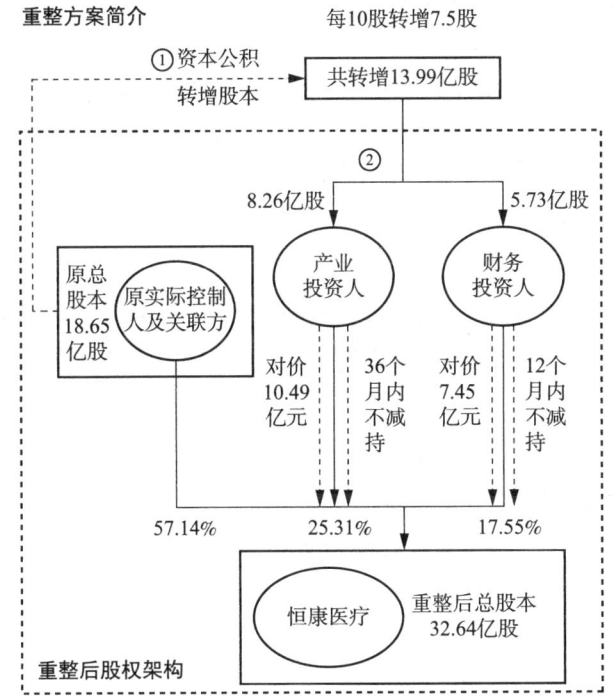

图 2-20-2　恒康医疗重整方案示意图

（二）投资人及投资方案介绍

经过债权人代表、股东代表、职工代表及外部专家组成的评审小组评审，新里程（作为重整产业投资人）与合音投资、大河融智、深圳通芝康、五矿金通（代表其管理的金通健康产业 1 号私募股权投资基金）、成都振兴嘉业（前述 5 家主体作为重整财务投资人）组成的联合体被评选为恒康医疗重整投资人。2022 年 3 月 21 日，管理人与新里程及财务投资人、恒康医疗签署了《恒康医疗集团股份有限公司重整投资协议》。

新里程成立于 2014 年 2 月 12 日，注册资本 5 亿美元，法定代表人林杨林，经营范围包括批发Ⅲ类医疗器械、零售药品，生物医药、医疗器械的研发等。

产业投资人新里程有条件受让恒康医疗转增股票 8.26 亿股，现金对价为 10.49 亿元，作价 1.27 元 / 股。财务投资人合音投资、大河融智、深圳通芝康、五矿金通、成都振兴嘉业合计有条件受让恒康医疗转增股票 5.73 亿股，现金对价为 7.45 亿元，作价 1.30 元 / 股。重整投资人合计提供资金 17.94 亿元。根据重整投资协议及重整计划的相关内容，投资人受让条件包括：

（1）产业投资人新里程自受让转增股票之日起 36 个月内不得转让其所持有的恒康医疗股票；财务投资人自受让转增股票之日起 12 个月内不得转让其持有的恒康医疗股票。

（2）在恒康医疗重整计划经陇南中院裁定批准后3年内，根据恒康医疗经营发展需要，新里程作为产业投资人，支持恒康医疗获得总额不低于30亿元的多种形式融资，用于保证恒康医疗的可持续发展。

（3）在符合相关法律法规、监管规定的前提下，经证券监督管理机构及恒康医疗股东大会批准，新里程择机将其合法拥有的或管理的优质医院或医疗相关资产注入恒康医疗，帮助恒康医疗形成以综合医院为核心，以专科医院为特色的医疗产业集群。

（三）出资人权益调整方案

以恒康医疗现有总股本18.65亿股为基数，按每10股转增7.5股的比例实施资本公积转增股份，共计转增13.99亿股股票，转增后恒康医疗的总股本将由18.65亿股增加至32.64亿股。

转增产生的股票不再向恒康医疗原股东分配，由重整投资人有条件受让。其中，产业投资人新里程有条件受让恒康医疗转增股票8.26亿股，现金对价为10.49亿元，每股作价1.27元。财务投资人合音投资、大河融智、深圳通芝康、五矿金通、成都振兴嘉业合计有条件受让恒康医疗转增股票5.73亿股，现金对价为7.45亿元，每股作价1.30元。

（四）债权调整及受偿方案

1. 有财产担保债权调整及受偿

恒康医疗有财产担保债权人7家，合计金额10.20亿元（8笔），其中确认金额9.63亿元（7笔），暂缓确认金额0.57亿元（1笔）。重整情况下，有财产担保债权在担保财产市场评估价值范围内100%清偿，超出市场评估价值范围的部分转为普通债权清偿。市场评估价值范围内的有财产担保债权，在重整计划执行期内，一次性以现金方式清偿50%。剩余部分予以留债分期清偿。

（1）留债期限：3年。

（2）还款安排：以陇南中院做出终结重整程序裁定书之日的次月为首月，每6个月还款一次，还款时间为该月20日（遇节假日、法定公休日则顺延至下一个工作日），分6期偿还完毕，第一期还留债总额10%，第二期还留债总额10%，第三期还留债总额20%，第四期还留债总额20%，第五期还留债总额20%，第六期还留债总额20%。

（3）留债期间利息安排：留债利率为固定利率4%，自陇南中院裁定批准重整计划之日的次日（含）开始计息，计息基数为每个计息期间的剩余未还本金余额。利息以陇南中院做出终结重整程序裁定书之日的次月为首月，每3个月支付一次，结息日为该月19日，付息日为该月20日（遇节假日、法定公休日则顺延至下一个工作日）。

（4）担保方式：留债期间原有的财产担保关系不发生变化，即留债期间有财产担保债权人享有的原有担保措施（恒康医疗及恒康医疗外的第三方提供的抵质押或保证）

的效力不受重整计划的影响；有财产担保债权因担保物价值未能覆盖而转为按照普通债权清偿的部分或享有恒康医疗外第三方提供担保的普通债权，债权人享有的原有担保措施（恒康医疗外的第三方提供的抵质押或保证等）的效力不受重整计划的影响。但债权人应配合恒康医疗办理抵质押变更登记手续。在恒康医疗履行完上述有财产担保债权清偿义务后，有财产担保债权人应当解除以担保财产设定的抵质押手续，并不再就担保财产享有优先受偿权。未及时办理解除抵质押手续的，不影响担保物权的消灭。

（5）有财产担保债权对应的担保财产予以处置变现的，相应有财产担保债权人在其留债余额范围内，就处置担保财产所获得价款享有优先受偿权。如处置担保财产所获得价款未覆盖留债余额，则未覆盖部分仍将根据重整计划的留债安排继续留债清偿。

2. 职工债权调整及受偿

据管理人调查，恒康医疗因欠付工资、社会保险、法律规定的离职补偿金等形成的职工债权共计309.02万元，管理人于2021年12月10日将职工债权列出清单并向全体职工进行了公示，公示期满无职工提出异议。

职工债权不做调整，以现金方式一次性全额清偿。

3. 普通债权调整及受偿

恒康医疗普通债权总额17.03亿元，其中已确认金额16.77亿元（43笔），暂缓确认金额350万元（1笔），未申报债权2158.37万元。

（1）50万元以下部分一次性全额现金清偿。每家普通债权人50万元以下（含50万元）的债权部分，将获得一次性全额现金清偿，由恒康医疗于重整计划执行期内清偿完毕。

（2）超过50万元部分的10%以现金方式清偿。每家普通债权人50万元以上债权部分的10%，将获得一次性全额现金清偿，在重整计划执行期内清偿完毕。

（3）超过50万元部分的90%予以留债分期清偿，留债安排具体如下。

留债期限：5年。

还款安排：以陇南中院做出终结重整程序裁定书之日的次月为首月，每12个月还款一次，还款时间为该月20日（遇节假日、法定公休日则顺延至下一个工作日），分5期偿还完毕，还款金额分别为债权总额超出50万元部分的5%、5%、10%、20%、50%。

留债期间利息安排：留债期间，原金融债权收取利息的，按4%的年利率计息，起息日为重整计划经陇南中院裁定批准后的次日（含），计息基数为每个计息期间的剩余未还本金余额。利息以陇南中院下达终结重整程序裁定书之日的次月为首月，每3个月支付一次，结息日为该月19日，付息日为该月20日（遇节假日、法定公休日则顺延至下一个工作日）。其余债权不计息。

为第三方债务提供担保形成的债权的特别安排：因恒康医疗为第三方债务提供担保形成的债权，债权人在选择按照重整计划确定的同类债权的清偿方案获得受偿之前，相关主债务人已进行全部或部分清偿的，债权人已获受偿部分将不在恒康医疗重整程序内重复受偿。

（4）未申报债权。对于恒康医疗账面记载但未申报的债权，在重整计划执行期间不得行使权利；重整计划执行完毕后，债权仍在诉讼时效内并依法有效的，债权人可以按照重整计划规定的同类债权人清偿条件向恒康医疗主张权利。管理人将未申报债权的偿债资源依法提存至管理人指定银行账户。对于未申报债权的债权人，重整计划执行完毕后，应当获得法院生效判决或仲裁机构的生效裁决确认，并向恒康医疗主张权利后，恒康医疗方可以该等预留资金对该等债权进行清偿。

在重整计划执行完毕公告之日起满3年，未申报债权的债权人未向恒康医疗主张权利的，根据重整计划已为其提存的偿债资金将归还给恒康医疗用于补充流动资金。

4. 债务清偿顺序

如图2-20-3所示，模拟破产清算下普通债权清偿率是假定公司在破产清算条件下的偿债能力分析，主要来源于公司披露的偿债能力分析报告。而重组后清偿率是假定公司在重整条件下的名义清偿率。可以看出，重整后的债权清偿率，比清算状态下的清偿率有一定提升。

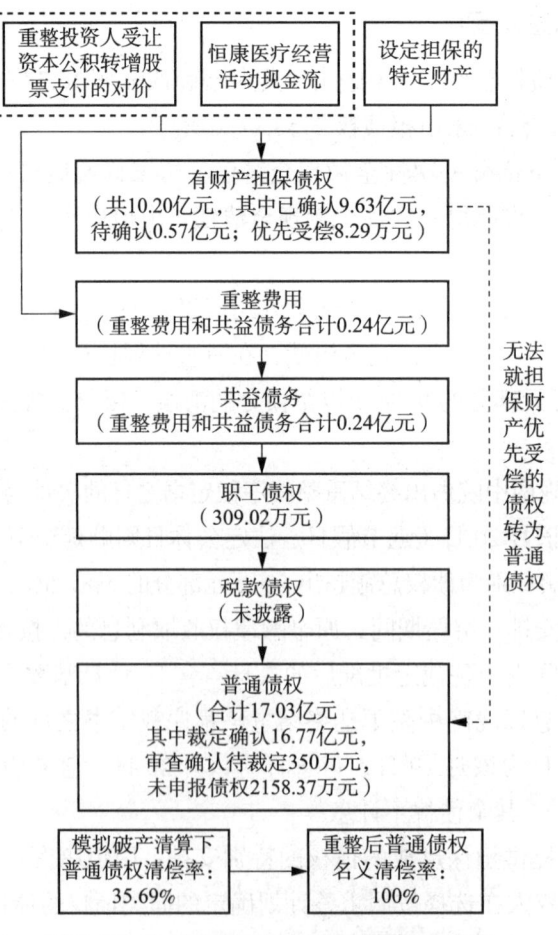

图2-20-3　恒康医疗债务清偿顺序示意图

在重整完成后，上市公司原有主营业务得以正常经营，保留优质资产的同时消除了债务负担，能够实现持续盈利，恒康医疗的股票价值将得到提升，综合考虑上述因素，恒康医疗普通债权的清偿率为100%。

（五）未来经营方案

上市公司重整结束后，重整投资款将用于投资并发展独一味，部分投资款将以增加注册资本金的形式投入独一味用于扩大现有药品品种及产能并用于发展康县的中药产业园；重整后的3年内重整投资人将投入资金用于发展日化用品和收购市场上其他中医药企业。除此以外，新里程将通过资产注入和外延并购等方式帮助恒康医疗形成医疗产业集群；重整投资人将根据恒康医疗经营发展需要，支持恒康医疗获得总额不低于30亿元的多种形式融资，用于保证恒康医疗发展的资金需求。

1. 投资、发展独一味

在重整计划执行期间，重整投资人承诺，其支付的重整投资款中的1亿元以恒康医疗向独一味增加注册资本金的形式投入独一味，用于增加独一味现有药品品种、产能。

在重整计划执行期间，重整投资人承诺，其支付的重整投资款中的2.5亿元以恒康医疗向独一味增加注册资本金的形式投入独一味，用于独一味在康县发展中药产业园。

重整计划执行完毕后3年内，重整投资人承诺向独一味投入1.5亿元，用于发展独一味日化用品。

重整计划执行完毕后3年内，重整投资人承诺向独一味投入8000万元，用于收购市场上其他中医药企业。

除直接用于向独一味增资的增资款由重整投资人投入的重整投资款解决以外，其余承诺事项在重整计划执行完毕后另行引入战略投资资金解决。

2. 注入优质医院或医疗资产

在符合相关法律法规、监管规定的前提下，经证券监督管理机构及恒康医疗股东大会批准，新里程择机将其合法拥有的或管理的优质医院或医疗相关资产注入恒康医疗，通过资产注入和外延并购等方式帮助恒康医疗形成以综合医院为核心，以专科医院为特色的医疗产业集群。

3. 支持恒康医疗获得融资支持

在重整计划经陇南中院裁定批准后3年内，重整投资人根据恒康医疗经营发展需要，支持恒康医疗获得总额不低于30亿元的多种形式融资，用于保证恒康医疗发展的资金需求。

五、重整计划的表决与批准

（一）债权人会议表决

第二次债权人会议于 2022 年 4 月 7 日上午 9 时 30 分通过网络和现场会议相结合的方式召开，本次债权人会议表决通过了《恒康医疗集团股份有限公司重整计划（草案）》。

1. 有财产担保债权组

有财产担保债权组中，7 家债权人投票同意，占出席会议的该组债权人数量的 100%，其所代表的债权额占该组债权总额的 100%。有财产担保债权组表决通过重整计划草案。

2. 普通债权组

普通债权组中，28 家债权人投票同意，占出席会议的该组债权人数量的 100%，其所代表的债权额占该组债权总额的 99.96%。普通债权组表决通过重整计划草案。

根据《企业破产法》第八十四条第二款、第八十六条第一款的规定，重整计划草案获得本次债权人会议表决通过。

（二）出资人组会议表决

公司出资人组会议于 2022 年 4 月 7 日采取现场投票与网络投票相结合的方式召开。

出席本次会议有表决权的股东共 75 人，代表股份 6.96 亿股，占公司有表决权股份总数的 45.88%，其中中小投资者（指除上市公司董事、监事、高级管理人员以及单独或合计持有公司 5% 以上股份的股东以外的其他股东）共 71 人，代表股份 2.13 亿股，占公司有表决权股份总数的 14.05%。

表决结果：同意 6.59 亿股，占出席会议所有有表决权股东所持股份的 94.62%。

本次出资人组会议按照会议议程审议了提案，并采用现场记名投票与网络投票相结合的方式进行了表决，审议通过了《恒康医疗集团股份有限公司重整计划（草案）之出资人权益调整方案》。

（三）重整计划批准

2022 年 4 月 22 日，陇南中院做出民事裁定书〔(2021) 甘 12 破 1-5 号〕，裁定批准上述重整计划。

六、重整计划的执行与监督

（一）执行和监督的主体

重整计划由恒康医疗负责执行，现金一次性清偿部分由管理人负责执行。根据《企业破产法》第九十条的规定，管理人负责监督债务人执行重整计划。

（二）执行和监督期限

重整计划的执行期限为自重整计划获得陇南中院裁定批准之日起 2 个月。

如重整计划无法在上述期限内执行完毕，恒康医疗应于执行期限届满前向陇南中院提交延长重整计划执行期限的申请，并在陇南中院批准的延长执行期限内继续执行。重整计划提前执行完毕的，执行期限在执行完毕之日到期。

重整计划执行完毕后，恒康医疗应向陇南中院与管理人提交执行情况报告，确认重整计划执行完毕。

（三）执行的措施

1. 现金清偿措施

现金清偿的偿债资金来源于恒康医疗自有现金及重整投资人受让资本公积转增股份投入的资金。

每家债权人在重整计划执行期间以现金方式清偿的债权部分，偿债资金原则上以银行转账方式通过管理人银行账户向债权人指定银行账户划转，债权人应在重整计划获得陇南中院裁定批准之日起 10 日内按照管理人指定格式以书面方式提供领受偿债资金的银行账户信息。非因恒康医疗和管理人原因，导致偿债资金不能转入债权人指定银行账户，或账户被冻结、扣划，由此产生的法律后果由相关债权人自行承担。

逾期不提供银行账户信息的债权人，应向其分配的现金将按照重整计划的相关规定处理，由此产生的法律后果由相关债权人自行承担。

2. 留债展期的执行

根据重整计划应当留债展期的债权，在重整计划获得法院批准后，恒康医疗应向债权人送达留债展期告知书，留债展期告知书中明确留债金额及支付安排，恒康医疗按留债展期告知书确定的留债金额及支付安排进行清偿，并根据留债展期告知书的内容与债权人签署书面留债协议，协议内容应符合重整计划规定。

3. 转增股份的分配与处置

重整投资人有条件受让的恒康医疗转增股份，在重整计划执行期限内以资本公积转增股份进行分配。重整投资人应在重整计划获得陇南中院裁定批准之日起 10 日内，按照管理人指定格式书面提供领受转增股票的证券账户信息。非因恒康医疗和管理人原因，导致转增股票不能转入重整投资人指定证券账户，或账户被冻结、扣划，由此产生的法律后果由相关重整投资人自行承担。

逾期不提供证券账户信息的重整投资人，应向其分配的股票将按照重整计划的相关规定处理，由此产生的法律后果由相关重整投资人自行承担。

按照相关法律法规规定，在转增股票划转及过户至重整投资人指定证券账户过程中产生的应由恒康医疗承担的税费、手续费为重整费用，由恒康医疗承担。

4. 偿债资金和转增股票的提存及处理

债权经法院裁定确认后的债权人未按照重整计划的规定领受分配的偿债资金的，根据重整计划应向其分配的资金将提存至管理人指定的银行账户，提存的偿债资金自重整计划执行完毕公告之日起满3年，因债权人自身原因仍不领取的，视为放弃受领偿债资源的权利。已提存的偿债资金将归还给上市公司用于补充流动资金。

重整投资人未按照重整计划的规定领受转增股票的，根据重整计划应向其分配的股票将提存至管理人指定的证券账户，提存的转增股票自重整计划执行完毕公告之日起满3年，因重整投资人自身原因仍不领取的，视为放弃受领，未受领的转增股票届时将按照上市公司股东大会形成的决议予以处置。

5. 重整费用的支付和共益债务的清偿

恒康医疗重整费用包括案件受理费、管理人报酬、管理人聘请中介机构的费用、管理人执行职务的费用、转增股份登记（过户）产生的税费等，合计金额2400万元。其中，案件受理费、管理人报酬、管理人聘请中介机构的费用，在重整计划执行期限内按《诉讼费用交纳办法》《最高人民法院关于审理企业破产案件确定管理人报酬的规定》及合同约定通过管理人银行账户以现金优先支付。恒康医疗转增股份登记（过户）产生的税费、管理人执行职务的费用及其他重整费用根据重整计划执行的实际情况及相关协议的约定由恒康医疗以现金优先支付。

恒康医疗重整期间的共益债务包括但不限于因继续履行合同所产生的债务、为继续营业而应支付的劳动报酬、社会保险费用以及由此产生的其他债务，由恒康医疗按照相关合同约定随时清偿。

6. 财产保全措施的解除

在法院裁定批准重整计划之日起15日内，债权人应申请并配合解除对债务人财产的查封、冻结等措施。若债权人未在上述期限内申请并配合解除查封、冻结等措施，对重整计划的执行造成障碍，债务人或管理人有权依法向法院申请强制解除查封、冻结等措施；且债务人或管理人有权将相关债权人依重整计划可获得分配的现金暂缓分配或提存，待债权人配合解除查封、冻结措施后再行分配。

7. 转让债权的清偿

债权人在重整计划执行完毕前转让债权的，受让人按照原债权人根据重整计划就其债权可以获得的清偿条件及总额受偿；债权人向两家及以上的受让人转让债权的，所有债权受让人只能在原债权人根据重整计划规定获得的清偿范围进行清偿。

8. 信用修复

重整计划执行完毕之后，公司资产负债结构将得到实质改善，可持续经营能力及盈利能力得以提升。因此，在符合相关法律规定的前提下，请各金融债权人继续给予恒康医疗正常的信贷支持，协助恒康医疗完成信用修复。

七、重整计划顺利实施的预期效果

恒康医疗重整计划如能顺利实施，预计将产生以下结果。

（1）上市地位得以保全。恒康医疗化解了公司面临的严峻退市风险，上市地位将得以维持，主营业务得以保留，财务状况得到进一步改善，提升持续盈利能力。

（2）重整前产生的巨额负债获得妥善安排。重整计划实施完毕后，恒康医疗的巨额债务获得清偿，实现各方共赢。

（3）公司信用得以修复。重整计划执行完毕之后，恒康医疗退市风险将彻底消除。上市公司经营情况快速恢复，所有诉讼将得到有效执行，地方金融风险得到有效化解。因此，在符合相关法律规定的前提下，各金融债权人须继续给予恒康医疗正常的信贷支持，协助恒康医疗完成信用修复。

案例 21　星星科技重整案例解析[①]

背景

江西星星科技股份有限公司（以下简称"星星科技"或"公司"）是一家在深交所创业板上市的公司，主要作为持股平台，与包括萍乡星星触控科技有限公司（以下简称"萍乡触控"）、星星精密科技（深圳）有限公司（以下简称"深圳精密"）及萍乡星珠精密科技有限公司（以下简称"星珠精密"）在内的核心子公司共同形成了以各种视窗防护屏、触控显示模组、新型显示器件及相关材料和组件的研发和制造为主营业务的产业集团。公司成立于 2003 年 9 月 25 日，重整前总股本 9.58 亿股。

2021 年，由于受到宏观经济下行、市场波动较大等因素的影响，星星科技面临流动性困难，资金周转压力较大，出现不能清偿到期债务的情形，星星科技及体系内部分核心子公司债务危机和经营危机逐步显现。在公司股票已被实施退市风险警示的情况下，星星科技急需通过重整化解债务危机并改善经营状况，以维持上市地位。2021 年 8 月 17 日，债权人萍乡市汇丰投资有限公司（以下简称"汇丰投资"）以星星科技不能清偿到期债务且明显丧失清偿能力，但具备重整价值为由，向江西省萍乡市中级人民法院（以下简称"萍乡中院"或"法院"）申请对公司进行重整。2021 年 8 月 23 日，萍乡中院决定对星星科技启动预重整。2022 年 5 月 25 日，萍乡中院裁定受理星星科技重整申请，并于 2022 年 5 月 26 日指定上海市锦天城律师事务所担任管理人。2022 年 8 月 3 日，法院裁定批准重整计划，终止重整程序。2022 年 9 月 16 日，萍乡中院裁定确认重整计划执行完毕，终结公司重整程序。该案例是江西首例上市公司通过预重整顺利转入重整程序并重整成功案例，入选了 2022 年度江西法院破产审判十大典型案例。

[①] 本案例解析的内容主要根据江西星星科技股份有限公司于 2022 年 8 月 4 日公布的《江西星星科技股份有限公司重整计划》整理而成。

方案要点

1. 出资人权益调整

以星星科技现有总股本 9.58 亿股为基数，按每 10 股转增 13.68 股的比例实施资本公积转增股份，共计转增产生 13.10 亿股，本次转增完成后，星星科技的总股本将由 9.58 亿股增加至 22.68 亿股。

上述转增的 13.10 亿股股票不再向星星科技原股东分配，转增股票中的 7.75 亿股股票将用于引进重整投资人，由重整投资人提供资金有条件受让，相关资金根据重整计划的规定用于支付重整费用、清偿各类债务以及补充上市公司流动资金等，剩余的 5.35 亿股用于清偿星星科技及协同重整的核心子公司的债务。

2. 债权清偿方案

（1）有财产担保债权调整及受偿。有财产担保债权在担保财产评估价值范围内，以货币形式优先受偿，未能优先受偿的部分按照普通债权调整和受偿；以星星科技的机器设备担保的债权就相关机器设备变价所得优先受偿，未能优先受偿的部分按照普通债权调整和受偿。

（2）普通债权调整及受偿。普通债权经萍乡中院裁定确认后将全额受偿。

20 万元以下（含 20 万元）部分，以货币形式全额清偿。

20 万元以上部分，以星星科技的股票清偿，每 100 元债权可分得股票 12.5 股，股票的抵债价格为 8 元 / 股。

3. 引入重整投资人

立马车业集团有限公司（以下简称"立马集团"）、深圳众享出行科技有限公司（以下简称"众享出行"）、深圳市招商平安资产管理有限责任公司（以下简称"招商平安"）、四川兴华鼎企业管理有限公司（以下简称"四川兴华鼎"）、众鑫筑诚投资（深圳）有限公司（以下简称"众鑫筑诚"）为公司重整投资人。

产业投资人立马集团有条件受让星星科技转增股票 6.00 亿股，现金对价为 4.50 亿元，作价 0.75 元 / 股；产业投资人众享出行有条件受让星星科技转增股票 0.25 亿股，现金对价为 0.30 亿元，作价 1.20 元 / 股。重整完成后，星星科技控股股东将变更为立马集团或其指定主体，实际控制人将变更为应光捷、罗雪琴夫妇。

财务投资人招商平安、四川兴华鼎、众鑫筑诚合计有条件受让星星科技转增股票 1.50 亿股，现金对价为 2.25 亿元，作价 1.50 元 / 股。

4. 协调审理[①]

星星科技作为持股平台，主要通过以萍乡触控、深圳精密、星珠精密为代表的核

[①] 重整方案中表述为协同重整，根据 2018 年 3 月 4 日印发的《全国法院破产审判工作会议纪要》第 38 条规定，表述为协调审理。

心子公司具体开展业务经营。要彻底化解星星科技的债务危机，必须同步化解萍乡触控、深圳精密、星珠精密的债务风险。星星科技在本次重整中将通过资本性投入、提供财务资助等方式向萍乡触控及深圳精密提供 1.35 亿元货币和 1.91 亿股股票，向星珠精密提供 2854.74 万元货币和 653.62 万股股票，用于清偿 3 家核心子公司债务，以保障萍乡触控、深圳精密以及星珠精密的业务以及经营性资产继续保留在星星科技体系内。

一、公司基本信息

（一）公司及业务简介

星星科技成立于 2003 年 9 月 25 日，曾用名为浙江星星科技股份有限公司、浙江星星瑞金科技股份有限公司。经中国证监会批准，公司股票于 2011 年 8 月 19 日在深交所创业板挂牌上市。公司注册地址为江西省萍乡市萍乡经济技术开发区周江智能制造产业园 B1 栋，办公地址为广东省深圳市坪山区江岭路 6 号，登记机关为萍乡市市场监督管理局，总股本 9.58 亿股，法定代表人为兰子建。

星星科技主要作为持股平台，与包括萍乡触控、深圳精密及星珠精密在内的核心子公司共同形成了以各种视窗防护屏、触控显示模组、新型显示器件及相关材料和组件的研发和制造为主营业务的产业集团。

根据公司重整申请前 2020 年年度报告，合并报表下实现了 51.71 亿元的营业收入，公司净亏损为 28.12 亿元，毛利率为 –15.50%，净利率为 –54.39%。

（二）重整前股权架构

如图 2-21-1 所示，截至 2022 年 3 月 31 日，星星科技的股本总数为 9.58 亿股。第一大股东为萍乡范钛客网络科技有限公司，持股比例为 15.04%。

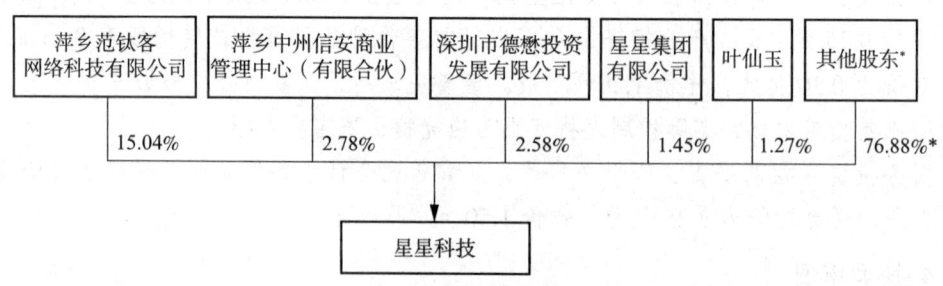

图 2-21-1 星星科技重整前股权架构

注：其他股东均为持股比例小于 1% 的股东。

二、资产负债情况

（一）资产负债情况总览

表 2-21-1　星星科技资产负债情况

资产/债权类型	资产（亿元）	负债（亿元）	净资产（亿元）	资产负债率（%）
账面价值/债权金额	34.31	29.20	5.11	85.11
评估清算价值/债权金额	13.57	29.20	−15.63	215.18

如表 2-21-1 所示，截至评估基准日 2021 年 12 月 31 日，星星科技账面资产总额为 34.31 亿元。根据评估机构出具的《江西星星科技股份有限公司破产重整涉及的资产清算价值项目资产评估报告》，截至评估基准日 2021 年 12 月 31 日，在模拟破产清算状态下，星星科技资产清算价值为 13.57 亿元。

截至重整计划草案提交之日，共有 365 家债权人申报了债权，其中通过资格审核 275 家，债权申报的总金额为 74.60 亿元。其中 4 家债权人合计申报了有财产担保债权 1.13 亿元，273 家债权人合计申报了普通债权 73.48 亿元（有两家债权人既申报了普通债权也申报了有财产担保债权）。

经管理人审查，审核认定的债权人共 251 家，认定债权总额 24.90 亿元（此类债权人的债权中存在部分因重复申报、豁免、证据不足等原因进行了调减或不予认定的情形）。其中，有财产担保债权人共 2 家，认定债权金额为 2640.97 万元；普通债权人共 250 家，认定债权金额为 24.63 亿元（其中 1 家债权人同时认定有财产担保债权和普通债权）。经管理人审查，不予确认的债权共 18 笔，涉及申报金额为 2.56 亿元。

经管理人审查，已确定职工债权为 6326 元，涉及职工 1 名。

前述已向管理人申报债权中，因诉讼/仲裁未决且存在重大争议等原因暂缓认定的债权共 3 笔，债权申报总额为 4.15 亿元，均为普通债权。

未申报债权包括星星科技账面有记载但未申报的债权、已提起诉讼但未申报的债权以及未申报的因证券虚假陈述导致的投资者索赔。经管理人调查梳理，星星科技账面有记载但未申报的债权数额为 1573.91 万元。

综上，根据债权申报与审查情况、管理人对职工债权的调查情况以及公司债务信息等，星星科技经管理人审查以及账面记载的负债合计为 29.20 亿元。

（二）债权分类

根据《企业破产法》第八十二条的规定，星星科技债权包括有财产担保债权、职工债权和普通债权，无税款债权组。

1. 有财产担保债权

经管理人审查认定的有财产担保债权人共 2 家，认定债权金额为 2640.97 万元。

2. 职工债权

经管理人审查，已确定职工债权为 6326 元，涉及职工 1 名。

3. 普通债权

经管理人审查，审核认定的普通债权人共 250 家，认定债权金额为 24.63 亿元（其中 1 家债权人同时认定有财产担保债权和普通债权）。

4. 其他债权

前述已向管理人申报债权中，因诉讼/仲裁未决且存在重大争议等原因暂缓认定的债权共 3 笔，债权申报总额为 4.15 亿元，均为普通债权。

未申报债权包括星星科技账面有记载但未申报的债权、已提起诉讼但未申报的债权以及未申报的因证券虚假陈述导致的投资者索赔。经管理人调查梳理，星星科技账面有记载但未申报的债权数额为 1573.91 万元。

（三）偿债能力分析

根据评估机构出具的《江西星星科技股份有限公司破产重整偿债能力分析报告》，普通债权在破产清算状态下的清偿率为 18.02%。为最大限度保障债权人的合法权益、提高债权人的清偿水平，重整计划对普通债权不做调整，将全额通过货币以及股票形式予以清偿。

三、重整基本情况

（一）重整背景

2021 年，由于受到宏观经济下行、市场波动较大等因素的影响，星星科技面临流动性困难，资金周转压力较大，已经出现不能清偿到期债务的情形，星星科技及体系内部分核心子公司债务危机和经营危机逐步显现。

根据星星科技于 2022 年 4 月 28 日披露的《江西星星科技股份有限公司 2021 年年度报告》，截至 2021 年 12 月 31 日，星星科技单体总资产 34.31 亿元，总负债为 38.12 亿元，净资产为 –3.81 亿元，已资不抵债。因星星科技 2020 年度归属上市公司股东的净资产追溯重述后为负值，根据《深圳证券交易所创业板股票上市规则》（2020 年 12 月修订）第 10.3.1 条第一款第二项的规定，公司股票交易于 2021 年 8 月 24 日被深交所实施财务类退市风险警示。因此，星星科技急需通过重整化解债务危机并改善经营状况，以维持上市地位。

星星科技作为持股平台，主要通过以萍乡触控、深圳精密、星珠精密为代表的核心子公司具体开展业务经营。在经营过程中，星星科技与子、孙公司间关联往来复杂、相互担保情况普遍，且供应商相对集中，多数债权人对其中的多家主体享有债权或权益，若强行割裂进行单独重整，一方面将减损各家公司的重整价值，导致无法引入优质重整投资人；另一方面需要各家公司通过现有资产的处置变现偿付债权人，将导致债权人清偿难以尽快落地，相关公司后续经营能力也无法维持。为彻底化解星星科技的债务危机，并维持和提升星星科技的持续经营能力，必须同步化解萍乡触控、深圳精密、星珠精密的债务风险，使得核心子公司能继续保留在星星科技体系内，最大限度维护星星科技以及3家核心子公司的整体营运价值，实现星星科技资产价值最大化。

（二）预重整／重整申请情况

2021年8月17日，债权人汇丰投资以星星科技不能清偿到期债务且明显丧失清偿能力，但具备重整价值为由，向萍乡中院申请对公司进行重整。

（三）重整申请受理情况

2021年8月23日，萍乡中院做出决定书〔（2021）赣03破申5号〕，决定对公司启动预重整，并指定星星科技清算组担任预重整期间临时管理人。同时，萍乡中院指定上海市锦天城律师事务所担任预重整引导人以及清算组法律顾问。

2022年5月25日，萍乡中院做出民事裁定书〔（2021）赣03破申5号〕，裁定受理汇丰投资对星星科技的重整申请。

（四）重整管理模式

债务人自行管理财产和营业事务。

（五）重整大事记

2021年8月17日，星星科技收到萍乡中院送达的通知书，债权人汇丰投资向萍乡中院申请对公司进行重整。

2021年8月23日，萍乡中院做出决定书〔（2021）赣03破申5号〕，决定对公司启动预重整，并指定星星科技清算组担任预重整期间临时管理人。同时，萍乡中院指定上海市锦天城律师事务所担任预重整引导人以及清算组法律顾问。

2021年9月9日，星星科技收到临时管理人发来的《江西星星科技股份有限公司重整投资人招募公告》。

2022年5月25日，萍乡中院做出民事裁定书〔（2021）赣03破申5号〕，裁定受理汇丰投资对星星科技的重整申请。

2022年5月26日，萍乡中院指定上海市锦天城律师事务所担任星星科技管理人。

2022年5月27日，萍乡中院准许星星科技继续营业，并在管理人的监督下自行管理财产和营业事务。

2022年7月10日，管理人与产业投资人立马集团、众享出行及财务投资人招商平安、四川兴华鼎、众鑫筑诚签署了重整投资协议。

2022年7月28日，萍乡中院通过直播以及现场会议召开了星星科技破产重整第一次债权人会议。

2022年8月3日，星星科技收到萍乡中院送达的民事裁定书〔（2022）赣03破4号之一〕，批准星星科技重整计划，终止星星科技重整程序。

2022年8月8日，立马集团指定浙江立马科技有限公司（以下简称"立马科技"）作为投资主体，按照重整投资协议约定参与星星科技重整投资。

2022年8月19日，管理人与产业投资人立马集团、立马科技签署了重整投资协议补充协议。同日，公司收到管理人送达的《关于重整投资人指定投资主体及重整投资款项支付情况的通知》。

2022年9月16日，萍乡中院做出民事裁定书〔（2022）赣03破4号之三〕，经审查认为，星星科技在管理人的监督下已执行完重整计划。

四、重整计划的主要内容

（一）重整思路概述

如图2-21-2所示，重整计划的主要思路为：

（1）对出资人权益进行调整，共计转增13.10亿股，转增完成后，星星科技的总股本由9.58亿股增至22.68亿股（最终转增的准确股票数量以中证登实际登记确认的数量为准）。上述转增的13.10亿股股票不再向星星科技原股东分配，用于清偿星星科技及其核心子公司债务和引入重整投资人，具体安排如下：其中产业投资人立马集团有条件受让星星科技转增股票6.00亿股，现金对价为4.50亿元，作价0.75元/股；产业投资人众享出行有条件受让星星科技转增股票0.25亿股，现金对价为0.30亿元，作价1.20元/股；1.50亿股股票由财务投资人以1.50元/股的价格有条件受让；转增股票中剩余的5.35亿股用于清偿星星科技及其子公司债务，偿债股票价格为8元/股。

（2）星星科技将调整现有玻璃盖板、触显模组以及精密结构件的业务结构，并在借助产业投资人的品牌效应和行业优势，引入产业投资人的电动车业务，做强做大现有主业和电动车板块两大生产运营创利实体，实现上市公司跨越式发展。

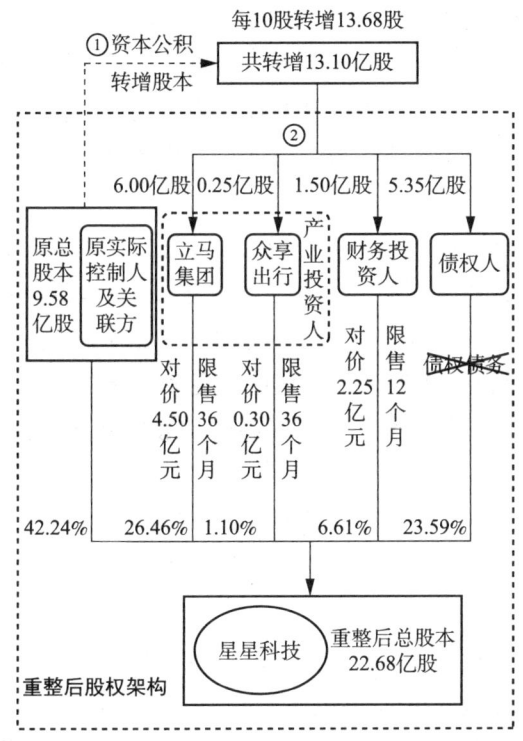

出资人权益调整方案

① 按每10股转增13.68股的比例实施资本公积转增股本，共计转增13.10亿股，转增完成后，星星科技的总股本由9.58亿股增至22.68亿股。

② 转增股票的分配如下：

- 产业投资人受让6.25亿股股票。
  - 立马集团以0.75元/股的价格用4.50亿元的对价有条件受让6.00亿股股票；众享出行以0.30亿元的对价有条件受让0.25亿股股票。
  - 受让的转增股票自登记至其证券账户之日起限售36个月。
  - 投资建设产业园、出具业绩承诺，并根据相关承诺注入优质资产。
  - 为公司提供多种形式融资支持。立马集团和/或其指定主体根据公司经营发展需要，将支持上市公司获得总额不低于10亿元的多种形式融资。

- 财务投资人受让1.50亿股股票。
  - 招商平安、四川兴华鼎以及众鑫筑诚分别以1.50元/股价合计0.30亿元的对价有条件格受让0.20亿股、1.10亿股以及0.20亿股。
  - 财务投资人招商平安、四川兴华鼎以及众鑫筑诚持有的股份登记至其证券账户之日起限售12个月。

- 受让5.35亿股股票以股抵债。
  - 转增股票中剩余的5.35亿股清偿星星科技及深圳精密、萍乡触控、星珠精密债务，偿债股票价格为8元/股。

图 2-21-2　星星科技重整方案示意图

（二）投资人及投资方案介绍

2022年7月10日，管理人与产业投资人立马集团、众享出行及财务投资人招商平安、四川兴华鼎、众鑫筑诚签署了重整投资协议。2022年8月8日，立马集团指定立马科技作为投资主体，按照重整投资协议约定参与星星科技重整投资。

产业投资人1：立马集团成立于2008年4月28日，注册资本1.14亿元，法定代表人应光捷，是一家集电动车研发、制造、销售、服务于一体的大型集团化高新技术企业，主体产品覆盖立马牌两轮电动摩托车、立马牌两轮电动自行车等。立马科技为立马集团的全资子公司，应光捷、罗雪琴夫妇合计持有立马集团51%的股权，其间接持有立马科技51%的股权，为立马科技实际控制人。

产业投资人2：众享出行成立于2020年6月9日，注册资本5000万元，法定代表人刘欣锴。众享出行拥有车辆、三电系统、动力系统的大量自主知识产权，其核心技术主要集中于电动车的三电系统和动力总承系统，以及用于数字化营销和充换电运营服务的物联网、人工智能和大数据领域。众享出行实际控制人为王振飞。

财务投资人1：招商平安成立于2021年12月10日，注册资本30亿元，法定代表人陈明理。招商平安的控股股东为深圳市招融投资控股有限公司，其实际控制人为招商局集团有限公司。

财务投资人2：四川兴华鼎成立于2017年3月10日，注册资本1200万元，法定代表人陈晓音。四川兴华鼎的控股股东为新增鼎，实际控制人为刘永好。刘永好是著名民营企业家，于1982年创立新希望集团有限公司，新希望集团有限公司立足农牧行业并不断开拓新领域，先后进入食品快消、农业科技、地产文旅、医疗健康、金融投资、环保等多个产业。

财务投资人3：众鑫筑诚成立于2021年8月9日，注册资本100万元，法定代表人李宇。众鑫筑诚的控股股东为深圳尺度投资发展有限公司，实际控制人为李仿威。李仿威设立的深圳尺度投资发展有限公司是一家专业的资产管理和投资管理公司。

产业投资人立马集团有条件受让星星科技转增股票6.00亿股，现金对价为4.50亿元，作价0.75元/股；产业投资人众享出行有条件受让星星科技转增股票0.25亿股，现金对价为0.30亿元，作价1.20元/股。

财务投资人招商平安、四川兴华鼎、众鑫筑诚合计有条件受让星星科技转增股票1.50亿股，现金对价为2.25亿元，作价1.50元/股。重整投资人合计提供资金7.05亿元。

重整完成后，星星科技控股股东将变更为立马集团或其指定主体，实际控制人将变更为应光捷、罗雪琴夫妇。重整投资人受让股份的条件包括：

（1）设定限售期。由产业投资人立马集团或其指定主体、众享出行持有的股份自受让的转增股票登记至其证券账户之日起限售36个月，财务投资人招商平安、四川兴华鼎以及众鑫筑诚持有的股份自受让的转增股票登记至其证券账户之日起限售12个月。

（2）投资建设产业园、出具业绩承诺，并根据相关承诺注入优质资产。在重整计划执行完毕并实现平稳过渡后，产业投资人立马集团或其指定主体将根据相关法律、法规的规定，并结合星星科技的发展规划，注入优质资产，同时，产业投资人也将为公司对接电动车业务以及新国标电动自行车用锂电池、新国标电动自行车充电器、整车控制单元（Vehicle Control Unit，VCU）智能中控产品和两轮电动车用充换电设施等领域资源，提升公司的持续经营能力和盈利能力。

（3）为公司提供多种形式融资支持。立马集团和/或其指定主体根据公司经营发展需要，将支持上市公司获得总额不低于10亿元的多种形式融资，包括但不限于银行贷款及定增等，用于保证上市公司发展所需资金。

（三）出资人权益调整方案

以星星科技现有总股本9.58亿股为基数，按每10股转增13.68股的比例实施资本公积转增股本，共计转增产生13.10亿股，转增完成后，星星科技的总股本由9.58亿股增至22.68亿股（最终转增的准确股票数量以中证登实际登记确认的数量为准）。

上述转增产生的13.10亿股股票不再向星星科技原股东分配，转增股票中的7.75

亿股股票将用于引进重整投资人,由投资人提供资金有条件受让,相关资金根据重整计划的规定用于支付重整费用、清偿各类债务以及补充上市公司流动资金等,剩余的 5.35 亿股用于清偿星星科技及将用于清偿星星科技及协同重整的核心子公司债务。

(四) 债权调整及受偿方案

1. 有财产担保债权调整及受偿

有财产担保债权组经管理人审核认定共 1 家债权人,为中国农业银行股份有限公司台州湾新区支行,债权金额为 1838.24 万元。

另有浙商银行股份有限公司台州温岭支行向管理人申报有财产担保,申报金额为 2050.62 万元,该笔债权的担保财产(机器设备)经债权人委员会审议通过并经债权人同意,已通过拍卖程序进行处置,变价所得在扣除相关费用后将全额向浙商银行股份有限公司台州温岭支行清偿债务。根据《最高人民法院关于适用〈中华人民共和国企业破产法〉若干问题的规定(三)》第十一条之规定,对重整计划草案进行分组表决时,权益未受到调整或影响的债权人,参照《企业破产法》第八十三条的规定,不参加重整计划草案的表决。因此,有财产担保组仅包含 1 家债权人,即中国农业银行股份有限公司台州湾新区支行。

有财产担保债权在担保财产评估价值范围内以货币形式优先受偿,未能优先受偿的部分按照普通债权调整和受偿;以星星科技的机器设备担保的债权就相关机器设备变价所得优先受偿,未能优先受偿的部分按照普通债权调整和受偿。

2. 职工债权调整及受偿

经管理人调查,已调查认定的职工债权 6326 元。因重整计划草案对职工债权不做调整,根据《最高人民法院关于适用〈中华人民共和国企业破产法〉若干问题的规定(三)》第十一条第二款之规定,不设职工债权组。

职工债权经管理人公示后,在重整计划执行期间以货币方式全额受偿。

3. 普通债权调整及受偿

普通债权组包括债权已获管理人审核认定的普通债权人共 250 家,债权数额 24.63 亿元。

普通债权经萍乡中院裁定确认后将全额受偿。每家普通债权人普通债权数额 20 万元以下(含 20 万元)的部分以货币形式全额清偿;超过 20 万元的部分,以星星科技的股票清偿,每 100 元债权可分得股票 12.5 股(资本公积转增股票抵债价格参考江苏华信资产评估有限公司出具的《江西星星科技股份有限公司拟资本公积转增股份的价值咨询报告》所估的 5.98 元/股至 9.80 元/股,按 8 元/股抵偿债务)。

4. 预计债权调整及受偿

截至重整计划草案提交之日，已向管理人申报债权中，因诉讼/仲裁未决且存在重大争议等原因暂缓确认的债权共3笔，债权申报总额为4.15亿元，均为普通债权。暂缓确认债权经萍乡中院裁定确认或者经管理人审核认定后，按照同类债权的调整和受偿方案调整和受偿。

未申报债权包括星星科技账面有记载但未申报的债权、已提起诉讼但未申报的债权以及未申报的因证券虚假陈述导致的投资者索赔。经管理人调查梳理，星星科技账面有记载但未申报的债权数额为1573.91万元；已提起诉讼但未申报的债权1笔，涉及金额402.39万元。未申报债权在重整程序终止后申报的，由星星科技负责审查，在重整计划执行完毕前不得行使权利，在重整计划执行完毕后按照同类债权的调整和受偿方案调整和受偿。对于因虚假陈述导致的投资者索赔形成的债权，按照普通债权的调整和受偿方案调整和受偿，以保障投资者的合法权利，确保相关投资者能够得到妥善的清偿安排。

5. 劣后债权调整及受偿

经管理人审查，在前述已向管理人申报债权中，有3家债权人为星星科技子公司，申报金额15.69亿元。星星科技各级子公司（除破产清算子公司外）对星星科技的债权劣后受偿，不占用偿债资源，不通过此次星星科技重整取得货币或者股票。

6. 其他债权调整及受偿

债权人与星星科技另行达成清偿协议且不损害其他债权人利益的，可视为债权人已按照重整计划的规定获得清偿。

7. 债务清偿顺序

如图2-21-3所示，模拟破产清算下普通债权清偿率是假定公司在破产清算条件下的偿债能力分析，主要来源于公司披露的偿债能力分析报告。而重组后清偿率是假定公司在重整条件下的名义清偿率。可以看出，重整后的债权清偿率比清算状态下的清偿率有一定提升。

在重整完成后，上市公司原有主营业务得以正常经营，在保留优质资产的同时消除了债务负担，能够实现持续盈利，星星科技的股票价值将得到提升，综合考虑上述因素，星星科技普通债权的清偿率为100%。

8. 协调审理

星星科技作为持股平台，主要通过核心子公司开展业务。萍乡触控、深圳精密以及星珠精密是星星科技业务板块的重要组成部分，为维持和提升星星科技的持续经营能力，需要同步化解3家核心子公司的债务危机（相关法院已裁定受理3家公司重整，其中萍乡触控及深圳精密通过实质合并方式重整）。星星科技在本次重整中将通过资本性投入、提供财务资助等方式向萍乡触控及深圳精密提供1.35亿元货币和1.91亿股股票，向星珠精密提供2854.74万元货币和653.62万股股票，用于清偿3家核心子公司债务，以保障萍乡触控、深圳精密以及星珠精密的业务以及经营性资产继续保留在星星科技体系内。

若同一笔债权，因连带保证或者连带债务等原因，债权人分别向星星科技及萍乡触控、深圳精密、星珠精密申报债权并获萍乡中院裁定确认，则该笔债权应参加主债务人重整程序并获得清偿。

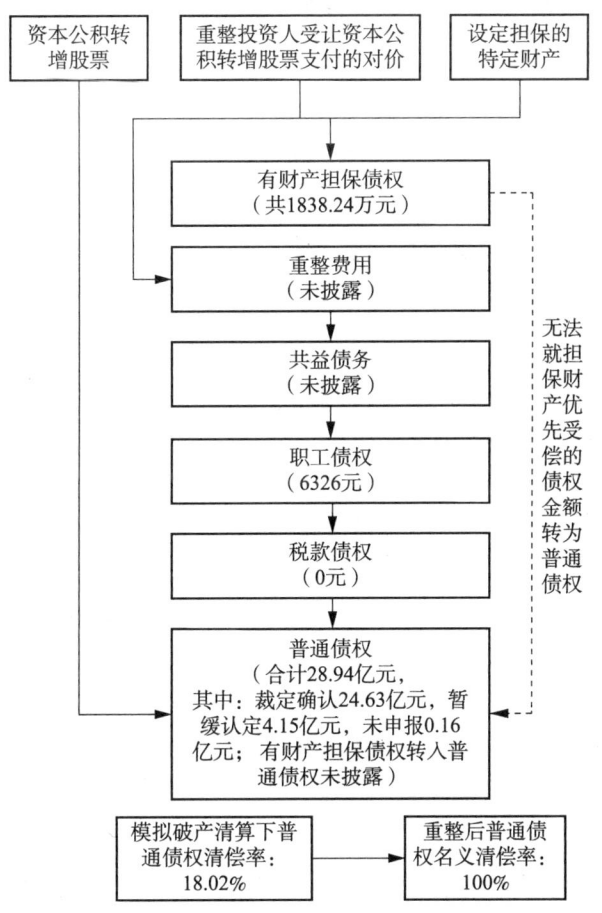

图2-21-3 星星科技债务清偿顺序示意图

（五）未来经营方案

1.整体计划

本次重整后，星星科技将在化解危机、消除债务负担后，适时、分阶段调整现有玻璃盖板、触显模组以及精密结构件的业务结构，实现业务转型，并在现有业务基础上借助产业投资人的品牌效应和行业优势，引入产业投资人的电动车业务，通过借鉴产业投资人运营机制市场化、企业管理精细化、生产制造智能化的先进经验，做强做大现有主业和电动车板块两大生产运营创利实体，实现上市公司跨越式发展。

联合产业投资人众享出行则将基于自身在技术和模式创新上的优势，在产业布局和产品创新方面赋能上市公司。众享出行及其关联公司江西猛犸电动科技有限公司拥有超过130项发明专利，主要集中在小动力锂离子电池、VCU智能中控、充换电设施、物理网和人工智能技术等领域。基于上述产品和技术的积累，众享出行将与上市公司在新国标电动自行车用锂电池、新国标电动自行车充电器、VCU智能中控产品和两轮电动车用充换电设施等领域展开合作，与星星科技现有结构件业务高度协同。

2. 现有业务规划

本次重整后，上市公司将对现有业务进行梳理，通过整合优质资源、淘汰落后产能、拓宽销售渠道、加强成本控制、强化研发创新、优化用人机制等方式对上市公司现有业务及资产进行有效处置和整合。公司将有效配置资源，聚焦具备良好盈利能力和市场前景的业务，提升公司的核心竞争力。

（1）整合优质资源，淘汰落后产能。上市公司将对现有业务发展战略进行梳理，通过逐步出售落后产线，优化资源配置，将资源聚焦于具备良好盈利能力和市场前景的业务。通过资源有效配置，改善上市公司的现有业务生产经营管理能力，优化上市公司资产结构，提高上市公司的资产质量。

（2）拓展销售渠道，发展协同业务。上市公司将坚持"以市场和客户需求为导向"的原则，高度关注市场发展趋势和产品应用领域的拓展，满足客户多元化需求，在现有客户的基础上，积极开拓新的销售渠道。上市公司将进一步加强体系内现有各公司在市场和客户资源方面的协同性，不断深化与现有优质客户在消费电子产品领域的业务合作，同时积极开拓新客户，增加优质客户群体。

（3）加强成本控制，提升管理水平。上市公司将着力提升成本控制及管理水平，提升产能利用率以及生产人员工时利用效率，降低产品生产成本，提高产品利润水平。公司将继续改善生产经营，通过进一步完善上市公司各项管理制度及实施流程，加强运营成本及各项费用的管理，提高公司经营效益，提升整体管理水平和经营效率。

（4）强化研发创新，保证产品竞争力。上市公司坚持以研发创新为导向，通过产品创新、技术创新、生产创新、管理创新，提高产品附加值和产品竞争力，提升行业地位，为客户提供更优质的产品和服务，保证上市公司业务持续平稳发展。

（5）优化用人机制，强化激励制度。上市公司将通过不断完善、优化用人机制，特别是强化激励机制来吸引优秀经营管理人才、营销人才和技术人才，建立科学的人力资源管理体系，进一步增强上市公司重整后的持续发展能力和竞争优势。

3. 电动车业务的经营方案

（1）建设电动车智能制造产业园集群。产业投资人立马集团承诺在取得6.00亿股转增股票且上市公司重整计划执行完毕之日起 12 个月内，以上市公司为主体在其注册地（萍乡经济技术开发区）投资建设电动车智能制造产业园集群，并承诺在产业园建设完成后的前 3 个完整会计年度电动车相关业务净利润累计不低于 1.20 亿元，未达到部分由立马集团和/或其指定主体在第三个完整会计年度审计报告公布后 3 个月内向上市公司以现金方式补足。在立马集团的协助下，星星科技将引入立马集团先进的全产业链电动车生产模式，导入立马集团优质的客户渠道，实现电动车业务从零到有、从有到优的跨越式发展。

（2）注入立马集团的电动车资产。在符合相关法律法规、监管规定的前提下，经证券监督管理机构（若需）及上市公司股东大会批准，在取得 6.00 亿股股票且上市公司重整计划执行完毕之日起 24 个月内，立马集团承诺将持有或控制的部分电动车资产注入上市公司，并承诺该部分资产注入前最近一个完整会计年度的净利润不低于 2000 万元。同时，在前述电动车资产注入上市公司之日起 36 个月内将立马集团实际控制的剩余电动车资产及河南立马电动车科技有限公司注入上市公司，包括立马集团及其子公司河南立马车业科技有限公司、河南立马电动车科技有限公司等。在前述承诺的资产注入上市公司前或无法完成资产注入的替代解决方案实施完成前，立马集团和/或其指定主体承诺不以任何方式主动减持本次重整取得的 6.00 亿股上市公司股票。立马集团旨在通过资产注入方式帮助上市公司快速扩大产能，实现规模效应，提升上市公司电动车产品的市场占有率，增强整体盈利能力，实现股东利益的最大化。

（3）支持上市公司融资。立马集团承诺，在取得 6.00 亿股转增股票且自上市公司重整计划执行完毕之日起 36 个月内，根据上市公司经营发展需要，将支持上市公司获得总额不低于 10 亿元的多种形式融资，包括但不限于银行贷款及定增等，用于保证上市公司发展所需资金。若立马集团无法支持上市公司完成上述融资，在上市公司确有资金缺口且无法取得外部融资的情况下，立马集团承诺将通过自有资金、自筹资金拆借（资金成本不高于中国人民银行规定的同期贷款利率标准）的方式解决上市公司面临的资金需求。

（4）寻求与联合产业投资人的业务合作：在电动车智能制造产业园集群建成后，上市公司将在新国标电动自行车用锂电池、新国标电动自行车充电器、VCU 智能中控产品和两轮电动车用充换电设施等领域寻求与产业投资者的业务合作，发挥与联合产业投资人的业务协同作用。

五、重整计划的表决与批准

（一）债权人会议表决

2022 年 7 月 28 日，萍乡中院召集召开了星星科技破产重整第一次债权人会议，并同步在工行融 e 联 - 破产清算与重整管理系统（现更名升级为小火鸟智慧破产平台）

进行网络直播。本次债权人会议表决通过了《江西星星科技股份有限公司重整计划（草案）》。

1. 有财产担保债权组

有财产担保债权组中，出席本次债权人会议的有财产担保债权人共1家，其所代表的债权金额为1838.24万元。其中出席会议并表决同意重整计划草案的债权人共1家，占出席会议的该组债权人的100%，超过本组出席会议债权人的半数；该家债权人所代表的债权金额为1838.24元，占该组债权总额的100%，超过本组债权总额的2/3。因此，有财产担保债权组表决通过重整计划草案。

2. 普通债权组

出席本次债权人会议的普通债权人共241家，其所代表的债权金额为24.63亿元。其中出席会议并表决同意重整计划草案的债权人共232家，占出席会议的该组债权人的96.27%，超过本组出席会议债权人的半数；该232家债权人所代表的债权金额为21.06亿元，占该组债权总额的85.48%，超过本组债权总额的2/3。因此，普通债权组表决通过重整计划草案。

根据《企业破产法》第八十四条第二款、第八十六条第一款之规定，《江西星星科技股份有限公司重整计划（草案）》获得本次债权人会议表决通过。

（二）出资人组会议表决

公司出资人组会议于2022年7月28日采取现场表决与网络投票相结合的方式召开。

出席本次会议的股东及股东代理人合计202人，代表公司有表决权的股份数为2.43亿股，占公司有表决权股份总数的25.39%。其中，现场出席会议的股东及股东代理人共11人，代表公司有表决权的股份数为2.01亿股，占公司有表决权股份总数的21.00%。通过网络投票出席会议的股东共191人，代表公司有表决权的股份数为4209.08万股，占公司有表决权股份总数的4.39%。

通过现场和网络投票的中小股东共201人，代表公司有表决权的股份数为9920.74万股，占公司有表决权股份总数的10.36%。其中，通过现场投票的中小股东共10人，代表公司有表决权的股份数为5711.66万股，占公司有表决权股份总数的5.96%。通过网络投票的中小股东共191人，代表公司有表决权的股份数为4209.08万股，占公司有表决权股份总数的4.39%。

总表决情况：同意2.35亿股，占出席会议所有股东所持有表决权股份总数的96.50%；反对848.41万股，占出席会议所有股东所持有表决权股份总数的3.49%；弃权3万股，占出席会议所有股东所持有表决权股份总数的0.01%。

中小股东总表决情况：同意9069.33万股，占出席会议中小股东所持有表决权股份总数的91.42%；反对848.41万股，占出席会议中小股东所持有表决权股份总数的8.55%；弃权3万股，占出席会议中小股东所持有表决权股份总数的0.03%。

综上,《江西星星科技股份有限公司重整计划(草案)之出资人权益调整方案》获得出席本次会议有表决权股份总数的 2/3 以上同意。

根据《企业破产法》及《公司法》的相关规定,《江西星星科技股份有限公司重整计划(草案)之出资人权益调整方案》获得本次出资人组会议表决通过。

(三)重整计划批准

2022 年 8 月 3 日,公司收到萍乡中院送达的民事裁定书〔(2022)赣 03 破 4 号之一〕,依照《企业破产法》第八十六条第二款之规定,萍乡中院裁定批准星星科技重整计划。

六、重整计划的执行与监督

(一)执行和监督的主体

依据《企业破产法》第九十条之规定,管理人监督星星科技执行重整计划。重整计划执行监督期限内,星星科技应当接受管理人的监督,及时向管理人报告重整计划的执行情况、公司财务状况、重大经营决策、重要资产处置等事项。

(二)执行和监督期限

重整计划执行的监督期限与重整计划执行期限相同,为自萍乡中院裁定批准重整计划之日起 2 个月。重整计划执行期限延长或者提前到期的,执行监督期限相应延长或者提前到期。重整计划执行完毕后,星星科技应向萍乡中院与管理人提交执行情况报告,确认重整计划执行完毕。

(三)执行的措施

1. 现金清偿

每家债权人以现金方式清偿的债权部分,偿债资金原则上以银行转账方式划转至债权人指定银行账户。若债权人在债权人会议召开前未提供银行账户信息,应在萍乡中院裁定批准重整计划之日起 15 日内,按照指定格式以书面方式提供领受偿债资金的银行账户信息。现金在偿债资金转入管理人银行账户 30 日内划转至债权人指定银行账户。

2. 股票分配

以股抵债股票划转至债权人指定股票账户。若债权人在债权人会议召开前未提供证券账户信息,应在萍乡中院裁定批准重整计划之日起 15 日内,按照指定格式书面提供领受分配股票的证券账户信息。股票在划转至星星科技管理人证券账户 30 日内划转至债权人指定证券账户。在以股抵债过程中，如债权人可分得的股票数量不为整数，则该债权人分得的股票数量按照"进一法"处理，即去掉拟分配股票数小数点右侧的数字后，在个位数上加"1"。股票价格涨跌风险由债权人自行承担，对于股票转到债权人指定账户前后的价格变化，星星科技和管理人不做承诺、不承担责任。

3. 预重整期间中介机构工作

预重整期间，临时管理人委托审计和评估机构提供专业服务。临时管理人委托审计机构对星星科技进行审计和财务专项核查，委托评估机构对星星科技资产进行评估并分析模拟清算状态下的偿债能力。

萍乡中院裁定受理星星科技重整案后，管理人沿用预重整期间委托的审计和评估机构，以及审计和评估机构出具的报告，不再重新委托机构进行审计和评估。

4. 关于星星科技与协同重整公司共同债权人清偿的特殊说明

若同一笔债权，因连带保证或者连带债务等原因，债权人分别向星星科技及萍乡触控、深圳精密、星珠精密申报债权并获萍乡中院裁定确认，则该笔债权应参加主债务人重整程序并获得清偿。

5. 偿债资源的分配

偿债的货币和股票原则上以银行转账、股票非交易过户的方式向债权人进行分配，需债权人按照管理人指定的格式在萍乡中院裁定批准重整计划之日起 15 日内书面提供领受偿债资源的银行账户和证券账户信息。未提供或无法通知到的债权人对应的偿债资源，管理人将按照重整计划规定提存，由此产生的法律后果由相关债权人自行承担。

非因管理人和/或星星科技原因，导致偿债资源不能到账，或因账户信息错误、账户被冻结、扣划等原因所产生的法律后果由相关债权人自行承担。

债权人通知管理人向其他主体账户内划转偿债资源的，应当提供证明文书或公证文书，并承诺该划转导致的一切风险和责任均由相关债权人自行承担。

6. 偿债资源的预留、提存和处理

预计债权将参照账面金额以及测算金额预留偿债资源，待相关条件成就时清偿。如果预留现金不足，则由其他类别债权剩余现金或剩余股票变现后进行清偿。如果仍有不足，则由重整后的星星科技依法承担。

债权人未及时领受偿债资源的，根据重整计划应向其分配的偿债资源由管理人提存。上述提存的偿债资源自重整计划执行完毕之日起满 3 年债权人仍不领受的，视为放弃领受。

债权人放弃领受的偿债资源或按照重整计划预留的偿债资源在清偿债权后仍有剩余的，剩余现金用于补充星星科技流动资金，剩余股票则按照星星科技股东大会形成的生效决议予以处置（包括但不限于变价后补充流动资金、直接注销等方式）。

7. 财产保全措施的解除

根据《企业破产法》第十九条之规定，人民法院受理破产申请后，有关债务人财产的保全措施应当解除。申请对星星科技财产采取保全措施的债权人应当在重整计划获得法院批准之日起30日内协助办理完财产保全措施的解除手续。如未能在前述规定期限内协助办理解除财产保全措施，管理人和星星科技有权向萍乡中院申请强制解除并暂缓支付、划转偿债资源。

8. 破产费用和共益债务

星星科技破产费用包括重整案件受理费和其他诉讼费、管理人执行职务的费用、管理人报酬、转增股票登记费、过户费、印花税、财产管理和变价费用、其他重整计划执行费用和其他重整费用。其中，重整案件受理费、管理人报酬以及聘请中介机构费用，按照《诉讼费用缴纳办法》、《最高人民法院关于审理企业破产案件确定管理人报酬的规定》以及合同约定支付，其他重整费用根据实际情况随时支付。

根据《最高人民法院关于审理企业破产案件确定管理人报酬的规定》，管理人报酬以债务人最终清偿的财产价值总额为基数，按照司法解释规定的比例计算。经星星科技债权人委员会审议，并经萍乡中院确认，本案管理人报酬将以债务人最终清偿的财产价值总额为基数计算，最高不超过1687.345万元。

星星科技重整期间的共益债务，包括但不限于因继续履行合同所产生的债务、为继续营业而支付的劳动报酬和社会保险费用以及由此产生的其他债务，由星星科技按照《企业破产法》的相关规定随时清偿。

9. 关于保证人和其他连带债务人

根据《企业破产法》第九十二条第三款的规定，债权人对债务人的保证人和其他连带债务人所享有的权利，不受重整计划的影响。债权人按照重整计划受偿后，对于债权未受偿部分可以要求保证人和其他连带债务人继续清偿。债务人的保证人和其他连带债务人向债权人承担清偿责任后，不得再向星星科技主张包括追偿权在内的任何权利。

重整计划以星星科技股票抵偿部分债务，以股抵债价格和相应债务全额受偿对星星科技和/或星星科技子公司具有效力。债权人取得股票后未能通过股票实际变价收入全额受偿的，股票变价后，债权人不得就未能获得清偿的余额部分向星星科技和/或其子公司追偿。

10. 转让债权的清偿

债权人在重整申请受理日2022年5月25日以后依法对外转让债权的，受让人按照原债权人根据重整计划就该笔债权可以获得的偿债资源受偿；债权人向两个以上的受让人转让债权的，偿债资源向受让人按照其受让的债权比例分配。

11. 重整投资人的变更

因客观原因导致需要变更重整投资人的，在不变更债权分类、调整和受偿方案的前提下,由管理人在请示萍乡中院许可后变更。

12. 重整计划的变更

重整计划执行过程中,因遇国家政策调整、法律修改变化、重整投资人变更等特殊情况或发生意外事件致使重整计划无法继续执行的,星星科技或管理人有权申请变更一次重整计划。变更后的重整计划在权益受到调整或影响的债权人组及/或出资人组表决通过并获得萍乡中院裁定批准后,由星星科技按照变更后的重整计划继续执行,管理人予以监督。

13. 上市公司重整计划与协同重整公司重整计划间的独立性

在星星科技重整计划获得各表决组表决通过并经法院裁定批准的基础上,星星科技将分别向进入重整程序的萍乡触控、深圳精密及星珠精密提供部分转增股票和货币以清偿其债务,实现协同统筹重整。因重整偿债资源在子、孙公司间的分配不影响星星科技本身的偿债方案,故协同重整子公司重整计划是否通过对星星科技重整计划的表决通过没有影响,重整计划间相互独立。星星科技重整计划经法院裁定批准后,即可实施资本公积转增股票,不受萍乡触控、深圳精密及星珠精密的重整结果及进度影响。

七、重整计划顺利实施的预期效果

星星科技重整计划如能顺利实施,预计将产生以下结果。

(1)上市地位得以保全。星星科技化解了公司面临的严峻退市风险,上市地位将得以维持,主营业务得以保留,财务状况得到进一步改善,提升了持续盈利能力。

(2)重整前产生的巨额负债获得妥善安排。重整投资人支付的股票对价款将用于清偿或支付星星科技及其核心子公司共益债务、破产费用,清偿星星科技及其核心子公司债务和补充星星科技流动资金,大幅降低了公司负债率,提升了资产质量和可持续发展能力。星星科技能够整合优质资源,聚焦具备良好盈利能力和市场前景的业务,提升公司的核心竞争力。

(3)进一步提升公司核心竞争力。重整完成后,随着债务危机、经营困境的化解以及重整投资人对公司业务发展的支持和优化,星星科技的基本面将发生根本性改善,将逐步恢复持续经营能力和盈利能力,重回良性发展轨道,全体出资人和债权人所持有的星星科技股票将成为真正有价值的资产,有利于保护星星科技以及全体出资人、债权人的合法权益。将对现有业务进行梳理,通过整合优质资源、淘汰落后产能、拓宽销售渠道、加强成本控制、强化研发创新、优化用人机制等方式对上市公司现有业务及资产进行有效处置和整合。公司将有效配置资源,聚焦具备良好盈利能力和市场前景的业务,提升公司的核心竞争力。

案例 22　台海核电重整案例解析①

背景

台海玛努尔核电设备股份有限公司（以下简称"台海核电"或"公司"）是一家在深交所挂牌公开交易的上市公司，其作为控股公司，通过下属核心子公司烟台台海玛努尔核电设备有限公司（以下简称"烟台玛努尔"）、烟台台海材料科技有限公司和烟台台海玛努尔智能装备有限公司主要从事高端装备机械制造业务，是我国唯一一家以核电主设备为主要产品的上市公司。公司成立于1997年11月18日，重整前总股本8.67亿股。

受国家核电行业政策调控和金融去杠杆政策影响，台海核电及烟台玛努尔等3家公司整体开工率严重不足，正常经营和业务开展受到制约；加之融资渠道受阻、资金链周转不畅等负面影响，其整体债务危机和经营危机日趋严重。因台海核电不能清偿到期债务、明显缺乏清偿能力，但具有通过重整复兴再生的可能，山东省烟台市中级人民法院（以下简称"烟台中院"）根据债权人于2021年10月13日提交的对台海核电进行重整的申请，于2022年8月18日依法裁定受理台海核电重整，并指定山东省烟台市莱山区人民法院（以下简称"莱山区法院"或"法院"）审理。2022年8月19日，烟台中院指定台海核电清算组担任公司管理人。2022年9月23日，莱山区法院通过全国企业破产重整案件信息网召开了台海核电重整第一次债权人会议。2022年11月28日，台海核电通过网络会议方式召开第二次债权人会议。2022年11月29日，莱山区法院裁定批准《台海玛努尔核电设备股份有限公司重整计划》。2022年12月23日，莱山区法院裁定确认重整计划执行完毕，终结公司重整程序。该案例是我国首个核电主设备制造业上市公司破产重整案。

方案要点

1. 出资人权益调整

以台海核电原有总股本8.67亿股为基数，按照每10股转增14股的比例实施资

---

① 本案例解析的内容主要根据台海玛努尔核电设备股份有限公司于2022年11月30日公布的《台海玛努尔核电设备股份有限公司重整计划》整理而成。

本公积转增股票,共计转增 12.14 亿股股票。转增后,台海核电总股本将由 8.67 亿股增至 20.81 亿股(最终转增的准确股票数量以中证登深圳分公司实际登记确认的数量为准)。

前述转增股票不向原股东分配。转增股票中 2.93 亿股配给台海核电及烟台玛努尔等 3 家公司的债权人用于清偿债务,9.21 亿股用于引入重整投资人,由重整投资人有条件受让。

2. 债权清偿方案

普通债权调整及受偿。每家普通债权人 20 万元以下(含 20 万元)的债权部分,将由台海核电在重整计划执行期间以现金方式清偿。每家普通债权人超过 20 万元的债权部分,按照 14.00 元/股的抵债价格获得相应数量的转增股票,即每 100 元普通债权分得 7.14 股的台海核电股票,该部分债权视为 100% 清偿。

3. 引入重整投资人

经过公开招募,青岛军民融合发展集团有限公司(以下简称"融发集团")被选定为产业投资人参与台海核电重整,融发集团作为产业投资人拟以 12.02 亿元有条件受让公司 5.62 亿股转增股票,占转增后公司总股本的 27%。产业投资人融发集团承诺受让股份的锁定期为 36 个月。

2022 年 11 月 28 日,台海核电、管理人与财务投资人宁波梅山保税港区璐银投资中心(有限合伙)(以下简称"璐银投资")、烟台盛泉投资控股有限公司(以下简称"盛泉投资")、重庆国际信托股份有限公司(以下简称"重庆信托",代表重庆信托·台核 1 号单一资金信托)、烟台鸿图一号投资合伙企业(有限合伙)(以下简称"鸿图一号")、烟台瑞好投资管理合伙企业(有限合伙)(以下简称"烟台瑞好")、德富海(烟台)投资合伙企业(有限合伙)(以下简称"德富海投资")、上海嘉勋商务咨询合伙企业(有限合伙)(以下简称"上海嘉勋")、丁建阳分别签署了重整投资协议,财务投资人拟以合计现金对价 11.85 亿元,有条件受让 3.59 亿股转增股票。财务投资人承诺受让股份的锁定期为 12 个月。

4. 协调审理

台海核电作为控股公司,主要通过烟台玛努尔等 3 家核心子公司开展业务经营,为有效化解台海核电的退市风险,需要同步整体化解烟台玛努尔等 3 家核心子公司的债务危机。因此,本次重整过程中,台海核电将通过资本性投入、提供财务资助等方式向烟台玛努尔等 3 家核心子公司提供 4.96 亿元现金、2.35 亿股股票用于清偿烟台玛努尔等 3 家核心子公司的债务。

一、公司基本信息

(一)公司及业务简介

台海核电成立于1997年11月18日,曾用名为四川丹甫制冷压缩机股份有限公司、四川丹甫制冷压缩机有限责任公司。经中国证监会批准,公司股票于2010年3月12日在深交所挂牌上市。公司注册地址为四川省青神县黑龙镇,办公地址为山东省烟台市莱山经济开发区恒源路6号,登记机关为眉山市市场监督管理局,重整前总股本8.67亿股,法定代表人为王雪欣。

台海核电作为控股公司,通过下属核心子公司烟台玛努尔等3家公司主要从事高端装备机械制造业务,是我国唯一一家以核电主设备为主要产品的上市公司。

根据公司重整申请前2021年年度报告,合并报表下实现了4.08亿元的营业收入,但营业成本高达4.48亿元,毛利率–9.81%,公司净利润为–8.62亿元,净利率–211.27%。

(二)重整前股权架构

如图2-22-1所示,截至2022年6月30日,台海核电的股本总数为8.67亿股,公司控股股东为烟台市台海集团有限公司。

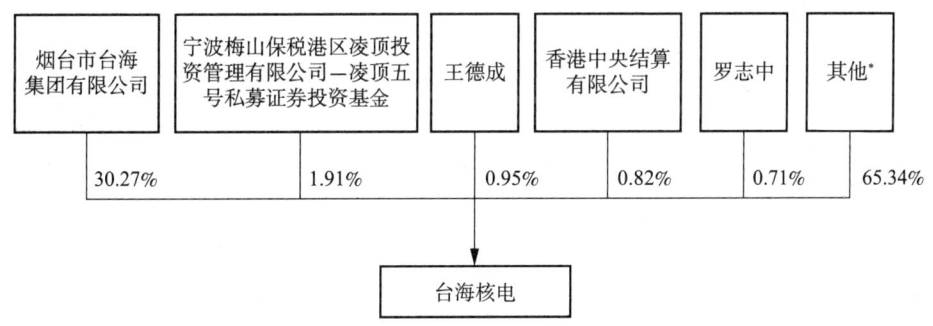

图2-22-1 台海核电重整前股权架构

注:其他指持股比例少于0.70%的其他和自然人。

二、资产负债情况

(一)资产负债情况总览

表2-22-1 台海核电资产负债情况

资产/债权类型	资产(亿元)	负债(亿元)	净资产(亿元)	资产负债率(%)
账面价值/债权金额	41.98	27.51	14.47	65.53
评估清算价值/债权金额	0.52	27.51	–26.99	5290.38

如表 2-22-1 所示，截至评估基准日 2022 年 8 月 18 日，台海核电账面资产总额为 41.98 亿元。根据评估机构出具的资产评估报告，鉴于台海核电的核心资产为对烟台玛努尔等 3 家公司的长期股权投资及其他应收款，在烟台玛努尔等 3 家公司进入重整程序的情况下，相关资产回收及变现存在重大不确定性，截至评估基准日，台海核电的资产评估价值为 0.52 亿元。

截至 2022 年 10 月 18 日，债权人向管理人申报有财产担保债权 2.64 亿元、税款债权共计 644.98 万元、普通债权共计 23.15 亿元。

管理人初步审查确认的普通债权 24.33 亿元，其中包括属于劣后债权的 0.11 亿元应当加倍支付的迟延履行期间利息；税款债权 450.33 万元。

经管理人调查公示，台海核电的职工债权金额为 878.12 万元。

已向管理人申报债权中，因涉及未决诉讼、需要补充证据材料等原因尚未审查确认的债权金额为 0.10 亿元；债务人账面记载或已知悉，但债权人未依法申报债权的金额为 3.05 亿元。

综上，根据债权申报与审查情况、管理人对职工债权的调查情况以及公司债务信息等，台海核电负债总额为 27.51 亿元。

（二）债权分类

根据《企业破产法》的规定及债权审查情况，台海核电的债权将分为职工债权、税款债权和普通债权三类。

1. 职工债权

经管理人调查公示，台海核电的职工债权金额为 878.12 万元。

2. 税款债权

管理人初步审查确认的税款债权 450.33 万元。

3. 普通债权

管理人初步审查确认的普通债权 24.33 亿元，其中包括属于劣后债权的 0.11 亿元应当加倍支付的迟延履行期间利息。

4. 其他债权

已向管理人申报债权中，因涉及未决诉讼、需要补充证据材料等原因尚未审查确认的债权金额为 0.10 亿元。

债务人账面记载或已知悉，但债权人未依法申报债权的金额为 3.05 亿元。

（三）偿债能力分析

为给债权人会议表决重整计划提供必要参考，管理人委托评估机构对台海核电在假设破产清算条件下的清偿能力进行了分析，并出具偿债能力分析报告。如台海核电破产清算，假定全部资产能够按预计的资产评估价值变现，按照《企业破产法》规定的清偿顺序，破产财产变现所得在支付或清偿破产费用、共益债务、职工债权、税款债权后，普通债权清偿率为0.25%。

三、重整基本情况

（一）重整背景

2021年，由于受到宏观经济下行、市场波动较大等因素的影响，台海核电面临资金流动性困难，资金周转压力较大，已经出现不能清偿到期债务的情形，台海核电及体系内核心子公司债务危机和经营危机逐步显现。

因2021年度经审计的期末净资产为负值，上市公司股票自2022年5月6日起被实施退市风险警示。因年审会计师对台海核电2021年度财务报告出具的审计报告显示上市公司持续经营能力存在不确定性，且上市公司自2019—2021年度连续3个会计年度扣除非经常性损益净利润均为负值，上市公司股票自2022年5月6日起被叠加实施其他风险警示。因此，台海核电亟须在2022年内通过重整程序对资产和债务进行彻底重组，以解决上市公司存在的严重债务危机和经营危机，恢复持续经营能力，进而化解台海核电面临的严峻退市风险。

（二）预重整/重整申请情况

2021年10月13日，债权人青岛融发融资租赁有限公司（以下简称"青岛融发"）以台海核电不能清偿到期债务，且明显缺乏清偿能力为由，向烟台中院申请对台海核电进行重整。

（三）重整申请受理情况

烟台中院于2022年8月18日做出民事裁定书〔（2022）鲁06破申13号〕，裁定受理台海核电重整案，并指定莱山区法院审理，莱山区法院于2022年8月19日指定台海核电清算组担任管理人，负责重整期间的相关工作。

（四）重整管理模式

债务人自行管理财产和营业事务。

（五）重整大事记

2021年10月13日，债权人青岛融发向烟台中院提出重整申请。

2022年8月18日，烟台中院送达民事裁定书〔（2022）鲁06破申13号〕，裁定受理对公司的破产重整申请，并指定莱山区法院审理。

2022年8月19日，烟台中院指定台海核电清算组担任公司管理人，并且莱山区法院准许公司在重整期间继续营业，以及在管理人的监督下自行管理财产和营业事务。

2022年9月8日，公司收到管理人发送的《台海玛努尔核电设备股份有限公司重整投资人招募公告》，公开招募重整投资人。

2022年9月23日，莱山区法院通过全国企业破产重整案件信息网召开了台海核电重整第一次债权人会议。

2022年11月25日，台海核电及管理人与融发集团签署了重整投资协议。

2022年11月28日，台海核电、管理人与财务投资人璐银投资、盛泉投资、重庆信托（代表重庆信托·台核1号单一资金信托）、鸿图一号、烟台瑞好、德富海投资、上海嘉勋、丁建阳分别签署了重整投资协议。

2022年11月28日，台海核电通过网络会议方式召开第二次债权人会议。

2022年11月29日，莱山区法院做出民事裁定书〔（2022）鲁0613破3号〕，裁定批准《台海玛努尔核电设备股份有限公司重整计划》。

2022年12月23日，莱山区法院做出民事裁定书〔（2022）鲁0613破3号之二〕，裁定确认重整计划执行完毕，终结台海核电重整程序。

四、重整计划的主要内容

（一）重整思路概述

如图2-22-2所示，重整计划的主要思路为：

（1）对出资人权益进行调整，以台海核电现有总股本为基数，按照每10股转增14股的比例实施资本公积转增股票，共计转增12.14亿股股票。转增后，台海核电总股本将由8.67亿股增至20.81亿股（最终转增的准确股票数量以中证登深圳分公司实际登记确认的数量为准）。前述转增股票不向原股东分配，全部在管理人的监督下按照重整计划的规定进行分配和处置。其中，5.62亿股股票由产业投资人有条件受让，产业投资人向台海核电支付受让转增股票现金对价12.02亿元；3.59亿股股票由财务投资人有条件受让，财务投资人合计向台海核电支付受让转增股票现金对价11.85亿元；转增股票中的2.93亿股用于通过以股抵债的方式清偿债务。其中，0.58亿股将分配给台海核电债权人用于清偿债务；2.35亿股将通过资本性投入、提供财务资助等方式，提供给烟台玛努尔等3家公司用于向其债权人分配以清偿债务。

（2）公司将保持核装备制造的主营业务，通过重整投资人注入流动资金、置入优质资产、提供业务资源支持，及采取加强内部管控、降低成本费用等一系列措施，从根本上改变公司生产经营，实现高效有序的经营状态，增强公司持续经营能力和盈利能力。

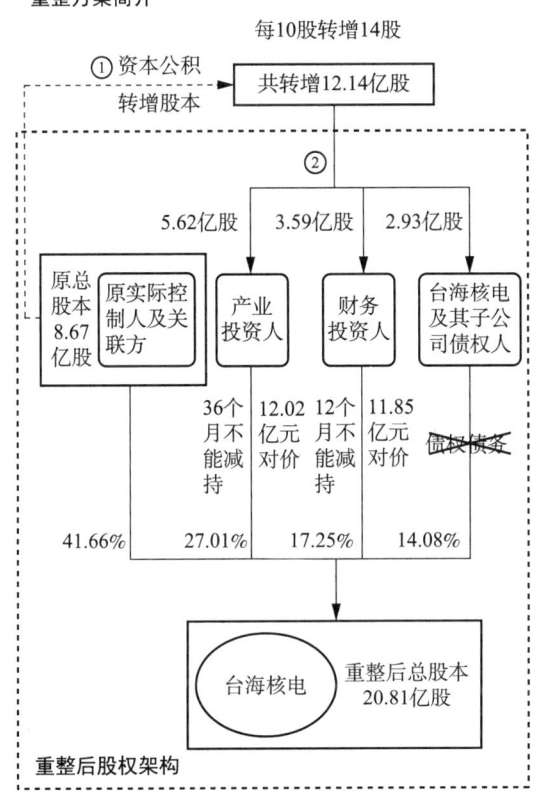

图 2-22-2　台海核电重整方案示意图

（二）投资人及投资方案介绍

1. 产业投资人

2022 年 11 月 25 日，台海核电、管理人与产业投资人融发集团签署了重整投资协议。融发集团成立于 2014 年 4 月 10 日，注册资本 23.77 亿元，由青岛经济技术开发区投资控股集团有限公司 100% 持股。融发集团的实际控制人为青岛西海岸新区国有资产管理局。根据重整投资协议的安排，待公司重整完成后，融发集团将持有公司 27% 的股权。

产业投资人融发集团拟有条件受让 5.62 亿股转增股票，受让条件包括：

支付现金对价 12.02 亿元。

烟台玛努尔拟通过公开拍卖的方式处置浮动堆等项目相关资产，产业投资人承诺以不低于截至 2022 年 9 月 30 日的账面净值兜底承接前述资产。

产业投资人将利用在产业、资金、市场等方面的优势与台海核电形成互补，尽快恢复和增强台海核电的持续经营和盈利能力。具体包括：第一，积极参与台海核电的经营管理，为台海核电的业务经营提供更高水平的管理支撑；第二，利用国有股东身份，整合、优化台海核电现有经营业务，在符合监管规则的前提下，在重整完成后1年内启动相关优质资产注入工作，全面提升台海核电整体业务实力；第三，在提升公司融资能力等方面发挥股东作用。

产业投资人承诺受让股份的锁定期为36个月，在取得股份之日起36个月内不转让或者委托他人管理其直接和间接持有的上市公司股份。

2. 财务投资人

2022年11月28日，台海核电、管理人与财务投资人璐银投资、盛泉投资、重庆信托（代表重庆信托·台核1号单一资金信托）、鸿图一号、烟台瑞好、德富海投资、上海嘉勋、丁建阳分别签署了重整投资协议。财务投资人合计受让台海核电转增股票3.59亿股，受让条件包括：

合计支付现金对价11.85亿元。

财务投资人将充分利用在资金、市场等方面的优势，为台海核电未来经营发展提供融资支持。

财务投资人承诺受让股份的锁定期为12个月，在取得股份之日起12个月内不转让或者委托他人管理其直接和间接持有的上市公司股份。

重整投资人合计提供资金23.87亿元，主要用于支付执行重整计划所需各项费用、清偿台海核电及其核心子公司的债务、提供流动性支持、实施产业升级方案、购买优质经营性资产等。

（三）出资人权益调整方案

以台海核电现有总股本为基数，按照每10股转增14股的比例实施资本公积转增股票，共计转增12.14亿股股票。转增后，台海核电总股本将由8.67亿股增至20.81亿股（最终转增的准确股票数量以中证登深圳分公司实际登记确认的数量为准）。

前述转增股票不向原股东分配。转增股票中2.93亿股股分配给台海核电及烟台玛努尔等三家公司的债权人用于清偿债务，9.21亿股用于引入重整投资人，由重整投资人有条件受让。

（四）债权调整及受偿方案

1. 职工债权调整及受偿

经管理人调查公示，台海核电职工债权金额878.12万元。职工债权不做调整，由台海核电在重整计划执行期间以现金方式全额清偿。

2. 税款债权调整及受偿

经管理人调查公示，台海核电税款债权金额为450.33万元。税款债权不做调整，由台海核电在重整计划执行期间以现金方式全额清偿。

3. 普通债权调整及受偿

经管理人初步审查确认的台海核电普通债权为 24.33 亿元，其中包括属于劣后债权的 0.11 亿元应当加倍支付的迟延履行期间利息；申报债权性质为普通债权但尚未审查确认的债权 0.10 亿元。

每家普通债权人 20 万元以下（含 20 万元）的债权部分，将由台海核电在重整计划执行期间以现金方式清偿。

每家普通债权人超过 20 万元的债权部分，按照 14.00 元 / 股的抵债价格获得相应数量的转增股票，即每 100 元普通债权分得 7.14 股台海核电股票（若股数出现小数位，则去掉拟分配股票数小数点右侧的数字后，在个位数上加"1"），该部分债权视为 100% 清偿。

对于劣后债权，重整计划执行期间暂不清偿，在重整计划执行完毕公告之日起满 3 年后，根据重整计划中预留偿债资源届时的执行情况，可按照普通债权的受偿方案清偿。

4. 债务清偿顺序

如图 2-22-3 所示，模拟破产清算下普通债权清偿率是假定公司在破产清算条件下的偿债能力分析，主要来源于公司披露的偿债能力分析报告。而重组后清偿率是假定公司在重整条件下的名义清偿率。可以看出，重整后的债权清偿率比清算状态下的清偿率有一定提升。

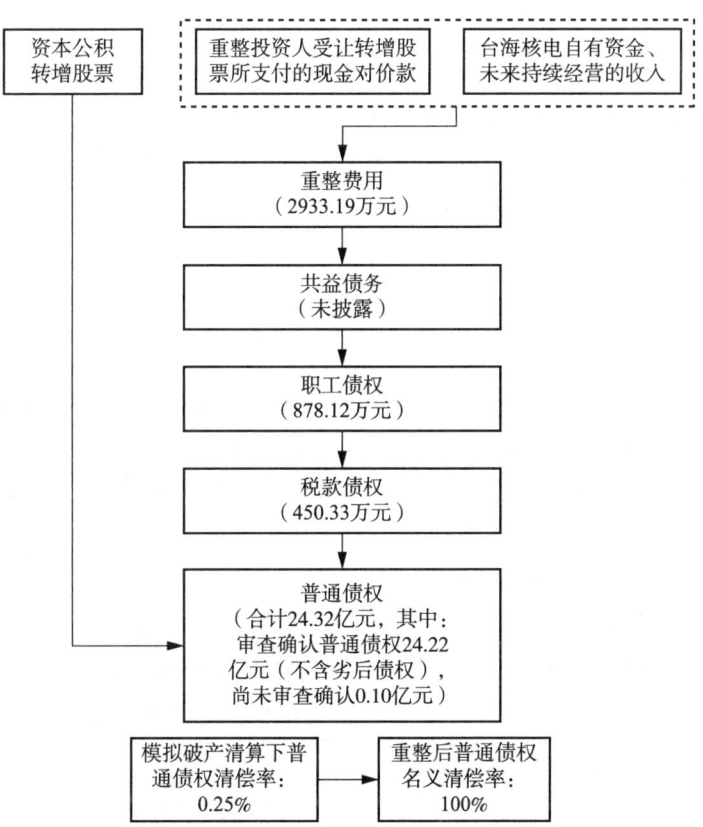

图 2-22-3 台海核电债务清偿顺序示意图

重整完成后，上市公司原有主营业务得以正常经营，在保留优质资产的同时消除了债务负担，能够实现持续盈利，台海核电的股票价值将得到提升，综合考虑上述因素，台海核电普通债权的清偿率为100%。

5. 协调审理

台海核电作为控股公司，主要通过烟台玛努尔等3家公司开展业务经营，为有效化解台海核电的退市风险，维持和提升台海核电的持续经营能力，需要同步整体化解烟台玛努尔等3家公司的债务危机。因此，在依法依规且不损害债权人权益的前提下，本次重整过程中，台海核电将通过资本性投入、提供财务资助等方式向烟台玛努尔等3家公司提供4.96亿元现金、2.35亿股股票用于清偿烟台玛努尔等3家公司的债务。

（五）未来经营方案

台海核电将通过重整程序引入在企业管理、与公司业务协同、资源支持等方面有明显背景优势的重整投资人。在实现重整投资人对台海核电的战略投资之后，公司将保持核装备制造的主营业务，通过重整投资人注入流动资金、置入优质资产、提供业务资源支持，以及加强内部管控、降低成本费用等一系列措施，从根本上改变公司生产经营，实现高效有序的经营，增强公司持续经营能力和盈利能力。

1. 公司业务及产业政策优势

台海核电及其子公司主营业务为高端装备机械制造业务，为核电、能源、电力、石化、冶金等行业及国防提供重大技术装备、高新部件和技术服务。历经多年的奋斗历程，建立健全了完善的核电装备材料研发和生产制造体系，在核岛主管道设备、核后处理装备这一细分市场，处于国内外领先地位。

核电产业发展的政策机遇。核电设备属于核电产业链，与传统化石能源相比，核电碳排放量更低且不会面临资源枯竭的风险，是能源消费大国应对低碳能源经济的上佳选择。自碳中和目标提出以来，国家陆续出台多项政策，在确保安全的前提下积极有序发展核电。2022年8月25日，《国务院关于支持山东深化新旧动能转换推动绿色低碳高质量发展的意见》明确提出，促进非化石能源大规模高比例发展。在确保绝对安全的前提下在胶东半岛有序发展核电，推动自主先进核电堆型规模化发展，拓展供热、海水淡化等综合利用。山东省亦在"十四五"规划和2035远景目标中明确大力发展新能源和可再生能源、氢能，拓展外电入鲁通道，推动核电、海上风电项目建设。按照国家和山东省战略部署，未来10年，以烟台为中心的山东半岛地区将建成6个核电项目基地，规划装机4000万千瓦，涉及三代核电技术AP1000、中国自主研发的三代核电技术华龙一号、国和一号，以及高温气冷堆等四种主流技术，将形成核电项目集约化、规模化建设的局面。

核电设备市场成长空间充分。根据中国核能行业协会数据，2022年1月至6月，全国累计发电量为39631.1亿千瓦时，运行核电机组累计发电量为1989.99亿千瓦时，仅占全国累计发电量的5.02%，未来成长空间充分。对标核电设备领域，我国核电设备市场规模将随着我国核电产业重启而扩大，我国核电设备市场规模预计在2025年达到4732亿元，2021年至2025年的复合增长率为3.77%。参考山东省核电规划，随着省内六大核电基地的建设，每个厂址规划6台机组的规模。除已建设或采购的石岛湾国核一号2台机组、海阳AP1000项目4台机组外，省内核电可能释放2250亿~2700亿元核岛主设备采购订单。核一级铸锻件材料占核岛主设备价值的60%~80%，预计山东省内核电项目将形成1600亿~1900亿元铸锻件材料的市场需求。除山东省外，如按照年均新开工4~6台机组核算，预计年均核岛主设备市场需求310亿元，同时形成年均采购220亿元铸锻件材料的市场规模。台海核电及核心子公司作为山东省唯一的核一级主设备及材料生产制造企业，已获得山东省各级政府的大力支持，对于未来在山东建设的核电项目，台海核电将在供货竞争中具备先发优势。

2. 经营发展规划

深耕区域市场、细做储备订单、提高市场占有率。山东省围绕新旧动能转换任务，确定了可再生能源与核电占比达到1/3的电力结构调整目标，将核电作为提升能源发展质量的主攻方向。烟台作为山东半岛的中心城市之一，处于环渤海地区非地震带，拥有优质的核电厂址资源。台海核电历经多年技术积累，已经形成了核心产品系列，本次重整完成后将继续加强科研技术队伍建设，扩大与科研院所合作范围，利用重整投资人的资金实力加大技术开发投入，借鉴国外先进科研研发管理经验，形成自主完善的技术创新体系。另外，加快公司技术改造步伐，结合公司创新技术，将世界一流先进和极限制造成形技术引进消化并吸收，形成产业能力和市场竞争能力。

推动重大科研产品转化、实现核心拳头产品多元化。

（1）稳定输出锻件产品，形成稳定的营业收入。重整投资人与公司共同投资的环轧项目及智能装备制造基地项目建成投产后，将为公司提供稳定的锻件毛坯市场订单。公司将持续为大型薄壁大直径筒节等特种重型高端锻件提供前端毛坯，主要产品包括加氢反应器环轧筒体锻件、海上风电环轧锻件等，在大型石化容器锻件、大型核电锻件、大型风电项目锻件等特种产品锻件领域具有广泛的应用，将形成上市公司稳定的业务领域。

（2）积极争取项目订单，推动科研产品转化。台海核电多年来积极推进装备产品的拓展，重整后在发展资金充足的情况下，将进一步实施从核电主管道的单一产品供应商，向覆盖核一级泵阀铸件、核一级容器类锻件、核一级支撑类锻件、核一级主泵锻件、核一级铸造主管道设备、核一级锻造波动管设备等核一级材料、零部件及装备持证资质最全的目标发展。随着技改的投产，技术领先优势将逐步显现，在核电项目建设集中重启的市场背景下，积极争取核电项目主设备关键零部件大量订单，全面恢复造血功能。

此外，公司前期研发的FB2转子锻件、风电主轴锻件、阀箱锻件等专业产线项目，均为火电、风电、石化等行业中的高附加值产品。公司将积极拓展风电、火电、石化、海工装备等市场，推动专业产线产品的订单化生产。

（3）积极探索核电发展新方向。我国能源转型的深入推进，对核能多用途发展提出了更高要求，先进堆型示范呈现出积极发展的态势。小型化、更安全、更经济是核能发展的方向之一。公司积极探索四代堆型，如高温气冷堆、铅冷快堆等的多用途发展和综合利用，开展新堆型主设备制造科研和产业化，实现产品多元化和持续化拓展。

（4）实施技术改造，形成专业化的拳头产品。重整完成后，通过注入流动资金，适时启动特种材料技术改造项目，完成制造能力提升，满足核能市场迫切需求及特种产品任务需要，推进低成本、高品质、规模化特种材料和关键部件制造体系搭建，制造能力逐步覆盖重大装备更全配套范围、更高附加值产品，打造以超超临界转子、油气阀箱等专业产线和环轧、模锻等特种工艺产品服务于民用石化、清洁能源、海工装备制造为基础，以核电装备等制造为特色的金字塔型产品结构。

从产业链中游装备制造向产业链两端延伸。

台海核电在充分发挥产能，保障企业正常经营的同时，还应发挥企业研发平台和技术储备的核心优势，打造我国重大装备特种材料和关键零部件制造基地。通过产能的进一步提升，培育和巩固核反应堆设备，整合上下游资源，打造"原材料＋材料＋部件＋装备"全要素清洁能源、特种装备的高端设备集成平台。

公司将发挥自身技术优势和质量体系建设经验，合理规划产线和线下试验检测能力，在重大装备和先进材料实验、计量、检测方面为相关任务提供社会化保障以及第三方质检服务。

公司将发挥自身区位优势，充分利用山东省的核电项目建设资源优势，利用烟台地区大力发展建设核电装备制造产业的契机，积极参与山东省核电产业链的材料研发、装备制造及系统集成的任务，逐步实现从零部件制造向装备集成的延伸。

3. 全面优化公司治理结构，提高运营效率

（1）优化公司治理结构。重整成功后的台海核电将更加注重规范化、标准化、精细化管理，通过组织架构调整、人才引进与培养、股权激励、管理模式创新、运营成本降低、风控体系完善等举措提升管理水平与运营效率。此外，建立科学高效的决策机制，实现公司决策的程序性、效率性、优质性、长效性；打造符合公司特性的专属企业文化，通过企业文化培养团队的服务意识、成长意识，推动公司持续、健康、快速地向深层次发展和提升。

（2）完善财务管理及内控制度。本次重整完成后，公司将进一步完善财务制度流程，尤其是资金管理、融资管理等制度流程，加强上市公司对各子公司的财务管理。同时，完善内部控制制度，加强内部控制监督，修订和完善各项内部控制制度，健全完善内部控制体系，全面优化内部审计部门的建设，严格规范公司内部审计及内部控制管理工作，并建立持续监督核查机制，以便及时发现内部控制缺陷并及时加以改进，保证内部控制的有效性，确保公司持续规范运作。

（3）加强人力资源管理。核电专用设备制造业具有很强的专业性、核电知识迭代迅速，优秀的技术和管理人员是公司的宝贵财富。重整完成后，随着公司业务的恢复和业务规模的扩大，将需要更多的高水平科研人才、项目营销人员和管理人才。公司将把提高员工素质和引进高层次人才作为企业发展的重要战略之一，完善人才的培养、引进和激励机制，努力加强人才梯队建设，尊重员工的创造力，以具有竞争力的薪资待遇、良好的工作环境与发展机遇吸引并留住人才。同时，公司将继续积极加强对员工的内部培训，建立起能够适应公司管理和未来发展需要的高水平、高素质的员工队伍。

（4）改善公司资金流动性、修复融资功能。重整投资人将向台海核电注入现金流，除部分用于偿付重整所需的费用及债务外，资金主要用于公司技术改造、促进产品生产线投产运营、补充上市公司及核心子公司流动性等，为后续产业发展提供强势支撑；通过重整债务清偿，大幅降低资产负债率，优化资本结构和基本面；后续通过经营业绩改善修复现金造血能力，依托上市公司控股股东或核心股东的品牌背书，凭借上市公司在资本市场的募资优势，多渠道募资降低融资成本，修复融资功能。

五、重整计划的表决与批准

（一）债权人会议表决

台海核电第二次债权人会议于 2022 年 11 月 28 日上午 9 时 30 分通过网络会议方式召开。

因税款债权和职工债权未受到调整，依据《最高人民法院关于适用〈中华人民共和国企业破产法〉若干问题的规定（三）》第十一条第二款之规定，税款债权组和职工债权组不参加重整计划草案的表决，本次债权人会议由台海核电普通债权组对重整计划草案进行表决。具体表决情况如下：参加重整计划草案表决的享有表决权的普通债权人共 37 家，其所代表的普通债权金额为 20.57 亿元。其中同意重整计划草案的普通债权人 32 家，占出席会议的普通债权人数量的 86.49%；其所代表的普通债权额为 19.60 亿元，占普通债权总额 24.37 亿元的 80.43%。

根据《企业破产法》第八十四条第二款、第八十六条第一款之规定，《台海玛努尔核电设备股份有限公司重整计划（草案）》获得本次债权人会议表决通过。

（二）出资人组会议表决

公司出资人组会议于 2022 年 11 月 28 日采取现场投票与网络投票相结合的方式召开。

出席出资人组会议现场会议的股东及股东代理人共3名，代表有表决权股份2.62亿股，占有表决权股份总数的30.27%。根据深圳证券信息有限公司提供的数据，在网络投票时间内通过网络投票系统投票的股东共17名，代表有表决权股份0.29亿股，占有表决权股份总数的3.29%。前述参加网络投票的股东资格已由深交所交易系统和互联网投票系统进行认证。

总表决情况：同意2.91亿股，占出席会议所有股东所持有表决权股份总数的100%。

中小股东总表决情况：同意0.29亿股，占出席会议中小股东所持有表决权股份总数的100%。

根据表决结果，本次出资人组会议审议的《台海玛努尔核电设备股份有限公司重整计划（草案）之出资人权益调整方案》已获通过。

因台海核电第二次债权人会议普通债权组表决通过了重整计划草案，出资人组会议也表决通过了《台海玛努尔核电设备股份有限公司重整计划（草案）之出资人权益调整方案》，根据《企业破产法》第八十四条、第八十五条、第八十六条的相关规定，管理人于2022年11月28日依法向莱山区法院提交裁定批准重整计划的申请。

（三）重整计划批准

2022年11月29日，公司收到了莱山区法院送达的民事裁定书〔（2022）鲁0613破3号〕，裁定批准重整计划。

六、重整计划的执行与监督

（一）执行和监督的主体

重整计划由债务人台海核电负责执行。管理人负责监督重整计划的执行。

（二）执行和监督的期限

重整计划的执行期限自法院裁定批准重整计划之日起计算，台海核电应于2023年4月30日前执行完毕。在此期间，台海核电应当严格依照重整计划的规定清偿债务，并随时支付重整费用。重整计划执行的监督期限与重整计划执行期限相同，自重整计划获得法院裁定批准之日起计算。

（三）执行的措施

1. 关于债权清偿原则的特殊说明

债权人基于同一法律事实形成的债权向同处于破产程序的主债务人、保证人或其他连带债务人均申报债权且债权获得法院裁定确认的，在任一主体的重整程序中获得

100%清偿后，其他相关方将不再承担清偿责任。在台海核电与烟台玛努尔等3家公司破产重整程序中同时享有主债权与保证债权或同时享有保证债权的，优先在烟台玛努尔等3家公司的重整程序中受偿。

2. 重整计划的生效条件

重整计划依据《企业破产法》第八十四条至第八十七条之规定，由台海核电债权人会议、出资人组会议表决通过并经莱山区法院裁定批准后生效，或者债权人会议、出资人组会议表决虽未通过但经莱山区法院裁定批准后生效。

重整计划生效后，对台海核电、台海核电的全体股东、台海核电的全体债权人、重整投资人等均具有法律约束力，且重整计划对相对方权利义务的规定效力及于该项权利义务的承继方和受让方。

3. 偿债资源的分配

偿债资金和股票原则上以银行转账、股票划转的方式向债权人进行分配，尚未提供受领偿债资源的银行账户、证券账户的债权人，应在重整计划获莱山区法院裁定批准后10日内按照管理人指定格式书面提供受领偿债资源的银行账户、证券账户信息；未提供以及无法通知到的债权人将提存其分配额，由此产生的法律后果和市场风险由相关债权人自行承担。

因债权人自身和/或其代理人、关联方的原因，导致偿债资源不能到账，或因账户信息错误，账户被冻结、扣划等原因所产生的法律后果和市场风险由相关债权人自行承担。

债权人可以指令将偿债资源划转至债权人指定的、由该债权人所有/控制的账户或其他主体所有/控制的账户内，但因该指令导致偿债资源不能到账，以及由该指令导致的法律后果和市场风险由相关债权人自行承担。

根据《企业破产法》第九十二条第二款之规定，未申报债权在重整计划执行期间不得行使权利，在重整计划执行完毕后，经确认的债权依重整计划规定的同类债权受偿方式获得清偿。未申报债权的债权人在重整计划执行完毕之日起3年内未向债务人主张权利的，则视为放弃获得清偿的权利，不再参与偿债资源分配。根据《企业破产法》第五十六条之规定，为审查和确认补充申报债权的费用，由补充申报人承担。

重整计划项下提供给烟台玛努尔等3家公司用于向其债权人分配以清偿债务的转增股票，将根据烟台玛努尔等3家公司执行重整计划的需要，直接划转至烟台玛努尔等3家公司债权人自行开立的证券账户内。如仍有未尽事宜，以台海核电管理人和烟台玛努尔等3家公司管理人最终协商确认的意见为准。

4. 重整费用的支付、共益债务的清偿

在重整期间及重整计划执行期间发生的案件受理费、管理人聘请其他中介机构的

费用、转增股票登记及股票过户税费、管理人执行职务费用等各项重整费用，根据实际发生数额以台海核电财产按照重整计划规定、合同约定或重整计划执行实际情况随时支付。依据《最高人民法院关于审理企业破产案件确定管理人报酬的规定》及管理人报酬方案计算的管理人报酬，由法院最终确定后支付。重整费用预估合计 2933.19 万元，其中管理人执行职务费用及办理股票转增等产生的重整费用预估资金为 1421.30 万元，管理人报酬 1046.89 万元，聘请评估、财务顾问及网络会议服务机构等中介机构费用 435 万元，以及重整案件受理费 30 万元。

台海核电重整期间的共益债务，包括但不限于因继续履行合同所产生的债务、为继续营业支付的劳动报酬和社会保险费用以及由此产生的其他债务，由台海核电按照《企业破产法》相关规定随时清偿。

5. 偿债资源的预留、提存及处理

已经法院裁定确认的债权人未按照重整计划的规定受领分配的偿债资源的，根据重整计划应向其分配的偿债资源将提存至管理人指定的银行账户或证券账户，提存的偿债资源自重整计划执行完毕之日起满 3 年，因债权人自身原因仍不受领的，视为放弃受领的权利。重整计划执行人应当将提存的偿债资源在扣除相关费用后，用于清偿劣后债权，清偿后仍有剩余的，剩余的偿债资金将用于补充公司流动资金，剩余的偿债股票可由重整计划执行人按照相关法律法规及监管要求，采取注销、在二级市场出售变现补充公司流动资金等方式进行安排。

对于预计债权，以最终确认的债权金额为准，按照重整计划规定的同类债权受偿方案受偿。按照重整计划已预留的偿债资源在清偿该等债权后仍有剩余的，剩余部分用于清偿劣后债权，清偿后仍有剩余的，剩余的偿债资金将用于补充公司流动资金，剩余的偿债股票可由重整计划执行人按照相关法律法规及监管要求，采取注销、在二级市场出售变现补充公司流动资金等方式进行安排。如偿债资源不足，则由公司以后续生产经营所得按照重整计划规定的受偿方案安排清偿。

6. 转让债权的清偿

在法院裁定批准重整计划后，债权人对外转让债权的，受让人按照原债权人根据重整计划就该笔债权可以获得的受偿条件及总额受偿；债权人向两个及以上的受让人转让债权的，偿债资金及股票向受让人按照其受让的债权比例分配。若因债权转让导致受让人无法按照重整计划受偿，由此造成的责任由债权人及其债权受让人承担。

7. 债权人对其他主债务人或担保人追偿权的行使

根据《企业破产法》第九十二条第三款的规定，债权人对台海核电的保证人和其他连带债务人所享有的权利，不受重整计划的影响；但依重整计划，债权人获得清偿后，为该笔债务提供担保的担保人将免除清偿责任。

债权人的债权在台海核电之外存在主债务人或其他担保人的，该债权人可在法院

裁定批准重整计划之日起 15 日内向管理人书面申请暂缓受领依重整计划获得分配的偿债资源，该暂缓受领不视为清偿债权，但债权人仍应按照重整计划的规定，解除对债务人财产的强制措施；若债权人未在法院裁定批准重整计划之日起 15 日内向管理人提出暂缓受领申请，则视为同意按重整计划进行清偿。

上述暂缓受领的偿债资源由管理人保管 3 年，若在该保管期间，债权人书面申请按照重整计划进行清偿，则管理人按重整计划规定以保管的偿债资源进行清偿。若在上述保管期间，债权人未书面申请按照重整计划进行清偿，则视为放弃受领偿债资源的权利，相关偿债资源将用于清偿劣后债权，清偿后仍有剩余的，剩余的偿债资金将用于补充公司流动资金，剩余的偿债股票可由重整计划执行人按照相关法律法规及监管要求，采取注销、在二级市场出售变现补充公司流动资金等方式进行安排。

8. 债务人信用等级的恢复

在法院裁定批准重整计划之日起 15 日内，将债务人纳入失信被执行人名单的各债权人应向相关法院申请删除债务人的失信信息，并解除对债务人法定代表人、主要负责人及其他相关人员的限制消费令及其他信用惩戒措施。若债权人未在上述期限内申请删除失信信息并解除信用惩戒措施，债务人或管理人有权将相关权利人依重整计划可获分配的偿债资源暂缓分配，待信用惩戒措施解除后再向债权人分配。

在重整计划获法院裁定批准后，各金融机构应在按重整计划获得清偿后 15 日内调整台海核电企业信贷分类，并上报中国人民银行征信系统调整台海核电征信记录，确保重整后台海核电运营符合征信要求。

9. 重整计划的解释与修正

在重整计划执行过程中，若债权人或利益相关方对重整计划部分内容存在不同理解，且该理解将导致利益相关方的权益受到影响，则债权人或利益相关方可以向债务人或管理人申请对重整计划相关内容进行解释。债务人或管理人在收到该申请之后，应基于公平、公正的原则对相关内容进行解释。

在重整计划执行过程中，因出现国家政策调整、法律修改变化等特殊情况，导致重整计划部分内容无法执行的，债务人或管理人可以向法院申请对重整计划进行一次修正。经法院审查许可后，债务人或管理人应当自法院许可之日起 1 个月内提出重整计划修正案。该重整计划修正案应提交给因修正而受到不利影响的债权人组及/或出资人组进行表决。表决、申请法院批准以及法院裁定批准重整计划修正案的程序与原重整计划的程序相同。重整计划执行人仅申请对重整计划所涉的重整投资人予以变更，重整计划其他内容不做调整或调整后优于原有内容的，可以申请法院直接裁定批准变更后的重整计划。

七、重整计划顺利实施的预期效果

台海核电重整计划如能顺利实施，预计将产生以下结果。

（1）上市地位得以保全。台海核电化解了公司面临的严峻退市风险，上市地位将得以维持，主营业务得以保留，财务状况得到进一步改善，提升了持续盈利能力。

（2）重整前产生的巨额负债获得妥善安排。重整计划实施完毕后，台海核电的巨额债务获得清偿，实现各方共赢。

（3）公司信用得以修复。重整投资人合计提供资金 33.87 亿元，用于支付或清偿破产费用、共益债务，清偿债务或补充公司流动资金等。

案例 23　方正科技重整案例解析[①]

背景

方正科技集团股份有限公司（以下简称"方正科技"或"公司"）主要提供印刷电路板（Printed Circuit Board，PCB）产品的生产和销售、互联网接入服务等，成立于 1993 年 11 月 15 日，于 1998 年 5 月 11 日在上交所上市，重整前总股本 21.95 亿股。受国家"提速降费"调控政策、宽带运营商市场竞争加剧、下游客户付款能力减弱、经营资金短缺等多重因素综合影响，方正科技于 2022 年 5 月 6 日被实施退市风险警示。债权人北京方正数码有限公司（以下简称"方正数码"）于 2022 年 6 月 2 日申请对公司进行重整。北京市第一中级人民法院（以下简称"北京一中院"或"法院"）于 2022 年 9 月 27 日裁定受理公司重整案，并指定北京大成律师事务所担任重整管理人。第一次债权人会议于 2022 年 11 月 15 日上午召开，会议表决通过了《方正科技集团股份有限公司重整计划（草案）》。2022 年 11 月 23 日，法院裁定批准重整计划，并终止公司重整程序。2022 年 12 月 26 日，北京一中院裁定确认公司重整计划执行完毕。该案例入选 2022 年度全国破产经典案例。

方案要点

1. 出资人权益调整

以方正科技现有总股本 21.95 亿股为基数，按照每 10 股转增 9 股的比例实施资本公积转增股本，共计转增 19.75 亿股股票，转增完成后，方正科技总股本将由 21.95 亿股增加至 41.70 亿股。

前述转增股票不向原股东进行分配，其中 12.51 亿股用于引入重整投资人，并由重整投资人有条件受让，其余 7.24 亿股用于按照重整计划的规定清偿普通债权。

[①] 本案例解析的内容主要根据方正科技集团股份有限公司于 2022 年 11 月 24 日公布的《方正科技集团股份有限公司重整计划》整理而成。

2. 债权清偿方案

（1）有财产担保债权调整及清偿。有财产担保债权以对应担保财产的评估价值为标准确定优先受偿范围，在重整计划执行期限内以现金方式一次性全额清偿。若担保财产的评估价值不足以清偿所对应的有财产担保债权，则有财产担保债权未获清偿的部分转为普通债权进行清偿。

（2）普通债权调整及清偿。

每家债权人10万元以下（含本数）部分全额以现金方式清偿。

超过10万元的债权部分。每100元债权可获得30元现金和20股方正科技的转增股票，按3.5元/股确定抵债价格。

3. 引入重整投资人

通过公开招募和遴选，管理人确定珠海华发科技产业集团有限公司（曾用名为珠海华发实体产业投资控股有限公司，以下简称"华实控股"）作为重整投资人参与方正科技的重整。根据重整投资协议，重整投资人或其指定主体有条件受让12.51亿股转增股票。重整后，重整投资人及其指定主体持有方正科技29.99%的股权，成为方正科技的控股股东。重整投资人受让的条件包括：提供5.4亿元拟收购子公司对方正科技的17.73亿元债权并全部豁免；提供13.9亿元资金用于支付或清偿重整费用和各类债务；承诺以不超过0.7亿元兜底受让低效资产；制定方正科技经营方案及未来发展规划；重整投资人及其一致行动人承诺自取得重整计划规定的转增股票之日起36个月内不转让或委托他人代理等。

一、公司基本信息

（一）公司及业务简介

方正科技成立于1993年11月15日，前身系上海延中实业股份有限公司，1998年5月11日，公司通过二级市场购入股票入主延中实业董事会，公司注册地址为上海南京西路1515号嘉里商务中心九楼，法定代表人为公司董事长齐子鑫，重整前总股本21.95亿股。经营范围包括电子计算机及配件、软件，非危险品化工产品，办公设备及消耗材料，电子仪器，建筑、装潢材料，百货，五金交电，包装材料；各类商品和技术的进出口，但国家限定公司经营或禁止进出口的商品及技术除外，税控收款机（涉及许可经营的凭许可证经营）。

根据公司2021年年报，公司营业收入为54.32亿元，净利润为-12.14亿元，毛利率为15.82%，净利率为-22.35%。

（二）重整前股权架构

如图 2-23-1 所示，方正科技总股本为 21.95 亿股，全部为流通 A 股，资本公积为 2.02 亿元。方正科技的控股股东为方正信息产业有限责任公司（以下简称"方正信息"），实际控制人为中华人民共和国教育部。截至 2022 年 9 月 7 日，方正信息持有方正科技 2.76 亿股，占方正科技总股本的 12.59%。

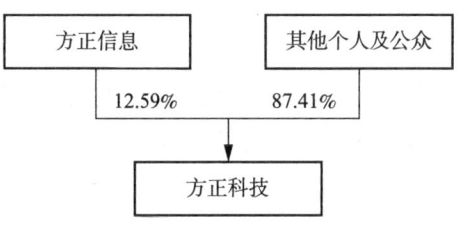

图 2-23-1　方正科技重整前股权架构

二、资产负债情况

（一）资产负债情况总览

表 2-23-1　方正科技资产负债情况

资产/债权类型	资产亿元	负债亿元	净资产/负债亿元	资产负债率（%）
账面价值/债权金额	34.60	54.40	-19.80	157.23

如表 2-23-1 所示，方正科技账面资产主要由其他应收款、长期股权投资等构成，根据审计机构以 2022 年 8 月 31 日为基准日出具的《方正科技集团股份有限公司净资产专项审计报告》，方正科技母公司单体经审计的资产总额为 34.60 亿元，负债总额 46.07 亿元（不含对外担保等或有负债），所有者权益为 -11.48 亿元。

截至 2022 年 10 月 27 日，已经管理人初步审查确认的债权总额 43.62 亿元，其中，有财产担保债权 0.14 亿元，普通债权为 43.48 亿元。

债权人已进行债权申报，但由于诉讼未决、需要补充证据材料、债权人申报时间较晚等原因导致债权暂时无法审查确认的总额为 5.13 亿元，均为普通债权。根据具体债权审查确认情况，管理人将依法编制债权表并提交第一次债权人会议核查。相关债权性质和金额最终以北京一中院裁定确认的债权表为准。

结合审计机构对方正科技截至 2022 年 10 月 27 日未申报债权的核查情况，方正科技尚有 5.65 亿元债权未依法向管理人申报，均为普通债权。

综上，根据债权申报与审查情况、管理人对职工债权的调查情况以及公司债务信息等，方正科技包括管理人审查确认及暂缓确认、未申报的负债合计为 54.40 亿元。

（二）债权分类

根据《企业破产法》有关规定和债权申报审查的实际情况，方正科技债权分为有财产担保债权、职工债权和普通债权。

1. 有财产担保债权

有财产担保债权人已经管理人初步审查确认的债权金额共计0.14亿元。

2. 职工债权

经管理人调查，方正科技无直接欠付职工的债权，但在重整申请受理前存在由第三方垫付职工债权的情况，根据调查情况预计不超过30万元。

3. 普通债权

经管理人审查确认，普通债权为43.48亿元。

4. 其他债权

结合审计机构对方正科技截至2022年10月27日的未申报债权的核查情况，方正科技尚有5.65亿元债权未依法向管理人申报，均为普通债权。此外，债权人已进行债权申报，但由于诉讼未决、需要补充证据材料、债权人申报时间较晚等原因导致暂时无法审查确认的债权总额为5.13亿元。

（三）偿债能力分析

根据评估机构出具的偿债能力分析报告，截至2022年8月31日，在模拟破产清算状态下，假定方正科技全部资产能够按清算价值实际变现，按照《企业破产法》规定，担保财产变现款优先用于清偿有财产担保债权，其他财产变现款优先用于支付或清偿破产费用、共益债务、职工债权和税款债权后，剩余部分向普通债权人进行分配，则普通债权所能获得的清偿率为52.80%。

三、重整基本情况

（一）重整背景

近年来，受国家"提速降费"调控政策、宽带运营商市场竞争加剧、下游客户付款能力减弱、经营资金短缺等多重因素综合影响，方正科技整体连年亏损严重，债务出现逾期、股价大幅下跌，陷入了经营及债务双重困境。方正科技已经严重资不抵债，退市风险、债务风险和经营风险不断加大。

（二）预重整/重整申请情况

2022年6月2日，方正科技收到北京一中院送达的通知书，债权人方正数码以公司不能清偿到期债务且资产不足以清偿全部债务，但具有重整价值和重整可能为由，向北京一中院申请对公司进行重整。

（三）重整申请受理情况

2022年9月27日，公司收到法院送达的民事裁定书〔（2022）京01破申256号〕及决定书〔（2022）京01破249号〕，法院裁定受理债权人方正数码对公司的重整申请，并指定北京大成律师事务所担任重整管理人。

（四）重整管理模式

管理人管理财产和营业事务。

（五）重整大事记

2022年6月2日，方正科技收到北京一中院送达的通知书，债权人方正数码向北京一中院申请对公司进行重整。

2022年9月27日，方正科技收到法院送达的民事裁定书〔（2022）京01破申256号〕及决定书〔（2022）京01破249号〕，法院裁定受理债权人方正数码对公司的重整申请，并指定北京大成律师事务所担任重整管理人。

2022年9月28日，管理人在指定信息披露媒体刊登了《方正科技集团股份有限公司管理人关于公开招募重整投资者的公告》。

2022年10月25日，在北京一中院的监督指导下，管理人组织评审委员会对意向重整投资人提交的具有法律约束力的重整投资方案进行评审，最终确定华实控股为公司重整投资人。

2022年10月28日，方正科技、管理人与重整投资人华实控股签署了重整投资协议。

2022年11月15日，方正科技召开第一次债权人会议及出资人组会议，分别表决通过了《方正科技集团股份有限公司重整计划（草案）》及《方正科技集团股份有限公司重整计划（草案）之出资人权益调整方案》。

2022年11月23日，北京一中院裁定批准重整计划并终止方正科技的重整程序。

2022年12月26日，北京一中院裁定确认公司重整计划执行完毕。

四、重整计划的主要内容

（一）重整思路概述

如图2-23-2所示，重整计划的主要思路为：

（1）对出资人权益进行调整，在现有股份基础上进行转增，共计转增19.75亿股，其中12.51亿股用于引入重整投资者，其余7.24亿股用于按照重整计划的规定清偿普通债权。

（2）方正科技将主要聚焦于PCB业务；重整投资人将最大程度保持方正科技及下属PCB业务的员工稳定，并利用自身及合作伙伴在经营、产业、资金、资本运作、政府资源等方面的优势，努力提升方正科技的经营管理水平。

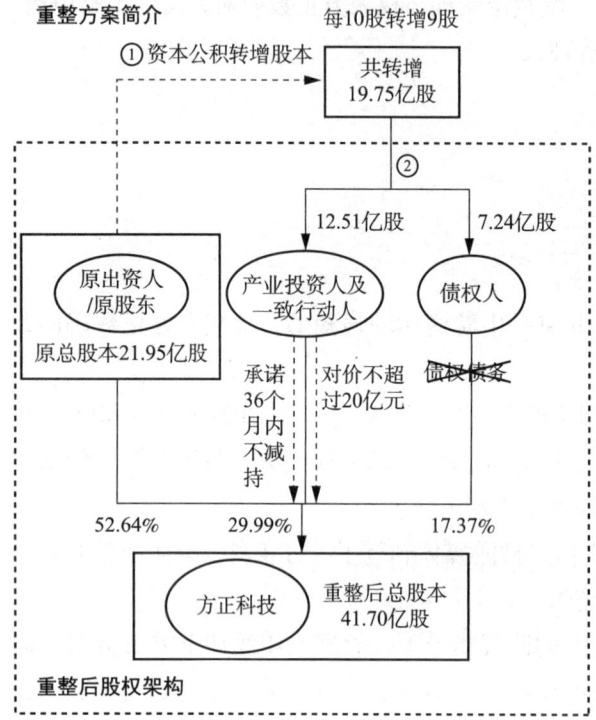

图2-23-2 方正科技重整方案示意图

（二）投资人及投资方案介绍

2022年10月25日，在北京一中院的监督指导下，公司管理人组织评审委员会对意向重整投资人提交的具有法律约束力的重整投资方案进行评审。根据评分结果并报法院后，确认华实控股为公司重整投资人。2022年10月28日，华实控股与管理人及方正科技签订了重整投资协议。根据重整投资协议，重整投资人或其指定主体珠海华实焕新方科投资企业（有限合伙）（以下简称"焕新方科"）有条件受让方正科技29.99%的股权，成为方正科技的控股股东。

2022年11月24日，重整投资人华实控股及其指定出资主体焕新方科与胜宏科技（惠州）股份有限公司（以下简称"胜宏科技"）签署了一致行动协议，约定以一致行动关系行使重整后公司股东权利，协议有效期为各方均根据公司重整计划取得公司股份后的36个月。2022年12月15日，方正科技收到重整投资人华实控股送达的告知函，获悉重整投资人华实控股及其指定出资主体焕新方科与湖南祥鸿房地产开发有限公司

（以下简称"祥鸿房地产"）签署了一致行动协议，约定以一致行动关系行使重整后公司股东权利，协议有效期为各方均根据公司重整计划取得公司股份后的36个月。

根据相关协议，华实控股及其指定主体将受让12.51亿股转增股票，持有重整后方正科技总股本29.99%的股份，其中华实控股指定焕新方科受让占重整后方正科技总股本23.50%的股份；指定胜宏科技受让重整后方正科技总股本5.49%的股份；指定祥鸿房地产受让重整后方正科技总股本1.00%的股份。

按照重整计划，重整投资人的受让条件包括：

（1）提供5.4亿元用于按照重整计划的规定收购方正科技PCB业务板块子公司对方正科技享有的普通债权中债权金额为17.73亿元的部分，并全部豁免，方正科技由此所形成的17.73亿资本公积按照重整计划的规定使用。

（2）提供13.9亿元用于按照重整计划的规定支付或清偿重整费用和共益债务、清偿各类债权。

（3）承诺在管理人公开处置方正科技低效资产的过程中，由重整投资人或其指定主体以不超过0.7亿元兜底受让低效资产。若最终该低效资产的成交价款合计低于0.7亿元，不足0.7亿元的差额部分由重整投资人支付至管理人账户，相关资金全部用于清偿债权。

（4）承诺自取得重整计划规定的转增股票之日起36个月内不转让或者委托他人管理。

（5）重整后，重整投资人将借助自身产业优势、资源优势和区位优势，全面改善提升方正科技盈利能力，并将根据业务发展需要，持续投入运营资金，推动业务发展。

华实控股成立于2019年6月6日，注册资本100亿元，华实控股由珠海华发集团有限公司全资持有，实际控制人为珠海市人民政府国有资产监督管理委员会。华实控股构建起涵盖投资、实业、园区等三大业务方向的"三驾马车"同向聚力、协同联动的战略格局。

焕新方科成立于2022年11月15日，注册资本20亿元，是一家以资本市场服务为主的企业，由华实控股间接控制，实际控制人为珠海市人民政府国有资产监督管理委员会。

胜宏科技成立于2006年7月28日，注册资本8.64亿元，法定代表人及实际控制人均为陈涛，主营业务为新型电子器件的生产和销售。

祥鸿房地产成立于2013年3月5日，法定代表人为许刚丈，注册资本为2000万元，祥鸿房地产控股股东为湖南世纪祥峰实业发展有限公司，法定代表人和实际控制人均为许刚丈。经营范围包括房地产开发、经营，自有房屋租赁等。

（三）出资人权益调整方案

以方正科技重整前总股本21.95亿股为基数，按照每10股转增9股的比例转增19.75亿股，转增完成后总股本将增至41.70亿股。上述转增股份不向原股东分配，由全体股东无偿让渡；转增的股票中，12.51 亿股用于引入重整投资，并由重整投资人有条件受让，其余 7.24 亿股用于按照重整计划的规定清偿普通债权。

（四）债权调整及受偿方案

1. 有财产担保债权调整及受偿

有财产担保债权的总额为 0.14 亿元，共计 1 家债权人，系中国光大银行股份有限公司苏州分行，在担保财产评估价值范围内优先清偿的债权金额 0.14 亿元。

重整计划规定，经裁定确认的有财产担保债权，在担保财产评估价值范围内优先受偿的部分，在重整计划执行期限内以现金方式一次性全额清偿。债权清偿前，有财产担保债权人应配合办理解除抵质押登记手续与保全措施（如有），否则方正科技有权将应向其分配的现金提存至管理人指定的银行账户，在抵质押登记手续与保全措施解除前暂缓向其直接分配。

2. 普通债权调整及受偿

经管理人初步审查确认，截至重整计划提交之日，普通债权为 43.48 亿元。

普通债权的受偿方案为，以债权人为单位，每家债权人 10 万元以下（含 10 万元）的债权部分，由方正科技在重整计划执行期限内以现金方式全额清偿；超过 10 万元的债权部分，每 100 元债权可获得 30 元现金和 20 股方正科技的转增股票，抵债价格为 3.5 元/股。

3. 预计债权调整及受偿

预计债权包括暂缓确认债权及未申报债权。其中，暂缓确认债权为债权人已进行债权申报，但由于诉讼未决、需要补充证据材料、债权人申报时间较晚等原因导致债权暂时无法审查确认的债权总额为 5.13 亿元；根据审计机构对公司截至 2022 年 10 月 27 日未申报债权的核查情况，方正科技尚有 5.65 亿元债权未依法向管理人申报，均为普通债权，其中有 1.91 亿元系因方正科技为下属子公司担保而产生。

除因诉讼仲裁未决而暂未确认的债权外，重整计划经法院裁定批准前，已依法申报但因各种原因在重整程序中暂未确认的债权，如在重整计划执行期内仍未获得确认，则由方正科技在重整程序终结后，在不损害其他债权人权益的情况下，通过包括诉讼、仲裁、协商等适当方式审查确认债权金额。因诉讼仲裁未决而暂未确认的债权，依法院或仲裁机构的生效法律文书确定债权金额和性质。上述暂未确认债权获得确认后，按照重整计划规定的同类债权的调整及清偿方案调整和受偿。

债权人未依照《企业破产法》规定申报债权的，在重整计划执行期间不得行使权利；在重整计划执行完毕后，可以按照重整计划规定的同类债权的清偿条件行使权利。自法院裁定批准重整计划之日起满 3 年（预留期限届满时），仍未申报或提出债权受偿请求的，视为债权人放弃获得清偿的权利，方正科技不再对该部分债权承担任何清偿责任。

4. 劣后债权调整及受偿

对于方正科技可能涉及的行政罚款、民事惩罚性赔偿金、刑事罚金等劣后债权，在普通债权未获得全额清偿前，依法不安排偿债资源。

5. 债务清偿顺序

方正科技债务清偿顺序如图 2-23-3 所示。

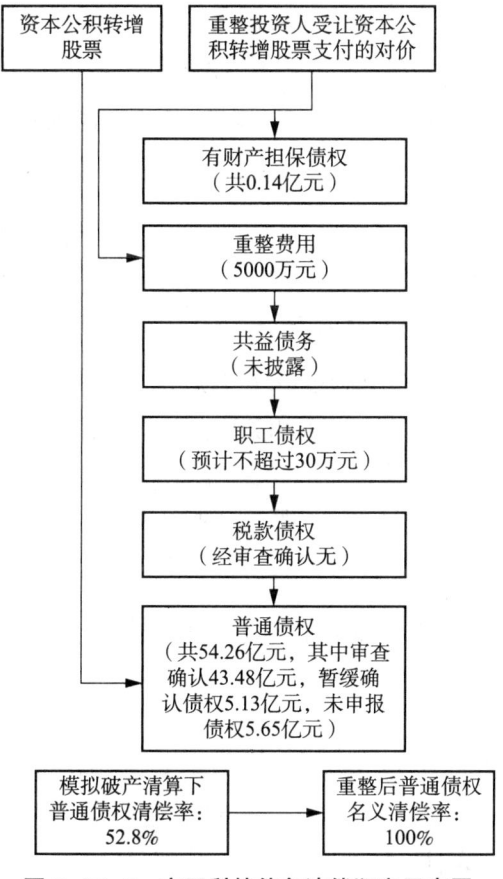

图 2-23-3　方正科技债务清偿顺序示意图

（五）未来经营方案

本次重整完成后，重整之后的方正科技将主要聚焦于 PCB 业务；重整投资人将最大限度保持方正科技及下属 PCB 业务的员工稳定，并利用自身及合作伙伴在经营、产业、资金、资本运作、政府资源等方面的优势，努力提升方正科技的经营管理水平。通过资金投入、提供授信等方式解决公司发展中面临的资金需求，扩大方正科技自有产能规模；借助重整投资者在投资并购领域的丰富经验协助方正科技开展资本运作实现外延扩张，最终实现业务升级、经营提效、资产增值。

1. 加大研发投入，持续实现技术与品质行业领先

通过加大投入、扩大专利及产学研结合，巩固技术优势；紧抓重点客户如华为等，重点发力高密度互连板及高多层产品等高端产品线，由重整投资者介绍汽车电子、消费电子、碳中和及医疗产业资源。

2. 强化方正PCB自身优势并结合重整投资人的实业资源，多措并举扩大公司销售规模

方正科技将紧抓重点客户，重点发力高密度互连板及高多层产品，集合重整投资人自身实业投资布局的资源渠道来扩大销售规模。

3. 加大对PCB新工厂建设投入，快速扩大公司产能规模

方正科技PCB业务在2019年时就制定了未来的产能规划，但已投产的工厂只有F3、F5、F6工厂及F7一期，产能规模在42亿元左右，未来重整投资人将支持加快新工厂的建设，包括但不限于F7二期、珠海F8和重庆F9工厂建设等。

4. 实施外延收购战略，快速进入PCB相关的其他业务领域

未来重整投资人计划从两方面协助公司开展资本运作，一是沿着现有业务并购与公司业务具有互补效应的汽车电子业务相关国内硬板厂，二是进入与PCB相关的其他新业务领域，包括收购软板厂及其SMT业务等，实现在产业内横向和纵向扩张，重整投资人计划支持公司在5年左右时间实现1~2起行业并购。

5. 人才队伍建设

公司将通过内培外引，积极吸引优质人才加入；加大考核力度，实现精益化管理；加强研发团队建设等进行人才队伍建设。

五、重整计划的表决与批准

（一）债权人会议表决

方正科技第一次债权人会议于2022年11月15日上午通过网络会议的方式召开，分别表决通过了债权人会议召开及表决形式方案和《方正科技集团股份有限公司重整计划（草案）》。

出席第一次债权人会议有表决权的普通债权人共200家，共有194家债权人同意重整计划草案，占出席会议的有表决权的普通债权人数量的97.00%，超过半数；同意债权人代表的普通债权金额为49.42亿元，占普通债权组债权总额的94.90%，超过2/3。

出席会议的200家债权人中，共有195家债权人同意债权人会议召开及表决形式方案，占出席会议的有表决权债权人数量的97.50%，超过半数；同意债权人代表的债权金额为 43.86 亿元，占无财产担保债权总额的 84.22%，超过 1/2。

根据《企业破产法》第六十四条、第八十四条、第八十六条的规定，债权人会议召开及表决方式的议案和重整计划草案获得本次债权人会议表决通过。

（二）出资人组会议表决

公司于 2022 年 11 月 15 日下午通过现场投票和网络投票相结合的方式召开出资人组会议，会议表决通过了出资人权益调整方案。

出席本次出资人组会议的股东及股东代理人共计 35 人，代表公司有表决权的股份总数为 2.94 亿股，占公司有表决权股份总数的 13.42%。其中，出席现场会议的股东及股东代理人共 1 人，代表股份数合计 2.76 亿股，占公司有表决权股份总数的 12.59%；通过网络投票参与会议的出资人共 34 人，代表股份数合计 0.18 亿股，占公司有表决权股份总数的 0.83%。

本次出资人组会议以现场投票与网络投票相结合的方式对出资人权益调整方案进行了表决，表决情况为：同意 2.91 亿股，占出席会议所有出资人所持股份的 98.88%；反对 316 万股，占出席会议股东有表决权股份总数的 1.07%；弃权 14.6 万股，占出席会议股东有表决权股份总数的 0.05%。

中小股东表决结果：同意 1482 万股，占出席会议中小股东有表决权股份总数的 81.74%；反对 3/6 万股，占出席会议中小股东有表决权股份总数的 17.45%；弃权 14 万股，占出席会议中小股东有表决权股份总数的 0.81%。

根据《公司法》与《企业破产法》的相关规定，方正科技出资人组会议表决通过出资人权益调整方案。

（三）重整计划批准

2022 年 11 月 23 日，北京一中院裁定批准重整计划，批准裁定文件为民事裁定书〔（2022）京 01 破 249 号〕。

六、重整计划的执行与监督

（一）执行和监督的主体

重整计划经法院裁定批准后，由方正科技负责执行，管理人负责监督。方正科技应接受管理人的监督，关于重整计划执行情况、影响重整计划执行的其他重大事项等，应及时向管理人报告。

（二）执行和监督期限

重整计划的执行期限自重整计划获得北京一中院裁定批准之日起计算，方正科技应当于 2022 年 12 月 31 日前执行完毕。如因客观原因，致使重整计划执行完毕的条件无法在上述期限内满足，方正科技应于执行期限届满前，向北京一中院提交延长重整计划执行期限的申请，管理人向北京一中院同时申请延长重整计划执行的监督期限。

重整计划执行完毕后，北京一中院可根据管理人、方正科技的申请，做出重整程序终结的裁定。监督期限届满时，管理人应当向北京一中院提交监督报告。自监督报告提交之日起，管理人的监督职责终止。

（三）执行的措施

1. 重整投资款的支付

自法院裁定批准重整计划之日起 5 日内，重整投资人应不以任何条件为前提地支付重整投资款 19.3 亿元。其中，5.4 亿元根据债权转让协议约定向 PCB 子公司支付；13.9 亿元投资款向管理人指定的银行账户划转。

重整投资款中剩余的 0.7 亿元通过兜底承接低效资产的方式向管理人支付。如低效资产最终成交价格总额低于 0.7 亿元，则重整投资人应就成交价格总额与 0.7 亿元之间的差额部分，由重整投资人支付至管理人账户，相关资金全部用于清偿债权。

2. 偿债资源的分配

重整计划规定的现金清偿和转增股票分配，原则上分别以银行转账、股票非交易过户的方式向债权人申报债权时确认的银行账户、股票证券账户等进行分配。债权人应配合完成偿债资源的分配工作，在法院裁定重整计划之日起 5 日内提供银行账户、股票证券账户等信息，因未能提供而带来的不利后果由债权人承担。

因债权人自身和 / 或其关联方的原因，导致偿债资源不能到账或领受偿债资源的账户被冻结、扣划的，后果由债权人自行承担。债权人可以书面指令将偿债资源分配至债权人指定的由该债权人所有 / 控制的账户或其他主体所有 / 控制的账户内，但因该指令导致偿债资源不能到账，以及因该指令导致的法律纠纷和市场风险由相关债权人自行承担。

3. 重整费用的支付

重整费用预计 5000 万元，包括重整案件受理费、管理人报酬、管理人履行职务的费用、聘请专业机构的费用、执行重整计划所需税费等。重整费用按相关法律规定、合同约定以及实际发生情况，在重整计划执行完毕前随时支付。

4. 共益债务的清偿

对于重整期间因继续履行合同所产生的债务、为继续营业而应支付的劳动报酬和社会保险费用以及由此产生的其他共益债务，以方正科技的自有财产和重整投资款随时清偿。

5. 需债权人协调事项

在相关债权人配合管理人完成相关重整计划执行事项之前，管理人暂缓分配相应偿债资源，直至完成相关重整计划执行事项的障碍消除，包括但不限于：

（1）解除相关查封、冻结、扣押等保全措施。

（2）解除相关抵质押措施。

（3）根据相关法律法规、重整计划的规定以及管理人的要求，提供重整计划执行所需的各种资料和文件，协助、配合办理与重整计划执行有关的各项事项相关的手续。

（4）其他管理人认为系需要债权人配合的重整计划执行相关事项。

重整计划执行完毕之后，将债务人纳入失信被执行人名单的各债权人应向相关法院申请删除方正科技的失信信息，并解除对债务人法定代表人、主要负责人及其他相关人员的限制消费令及其他信用惩戒措施。若有关法院认为删除失信信息、解除限制消费令及其他信用惩戒措施，以债权人配合为必要条件，债权人应当予以配合。

七、重整计划顺利实施的预期效果

本次重整计划如能顺利实施，预计将产生以下结果：

（1）重整投资者、债权人和中小投资者共同持有方正科技股权。方正科技的法人主体继续存续，证券市场主体资格不变，仍是一家在上交所上市的股份有限公司。华实控股成为控股股东，华实控股及其指定主体持股比例预计29.99%；债权人对方正科技的持股比例预计合计17.38%。

（2）重整前产生的负债获得妥善安排。重整计划实施完毕后，方正科技的债务获得100%清偿，实现各方共赢。

（3）资产业务结构获得优化重组。重整完成后，方正科技将立足PCB业务的生产、研发及投资，打造核心产品及竞争力。重整投资人将：

把方正科技纳入重整投资人的统一银行授信中，解决公司面临的资金问题，同时公司作为大型国企的控股子公司，融资成本将显著降低。

借助其在珠海丰富的地方资源，为方正科技提供土地开发、厂房建设、金融服务、后勤保障等一系列服务。

重整投资人在半导体、电子信息、汽车等领域有大量的被投企业，以及广泛的投资圈合作伙伴资源，可以为方正PCB业务带来订单、技术等方面的增量资源。

案例 24　安控科技重整案例解析[①]

背景

四川安控科技股份有限公司（以下简称"安控科技"或"公司"）成立于1998年9月17日，是一家以工业自动化、油气服务及智慧产业为主营业务的公司，于2014年1月23日在深交所上市，重整前总股本9.57亿股。受宏观经济形势、民营企业融资环境、公司经营策略以及新冠疫情等内外部因素共同影响，安控科技面临流动性资金严重紧缺、大量到期债务无法偿还、公司核心资产可能被司法处置等问题，已陷入严重的经营及债务危机。2021年5月31日，公司收到债权人沧州华云运通电子设备有限公司（以下简称"华云运通"）的通知书，该债权人以安控科技不能清偿到期债务且明显缺乏清偿能力为由，向四川省宜宾市中级人民法院（以下简称"宜宾中院"或"法院"）提出对安控科技进行重整的申请。2021年8月5日，宜宾中院决定对安控科技启动预重整程序，并指定安控科技清算组为预重整管理人。2022年10月24日，宜宾中院依法裁定受理对公司重整的申请，指定安控科技清算组担任管理人，具体开展各项重整工作。2022年11月18日，宜宾中院裁定批准重整计划。2022年12月21日，宜宾中院裁定确认安控科技重整计划执行完毕，并终结安控科技重整程序。安控科技充分利用上市公司层报证券监管部门和最高人民法院审查批准的时间窗口，鼓励债权人与债务人、出资人等利害关系人自主充分协商谈判，引导各方将监管部门提出的问题作为重点，在庭外重组程序中重视、回应并解决，通过庭外重组与庭内重整的有机衔接，确认庭外协商成果，将庭外重组债权申报及重整预案表决的效力延伸至司法重整程序，节约时间成本和制度成本，提高重整成功率。该重整集是2022年度四川省法院十大典型案例之一。

方案要点

1. 出资人权益调整

以安控科技重整前总股本9.57亿股为基数，按每10股转增6.48股的比例实施资

[①] 本案例解析的内容主要根据四川安控科技股份有限公司于2022年11月21日公布的《四川安控科技股份有限公司重整计划》整理而成。

本公积转增股本，共计转增 6.20 亿股，转增后安控科技总股本将增至 15.77 亿股（最终转增的准确股票数量以中证登实际登记确认的数量为准）。前述转增 6.20 亿股不向原股东分配，其中 4.38 亿股将由重整投资人有条件受让，重整投资人受让前述股票所支付的现金对价，将根据重整计划的规定用于支付重整费用、清偿各类债务、补充公司流动资金等；其余 1.82 亿股将用于抵偿安控科技的债务。

为支持安控科技重整，重整投资人宜宾市叙州区创益产业投资有限公司（以下简称"创益产投"）、深圳市高新投集团有限公司（以下简称"深圳高新投"）以及安控科技控股股东俞凌均出具了豁免函，同意单方面、不可撤销地豁免安控科技的债务，前述豁免函于 2022 年 6 月 9 日生效，债务豁免金额 5.06 亿元。俞凌作为公司的控股股东，创益产投、深圳高新投作为安控科技的潜在股东，前述安控科技债务豁免应当作为权益性交易计入公司资本公积，该等资本公积在重整计划执行阶段的转增股票用于债务清偿以及引入投资人。

2. 债权清偿方案

（1）有财产担保债权调整及清偿。有财产担保债权在担保财产的评估价值范围内以货币一次性金额清偿，有财产担保债权超出担保财产评估价值范围的债权部分，将按照普通债权的清偿方案获得清偿。

（2）普通债权调整及清偿。对已经确认的普通债权金额，安控科技按以下方式清偿：50 万元以下（含 50 万元）部分将由安控科技在重整计划执行期限内分两次以现金部分全额清偿；每家债权人超过 50 万元的普通债权部分，20% 由安控科技在重整计划执行期限内以现金方式一次性清偿完毕；10% 由安控科技自法院裁定批准重整计划之日起 5 年内延期清偿；70% 将按照 4.8 元/股的价格以股抵债清偿。

3. 引入重整投资人

创益产投、深圳高新投及四川资本市场纾困发展证券投资基金合伙企业（有限合伙）（以下简称"纾困基金"）作为安控科技重整投资人，将合计提供 7.38 亿元认购安控科技资本公积转增的 4.38 亿股股票。其中，创益产投支付 3.83 亿元现金，以 1.62 元/股的价格受让 2.37 亿股；深圳高新投支付 1.73 亿元现金，以 1.27 元/股的价格受让 1.36 亿股；纾困基金支付 1.81 亿元现金，以 2.79 元/股的价格受让 0.65 亿股。重整完成后，创益产投所持股份预计占重整后安控科技总股本的 15%，将成为安控科技重整后的控股股东。

一、公司基本信息

（一）公司及业务简介

安控科技成立于 1998 年 9 月 17 日，注册地址为四川省宜宾市叙州区金润产业园 9

栋，法定代表人为公司董事长许永良，重整前总股本9.57亿股。2014年1月23日在深交所上市。

经营范围包括许可项目（货物进出口，技术进出口，建筑智能化工程施工，燃气燃烧器具安装、维修，各类工程建设活动等）和一般项目（软件开发，技术服务、技术开发、技术咨询、技术交流、技术转让、技术推广，工业自动控制系统装置制造，工业自动控制系统装置销售，工业控制计算机及系统制造，工业控制计算机及系统销售，计算机软硬件及外围设备制造，计算机软硬件及辅助设备批发，仪器仪表制造等）。

根据公司2021年年报，公司营业收入为5.59亿元，净利润为-8.87亿元，毛利率为16.57%，净利率为-158.67%。

（二）重整前股权架构

如图2-24-1所示，截至2022年9月30日，安控科技总股本为9.57亿股，控股股东为俞凌，持有安控科技1.21亿股，占安控科技总股本的12.69%。

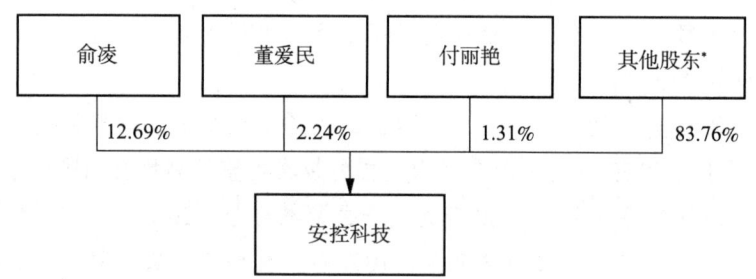

图2-24-1　安控科技重整前股权架构

注：其他股东均为持股比例不超过1%的个人股东。

二、资产负债情况

（一）资产负债情况总览

表2-24-1　安控科技资产负债情况

资产/债权类型	资产（亿元）	负债（亿元）	净资产（亿元）	资产负债率（%）
账面价值/债权金额	15.85	15.93	-0.08	100.50
评估清算价值/债权金额	7.24	15.93	-8.69	220.03

如表2-24-1所示，根据评估机构出具的《安控科技总资产评估报告》，以2022年3月31日为评估基准日，安控科技账面资产总额为15.85亿元；经假设清算法评估，安控科技总资产评估价值7.24亿元。

在预重整阶段，有 386 家债权人向预重整管理人申报债权，其中 1 家债权人同时申报有财产担保债权及普通债权。截至 2021 年 8 月 5 日，债权人申报的债权金额共计 20.32 亿元，其中有财产担保债权人 7 家，申报金额为 4.89 亿元；普通债权人 380 家，债权申报金额为 15.43 亿元。

在重整阶段，截至 2022 年 11 月 2 日，有 5 家债权人在重整程序中向管理人申报债权，其中 3 家债权人在预重整阶段已申报过债权。截至 2022 年 10 月 24 日，债权人申报的债权金额共计 50.57 万元，为普通债权。在宜宾中院确定的债权申报期届满前，管理人将继续接受债权人的债权申报并依法进行审查确认。

上述已申报债权中，经管理人初步审查确认的债权总额 15.55 亿元，其中有财产担保债权 2.51 亿元，普通债权为 13.04 亿元。前述债权总额中已扣减创益产投、深圳高新投、俞凌豁免的安控科技债务 5.06 亿元。

债权人已进行债权申报，但因诉讼未决、金额尚无法确定等原因暂缓确认的债权共涉及 10 家债权人，申报的债权金额为 0.11 亿元，均为普通债权。截至 2022 年 11 月 2 日，未申报债权总额为 0.10 亿元。

根据管理人调查，安控科技的职工债权金额合计 0.15 亿元。

根据公司提供的材料并经管理人调查，安控科技的税款债权金额合计 224.26 万元。

综上，根据债权申报与审查情况、管理人对职工债权的调查情况以及公司债务信息等，安控科技经管理人审查确认、暂缓确认、未申报及职工债权的负债合计为 15.93 亿元。

（二）债权分类

根据《企业破产法》的规定，债权人对安控科技享有的债权分为有财产担保债权、职工债权、税款债权和普通债权四类。

1. 有财产担保债权

有财产担保债权人已经管理人初步审查确认的债权金额共计 2.51 亿元，有财产担保债权人共 6 家。

2. 职工债权及税款债权

经管理人调查，截至 2022 年 10 月 24 日，安控科技职工债权金额合计 0.15 亿元，税款债权合计 224.26 万元。

3. 普通债权

经管理人审查，普通债权为 13.77 亿元，涉及 374 家债权人（包含已确认普通债权 13.04 亿元）。

4. 其他债权

暂缓确认债权：已向管理人申报但因诉讼未决、金额尚无法确定等原因尚未经管理人审查确认的债权金额为 0.11 亿元。

未申报债权：根据安控科技提供的截至重整申请受理日的财务账簿记载数据，截至 2022 年 11 月 2 日，未申报债权总额为 0.10 亿元。

（三）偿债能力分析

根据评估机构出具的安控科技偿债能力分析报告，以 2022 年 3 月 31 日为基准日，假设安控科技现有资产能够按照评估价值变现，普通债权的清偿率为 24.71%。

偿债能力分析报告评估基准日之后，随着债权审查等工作的持续推进，截至 2022 年 10 月 24 日（重整申请受理日），在模拟破产清算状态下普通债权金额调整为 18.56 亿元，在 2022 年 3 月 31 日财产评估值不变的情况下普通债权清偿率将调整为 23.85%。

三、重整基本情况

（一）重整背景

安控科技受宏观经济形势、民营企业融资环境、公司经营策略以及新冠疫情等内外部因素共同影响，面临流动性资金严重紧缺、大量到期债务无法偿还、公司核心资产可能被司法处置等问题，已陷入严重的经营及债务危机。

（二）预重整／重整申请情况

2021 年 5 月 31 日，公司收到债权人华云运通的通知书，因公司不能清偿到期债务，且明显缺乏清偿能力，华云运通已向宜宾中院提出对安控科技进行重整的申请。

（三）重整申请受理情况

2021 年 8 月 5 日，根据公司的申请，宜宾中院决定对公司启动预重整程序，并指定安控科技清算组为预重整管理人。

2022 年 10 月 24 日，宜宾中院依法做出民事裁定书〔（2021）川 15 破申 19 号〕，裁定受理申请人华云运通对被申请人安控科技的重整申请；同日，宜宾中院做出决定书〔（2022）川 15 破 8 号〕，指定安控科技清算组担任管理人。

（四）重整管理模式

债务人自行管理财产和营业事务。

（五）重整大事记

2021年5月31日，公司收到债权人的通知书，因公司不能清偿到期债务，且明显缺乏清偿能力，华云运通已向宜宾中院提出对安控科技进行重整的申请。

2021年8月5日，根据公司的申请，宜宾中院决定对公司启动预重整程序，并指定安控科技清算组为预重整管理人。

2021年9月27日，安控科技发布公告《关于公开招募和遴选预重整投资人的公告》。

2022年10月24日，宜宾中院依法做出民事裁定书〔（2021）川15破申19号〕，裁定受理申请人华云运通对被申请人安控科技的重整申请；同日，宜宾中院做出决定书〔（2022）川15破8号〕，指定安控科技清算组担任管理人。

2022年10月25日，公司收到宜宾中院的复函〔（2022）川15破8号〕及决定书〔（2022）川15破8号〕，宜宾中院准许公司在重整期间继续营业，并在管理人的监督下自行管理财产和营业事务。

2022年11月17日，第一次债权人会议召开，并于当日表决通过了《四川安控科技股份有限公司重整计划（草案）》。

2022年11月18日，公司召开出资人组会议，表决通过了《四川安控科技股份有限公司重整计划（草案）之出资人权益调整方案》。

2022年11月18日，宜宾中院裁定批准重整计划并终止安控科技的重整程序。

2022年12月21日，宜宾中院裁定确认安控科技重整计划执行完毕，并终结安控科技重整程序。

四、重整计划的主要内容

（一）重整思路概述

如图2-24-2所示，重整计划的主要思路为：

（1）由安控科技控股股东和重整投资人对公司债务进行豁免，并作为权益性交易计入公司资本公积；控股股东豁免0.30亿元，创益产投、深圳高新投豁免4.76亿元。

（2）对出资人权益进行调整，在重整前股本基础上进行资本公积转增股本，合计转增6.20亿股，其中4.38亿股将由投资人有条件受让，其余1.82亿股将用于抵偿安控科技的债务。

（3）通过剥离低效资产的方式，优化资源配置，将资源聚焦于具备良好发展基础和前景的工业自动化与油气服务业务。

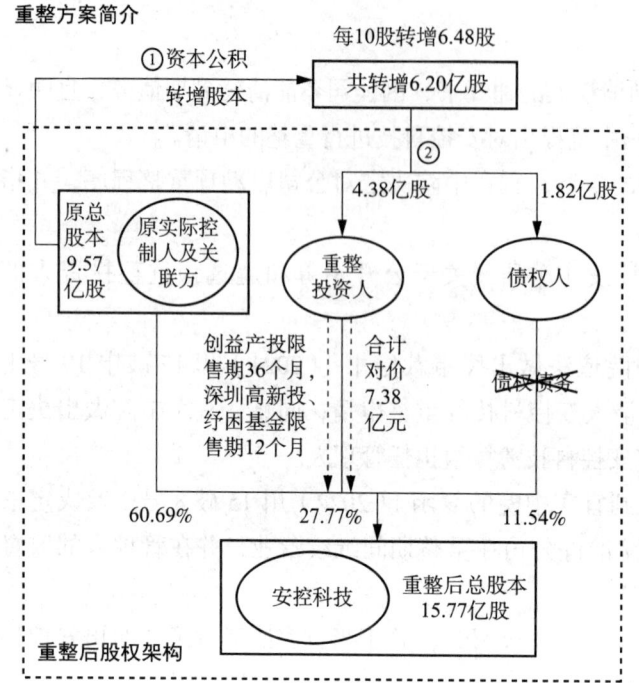

图 2-24-2　安控科技重整方案示意图

（二）投资人及投资方案介绍

在重整期间，公司引入创益产投和深圳高新投作为重整投资人。2022 年 11 月 1 日，管理人收到创益产投、深圳高新投参与组成的投资人联合体出具的确认函，联合体各方确认同意将纾困基金纳入联合体参与安控科技重整投资。同日，公司及管理人与纾困基金签署了重整投资协议。3 家重整投资人的基本情况如下。

重整投资人 1：创益产投成立于 2019 年 10 月 31 日，注册资本 10 亿元，是隶属叙州区人民政府的国有独资公司。创益产投作为市场化投资平台，以产业投资孵化及园区开发建设运营服务为主业。

重整投资人 2：深圳高新投成立于 1994 年 12 月 29 日，注册资本 138.52 亿元，实际控制人为深圳市人民政府国有资产监督管理委员会，是 20 世纪 90 年代初深圳市委、市政府为解决中小科技企业融资难问题而设立的专业金融服务机构。

重整投资人 3：纾困基金成立于 2019 年 3 月 15 日，注册资本 50.1 亿元，实际控制人为四川省政府国有资产监督管理委员会，系四川省委省政府为防范化解 2018 年底上市公司股质危机、维护金融市场稳定发展批复同意组建的证券投资基金，为四川规模最大的国资纾困发展基金。

在本次重整中，重整投资人的义务包括：

（1）豁免公司债务共计 4.76 亿元。其中，创益产投豁免 2.5 亿元借款及相应资金占用费共计 2.73 亿元，深圳高新投豁免 2.03 亿元。

（2）合计提供 7.38 亿元现金受让公司转增股票共计 4.38 亿股，占重整后总股本的 27.76%。其中，创益产投支付 3.83 亿元现金，以 1.62 元/股的价格受让 2.37 亿股；深圳高新投支付 1.73 亿元现金，以 1.27 元/股的价格受让 1.36 亿股；纾困基金支付 1.81 亿元现金，以 2.79 元/股的价格受让 0.65 亿股。

（3）创益产投承诺自取得转增股票之日起 36 个月内不转让或委托他人管理其直接和间接持有的安控科技股份，深圳高新投、纾困基金自取得转增股票之日起 12 个月内不转让或者委托他人管理其直接和间接持有的安控科技股份。

（三）出资人权益调整方案

以安控科技重整前总股本 9.57 亿股为基数，按照每 10 股转增 6.48 股的比例转增 6.20 亿股，转增完成后总股本将增至 15.77 亿股。上述转增股份不向原股东分配，其中 4.38 亿股由重整投资人有条件受让，1.82 亿股用于抵偿公司债务。

为支持安控科技重整，重整投资人创益产投、深圳高新投以及安控科技控股股东俞凌均出具了《豁免函》，同意单方面、不可撤销地豁免安控科技的债务，前述《豁免函》于 2022 年 6 月 9 日生效，债务豁免金额 5.06 亿元。俞凌作为公司的控股股东，创益产投、深圳高新投作为安控科技的潜在股东，前述安控科技债务豁免应当作为权益性交易计入公司资本公积，该等资本公积将在重整计划执行阶段转增股票用于重整债务清偿以及引入投资人。

（四）债权调整及受偿方案

1. 有财产担保债权调整及受偿

有财产担保债权人共 6 家，初步审查确认的债权金额共 2.51 亿元，按照《企业破产法》的规定，有财产担保债权人就担保财产享有优先受偿权。

有财产担保债权在担保财产的评估价值范围内享有优先受偿权，由安控科技在重整计划执行期限内以现金方式一次性清偿完毕。根据评估机构出具的安控科技抵质押资产评估报告对担保财产的评估结果，有财产担保债权可在担保财产的评估价值即 1.78 亿元的范围内获得优先清偿，有财产担保债权人按各自可就担保财产优先受偿的金额被列入有财产担保债权组；其余 0.73 亿元债权由于超过担保财产评估价值范围，需转为普通债权并列入普通债权组，按照普通债权组的受偿方案获得清偿。

2. 职工债权及税款债权调整及受偿

经管理人调查，截至 2022 年 10 月 24 日，安控科技职工债权金额合计 0.15 亿元，税款债权合计 224.26 万元；职工债权及税款债权由安控科技在重整计划执行期限内以现金方式一次性清偿完毕。

3. 普通债权调整及受偿

截至 2022 年 10 月 24 日，普通债权人共 384 家，其中管理人初步审查确认的普通债权金额共计 13.77 亿元（包含管理人审查确认普通债权 13.04 亿元，有财产担保债权中无法获得优先清偿而转为普通债权的部分），涉及 374 家债权人；暂缓确认的普通债权金额共计 0.11 亿元，涉及 10 家债权人。

普通债权（安控科技全资子公司债权除外）的清偿方案如下。

（1）每家债权人 50 万元以下（含 50 万元）部分以现金方式全额清偿。每家普通债权人 50 万元以下（含 50 万元）部分将由安控科技在重整计划执行期限内分两次以现金方式全额清偿。

（2）每家债权人超过 50 万元的普通债权部分按如下方式清偿：

每家债权人超过 50 万元的普通债权金额的 20% 由安控科技在重整计划执行期限内以现金方式一次性清偿完毕。

每家债权人超过 50 万元的普通债权金额的 10% 由安控科技自法院裁定批准重整计划之日起 5 年内延期清偿，延期清偿期间自重整计划获得法院裁定批准之日起满 12 个月为第一年，依次类推计算 5 年。延期期间第一年至第五年的最后一个月的最后一日前，偿还延期清偿债权金额的比例分别为 10%、10%、20%、30%、30%。债权延期清偿期间每年就尚未偿还的债权金额部分向债权人支付利息，按照重整计划获得法院裁定批准之日中国人民银行公布的最近一期的一年期 LPR 计算，利息自重整计划获得法院裁定批准之日起每 6 个月支付一次。

每家债权人超过 50 万元的普通债权金额的 70% 将按照 4.8 元/股的价格通过以股抵债的方式受偿。抵债过程中，若债权人可分得的股票存在不足 1 股的情形，则该债权人分得的股票数量按照"进一法"处理，即去掉拟分配股票数小数点右侧的数字后，在个位数上加"1"。

通过以上方式，实现对普通债权的全额清偿。

4. 预计债权调整及受偿

（1）暂缓确认债权。对于因债权确认条件不满足，涉及诉讼、仲裁等原因导致的暂缓确认债权，将按其债权申报金额或管理人合理估算的金额预留相应股票及现金，其中现金受偿部分提存或预留至管理人银行账户，股票部分提存或预留至管理人证券账户。待债权依法确认后，按重整计划规定的受偿方式予以清偿。

（2）未申报债权。未申报但仍受法律保护的债权在重整计划执行完毕后，债权人可以按照同类债权的清偿方式主张权利。该部分债权人在重整计划执行完毕之日起 3 年内未向安控科技主张权利的，安控科技不再负有清偿义务。

5. 债务清偿顺序

如图 2-24-3 所示，模拟破产清算下普通债权清偿率是假定公司在破产清算条件下的偿债能力分析，主要来源于公司披露的偿债能力分析报告。而重组后清偿率是假定公司在重整条件下的名义清偿率。可以看出，重整后的债权清偿率比清算状态下的清偿率有一定提升。

重整计划披露的偿债方案显示，每家普通债权人50万元以下（含50万元）部分将由安控科技在重整计划执行期限内分两次以现金方式全额清偿；每家债权人超过50万元的普通债权部分将按照现金清偿、留债延期清偿及以股抵债的方式清偿，因此重整后普通债权的名义清偿率为100%。

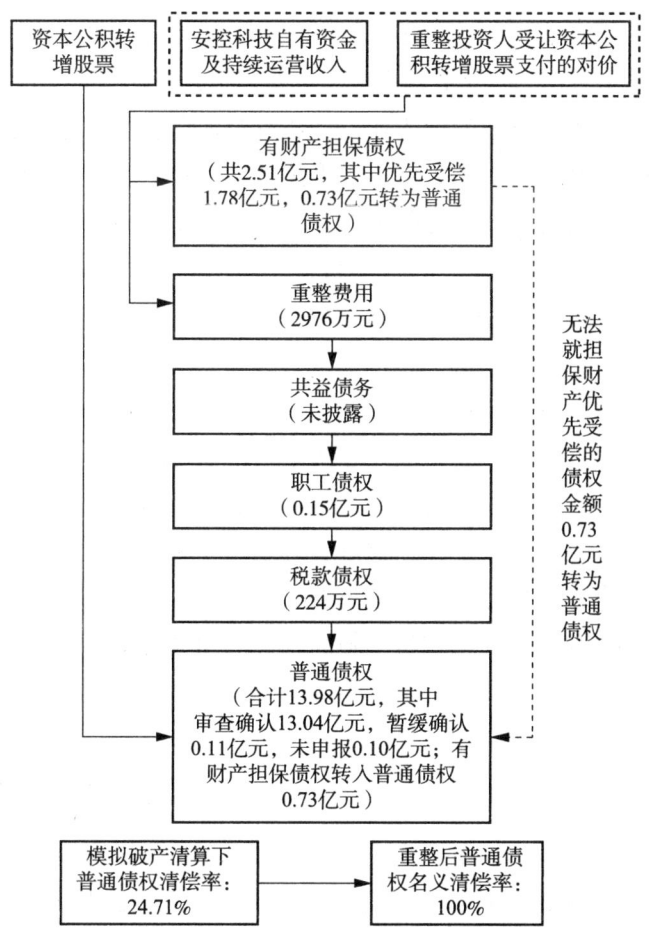

图 2-24-3　安控科技债务清偿顺序示意图

（五）未来经营方案

本次重整完成后，安控科技将通过重整程序引入重整投资人，同时通过技术迁移，扩大现有油气田自动化、油气服务等产业规模，在国产芯片应用开发、机器人、安全控制产品、安全控制系统、定向井钻井技术等领域的产品开发及应用层面，快速落地宜宾市形成产业链，并协同宜宾市现有的产业，构建良性的产业生态，实现叙州区的产业布局及产业规划目标。

公司通过重整化解危机、消除债务负担后，将及时调整现有业务结构，聚焦并深耕工业自动化与油气服务两大主业，以市场为导向，通过精细管理、精耕市场、精准研发，做强做大现有主业，实现上市公司持续性发展。

1. 业务规划

公司将有效配置资源，聚焦具备良好盈利能力和市场前景的业务，通过整合优质资源、拓展市场渠道、加强运营管控、重构研发体系、优化用人机制等方式，提升公司的核心竞争力。坚持以油气田为主市场，坚持油气田自动化、油气田服务的主业发展定位，发挥传统业务的历史优势，提升公司的核心竞争力。

（1）整合优质资源，全力发展主业。公司将对现有业务进行规划梳理，通过剥离低效资产的方式，优化资源配置，将资源聚焦于具备良好发展基础和前景的工业自动化与油气服务。通过对公司资源的有效整合，改善公司主营业务的生产经营管理能力，从而优化公司资产结构，提高公司的资产效益。

（2）拓展市场渠道，延伸行业领域。在油气田业务领域，安控科技将依靠良好的市场渠道和技术积累，紧跟国家"稳油增气"与"三桶油"的发展指引，推出适合的产品和解决方案，取得先发优势。

在管道业务领域，安控科技将聚焦于国家管网公司的管道系统，建设差异化竞争优势，着力于为用户提供高科技含量和高附加值的产品和服务，紧跟管道建设和管理的热点与难点问题，在为管道热点提供解决方案的同时，进一步加强自主产品的研发生产，并将之与解决方案结合起来，向用户推广。

在工业互联网领域，安控科技将加强品牌推广和销售渠道建设，走品牌建设、销售渠道建设的路径，在有明显行业壁垒的市场竞争下，主动寻求市场、技术、集成、运维等资源展开合作。

2. 研发规划

（1）完善研发体系，实现重点突破。公司将持续完善技术创新体系，在工业互联网、工控安全技术、边缘计算技术、智能制造技术、先进钻井工具、油田环保技术、油田应急救援设备等技术方向上进行持续研发投入，实现重点突破。

（2）加强自主创新，提升公司竞争力。公司将优先聚焦具有竞争优势的技术，在保持原有主营业务领先地位的基础上，完成高新技术的迭代升级。利用技术创新形成自主知识产权，积极参与国家标准、行业标准制定，把企业打造成行业的"领导者"；提高国产化程度、建立自主可控的工业控制系统；加大油气田高端装备的研发力度、实现关键技术国产化，从而提升公司核心竞争力，实现公司业务持续平稳发展。

3. 运营管理规划

（1）加强运营管控，提升经济效益。公司将健全完善公司各项制度流程，提高信息化管理水平，加强各项费用管控，降低运营管理成本。通过持续性的改善优化，提高公司经营效益，提升整体管理水平和经营效率。

（2）强化激励导向，建立人才体系。公司将进一步优化薪酬分配制度，建立与市场接轨的差异化、多元化薪酬制度，逐步提高公司各类人才收入待遇，实现员工薪资稳定增长；进一步将公司的发展成果惠及广大员工，实现公司与员工和谐发展。将加强人才队伍建设，建立以市场为导向的人才体系。

五、重整计划的表决与批准

（一）债权人会议表决

安控科技第一次债权人会议于2022年11月17日上午通过网络会议的方式召开，分别表决通过了《四川安控科技股份有限公司重整计划（草案）》和《四川安控科技股份有限公司财产管理及变价方案》。

1. 有财产担保债权组

出席第一次债权人会议有表决权的有财产担保债权人共5家，其中5家债权人同意重整计划草案，占出席会议的该组债权人总数的100%，已超过该组出席会议债权人数量的半数；该5家债权人所代表的债权金额为1.78亿元，占全部有财产担保债权总额的100%，已超过该组债权总额的2/3。有财产担保债权组表决通过重整计划草案。

2. 普通债权组

出席第一次债权人会议重整计划草案表决的普通债权人共382家，共有377家债权人同意重整计划草案，占出席会议的有表决权的普通债权人数量的98.69%，超过半数；上述377家债权人所代表的普通债权金额为12.86亿元，占普通债权组债权总额的92.75%，超过2/3。因此，普通债权组表决通过重整计划草案。

出席第一次债权人会议财产管理及变价方案表决的普通债权人共385家，共有356家债权人表决同意，占出席会议的该组债权人数量的92.47%，超过半数，上述356家债权人所代表债权金额为13.40亿元，占无财产担保债权总额的96.49%，超过无财产担保债权总额的1/2。因此，财产管理及变价方案获得本次债权人会议表决通过。

（二）出资人组会议表决

公司于2022年11月18日下午通过现场投票和网络投票相结合的方式召开出资人组会议，会议表决通过了《四川安控科技股份有限公司重整计划（草案）之出资人权益调整方案》。

出席本次出资人组会议的股东及股东委托代理人共计149人，代表公司有表决权的股份总数为 2.17 亿股，占公司有表决权股份总数的 22.66%。其中，出席现场会议的股东及股东代理人共 13 人，代表股份数合计 1.61 亿股，占公司有表决权股份总数的 16.84%；通过网络投票参与会议的出资人共 136 人，代表股份数合计 0.56 亿股，占公司有表决权股份总数的 5.82%。

出席本次会议的中小股东及股东委托代理人共 144 人，合计持有公司股份 0.90 亿股，占公司股份总数的 9.38%。

本次出资人组会议以现场投票与网络投票相结合的方式对出资人权益调整方案进行了表决，表决情况为：同意 2.17 亿股，占出席会议所有出资人所持股份的 99.88%；反对 16 万股，占出席会议所有股东所持公司股份的 0.07%；弃权 10 万股（其中，因未投票默认弃权 0 股），占出席会议所有股东所持公司股份的 0.05%。中小股东表决结果：同意 0.895 亿股，占出席会议的中小股东所持股份的 99.71%；反对 16 万股，占出席会议的中小股东所持股份的 0.18%；弃权 10 万股（其中因未投票默认弃权 0 股），占出席会议的中小股东所持股份的 0.11%。

该议案获得出席会议的股东（包括股东代理人）所持有效表决权股份总数的 2/3 以上通过。

根据《公司法》与《企业破产法》的相关规定，安控科技出资人组会议表决通过出资人权益调整方案。

（三）重整计划批准

2022 年 11 月 18 日，宜宾中院裁定批准重整计划，批准裁定文件为民事裁定书〔(2022) 川 15 破 8 号〕。

六、重整计划的执行与监督

（一）执行和监督的主体

重整计划经法院裁定批准后，由安控科技负责执行。管理人负责监督，重整投资人及相关方根据执行事项需要予以协助。重整计划执行监督期内，安控科技应当接受管理人的监督，及时向管理人报告重整计划的执行情况、公司财务状况、重大经营决策、重要资产处置等事项。

（二）执行和监督期限

重整计划的执行期限自重整计划获得宜宾中院裁定批准之日起计算，安控科技应于 2022 年 12 月 31 日前执行完毕。如非安控科技自身原因，致使安控科技重整计划无法在上述期限内执行完毕，安控科技应于执行期限届满前，向宜宾中院提交延长重整计划执行期限的申请,并根据宜宾中院批准的执行期限继续执行。

重整计划执行的监督期限与重整计划执行期限相同,自宜宾中院裁定批准重整计划之日起计算。如根据重整计划执行的实际情况,需要延长管理人监督重整计划执行的期限,则管理人应向宜宾中院提交延长重整计划执行监督期限的申请,并根据宜宾中院批准的期限继续履行监督职责。重整计划执行期限提前到期的,执行监督期限相应提前到期。

(三)执行的措施

1. 偿债资金和股票的分配

(1)偿债资金和股票的分配。偿债的资金和股票原则上以银行转账、股票划转的方式向债权人进行分配,尚未提供受领偿债资源所需的银行账户、证券账户的债权人,应在重整计划获宜宾中院裁定批准之日起10个工作日内,按照管理人指定格式向管理人书面提供受领偿债资源的银行账户、证券账户信息;对逾期未提供以及无法通知到的债权人的分配额将提存或预留,由此产生的法律后果由相关债权人自行承担。

因债权人自身和/或其代理人、关联方的原因,导致偿债资源不能到账,以及由账户信息错误、账户被冻结、扣划等原因所产生的法律后果由相关债权人自行承担。

债权人可以书面指令将偿债资源支付/划转至债权人指定的、由该债权人所有/控制的账户或其他主体所有/控制的账户内,但因该指令导致偿债资源不能到账,以及由该指令导致的法律纠纷和市场风险由相关债权人自行承担。

(2)延期清偿的实施。安控科技应按照宜宾中院裁定确认的债权金额及重整计划规定的清偿方案向债权金额超过50万元的普通债权人出具延期清偿确认书,明确延期清偿安排。

对于以下普通债权,如其债权金额超过50万元,由安控科技按照重整计划的规定以及管理人的要求向管理人出具延期清偿安排承诺书,承诺按照重整计划规定向相关债权人安排延期清偿。

已经管理人审查确认但尚未经宜宾中院裁定确认的债权。

暂缓确认债权及未申报债权。

由于债权人逾期未提供银行账户或证券账户信息等原因未及时获得清偿的债权。

2. 偿债资源的预留、提存及处理

(1)已经宜宾中院裁定确认的债权人未按照重整计划的规定受领偿债资源的,根据重整计划应向其分配的资金、股票将提存或预留至管理人指定的银行账户、证券账户。上述提存或预留的偿债资源自重整计划执行完毕公告之日起满3年,债权人仍

未受领的，视为债权人放弃受领偿债资源的权利。已提存或预留的资金及股票在扣除相关费用后按照同类债权的清偿方案用于清偿劣后债权，在清偿劣后债权后，偿债资源仍有剩余的，剩余偿债资金用于补充公司流动资金，重整计划执行人可选择将剩余的股票拍卖、在二级市场出售变现后用于补充公司流动资金，或者进行注销处理。

（2）对于因诉讼、仲裁未决、债权人异议等原因管理人暂时无法做出审查结论的债权、安控科技已知悉但未依法在债权申报期限内申报的债权以及其他依法需要安控科技承担的破产债权，如债权权利应受法律保护，以最终确认的债权金额为准，按照重整计划规定的同类债权清偿方案受偿。按照重整计划已预留的偿债资源在清偿该等债权后仍有剩余的，应按照同类债权的清偿方案用于清偿劣后债权，在清偿劣后债权后，偿债资源仍有剩余的，剩余偿债资金用于补充公司流动资金，重整计划执行人可选择将剩余的股票拍卖、在二级市场出售变现后用于补充公司流动资金，或者进行注销处理。

3. 财产担保与保全措施的解除

有财产担保债权在担保财产评估价值范围内的优先受偿部分，按照重整计划的规定清偿完毕后，债权人应该配合债务人及时办理担保财产的抵质押等担保措施的解除手续。

根据《企业破产法》第十九条的规定，人民法院受理破产申请后，有关债务人财产的保全措施应当解除。尚未解除对安控科技财产保全措施的债权人，应当在重整计划获得法院批准后30日内协助办理完解除财产保全措施的手续。如相关债权人未能在前述规定期限内协助办理财产保全解除措施，管理人或安控科技有权向宜宾中院申请依照重整计划的规定予以强制解除。

4. 重整费用的支付和共益债务的清偿

（1）重整费用。安控科技重整费用包括重整案件受理费、管理人报酬、聘请中介机构的费用、转增股票登记税费、股票过户税费及管理人执行职务的费用等，合计2976万元。其中，重整案件受理费、管理人报酬、聘请中介机构的费用，在重整计划执行期间按照《诉讼费用缴纳办法》、《最高人民法院关于审理企业破产案件确定管理人报酬的规定》及合同约定通过管理人银行账户支付；安控科技转增股票登记及过户税费、管理人执行职务的费用及其他重整费用，根据重整计划执行实际情况由管理人账户随时支付。该部分预估费用如有剩余，管理人将剩余部分划入安控科技账户用于补充公司流动资金。

（2）共益债务。安控科技重整期间的共益债务，包括但不限于因继续履行合同所产生的债务、为继续营业而支付的劳动报酬和社保险费用以及由此产生的其他债务，由安控科技按照《企业破产法》相关规定随时清偿。

5. 转让债权的清偿

债权人在安控科技被债权人向法院申请进行重整之日后对外转让债权并通知管理人及债务人的，受让人按照原债权人根据重整计划就该笔债权可以获得的受偿条件及金额受偿；债权人向两个及以上的受让人转让债权的，债权清偿款项和转股份额向受让人按照其受让债权的相对比例分配，但受让人合计获得的清偿资源不得超过原债权人按照重整计划规定可获得的清偿资源。若因债权转让导致受让人无法按照重整计划受偿，由此造成的责任由债权人及其债权的受让人承担。

七、重整计划顺利实施的预期效果

本次重整计划如能顺利实施，预计将产生以下结果。

（1）法人资格继续存续，仍是一家股票在深交所上市的股份公司。安控科技将通过重整程序对资产和债务进行彻底重组，以解决公司存在的严重债务危机，进而化解公司面临的严峻退市风险。

（2）重整前产生的负债将获得妥善安排。重整计划实施完毕后，安控科技的债务将获得较高比例清偿，实现各方共赢。

（3）立足核心业务，充分利用重整投资人资源和优势。重整完成后，安控科技将立足自动化控制产品尤其是油气服务领域业务，稳定如中石油、中石化及中海油等核心客户，提升行业护城河；同时根据公司同创益产投的合作框架协议，将在国产芯片应用开发、机器人、安全控制产品、安全控制系统、定向井钻井技术等领域的产品开发及应用层面，快速落地宜宾市并形成产业链。

案例 25　浙江尤夫重整案例解析[①]

背景

浙江尤夫高新纤维股份有限公司（以下简称"浙江尤夫"或"公司"）主要从事工业涤纶丝、帘子布的生产和销售，是国内涤纶工业丝行业的龙头企业，具备完整的产、供、销经营链条。公司成立于2003年10月30日，重整前总股本4.38亿股，于2010年6月8日在深交所中小板上市交易。受近年来对外投资新能源行业未达预期、原实际控制人违规对外担保等因素叠加影响，公司负债规模增长过快，财务费用激增，逐步陷入债务危机。为化解浙江尤夫的债务危机，浙江省湖州市南浔区政府（以下简称"南浔区政府"）向浙江省湖州市中级人民法院（以下简称"湖州中院"）申请启动浙江尤夫的预重整。2021年6月18日，湖州中院经审查后决定对浙江尤夫的预重整申请予以登记。其后，南浔区政府会同湖州中院、债权人代表、债务人共同组成评审小组，于2021年7月20日评审选任浙江尤夫担任预重整期间的管理人，开展公司预重整的各项工作。浙江尤夫制订了预重整方案并于2022年9月30日提交主要债权人进行预表决。2022年10月28日，湖州中院裁定受理债权人江西紫宸科技有限公司（以下简称"江西紫宸"）对浙江尤夫的重整申请，并指定浙江京衡律师事务所、浙江京衡（湖州）律师事务所、中汇会计师事务所（特殊普通合伙）担任管理人。2022年11月29日，湖州中院裁定批准重整计划。2022年12月27日，湖州中院裁定确认重整计划执行完毕，终结公司重整程序。

方案要点

1. 出资人权益调整

在浙江尤夫重整前总股本4.38亿股的基础上，按每10股转12.5股的比例转增5.47亿股，转增后总股本增加至9.85亿股。上述转增股份中，2.46亿股由产业投资人有条

[①] 本案例解析的内容主要根据浙江尤夫高新纤维股份有限公司于2022年11月30日公布的《浙江尤夫高新纤维股份有限公司重整计划》整理而成。

件受让；0.30亿股由财务投资人有条件受让；1.62亿股用于清偿普通债权人债权；剩余1.09亿股向原股东分配，其中，0.30亿股向浙江尤夫原控股股东湖州尤夫控股有限公司（以下简称"尤夫控股"）分配，专项用于解决浙江尤夫的违规担保等历史遗留问题，0.79亿股用于向除尤夫控股以外的其他原股东分配。

2. 债权清偿方案

（1）有财产担保债权调整及受偿。浙江尤夫的有财产担保债权，将在担保财产的价值范围内获得现金留债清偿，留债期限5年，留债利率参照全国银行间同业拆借中心公布的同期一年期LPR确定，当年利率以当年1月1日适用的一年期LPR利率确定。超过留债金额的部分作为普通债权，按照普通债权的调整及清偿方案获得清偿。

（2）普通债权调整及受偿。浙江尤夫的普通债权，以重整投资人支付的现金对价、留债、出资人权益调整方案中用于偿债的股票以及信托受益权份额等方式组合清偿。

以现金方式即时受偿。普通债权人可以获得现金即时清偿部分的清偿率为10%，即每家债权人每100元普通债权可以获得10元的现金即时清偿。普通债权的现金即时清偿部分，由公司在法院裁定批准的重整计划规定的执行期限内一次性清偿。

以现金方式留债清偿。每家债权人所持普通债权金额中的7.5%以现金方式留债清偿，即每家债权人每100元普通债权可以获得7.5元的现金留债展期清偿，留债清偿自公司或管理人发出留债公告之日视为生效。留债期限为5年，本金在2027年12月21日一次性清偿。

以资本公积转增股份受偿。对于普通债权人未获得现金清偿的82.5%部分，以出资人权益调整所获得的部分股票以及信托受益权份额清偿。每家债权人每100元普通债权可以获得清偿的股票数量为2.6股，股票的抵债价格为27.8元/股。

以信托受益权份额受偿。对于浙江尤夫非保留资产，将设立他益财产权信托，每家债权人每100元普通债权可以获得的信托受益权份额为1份。

3. 引入重整投资人

共青城胜帮凯米投资合伙企业（有限合伙）（以下简称"共青城胜帮凯米"，系上海胜帮私募基金管理有限公司指定参与浙江尤夫重整的主体）、华鑫国际信托有限公司（以下简称"华鑫国际"）、靖江市飞天投资有限公司（以下简称"飞天投资"，代表飞天毕方3号私募证券投资基金）、深圳一元资产管理有限公司（以下简称"一元资产"）为公司重整投资人。重整投资人合计提供资金7.51亿元。

产业投资人共青城胜帮凯米有条件受让浙江尤夫转增股票2.46亿股，现金对价为6.67亿元，作价2.71元/股。受让后，共青城胜帮凯米所持股份预计占重整后浙江尤夫总股本的25%，将成为浙江尤夫重整后的控股股东。共青城胜帮凯米承诺自取得转增股票之日起36个月内不转让或者委托他人管理其所持有的浙江尤夫股票。

财务投资人华鑫国际、飞天投资和一元资产合计有条件受让浙江尤夫转增股票 0.30 亿股,现金对价为 0.84 亿元,作价 2.8 元/股。财务投资人承诺自取得转增股票之日起 12 个月内不转让或者委托他人管理其本次所增发的浙江尤夫股票。

一、公司基本信息

(一)公司及业务简介

浙江尤夫系一家在浙江省市场监督管理局登记设立的 A 股上市公司。重整前总股本 4.38 亿股,地址为浙江省湖州市南浔区和孚镇工业园区,法定代表人为杨梅方。公司于 2010 年 6 月 8 日在深交所中小板上市交易。

浙江尤夫主要从事工业涤纶丝、帘子布的生产和销售,是国内涤纶工业丝行业的龙头企业,具备完整的产、供、销经营链条。

根据公司重整申请前 2021 年年度报告,合并报表下实现了 28.97 亿元的营业收入,但营业成本为 35.26 亿元,其中财务费用支出高达 5.04 亿元,公司净利润为 –14.11 亿元,毛利率 7.08%,净利率 –48.71%。

(二)重整前股权架构

如图 2-25-1 所示,截至 2022 年 6 月 30 日,浙江尤夫的股本总数为 4.38 亿股。第一大股东为尤夫控股,持股比例为 27.79%,实际控制人为北京航天智融科技中心(有限合伙)。

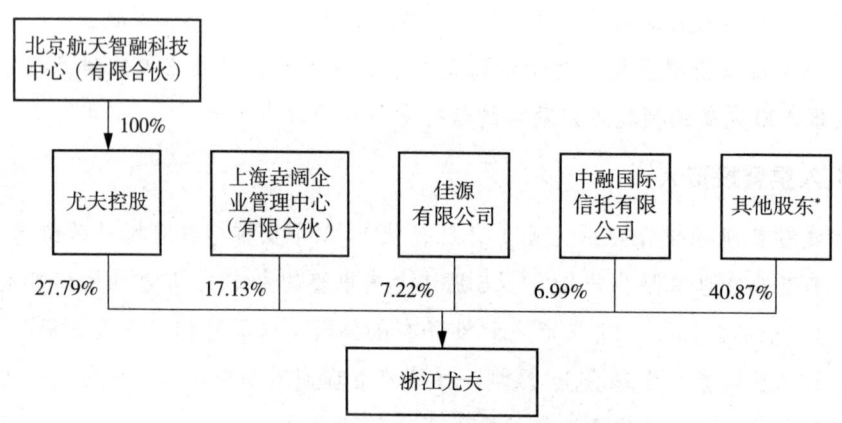

图 2-25-1　浙江尤夫重整前股权架构

注:其他股东均为持股比例小于 5% 的股东。

二、资产负债情况

（一）资产负债情况总览

表 2-25-1　浙江尤夫资产负债情况

资产/债权类型	资产（亿元）	负债（亿元）	净负债（亿元）	资产负债率（%）
账面价值/债权金额	51.40	64.69	-13.29	125.86
评估清算价值/债权金额	12.26	64.69	-52.43	527.65

如表 2-25-1 所示，截至 2022 年 6 月 30 日，浙江尤夫（母公司单体，下同）账面资产总额为 51.40 亿元。根据管理人聘请的评估机构出具的资产评估报告，截至评估基准日 2022 年 6 月 30 日，在模拟破产清算状态下，浙江尤夫资产快速变现价值为 12.26 亿元。

截至 2022 年 11 月 20 日，共有 39 家债权人向管理人申报了债权，债权申报总额为 44.26 亿元。经管理人审查确认债权人 39 家，确认债权金额 48.32 亿元，其中确认有财产担保债权的债权人 5 家，确认债权金额 16.88 亿元；确认普通债权人 34 家，确认债权金额 31.44 亿元。

截至 2022 年 6 月 30 日，公司账面记载的应付职工薪酬及其他共计 0.27 亿元，系因记账周期原因产生，处于正常支付状态中，在重整情况下不再预留偿债资源。另外，浙江尤夫在破产清算状态下因解除劳动合同需要向职工支付的经济补偿金应当计入职工债权，前述经济补偿金暂按 0.45 亿元预估。

截至 2022 年 6 月 30 日，公司账面应交税费为 0.08 亿元，系公司账面计提但尚未届至纳税申报期的税费，在重整情况下不再预留偿债资源。

截至 2022 年 11 月 20 日，浙江尤夫有账面记载但尚未申报的普通债权金额合计 1.64 亿元。其中 1.17 亿元需进行预留；浙江尤夫违规担保依据生效法律文书需承担的连带清偿责任债权有 2 笔，预计金额为 0.70 亿元，在重整情况下，该 2 笔债权由尤夫控股以实施出资人权益调整方案时可得的部分转增股票及协调其他偿债资源予以清偿，无须预留偿债资源。2020 年 10 月 21 日，浙江尤夫收到了中国证监会的行政处罚决定书（〔2020〕80 号），因浙江尤夫信息披露违法违规而对其进行行政处罚。根据深圳价值在线信息科技股份有限公司（以下简称"价值在线"）出具的《关于浙江尤夫高新纤维股份有限公司投资者损失核定报告书》，预计全案总赔偿金额为 14.75 亿元。重整计划中按照 14.75 亿元予以预留。因此，上述预计债权共计 17.10 亿元，在重整情况下至少需预留 15.92 亿元。

综上，根据债权申报与审查情况、管理人对职工债权的调查情况以及公司债务信息等，浙江尤夫经管理人审查确认债权、职工债权及预计债权金额合计为 64.69 亿元。

（二）债权分类

根据企业破产法及破产法司法解释三第十条第二款之规定和债权审查情况，浙江尤夫重整案债权人设有财产担保债权组、普通债权组。

1. 有财产担保债权

经管理人审查确认，有财产担保债权人 5 家，确认债权金额 16.88 亿元。

2. 职工债权

截至 2022 年 6 月 30 日，公司账面记载的应付职工薪酬及其他共计 0.27 亿元，系因记账周期原因产生，处于正常支付状态中，在重整情况下不再预留偿债资源。另外，浙江尤夫在破产清算状态下因解除劳动合同需要向职工支付的经济补偿金应当计入职工债权，前述经济补偿金暂按 0.45 亿元预估。

3. 税款债权

截至 2022 年 6 月 30 日，公司账面记载的应交税费为 0.08 亿元，系公司账面计提但尚未届至纳税申报期的税费，在重整情况下不再预留偿债资源。

4. 普通债权

经管理人审查确认，普通债权人有 34 家，确认债权金额 31.44 亿元。

5. 其他债权

截至 2022 年 11 月 20 日，浙江尤夫有账面记载但尚未申报的普通债权金额合计 1.64 亿元。其中 1.17 亿元需进行预留；浙江尤夫违规担保依据生效法律文书需承担的连带清偿责任债权有 2 笔，预计金额为 0.70 亿元，在重整情况下，该 2 笔债权由尤夫控股以实施出资人权益调整方案时可得的部分转增股票及协调其他偿债资源予以清偿，无须预留偿债资源。2020 年 10 月 21 日，浙江尤夫收到了中国证监会的行政处罚决定书（〔2020〕80 号），因浙江尤夫信息披露违法违规而对其进行行政处罚。根据价值在线出具的《关于浙江尤夫高新纤维股份有限公司投资者损失核定报告书》，预计全案总赔偿金额为 14.75 亿元。重整计划中按照 14.75 亿元予以预留。因此，上述预计债权共计 17.10 亿元，在重整情况下至少需预留 15.92 亿元。

（三）偿债能力分析

根据评估机构出具的偿债能力分析报告，以 2022 年 6 月 30 日为基准日，对浙江尤夫在模拟破产清算状态下的偿债能力进行测算，普通债权在此情况下的清偿率为 15.59%。

三、重整基本情况

（一）重整背景

受近年来对外投资新能源行业未达预期、原实际控制人违规对外担保等因素叠加影响，公司负债规模增长过快，财务费用激增，浙江尤夫逐步陷入债务危机。

在公司经营过程中，因触及"公司主要银行账号被冻结"的情形，公司股票交易于 2018 年 2 月 8 日开市时起被实施其他风险警示。根据浙江尤夫 2021 年年度报告，公司净资产为 –13.54 亿元，已被实施退市风险警示，存在严重的退市危机。如果 2022 年度经审计的净资产仍然为负，股票将被终止上市。因此浙江尤夫急需通过重整化解债务危机并改善经营状况，以维持上市地位。

（二）预重整/重整申请情况

1. 预重整申请情况

浙江尤夫在出现债务风险后向南浔区政府申请拟采用司法重整模式化解风险，并于 2021 年 6 月 15 日收到南浔区政府回函，同意企业采取预重整转司法重整模式。2021 年 6 月 18 日，浙江尤夫收到南浔区政府的通知，南浔区政府向湖州中院递交了《湖州市南浔区人民政府关于恳请支持尤夫股份进入预重整程序的函》，湖州中院已受理对浙江尤夫进行预重整的申请，并同意浙江尤夫进入预重整程序。其后，南浔区政府会同湖州中院、债权人代表、债务人共同组成评审小组，于 2021 年 7 月 20 日评审选任浙江尤夫预重整期间的管理人，开展公司预重整的各项工作。管理人委托评估机构对资产价值进行了估算，对浙江尤夫模拟破产清算状态下的偿债能力展开了分析，同时结合重整投资人提报的重整方案，浙江尤夫制订了预重整方案并于 2022 年 9 月 30 日提交主要债权人进行预表决。

2. 重整申请情况

2022 年 1 月 8 日，浙江尤夫收到湖州中院送达的公司债权人江西紫宸出具的申请书，江西紫宸依据《企业破产法》的相关规定，以被申请人已不能清偿到期债务且明显缺乏清偿能力，但仍具备重整价值为由，向湖州中院申请对公司进行重整。

（三）重整申请受理情况

2022 年 10 月 28 日，湖州中院裁定受理浙江尤夫破产重整一案，并指定浙江京衡律师事务所、浙江京衡（湖州）律师事务所、中汇会计师事务所（特殊普通合伙）担任浙江尤夫破产重整案的管理人。

（四）重整管理模式

债务人自行管理财产和营业事务。

（五）重整大事记

2021 年 6 月 15 日，公司收到南浔区政府回函，同意企业采取预重整转司法重整模式。

2021 年 6 月 18 日，湖州中院决定对南浔区政府对浙江尤夫的预重整申请予以登记，该申请是南浔区政府为了化解浙江尤夫的债务危机向湖州中院提出的。

2021年7月20日,南浔区政府会同湖州中院、债权人代表、债务人共同组成评审小组,评审选任浙江尤夫预重整期间的管理人,开展公司预重整的各项工作。

2022年1月8日,浙江尤夫收到债权人江西紫宸向湖州中院申请对公司进行重整的申请书。

2022年8月31日,经公开招募及遴选,并经评审委员会评审投票,确定共青城胜帮凯米为浙江尤夫的重整产业投资人。同时,经产业投资人及其他各方确认,浙江尤夫、管理人共同确定华鑫国际、飞天投资(代表飞天毕方3号私募证券投资基金)、一元资产为财务投资人。

2022年9月28日,浙江尤夫制订了预重整方案并于2022年9月30日提交主要债权人进行预表决。

2022年10月28日,湖州中院裁定受理浙江尤夫破产重整一案,并指定浙江京衡律师事务所、浙江京衡(湖州)律师事务所、中汇会计师事务所(特殊普通合伙)担任浙江尤夫破产重整案的管理人。

2022年11月11日,湖州中院许可公司在重整期间继续营业,并在管理人的监督下自行管理财产和营业事务。

2022年11月29日,公司第一次债权人会议表决通过了《浙江尤夫高新纤维股份有限公司重整计划草案》。

2022年11月29日,湖州中院做出民事裁定书〔(2022)浙05破4号〕,裁定批准公司重整计划,终止公司重整程序。

2022年12月27日,湖州中院做出民事裁定书〔(2022)浙05破4-2号〕,裁定确认公司重整计划执行完毕,终结公司重整程序。

四、重整计划的主要内容

(一)重整思路概述

如图2-25-2所示,重整计划的主要思路为:

(1)对出资人权益进行调整,在重整前股份基础上进行资本公积转增股本,共计转增5.47亿股,其中2.46亿股由重整投资人以6.67亿元对价受让,0.30亿股出让给财务投资人,现金对价为0.84亿元,1.62亿股用于清偿普通债权人债权,剩余1.09亿股向原股东分配,包括0.30亿股向尤夫控股分配,专项用于解决浙江尤夫的违规担保等历史遗留问题,0.79亿股用于向除尤夫控股以外的其他原股东分配。

(2)对非保留资产设立信托,将与主营业务无关的资产予以剥离。重整计划经法院裁定批准后,以浙江尤夫非保留资产作为信托财产,委托信托公司(公司及管理人将在债权人监督下,通过邀请方式选择确定信托计划受托人,下同)设立以普通债权人为受益人的他益财产权信托计划。在信托计划项下实现非保留资产清理、确权和处置等工作,处置所得在优先支付相关费用后向受益人分配。

(3)上市公司重整后的经营。将深入推进环境污染防治,积极响应碳达峰、碳中和政策,以节能减排、绿色生态为着力点,赋能绿色生态新产业,进行绿色生产,实现绿色发展,承担绿色责任,实现上市公司高质量可持续发展。

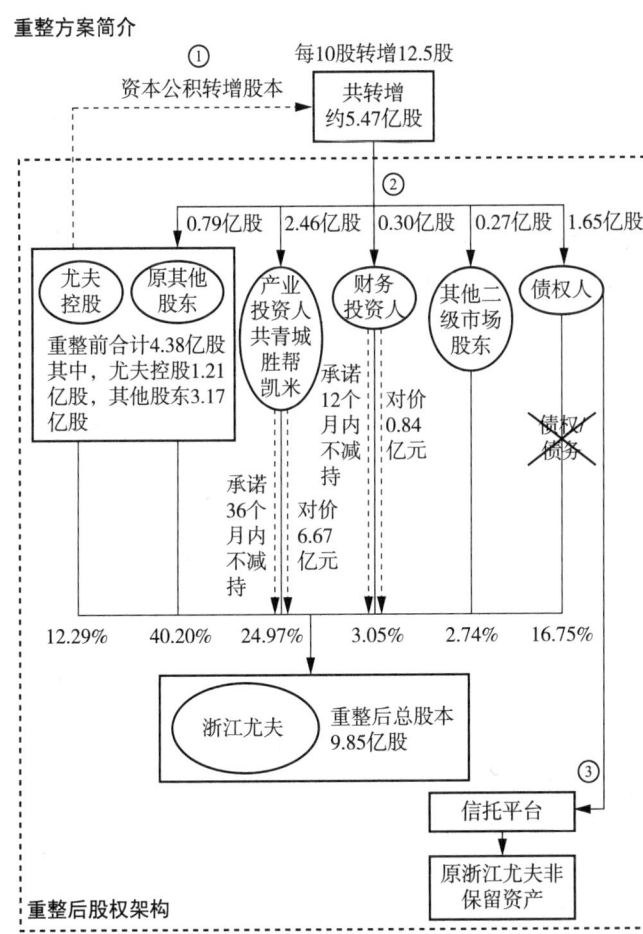

图 2-25-2 浙江尤夫重整方案示意图

(二)投资人及投资方案介绍

2022年8月31日,经公开招募及遴选,确定共青城胜帮凯米为浙江尤夫的重整产业投资人。同时,经产业投资人及其他各方确认,浙江尤夫、管理人共同确定华鑫国际、飞天投资（代表飞天毕方 3 号私募证券投资基金）、一元资产为财务投资人。

共青城胜帮凯米成立于 2019 年 5 月 31 日，注册资本 50 亿元，系由陕西煤业化工集团有限责任公司（以下简称"陕煤集团"）出资 48 亿元、胜帮科技股份有限公司（以下简称"胜帮科技"）出资 1.5 亿元、上海胜帮私募基金管理有限公司（曾用名为共青城胜帮投资管理有限公司，以下简称"胜帮基金"）出资 0.5 亿元，共同投资设立的产业投资平台，主要从事新材料产业投资、赋能、整合，以实现陕煤集团由传统煤化工向新材料产业转型升级的目标。陕煤集团成立于 2004 年，实际控制人为陕西省人民政府国有资产监督管理委员会，是陕西省属国有特大型能源化工企业。胜帮科技和胜帮基金均为陕煤集团控股企业。

产业投资人共青城胜帮凯米有条件受让浙江尤夫转增股票 2.46 亿股，现金对价为 6.67 亿元，作价 2.71 元/股。受让后，共青城胜帮凯米所持股份预计占重整后浙江尤夫总股本的 25%，将成为浙江尤夫重整后的控股股东。共青城胜帮凯米承诺自取得转增股票之日起 36 个月内不转让或者委托他人管理其所持有的尤夫股份股票。

财务投资人合计有条件受让公司转增股票 0.30 亿股，现金对价为 0.84 亿元，作价 2.8 元/股。其中，0.15 亿股由华鑫国际有条件受让，现金对价 0.42 亿元；0.09 亿股由飞天投资有条件受让，现金对价为 0.252 亿元；0.06 亿股由一元资产有条件受让，现金对价为 0.168 亿元。财务投资人承诺自取得转增股票之日起 12 个月内不转让或者委托他人管理其本次所增发的浙江尤夫股票。

重整投资人合计提供资金 7.51 亿元，用于支付或清偿破产费用、共益债务，清偿债务或补充公司流动资金等。

（三）出资人权益调整方案

以浙江尤夫现有总股本 4.38 亿股为基数，按每 10 股转增 12.5 股的比例实施资本公积转增股份，共计转增 5.47 亿股股票（最终转增的准确股份数量以中证登登记确认的数量为准），转增后浙江尤夫的总股本将由 4.38 亿股增加至 9.85 亿股。

上述转增的 5.47 亿股股份中，4.38 亿股不向原股东分配：2.46 亿股由产业投资人有条件受让，0.30 亿股由财务投资人有条件受让，1.62 亿股用于清偿普通债权人债权；剩余 1.09 亿股向原股东分配：0.79 亿股用于向除尤夫控股以外的其他原股东分配，0.30 亿股向尤夫控股分配，专项用于解决浙江尤夫的违规担保等历史遗留问题，其中 0.27 亿股由管理人在法院裁定批准重整计划后的 12 个月内以市场价格处置以筹集资金，0.03 亿股通过以股抵债的方式抵偿珠海杨柳树实业发展有限公司、许为杰对浙江尤夫的债权。

综上所述，2.46 亿股由产业投资人有条件受让，0.30 亿股由财务投资人有条件受让，1.65 亿股用于清偿债权，0.79 亿股用于向除尤夫控股以外的其他原股东分配，0.27 亿股由管理人在法院裁定批准重整计划后的 12 个月内以市场价格处置以筹集资金。

（四）债权调整及受偿方案

1. 有财产担保债权调整及受偿

有财产担保债权的债权人 5 家，确认债权金额 16.88 亿元。重整情况下，担保财产价值按照 2.42 亿元确定，并优先获得清偿，有财产担保债权未能优先清偿部分依法转为普通债权进行清偿。优先清偿的债权为 2.41 亿元，由公司在重整计划获得法院裁定批准后以现金方式予以留债清偿。

（1）留债期限：5 年；2023 年为第一年，2024 年为第二年，2025 年为第三年，2026 年为第四年，2027 年为第五年。

（2）留债利率：留债利率参照全国银行间同业拆借中心公布的同期一年期 LPR 确定，利率每年进行调整，每年付息利率以当年 1 月 1 日适用的一年期 LPR 确定；利息自重整计划获法院裁定批准之日起后第一个自然年的 1 月 1 日起开始按日计算，利息计算基数为每年未偿付的留债本金。

（3）还款方式：本金在 2027 年 12 月 21 日一次性清偿。每年 12 月 20 日为结息日，结息日的次日为付息日，付息日遇节假日的往后顺延至第一个工作日，首个付息日为 2023 年 12 月 21 日。

（4）担保方式：留债期间原有的财产担保关系不发生变化，不再另行办理担保登记手续。

2. 职工债权调整及受偿

经管理人调查，浙江尤夫不存在欠付职工工资的情形。

截至 2022 年 6 月 30 日，公司账面记载的应付职工薪酬及其他共计 0.27 亿元，系因记账周期原因产生，处于正常支付状态中，在重整情况下不再预留偿债资源。

另外，浙江尤夫在破产清算状态下因解除劳动合同需要向职工支付的经济补偿金应当计入职工债权，前述经济补偿金暂按 0.45 亿元预估。

3. 税款债权调整及受偿

经管理人调查，浙江尤夫不存在欠缴税款的情形。

截至 2022 年 6 月 30 日，公司账面应交税费为 0.08 亿元，系公司账面计提但尚未届至纳税申报期的税费，在重整情况下不再预留偿债资源。

4. 普通债权调整及受偿

浙江尤夫普通债权总额 45.89 亿元，共计 37 家债权人，包括有财产担保债权人持有的有财产担保债权转为普通债权的 14.45 亿元，以及管理人经审查确认的普通债权 31.44 亿元。普通债权在浙江尤夫重整程序中的受偿调整为：

（1）以现金方式即时受偿。普通债权人可以获得现金即时清偿部分的清偿率为 10%，即每家债权人每 100 元普通债权可以获得 10 元的现金即时清偿。

（2）以现金方式留债清偿。每家债权人所持普通债权金额中的 7.5% 以现金方式留债清偿，即每家债权人每 100 元普通债权可以获得 7.5 元的现金留债展期清偿。

留债期限 5 年；2023 年为第一年，2024 年为第二年，2025 年为第三年，2026 年为第四年，2027 年为第五年。

留债利率按照全国银行间同业拆借中心公布的同期一年期 LPR 确定，利率每年初进行调整，自 2023 年起当年利率以当年 1 月 1 日适用的一年期 LPR 确定；利息自重整计划获法院裁定批准之日起后第一个自然年的 1 月 1 日起开始按日计算，利息计算基数为每年未偿付的留债本金金额。

本金在 2027 年 12 月 21 日一次性清偿。每年 12 月 20 日为结息日，结息日的次日为付息日，付息日遇节假日的往后顺延至第一个工作日，首个付息日为 2023 年 12 月 21 日。

（3）以资本公积转增股份受偿。用于向普通债权抵偿债务的资本公积转增股份合计 1.61 亿股，每家债权人每 100 元普通债权可以获得清偿的股票数量为 2.6 股，股票的抵债价格为 27.8 元/股。

（4）以信托受益权份额受偿。对于浙江尤夫非保留资产，将设立他益财产权信托，每家债权人每 100 元普通债权可以获得信托受益权份额 1 份。

上述第（1）、第（2）两项资产对普通债权的现金清偿率合计提高至 17.5%。

5. 预计债权调整及受偿

（1）账面有记载但未申报的债权。根据浙江尤夫账面记载，并经管理人调查，截至 2022 年 11 月 20 日，浙江尤夫有账面记载但尚未申报的普通债权金额合计 1.64 亿元。其中 1.17 亿元需进行预留，其他系公司运营状态下连续交易的经营性债权，在生产经营过程中随着交易的连续发生而正常结算支付，在重整情况下不再预留偿债资源。

（2）违规担保债权。浙江尤夫因违规担保而依据生效法律文书需承担的连带清偿责任有 2 笔，债权截至重整申请受理日的预计金额为 0.70 亿元。在重整情况下，该 2 笔债权由尤夫控股以实施出资人权益调整方案时可得的部分转增股票及协调其他偿债资源予以清偿，无须预留偿债资源。

（3）因虚假陈述可能承担的民事赔偿责任。2020 年 10 月 21 日，浙江尤夫收到了中国证监会的行政处罚决定书（〔2020〕80 号）。前述行政处罚决定书称，因浙江尤夫信息披露违法违规而对其进行行政处罚。公司委托价值在线对涉及的投资者损失进行测算。根据价值在线出具的《关于浙江尤夫高新纤维股份有限公司投资者损失核定报告书》，预计全案总赔偿金额为 14.75 亿元。重整计划中按 14.75 亿元予以预留。

预计债权根据债权性质，按照上述同类债权的调整方式调整。

预计债权的债权人未依照规定申报债权的，在重整计划执行期间不得行使权利；在重整计划执行完毕后，可以按照重整计划规定的同类债权的清偿条件行使权利。

6. 债务清偿顺序

如图 2-25-3 所示，模拟破产清算下普通债权清偿率是假定公司在破产清算条件下的偿债能力分析,主要来源于公司披露的偿债能力分析报告。而重组后清偿率是假定公司在重整条件下的名义清偿率。可以看出,重整后的债权清偿率比清算状态下的清偿率有一定提升。

重整计划披露的偿债方案显示:

(1)普通债权人17.5%的债权部分以现金方式全额清偿。

(2)普通债权剩余部分以资本公积转增股票按照27.8元/股的抵债价格进行股票清偿,以及以信托受益权份额受偿。

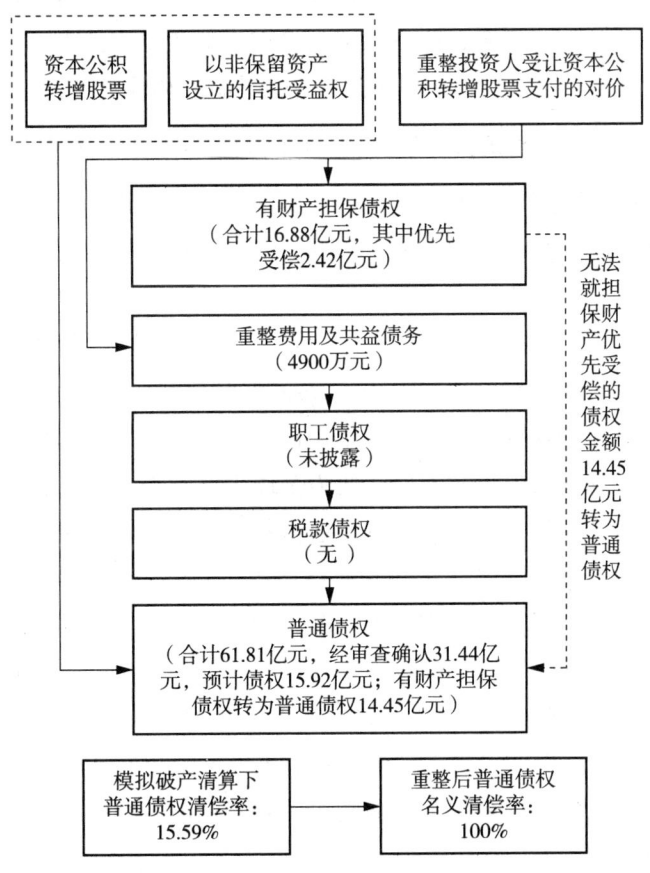

图2-25-3 浙江尤夫债务清偿顺序示意图

重整完成后,上市公司原有主营业务得以正常经营,在保留优质资产的同时消除了债务负担,能够实现持续盈利,浙江尤夫的股票价值将得到提升,综合考虑上述因素,浙江尤夫普通债权的清偿率为100%。

(五)未来经营方案

上市公司重整后的经营,将秉持"绿水青山就是金山银山"的发展理念,深入推进环境污染防治,积极响应碳达峰、碳中和政策,以节能减排、绿色生态为着力点,赋能绿色生态新产业，进行绿色生产，实现绿色发展，承担绿色责任，实现上市公司高质量可持续发展。

1. 产业投资人将充分调用绿色资源，在资金、产业、原材料供应、研发、经营管理等方面进行全方位支持

本次重整程序引进了实力雄厚、具有国资背景、始终坚持绿色发展的共青城胜帮凯米作为产业投资人。产业投资人在协助公司摆脱经营困境及债务负担的同时，从资金、产业、原材料供应、研发、经营管理等方面，为公司后续可持续发展、绿色发展提供全方位的资源支持。同时，产业投资人将在当地政府支持下，为公司进一步争取金融扶持、能耗指标、股权投资、环保扶持等引导服务和政策支持。

2. 面对涤纶工业丝行业现状，公司将五个方面作为重点发展方向

（1）严格按照环保部门颁发的排污许可证内容，控制污染物排放种类和数量，规范污染物排放方式，逐年减少排污量，争取做到环境污染"零处罚"。

（2）逐年增加技术改造投资经费，提升污染物处理能力，定期检测和反馈污染物排放情况，坚定不移地走绿色发展路线，争取成为涤纶工业丝行业中绿色标杆企业。

（3）通过新建产能及整合的方式，一方面推进绿色新能源生产体系建设，利用陕煤集团技术与资源优势降低企业能源成本，提高用能效率，推动能源清洁低碳高效利用；另一方面继续发展做强主营业务，成为全球工业丝龙头企业，并通过拓展差异化的产品，例如聚酯功能化改性以及开发工业丝复合材料，将公司由材料供应商向方案提供商转型。

（4）芳纶、超高分子量聚乙烯纤维、碳纤维作为三大特种纤维，拥有性能优异、应用场景多样和发展前景广泛的特点，拟通过控股拥有此类技术的相关团队，打造特种纤维平台型公司，实现业务多元化，增强企业竞争力。

（5）根据绿色、环保、可持续性发展理念下循环再生行业的巨大市场空间，以涤纶工业丝回收再利用或替代利用为业务契机，初步在再生塑料行业或可降解塑料等绿色环保新材料领域布局。

五、重整计划的表决与批准

（一）债权人会议表决

第一次债权人会议于2022年11月29日上午9时通过网络会议的方式召开，本次债权人会议表决通过了《浙江尤夫高新纤维股份有限公司重整计划草案》。

1. 有财产担保债权组

出席本次债权人会议的有财产担保债权人共3家，其中3家表决同意重整计划草案，占出席会议的该组债权人数量的100%，超过该组出席会议债权人的半数；上述3家债权人所代表的债权金额占该组债权总额的100%，超过该组债权总额的2/3。有财产担保债权组表决通过重整计划草案。

2. 普通债权组

出席本次债权人会议的普通债权人共37家（其中2家同时持有有财产担保债权），其中27家表决同意重整计划草案，占出席会议的该组债权人数量的72.97%，超过该组出席会议债权人的半数；上述27家债权人所代表的债权金额占该组债权总额的81.93%，超过该组债权总额的2/3。因此，普通债权组表决通过重整计划草案。

综上，重整计划草案已获得本次债权人会议表决通过。

（二）出资人组会议表决

公司出资人组会议于2022年11月28日采取现场投票与网络投票相结合的方式召开。

参加现场会议和网络投票的股东及股东代表共24人，代表有表决权的股份数额2.81亿股，占公司总股份数的64.14%。参加会议现场会议的股东及股东代表共计5人，代表有表决权的股份数额2.77亿股，占公司总股份数的63.36%。通过网络投票参加会议的股东19人，代表有表决权的股份数额0.04亿股，占公司总股份数的0.78%。参加会议的中小投资者共20人，代表有表决权的股份数额0.22亿股，占公司总股份数的5.00%。

此次出资人组会议按照会议议程审议了提案，并采用现场记名投票与网络投票相结合的方式进行了表决，表决结果如下：同意2.81亿股，占出席会议有效表决权股份总数的100%；反对0股；弃权0股（其中，因未投票默认弃权0股）。其中，中小股东表决结果：同意0.22亿股，占出席会议的中小股东所持股份的100%；反对0股；弃权0股（其中，因未投票默认弃权0股）。

综上，《浙江尤夫高新纤维股份有限公司重整计划草案之出资人权益调整方案》获得出席会议有表决权股份总数的2/3以上同意。

根据《企业破产法》及《公司法》的相关规定，《浙江尤夫高新纤维股份有限公司重整计划草案之出资人权益调整方案》已获得出资人组会议表决通过。

（三）重整计划批准

2022年11月29日，湖州中院做出民事裁定书〔（2022）浙05破4号〕，湖州中院根据公司管理人的申请，依照《企业破产法》第八十六条第二款之规定，裁定批准浙江尤夫重整计划，终止浙江尤夫重整程序。

六、重整计划的执行与监督

（一）执行和监督的主体

依照《企业破产法》第八十九条的规定，重整计划由浙江尤夫负责执行。重整投资人应配合浙江尤夫执行重整计划。管理人负责监督浙江尤夫重整计划的执行。

（二）执行和监督期限

重整计划的执行期限自重整计划获得湖州中院裁定批准之日起计算，执行期限为1个月。在此期间，浙江尤夫将严格依照重整计划的规定清偿债务，并随时支付或清偿破产费用和共益债务。重整计划执行的监督期限与重整计划执行期限相同，自湖州中院裁定批准重整计划之日起计算。

如非浙江尤夫自身原因，致使重整计划无法在上述期限内执行完毕，浙江尤夫应于执行期限届满前，向湖州中院提交延长重整计划执行期限的申请，并根据湖州中院批准的执行期限继续执行。如根据重整计划执行的实际情况，需要延长管理人监督重整计划执行期限，则管理人将向湖州中院提交延长重整计划执行监督期限的申请，并根据湖州中院批准的期限继续履行监督职责。

重整计划提前执行完毕的，执行期限在执行完毕之日到期。重整计划执行期限提前到期的，执行监督期限相应提前到期。

（三）执行的措施

1. 偿债资金、抵债股份和信托受益权的分配

债权人应自湖州中院裁定批准重整计划后按照管理人指定格式向管理人书面提供受领偿债资金及偿债股份的账户信息，并按照重整计划的要求与受托人签订设立信托计划的相关协议。逾期不提供或因其自身原因无法通知到的债权人，浙江尤夫和管理人将提存其受偿的偿债财产，由此产生的法律后果由相关债权人自行承担。因债权人自身和/或其代理人、关联方的原因，导致无法支付和划转，或因账户信息错误，账户被冻结、扣划等原因所产生的法律后果由相关债权人自行承担。

普通债权人所获得的抵债股份，将按照重整计划的规定划转至债权人开立的证券账户，且不设定锁定期，债权人可以在获得股份后，根据自身的判断继续持有或者在股票交易市场交易退出。

无法直接持有股份的债权人，可以在抵债股份实际划转之前，通过对外转让给第三人并指令将可分配股份直接划转至该第三方的方式折现，从而实现退出。因该指令导致抵债股份不能到账，或因该指令产生其他法律纠纷或风险的，由相关债权人自行承担。

2. 偿债资金、抵债股份和信托受益权的预留、提存及处理

债权已经法院裁定确认的债权人未按照重整计划的规定受领分配的偿债资金、抵债股份、信托受益权份额的，根据重整计划应向其分配的现金及股份将提存至管理人指定的账户。自重整计划执行完毕公告之日起满3年，因债权人自身原因仍不领取的，视为放弃受领的权利。

预计债权中，未在法院规定的债权申报期限内向管理人申报债权的债权人，在重整计划执行期间不得行使权利，在重整计划执行完毕后可以向浙江尤夫主张权利，但是未在诉讼时效期间等法定期间内主张权利的，浙江尤夫不再承担责任。

对于前述情形中预留/提存的多余偿债资源，将优先用于清偿其他未预留偿债资源或预留偿债资源不足的债权（如有）。在债权确认纠纷案件均已终结，已申报并得到确认的债权获得清偿后，若仍有剩余，剩余偿债资金用于补充浙江尤夫流动资金；剩余股票后续由上市公司股东大会决议处理或处置变现补充公司流动资金；剩余信托财产追索或处置所得，在扣除信托费用等必要费用后分配给信托受益权人。

以上所有提存的偿债资金、抵债股票和信托受益权，在提存期间均不计息。

3. 债务人财产保全措施的解除

根据《企业破产法》第十九条之规定，人民法院受理破产申请后，有关债务人财产的保全措施应当解除。如浙江尤夫相关财产在重整计划生效后仍然未解除保全措施，相关债权人应当在重整计划获得法院批准后15日内，申请并配合解除对债务人财产的保全措施及其他权利限制措施。在债权人协助办理完解除财产保全等限制措施手续之前，将暂缓向该债权人实施清偿，因相关债权人不配合导致无法按期受领清偿资金及股份的，不视为重整计划未执行完毕，同时债务人或管理人有权依法向破产重整申请受理法院申请强制解除查封、冻结等手续。因债权人的原因未能及时解除对浙江尤夫财产的保全措施等限制措施而对浙江尤夫生产经营造成影响和损失，以及影响重整计划执行的，相关债权人应向浙江尤夫及相关方承担赔偿责任。

4. 破产费用的支付及共益债务的清偿

浙江尤夫破产费用包括法院案件受理费、管理人执行职务的费用、管理人报酬（最终数额由湖州中院依法确定）、划转股份费用（如转增股份登记税费及股份过户税费）等。其中，管理人或债务人聘请中介机构的费用按照相关合同支付，其他破产费用根据重整计划执行的进展情况随时支付。

浙江尤夫在重整期间产生的共益债务包括因继续履行合同所产生的债务、为继续营业而支付的劳动报酬和社会保险费用以及由此产生的其他债务等，根据重整计划执行的进展情况由债务人财产随时清偿。

重整计划确认的破产费用、共益债务在重整计划执行期间依法由管理人监督下的账户进行支付或清偿。针对重整计划规定的预计破产费用、共益债务，债务人将预留

偿债资金额度并根据实际情况支付或清偿。经测算，本案所涉及的破产费用、共益债务预计4900万元（以实际发生额为准）。

5. 偿债资源的划转

债权人应自湖州中院裁定批准重整计划后5日内按照管理人指定格式向管理人书面提供受领偿债资金及偿债股份的账户信息，并在重整计划生效后按照重整计划或信托计划的要求签订受领信托受益权份额的相关文本。逾期不提供或因其自身原因无法通知到的债权人，浙江尤夫和管理人将提存其受偿的偿债资源，由此产生的法律后果由相关债权人自行承担。因债权人自身和/或其代理人、关联方的原因，导致无法支付和划转，或因账户信息错误，账户被冻结、扣划等原因所产生的法律后果由相关债权人自行承担。

6. 关于虚假陈述民事赔偿责任问题

（1）转让债权的清偿。债权人对外转让债权的，受让人按照原债权人根据重整计划就该债权可以获得的清偿条件受偿；债权人向两个及以上受让人转让债权的，受让人按照原债权人根据重整计划就该债权可以获得的清偿条件以受让的债权比例受偿。

（2）关于虚假陈述民事赔偿责任问题。预计债权中因虚假陈述而主张浙江尤夫承担民事赔偿责任的债权人，其债权金额以生效法律文书（包括法院裁定确认的债权表）为准，按照重整计划规定的普通债权的调整及清偿方案进行调整及清偿。未在诉讼时效期间等法定期间主张权利的，浙江尤夫不再承担责任。

考虑到该等民事赔偿责任金额存在不确定性，难以准确预估，对于预计债权中的该项债权，如果最终经法院裁判不能成立或者成立的金额小于预估金额，由此多出的预留偿债资源同上文之处置。如果最终经法院裁判成立的金额大于预估金额，将先行使用为前述其他预计债权所预留的资金及股份，或历史遗留问题处理过程中尤夫控股向浙江尤夫返还的资金。如仍有不足，由重整后的浙江尤夫按照重整计划规定的普通债权的清偿方案进行清偿，如果需要以股份清偿，则由浙江尤夫自行决定通过购买股份、增发股份或者折现等方式实施清偿。

7. 以股抵债的实施与退出

对于普通债权人所获得的抵债股份，将按照重整计划的规定划转至债权人开立的证券账户，且不设定锁定期，债权人可以在获得股份后，根据自身的判断继续持有或者在股票交易市场交易退出。

对于无法直接持有股份的债权人，可以在抵债股份实际划转之前，通过对外转让给第三人并指令将可分配股份直接划转至该第三方的方式折现，从而实现退出。因该指令导致抵债股份不能到账，或因该指令产生其他法律纠纷或风险的，由相关债权人自行承担。

8. 信用等级的修复

在湖州中院裁定批准重整计划之日起 15 日内,将债务人纳入失信被执行人名单的各债权人应向相关法院申请删除债务人的失信信息,并解除对债务人法定代表人、主要负责人及其他相关人员的限制消费令及其他信用惩戒措施。若债权人未在上述期限内申请删除失信信息并解除信用惩戒措施,债务人或管理人有权将相关债权人依据重整计划可获分配的资金、股票等暂缓分配,待信用惩戒措施解除后再向债权人分配。各金融机构应在其债权留债清偿或清偿手续办理完成后及时调整债务人企业信贷分类,并上报中国人民银行征信系统调整债务人征信记录,以保障重整后的浙江尤夫运营符合征信要求。

重整计划执行完毕后,公司的资产负债结构将得到实质性的改善,浙江尤夫将恢复并有望提升可持续经营能力及盈利能力。浙江尤夫后续将及时向税务部门、市场监督管理部门等申请信用修复支持,使得公司快速完成信用修复。

七、重整计划顺利实施的预期效果

浙江尤夫重整计划如能顺利实施,预计将产生以下结果。

(1)浙江尤夫的法人主体资格将继续存续。浙江尤夫的法人主体资格将存续,上市地位将得以维持,主营业务得以保留,财务状况得到进一步改善,提升持续盈利能力。

(2)重整前产生的巨额负债获得妥善安排。重整计划实施完毕后,浙江尤夫的巨额债务获得清偿,实现各方共赢。

(3)引入重整投资人以及补充公司流动资金。重整投资人合计提供资金 7.51 亿元,用于支付或清偿破产费用、共益债务,清偿债务或补充公司流动资金等。

案例 26　天马股份重整案例解析[①]

> **背景**

浙江天马轴承集团股份有限公司（以下简称"天马股份"或"公司"）是以高端装备制造、创投服务与资产管理、互联网信息技术服务及传媒业务为主营业务的上市公司，成立于 2002 年 11 月 18 日，重整前总股本 12.19 亿股。

公司于 2017 年 1 月至 2018 年 4 月因原控股股东资金占用而被行政处罚、实施退市风险警示、实施其他风险警示，引发天马股份的债务危机；经过现任管理团队数年的努力，上市公司原控股股东喀什星河创业投资有限公司（以下简称"喀什星河"）及原实际控制人徐茂栋对公司形成的违规事项中确定的非经营性资金占用问题已全部得到解决。上市公司暂时摆脱了暂停上市甚至退市的风险，并于 2021 年 6 月经深交所批准撤销退市风险警示。但天马股份依然面临着流动资金匮乏、负债逾期等流动性风险。

2022 年 4 月 2 日，债权人徐州允智网络科技有限公司（以下简称"徐州允智"）以天马股份不能清偿到期债务且已明显缺乏清偿能力，但仍具备重整价值为由，向浙江省衢州市中级人民法院（以下简称"衢州中院"或"法院"）申请对天马股份进行预重整。2022 年 4 月 19 日，衢州中院经审查后决定对天马股份的预重整进行登记，并通过评审会选任预重整管理人。2022 年 6 月 21 日，债权人徐州允智向衢州中院提交申请，要求对天马股份进行重整。2022 年 10 月 30 日，衢州中院裁定受理对天马股份的重整申请，并指定浙江京衡律师事务所为管理人。2022 年 12 月 6 日，衢州中院裁定批准天马股份重整计划，终止天马股份重整程序。2022 年 12 月 29 日，衢州中院裁定天马股份重整计划执行完毕。

> **方案要点**

1. 出资人权益调整

以天马股份重整前总股本 12.19 亿股为基数，按每 10 股转增 6.28 股的比例实施资

[①] 本案例解析的内容主要根据浙江天马轴承集团股份有限公司于 2022 年 12 月 7 日公布的《天马轴承集团股份有限公司重整计划》整理而成。

本公积转增股票，共计转增 7.65 亿股股票。转增完成后，天马股份的总股本由重整前的 12.19 亿股增至 19.84 亿股（最终转增的准确股票数量以重整计划执行阶段的司法协助通知书载明的内容及中证登深圳分公司实际登记确认的数量为准）。前述转增股票不向原股东分配，其中 3.46 亿股分配给天马股份的债权人用于清偿债务；4.19 亿股由重整投资人有条件受让，重整投资人受让股票所支付的对价部分作为偿债资金用于支付或清偿重整计划规定的破产费用、共益债务和普通债权，部分用于补充流动资金改善经营能力等。

2. 债权清偿方案

普通债权调整及受偿。天马股份的对外债权均为普通债权，普通债权按如下方式清偿：

（1）每家普通债权人 5 万元以下（含 5 万元）的债权部分在重整计划获得法院裁定批准之日起 15 个工作日内依法以现金方式一次性清偿完毕。

（2）每家普通债权人超过 5 万元的债权部分以股票方式清偿，每 100 元普通债权分得 11.20 股天马股份 A 股股票（若股数出现小数位，则去掉拟分配股票数小数点右侧的数字，并在个位数上加"1"），该部分普通债权的清偿比例为 100%。

3. 引入重整投资人

管理人在发布重整投资人公开招募和遴选工作公告后，最终确定衢州智造祈爵企业管理合伙企业（有限合伙）（以下简称"智造祈爵"）和博厚明久（衢州）企业管理咨询合伙企业（有限合伙）（以下简称"博厚明久"）组成的联合体为重整投资人。重整投资人合计将支付 4.19 亿元对价，受让天马股份 4.19 亿股转增股票，平均对价 1 元/股。公司引入的重整投资人均为财务投资人。

重整投资人受让股份的条件包括：

（1）提供 4.19 亿元资金用于支付重整费用、清偿债务、补充公司流动资金。

（2）承诺本次受让的转增股票自登记至其名下之日起 12 个月内不减持。

（3）利用其自身优势为上市公司提供产业资源和金融服务等支持，并按照重整计划中经营方案的规定，全面履行相应的义务，提升上市公司质量。

一、公司基本信息

（一）公司及业务简介

天马股份成立于 2002 年 11 月 18 日，公司股票于 2007 年 3 月 28 日在深交所上市。公司注册地为浙江省衢州市常山县天马街道大桥路 18 号 8 楼 801、802、805 室，重整前总股本 12.19 亿股，法定代表人为傅森。2016 年 12 月，公司控股股东由霍尔果斯天马创业投资集团有限公司变更为喀什星河；2019 年 12 月，公司控股股东由喀什星河变更名为徐州乾顺承科技发展有限公司（2021年3月16日，徐州乾顺承科技发展有限公司更名为四合聚力信息科技集团有限公司，以下简称"四合聚力"）。

公司主营业务为高端装备制造、创投服务与资产管理。2019年度，公司通过收购徐州长华信息服务有限公司，增加互联网信息技术服务及传媒业务。

根据公司重整申请前2021年年度报告，公司营业收入为8.38亿元，净亏损为7.01亿元，毛利率为30.79%，净利率为-83.65%。

（二）重整前股权架构

如图2-26-1所示，截至2022年11月30日，天马股份总股本为12.19亿股，控股股东为四合聚力，持有公司股份2.51亿股，持股比例为20.59%，无实际控制人。

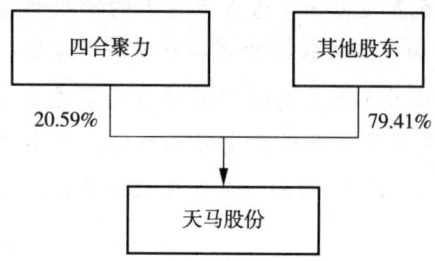

图2-26-1 天马股份重整前股权架构

二、资产负债情况

（一）资产负债情况总览

表2-26-1 天马股份资产负债情况

资产/债权类型	资产（亿元）	负债（亿元）	净资产（亿元）	资产负债率（%）
账面价值/债权金额	38.37	34.63	3.74	90.25
评估清算价值/债权金额	6.54	34.63	-28.09	529.51

如表2-26-1所示，截至2021年12月31日，天马股份总资产账面价值为38.37亿元。根据评估机构出具的资产评估报告，以2022年3月31日为评估基准日，天马股份总资产评估清算价值为6.54亿元，评估清算价值为账面价值的16.21%。

截至2022年12月3日，管理人初步审查确认债权268笔，确认金额共计23.19亿元，均为普通债权。另确认迟延履行期间加倍债务利息债权1.85亿元，为劣后债权。

在已申报债权中，因涉及未决诉讼等尚未审查确认的债权500笔，涉及债权申报金额共计3.94亿元。

经管理人调查，天马股份无欠付职工债权。

预计债权包括账面记载但截至重整计划草案提交债权人会议表决时尚未申报以及因证券市场虚假陈述导致的侵权民事赔偿等无法确定但可能承担责任的债权。上述预计债权总额截至破产受理日 2022 年 10 月 30 日预计 7.5 亿元。

综上，根据债权申报与审查情况、管理人对职工债权的调查情况以及公司债务信息等，根据天马股份债权申报与审查情况，管理人审查确认的债权总额为 34.63 亿元。

（二）债权分类

根据《企业破产法》相关规定及债权审查情况，天马股份的对外债权均为职工债权、税款债权、普通债权及无有财产担保债权。

1. 职工债权

经管理人调查，天马股份无欠付职工债权。

2. 税款债权

经管理人调查，天马股份无税款债权。

3. 普通债权

截至 2022 年 12 月 3 日，管理人初步审查确认债权 268 笔，确认金额共计 23.19 亿元，均为普通债权。另确认迟延履行期间加倍债务利息债权 1.85 亿元，为劣后债权。

4. 其他债权

暂缓确认债权：在已申报债权中，因涉及未决诉讼等尚未审查确认的债权 500 笔，涉及申报金额共计 3.94 亿元。

预计债权：预计债权包括账面记载但截至重整计划草案提交债权人会议表决时尚未申报以及因证券市场虚假陈述导致的侵权民事赔偿等无法确定但可能承担责任的债权。上述预计债权总额截至破产受理日 2022 年 10 月 30 日预计 7.5 亿元。

（三）偿债能力分析

根据评估机构出具的偿债能力分析报告，如天马股份破产清算，假定其财产均能按照评估值变现，依照《企业破产法》规定的清偿顺序，财产变现所得在支付破产费用及共益债务后，剩余财产用于清偿普通债权（含初步审查确认债权、暂缓确认债权和预计债权），在前述清偿顺序下，天马股份在模拟清算状态下的普通债权清偿率为 18.24%。

三、重整基本情况

（一）重整背景

2017年1月至2018年4月，上市公司原控股股东喀什星河、原实际控制人徐茂栋实施了非经营性占用天马股份资金、利用天马股份为其控制的企业提供担保、利用天马股份成立合伙企业收购其控制的资产等损害上市公司利益的事项，并由此造成天马股份被行政处罚、实施退市风险警示、实施其他风险警示，引发天马股份的债务危机。

自2018年10月起，为了化解天马股份的债务危机，摆脱财务困境，消除退市风险，保住上市公司主体地位，保障全体股东和债权人的合法权益，新任管理团队接手了上市公司的日常经营并管理积极排查风险，解决天马股份问题。经过现任管理团队数年的努力，上市公司原控股股东喀什星河及原实际控制人徐茂栋对公司形成的违规事项中确定的非经营性资金占用问题已全部得到解决。上市公司也暂时摆脱了暂停上市甚至退市的风险，并于2021年6月经深交所批准撤销退市风险警示。但天马股份依然面临着流动资金匮乏、负债逾期等流动性风险。

（二）预重整/重整申请情况

预重整：2022年4月2日，债权人徐州允智以天马股份不能清偿到期债务且已明显缺乏清偿能力，但仍具备重整价值为由，向衢州中院申请对天马股份进行预重整。

重整：2022年6月21日，债权人徐州允智向衢州中院提交申请，要求对天马股份进行重整。

（三）重整申请受理情况

预重整：2022年4月19日，衢州中院经审查后决定对天马股份的预重整进行登记，并通过评审会选任预重整管理人。

重整：2022年10月30日，衢州中院裁定受理对天马股份的重整申请，并指定浙江京衡律师事务所为管理人。

（四）重整管理模式

债务人自行管理财产和营业事务。

（五）重整大事记

2022年4月2日，债权人徐州允智以天马股份不能清偿到期债务且已明显缺清偿能力，但仍具备重整价值为由，向衢州中院申请对天马股份进行预重整。

2022年4月19日，衢州中院经审查后决定对天马股份的预重整进行登记，并通过评审会选任预重整管理人。

2022年6月21日，债权人徐州允智向衢州中院提交申请，要求对天马股份进行重整。

2022年10月14日，在衢州中院的监督和见证下，重整投资人评审委员会对意向重整投资人进行了现场评审。根据评审投票结果最终确定智造祈爵和博厚明久组成的联合体为重整投资人。

2022年10月30日，衢州中院裁定受理对天马股份的重整申请，并指定浙江京衡律师事务所为管理人。

2022年10月31日，公司收到衢州中院送达的决定书和复函〔（2022）浙08破6号〕，衢州中院准许公司继续营业，在管理人的监督下自行管理财产和营业事务。

2022年11月4日，天马股份及管理人与重整投资人签署了《天马轴承集团股份有限公司重整投资协议》，重整投资人以4.19亿元有条件受让天马股份资本公积转增的4.19亿股股票，并于重整投资协议签署之日全额支付重整投资款。

2022年12月5日，天马股份召开第一次债权人会议及出资人组会议，表决通过了《天马轴承集团股份有限公司重整计划草案》和《天马轴承集团股份有限公司重整计划草案之出资人权益调整方案》。

2022年12月6日，衢州中院做出民事裁定书〔（2022）浙08破6号〕，裁定批准天马股份重整计划，终止天马股份重整程序。

2022年12月29日，衢州中院做出民事裁定书〔（2022）浙08破6号之二〕，确认天马股份重整计划执行完毕。

四、重整计划的主要内容

（一）重整思路概述

如图2-26-2所示，重整计划的主要思路为：

（1）对出资人权益进行调整，在重整前股份基础上进行资本公积转增股本，合计转增7.65亿股，其中，重整投资人以4.19亿元对价受让4.19亿股；3.46亿股用于清偿公司的债务。

（2）公司将继续以高端制造装备板块为核心，结合重整投资人对公司提供的业务资源对接、产业并购、提升融资能力等方面的支持，做强做大装备制造业务，促进公司进一步发展。

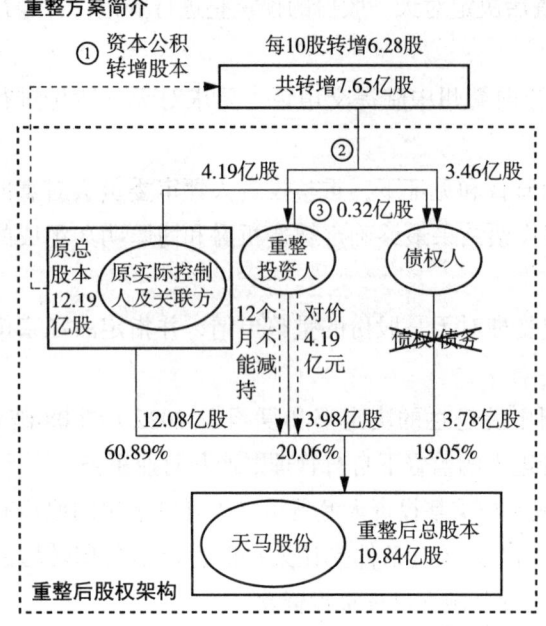

图 2-26-2　天马股份重整方案示意图

（二）投资人及投资方案介绍

2022年10月14日，重整投资人评审委员确定智造祈爵和博厚明久组成的联合体为重整投资人。2022年11月4日，天马股份及管理人与重整投资人签署了《天马轴承集团股份有限公司重整投资协议》。

智造祈爵成立于2022年9月27日，注册资本2.20亿元，执行事务合伙人为衢州启初智造科技有限公司，实际控制人为郝继鑫。

博厚明久成立于2022年9月1日，注册资本1.99亿元，执行事务合伙人为江苏和厚序博信息科技发展有限公司，实际控制人为孟珊珊。

本次重整引入的重整投资人均为财务投资人，为维护天马股份控股权稳定，其承诺于天马股份的股票登记至其名下之日起36个月内，自愿放弃对天马股份董事会的董事提名权，且不会以谋求天马股份实际控制权为目的直接或间接增持天马股份的股份，不会谋求天马股份的实际控制权。

依据重整计划，重整投资人受让股份的条件包括：

（1）提供4.19亿元资金用于支付重整费用、清偿债务、补充公司流动资金。

（2）承诺本次受让的转增股票自登记至其名下之日起12个月内不减持。

（3）利用其自身优势为上市公司提供产业资源和金融服务等支持，并按照重整计划中经营方案的规定，全面履行相应的义务，提升上市公司质量。

（三）违规事项解决方案

2017年1月至2018年4月，上市公司原控股股东喀什星河、原实际控制人徐茂栋实施了非经营性占用天马股份资金、利用天马股份为其控制的企业提供担保、利用天马股份成立合伙企业收购其控制的资产等损害上市公司利益的事项，并由此造成天马股份被行政处罚、实施退市风险警示、实施其他风险警示；马股份原控股股东喀什星河及原实际控制人徐茂栋遗留的违规事项的诉讼、执行尚未终结，可能因此产生损失，截至2022年10月30日，上述六起案件的败诉对天马股份可能造成的最大损失金额为3.39亿元，其中0.56亿元已由徐州睦德信息科技有限公司（以下简称"徐州睦德"）预先代偿并预存在上市公司账户，无须另行偿付；剩余2.82亿元债权，由控股股东四合聚力、重整投资人提供0.32亿股股票予以清偿，不占用上市公司的偿债资源。其中：

（1）优先由四合聚力以其持有的0.11亿股天马股份股票负责解决。

（2）在先行扣减徐州睦德留存的预先代偿金额及四合聚力以0.11亿股股票解决违规事项所形成的最大损失金额后仍不足的，不足部分由重整投资人以其受让的0.21亿股天马股份转增股票予以清偿。在天马股份的重整计划获得法院裁定批准后，管理人预留重整投资人受让的0.21亿股天马股份转增股票并提存保管。若未来天马股份需承担还款责任，则由管理人直接将该等股票过户给债权人以清偿债权；若未来天马股份无须承担还款责任，则由管理人将预留的股票过户至重整投资人名下。重整投资人同意，如最终发生的损失超出前述最大债权预计值，即预留重整投资人的股票不足以清偿超出部分的债权，则由重整投资人继续负责补足。

（四）出资人权益调整方案

以天马股份重整前总股本12.19亿股为基数，按每10股转增6.28股的比例实施资本公积转增股本，共计转增7.65亿股股票（最终转增的准确股票数量以重整计划执行阶段的司法协助通知书载明的内容及中证登深圳分公司实际登记确认的数量为准）。转增后，天马股份总股本将由12.19亿股增加至19.84亿股。

为保护全体股东及债权人的利益，自重整计划执行完毕之日起24个月内，天马股份将不会在公开市场配售新股。

（五）债权调整及受偿方案

1. 普通债权调整及受偿

经管理人审查，天马股份普通债权包括管理人初步审查确认的普通债权23.19亿元和暂缓确认普通债权3.94亿元。

(1) 普通债权。

每家普通债权人 5 万元以下（含 5 万元）的债权部分，在重整计划获得法院裁定批准之日起 15 个工作日内依法以现金方式一次性清偿完毕。

每家普通债权人超过 5 万元的债权部分，以股票方式清偿，每 100 元普通债权分得 11.20 股天马股份 A 股股票（若股数出现小数位，则去掉拟分配股票数小数点右侧的数字，并在个位数上加"1"），该部分普通债权的清偿比例为 100%。

(2) 暂缓确认的普通债权。已向管理人申报，但因涉及未决诉讼等原因而尚未经管理人审查确认的债权，按照其申报金额预留相应偿债资源，其债权经审查确认之后按同类债权的调整和受偿方案调整和受偿。

2. 劣后债权调整及受偿

经管理人审查，天马股份存在因债务人未及时履行生效法律文书而产生的迟延履行期间加倍利息共计 1.85 亿元，性质为劣后债权。劣后债权不占用本次重整的偿债资源。

3. 预计债权调整及受偿

预计债权在重整程序终止后申报的，经由法定程序审查，在重整计划执行完毕前不得行使权利，在重整计划执行完毕后按照同类债权的调整和受偿方案调整和受偿。法院裁定受理天马股份重整之日起满 3 年，仍未向天马股份补充申报债权的债权人，不再享有受偿的权利。

对于因证券市场虚假陈述导致的侵权民事赔偿债权，按照普通债权的调整和受偿方案调整和受偿，确保相关投资者的合法权益得到妥善保障。

4. 债务清偿顺序

如图 2-26-3 所示，模拟破产清算下普通债权清偿率是假定公司在破产清算条件下的偿债能力分析，主要来源于公司披露的偿债能力分析报告。而重组后清偿率是假定公司在重整条件下的名义清偿率。可以看出，重整后的债权清偿率比清算状态下的清偿率有一定提升。

重整计划披露的偿债方案显示，每家普通债权人 5 万元以下（含 5 万元）的债权部分以现金方式一次性清偿；每家普通债权人 5 万元以上的债权部分以股票方式清偿，每 100 元普通债权分得 11.20 股天马股份 A 股股票，该部分普通债权的清偿比例为 100%。

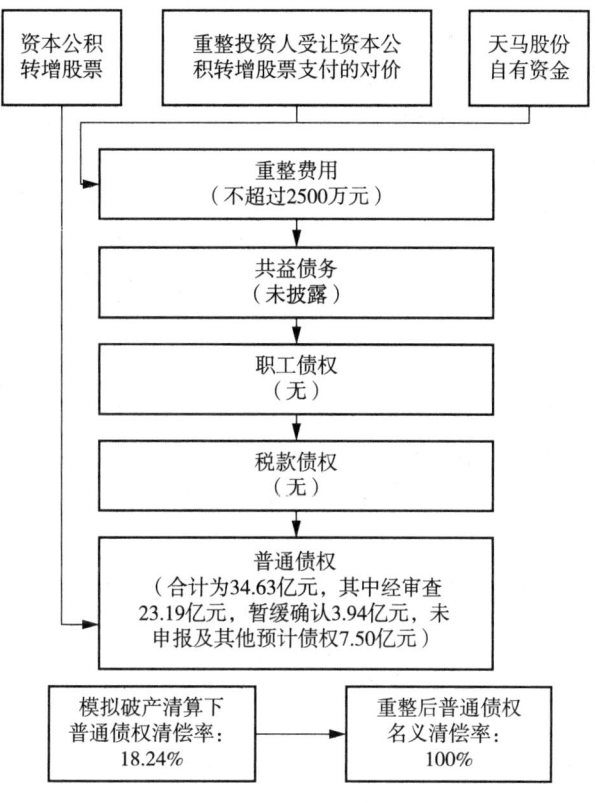

图 2-26-3 天马股份债务清偿顺序示意图

（六）未来经营方案

本次重整完成后，公司的控股股东不会发生变化，公司现任管理团队将继续以公司高端制造装备板块为核心，结合重整投资人对公司提供的业务资源对接、产业并购、提升融资能力等方面的支持，做强做大装备制造业务，促进公司进一步发展。

公司全面彻底解决债务危机后，后续将全面加强对高端装备制造板块的投入，提高硬实力和软实力的投入，发展自主可控的高端装备制造业务，大力推进"国产替代"，解决"卡脖子"问题，力争在高端装备制造的核心环节做到自主可控，并努力提升自主可控比例，切实维护和保障国家经济和产业安全。同时，上市公司还将充分利用好资本市场平台，协同重整投资人的相关资源，尝试以股权投资、并购重组等方式对业务发展进行赋能，实现更高质量、更快速度发展，为投资者创造更大价值，实现上市公司跨越式发展。

1. 业务经营规划目标

（1）发展规划目标：强化夯实机床主业，全面提高核心环节高端化、智能化及自主可控比例，利用资本赋能，打造"工业母机"龙头。

（2）产品规划目标：不断加大自身研发投入，同时大力引进高端人才和技术，持续提升产品技术含量。

（3）市场规划目标：深耕"国产替代"，在服务好现有客户基础上，重点拓展以风电为核心的新能源行业客户，以及军工航天、石化矿山等通用机械领域客户，并实现国内和海外市场并举。

2. 未来经营方案及策略

（1）调整业务布局，扎根长三角，利用当地制造产业基础和当地市场，做大增量市场。

（2）加大对外合作力度，通过贸易代理建立与全球顶尖机床品牌的合作，积极拓展对外销售业务。

（3）建立与国内顶尖科研机构的长期合作机制，实现技术升级。

（4）实现机床最高端、最核心环节——机床数控系统完全自主可控。

（5）通过股权投资、并购整合、内部孵化等手段，充分利用资本市场为主业赋能，努力实现跨越式发展。

（6）进一步提升管理水平，吸引优秀人才，提高经营效益。

五、重整计划的表决与批准

（一）债权人会议表决

2022年12月5日，天马股份以网络会议的方式召开第一次债权人会议，表决通过了《天马轴承集团股份有限公司重整计划草案》。天马股份无职工债权、税款债权和有财产担保债权。本次债权人会议设普通债权组。

普通债权组出席会议有表决权的债权人共269家，其所代表的债权金额为24.4亿元。其中，表决同意重整计划草案的债权人共266家，占出席会议该组债权人数量的98.88%，超过该组出席会议债权人的半数；所代表的债权金额为20.89亿元，占普通债权总额的85.59%，超过普通债权总额的2/3。根据《企业破产法》第八十四条第二款、第八十六条第一款之规定，《天马轴承集团股份有限公司重整计划草案》获得本次债权人会议表决通过。

（二）出资人组会议表决

公司出资人组会议于2022年12月5日下午2时30分采取现场投票与网络投票相结合的方式召开。表决通过了《天马轴承集团股份有限公司重整计划草案之出资人权益调整方案》。

股东出席的总体情况：通过现场和网络投票的股东31人，代表股份4.91亿股，占上市公司总股份的40.40%。其中，通过现场投票的股东1人，代表股份2.51亿股，占上市公司总股份的20.64%；通过网络投票的股东30人，代表股份2.4亿股，占上市公司总股份的19.75%。

中小股东出席的总体情况：通过现场和网络投票的中小股东 22 人，代表股份 1046.4 万股，占上市公司总股份的 0.86%。其中，通过现场投票的中小股东 0 人，代表股份 0 股；通过网络投票的中小股东 22 人，代表股份 1046.4 万股，占上市公司总股份的 0.86%。

公司管理人代表、部分董事、监事、公司聘请的见证律师等相关人士出席了本次会议。

表决情况为：同意票所代表的股东和中小股东股份分别为 4.91 亿股和 1046.4 万股，占各自出席会议股份总数的 100%。因此《天马轴承集团股份有限公司重整计划草案之出资人权益调整方案》获得出席本次会议有表决权股份总数的 2/3 以上同意，获得本次出资人组会议表决通过。

（三）重整计划批准

2022 年 12 月 6 日，衢州中院做出民事裁定书〔（2022）浙 08 破 6 号〕，裁定批准天马股份重整计划，终止天马股份重整程序。

六、重整计划的执行与监督

（一）执行和监督的主体

重整计划由天马股份负责执行，管理人负责监督。

重整计划监督期限内，天马股份应接受管理人的监督，及时向管理人报告重整计划执行情况、公司财务状况，以及重大经营决策、财产处置等事项。

（二）执行和监督期限

重整计划的执行期限自重整计划获得衢州中院裁定批准之日起计算，应于 2022 年 12 月 31 日前执行完毕。在此期间，应当严格依照重整计划的规定清偿债务，并随时支付或清偿破产费用和共益债务。

重整计划执行的监督期限与执行期限一致。

根据重整计划执行的实际情况，需要延长重整计划执行的监督期限的，由管理人向衢州中院提交延长重整计划执行监督期限的申请，并根据衢州中院批准的期限继续履行监督职责。

当重整计划监督期届满或者天马股份提前执行完重整计划时，管理人将向法院提交监督报告，自监督报告提交之日起，管理人的监督职责终止。

（三）执行的措施

1. 偿债资金的分配和抵债股票的分配与执行

偿债资金和股票原则上以银行转账、股票非交易过户的方式向债权人进行分配，需债权人按照指定格式,书面提供领受偿债资金、股票的银行账户和证券账户信息。未提供账户信息的债权人对应的偿债资金、股票按照重整计划的相关规定处理,由此产生的法律后果由相关债权人自行承担。

债权人指令将偿债资金、股票划转至其他主体账户的,因该指令导致偿债资金、股票不能到账,以及由该指令导致的法律纠纷和市场风险由相关债权人自行承担。

2. 偿债资金和抵债股票的提存及处理

已向管理人申报,但因涉及未决诉讼等原因而尚未经管理人审查确认的债权,按照其申报金额预留相应偿债资源,其债权经审查确认之后按同类债权的调整和受偿方案调整和受偿。预计债权在重整程序终止后申报的,经由法定程序审查,在重整计划执行完毕后按照同类债权的调整和受偿方案调整和受偿。如预留偿债资源不足,由重整后的天马股份按照重整计划规定的债权调整和受偿方案进行调整及清偿,如果需要以股份清偿,则由天马股份自行决定通过购买股份、增发股份实施清偿或者折现清偿。

债权人未按照重整计划的规定领受分配的偿债资金、股票的,根据重整计划应向其分配的资金、股票将提存至管理人指定的银行账户、证券账户,提存的偿债资金、股票在衢州中院裁定受理天马股份重整之日起满3年,因债权人自身原因仍不领取的,视为债权人放弃受偿的权利。

前述情形中预留/提存的偿债资源若有剩余,在法院裁定受理天马股份重整之日满3年后,剩余的偿债资金将用于补充天马股份经营性流动资金;剩余的偿债股票进行公开处置,处置变现价款在支付相应的处置成本后用于补充天马股份经营性流动资金。

3. 破产费用的支付

天马股份破产费用包括重整案件受理费和其他诉讼费、管理人执行职务的费用、管理人报酬、评估费、转增股票登记费、股票划转过户费及印花税、财产管理和变价费用、其他重整计划执行费用和其他重整费用。其中,重整案件受理费、管理人报酬以及聘请中介机构费用,按照《诉讼费用缴纳办法》、《最高人民法院关于审理企业破产案件确定管理人报酬的规定》以及合同约定支付,其他重整费用根据实际情况随时支付。

本案管理人报酬将按照现金和以股抵债最终清偿的财产价值(所获清偿债权)总额为基数计算,最高不超过2500万元。管理人报酬将在重整计划获得衢州中院裁定批准后、执行完毕前以债务人财产支付。

4. 共益债务的清偿

天马股份重整期间的共益债务,包括但不限于因继续履行合同所产生的债务、为继续营业而支付的劳动报酬和社会保险费用以及由此产生的其他债务,由天马股份按照《企业破产法》的相关规定随时清偿。

5. 财产强制措施的解除

在衢州中院裁定批准重整计划之日起15日内,债权人应申请并配合解除对债务人财产的查封、冻结等措施。若债权人未在上述期限内申请并配合解除查封、冻结等措施，对重整计划的执行造成阻碍，债务人或管理人有权依法向法院申请强制解除查封、冻结等手续；且债务人或管理人有权将相关债权人依重整计划可获分配的现金、股票等暂缓分配，待债权人配合解除查封、冻结等手续之后再行分配。

6. 债权人债权转让的清偿方式

在衢州中院裁定批准重整计划之前，债权人通过转让债权、分拆债权等方式改变债权形态，并导致该债权在形态变更之后按重整计划可获得清偿额高于或优于债权未改变形态之前，则该等债权形态的变更将导致对其他债权人的不公平清偿，为此重整计划仍将依据该等债权形态改变之前的债权进行清偿。

在衢州中院裁定批准重整计划之后，债权人对外转让债权的，受让人按照原债权人根据重整计划就该笔债权可以获得的受偿条件及总额受偿；债权人向两个及以上受让人转让债权的，债权清偿款项按照受让的债权比例向受让人分配。若因债权转让导致受让人无法根据重整计划受偿，由此造成的责任由债权人及其债权的受让人承担。

7. 信用等级的恢复

在衢州中院裁定批准重整计划之日起15日内，将债务人纳入失信被执行人名单的各债权人应向相关法院申请删除债务人的失信信息，并解除对债务人法定代表人、主要负责人及其他相关人员的限制消费令及其他信用惩戒措施。若债权人未在上述期限内申请删除失信信息并解除信用惩戒措施，债务人或管理人有权将相关债权人依重整计划可获分配的现金、股票等暂缓分配，待信用惩戒措施解除后再行向债权人分配。

在重整计划获衢州中院裁定批准后，各金融机构应及时调整债务人企业信贷分类，并上报中国人民银行征信系统调整债务人征信记录，确保重整后天马股份运营符合征信要求。

七、重整计划顺利实施的预期效果

天马股份重整计划如能顺利实施，预计将产生以下结果。

（1）法人资格继续存续，仍是一家在深交所上市的股份公司。

（2）重整前产生的负债获得妥善安排。重整计划实施完毕后，天马股份的债务获得较高比例清偿，实现各方共赢。

（3）经营能力得以恢复。重整投资人受让股票所支付的对价部分用于补充流动资金、改善经营能力等。随着债务危机的化解，结合重整投资人对公司提供的业务资源对接、产业并购、提升融资能力等方面的支持，天马股份基本面将发生根本性改善，并逐步恢复持续经营能力和盈利能力，重回良性发展轨道。

案例 27　雪莱特重整案例解析[①]

> **背景**

广东雪莱特光电科技股份有限公司（以下简称"雪莱特"或"公司"）成立于 1992 年 10 月 22 日。公司主要业务为紫外线杀菌灯、发光二极管（Light Emitting Diode，LED）照明、汽车照明、锂电池生产设备。2006 年，雪莱特在深交所中小企业板挂牌上市，重整前总股本 7.70 亿股。雪莱特进行多元化扩张失利时出现了巨额亏损，导致资金流动性紧张。同时由于 2021 年度公司净资产为负，深交所对公司股票实施了退市风险警示，公司面临经营和退市风险。2022 年 6 月 8 日，雪莱特收到债权人佛山市格能照明电器有限公司（以下简称"格能照明"）发来的预重整申请通知书，格能照明以公司不能清偿到期债务且已经明显缺乏清偿能力，但仍具备重整价值为由，向广东省佛山市中级人民法院（以下简称"佛山中院"或"法院"）申请对公司进行预重整。2022 年 6 月 10 日，公司与佳德轩（广州）资本管理有限公司（以下简称"佳德轩"）签署了重整投资框架协议。2022 年 7 月 7 日，债权人格能照明认为公司具有重整能力和重整价值，便向佛山中院申请将前期格能照明提出的预重整申请变更为重整申请，佛山中院就公司破产重整一案予以立案审查。2022 年 10 月 31 日，佛山中院裁定受理雪莱特重整案，并指定北京市金杜（深圳）律师事务所、广东天地正律师事务所为管理人。2022 年 11 月 16 日，管理人及公司与佳德轩签署了《广东雪莱特光电科技股份有限公司重整投资协议》。2022 年 12 月 2 日，佛山中院裁定批准《广东雪莱特光电科技股份有限公司重整计划》，并终止雪莱特重整程序。2022 年 12 月 21 日，佛山中院裁定确认雪莱特重整计划执行完毕。该案例是广东法院服务保障民营经济高质量发展十大典型案例之一。

> **方案要点**

1. 出资人权益调整

重整前雪莱特总股本 7.70 亿股，实施回购并注销 750 万股股权激励限售股后，总

[①] 本案例解析的内容主要根据广东雪莱特光电科技股份有限公司于 2022 年 12 月 3 日公布的《广东雪莱特光电科技股份有限公司重整计划》整理而成。

股本将调整为 7.62 亿股，资本公积为 3.56 亿元。结合公司股本及资本公积实际情况，在重整程序中，公司以调整后总股本为基数，按照每 10 股转增 4.6 股的比例实施资本公积转增股票，共计转增 3.51 亿股股票，雪莱特总股本增加至 11.13 亿股。其中不超过 6000 万股转增股票用于清偿债务，清偿债务后剩余的转增股票全部由重整投资人认购。

2. 债权清偿方案

（1）有财产担保债权调整及受偿。有财产担保债权以担保财产评估价值为限，在重整计划执行期限内以现金方式一次性受偿；超过担保财产评估价值部分按照普通债权调整与受偿。

（2）普通债权调整及受偿。每家普通债权人 15 万元以下（含 15 万元）的债权部分在重整计划执行期限内以现金方式一次性受偿。超过 15 万元的债权部分，以雪莱特资本公积转增股票抵债的方式受偿，抵债价格为 4.76 元/股，预计每 100 元可获得 21 股雪莱特股票。为便于债权人及时回收现金并简化普通债权受偿手续，重整计划赋予债权人选择权：可以放弃受领抵债股票，要求雪莱特就普通债权超过 15 万元的部分按照 50% 的比例支付现金。

3. 引入重整投资人

2022 年 11 月 16 日，管理人及公司与佳德轩签署了《广东雪莱特光电科技股份有限公司重整投资协议》，佳德轩及其一致行动人、佳德轩认可的财务投资人以 1.20 元/股的价格认购雪莱特按照重整计划清偿债务后剩余的全部转增股票（包括雪莱特预计用于清偿债务的不超过 6000 万股转增股票中，债权人选择按照 50% 的比例以现金受偿而放弃受领的转增股票，最终认购的转增股票数量根据债权人选择受偿方案的结果确定）。佳德轩及其一致行动人合计以 2.18 亿元对价受让 1.81 亿股转增股票。产业投资人佳德轩（及其一致行动人）将通过认购转增股票成为雪莱特第一大股东，其实际控制人成为雪莱特实际控制人，剩余股票由财务投资人认购。财务投资人广东粤佳创新投资合伙企业（有限合伙）（以下简称"广东粤佳"）、陈建忠等合计以 1.75 亿元受让 1.46 亿股转增股票。重整投资人受让股票的条件包括：

（1）佳德轩及其一致行动人认购的股份自登记至其名下之日起 36 个月内不减持；财务投资人认购的股份自登记至其名下之日起 12 个月内不减持。

（2）在雪莱特重整期间，根据需要向公司提供无息贷款支持和协调共益债务融资支持，在公司重整计划执行完毕后 3 年内，根据公司经营需要，以股东借款或提供担保等方式，为公司引入相应金融贷款等。

一、公司基本信息

（一）公司及业务简介

雪莱特成立于 1992 年 10 月 22 日（曾用名为广东华星光电有限公司、南海市华星光电实业有限公司、广东省南海市东二华星光电实业公司），公司注册地址和办公地址均为广东省佛山市南海区狮山工业科技工业园 A 区。2006 年 10 月 25 日，公司在深交所中小企业板上市，重整前总股本 7.70 亿股，法定代表人为冼树忠。公司主营业务为光科技应用、锂电池生产设备、智能包装设备、充电桩。

根据公司重整申请前 2021 年年度报告，公司营业收入为 1.55 亿元，净亏损为 1.74 亿元，毛利率为 35.58%，净利率为 –112.26%。

（二）重整前股权架构

如图 2-27-1 所示，截至 2022 年 6 月 30 日，雪莱特总股本为 7.70 亿股，其中无限售流通股 7.46 亿股。雪莱特控股股东为柴国生，其持有雪莱特股份 1.12 亿股，占雪莱特总股本的 14.59%。

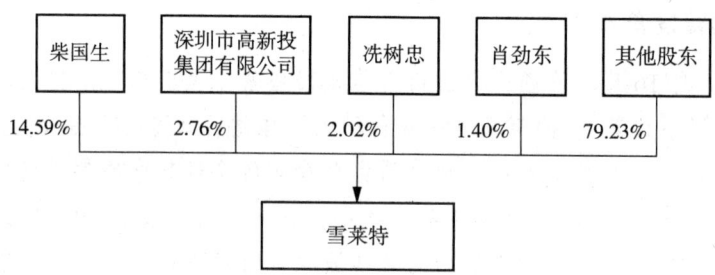

图 2-27-1　雪莱特重整前股权架构

二、资产负债情况

（一）资产负债情况总览

表 2-27-1　雪莱特资产负债情况

资产/债权类型	资产（亿元）	负债（亿元）	净资产（亿元）	资产负债率（%）
账面价值/债权金额	4.29	6.16	–1.87	143.59
评估清算价值/债权金额	3.20	6.16	–2.96	192.50
评估市场价值/债权金额	5.99	6.16	–0.17	102.84

如表 2-27-1 所示，截至 2022 年 6 月 30 日，雪莱特资产的账面价值为 4.29 亿元，其中流动资产 0.37 亿元，非流动资产 3.92 亿元。根据评估机构出具的《广东雪

莱特光电科技股份有限公司破产重整涉及资产的市场价值项目评估咨询报告》，在持续经营假设前提下，按照成本法进行评估，雪莱特资产评估的市场价值总值为 5.99 亿元，其中流动资产评估值为 0.37 亿元，非流动资产评估值为 5.62 亿元，假设雪莱特破产清算，资产进行快速变现，按照清算价格法，雪莱特资产评估的清算价值总值为 3.20 亿元。

截至 2022 年 11 月 7 日，共有 122 家债权人向管理人申报了 124 笔债权，申报债权总额为 6.59 亿元。其中，11 家债权人申报有财产担保债权 13 笔，申报金额 4.54 亿元；1 家债权人申报职工债权 1 笔，申报金额 3.68 万元；110 家债权人申报普通债权 110 笔，申报金额 2.05 亿元。

在已申报债权中，经管理人审查，初步确认 106 家债权人的 108 笔债权，确认债权金额 6.28 亿元，其中有财产担保债权 12 笔，债权金额 4.38 亿元；普通债权 96 笔，债权金额 1.63 亿元，劣后债权 0.27 亿元。经管理人调查，雪莱特没有职工债权，并且劣后债权不予清偿、不参与重整计划。

已申报债权中，因诉讼未决、需要补充证据材料等原因暂缓认定的债权 14 笔，涉及的申报金额为 0.03 亿元。

根据雪莱特账簿记载，并经初步调查梳理，截至 2022 年 11 月 7 日未申报但账面记载的债权 0.12 亿元。

综上，根据债权申报与审查情况、管理人对职工债权的调查情况以及截至受理日公司财务账簿的记录等，雪莱特经管理人审查确认、暂缓确认、未申报的负债合计为 6.16 亿元。

（二）债权分类

根据《企业破产法》第八十二条之规定和债权申报审查确认情况，雪莱特债权包括有财产担保债权、普通债权、劣后债权。

1. 有财产担保债权

经管理人审查，初步确认有财产担保债权 12 笔，债权金额 4.38 亿元。

2. 普通债权及劣后债权

经管理人审查，初步确认普通债权 96 笔，债权金额 1.63 亿元，劣后债权 0.27 亿元。

3. 其他债权

已申报债权中，因诉讼未决、需要补充证据材料等原因暂缓认定的债权 14 笔，涉及的申报金额为 0.03 亿元。

根据雪莱特账簿记载，并经初步调查梳理，截至 2022 年 11 月 7 日未申报但账面记载的债权 0.12 亿元。

（三）偿债能力分析

根据评估机构出具的《广东雪莱特光电科技股份有限公司破产重整涉及资产的清算价值项目资产评估报告》，假设雪莱特破产清算，资产进行快速变现，按照清算价格法，雪莱特资产评估的清算价值总值为 3.20 亿元。假定其财产均能够按照清算价值获得处置变现，按照《企业破产法》规定的清偿顺序，担保财产变现所得优先用于偿还有财产担保债权（担保财产变现所得不足以清偿有财产担保债权的部分，将转化为普通债权进行清偿），剩余其他资产变现所得在支付或清偿破产费用、共益债务、职工安置费用、税款债权后，普通债权清偿率为 21.32%。

三、重整基本情况

（一）重整背景

雪莱特是佛山南海第一家上市民营公司，多年来深耕教育照明、汽车照明、环境净化等产品业务。但是，雪莱特进行多元化扩张失利时出现了巨额亏损，导致资金流动性紧张。2020 年 4 月 30 日，因 2018 年度、2019 年度连续 2 个会计年度经审计的净利润均为负值，2019 年度经审计的净资产为负值，深交所对雪莱特股票交易实行退市风险警示；由于 2020 年净利润扭亏为盈，2021 年 6 月 10 日，公司股票被撤销退市风险警示并继续实施其他风险警示。因公司 2021 年度经审计的期末净资产为负值，公司股票自 2022 年 4 月 29 日起再次被实施退市风险警示。

（二）预重整／重整申请情况

2022 年 6 月 8 日，公司债权人格能照明以公司不能清偿到期债务且已经明显缺乏清偿能力，但仍具备重整价值为由，向佛山中院申请对公司进行预重整。

2022 年 7 月 7 日，格能照明认为公司具有重整能力和重整价值，为尽快推动公司进入重整程序，化解债务危机，保障各方合法权益，格能照明向佛山中院申请将预重整申请变更为重整申请。公司于当日收到佛山中院出具的破产重整申请审查案件立案通知书，佛山中院就格能照明申请公司破产重整一案已予以立案审查，案号为（2022）粤 06 破申 30 号。

（三）重整申请受理情况

2022 年 10 月 31 日，佛山中院送达民事裁定书〔（2022）粤 06 破申 30-8 号〕，裁定受理债权人格能照明对公司的重整申请，同日指定北京市金杜（深圳）律师事务所、广东天地正律师事务所联合担任公司破产重整管理人。

（四）重整管理模式

管理人管理财产和营业事务。

（五）重整大事记

2022年6月8日，雪莱特收到债权人格能照明发来的预重整申请通知书，格能照明以公司不能清偿到期债务且已经明显缺乏清偿能力，但仍具备重整价值为由，向佛山中院申请对公司进行预重整。

2022年6月10日，雪莱特与佳德轩签署了《广东雪莱特光电科技股份有限公司重整投资框架协议》。

2022年7月7日，格能照明向佛山中院递交了关于将预重整变更为重整的申请书。鉴于当前实际情况，格能照明认为公司具有重整能力和重整价值，为尽快推动公司进入重整程序，化解债务危机，保障各方合法权益，格能照明向佛山中院申请将前期提出的预重整申请变更为重整申请。

2022年9月20日，确定佳德轩为重整投资人。

2022年10月31日，佛山中院送达民事裁定书〔（2022）粤06破申30-8号〕，裁定受理债权人格能照明对公司的重整申请，同日指定北京市金杜（深圳）律师事务所、广东天地正律师事务所联合担任公司破产重整管理人。

2022年11月16日，管理人及公司与佳德轩签署了《广东雪莱特光电科技股份有限公司重整投资协议》。

2022年12月2日上午，雪莱特第一次债权人会议表决通过了重整计划草案；同日下午，雪莱特出资人组会议表决通过了出资人权益调整方案。

2022年12月2日，佛山中院裁定批准《广东雪莱特光电科技股份有限公司重整计划》，并终止雪莱特重整程序。

2022年12月21日，雪莱特收到佛山中院送达的民事裁定书〔（2022）粤06破40号之二〕，佛山中院裁定确认雪莱特重整计划执行完毕。

四、重整计划的主要内容

（一）重整思路概述

如图2-27-2所示，重整计划的主要思路为：

（1）雪莱特总股本7.70亿股，实施回购并注销750万股股权激励限售股后，总股本将调整为7.62亿股，资本公积为3.56亿元。结合公司股本及资本公积实际情况，在重整程序中，公司以调整后总股本为基数，按照每10股转增4.6股的比例实施资本公积转增股票，共计转增3.51亿股股票，雪莱特总股本增加至11.13亿股。其中不超过6000万股转增股票用于清偿债务，剩余的转增股票全部由重整投资人认购，其中产业投资人佳德轩（及其一致行动人）将通过认购转增股票成为雪莱特第一大股东，其实际控制人成为雪莱特实际控制人，剩余股票由财务投资人认购。

（2）经营方案方面，雪莱特将继续整合优势资源、拓宽销售渠道、发挥产业优势，提升主营业务的核心竞争力。重点部署规划紫外线消杀与照明、锂电池高端生产设备等板块，在做大做强现有主营业务的同时加大科研投入，进行产业升级。

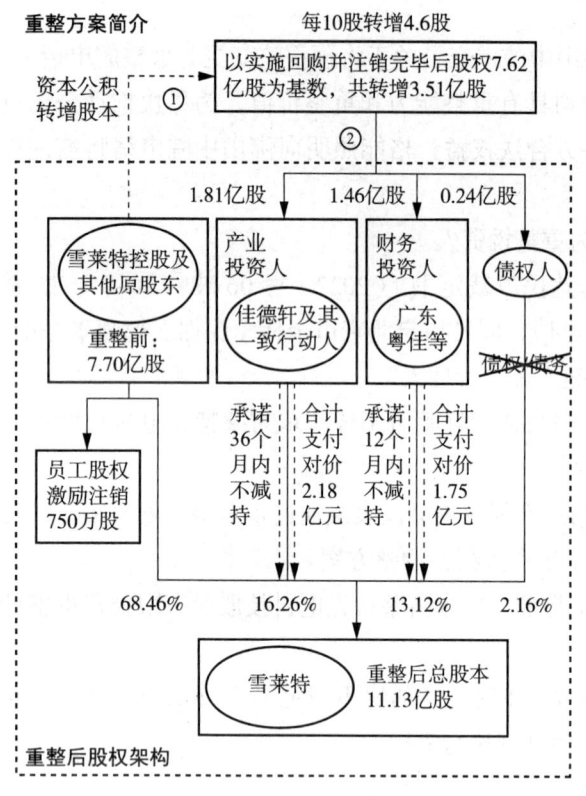

出资人权益调整方案

① 资本公积转增股本：
重组前，雪莱特总股本7.70亿股，实施回购并注销750万股股权激励限售股后，总股本将调整为7.62亿股。公司以调整后总股本为基数，按照每10股转增4.6股的比例实施资本公积转增股票，共计转增3.51亿股股票，雪莱特总股本增加至11.13亿股。

② 转增股票的分配如下：
- 根据债权人选择股份或者现金受偿的情况，重整投资人需认购的转增股份数量为3.27亿股，对应认购款项数额为3.93亿元。未来继续产生的因债权人选择现金受偿而剩余的股份，由佳德轩按照同等条件认购。
  ➢ 产业投资人。佳德轩及其一致行动人（包括戴俊威和广东尚凡资本投资有限公司）认购转增股票1.81亿股，合计支付对价2.18亿元（受让股票的价格为1.20元/股），其成为雪莱特第一大股东，其实际控制人成为雪莱特实际控制人。产业投资人自取得转增股票之日起限售36个月。
  ➢ 财务投资人。广东粤佳、陈建忠、北京亚胜源企业管理中心（有限合伙）、杨天荣和倪振年，认购转增股票1.46亿股，合计支付对价1.75亿元（受让股票的价格为1.20元/股）。财务投资人自取得转增股票之日起限售12个月。
- 清偿债务。不超过0.60亿股转增股票用于清偿债务，具体用于清偿债务的股票数量，以最终债权确认数额和债权人按照本重整计划的债权受偿方案实际选择情况为准。根据债权人选择股份或者现金受偿的情况，预计有0.24亿股用于清偿债务。

图 2-27-2　雪莱特重整方案示意图

（二）投资人及投资方案介绍

2022年11月16日，管理人及公司与佳德轩签署了《广东雪莱特光电科技股份有限公司重整投资协议》。佳德轩成立于2021年2月5日，注册资本为1亿元。佳德轩实际控制人为戴俊威。戴俊威，1974年出生，于2002年起从事实体产业经营、资产管理及物业投资。家族企业在香港交易所上市。

根据重整投资协议，佳德轩及其一致行动人、佳德轩认可的财务投资人以1.20元/股（按照重整投资框架协议签署日前20个交易日公司股票的收盘均价1.50元/股的八折确定）的价格认购雪莱特按照重整计划清偿债务后剩余的全部转增股票（包括雪莱特预计用于清偿债务的不超过6000万股转增股票中，债权人选择按照50%的比例以现金

受偿而放弃受领的转增股票,最终认购的转增股票数量根据债权人选择受偿方案的结果确定)。重整投资人的投资包括:

(1)全体投资人认购的转增股票不低于 2.91 亿股。其中,佳德轩及其一致行动人认购的转增股票不少于 1.81 亿股。

(2)佳德轩负责全体投资人的身份确认和价款支付。视债权人选择股份或者现金受偿的情况,未来因债权人选择现金受偿而剩余的股份,由佳德轩按照同等条件认购。

(3)佳德轩及其一致行动人认购的股份自登记至其名下之日起 36 个月内不减持;财务投资人认购的股份自登记至其名下之日起 12 个月内不减持。

(4)在雪莱特重整期间,根据需要向公司提供无息贷款支持和协调共益债务融资支持,在公司重整计划执行完毕后 3 年内,根据公司经营需要,以股东借款或提供担保等方式,为公司引入相应金融贷款。

2022 年 12 月 19 日,公司公告佳德轩出具的《关于确认重整投资人投资额和权益分配的通知书》,佳德轩确认其及其一致行动人、其认可的财务投资人投资额及权益分配如表 2-27-2、表 2-27-3 所示,未来因债权人选择现金受偿而剩余的股份,由佳德轩按照同等条件认购。

表 2-27-2　雪莱特产业投资人佳德轩及其一致行动人投资额及权益分配情况

投资人名称/姓名	投资额(亿元)	认购股份(亿股)
佳德轩	0.97	0.81
戴俊威	0.96	0.80
广东尚凡资本投资有限公司	0.25	0.20
合计	2.18	1.81

表 2-27-3　雪莱特财务投资人投资额及权益分配情况

投资人名称/姓名	投资额(亿元)	认购股份(亿股)
广东粤佳	0.60	0.50
陈建忠	0.60	0.50
北京亚胜源企业管理中心(有限合伙)	0.24	0.20
杨天荣	0.19	0.16
倪振年	0.12	0.10
合计	1.75	1.46

(三)出资人权益调整方案

1. 资本公积转增股票

雪莱特总股本 7.70 亿股,实施回购并注销 750 万股股权激励限售股后,总股本将调整为 7.62 亿股,资本公积为 3.56 亿元。结合公司股本及资本公积实际情况,在重整程序中，公司以调整后总股本为基数，按照每10股转增4.6股的比例实施资本公积转增股票，共计转增3.51亿股股票，雪莱特总股本增加至11.13亿股。

2. 转增股票的用途

转增的3.51亿股股票不向原股东分配，根据重整计划做如下安排：

（1）其中不超过6000万股转增股票用于清偿债务，具体用于清偿债务的股票数量，以最终债权确认数额和债权人按照重整计划的债权受偿方案实际选择情况为准。

（2）按照重整计划清偿债务后剩余的转增股票全部由重整投资人认购，其中产业投资人佳德轩（及其一致行动人）将通过认购转增股票成为雪莱特第一大股东，其实际控制人成为雪莱特实际控制人，剩余股票由财务投资人认购。重整投资人受让股票的价格，按照重整投资框架协议签署日前20个交易日公司股票的收盘均价1.50元/股的八折确定，即1.20元/股。重整投资人认购股票的对价款将在雪莱特重整计划经法院裁定批准之日起15日内完成支付，用于根据重整计划的规定偿付债务、支付重整费用及补充公司流动资金。

产业投资人自取得转增股票之日起限售36个月；财务投资人自取得转增股票之日起限售12个月。

（四）债权调整及受偿方案

1. 有财产担保债权调整及受偿

按照《企业破产法》的规定，有财产担保债权在担保财产的评估价值范围内享有优先受偿的权利。超过担保财产评估价值的部分，作为普通债权进行受偿。经管理人审查确认的有财产担保债权数额为4.38亿元。以担保财产的评估价值作为优先受偿金额，其中2.67亿元债权作为有财产担保债权优先受偿，超过部分的1.71亿元债权按照普通债权调整与受偿。

2. 普通债权调整及受偿

经管理人审查确认的普通债权数额为3.34亿元，包括管理人审查确认的普通债权1.63亿元，以及有财产担保债权超过担保物评估价值部分调整为普通债权的1.71亿元。

普通债权在重整计划执行期限内以现金和股票形式受偿。普通债权以债权人为单位，其中每家债权人：

（1）15万元以下（含15万元）的债权部分在重整计划执行期限内以现金方式一次性受偿。

（2）超过15万元的债权部分，以雪莱特资本公积转增股票抵债的方式受偿，抵债价格为4.76元/股，预计每100元可获得21股雪莱特股票。考虑到部分债权人及时回收现金的需求并为了简化普通债权受偿手续，重整计划赋予债权人选择权：可以放弃受领抵债股票，要求雪莱特就普通债权超过15万元的部分按照50%的比例支付现金。

债权人选择现金受偿而放弃受领的股票，由重整投资人认购。

3. 劣后债权调整及受偿

经管理人审查确认后劣后债权金额为 0.27 亿元，不予清偿，依法不参与重整计划。

4. 债务清偿顺序

如图 2-27-3 所示，模拟破产清算下普通债权清偿率是假定公司在破产清算条件下的偿债能力分析，主要来源于公司披露的偿债能力分析。而重组后清偿率是假定公司在重整条件下的名义清偿率。可以看出，重整后的债权清偿率比清算状态下的清偿率有一定提升。

重整计划披露的偿债方案显示，假定全部有效财产均能够按预计的资产清算价值变现，普通债权清偿率仅为 21.32%。普通债权在重整计划执行期限内以现金和股票形式受偿，15 万元以下（含 15 万元）的债权部分以现金方式清偿，15 万元以上部分以

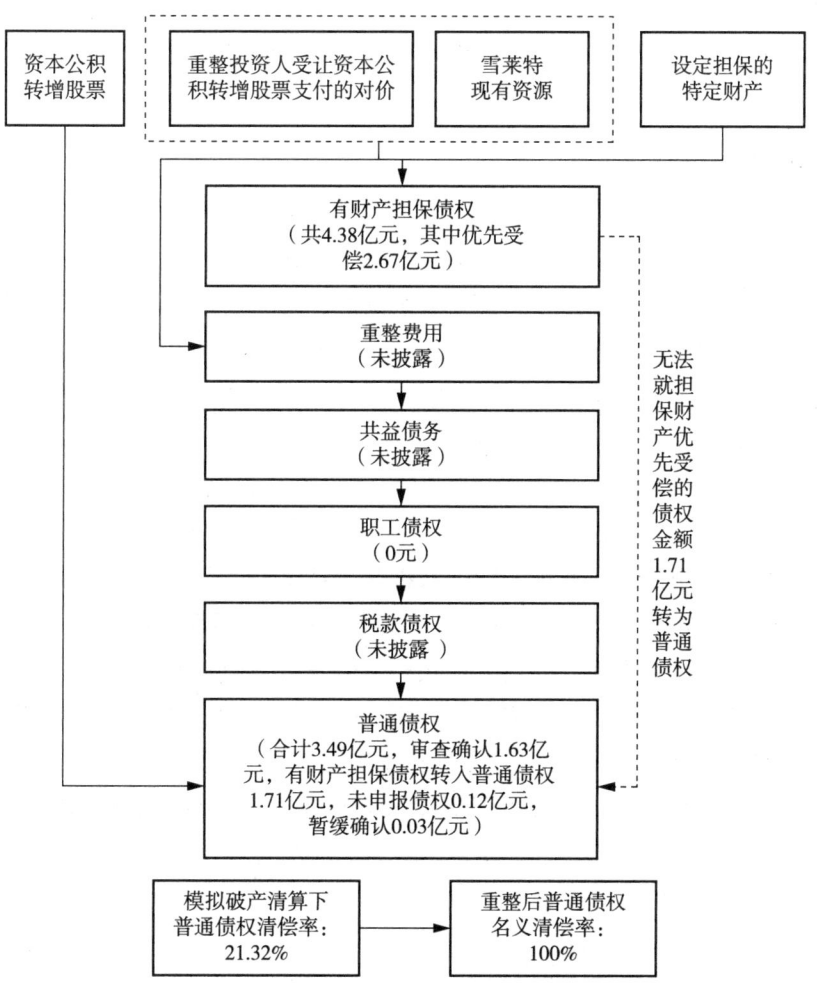

图 2-27-3　雪莱特债务清偿顺序示意图

雪莱特资本公积转增股票抵债的方式受偿，预计每 100 元可获得 21 股雪莱特股票，股票抵债价格为 4.76 元 / 股。另外，重整计划赋予债权人选择权：可以放弃受领抵债股票，要求雪莱特就普通债权超过 15 万元的部分按照 50% 的比例支付现金。综上，重整后普通债权的名义清偿率大于 50%。

（五）未来经营方案

雪莱特以紫外线消杀、LED 照明、锂电池生产设备为主营业务，作为一家以研发驱动和产品创新为核心的国家知识产权优势企业，公司填补了多项国内外技术空白，曾获"国家科学技术进步二等奖""中国专利优秀奖"，参与起草《紫外线杀菌灯》等 7 项国家标准，拥有 200 余项专利及中国驰名商标，创始人系国务院特殊津贴专家。2020 年 3 月，公司被列为国家工业和信息化部新冠疫情防控重点保障企业、佛山市第一批疫情防控物资重点生产企业。

未来，公司将继续整合优势资源、拓宽销售渠道、发挥产业优势，提升主营业务的核心竞争力。重点部署规划紫外线消杀与照明、锂电池高端生产设备等板块，在做大做强现有主营业务的同时加大科研投入，进行产业升级。

1. 紫外线消杀与照明板块

（1）紫外线消杀业务方面，公司将继续积极与研发机构开展战略合作，开发升级空气消毒机、照明杀菌一体化灯具、消毒台灯、支架灯、壁挂式消毒灯、一体化电子灯、紫外线灯管、消毒车、水处理紫外线杀菌灯、废气处理紫外线灯等紫外线消杀产品，增加产品附加值、加强产品包装宣传、拓宽产品销售渠道，在人群聚集场所、公共空间等加大人机共存消杀系统推广力度，进一步助力各单位提升全方位防疫能力。

（2）照明业务方面，公司将完成前期中标的中央党校教育照明系统节能改造项目，并已在全国上百间中小学搭建健康照明系统，后续公司将继续乘国家教育照明政策东风、借长期积累的国内领先技术，深耕教育照明领域，继续开发升级教室灯、黑板灯、照明杀菌一体灯具及配套的智能控制、数据管理系统等产品，继续引领行业标准的修订，以光安全、光健康、智能化为依托，打造优秀的教育照明品牌。

（3）产业升级计划方面，公司将加快产品研发设计中心的建设，加强与高校、科研机构的合作，进一步提升公司研发设计能力，以现有紫外线、光照明板块为基础，推进产业升级，重点研究开发准分子灯技术、脉冲氙灯技术、中压汞灯（MPM）技术、深紫外 LED（UVCLED）技术等新技术及产品，将紫外线消杀与照明业务向医疗消毒、光表面清洁、光电医美、废水废气处理、半导体加工、传统家电升级改造等领域延伸，形成光健康应用类产品群。

2. 锂电池高端生产设备板块

重整后公司造血能力将持续增强，资金流动性逐步提升，将能够为全资子公司深圳市卓誉自动化科技有限公司（以下简称"卓誉自动化"）提供相应支持，同时将利用国家扶持相关产业的优惠政策，把握我国动力电池、储能项目发展带来的新机遇，改进生产线、提高设备自动化程度，吸收学习进口设备技术优势，提升锂电设备产品质量，提高产品市场占有率和竞争力。

（1）推动核心技术升级，聚焦核心产品生产。对正（负）氦气测漏技术、锂电池电芯热压成型、锂电池电芯极片超声波焊接技术等核心技术进行升级创新；在方形电池热压机、方形电池极耳焊接机、方形电池卷芯包膜机、方形卷芯入壳机、方形电池（正、负）压氦检测漏机等核心产品生产过程中，保证精度和效率指标，注重结构设计合理性、零件加工精密度、配装及调试工艺适应性，培训工作人员充分掌握并运用机械、电子、电气、化学、材料、信息、自动化控制等技术，以形成优良的作业标准、高水平的生产工艺和严格的检测标准。

（2）充分利用现有人力资源，稳步充实人才储备。在保持卓誉自动化现有管理团队稳定的基础上，引进研发技术人员及复合型专业管理人员，发挥核心团队超10年的自动化研发经验优势，加强网络化、智能化、精细化管理，提升公司在锂电设备设计加工、组装调试、销售推广等环节的软实力。

（3）以客户需求为引领，紧跟市场新动向，满足工艺个性化、领域细分化要求。做好研发设计、商业化论证以及长周期生产需求应对，以研发、供应链、生产三大核心系统创造持续的竞争优势；维护好优秀客户资源，与行业知名企业建立良好的业务关系，根据客户需求进行个性化设计、生产和服务，增强卓誉自动化的市场竞争力。

3. 拟采取的保障经营稳定的相关措施

为保障重整后公司经营稳定，公司拟采取以下措施：

（1）进一步调整、优化管理体制。持续完善公司治理结构，建立有效、顺畅的管理流程，同时加强公司内部控制建设，健全内部控制体系，对各部门提出实施精细化管理的要求，全方位提升各部门、各岗位的管理水平。

（2）改进管理薄弱环节，补足基础管理短板。围绕降低三项费用率、人均劳动效率等管理关键指标加强成本管理，把减少浪费、降低成本、严控费用、提高效益的理念贯穿至生产经营全过程，深度挖掘管理潜力和效益、降本增效、提升渠道效率、降低库存水平，改善营业周期和现金流，提高公司盈利水平。

（3）坚持"以市场为导向"的宗旨，"以满足、引领消费者需求"为核心，整合内外部优质资源，持续提升产品的时尚度、竞争力。挖掘潜在消费需求，提升产品市场适应度，扩大国内市场份额；改革产品开发模式，强化业务协同，不断提升产品的性价比和竞争力；扩大国内销售的业务区域与创新商业渠道，扩展业务范围，利用合作伙伴的业务网络，提升公司的盈利能力。

（4）发挥核心团队管理优势，充实人才储备。业务恢复成长期间，在维持现有骨干成员基础上，公司根据实际情况招纳贤才，全面提升公司运营能力。

五、重整计划的表决与批准

（一）债权人会议表决

雪莱特第一次债权人会议于 2022 年 12 月 2 日上午 9 时 30 分采取网络会议的形式召开，会议表决通过了《广东雪莱特光电科技股份有限公司重整计划（草案）》。

1. 有财产担保债权组

出席本次债权人会议的有财产担保债权人共 9 家，其中 9 家表决同意重整计划草案，占出席会议的该组债权人数量的 100.00%，超过该组出席会议的债权人的半数；上述 9 家债权人所代表的债权额为 2.67 亿元，占该组债权总额 2.67 亿元的 100.00%，超过该组债权总额的 2/3。因此，有财产担保债权组表决通过重整计划草案。

2. 普通债权组

出席本次债权人会议的普通债权人共 126 家，其中 125 家表决同意重整计划草案，占出席会议的该组债权人的 99.21%，超过该组出席会议的债权人数量的半数；上述 125 家债权人所代表的债权额为 3.26 亿元，占该组债权总额 3.39 亿元的 96.23%，超过该组债权总额的 2/3。因此，普通债权组表决通过重整计划草案。

（二）出资人组会议表决

2022 年 12 月 2 日下午 2 时 30 分，出资人组会议对《广东雪莱特光电科技股份有限公司重整计划（草案）之出资人权益调整方案》进行表决，会议表决通过了出资人权益调整方案。

出席本次出资人组会议的股东 379 人，代表股份 2.31 亿股，占上市公司总股份的 30.18%。现场出席情况：出席现场投票的股东 13 人，代表股份 1.28 亿股，占上市公司总股份的 16.71%。网络投票情况：通过网络投票系统进行投票的股东资格身份已经由深交所交易系统认证，根据深圳证券信息有限公司提供的数据，通过网络投票的股东 366 人，代表股份 1.03 亿股，占上市公司总股份的 13.47%。

总表决情况：同意 2.28 亿股，占出席会议所有股东所持股份的 98.68%；反对 284.45 万股，占出席会议所有股东所持股份的 1.23%；弃权 21.23 万股（其中，因未投票默认弃权 0 股），占出席会议所有股东所持股份的 0.09%。

中小股东表决情况：同意 1.07 亿股，占出席会议的中小股东所持股份的 97.22%；反对 284.45 万股，占出席会议的中小股东所持股份的 2.58%；弃权 21.23 万股（其中，因未投票默认弃权 0 股），占出席会议的中小股东所持股份的 0.19%。

综上，出资人权益调整方案获得出席本次会议有表决权股份总数的 2/3 以上同意。根据《企业破产法》及《公司法》的相关规定，出资人权益调整方案获得本次出资人组会议表决通过。

（三）重整计划批准

2022 年 12 月 2 日，佛山中院裁定批准《广东雪莱特光电科技股份有限公司重整计划》，并终止雪莱特重整程序。

六、重整计划的执行与监督

（一）执行和监督的主体

重整计划由雪莱特负责执行，管理人负责监督雪莱特执行重整计划。

（二）执行和监督期限

重整计划的执行期限为自重整计划经法院裁定批准之日起 6 个月。在此期间，雪莱特应当严格依照重整计划的规定清偿债务，并随时支付或清偿重整费用和共益债务。

如非雪莱特自身原因，导致重整计划无法在执行期限内执行完毕，雪莱特应于债权人会议审议通过后、执行期限届满前，向佛山中院提交延长重整计划执行期限的申请，并根据佛山中院批准的执行期限继续执行。重整计划提前执行完毕的，执行期限在执行完毕之日到期。

重整计划执行的监督期限与重整计划执行期限相同，为自佛山中院裁定批准重整计划之日起 6 个月。重整计划执行期限延长或者提前到期的，执行监督期限相应延长或者提前到期。

（三）执行的措施

1. 偿债资源的来源及分配

（1）偿债资源的来源。雪莱特按照重整计划支付和清偿重整费用、共益债务及清偿各类债权所需资金及股票，包括以下几种：

执行重整计划过程中，通过实施出资人权益调整方案所获得的部分转增股票。

重整投资人受让转增股票所支付的现金对价。

雪莱特生产经营所产生的现金流及后续融资。

（2）偿债资源的分配。偿债资金和股票原则上以银行转账、股票非交易过户的方式向债权人进行分配，债权人应自重整计划获得法院裁定批准之日起 15 日内按照管理人指定格式书面提供领受偿债资源的银行账户和证券账户信息。逾期提供、未提供或无法通知到的债权人对应的偿债资源，由管理人按照重整计划规定提存，由此产生的法律后果由相关债权人自行承担。因债权人自身和/或其代理人、关联方的原因，导致偿债资源不能到账，或因账户信息错误、账户被冻结、扣划等原因所产生的法律后果由相关债权人自行承担。债权人通知管理人向其他主体账户（如为其他自然人账户，则应当提供公证文书）内划转偿债资源引发的一切风险和责任均由相关债权人自行承担。

2. 偿债资源的预留、提存及处理

暂缓确认债权、预计债权由管理人按照债权申报金额或账面记载金额预留相应偿债资源，其债权经审查确认后按照重整计划规定的同类债权的受偿方案进行分配。已审查确认但未及时领受偿债资源的，相应偿债资源由管理人提存，提存的偿债资源自重整计划执行完毕之日起满3年，债权人仍不领受的，视为放弃领受。对于前述管理人提存后债权人放弃领受的偿债资源以及为暂缓确认债权、预计债权预留的偿债资源最终不需要分配的部分，偿债资金用于补充公司流动资金，偿债股票由雪莱特注销或者公开处置，处置变现价款在支付处置成本后用于补充雪莱特流动资金。

3. 对特定财产限制措施的解除

根据《企业破产法》第十九条之规定，人民法院受理破产申请后，有关债务人财产的保全措施应当解除。尚未解除对雪莱特财产保全措施的债权人，应当在重整计划获法院裁定批准后15日内办理完解除财产保全措施的手续。若债权人未在上述期限内办理完解除财产保全措施手续，雪莱特或管理人有权将相关债权人依重整计划可获分配的偿债资源暂缓分配，待债权人配合解除财产保全措施后再行分配。

4. 雪莱特信用等级的恢复

在法院裁定批准重整计划之日起15日内，将雪莱特纳入失信被执行人名单的各债权人应向相关法院申请删除雪莱特的失信信息，并解除对雪莱特法定代表人、主要负责人及其他相关人员的限制消费令及其他信用惩戒措施。若债权人未在上述期限内申请删除失信信息并解除信用惩戒措施，雪莱特或管理人有权将相关债权人依重整计划可获分配的偿债资源暂缓分配，待信用惩戒措施解除后再行分配。

在重整计划获法院裁定批准后，各金融机构应及时调整雪莱特企业信贷分类，并上报中国人民银行征信系统调整雪莱特征信记录，确保重整后雪莱特运营符合征信要求。

5. 重整费用

雪莱特重整费用包括重整案件受理费和其他诉讼费、管理人执行职务的费用、聘请中介机构费用、管理人报酬、转增股票登记费、过户费、印花税、财产管理和变价费用、其他重整计划执行费用和其他重整费用。其中，重整案件受理费、管理人报酬、聘请中介机构费用，按照《诉讼费用缴纳办法》《最高人民法院关于审理企业破产案件确定管理人报酬的规定》及合同约定支付；其他重整费用根据实际情况随时支付。

经管理人与雪莱特协商，管理人报酬根据《最高人民法院关于审理企业破产案件确定管理人报酬的规定》的规定，以债务人最终清偿的财产价值总额为基数，按照司法解释规定的比例分段计算。其中，有财产担保债权优先受偿部分的管理人报酬，由管理人与有财产担保债权人另行协商确定；剩余部分的管理人报酬，依《最高人民法院关于审理企业破产案件确定管理人报酬的规定》按清偿财产价值总额确定（清偿财产的股票价格参照以股抵债价格计算），即该部分管理人报酬计算基数为：分配给债权人的现金（不含有财产担保债权优先受偿部分）+ 分配给债权人的股票数量 × 4.76 元/股。管理人报酬的最终数额由法院依法确定。

6. 共益债务的清偿

雪莱特重整期间的共益债务，包括但不限于因继续履行合同所产生的债务、为继续营业而支付的劳动报酬和社会保险费用以及由此产生的其他债务，由雪莱特按照《企业破产法》的相关规定随时清偿。

七、重整计划顺利实施的预期效果

雪莱特重整计划如能顺利实施预计将产生以下结果。

（1）法人资格继续存续，仍是一家在上交所上市的股份公司。在公司重整计划执行完毕后 3 年内，重整投资人将以股东借款或提供担保等方式，为公司引入相应金融贷款，将为公司经营的流动性提供保障，有利于债务人利益保障；本次重整以化解债务风险、实现公司良性发展为目标，通过本次重整，公司沉重的债务负担得以化解，资产负债结构得到优化，资金实力得到增强，上市公司地位将得以维护，从而有利于中小股东利益保护。

（2）重整前产生的负债获得妥善安排。重整计划执行完毕后，重整前产生的债权将以现金和股票的形式受偿，债务危机将得到解决，恢复持续经营。同时，雪莱特将对现有业务进行梳理，并整合优质资源，聚焦发展有市场前景的优势业务，有效提升公司核心竞争力和盈利能力，重回良性发展轨道。公司价值将得到进一步提升，全体出资人所持有的公司股票也将成为更有价值的资产，有利于保护公司及中小股东等全体出资人的利益。

（3）充分发挥股东优势，实现经营提升。公司将继续整合优势资源、拓宽销售渠道、发挥产业优势，提升主营业务的核心竞争力。重点部署规划紫外线消杀与照明、锂电池高端生产设备等板块，在做大做强现有主营业务的同时加大科研投入，进行产业升级。

案例 28 中安科重整案例解析[①]

> **背景**

中安科股份有限公司（以下简称"中安科"或"公司"）前身为上海飞乐股份有限公司，成立于 1987 年，并于 1990 年在上交所上市，是新中国最早的上市公司之一。重整前总股本 12.83 亿股。中安科的主要业务为智能交通、智慧医疗、网络安全、其他系统集成业务。中安科债务危机起源于"借壳上市"时置入资产估值过高而产生的业绩增长压力。激进的并购策略导致过重的财务负担，在多重因素的叠加和互相影响下最终爆发债务危机。2021 年 12 月 23 日，公司收到债权人深圳昀德投资咨询有限公司（以下简称"深圳昀德"）的重整申请通知书，因公司不能清偿到期债务且明显缺乏清偿能力，其已向湖北省武汉市中级人民法院（以下简称"武汉中院"或"法院"）提出对公司进行破产重整的申请，并于 2022 年 6 月 30 日提出预重整申请。2022 年 7 月 1 日，武汉中院决定对公司启动预重整程序，并指定中安科清算组担任临时管理人。2022 年 11 月 4 日，武汉中院裁定受理中安科破产重整案，并于同日指定中安科清算组担任管理人。2022 年 12 月 6 日，中安科重整债权人会议召开，表决通过了《中安科股份有限公司重整计划（草案）》，同日，武汉中院裁定批准公司重整计划，并终止中安科重整程序。2022 年 12 月 23 日，武汉中院裁定确认《中安科股份有限公司重整计划》执行完毕。该案是武汉破产法庭挂牌成立后审结的首例上市公司破产重整案。

> **方案要点**

1. 出资人权益调整

以中安科现有总股本 12.83 亿股为基数，按照每 10 股转增 11.90 股的比例实施资本公积转增股本，共计转增 15.27 亿股股票。转增后，中安科总股本将由 12.83 亿股增加至 28.10 亿股。

转增形成的股票中 7.27 亿股以 4.30 元/股的价格抵债给债权人。剩余 8 亿股由重

[①] 本案例解析的内容主要根据中安科股份有限公司于 2022 年 12 月 7 日公布的《中安科股份有限公司重整计划》整理而成。

整投资人有条件受让。重整投资人支付的价款部分用于支付中安科破产费用和清偿相关债务，剩余部分则用于补充流动资金以提升公司经营能力。

此外，中安科控股股东深圳市中恒汇志投资有限公司（以下简称"中恒汇志"）因盈利预测未完全实现而触发的业绩补偿方式和补偿股票数已由中安科2015年第三次临时股东大会、2016年度股东大会和2018年第二次临时股东大会决议确认，故本应由中恒汇志补偿给原股东的1.77亿股股票，将让渡至中安科作为偿债资源的一部分。

2. 债权清偿方案

（1）有财产担保债权调整及受偿。有财产担保债权本金及利息部分可在担保财产的清算价值范围内以现金方式优先清偿。清算价值范围外的本金及利息，以及全部罚息、复利、违约金等惩罚性费用将按普通债权的清偿方式清偿。

（2）普通债权调整及受偿。每家普通债权人债权金额在6万元以下（含6万元）的部分，以现金方式一次性全额清偿。每家普通债权人债权金额超过6万元的部分，将按照4.30元/股的价格获得股票抵债。为保障非关联方债权人优先受偿的权利，关联方债权将按照留债挂账处理。普通债权人在按照重整计划获得清偿后，中安科不存在《企业破产法》第九十四条之规定须予以减免的部分。

3. 引入重整投资人

公司于2022年9月8日与重整投资人武汉融晶实业投资有限公司（以下简称"武汉融晶"）、深圳市招商平安资产管理有限责任公司（以下简称"招商平安"）、湖北创捷芯智慧软件开发合伙企业（有限合伙）（以下简称"创捷芯"）、国厚资产管理股份有限公司（以下简称"国厚资产"）签署重整投资协议，转增股票中的8亿股由重整投资人或其指定方按照1.5元/股的价格受让。其中武汉融晶支付6.5亿元，受让4.3亿股；招商平安或其指定第三方支付2.2亿元，受让1.4亿股；创捷芯支付1.8亿元，受让1.2亿股；国厚资产或其指定第三方支付1.6亿元，受让1.1亿股。重整投资人受让股票的条件除了支付合计12亿元现金对价外，还包括设定限售期和补足承诺。

一、公司基本信息

（一）公司及业务简介

中安科成立于1987年9月8日，注册地址为湖北省武汉市武昌区水果湖横路3号1幢2层007室，办公地址为上海市浦东新区东方路1217号陆家嘴金融服务广场11号楼6楼ABC单元。1990年12月19日，公司在上交所上市，重整前总股本12.83亿股，法定代表人吴博文。在国内，公司致力于智慧城市系统集成和产品制造业务，服务于智能交通、智慧医疗、网络安全等领域，业务遍及华北、华东、华中、华南、西北、西南、东北等区域；在海外，公司提供现金物流管理、财务安防、人力安防、电子安防等服务，成员公司业务遍及亚太地区。

根据公司被申请重整前 2020 年年度报告，公司营业收入为 30.14 亿元，净亏损为 1.82 亿元，毛利率为 6.24%，净利率为 –6.04%。

（二）重整前股权架构

如图 2-28-1 所示，截至 2022 年 11 月 10 日，中安科总股本为 12.83 亿股，其中有限售条件流通股 5.28 亿股，无限售条件流通股 7.55 亿股。中安科控股股东为中恒汇志，其持有中安科 5.28 亿股，占中安科总股本的 41.15%，控股股东的实际控制人为涂国身。

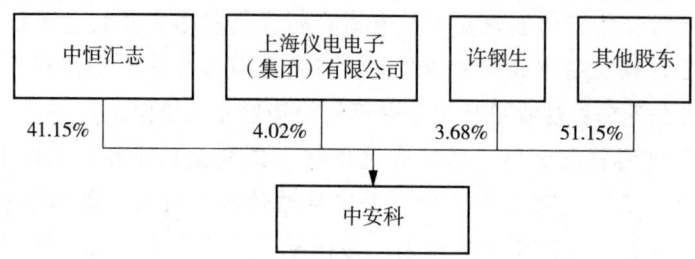

图 2-28-1　中安科重整前股权架构

二、资产负债情况

（一）资产负债情况总览

表 2-28-1　中安科资产负债情况

资产 / 债权类型	资产（亿元）	负债（亿元）	净资产（亿元）	资产负债率（%）
账面价值 / 债权金额	84.14	44.21	39.93	52.54
评估清算价值 / 债权金额	11.64	44.21	–32.57	379.81

如表 2-28-1 所示，根据中安科 2022 年半年报所披露的资产负债表，其账面价值为 84.14 亿元。根据资产评估机构出具的清算价值评估报告，以预重整启动日为基准日，中安科现有全部资产的清算价值为 12.07 亿元。需要说明的是，中安科以其名下的投资性房地产为第三方提供抵押担保。2022 年 9 月 1 日上海市第二中级人民法院裁定将前述投资性房产抵债给第三方所有，故在扣除前述抵债房产的清算价值后，中安科现有全部资产的清算价值应为 11.64 亿元。

已申报债权中，经预重整债权人会议核查确认的债权金额为 17.78 亿元，涉及 1817 家债权人的 1818 笔债权。此外，根据公司财务账簿记载、公司说明及管理人调查的情况，截至 2022 年 11 月 14 日尚未申报但账面记载的债权有 10.40 亿元，性质均为普通债权。

经管理人调查确认的中安科职工债权人共计 32 名，合计债权金额 63.25 万元。

已向临时管理人申报，但因涉诉未决、需进一步补充证据材料等原因导致临时管理人尚无法出具审查意见的债权共 954 笔，涉及债权人 953 家；暂缓确认的债权申报金额合计为 16.03 亿元。

综上，根据债权申报与审查情况、管理人对职工债权的调查情况以及截至受理日公司财务账簿的记录等，中安科负债 44.21 亿元。

（二）债权分类

根据《企业破产法》及相关法律法规的规定，结合本案债权申报及审查的实际情况，中安科债权划分为有财产担保债权、职工债权及普通债权。

1. 有财产担保债权和普通债权

经预重整债权人会议核查确认的有财产担保债权和普通债权金额总额为 17.78 亿元，涉及 1817 家债权人的 1818 笔债权。据中安科预重整方案披露，有财产担保债权为 10.13 亿元，普通债权为 7.66 亿元。此外，尚未申报但账面记载的债权有 10.40 亿元，性质均为普通债权。

2. 职工债权

职工债权涉及职工债权人 32 名，债权金额为 63.25 万元。

3. 其他债权

已向临时管理人申报，但因涉诉未决、需进一步补充证据材料等原因导致临时管理人尚无法出具审查意见的债权共 954 笔，涉及债权人 953 家；暂缓确认的债权申报金额合计为 16.03 亿元。

（三）偿债能力分析

根据评估机构出具的偿债能力分析报告，如中安科破产清算，假定全部有效财产均能够按预计的资产清算价值变现，按照《企业破产法》规定的清偿顺序，担保财产变现所得优先用于偿还有财产担保债权（担保财产变现所得不足以清偿有财产担保债权部分，将转化为普通债权进行清偿），剩余其他财产的变现所得优先支付或清偿破产费用、共益债务、职工债权、税收债权及社保债权后，剩余资产将用于向普通债权人分配，普通债权清偿率仅为 24.48%。

三、重整基本情况

（一）重整背景

自 2017 年起，中安科以其年报被出具无法表示意见的审计报告为诱因、债券交叉违约为导火索爆发了债务危机，并在遭到中国证监会行政处罚之后债务危机进一步加重和蔓延。在此过程中，三次退市危机的风险叠加，以及融资渠道不断缩紧、宏观经济下行、证券虚假陈述责任纠纷大量发生、部分对外投资短期内无法形成资源与收益导致"短贷长投"等多方面因素，造成中安科的经营状况明显恶化。究其根本，中安科债务危机起源于"借壳上市"时置入资产估值过高而产生的业绩增长压力，激进的并购策略导致过重财务负担，在多重因素的叠加和互相影响下爆发债务危机，最终公司不得不通过破产重整的方式谋求新生。

（二）预重整／重整申请情况

2021年12月23日，公司债权人深圳昀德因公司不能清偿到期债务且明显缺乏清偿能力，向武汉中院提出对公司进行破产重整。

2022年6月30日，债权人深圳昀德向武汉中院提出对中安科进行预重整的申请。

（三）重整申请受理情况

2022年7月1日，武汉中院出具决定书〔（2022）鄂01破申27号〕，决定对公司启动预重整程序，武汉中院指定中安科清算组担任公司预重整期间的临时管理人，组织开展预重整指导工作。

2022年11月4日，武汉中院裁定受理对中安科的重整申请，并指定中安科清算组担任管理人。

（四）重整管理模式

债务人自行管理财产和营业事务。

（五）重整大事记

2021年12月23日，公司债权人深圳昀德因公司不能清偿到期债务且明显缺乏清偿能力，向武汉中院提出对公司进行破产重整。

2022年6月30日，深圳昀德向武汉中院申请对中安科进行预重整。

2022年7月1日，武汉中院出具决定书〔（2022）鄂01破申27号〕，决定对公司启动预重整程序，武汉中院指定中安科清算组担任公司预重整期间的临时管理人，组织开展预重整指导工作。

2022年9月8日，公司与重整投资人武汉融晶、国厚资产、创捷芯、招商平安签署重整投资协议。

2022年11月4日，武汉中院裁定受理对中安科的重整申请，并指定中安科清算组担任管理人。

2022年12月6日上午10时，公司第一次重整债权人会议通过全国企业破产重整案件信息网召开。《中安科股份有限公司重整计划（草案）》获得重整债权人会议各债权组表决通过。

2022年12月6日,公司收到了武汉中院送达的民事裁定书〔(2022)鄂01破26号〕,裁定批准重整计划,并终止中安科重整程序。

2022年12月23日,武汉中院裁定确认中安科重整计划已执行完毕。

四、重整计划的主要内容

(一)重整思路概述

如图2-28-2所示,重整计划的主要思路为:

(1)以中安科现有总股本12.83亿股为基数,按照每10股转增11.90股的比例实施资本公积转增股本,共计转增15.27亿股股票。资本公积转增形成的15.27亿股股票不向原股东分配,全部用于清偿债务和引入重整投资人,其中7.27亿股以4.30元/股的价格抵债给债权人,用于清偿对应的债务以化解中安科债务风险、保全经营性资产、降低负债率;8亿股用于引入重整投资人,重整投资人支付的价款部分用于支付中安科破产费用和清偿相关债务,剩余部分则用于补充流动资金以提升公司经营能力。

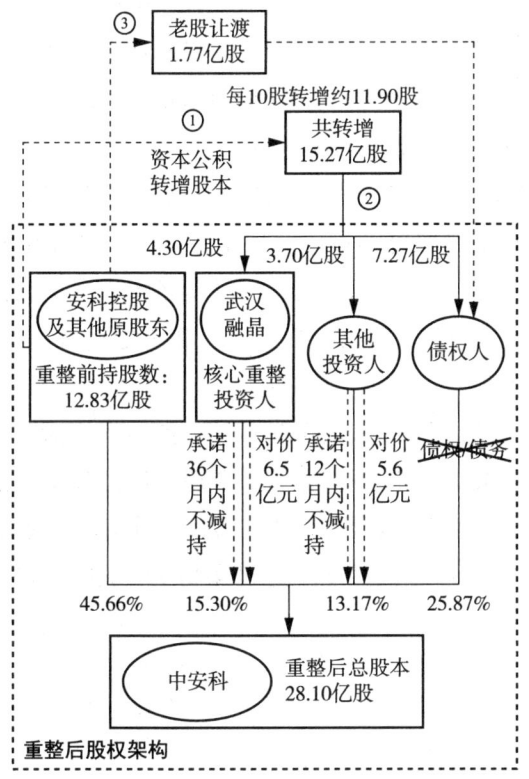

出资人权益调整方案

① 以中安科现有总股本12.83亿股为基数,按照每10股转增11.90股的比例实施资本公积转增股本,共计转增15.27亿股股票。转增后,中安科总股本将由12.83亿股增加至28.10亿股。

② 转增股票的分配如下。

- 引入重整投资人:转增形成的股票中8亿股由重整投资人有条件受让。其中武汉融晶支付6.5亿元,受让4.3亿股;招商平安或其指定第三方支付2.2亿元,受让1.4亿股;创捷芯支付1.8亿元,受让1.2亿股;国厚资产或其指定第三方支付1.6亿元,受让1.1亿股。

  ➢ 武汉融晶承诺,如出现抵债股票不足而无法按照重整计划规定清偿超过31.26亿元债务部分(不含现金清偿和留债部分,且债务金额以武汉中院最终审定金额)的情况,则超过31.26亿元债务部分的股票由武汉融晶按照4.30元/股负责补足,或由武汉融晶按照不超过4.30元/股的价格为该等债权人提供等值偿债方案。

  ➢ 限售期:核心重整投资人武汉融晶承诺自转增股票过户登记至其名下之日起36个月内不减持,其余重整投资人承诺自转增股票分别过户登记至各自名下之日起12个月内不减持。

③ 清偿债务:转增形成的股票中7.27亿股将用于抵偿中安科债务。

中恒汇志业绩补偿追索:中恒汇志因盈利预测未完全实现而触发的业绩补偿,本应由中恒汇志补偿给原股东的1.77亿股股票,将让渡至中安科作为偿债资源的一部分。

图2-28-2 中安科重整方案示意图

（2）中恒汇志因盈利预测未完全实现而触发的业绩补偿方式和补偿股票数已由中安科 2015 年第三次临时股东大会、2016 年度股东大会和 2018 年第二次临时股东大会决议确认，故本应由中恒汇志补偿给原股东的 1.77 亿股股票，将让渡至中安科作为偿债资源的一部分。

（3）经营方案方面，中安科将借助重整投资人在主营业务升级、现金流支持和运营管理革新等方面提供的全方位支持大力提升上市公司质量，优化数智化网格布局，进一步打造集研发、设计、制造、安装于一体的智慧系统全产业链综合服务商。

（二）投资人及投资方案介绍

2022 年 9 月 8 日，公司与重整投资人武汉融晶、国厚资产、创捷芯、招商平安签署重整投资协议。

转增形成的股票中 8 亿股由重整投资人有条件受让。根据预重整投资方案，其中武汉融晶支付 6.5 亿元，受让 4.3 亿股；招商平安或其指定第三方支付 2.2 亿元，受让 1.4 亿股；创捷芯支付 1.8 亿元，受让 1.2 亿股；国厚资产或其指定第三方支付 1.6 亿元，受让 1.1 亿股。根据重整计划，重整投资人受让股份的条件包括：

（1）支付现金对价。重整投资人支付 12 亿元现金对价。部分资金用于支持上市公司发展原有主营业务、实现产业优化升级以及向下属公司注入流动性；部分资金用于清偿重整计划规定的应当以现金方式清偿的债务，包括但不限于支付破产费用和执行重整计划所需的各项费用，有财产担保债权中应当以现金方式清偿的部分、职工债权、税款债权（如有）以及普通债权中应当以现金方式清偿的部分。

（2）设定限售期。核心重整投资人武汉融晶承诺自转增股票过户登记至其名下之日起 36 个月内，其余重整投资人承诺自转增股票分别过户登记至各自名下之日起 12 个月内，不通过任何形式（包括集合竞价、大宗交易以及协议转让等各种方式）减持或者委托他人管理其直接和/或间接持有的该等转增股票（登记日以相应股票实际登记至重整投资人各自指定的证券账户之日为准）。

（3）补足承诺。为切实保护全体债权人的利益，武汉融晶承诺，如出现抵债股票不足而无法按照重整计划规定清偿超过 31.30 亿元债务部分（不含现金清偿和留债部分，且债务金额为武汉中院最终审定金额）的情况，则超过 31.30 亿元债务部分的股票由武汉融晶按照 4.30 元/股负责补足，或由武汉融晶按照不超过 4.30 元/股的价格为该等债权人提供等值偿债方案。

（三）出资人权益调整方案

1. 资本公积转增股票

以中安科现有总股本 12.83 亿股为基数，按照每 10 股转增 11.90 股的比例实施资本公积转增股本，共计转增 15.27 亿股股票。转增后，中安科总股本将由 12.83 亿股增加至 28.10 亿股。

2. 转增股票的用途

前述转增形成的 15.27 亿股股票不向原股东分配，全部用于清偿债务和引入重整投资人，其中 7.27 亿股以 4.30 元/股的价格抵债给全体债权人，用于清偿对应的债务以化解中安科债务风险、保全经营性资产、降低资产负债率；8 亿股用于引入重整投资人。重整投资人支付的价款中部分用于支付中安科破产费用和清偿相关债务，剩余部分则用于补充流动资金以提升公司经营能力。

（1）引入重整投资人：转增形成的股票中 8 亿股由重整投资人有条件受让。重整投资人所支付的 12 亿元现金对价，将部分用于支持上市公司发展原有主营业务、实现产业优化升级以及向下属公司注入流动性；部分资金用于支付破产费用（包括执行重整计划所需的各项费用）以及按重整计划规定清偿应当以现金方式清偿的债务，包括但不限于有财产担保债权中应当以现金方式清偿的部分。职工债权、普通债权中应当以现金方式清偿的部分。

（2）转增形成的股票中 7.27 亿股将用于抵偿中安科债务。

3. 中恒汇志业绩补偿追索

中恒汇志因盈利预测未完全实现而触发的业绩补偿方式和补偿股票数已由中安科 2015 年第三次临时股东大会、2016 年度股东大会和 2018 年第二次临时股东大会决议确认，故本应由中恒汇志补偿给原股东的 1.77 亿股股票，将让渡至中安科作为偿债资源的一部分。如偿债资源足够按照重整计划规定进行清偿，则剩余部分可依次用于对武汉融晶履行补足承诺的股票或等值偿债物进行清偿、对留债挂账的关联企业债权进行清偿。鉴于中恒汇志持有的中安科股票已经被冻结、质押或处于执行程序中，前述股票的追索存在不确定性。

（四）债权调整及受偿方案

1. 有财产担保债权调整及受偿

据中安科预重整方案报露，经管理人审查确认的有财产担保债权为 10.13 亿元。

有财产担保债权本金及利息部分可在担保财产的清算价值范围内以现金方式优先清偿。清算价值范围外的本金及利息，以及全部罚息、复利、违约金等惩罚性费用将按普通债权的清偿方式清偿。

2. 职工债权调整及受偿

职工债权总额为 63.25 万元。职工债权不做调整，将以现金方式一次性全额清偿。

3. 普通债权调整及受偿

据中安科预重整方案报露，经管理人审查确认的普通债权为 7.66 亿元。

根据偿债能力分析报告，中安科在假定破产清算状态下的普通债权清偿率为 24.48%。为最大限度地保护债权人的合法权益，普通债权清偿方式如下：

（1）6万元以下（含本数）部分以现金方式清偿。普通债权以债权人为单位，每户债权人债权金额在 6 万元以下（含本数）的部分，将获得一次性现金清偿。

（2）6万元以上部分采用以股抵债方式清偿。普通债权人每 100 元债权可分得 23.25 股中安科股票，股票抵债价格为 4.30 元/股。每户普通债权人以此计算可得股票数量出现小数位的，则向上取整，即去掉小数点右侧的数字并在个位数上加"1"。普通债权人在按照重整计划获得清偿后，中安科不存在《企业破产法》第九十四条之规定须予以减免的部分。

（3）为保障非关联方债权人优先获得受偿的权利，关联方债权将按照留债挂账处理。

4. 暂缓确认债权及受法律保护的未申报债权调整及受偿

暂缓确认债权或受法律保护的未申报债权，将按同类型债权的清偿方式及比例对偿债资源予以提存。待相应债权依法确认后，债权人可按同类型债权清偿方式及比例受偿。未申报的债权在重整计划执行完毕后申报的，由中安科审查后按照同类债权清偿方式及比例受偿。

5. 债务清偿顺序

如图 2-28-3 所示，模拟破产清算下普通债权清偿率是假定公司在破产清算条件下的偿债能力分析，主要来源于公司披露的偿债能力分析报告。而重组后清偿率是假定公司在重整条件下的名义清偿率。可以看出，重整后的债权清偿率情况，比清算状态下的清偿率有明显提升。

重整计划披露的偿债方案显示，假定全部有效财产均能够按预计的资产清算价值变现，普通债权清偿率仅为 24.48%。为最大限度地保护债权人的合法权益，6 万元以下（含本数）部分以现金方式清偿，6 万元以上部分采用以股抵债方式清偿，普通债权人每 100 元债权可分得 23.25 股中安科股票，股票抵债价格为 4.30 元/股。综上，重整后普通债权的名义清偿率为 100%。

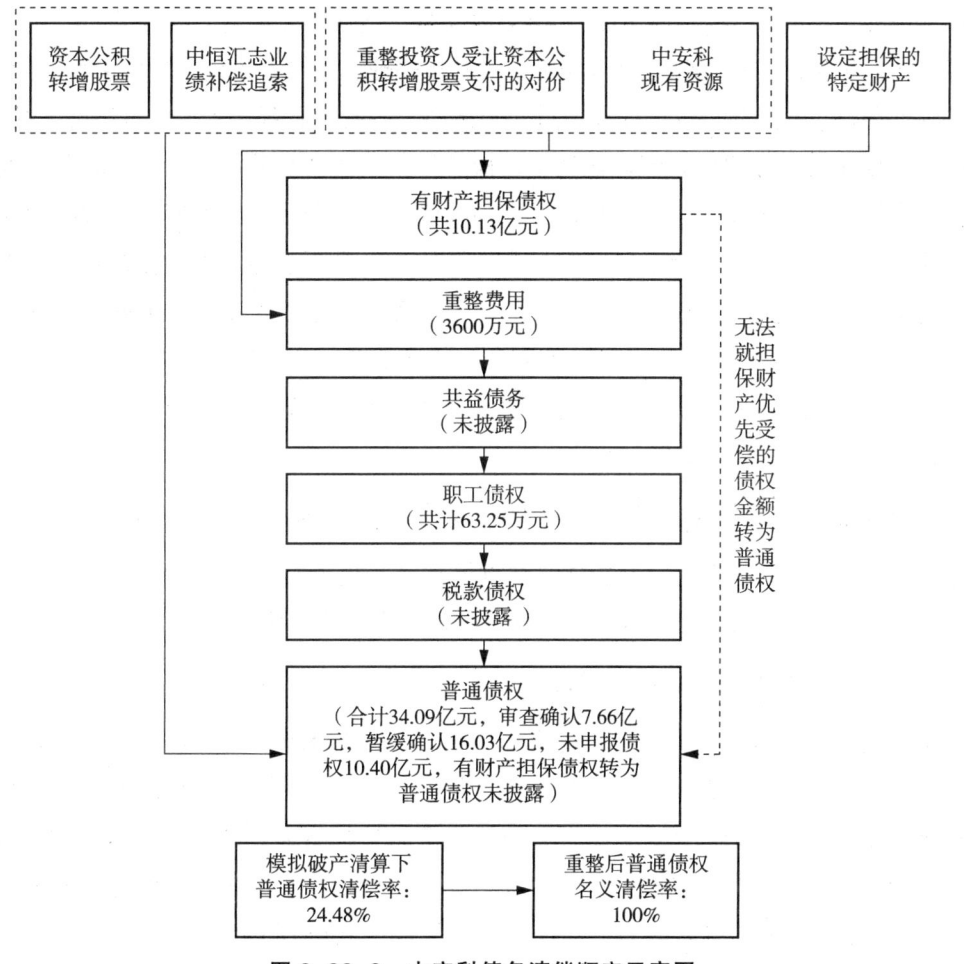

图 2-28-3 中安科债务清偿顺序示意图

注：有财产担保债权总额和普通债权审查金额引用了预重整方案中的数据。

（五）未来经营方案

中安科主营业务市场趋于饱和，亟须转型升级以开拓新增长点。同时，现金流长期不足、无法形成资源合力，亟待引入重整投资人进行整合亦成为阻碍中安科发展的重要原因之一。重整投资人将在主营业务升级、现金流支持和运营管理革新等方面全方位支持提升上市公司质量，加速物联网技术创新以及智能化与经济社会民生深度融合，进一步促使中安科优化数智化网格布局，构建形成产学研一体化、智慧医疗整体化、智能服务系统化的全新战略格局。支持中安科进一步打造提升为集研发、设计、制造、安装于一体的智慧系统全产业链综合服务商，主要发展措施如下：

1. 优化治理结构，提高管理水平，重塑企业文化

首先，加强顶层设计，深化治理、用人、激励三项机制改革。具体而言，通过改组董事会、监事会、管理层，完善董事会制度体系，强化监事会监管职责，厘清管理

层权责边界。同时，深化企业法人治理结构改革，优化专业配置，确保上市公司决策的客观性、科学性、有效性，以市场化、法制化的理念指导上市公司发展策略的制度，维护股东利益，促进可持续性发展；进一步调整人力资源管理和人才引进制度。其次，顺应市场变化实现组织形式流动化调整，梳理形成企业特有的岗位图谱和职业发展通道，构建简约高效的组织架构。再次，加强风险控制管理，建立严密、高效的内控体系，避免法律风险，减少市场风险的发生。最后，以巩固前述制度优化改革成果为企业文化基石，深化对组织体系演变发展和经验教训的总结认知，聚焦创新价值"智造"，融合数智化管理模式，以建设价值型、创新型总部为靶向目标，确保方向正确、目标明确、路径清晰、发展稳健，更好地围绕战略整合资源、贴合市场需求拓展产业布局，真正实现企业管理效能的再造。

2. 调整整合产业布局，加大研发力度，发挥资源优势

以武汉作为产学研基地，在智能制造领域提升系统集成化、信息化、智能化程度；整合优势资源，打造集智能系统集成、安装、运营为一体的综合服务商。

3. 充分发挥股东优势，实现资源合力

重整投资人的资金实力、良好的市场调度以及运维水平，都可以为中安科的改革脱困和转型升级提供巨大助力，也得以持续推动中安科为湖北省经济量级、产业层级、城市能级提升做出应有的贡献。此外，重整投资人还拥有大量的优质资源，产业多元化且各业务板块之间协同性较好。在中安科完成重整后，重整投资人将充分发挥自身优势、经济实力及资源整合能力，以进一步提升上市公司盈利能力。

五、重整计划的表决与批准

（一）债权人会议表决

中安科重整债权人会议于2022年12月6日上午10时以网络形式召开，本次重整债权人会议表决通过了《中安科股份有限公司重整计划（草案）》。

1. 有财产担保债权组

有财产担保债权组同意的债权人共81家，占有财产担保债权组出席债权人会议有表决权债权人数量的73.64%，已过半数；其所代表的债权金额占本组债权总额的98.84%，已过2/3。故本组表决通过。

2. 职工债权组

同意的职工共31人，占职工债权组出席债权人会议有表决权债权人数量的100%，已过半数；其所代表的债权金额占本组债权总额的97.52%，已过2/3。故本组表决通过。

3. 普通债权组

同意的债权人共 3339 家，占普通债权组出席债权人会议有表决权债权人数量的 88.99%，已过半数；其所代表的债权金额占本组债权总额的 79.00%，已过 2/3。故本组表决通过。

根据《企业破产法》第八十四条第二款之规定，《中安科股份有限公司重整计划（草案）》获得重整债权人会议各债权组表决通过。

（二）出资人组会议表决

中安科出资人组会议于 2022 年 12 月 6 日下午 2 时 30 分采取现场投票、网络会议与网络投票相结合的方式召开，本次出资人组会议表决通过了《中安科股份有限公司重整计划（草案）之出资人权益调整方案》。

出席本次出资人组会议的股东或其代理人共计 37 人，所持表决权的股份总数为 4.52 亿股，占公司有表决权股份总数的 35.24%。其中，出席现场会议的股东或其代理人共 2 人，代表股份数合计 4.41 亿股，占公司有表决权股份总数的 34.38%；通过网络投票参与会议的股东或其代理人共 35 人，代表股份数合计 0.11 亿股，占公司有表决权股份总数的 0.86%。

总表决情况：同意 4.51 股，占出席会议所有股东所持股份的 99.68%；反对 0.01 亿股，占出席会议所有股东所持股份的 0.32%；弃权 0 股（其中，因未投票默认弃权 0 股）。

中小股东总表决情况：同意 0.10 亿股，占出席会议的中小股东所持股份的 87.30%；反对 0.01 亿股，占出席会议的中小股东所持股份的 12.70%；弃权 0 股（其中，因未投票默认弃权 0 股）。

综上，《中安科股份有限公司重整计划（草案）之出资人权益调整方案》获出席本次会议的出资人所持有表决权股份总数的 2/3 以上通过。

（三）重整计划批准

2021 年 12 月 6 日，武汉中院裁定批准重整计划，批准备查文件为民事裁定书〔（2022）鄂 01 破 26 号〕，并终止中安科重整程序。

六、重整计划的执行与监督

（一）执行和监督的主体

重整计划由中安科负责执行，管理人负责监督重整计划的执行。在重整计划监督期限内，中安科应接受管理人的监督。

（二）执行和监督期限

重整计划的执行期限自重整计划获得武汉中院裁定批准之日起计算，中安科应于2022年12月31日（不含当日）前执行完毕。在此期间，中安科应当严格依照重整计划的规定清偿债务，并随时支付破产费用及清偿共益债务。

重整计划执行的监督期限与重整计划执行期限相同，自武汉中院裁定批准重整计划之日起计算。若重整计划提前执行完毕，监督期限亦于重整计划执行完毕之日届满；若执行期限延长，则由管理人向武汉中院申请将监督期限顺延。在监督期限届满或中安科执行完重整计划时，管理人应向武汉中院提交监督报告；自监督报告提交之日起，管理人的监督职责终止。

（三）执行的措施

1. 偿债资源的分配

（1）偿债资金的分配。每家债权人以现金方式受偿的部分，偿债资金原则上以银行转账的方式向债权人进行分配。债权人应在武汉中院批准重整计划之日起10日内，按照管理人指定格式书面提供接受偿债资金的银行账户信息。逾期不提供相关信息、因债权人自身和/或其关联方的原因，导致偿债资金不能到账，或账户被冻结、扣划，产生的法律后果和风险由相关债权人自行承担。债权人可以书面指令将偿债资金划转至债权人指定的、由该债权人所有/控制的账户或其他主体所有/控制的账户内。债权人指令将偿债资金支付至其他主体的账户的，因该指令导致偿债资金不能到账，以及由该指令导致的法律纠纷和风险由相关债权人自行承担。

（2）抵债股票的分配。每家债权人通过以股票抵偿受偿的部分，由中安科按重整计划规定的清偿方案，将中安科股票向债权人进行分配。债权人应在武汉中院批准重整计划之日起10日内，按照管理人指定格式书面提供受领股票的证券账户信息。如暂无法提供证券账户信息，应向中安科书面说明情况。逾期不提供相关信息、因债权人自身和/或其关联方的原因，导致抵债股票不能到账，或账户被冻结、扣划，产生的法律后果和风险由相关债权人自行承担。债权人可以书面指令将抵债股票划转至债权人指定的、由该债权人所有/控制的账户或其他主体所有/控制的账户内。债权人指令将抵债股票划转至其他主体的账户的，因该指令导致抵债股票不能到账，以及由该指令导致的法律纠纷和风险由相关债权人自行承担。

（3）转让债权的清偿。债权人在预重整启动日2022年7月1日之后依法对外转让债权的，受让人按照原债权人就该债权依据重整计划确定的受偿条件和总额受偿；债权人向两个及以上的受让人转让债权的，按照受让人分别受让的债权比例分配该转让方应受偿的现金及股票（如有）。

2. 偿债资源的预留、提存及处理

在武汉中院裁定批准重整计划后，已经裁定确认的债权人未按照重整计划的规定领受分配的偿债资金/抵债股票的，中安科根据重整计划将应向其分配的偿债资金提存/预留至管理人银行账户或管理人指定的其他银行账户，将应向其分配的抵债股票提存/预留至管理人证券账户，即视为中安科已经根据重整计划履行了清偿义务。以上所有提存/预留的偿债资金和抵债股票，在提存/预留期间均不计息。已提存/预留的偿债资金及股票自重整计划执行完毕公告之日起满3年，因债权人自身原因仍不领取的，视为债权人放弃受领的权利。已提存/预留的偿债资金将归还上市公司用于补充流动资金；已提存/预留的偿债股票公司可以自行处置，所得资金用于补充流动资金。

对于截至2022年12月6日，即第一次债权人会议召开之日，已申报但因诉讼、仲裁未决，条件未成就或其他原因导致管理人暂时无法做出审查结论的债权，以依法确认的债权金额和债权性质按照重整计划规定的同类债权的清偿方案清偿。已按照重整计划预留的偿债资金及股票在清偿上述债权后仍有剩余的，剩余的偿债资金将归还上市公司用于补充流动资金。未申报债权的债权人在重整计划执行完毕公告之日起满3年未向中安科主张权利的，根据重整计划为其预留的资金将归还上市公司用于补充流动资金；已提存的偿债股票公司可以自行处置，所得资金用于补充流动资金。

3. 对特定财产限制措施的解除

（1）股权质押/查封手续的解除。在武汉中院裁定批准重整计划之日起15日内，债权人应配合中安科、管理人完成对中安科所持股权的质押/查封手续的解除。若债权人未在上述期限内配合解除股权质押/查封手续，对重整计划执行造成阻碍，中安科或管理人有权依法向法院申请强制解除原质押/查封手续。同时，中安科有权将相关债权人依重整计划可获分配的资金、股票等暂缓分配，待债权人配合解除股权质押/查封手续之后再行分配。

（2）财产查封/冻结/抵押/质押措施的解除。在武汉中院裁定批准重整计划之日起15日内，债权人应申请并配合中安科、管理人解除对中安科财产的查封/冻结/抵押/质押等措施。若债权人未在上述期限内申请并配合解除查封/冻结/抵押/质押等措施，对重整计划的执行造成阻碍，中安科或管理人有权依法向法院申请强制解除查封/冻结/抵押/质押等手续；同时，中安科有权将相关债权人依重整计划可获分配的资金、股票等暂缓分配，待债权人配合解除查封/冻结/抵押/质押手续之后再行分配。在中安科履行完有财产担保债权清偿义务后，有财产担保债权及担保物权消灭，债权人不再就担保财产享有优先受偿权，并应注销抵质押登记。未及时注销的，不影响担保物权的消灭。

4. 对尚欠中安科发票的给付

为依法履行纳税义务，保障中安科财务处理符合会计准则，体现实质公平，根据

《中华人民共和国发票管理办法》等相关法律法规的规定以及相关合同的约定，负有开具发票义务的债权人，在重整计划经武汉中院批准起15日内应向中安科开具尚未开具的发票。逾期未开票或未足额开票的，中安科有权就相关债权人依据重整计划可获得的资金、股票提存，待债权人开具后再行分配。该暂缓行为不视为对重整计划中债权清偿规定的违反。

5. 中安科信用等级的恢复

在武汉中院裁定批准重整计划之日起15日内，因申请强制执行导致中安科被纳入失信被执行人名单的相关债权人应向其执行申请法院申请删除中安科的失信信息，并解除对中安科法定代表人、主要负责人及其他相关人员的限制消费令及其他惩罚措施；若实践中删除失信信息、解除限制消费令及其他信用惩戒措施，将债权人配合作为必要条件，债权人应当予以配合。如不予配合或拒绝配合，中安科有权将相关债权人依重整计划可获分配的资金、股票等暂缓分配，待信用惩戒措施解除后再向相关债权人分配。

在重整计划获武汉中院裁定批准后，各金融机构应当及时调整中安科企业信贷分类，并上报中国人民银行征信系统调整中安科征信记录，确保重整后中安科符合征信要求，合理的融资需求应参照正常企业依法依规予以审批，不对中安科再融资设定没有任何法律依据的限制。如不予配合或拒绝配合，中安科有权将相关债权人依重整计划可获分配的资金、股票等暂缓分配，待债权人履行相关义务后再行分配。

6. 破产费用的支付

中安科破产费用预计不超过3600.00万元，包括重整案件受理费、管理人报酬、聘请中介机构的费用及管理人执行职务的费用等。其中，重整案件受理费、管理人报酬、聘请中介机构的费用，在重整计划执行期间按照《诉讼费用缴纳办法》、《最高人民法院关于审理企业破产案件确定管理人报酬的规定》、临时管理人与中安科在预重整期间协商的意见及合同约定，通过管理人银行账户一次性支付。预留的破产费用如有剩余，将划入中安科账户用于补充公司流动资金。中安科资本公积转增股票登记费、过户费、印花税等税费，以及其他重整计划执行费用将根据重整计划执行实际情况由中安科随时支付。

7. 共益债务的清偿

中安科预重整和重整期间的共益债务，包括但不限于因继续履行合同所产生的债务、为继续营业而应支付的劳动报酬和社会保险费用以及由此产生的其他债务，由中安科按照《企业破产法》的相关规定及相关合同约定随时清偿。

七、重整计划顺利实施的预期效果

中安科重整计划如能顺利实施，预计将产生以下结果。

（1）法人资格继续存续，仍是一家在上交所上市的股份公司。公司进入重整程序后，通过在重整程序中实施出资人权益调整，引入重整投资人提供资金支持等措施，有效化解公司债务危机，改善公司资产负债结构。预计重整计划执行完毕后，中安科2022年度财务状况将得到改善。

（2）重整前产生的负债获得妥善安排。重整完成后，随着债务危机、经营困境的化解以及重整投资人对公司业务发展的支持，中安科的基本面将得到根本性改善，并提升持续盈利能力，重回良性发展轨道，公司价值可以得到进一步提升，全体股东所持有的中安科股票也将成为更有价值的资产，广大股东的合法权益得到切实保护。

（3）重整投资人充分利用自身资源和优势助力公司发展。重整投资人的资金实力、良好的市场调度以及运维水平，都可以为中安科的改革脱困和转型升级提供巨大助力，也得以持续推动中安科为湖北省经济量级、产业层级、城市能级提升做出应有的贡献。此外，重整投资人还拥有大量的优质资源，产业多元化且各业务板块之间协同性较好。在中安科完成重整后，重整投资人将充分发挥自身优势、经济实力及资源整合能力，以进一步提升上市公司盈利能力。

案例 29　博天环境重整案例解析[①]

背景

博天环境集团股份有限公司（以下简称"博天环境"或"公司"）成立于1995年，是一家在上交所A股公开发行股票的上市公司，重整前总股本为4.18亿股。主要从事工业水系统专业治理、城市给水和污水处理、膜产品与资源化、土壤与地下水修复等业务。受前期业务扩张过快、融资环境恶化、公司业务回款周期较长等因素影响，博天环境面临流动性资金严重紧缺、大量到期债务无法偿还等问题以及退市风险，已陷入严重的经营及债务危机。

2022年4月13日，博天环境收到北京市第一中级人民法院（以下简称"北京一中院"或"法院"）的通知书，告知债权人安徽子诺环保科技有限公司（以下简称"安徽子诺"）以博天环境不能清偿到期债务、资产不足以清偿全部债务且明显缺乏清偿能力但具备重整价值为由，以债权人名义申请对博天环境启动预重整程序。2022年4月21日，北京一中院做出决定书〔（2022）京01破申134号〕，决定对博天环境启动预重整。2022年4月29日，北京一中院做出决定书〔（2022）京01破申134号之一〕，经主要债权人推荐，指定北京市金杜律师事务所担任博天环境预重整期间的临时管理人。2022年7月27日，经过公开招募和遴选程序，博天环境分别与深圳市高新投集团有限公司（以下简称"深圳高新投"）、海南每天新能源产业发展合伙企业（有限合伙）（以下简称"海南每天新能源"）、深圳市招商平安资产管理有限责任公司（以下简称"招商平安"）组成的联合体被确定为博天环境重整投资人。2022年11月7日，北京一中院裁定受理博天环境重整一案，并指定北京市金杜律师事务所担任博天环境管理人。2022年12月8日，博天环境第一次债权人会议召开，债权人会议表决通过了债权人会议召开及表决形式的方案和《博天环境集团股份有限公司重整计划（草案）》，并且在同日公司收到北京一中院送达的民事裁定书〔（2022）京01破285号〕，裁定批准重整计划。2022年12月23日，北京一中院做出民事裁定书〔（2022）京01破285号之二〕，裁定确认《博天环境集团股份有限公司重整计划》执行完毕并终结公司重整程序。

[①] 本案例解析的内容主要根据博天环境集团股份有限公司于2022年12月9日公布的《博天环境集团股份有限公司重整计划》整理而成。

方案要点

1. 出资人权益调整

以博天环境 4.15 亿股总股本为基数（博天环境现有总股本 4.18 亿股，其中包括后续需要回购注销的限制性股票 270.5 万股，注销完成后，博天环境总股本将由 4.18 亿股变更为 4.15 亿股），按每 10 股转增 13.27 股的比例实施资本公积转增股本，共计转增 5.51 亿股。转增后，博天环境总股本将增至 9.68 亿股（扣除应回购注销的限制性股票后，总股本为 9.66 亿股）。前述转增 5.51 亿股股票不向原股东分配，其中 1.60 亿股用于引入重整投资人，并由重整投资人提供受让资金，相应资金用于根据重整计划的规定支付破产费用、清偿各类债务、补充公司流动资金等；其余 3.91 亿股用于抵偿博天环境的债务。

2. 债权清偿方案

（1）有财产担保债权调整及受偿。根据重整计划享有优先受偿权的有财产担保债权人可在重整计划获得北京一中院裁定批准后的 1 个月内向博天环境和管理人明示选择行使担保物权，对担保财产进行处置变现，就担保财产变现价款优先受偿，并自北京一中院裁定受理博天环境重整案之日至博天环境重整计划获得北京一中院裁定批准之日期间以担保财产变现价款为本金，参照原融资利率计息付息。有财产担保债权人在担保财产的评估价值范围内享有优先受偿权，超过担保财产评估价值的债权部分，将按照普通债权的受偿方案获得清偿。在重整计划获得北京一中院裁定批准后的 1 个月内未明示选择行使担保物权的，视为接受如下清偿安排。

有财产担保债权人在担保财产的评估价值范围内享有优先受偿权，超过担保财产评估价值的债权部分，将按照普通债权的受偿方案获得清偿。享有优先受偿权的债权部分中：20% 由博天环境在重整计划获得北京一中院裁定批准后，自该等有财产担保债权人明示或被视为接受本条清偿安排之日起的 1 个月内以现金方式一次性清偿完毕。剩余 80% 由博天环境留债 5 年清偿，第一年只付息不还本，第二年至第五年偿还本金的比例分别为 10%、30%、30%、30%；利息自重整计划获得北京一中院裁定批准之日起每 6 个月支付一次。留债期间，在重整计划规定的计息期间，就尚未偿还的留债本金，按同期全国银行间同业拆借中心公布的 5 年期贷 LPR 计算利息，如该利率发生变化，则根据该利率的变化分段计算利息。

（2）普通债权调整及受偿。

25 万元以下（含 25 万元）部分以现金方式全额清偿。普通债权每家债权人 25 万元以下（含 25 万元）部分将由博天环境在重整计划获得北京一中院裁定批准后 1 个月内分两次以现金方式全额清偿。

25 万元以上部分的清偿方案。对每家债权人 25 万元以上部分提供两种清偿方案，债权人可以在以下两种方案中任选一种受偿,实现对除博天环境全资子公司享有的债权外的普通债权的全额清偿。方案一清偿的债权金额上限为 34 亿元;若选择方案一的普通债权金额未超过上限,则选择方案一的债权人以其确认的债权金额按照方案一进行清偿;如选择方案一的普通债权金额超过上限,则选择方案一的债权人按照其债权金额的相对比例在 34 亿元额度内按照方案一进行清偿,能够按照方案一受偿的普通债权金额 = 该家普通债权人在 25 万元以上的债权金额 ÷ 选择方案一受偿的普通债权总额 × 34 亿元,选择方案一但未能在方案一受偿的部分按照方案二进行清偿。如债权人未在或未能在重整计划草案表决的最终期限前向管理人书面确认选择的清偿方案或选择方式不符合重整计划规定及要求,则均视为选择方案二受偿。

方案一:"现金 + 以股抵债"清偿。普通债权每家债权人 25 万元以上部分,8% 由博天环境在重整计划获得北京一中院裁定批准后的 1 个月内以现金方式一次性清偿完毕;92% 按照 17.96 元 / 股的价格通过博天环境转增股票抵偿。即普通债权每家债权人(博天环境全资子公司债权除外)超过 25 万元的部分,每 100 元可获得 8 元现金和 5.1225 股转增股票。

方案二:"现金留债 + 以股抵债"清偿。普通债权每家债权人 25 万元以上部分,16% 由博天环境现金留债清偿,84% 按照 17.96 元 / 股的价格通过博天环境转增股票抵偿。即普通债权每家债权人(博天环境全资子公司债权除外)超过 25 万元的部分,每 100 元可获得 16 元留债份额和 4.6771 股转增股票。①留债期限为 7 年;②留债利率:按同期全国银行间同业拆借中心公布的 1 年期 LPR 计算利息,如该利率发生变化,则根据该利率的变化分段计算利息。③还本付息方式:第一年至第七年偿还本金的比例分别为 3%、7%、10%、15%、20%、20%、25%;第一年至第二年只还本不计息,从第三年开始计息付息,利息自重整计划获得北京一中院裁定批准后第三年起每 6 个月支付一次。

3. 引入重整投资人

经公开招募和遴选,由深圳高新投、招商平安、海南每天新能源组成的投资人联合体被确定为博天环境重整投资人。重整投资人合计支付对价 4.83 亿元,受让 1.60 亿股转增股票。深圳高新投以 3 元 / 股受让 0.60 亿股,对价为 1.80 亿元;海南每天新能源以 3 元 / 股受让 0.55 亿股,对价为 1.65 亿元;招商平安以 3.07 元 / 股受让 0.45 亿股,对价为 1.38 亿元。受让条件还包括限售期 12 个月、提供重整借款等。

一、公司基本信息

(一)公司及业务简介

博天环境成立于 1995 年,注册地址为北京市海淀区西直门北大街 60 号 5 层 09 号,营业期限为 1995 年 1 月 18 日至无固定期限,法定代表人赵笠钧,总股本 4.18 亿股。

博天环境是一家在上交所 A 股公开发行股票的上市公司，主要从事工业水系统专业治理、城市给水和污水处理、膜产品与资源化、土壤与地下水修复等业务。

根据公司 2021 年年度报告，公司营业收入为 11.48 亿元，净利润为 –12.84 亿元，毛利率为 –34.32%，净利润率为 –111.85%。

（二）重整前股权架构

如图 2-29-1 所示，截至 2022 年 6 月 30 日，博天环境总股本为 4.18 亿股。截至 2022 年 6 月 30 日，汇金聚合（宁波）投资管理有限公司直接持有博天环境 1.48 亿股，占博天环境总股本的 35.48%，为公司控股股东，其一致行动人宁波中金公信投资管理合伙企业（有限合伙）直接持有博天环境 0.17 亿股，占公司总股本的 4.05%。赵笠钧通过其控制的企业合计持有博天环境 1.65 亿股股票，占公司总股本的 39.53%，为博天环境的实际控制人，其所控制的 1.65 亿股股票中，98.99% 已经被质押，100% 已被司法冻结。

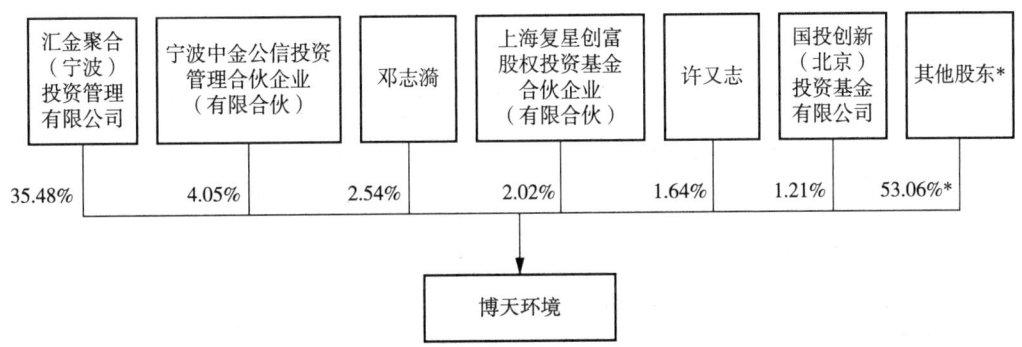

图 2-29-1　博天环境重整前股权架构

注：其他股东均为持股比例小于 1% 的股东。

二、资产负债情况

（一）资产负债情况总览

表 2-29-1　博天环境资产负债情况

资产/债权类型	资产（亿元）	负债（亿元）	净资产（亿元）	资产负债率（%）
账面价值/债权金额	65.65	90.77	–25.12	138.26
评估市场价值/债权金额	26.12	90.77	–64.65	347.51

如表 2-29-1 所示，根据评估机构出具的资产评估报告，截至 2022 年 3 月 31 日，博天环境资产账面价值 65.65 亿元、评估价值 26.12 亿元，博天环境主要资产由应收账

款、长期股权投资等构成。

截至 2022 年 12 月 7 日债权申报期限届满，共有 878 家债权人向管理人申报债权，债权人申报的债权金额共计 98.17 亿元。其中申报建设工程优先债权 214 家，申报金额 23.99 亿元；申报有财产担保债权 10 家，申报金额 17.94 亿元；申报税款债权及社保债权 2 家，申报金额 185.40 万元；申报普通债权 669 家，申报金额 56.23 亿元。

截至 2022 年 12 月 7 日，上述申报债权中已经管理人审查确认债权总额为 48.43 亿元。债权人已申报，但因诉讼未决、工程未结算等原因暂缓确认的债权金额为 36.25 亿元。因债权不成立、申报金额不符合法律或合同约定、诉讼时效已过等原因不予确认的债权金额为 13.49 亿元。

经调查，截至 2022 年 12 月 7 日，博天环境职工债权总额为 1929.21 万元。

根据博天环境财务账簿记载及说明，截至 2022 年 12 月 7 日，博天环境的已知债权人尚有 5.90 亿元债权未向管理人申报。

综上，根据债权申报与审查情况、管理人对职工债权的调查情况以及截至受理日公司财务账簿的记录等，博天环境负债 90.77 亿元。

（二）债权分类

根据《企业破产法》的相关规定及债权申报与审查情况，债权人对博天环境享有的债权分为有财产担保债权、职工债权、税款债权和普通债权四类。

1. 有财产担保债权

经债权申报及审查，有财产担保债权人共 7 家，其中管理人审查确认的债权金额共 8.32 亿元（不含清偿顺序在普通债权之后的劣后债权），涉及 4 家债权人；暂缓确认的债权金额共计 6.04 亿元，涉及 4 家债权人。其中有 3.03 亿元可就担保财产获得优先清偿。

2. 职工债权

经调查，博天环境职工债权总额为 1929.21 万元。

3. 税款债权

截至 2022 年 12 月 7 日，暂无税务机关向博天环境管理人申报税款债权，无税款债权。经查，无欠付应当划入职工个人账户的基本养老保险、基本医疗保险费以外的社保费用，亦无征收机关申报前述债权。

4. 普通债权

经管理人审查确认的普通债权金额共计 45.86 亿元；暂缓确认的普通债权金额共计 35.61 亿元。普通债权中，博天环境直接或间接 100% 持股的全资子公司申报的对博天环境的债权共 5.38 亿元，涉及 14 家全资子公司，经管理人审查确认的债权金额为 5.38 亿元，不予确认的债权金额为 17.96 万元。

5. 劣后债权

经管理人审查确认,清偿顺序在普通债权之后的劣后债权金额共计 0.18 亿元。清偿顺序在普通债权之后的劣后债权不再清偿。

6. 其他债权

根据博天环境财务账簿记载及说明,截至 2022 年 12 月 7 日,博天环境的已知债权人尚有 5.90 亿元债权未向管理人申报。

(三) 偿债能力分析

根据资产评估机构出具的偿债能力分析报告,在假设博天环境进入破产清算程序的前提下,根据《企业破产法》规定的清偿顺序对各类优先债权、破产费用、共益债务进行清偿或支付后,普通债权的实际清偿率为 12.56%。

三、重整基本情况

(一) 重整背景

博天环境是一家在上交所 A 股公开发行股票的上市公司,主要从事工业水系统专业治理、城市给水和污水处理、膜产品与资源化、土壤与地下水修复等业务。受前期业务扩张过快、融资环境恶化、公司业务回款周期较长等因素影响,博天环境面临流动性资金严重紧缺、大量到期债务无法偿还等问题以及退市风险,已陷入严重的经营及债务危机。

(二) 预重整/重整申请情况

2022 年 4 月 13 日,博天环境收到北京一中院的通知书,告知安徽子诺以博天环境不能清偿到期债务,资产不足以清偿全部债务且明显缺乏清偿能力但具备重整价值为由,以债权人名义申请对博天环境进行破产重整,并申请启动预重整程序。

(三) 重整申请受理情况

2022 年 4 月 21 日,北京一中院做出决定书〔(2022)京 01 破申 134 号〕,决定对博天环境启动预重整。

2022 年 11 月 7 日,北京一中院做出民事裁定书〔(2022)京 01 破申 134 号〕及决定书〔(2022)京 01 破 285 号〕,裁定受理博天环境重整一案,并指定北京市金杜律师事务所担任博天环境管理人。

(四) 重整管理模式

债务人自行管理财产和营业事务。

（五）重整大事记

2022年4月13日，博天环境收到北京一中院的通知书，告知安徽子诺以博天环境不能清偿到期债务、资产不足以清偿全部债务且明显缺乏清偿能力但具备重整价值为由，以债权人名义申请对博天环境启动预重整程序。

2022年4月21日，北京一中院做出决定书〔（2022）京01破申134号〕，决定对博天环境启动预重整。

2022年4月29日，北京一中院做出决定书〔（2022）京01破申134号之一〕，经主要债权人推荐，指定北京市金杜律师事务所担任博天环境预重整期间的临时管理人。

2022年7月27日，经过公开招募和遴选程序，由深圳高新投、海南每天新能源、招商平安组成的联合体被确定为博天环境重整投资人。

2022年8月16日，临时管理人与博天环境分别与深圳高新投、海南每天新能源、招商平安签署《博天环境集团股份有限公司重整投资协议》。同日，博天环境披露了重整投资协议签署进展的公告。

2022年11月7日，北京一中院做出民事裁定书〔（2022）京01破申134号〕及决定书〔（2022）京01破285号〕，裁定受理博天环境重整一案，并指定北京市金杜律师事务所担任博天环境管理人。

2022年12月8日，博天环境第一次债权人会议召开，债权人会议表决通过了债权人会议召开及表决形式的方案和《博天环境集团股份有限公司重整计划（草案）》。

2022年12月8日，公司收到北京一中院送达的民事裁定书〔（2022）京01破285号〕，裁定批准重整计划。

2022年12月23日，北京一中院做出民事裁定书〔（2022）京01破285号之二〕，裁定确认《博天环境集团股份有限公司重整计划》执行完毕并终结公司重整程序。

四、重整计划的主要内容

（一）重整思路概述

如图2-29-2所示，重整计划的主要思路为：

（1）出资人权益调整方案。以4.15亿股总股本为基数（博天环境现有总股本4.18亿股，其中包括后续需要回购注销的限制性股票270.5万股，注销完成后，博天环境总股本将由4.18亿股变更为4.15亿股），按照每10股转增13.27股的比例转增合计5.51亿股，总股本增至9.68亿股，扣除应回购注销的限制性股票后，总股本为9.66亿股。上述转增股票不向原股东分配，全部由管理人按照重整计划的规定进行分配和处置。

（2）转增股票的用途。

引入重整投资人。1.60亿股用于引入重整投资人，共支付对价4.83亿元。深圳高新投支付1.80亿元重整投资款，以3元/股的价格受让0.60亿股转增股票；海南每天新能源支付 1.65 亿元重整投资款，以 3 元 / 股的价格受让 0.55 亿股转增股票；招商平安支付 1.38 亿元重整投资款，以 3.07 元 / 股的价格受让 0.45 亿股转增股票。

以股抵债。转增股票中的 3.91 亿股用于清偿债务。

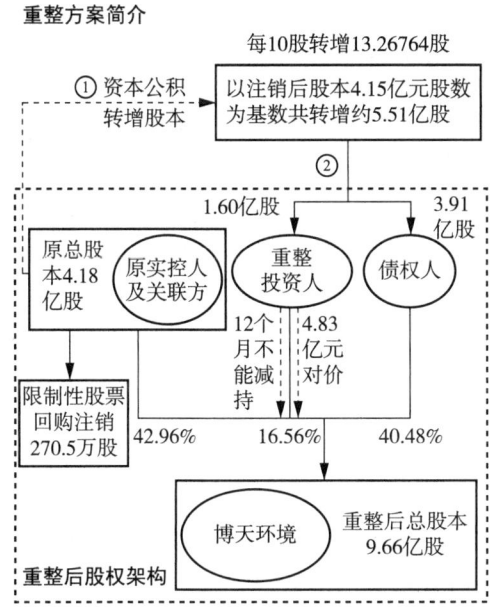

出资人权益调整方案

① 博天环境现有总股本4.18亿股，其中因回购注销限制性股票0.03亿股，注销完成后，博天环境总股本变更为4.15亿股，按照每10股转增13.26764股的比例转增合计约5.51亿股，总股本为9.66亿股。

② 转增股票的分配如下：
- 引入投资人：1.6亿股用于引入重整投资人，共支付对价4.83亿元。
  > 深圳高新投支付1.8亿元重整投资款，以3元/股的价格受让0.60亿股转增股票；海南每天新能源支付1.65亿元重整投资款，以3元/股的价格受让0.55亿股转增股票；招商平安资产支付1.38亿元重整投资款，以3.07元/股的价格受让0.45亿股转增股票；
  > 限售期：自转增股票登记至其指定证券账户之日起12个月内不减持。
  > 重整投资人承诺提供重整借款用于博天环境重整中清偿债务（具体借款金额根据重整债务清偿实际需要，由各方协商一致后最终确认），若重整投资人向管理人和公司申请豁免重整借款义务，则管理人可以在约定的受让标的股份价格之上，在各方协商一致的前提下，重新确定受让标的股份价格和重整投资款，以满足博天环境重整中债务清偿的实际资金需求。
- 以股抵债：转增股票中的3.91亿股用于清偿债务。

图 2-29-2　博天环境重整方案示意图

（二）投资人及投资方案介绍

2022 年 8 月 16 日，临时管理人与博天环境分别与深圳高新投、海南每天新能源、招商平安签署《博天环境集团股份有限公司重整投资协议》。

重整投资人 1：深圳高新投，成立于 1994 年 12 月 29 日，注册资本 138.52 亿元，是 20 世纪 90 年代初深圳市委、市政府为解决中小科技企业融资难问题而设立的专业金融服务机构。深圳高新投持续耕耘在服务实体经济、支持高新技术企业发展的道路上，多次为陷入困境的重整企业注入金融源头活水，帮助企业摆脱困境、恢复重生。

重整投资人 2：海南每天新能源，成立于 2022 年 6 月 10 日，注册资本 1.65 亿元，是一家以新能源产业及新能源产业相关投资为主的新兴平台。

重整投资人 3：招商平安，成立于 2017 年 3 月 10 日，注册资本 30 亿元，是经深圳市人民政府批准设立，并经中国银监会核准的，深圳市目前唯一一家具有金融不良资产批量收购处置业务资质的地方资产管理公司。招商平安控股股东为招商局集团有限公司。

重整投资人有条件受让 1.6 亿股转增股票，受让条件如下：

（1）深圳高新投以 3 元/股的价格受让 0.60 亿股公司转增股票，支付 1.80 亿元的重整投资款；海南每天新能源以 3 元/股的价格受让 0.55 亿股公司转增股票，支付 1.65 亿元的重整投资款；招商平安以 3.07 元/股的价格受让 0.45 亿股公司转增股票，支付 1.38 亿元的重整投资款。

（2）重整投资人承诺提供重整借款用于博天环境重整中清偿债务（具体借款金额根据重整债务清偿实际需要，由各方协商一致后最终确认），若重整投资人向管理人和公司申请豁免重整借款义务，则管理人可以在约定的受让标的股份价格之上，在各方协商一致的前提下，重新确定受让标的股份价格和重整投资款，以满足博天环境重整中债务清偿的实际资金需求。

（3）根据《上海证券交易所上市公司自律监管指引第 13 号——破产重整等事项》的规定，深圳高新投、海南每天新能源、招商平安自转增股票登记至其指定证券账户之日起 12 个月内不转让或者委托他人管理其直接和间接持有的博天环境的股份。

（三）出资人权益调整方案

1. 实施资本公积转增股本

博天环境现有总股本 4.18 亿股，其中因回购注销限制性股票 270.5 万股，注销完成后，博天环境总股本将由 4.18 亿股变更为 4.15 亿股。

重整计划将以博天环境 4.15 亿股总股本为基数，按每 10 股转增 13.27 股的比例实施资本公积转增股本，共计转增 5.51 亿股。转增后，博天环境总股本将增至 9.68 亿股（扣除应回购注销的限制性股票后，总股本为 9.66 亿股）。

2. 转增股票的用途

前述 5.51 亿股转增股票不向原股东分配，全部由管理人按照重整计划的规定进行分配和处置，具体如下：

（1）转增股票中的 1.60 亿股用于引入重整投资人。

（2）转增股票中的 3.91 亿股用于清偿债务。

（四）债权调整及受偿方案

1. 有财产担保债权调整及受偿

经债权申报及审查，截至 2022 年 12 月 7 日，有财产担保债权人共 7 家，其中管理人审查确认的债权金额共计 8.32 亿元（不含清偿顺序在普通债权之后的劣后债权），涉及 4 家债权人；其中暂缓确认债权金额 6.04 亿元，涉及 4 家债权人。根据评估机构出具的资产评估报告，6 家债权人有财产担保债权中合计 3.03 亿元可就担保财产获得优先清偿。

根据重整计划享有优先受偿权的有财产担保债权人可在重整计划获得北京一中院裁定批准后的 1 个月内向博天环境和管理人明示选择行使担保物权，对担保财产进行处置变现，就担保财产变现价款优先受偿，并自北京一中院裁定受理博天环境重整案之日至博天环境重整计划获得北京一中院裁定批准之日期间以担保财产变现价款为本金，参照原融资利率计息付息。管理人或公司将对该等有财产担保债权人的相应债权暂缓确认，待行使担保物权可获得优先受偿的债权金额确定后，确认剩余未能优先受偿部分的债权金额并按照普通债权的清偿方案清偿。在重整计划获得北京一中院裁定批准后的 1 个月内未明示选择行使担保物权的，视为接受如下清偿安排：有财产担保债权人在担保财产的评估价值范围内享有优先受偿权，超过担保财产评估价值的债权部分，将按照普通债权的受偿方案获得清偿。享有优先受偿权的债权部分中，20% 由博天环境在重整计划获得北京一中院裁定批准后，自该等有财产担保债权人明示或被视为接受本条清偿安排之日起的 1 个月内以现金方式一次性清偿完毕；剩余 80% 由博天环境留债清偿，留债清偿具体安排如下。

（1）留债期限：5 年。自重整计划获得北京一中院裁定批准之日起满 12 个月为第一年，以此类推计算 5 年的留债期间。

（2）留债利率：留债期间，在重整计划规定的计息期间，就尚未偿还的留债本金，按同期全国银行间同业拆借中心公布的 5 年期 LPR 计算利息，如该利率发生变化，则根据该利率的变化分段计算利息。日利率按照同期 5 年期 LPR 除以 360 天计算。

（3）还本付息方式：留债期间，第一年只付息不还本，第二年至第五年偿还本金的比例分别为 10%、30%、30%、30%；利息自重整计划获得北京一中院裁定批准之日起每 6 个月支付一次。首个还本日为自法院裁定批准重整计划之日起满 2 年的次日；首个起息日为北京一中院裁定批准重整计划之日的次日，首个结息日为北京一中院裁定批准重整计划之日起满 6 个月当日，结息日的次日为付息日。后续的还本日、付息日以此类推，还本、付息日期如遇法定节假日或休息日，则顺延至其后的第一个工作日，顺延期间兑付款项不另计利息。

（4）担保方式：留债期间，原有的财产担保关系继续存续。在留债主体履行完有财产担保债权清偿义务后，有财产担保债权及担保物权消灭，债权人不再就担保财产享有权利，原担保物权人应注销抵质押登记。未及时注销的，不影响债权人就担保财产享有的权利的消灭。

如有财产担保债权对应的担保物估值为 0，或因属于后顺位抵质押而导致担保物对应剩余估值为 0，则债权人不再享有优先受偿权，债权人有义务配合管理人与债务人注销抵质押登记。如债权人不配合，管理人或债务人可向法院申请强制解除或通过其他途径依法解决。

2. 职工债权调整及受偿

经调查，截至 2022 年 12 月 7 日，博天环境职工债权总额为 1929.21 万元。职工债权不做调整,将由博天环境在重整计划获得北京一中院裁定批准后1个月内以现金方式一次性清偿完毕。

3. 普通债权调整及受偿

截至2022年12月7日,经管理人审查确认的普通债权金额共计45.86亿元;暂缓确认金额35.61亿元;有财产担保债权超过担保财产评估价值的债权转为普通债权部分为11.33亿元。为最大限度地保护债权人的合法权益,同时考虑博天环境的实际情况,对于普通债权中博天环境的全资子公司对博天环境的债权,在其他债权按照重整计划的规定清偿完毕之前,不进行清偿。待偿债资源预留期限届满后,根据预留偿债资源的情况,由博天环境与全资子公司协商确定该等债权的清偿安排,但不得优于重整计划中普通债权的清偿。

除博天环境全资子公司债权外的普通债权的清偿方案如下:

(1)25万元以下(含25万元)部分全额以现金方式清偿。普通债权每家债权人25万元以下(含25万元)部分将由博天环境在重整计划获得北京一中院裁定批准后1个月内分两次以现金方式全额清偿。

(2)25万元以上部分的清偿方案。对每家债权人25万元以上部分提供两种清偿方案,债权人可以在以下两种方案中任选一种受偿,实现对除博天环境全资子公司享有的债权外的普通债权的全额清偿。采用方案一清偿的普通债权上限金额为34亿元,即如选择方案一的普通债权金额未超过上限,则选择方案一的债权人以其确认的债权金额按照方案一进行清偿;如选择方案一的普通债权金额超过上限,则选择方案一的债权人按照其债权金额的相对比例在34亿元额度内按照方案一进行清偿,能够按照方案一受偿的普通债权金额=该家普通债权人在25万元以上的债权金额÷选择方案一受偿的普通债权总额×34亿元,选择方案一但未能在方案一受偿的部分按照方案二进行清偿。如债权人未在重整计划草案表决的最终期限前向管理人书面确认选择的清偿方案或选择方式不符合重整计划规定及要求,则均视为选择方案二受偿。

方案一:"现金+以股抵债"清偿。普通债权每家债权人25万元以上部分,8%由博天环境在重整计划获得北京一中院裁定批准后的1个月内以现金方式一次性清偿完毕;92%按照17.96元/股的价格通过博天环境转增股票抵偿。即普通债权每家债权人(博天环境全资子公司债权除外)超过25万元的部分,每100元可获得8元现金和5.1225股转增股票。

方案二:"现金留债+以股抵债"清偿。普通债权每家债权人25万元以上部分,16%由博天环境现金留债清偿,84%按照17.96元/股的价格通过博天环境转增股票抵偿。即普通债权每家债权人(博天环境全资子公司债权除外)超过25万元的部分,每100元可获得16元留债份额和4.6771股转增股票。

现金留债清偿具体安排如下。

留债期限:7年。自重整计划获得北京一中院裁定批准之日起满12个月为第一年,依次类推计算 7 年的留债期间。

留债利率：留债期间，在重整计划规定的计息期间，就尚未偿还的留债本金，按同期全国银行间同业拆借中心公布的 1 年期 LPR 计算利息，如该利率发生变化，则根据该利率的变化分段计算利息。日利率按照同期 1 年期 LPR 除以 360 天计算。

还本付息方式：留债期间，第一年至第七年偿还本金的比例分别为 3%、7%、10%、15%、20%、20%、25%；第一年至第二年只还本不计息，从第三年开始计息付息，利息自重整计划获得北京一中院裁定批准后第三年起每 6 个月支付一次。首个还本日为自法院裁定批准重整计划之日起满 1 年的次日；首个起息日为北京一中院裁定批准重整计划之日起满 2 年的次日，首个结息日为首个起息日起满 6 个月的当日，结息日的次日为付息日。后续的还本日、付息日以此类推，还本、付息日期如遇法定节假日或休息日，则顺延至其后的第一个工作日，顺延期间兑付款项不另计利息。

清偿顺序在普通债权之后的劣后债权不再清偿。

4. 暂缓确认债权调整及受偿

对于因债权确认条件未满足，涉诉、仲裁等原因导致的暂缓确认的债权，将根据各债权的性质，依照债权申报金额或管理人合理估算的金额预留相应的偿债资源。该类债权在依法确认后按重整计划规定的受偿方式予以清偿。

5. 未申报债权调整及受偿

对于未在重整计划执行完毕之前申报但仍受法律保护的债权，将根据债权性质、账面记载金额、管理人初步调查金额预留偿债资源。前述未申报债权在重整计划执行期间不得行使权利；在重整计划执行完毕后，该类债权在债权人向债务人提出受偿请求并被依法确认后按重整计划规定的同类债权受偿方式予以清偿。对该部分债权人，自重整计划获裁定批准公告之日起 3 年内或至该部分债权的诉讼时效届满之日（以孰早者为准），未向博天环境主张权利的，博天环境不再负有清偿义务。未申报的债权中，如债权的成立按照相关法律法规或公司章程的规定应当履行相应的决议程序或披露要求而实际未履行的，博天环境就该等债权不承担相关法律责任。

6. 债务清偿顺序

清算状态下，破产清算程序耗时长，破产财产快速处置变现时财产价值将受到大幅贬损，且将产生额外的处置费用，在给债权人带来高昂的时间成本的同时，使得破产财产进一步缩水，不利于保护全体债权人的利益。根据评估机构出具的偿债能力分析报告，普通债权清偿率仅为 12.56%，有财产担保债权优先受偿部分、职工债权的清偿率虽为 100%，但需承受担保财产变价处置的长周期带来的时间成本与不确定性。

重整状态下，管理人已成功引入重整投资人，将带来增量资金，通过引入增量资源、盘活存量资源，有效保障破产财产的保值增值。同时，重整计划明确了有财产担保债权人优先受偿部分、职工债权现金清偿的时间期限，极大缩短了债权人受偿的时间期限，降低了债权人受偿的时间成本以及不确定性。在重整计划项下，职工债权、有财产担保债权、普通债权均能得到100%清偿，相较清算状态下的清偿率有了极大的提升（见图2-29-3）。

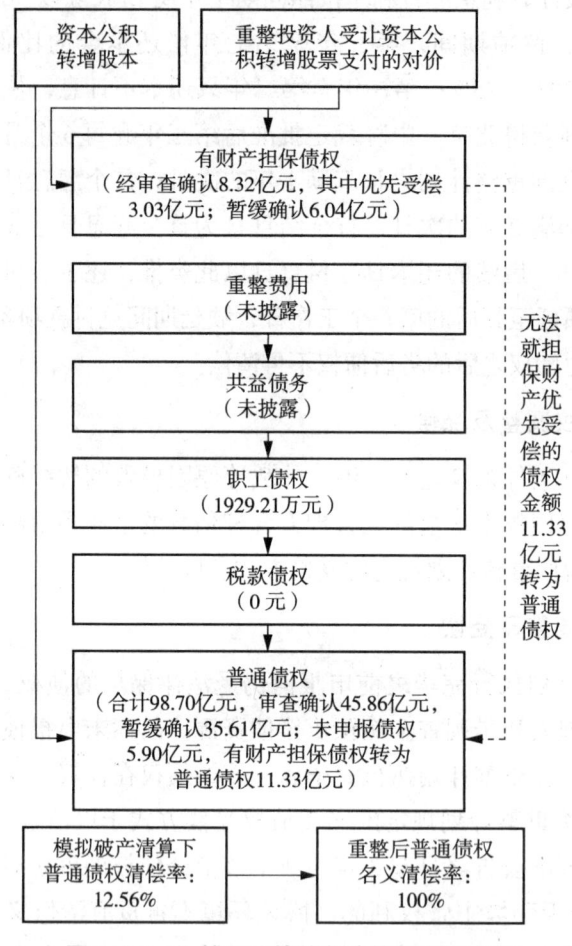

图2-29-3 博天环境债务清偿顺序示意图

（五）未来经营方案

1. 稳步发展环境治理业务，通过技术提升重塑优势地位

重整前，受困于沉重的债务负担和信用体系的受损，博天环境融资渠道受限，资源投入计划难以实施和落地，发展受到较大的制约和限制。债务危机化解后，博天环境将迎来新的发展良机，融资渠道进一步拓宽。重整完成后，公司将发挥上市公司融资平台优势，采取市场化募集资金的方式，加大对重点业务板块的资金投入力度，进一步提升技术、运维、管理水平，在水环境治理业务领域持续创新发展，推动工业环境业务快速回归市场，努力扩大水务运营规模，提升生态环境业务经营格局。

（1）公司环境治理业务发展现状。在工业水系统领域，公司是国内该领域出发较早且少数能够进行复杂工业水系统综合服务的企业之一。目前环保行业公认最难解决、技术门槛最高的是"三高一难"工业废水的处理和回用，博天环境凭借20多年的技术创新与研发应用，掌握了"三高一难"工业废水的处理与回用的核心专有技术。公司可依据不同工业行业、不同水处理工艺的水质特点及出水排放标准，通过提供全产业链解决方案为工业企业或园区客户提供全水系统的专业化治理及运营管理的综合服务，成为工业客户全生命周期的水环境管家。公司在工业水系统业务方面以提供环境工程技术解决方案和专业化运营管理服务为核心业务，服务覆盖煤化工、石油化工、精细化工、钢铁冶金、电子、电力、生物医药、纺织印染、造纸、食品、乳制品等行业，完成了数百项典范式水处理项目，并积累了神华集团有限责任公司、中国中煤能源集团有限公司、上海华谊控股集团有限公司、巴斯夫等众多高端客户资源，成为工业客户和工业园区长期可信赖的合作伙伴。在城镇水资源领域，公司通过模式创新和技术引领，实现水务水体一体化、智慧化管理。公司以覆盖全国的项目公司为业务拓展基点，持续在集中化较强的地区，拓展城市给水及污水处理业务，高度重视项目的二次开发，满足客户对新建、改造、扩容、提标等方面的需求。

在地域经济好、财政支付能力强的区域开拓环境综合治理业务，以"技术+运营服务"为客户提供"新水源"，实现城市水资源的循环利用。在膜产品与资源化领域，公司打造以热法超滤膜为核心的系列技术产品，获评国家重点新产品项目，成功应用到全球十多个地区、二十多个行业的数百项案例中；研发了节能型浸没式膜化学反应器（Membrane chemical reactor，MCR）工艺包，荣获中国膜科学技术一等奖，已成功应用在煤化工、石化、有色金属等领域，获得客户高度认可。在土壤与地下水修复领域，公司通过整体解决方案打造未来业务增长点，聚焦城市场地类土壤与地下水环境修复工程，并布局场地环境管理咨询业务市场，以京津冀、长三角、珠三角等区域市场为重点，引进先进技术，打造修复类标杆项目，为未来土壤和地下水修复业务的爆发打下基础，积累了丰富的业绩和技术储备。针对能源化工搬迁地块的重度复合污染土壤与地下水，公司拥有多项国内领先的修复技术，诸如高效安全的土壤热处理、地下水循环井修复工艺，并可提供项目全生命周期综合服务。

（2）公司环境治理业务未来发展规划。由于传统环境治理业务资本投入较大，重整完成后公司将逐步减少以投建为主的环境污染治理业务，环境产业将以提供运维等服务为主。近年来，公司推进项目建设，持续增加运营性收入，未来将加强运营精细化、集约化管理，综合提升公司收入、利润水平。

在节能减排、减污降碳协同治理的绿色发展政策背景下，城市污水处理差异化精准提标改造面临新的发展要求，各地污水处理项目提标升级及再生水项目建设、运营维护的需求显现，公司将推进在全国布局的项目公司实现"二次开发"，扩大区域覆盖范围。

在水业关联的环境领域，公司在品质的追求方面建立了良好的口碑和市场影响力，拥有持续的业务机会。公司拥有多项行业甲级资质和丰富的业绩，随着公司信用体系逐步恢复,将继续聚焦能源、化工、电力、冶金、集成电路及新型液晶显示、生物医药和工业园区的工业环境市场和土壤、地下水修复业务,推进公司重返工业环境治理市场,帮助原有大客户及新增市场的目标客户解决环境治理的难题,打造公司新的竞争力。

2. 积极推进资源型业务,通过产品力打造加速绿色转型

围绕公司"水业关联的环境产业布局"的战略定位,坚持"环境+资源"的双轮驱动发展战略,公司将深耕膜分离技术,不断实现膜材料升级、膜产品、膜装备迭代创新,拓展产品的应用空间,创新引领产业升级,通过已设立的专业平台助力公司资源业务落地,成为以碳达峰、碳中和目标为导向的科技型环境企业。

(1)布局盐湖提锂业务。针对我国盐湖普遍锂浓度低、高镁锂比的资源特征,吸附法+纳滤膜法已经成为盐湖提锂的主流路线。纳滤膜法应用于盐湖提锂领域前,已经广泛用于公司废水处理等领域。公司开发的MCR+膜分离法、MCR+电渗析法工艺包,在高难废水分盐提纯上能够成功应用。与全膜法相比,MCR工艺包的使用避免了卤水介质的复杂特性对膜元件的损耗,降低了对进口膜产品的技术依赖性,极大提高了膜系统效率,延长使用寿命。未来,公司将积极探索通过与锂业公司投资合作模式,将产品运用于盐湖提锂业务中,用以膜技术为主的提锂工艺逐步替代高耗能、高成本提锂工艺。此外,公司正积极拓展吸附剂产品的技术合作与研发,除了对盐湖中钾、镁、锂、钠等资源进行规模化开发利用外,公司未来还将探索硼、溴、铷、铯等稀有元素的开发利用,为公司从传统业务转向提锂等新能源战略型产业提供广阔的发展空间。

(2)积极拓展氢能业务。氢能产业链的上游是制氢环节,碱性电解槽技术在目前电解水制氢的技术中最为成熟,生产成本较低。公司过去在服务工业水系统处理的过程中,积累了相应的经验和技术储备,在分离膜技术和产品,装备化系统集成等方面具有经验优势,拥有诸多自主知识产权,公司将不断拓展"膜+"技术优势,依托20余年膜研发与生产经验,同时在上市公司的优势下引进质子交换膜技术并推进本地产业化。氢能下游应用领域,涵盖能源化工、电力、金属冶金、电子工业等行业,与公司积累的工业客户高度重合,公司可利用客户资源积累拓展氢能业务。公司将按照"短期示范突破、中期产品优化、远期市场延伸"的发展计划,以降成本、强性能、扩应用为目标,加强技术攻关和示范应用,围绕绿色能源的转换,致力于培育一家以科技产品为支撑的氢能制备综合解决方案服务提供商。

五、重整计划的表决与批准

(一)债权人会议表决情况

博天环境第一次债权人会议于2022年12月8日上午9时30分通过网络会议的方

式召开，本次债权人会议表决通过了债权人会议召开及表决形式的方案和《博天环境集团股份有限公司重整计划（草案）》。

享有表决权的有财产担保债权人共计6家，临时确定的有财产担保债权总额为3.03亿元。在本次债权人会议召开前，6家有财产担保债权人已全部通过书面投票方式同意了该项议案，占出席会议有表决权的有财产担保债权人数量的100%，超过半数；同意的债权人代表的临时确定的有财产担保债权额为3.03元，占有财产担保债权总额的100%，超过2/3。

享有表决权的普通债权人共计827家，临时确定的普通债权总额为72.75亿元。在本次债权人会议召开前，有751家债权人通过书面投票同意了该项议案，代表的临时确定的普通债权额为59.83亿元。未在本次债权人会议召开前通过书面投票同意的债权人中，共有64家通过线上参会的方式出席了本次债权人会议，其中有32家债权人通过网络投票同意了该项议案，代表的临时确定的普通债权额为3.75亿元。

经过书面投票和网络投票，截至2022年12月8日，共有783家普通债权人同意该议案，占出席会议的有表决权的普通债权组人数的96.07%，超过半数；同意债权人代表的临时确定的普通债权额为63.57亿元，占普通债权组债权总额的87.38%，超过2/3。

根据《企业破产法》第六十四条、第八十四条、第八十六条的规定，重整计划草案获得本次债权人会议表决通过。

（二）出资人组会议表决

2022年12月8日，博天环境出资人组会议于下午2时30分采取现场投票和网络投票相结合的方式召开，本次出资人组会议表决通过了《博天环境集团股份有限公司出资人权益调整方案》。

出席本次会议的股东及股东代理人共372人，代表公司有表决权的股份数为1.90亿股，占公司有表决权股份总数的45.54%。通过网络投票出席会议的股东共372人，代表公司有表决权的股份数为1.90亿股，占公司有表决权股份总数的45.54%。其他人员出席情况：北京一中院代表、公司管理人代表、公司代表以及公司聘请的律师出席和列席了本次会议。

会议表决情况：出席本次出资人组会议的有效表决权股份总数为1.90亿股，占公司有表决权股份总数的45.54%，其中同意1.895亿股，占出席会议所有出资人所持股份的99.62%；反对73.19万股，占出席会议所有股东所持有表决权股份总数的0.38%；弃权0股。

综上，出资人权益调整方案获得出席本次会议有表决权股份总数的2/3以上同意。根据《公司法》与《企业破产法》的相关规定，公司出资人组会议表决通过出资人权益调整方案。

（三）重整计划批准

2022年12月8日，公司收到北京一中院送达的民事裁定书〔(2022)京01破285号〕，裁定批准《博天环境集团股份有限公司重整计划》，并终止公司重整程序。

六、重整计划的执行与监督

（一）执行和监督的主体

根据《企业破产法》第八十九条的规定，经法院批准的重整计划由债务人负责执行，即博天环境为重整计划的执行主体。根据《企业破产法》第九十条的规定，管理人负责监督债务人执行重整计划。在重整计划监督期限内，债务人应接受管理人的监督，债务人应当及时向管理人报告重整计划执行情况、公司财务状况以及重大经营决策、资产处置等事项，并配合管理人的各项监督工作。

（二）执行和监督的期限

重整计划的执行期限自重整计划获得北京一中院裁定批准之日起计算，博天环境应于2022年12月31日前执行完毕。在此期间，博天环境应当严格依照重整计划的规定清偿债务，并随时支付破产费用。

重整计划执行的监督期限与重整计划执行期限相同，自北京一中院裁定批准重整计划之日起计算。如根据重整计划执行的实际情况，需要延长管理人监督重整计划执行的期限，则管理人将向北京一中院提交延长重整计划执行监督期限的申请，并根据北京一中院批准的期限继续履行监督职责。重整计划执行期限提前到期的，执行监督期限相应提前到期。

（三）执行的措施

1. 偿债资源的分配

偿债的资金（含现金留债部分）和股票原则上以银行转账、股票划转的方式向债权人进行分配，债权人按照管理人指定格式和指定方式提供领受偿债资源的银行账户（用于接收清偿现金及留债清偿资金）及证券账户信息（用于接收以股抵债股票），即视为债权人同意领受相应偿债资源。债权人提供账户信息的期间不计入重整计划规定的偿债资源分配期限。

对于未提供符合要求的账户信息或无法通知到的债权人，管理人将按照重整计划为其预留相应偿债资源。因债权人自身和/或其代理人、关联方的原因，导致偿债资源不能到账，或因账户信息错误、账户被冻结/扣划等原因所产生的法律后果由相关债权人自行承担。

债权人可以指令将偿债资源划转至债权人指定的、由该债权人所有/控制的账户或其他主体所有/控制的账户内,但因该指令导致偿债资源不能到账,以及由该指令导致的法律纠纷和市场风险由相关债权人自行承担。

2. 偿债资源的预留及处理

(1)已经北京一中院裁定确认的债权人未及时领受现金(含留债清偿资金)、股票等偿债资源的,根据重整计划应向其分配的资金、股票将由管理人预留。上述预留的偿债资源自重整计划获法院裁定批准公告之日起满3年,债权人仍不领取的,视为放弃领受偿债资源的权利,博天环境对相应债务不再承担清偿责任。上述预留的偿债资源自重整计划获法院裁定批准公告之日起满3年后偿债资源仍有剩余的,剩余偿债资金用于补充公司流动资金,重整计划执行主体可选择将剩余的股票拍卖、在二级市场出售变现后用于补充公司流动资金,或者进行注销处理。

(2)对于因诉讼、仲裁未决、债权人异议等原因导致管理人暂时无法做出审查结论的债权,以最终债务人或管理人确认的债权金额为准,在经确认后按照重整计划规定的同类债权清偿方案受偿。按照重整计划已预留的偿债资源在清偿该等债权后仍有剩余的,剩余偿债资金用于补充公司流动资金,重整计划执行人可选择将剩余的股票拍卖、在二级市场出售变现后用于补充公司流动资金,或者进行注销处理。

(3)对于未依法申报的债权,自重整计划获法院裁定批准公告之日起满3年或至该部分债权的诉讼时效届满之日(以孰早者为准)未向博天环境主张权利的,视为放弃受偿,博天环境对相应债务不再承担清偿责任。如债权应受法律保护,以最终确认的债权金额为准,按照重整计划规定的同类债权清偿方案受偿。按照重整计划已预留的偿债资源在清偿该等债权后仍有剩余的,剩余偿债资金用于补充公司流动资金,重整计划执行人可选择将剩余的股票拍卖、在二级市场出售变现后用于补充公司流动资金,或者进行注销处理。

(4)依法确认的债权人需及时向重整计划执行主体明确是否领受相应偿债资源。未及时受领相应偿债资源的,相应偿债资源按照重整计划规定的方式进行预留不视为对相应债权的清偿,自重整计划获法院裁定批准公告之日起3年内,该等债权人可就确认债权中届时仍未实际清偿的部分按照重整计划规定领受相应偿债资源。破产债权在依照重整计划的规定领受其对应的偿债资源后即实现全额清偿,破产债权涉及的主债务人、连带债务人、担保人等均无须就该等债权继续承担清偿责任。

(5)若预留的偿债股票不足以清偿依据重整计划规定审查确认应予以清偿的全部债权,则差额部分股票可在不优于重整计划规定的同类债权清偿安排的前提下,由博天环境与债权人以协商一致的方式解决;若博天环境与债权人未能达成一致,则由博天环境在如下两种方式中确定一种替代方案向债权人进行清偿:

博天环境通过股票二级市场购买、股东捐赠等方式补足股票后,按照重整计划规定的清偿方案向相应债权人分配抵债股票。

博天环境按照自转增股票登记至管理人证券账户之日至其债权确认之日（存在争议的以裁判文书生效日或双方达成协议日为准）期间的股票交易均价（股票交易均价＝相应期间股票交易总额/相应期间股票交易总量）乘以应向其分配的股票数量后的金额，以现金方式进行清偿，债权人通过该替代方案受偿的，其清偿效果与以重整计划规定的以股抵债的清偿效果一致。以上所有预留的偿债资金（含留债清偿资金）和抵债股票，在预留期间均不计息。

3. 特殊债权的确认及其偿债资源分配

重整计划执行完毕后，对于重整计划执行完毕前已申报但暂缓确认的债权，由管理人继续负责债权审查工作。对于重整申请受理前已经存在而在重整计划执行完毕后才主张权利的债权，由博天环境负责依法处理。如债权人对博天环境的审查结论无异议，则以博天环境的审查结论为准；如债权人与博天环境就审查结论无法达成一致，则由双方通过诉讼或仲裁程序解决，最终债权审查结论以生效裁判或裁决文书为准。对该等债权的清偿资源的预留期间随债权审查或争议解决期间顺延。对于审查确认的债权，由博天环境向北京一中院申请将预留至管理人证券账户的转增股票划转至相应债权人证券账户所需的民事裁定书或协助执行通知书等司法文书。

4. 转让债权的清偿

债权人在北京一中院决定启动博天环境预重整后对外转让债权并通知管理人及债务人的，受让人按照原债权人根据重整计划就该笔债权可以获得的受偿条件及金额受偿；债权人向两个及以上的受让人转让债权的，债权清偿款项和转股份额向受让人按照其受让债权的相对比例分配，但受让人合计获得的清偿资源不得超过原债权人按照重整计划规定可获得的清偿。

5. 破产费用

博天环境破产费用包括重整案件受理费、管理人报酬、聘请专业机构的费用、转增股票登记税费、股票过户税费及管理人执行职务的费用等。其中，重整案件受理费、管理人报酬、聘请专业机构的费用，在重整计划执行期间按照《诉讼费用缴纳办法》、《最高人民法院关于审理企业破产案件确定管理人报酬的规定》及合同约定通过管理人银行账户支付；博天环境转增股票登记及过户税费、管理人执行职务的费用及其他破产费用，根据重整计划执行实际情况由管理人账户随时支付。

6. 共益债务的清偿

博天环境重整期间的共益债务，包括但不限于因继续履行合同所产生的债务、为继续营业而支付的劳动报酬和社会保险费用以及由此产生的其他债务，由博天环境按照《企业破产法》相关规定随时清偿。

7. 财产担保与保全措施的解除

有财产担保债权在担保财产评估价值范围内的优先受偿部分，按照重整计划的规定清偿完毕后，债权人应当配合债务人及时办理担保财产的抵质押等担保措施的解除手续。

根据《企业破产法》第十九条的规定，人民法院受理破产申请后，有关债务人财产的保全措施应当解除。尚未解除对博天环境财产保全措施的债权人，应当在北京一中院受理博天环境重整案后协助办理解除财产保全措施的手续。如重整计划获得法院批准时尚未解除对博天环境财产保全措施，管理人或博天环境有权向北京一中院申请依照重整计划的规定予以强制解除。

8. 信用修复

（1）重整计划执行完毕之后，博天环境资产负债结构将得到实质改善，并将恢复可持续的经营能力及盈利能力。因此，在符合相关法律规定和信贷条件的前提下，各债权银行应当给予博天环境融资贷款公平公正的待遇及正常的信贷支持，不得对博天环境再融资设定任何没有法律规定的限制。在重整计划获法院裁定批准后，各金融机构应及时调整博天环境信贷分类，并上报中国人民银行征信系统调整债务人征信记录为结清状态，确保重整后博天环境运营满足正常征信要求。

（2）在北京一中院裁定批准重整计划之日起15日内，将博天环境纳入失信被执行人名单的各债权人应向相关法院申请删除博天环境的失信信息，并解除对博天环境法定代表人、主要负责人及相关人员的限制消费令及其他信用惩戒措施。若债权人未在上述期限内申请删除失信信息并解除信用惩戒措施，博天环境或管理人有权将相关债权人依重整计划可获得的偿债资源预留，待信用惩戒措施解除后再向债权人分配。

七、重整计划顺利实施的预期效果

（1）上市地位得以保全。博天环境通过重整程序对资产和债务进行彻底重组，以解决公司存在的严重债务危机，进而化解公司面临的严峻退市风险。

（2）优化财务管理。重整完成后，公司将通过以下几方面进一步优化财务审批流程：一是严格划分财务审批权限，加强资金审批控制，规范公司资金使用；二是建立内部会计稽核制度，保障内部控制的质量，把好审批流程每道关；三是要求财务人员持续进行财务职业素质培养，重视道德规范建设，抑制公司财务审批道德风险的发酵酝酿；四是严格执行部门预算和收支计划，合理调度资金，重视财务预算工作。

（3）公司信用得以修复。由于过去债务违约问题而导致公司信用体系受损，不同程度影响了公司与客户、员工、银行、供应商等合作伙伴的关系。重整完成后，公司将积极推动信用体系的修复和建设，加强与银行的沟通合作，规范供应商的选择和管理，建立更加合理的团队合作关系，服务好核心客户，重点强化能够与公司风雨同舟、有担当的供应商之间的合作，重构公司供应体系。

案例 30　奥瑞德股份重整案例解析[①]

背景

奥瑞德光电股份有限公司（以下简称"奥瑞德股份"或"公司"）前身为西南药业股份有限公司。奥瑞德本身为平台管理型公司，其生产经营主要通过全资子公司哈尔滨奥瑞德光电技术有限公司（以下简称"奥瑞德有限"）及下属公司开展，重整前总股本为12.27亿股。奥瑞德股份主营业务为制造及销售蓝宝石晶体材料。自2017年开始，受蓝宝石行业整体发展周期波动、宏观经济下行压力增大及国家金融政策的变化等不利因素的影响，公司业务发展受阻，陷入严重债务危机和经营困境。2021年受新冠疫情及限电政策影响，公司的经营和债务危机进一步加剧。

2022年9月6日，债权人单丽丽以公司不能清偿到期债务且明显缺乏清偿能力为由，向哈尔滨市中级人民法院（以下简称"哈尔滨中院"或"法院"）申请对公司进行重整。2022年9月15日，哈尔滨中院决定对奥瑞德股份进行预重整，同时指定奥瑞德股份清算组担任临时管理人。2022年11月29日，哈尔滨中院裁定受理单丽丽对奥瑞德股份的重整申请，同时指定奥瑞德股份清算组担任管理人，负责重整工作。

2022年9月6日，辽阳市粉末冶金有限公司（以下简称"辽阳粉末"）向哈尔滨中院申请对奥瑞德有限进行重整。2022年9月15日，哈尔滨中院决定对奥瑞德有限进行预重整，同时指定奥瑞德有限清算组担任临时管理人。2022年11月29日，哈尔滨中院裁定受理辽阳粉末对奥瑞德有限的重整申请，同时指定奥瑞德有限清算组担任管理人。

2022年12月13日，管理人及奥瑞德股份与齐鲁致远产业发展（海南）有限公司（以下简称"齐鲁致远"）签署重整投资协议及重整投资协议之补充协议一。

2022年12月30日，奥瑞德股份及奥瑞德有限第一次债权人会议以网络会议的形式召开。同日，哈尔滨中院裁定批准奥瑞德股份及奥瑞德有限重整计划。2022年12月31日，哈尔滨中院裁定确认奥瑞德股份及奥瑞德有限重整计划执行完毕，并终结破产程序。

[①] 本案例解析的内容主要根据奥瑞德光电股份有限公司于2022年12月31日公布的《奥瑞德光电股份有限公司重整计划》整理而成。

方案要点

1. 出资人权益调整

以奥瑞德股份现有总股本12.27亿股为基数，按每10股转增15股的比例实施资本公积转增股本，共计转增18.41亿股股票。转增后，奥瑞德股份总股本将增至30.68亿股。转增股票中控股股东等业绩补偿义务人应获分配的6.04亿股股票需由奥瑞德股份以1元的总价格进行回购，回购的股票以及其余12.37亿股股票，均用于引入重整投资人。

上述共计18.41亿股转增股票，由重整投资人有条件受让不低于15亿股。根据重整计划的执行情况，重整投资人最终未受让的剩余转增股票3.05亿股由管理人予以注销。上述操作后，总股本为27.63亿股。

2. 债权清偿方案

奥瑞德股份的对外债权均为普通债权，普通债权按如下方式清偿：每家债权人20万元以下（含20万元）的部分，以现金方式全额清偿；超过20万元的部分，按照5%的清偿率以现金方式清偿。清偿现金在转增股票划转至重整投资人指定账户之日起15日内支付。

3. 引入重整投资人

奥瑞德股份重整投资人根据各自的产业背景、资金实力的不同划分为产业投资人和财务投资人。青岛智算信息产业发展合伙企业（有限合伙）（以下简称"青岛智算"），作为本次重整投资人齐鲁致远指定的产业投资人，受让3.60亿股转增股票，受让对价3.71亿元。根据重整计划执行情况，财务投资人由齐鲁致远指定的16家联合投资人参与实际投资，合计受让11.76亿股转增股票，对价合计14.91亿元。①

重整投资人合计受让15.36亿股股票，合计支付对价18.62亿元。重整投资人受让股票的条件包括：支付现金对价，专项用于根据重整计划的规定偿付债务、支付重整费用及补充公司流动资金；重整投资人额外替控股股东等业绩补偿义务人补足其应当让渡却未让渡的转增股票所对应的收购价格；重整投资人以现金方式解决控股股东尚未解决的资金占用问题，同时以现金补偿上市公司因清偿违规担保债权在重整中所占

---

① 财务投资人包括王艺、荣成硕远企业咨询管理合伙企业（有限合伙）（以下简称"荣成硕远"）、共青城坤舜创业投资合伙企业（有限合伙）、共青城元通创业投资合伙企业（有限合伙）、宁波嘉致凯瑞企业管理合伙企业（有限合伙）、海南吉源新尚创业投资合伙企业（有限合伙）、青岛泰富麟絮企业管理合伙企业（有限合伙）、张宇、张岳洲、王望生、深圳市丹与墨投资有限公司、海南富易兴产业发展合伙企业（有限合伙）、上海益泽私募基金管理有限公司、重庆国际信托股份有限公司（代表"重庆信托·焱阳1号单一资金信托"）、深圳盈富量化投资管理有限公司（代表"盈富风禾尽起10号私募证券投资基金"）、宁波东煜企业管理合伙企业（有限合伙）、福清天印宏久管理合伙企业（有限合伙）等17家。

其中宁波嘉致凯瑞企业管理合伙企业（有限合伙）（以下简称"嘉致凯瑞"）原本作为财务投人参与投资，但由于后续未支付剩余投资款，保证金900万元不予退还。

用的偿债资源。

4. 协调审理

奥瑞德股份下属全资子公司奥瑞德有限为奥瑞德股份合并报表范围内重要的资产组成和经营实体，持有奥瑞德股份开展主营业务所必需的技术及资源，为维持和提升奥瑞德股份的持续经营能力，需要同步整体化解奥瑞德有限的债务危机。因此本次重整过程中，奥瑞德股份将通过债务清偿、资本性投入、提供财务资助等方式，帮助奥瑞德有限清偿债务。

一、公司基本信息

（一）公司及业务简介

奥瑞德股份前身为西南药业股份有限公司。奥瑞德本身为平台管理型公司，并不实际从事生产经营，其生产经营主要通过全资子公司奥瑞德有限及下属公司开展，总股本为12.27亿股，法定代表人为杨鑫宏。奥瑞德股份经营范围为蓝宝石晶体材料、半导体衬底晶圆、衬底片、光电窗口材料、激光窗口材料及光电功能材料、光电涂层材料的生产、销售，晶体生长设备、加工设备、专用刀具的研制、开发、制造和销售，蓝宝石复合材料制品、工模具、机械加工刀具、工矿配套机电产品、五金、建筑材料、化工原材料（危险化学品、毒品除外）的生产、销售，蓝宝石生产技术开发、技术咨询服务，货物及技术进出口。

根据公司2021年年度报告，公司营业收入为7亿元，净利润为-4.83亿元，毛利率为11.29%，净利润率为-69.00%。

（二）重整前股权架构

如图2-30-1所示，截至重整计划提交之日，奥瑞德股份总股本为12.27亿股，皆为人民币普通股，其中有限售条件股份合计3.44亿股，无限售条件流通股份合计8.83亿股。

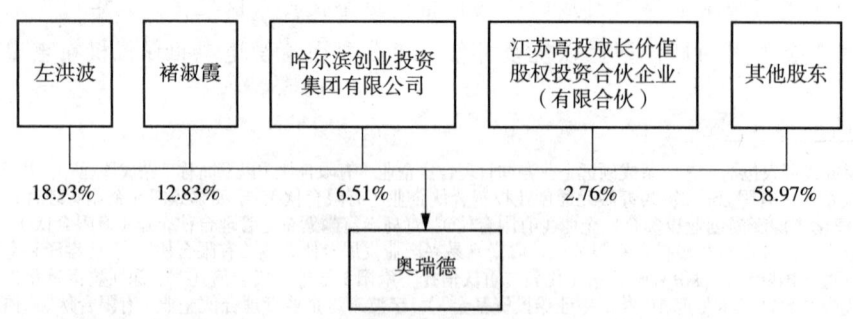

图2-30-1 奥瑞德股份重整前股权架构图

二、资产负债情况

(一)资产负债情况总览

表 2-30-1　奥瑞德股份资产负债情况

资产/债权类型	资产(亿元)	负债(亿元)	净资产(亿元)	资产负债率(%)
账面价值/债权金额	47.99	24.05	23.94	50.11

如表 2-30-1 所示,截至 2022 年 9 月 30 日,奥瑞德股份资产账面价值为 47.99 亿元,其中 47.98 亿元为长期股权投资,而仅奥瑞德有限一项的账面价值就达到了 47.77 亿元。奥瑞德有限也被哈尔滨中院裁定受理重整,实际已处于资不抵债状态。

截至重整计划草案公告之日,经管理人初步审查确认的债权总额为 13.82 亿元,涉及债权人 507 家;因诉讼未决、需要补充证据材料等原因暂缓确认的债权申报总额为 5.10 亿元,涉及债权人 134 家;未在债权申报期限内申报但可能受法律保护的债权总额为 5.13 亿元(包括关联债权 0.20 亿元)。

经管理人调查,奥瑞德股份不存在欠付职工工资等职工债权的情况。

综上,根据债权申报与审查情况、管理人对职工债权的调查情况以及公司债务信息等,奥瑞德股份经管理人审查确认、暂缓确认、未申报的负债合计为 24.05 亿元。

(二)债权分类

根据《企业破产法》第八十二条的规定,管理人已审查确认的债权均为普通债权。

1. 普通债权

经管理人初步审查确认的普通债权总额为 13.82 亿元,涉及债权人 507 家。

2. 其他债权

因诉讼未决、需要补充证据材料等原因暂缓确认的债权申报总额为 5.10 亿元,涉及债权人 134 家。

未在债权申报期限内申报但可能受法律保护的债权总额为 5.13 亿元(包括关联债权 0.20 亿元)。

(三)偿债能力分析

管理人已委托评估机构对奥瑞德股份在假定破产清算条件下的偿债能力进行分析,并出具了偿债能力分析报告。奥瑞德股份如破产清算,其核心资产是持有的奥瑞德有限股权，但奥瑞德有限已进入重整程序，故该项股权的价值已大幅贬损，且处置困难。根据评估机构的评估，奥瑞德有限股权等资产即使能够按照评估值获得处置变现，按照《企业破产法》规定的清偿顺序，破产财产的变现所得在支付或清偿必要的破产费用、共益债务等后，普通债权清偿率仅为 0.19%。

三、重整基本情况

（一）重整背景

自 2017 年开始，受蓝宝石行业整体发展周期波动、宏观经济下行压力增大及国家金融政策的变化等不利因素的影响，公司业务发展受阻，已经陷入债务危机和经营困境。2021 年受新冠疫情及限电政策影响，公司业务进一步恶化，陷入严重的经营困境和债务危机。

奥瑞德股份作为持股平台，主要通过其核心子公司奥瑞德有限开展业务经营，为有效化解奥瑞德股份的债务风险，维持和提升奥瑞德股份的持续经营能力，需要同步化解奥瑞德有限的债务危机。

（二）预重整／重整申请情况

2022 年 9 月 6 日，债权人单丽丽以公司不能清偿到期债务且明显缺乏清偿能力为由，向哈尔滨中院申请对公司进行重整。同日，辽阳粉末向哈尔滨中院申请对奥瑞德有限进行重整。

（三）重整申请受理情况

2022 年 9 月 15 日，哈尔滨中院做出决定书〔（2022）黑 01 民诉前调 959 号〕，决定对奥瑞德股份进行预重整，同时指定奥瑞德股份清算组担任临时管理人。同日，哈尔滨中院做出决定书〔（2022）黑 01 破申 101 号〕，决定对奥瑞德有限进行预重整，同时指定奥瑞德有限清算组担任临时管理人。

2022 年 11 月 29 日，哈尔滨中院做出民事裁定书〔（2022）黑 01 破申 107 号〕，裁定受理单丽丽对奥瑞德股份的重整申请，同时指定奥瑞德股份清算组担任管理人，负责重整工作。同日，哈尔滨中院做出民事裁定书〔（2022）黑 01 破申 101 号〕，裁定受理辽阳粉末对奥瑞德有限的重整申请，同时指定奥瑞德有限清算组担任管理人。

（四）重整管理模式

债务人自行管理财产和营业事务。

（五）重整大事记

2022年9月6日，债权人单丽丽以公司不能清偿到期债务且明显缺乏清偿能力为由，向哈尔滨中院申请对公司进行重整。同日，辽阳粉末向哈尔滨中院申请对奥瑞德有限进行重整。

2022年9月15日，哈尔滨中院做出决定书〔（2022）黑01民诉前调959号〕，决定对奥瑞德股份进行预重整，同时指定奥瑞德股份清算组担任临时管理人。同日，哈尔滨中院做出决定书〔（2022）黑01破申101号〕，决定对奥瑞德有限进行预重整，同时指定奥瑞德有限清算组担任临时管理人。

2022年11月29日，哈尔滨中院做出民事裁定书〔（2022）黑01破申107号〕，裁定受理单丽丽对奥瑞德股份的重整申请，同时指定奥瑞德股份清算组担任管理人，负责重整工作。同日，哈尔滨中院做出民事裁定书〔（2022）黑01破申101号〕，裁定受理辽阳粉末对奥瑞德有限的重整申请，同时指定奥瑞德有限清算组担任管理人。

2022年12月13日，管理人及公司与齐鲁致远签署重整投资协议及重整投资协议之补充协议一。

2022年12月28日，公司发布公告，宣布管理人和公司与齐鲁致远及其指定的其他联合投资人（含产业投资人及财务投资人）陆续签订了重整投资协议。

2022年12月30日，奥瑞德股份及奥瑞德有限第一次债权人会议以网络会议的形式通过最高人民法院设立的全国企业破产重整案件信息网召开。

2022年12月30日，奥瑞德股份收到哈尔滨中院送达的民事裁定书〔（2022）黑01破89号〕和民事裁定书〔（2022）黑01破90号〕，裁定批准《奥瑞德光电股份有限公司重整计划》和《哈尔滨奥瑞德光电技术有限公司重整计划》，并终止奥瑞德股份及奥瑞德有限重整程序。

2022年12月31日，奥瑞德股份及奥瑞德有限分别收到哈尔滨中院送达的民事裁定书〔（2022）黑01破89-1号〕和民事裁定书〔（2022）黑01破90-1号〕，裁定确认《奥瑞德光电股份有限公司重整计划》及《哈尔滨奥瑞德光电技术有限公司重整计划》已执行完毕，并终结奥瑞德股份及奥瑞德有限破产程序。

四、重整计划的主要内容

（一）重整思路概述

如图2-30-2所示，重整计划的主要思路为：

（1）以奥瑞德股份现有总股本12.27亿股为基数，按每10股转增15股的比例实施资本公积转增股本，共计转增18.41亿股股票。转增后，奥瑞德股份总股本将增至30.68亿股。转增股票中控股股东等业绩补偿义务人的6.04亿股股票需由奥瑞德股份以

1元的总价格进行回购，回购的股票以及其余12.37亿股股票，均用于引入重整投资人。

（2）18.41亿股转增股票，由重整投资人有条件受让不低于15亿股，重整投资人最终未受让的剩余转增股票，由管理人予以注销。

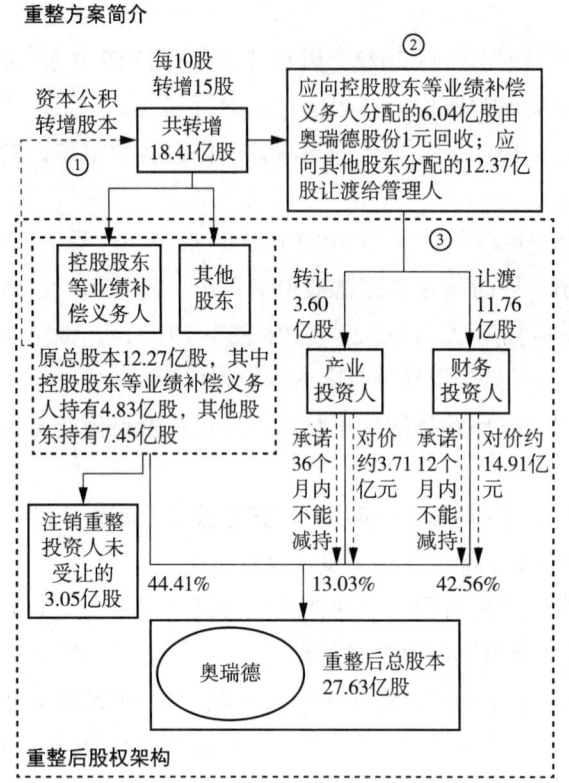

图2-30-2 奥瑞德股份重整方案示意图

（二）投资人及投资方案介绍

2022年11月9日，管理人及公司与齐鲁致远签署了《奥瑞德光电股份有限公司重整投资协议》，2022年12月8日，管理人及公司与齐鲁致远签署了重整投资协议之补充协议一。上述协议约定，由齐鲁致远及其指定的其他联合投资人（含产业投资人及财务投资人）一起作为联合投资人参与奥瑞德股份重整。

齐鲁致远成立于2022年5月18日，注册资本8000万元，出资额3.69亿元，法定代表人李霜霜。以公共设施管理业为主，控股股东为山东齐鲁致远农文旅投资控股有限公司。实际控制人为山东省人民政府国有资产监督管理委员会。

截至2022年12月31日，与奥瑞德、管理人签署重整投资协议的共18家重整投资人（含17家财务投资人），由于财务投资人嘉致凯瑞按约定时间支付对价，最终由16家财务投资人实际投资。青岛智算作为齐鲁致远指定的产业投资人，同意受让重整投资协议、重整投资协议之补充协议一以及财务投资人之重整投资协议项下齐鲁致远的全部权利及义务。

青岛智算成立于2022年12月20日，出资额3.69亿元，为山东省商业集团成员，执行事务合伙人为齐鲁致远，以新闻和出版业为主。

根据重整计划的执行情况，产业投资人青岛智算受让转增股票数量为3.60亿股，受让对价3.71亿元。重整财务投资人共计受让合计11.76亿股，对价合计14.91亿元。产业投资人和财务投资人合计共受让15.36亿股，根据重整计划，受让条件如下：

向管理人支付受让转增股票的现金对价。

控股股东等业绩补偿义务人因业绩承诺问题导致其转增的6.04亿股股票均未无偿让渡而是由上市公司回购，对其他出资人的权益造成了损害，为保证出资人的公平权益，重整投资人将按照受让转增股票的单价补偿上市公司6.04亿股股票对应的收购价格4.83亿元。

就控股股东对上市公司的资金占用问题，重整投资人支付不低于1.3亿元代控股股东向上市公司清偿其资金占用余额。

就上市公司为控股股东等违规担保问题，重整投资人支付不低于2000万元用于弥补违规担保债权人作为上市公司普通债权人在重整程序中所占用的偿债资源。

为保证奥瑞德股份在重整完成后长期稳定的经营，产业投资人承诺自受让转增股票之日起36个月内不转让其所持有的奥瑞德股份股票，财务投资人承诺自受让转增股票之日起12个月内不转让其所持有的奥瑞德股份股票。

需要说明的是，如部分重整投资人未按重整投资协议及重整计划规定的期限足额支付重整投资资金，则其已缴纳的保证金予以没收，且管理人有权选择另行指定其他重整投资人受让该违约重整投资人认缴的股票份额，或者将其认购的股票予以注销。如管理人注销违约重整投资人认购的股票，则违约重整投资人应支付的解决业绩补偿义务人因业绩承诺而无法公平让渡转增股票问题、控股股东的资金占用问题及违规担保债权人占用上市公司偿债资源问题的相应现金，在产业投资人负责补足后，管理人再向产业投资人划转其受让的转增股票。

（三）出资人权益调整方案

以奥瑞德股份现有总股本12.27亿股为基数，按每10股转增15股的比例实施资本公积转增股本，共计转增18.41亿股股票。转增后，奥瑞德股份总股本将增至30.68亿股。转增股票中控股股东等业绩补偿义务人的6.04亿股股票需由上市公司以1元的总价格进行回购，回购的股票用于引入重整投资人；其他股东的12.37亿股股票无偿让渡，用于引入重整投资人。

上述18.41亿股转增股票，由重整投资人有条件受让不低于15亿股，重整投资人最终未受让的剩余转增股票，由管理人予以注销。根据重整计划的执行情况，重整投资人最终合计受让15.36亿股股票，未受让的3.05亿股将予以注销，扣除不予转增登记的股票（用于注销的3.05亿股）后，奥瑞德股份实际转增15.36亿股股票，上述操作后，总股本为 27.63 亿股。

（四）债权调整及受偿方案

1. 普通债权调整及受偿

普通债权总额为 24.05 亿元，其中审查确认的债权金额为 13.82 亿元，暂缓确认的债权金额为 5.10 亿元，未申报的债权金额为 5.13 亿元。

根据评估机构的评估，普通债权在破产清算状态下的清偿率极低，仅为 0.19%。为最大限度地保护债权人的合法权益，提高债权人的受偿水平，根据奥瑞德股份的实际情况，普通债权在奥瑞德股份重整程序中的受偿调整为：

（1）每家普通债权人 20 万元以下（含 20 万元）的债权部分，以现金方式全额清偿。

（2）每家普通债权人超过 20 万元的债权部分，按照 5% 的清偿比例以现金方式清偿。

以上清偿现金由奥瑞德股份在转增股票划转至重整投资人指定账户之日起 15 日内支付。

同时对奥瑞德股份、奥瑞德有限享有的债权，可以分别在奥瑞德股份、奥瑞德有限的重整程序中进行受偿，但受偿总额不得超过其债权总额。对奥瑞德股份以外的主体享有担保物权的债权人，根据上述受偿方案受偿后，其担保物权的行使不受影响。

2. 劣后债权调整及受偿

对于奥瑞德股份可能涉及的行政罚款、民事惩罚性赔偿金、刑事罚金等劣后债权，在普通债权未获得全额清偿前，依法不安排偿债资源。

3. 暂缓确认债权调整及受偿

对于暂缓确认债权，管理人预留相应的偿债资源，在债权经最终确认后可以要求奥瑞德股份按照上述同类债权受偿方案进行清偿。

4. 未申报债权调整及受偿

对于未依法申报的债权，管理人预留相应的偿债资金，如债权权利应受法律保护，在重整计划执行期间不得行使权利，但可以在重整计划执行完毕后要求奥瑞德股份按照上述同类债权受偿方案进行清偿。

5. 债务清偿顺序

奥瑞德股份债务清偿顺序如图 2-30-3 所示。

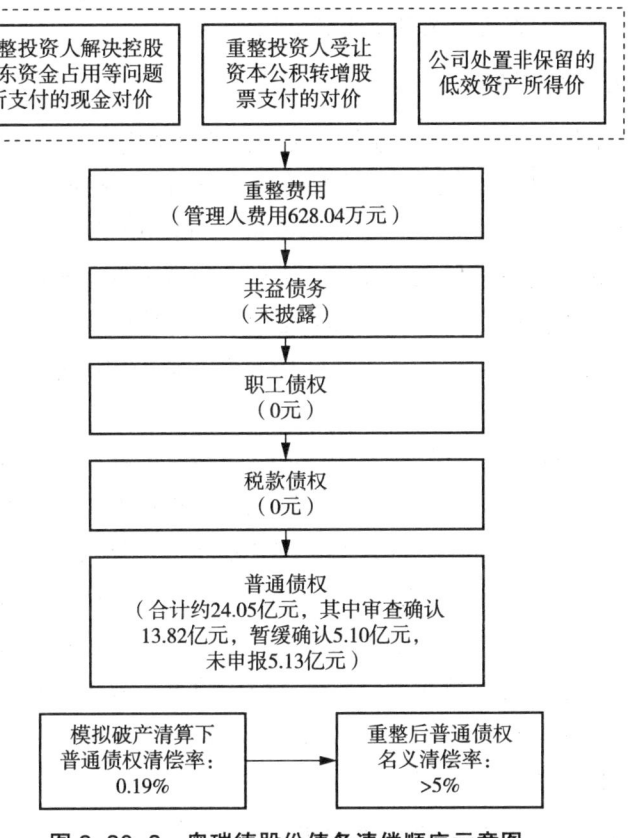

图 2-30-3　奥瑞德股份债务清偿顺序示意图

6. 协调审理

奥瑞德股份作为持股平台，主要通过核心子公司奥瑞德有限开展业务经营，为有效消除奥瑞德股份的退市风险，并维持和提升其持续经营能力，需要同步整体化解奥瑞德有限的债务危机。因此，在依法依规且不损害债权人利益的前提下，本次重整过程中奥瑞德股份将通过债务清偿、资本性投入、提供财务资助等方式，帮助奥瑞德有限清偿债务。

（五）未来经营方案

奥瑞德股份将通过重整程序引入在企业管理、资源支持等方面具有一定背景优势的重整投资人。在重整完成后，奥瑞德股份将坚定发展蓝宝石主业，始终以高质、高效、低成本为目标，从产品质量、产品利用率、工艺改良、节能改造和装备发展等多维度努力实现目标。近年来，奥瑞德股份在蓝宝石加工的自动化、智能化方面已做了大量工作并取得了一定成果，未来还将持续提升生产自动化、智能化水平，储备相应技术，以期实现更高品质、更高效率、更低成本的经营目标。在产品市场方面，奥瑞德股份仍将保持在LED和消费类电子产品领域材料供应者的重要地位，稳步提升市场占有率，加深与客户合作深度，逐步从材料供应者转变为集设备、工艺、产线规划、综合管理于一体的综合解决方案制定者和提供商。

1. 解决历史遗留问题

通过引入重整投资人,解决奥瑞德股份遗留的以下历史问题。

(1)业绩补偿义务人无法公平让渡转增股票问题。控股股东等业绩补偿义务人因业绩承诺问题导致其转增的 6.04 亿股股票被上市公司回购而无法与其他出资人共同让渡,对其他出资人的权益造成了损害。为保证出资人的公平权益,重整投资人将按照受让转增股票的单价补偿上市公司 6.04 亿股股票对应的收购价格 4.83 亿元。但对于业绩补偿义务人就业绩承诺问题在本次转增中未能解决的部分,由上市公司继续向其追索。

(2)资金占用问题。控股股东因违规借款而形成了对上市公司 3.58 亿元的资金占用。截至重整计划提交之日,经上市公司股东大会审议通过,控股股东已通过债务抵销的方式解决合计 2.29 亿元的占用资金。对于剩余的占用资金,由重整投资人根据重整投资协议及重整计划的规定代控股股东足额向上市公司以现金方式清偿。

(3)违规担保问题。截至重整计划提交之日,控股股东在未履行法定程序的情况下以上市公司名义违规为自身或第三方提供担保的余额为 3.97 亿元。在奥瑞德股份重整程序中,违规担保债权人作为上市公司普通债权人所占用的偿债资源,由重整投资人以现金方式进行弥补。

2. 改善公司经营、提升公司治理水平

在重整投资人的协助下,奥瑞德股份将全面改善生产经营,主要从优化治理、降低成本等方面全面提高公司的核心竞争力,包括优化治理结构、降低成本、剥离低效资产以及适时注入优质资产。

3. 业务发展战略

奥瑞德股份拥有丰富的蓝宝石晶体生长设备制造及材料加工经验,采用的蓝宝石单晶生长、加工技术均是自主研发,设备制造及产品生产加工工艺均有相关专利认证,产品质量好、成品率高、生产成本低。奥瑞德股份拥有强大的技术研发实力,掌握了多项具备独创性的核心工艺技术,并与下属子公司积累了多项专利。奥瑞德股份始终保持改进和创新的节奏,结合客户需求,优化晶体生长工艺,改进蓝宝石制品的加工手段,在产品质量、供货能力、售后保障等方面均具有较强的竞争力,具体表现为:

(1)传统 LED 照明及 Mini-LED、Micro-LED 应用新发展。

LED 照明市场,尤其是低端照明芯片市场已步入成熟期,多年来需求一直保持稳定增长。伴随全球新冠疫情的缓解,后续国内对保障性工程、农村基础设施建设等项目的推进,普通照明、景观照明等各种 LED 产品需求将受到明显的拉动,传统 LED 照明市场对蓝宝石衬底材料的需求仍将稳定攀升。另外,以 Mini-LED、Micro-LED 为代表的新一代面板显示技术发展十分迅速,越来越多的 Mini/Micro LED 技术产品面市。在 Mini/Micro LED 技术得到落地应用的同时，Mini/Micro LED 产业的整体投资规模也日趋扩大，多家行业巨头积极布局相关技术，锁定高端 LED 显示应用市场。伴随 Mini-LED、Micro-LED 的迅猛发展，蓝宝石作为必需的衬底材料，未来市场空间广阔。

（2）可穿戴产品及移动终端应用。蓝宝石材料在消费类电子领域的应用正在逐步深化，手机摄像头镜片，手表表镜、后盖，智能手表传感窗口等方面对蓝宝石材料的需求也随之增加。得益于蓝宝石材料价格的下降，越来越多的传统手表采用蓝宝石表镜。同时，蓝宝石在智能可穿戴产品上的应用也在逐步深化，目前以智能手表、智能手环为主的全球智能穿戴市场迅速增长。预计在消费类电子产品上的普遍应用，可以为蓝宝石产业带来可观收益。

五、重整计划的表决与批准

（一）债权人会议表决情况

奥瑞德股份及奥瑞德有限第一次债权人会议以网络会议的方式于 2022 年 12 月 30 日上午 9 时召开，奥瑞德股份及奥瑞德有限的债权人会议分别表决通过了《奥瑞德光电股份有限公司重整计划（草案）》和《哈尔滨奥瑞德光电技术有限公司重整计划（草案）》。

1. 奥瑞德股份债权人会议表决情况

奥瑞德股份债权人会议由出席会议的债权人对《奥瑞德光电股份有限公司重整计划（草案）》进行表决，表决结果如下：出席会议有表决权的普通债权人为 666 家，普通债权组代表的债权总金额 15.36 亿元，其中同意的债权人 575 家，占有表决权债权人数量的 86.34%，超过半数；其代表的债权金额为 10.81 亿元，占总金额的 69.86%，超过 2/3。

根据《企业破产法》第六十四条、第八十四条、第八十六条的规定，《奥瑞德光电股份有限公司重整计划（草案）》获得本次债权人会议表决通过。

2. 奥瑞德有限债权人会议表决情况

奥瑞德有限债权人会议由出席会议的债权人对《哈尔滨奥瑞德光电技术有限公司重整计划（草案）》进行表决，表决结果如下：

出席会议有表决权的有财产担保债权人有 4 家，有财产担保债权组代表的表决权总金额为 1.93 亿元，其中同意的债权人 3 家，占有表决权债权人数量的 75%，超过半数；其代表的债权金额为 1.77 亿元，占该组债权总金额的 91.51%，超过该组债权总额的 2/3。

出席会议有表决权的普通债权人为 60 家，普通债权组代表的债权总金额为 12.14 亿元，其中同意的债权人 58 家，占该组有表决权债权人数量的 96.67%，超过半数；其代表的债权金额为 8.66 亿元，占该组债权总金额的 71.35%，超过该组债权总额的 2/3。

根据《企业破产法》第六十四条、第八十四条、第八十六条的规定，《哈尔滨奥瑞德光电技术有限公司重整计划（草案）》获得本次债权人会议表决通过。

（二）出资人组会议表决情况

公司于 2022 年 12 月 28 日以现场投票和网络投票相结合的方式召开了出资人组会议。出席本次会议的股东及股东代理人共 127 人，代表公司有表决权的股份数为 2.12 亿股，占公司有表决权股份总数的 17.30%。

其中同意 2.11 亿股，占出席会议所有出资人所持股份的 99.38%；反对 62.14 万股，占出席会议所有股东所持有表决权股份总数的 0.29%；弃权 70.14 万股，占出席会议所有股东所持有表决权股份总数的 0.33%。综上，出资人权益调整方案获得出席本次会议有表决权股份总数的 2/3 以上同意。

根据《公司法》与《企业破产法》的相关规定，公司出资人组会议表决通过出资人权益调整方案。

（三）重整计划批准

2022 年 12 月 30 日，哈尔滨中院裁定批准《奥瑞德光电股份有限公司重整计划》及《哈尔滨奥瑞德光电技术有限公司重整计划》，并终止奥瑞德股份及奥瑞德有限重整程序。

六、重整计划的执行与监督

（一）执行和监督的主体

重整计划由奥瑞德股份负责执行。管理人负责监督奥瑞德股份重整计划的执行。

（二）执行和监督期限

重整计划的执行期限为重整计划获得哈尔滨中院裁定批准之日起 2 个月。在此期间，奥瑞德股份应当严格依照重整计划的规定清偿债务，并随时支付重整费用。如非奥瑞德股份自身原因，致使重整计划无法在上述期限内执行完毕，奥瑞德股份应于执行期限届满前，向哈尔滨中院提交延长重整计划执行期限的申请，并根据哈尔滨中院批准的执行期限继续执行。重整计划提前执行完毕的，执行期限在哈尔滨中院裁定重整计划执行完毕之日到期。

重整计划执行的监督期限与重整计划执行期限相同，自哈尔滨中院裁定批准重整计划之日起计算。如根据重整计划执行的实际情况，需要延长管理人监督重整计划执行的期限，则管理人应向哈尔滨中院提交延长重整计划执行监督期限的申请，并根据哈尔滨中院批准的期限继续履行监督职责。重整计划执行期限提前到期的，执行监督期限相应提前到期。

（三）执行的措施

1. 偿债资源的分配

偿债资金的分配须在转增股票划转至重整投资人指定账户后实施，原则上以银行转账的方式向债权人进行分配，债权人应自重整计划获得哈尔滨中院裁定批准之日起 7 日内按照管理人指定格式书面提供受领偿债资金的银行账户信息。对于未提供以及无法通知到的债权人，将提存其分配额，由此产生的法律后果由相关债权人自行承担。

因债权人自身和/或其代理人、关联方的原因，导致偿债资金不能到账，或因账户信息错误、账户被冻结/扣划等原因所产生的法律后果由相关债权人自行承担。

债权人可以书面指令将偿债资金支付/划转至其指定的、由该债权人所有/控制的账户或其他主体所有/控制的账户内，但因该指令导致偿债资金不能到账，以及由该指令导致的法律纠纷由相关债权人自行承担。

2. 偿债资源的预留及处理

（1）债权存在其他担保人或担保物的，重整计划执行不影响相关债权人的追索权。但债权已经确定的债权人未按照重整计划的规定受领偿债资金的，根据重整计划应向其分配的资金将提存至管理人指定的银行账户，提存至管理人指定账户后满 1 年仍未受领的偿债资金，将转交上市公司。上述提存的偿债资金自重整计划执行完毕公告之日起满 3 年，债权人仍不领取的，视为放弃受领偿债资金的权利。奥瑞德股份应当将提存的资金在扣除相关费用后用于补充公司流动资金。

（2）对于因诉讼、仲裁未决、债权人异议等原因导致管理人暂时无法做出审查结论的债权，以最终确定的债权金额为准，按照重整计划规定的同类债权受偿方案受偿。按照重整计划已预留的偿债资金在清偿该等债权后仍有剩余的，剩余的偿债资金将用于补充公司流动资金。

（3）对于奥瑞德股份已知悉但未依法在债权申报期限内申报的债权，如债权权利应受法律保护且债权人向奥瑞德股份或管理人主张权利，则以最终确定的债权金额为准，按照重整计划规定的同类债权受偿方案受偿。按照重整计划已预留的偿债资金在清偿该等债权后仍有剩余的，剩余的偿债资金将用于补充公司流动资金。

3. 转让债权的清偿

债权人在重整申请受理日后依法对外转让债权的，受让人按照原债权人根据重整计划就该笔债权可以获得的偿债资源受偿；债权人向两个及以上的受让人转让债权的，偿债资金向受让人按照其受让的债权比例分配。

此外，债权人与奥瑞德股份另行达成清偿协议，不损害其他债权人利益且不违反法律规定的，可视为债权人已按照重整计划的规定获得清偿。

4. 重整费用

依据《最高人民法院关于审理企业破产案件确定管理人报酬的规定》第二条的规定，以奥瑞德股份最终清偿债务资金总额2.46亿元为基数（包括已确认及预计债权），并在相应比例限制范围内分段计算，管理人报酬拟收取628.04万元，收取方式为：哈尔滨中院裁定批准重整计划后收取50%，截至重整计划批准日已确认债权的清偿资金分配完毕后收取50%。在重整期间及重整计划执行期间发生的案件受理费、管理人聘请其他中介机构的费用、转增股票登记税费及股票过户税费、管理人执行职务的费用等各项重整费用，根据实际发生数额以奥瑞德股份财产按照重整计划规定、合同约定或重整计划执行的实际情况随时支付。

5. 共益债务的清偿

奥瑞德股份重整期间的共益债务，包括但不限于因继续履行合同所产生的债务、为继续营业而支付的劳动报酬和社会保险费用以及由此产生的其他债务，由奥瑞德股份按照《企业破产法》相关规定随时清偿。

6. 财产保全措施的解除

根据《企业破产法》第十九条的规定，人民法院受理破产申请后，有关债务人财产的保全措施应当解除。尚未解除对奥瑞德股份财产保全措施的债权人，应当在重整计划获得哈尔滨中院裁定批准后30日内协助办理完毕解除财产保全措施的手续。奥瑞德股份有权根据债权人配合解除财产保全措施的情况向该债权人支付偿债资金，因相关债权人不配合导致无法按期受领偿债资金的，不视为重整计划未能执行完毕。

7. 信用等级的修复

申请强制执行并将奥瑞德股份纳入失信被执行人名单的各债权人，应当在重整计划获得哈尔滨中院裁定批准后30日内向相关法院申请删除奥瑞德股份的失信信息，并解除对债务人法定代表人、主要负责人及其他相关人员的限制消费令及其他信用惩戒措施。奥瑞德股份有权根据债权人申请删除失信信息并解除信用惩戒措施的情况向该债权人划转偿债资金，因相关债权人不配合导致无法按期受领偿债资金的，不视为重整计划未能执行完毕。

2022年12月31日，奥瑞德股份及奥瑞德有限收到哈尔滨中院送达的民事裁定书〔（2022）黑01破89-1号〕和民事裁定书〔（2022）黑01破90-1号〕，裁定确认《奥瑞德光电股份有限公司重整计划》及《哈尔滨奥瑞德光电技术有限公司重整计划》执行完毕，并终结奥瑞德股份及奥瑞德有限破产程序。

七、重整计划顺利实施的预期效果

（1）上市地位得以保全。奥瑞德股份通过重整程序对资产和债务进行彻底重组，进而化解公司面临的严峻退市风险。

（2）整体化解债务危机。在重整完成后，奥瑞德股份以及奥瑞德有限将化解债务危机，基本面将得到改善，重回良性发展轨道，奥瑞德有限的法律主体资格和经营资质继续存续，其仍保留在奥瑞德股份体系内继续经营。

（3）引入优质资源。在重整完成后，奥瑞德股份将继续保留蓝宝石精深加工业务，并改善经营管理，恢复、提升市场占有率。结合上市公司实际情况，重整投资人将支持、恢复、发展留存的蓝宝石精深加工相关业务，并在符合相关监管法律法规的前提下，择机为上市公司注入优质资产，力争将奥瑞德股份重新打造成为经营稳健、运营规范、业绩优良的上市公司。

参考文献

[1] 成都天翔环境股份有限公司.成都天翔环境股份有限公司重整计划［EB/OL］.（2021-04-19）[2023-12-14］.https://www.szse.cn/disclosure/listed/bulletinDetail/index.html?e82b54c8-7226-44ec-a06a-50f6ec26a94d.

[2] 贵人鸟股份有限公司管理人.贵人鸟股份有限公司重整计划［EB/OL］.（2021-04-27）[2023-12-14］.http://www.sse.com.cn/disclosure/listedinfo/announcement/c/new/2021-04-27/603555_20210427_2.pdf.

[3] 河南中孚实业股份有限公司管理人.河南中孚实业股份有限公司重整计划［EB/OL］.（2021-08-11）[2023-12-14］.http://www.sse.com.cn/disclosure/listedinfo/announcement/c/new/2021-08-11/600595_20210811_2_BOqY8Gvo.pdf.

[4] 山东雅博科技股份有限公司.山东雅博科技股份有限公司重整计划［EB/OL］.（2021-10-08）[2023-12-14］.https://www.szse.cn/disclosure/listed/bulletinDetail/index.html?dcf22f2f-cb91-4f6c-aece-fda444c06be3.

[5] 海南航空控股股份有限公司.海南航空控股股份有限公司及其十家子公司重整计划［EB/OL］.（2021-11-01）[2023-12-14］.http://www.sse.com.cn/disclosure/listedinfo/announcement/c/new/2021-11-01/600221_20211101_3_nOiOrTzs.pdf.

[6] 海航基础设施投资集团股份有限公司.海航基础设施投资集团股份有限公司及其二十家子公司重整计划［EB/OL］.（2021-11-01）[2023-12-14］.http://www.sse.com.cn/disclosure/listedinfo/announcement/c/new/2021-11-01/600515_20211101_3_9zEKg3R3.pdf.

[7] 供销大集集团股份有限公司.供销大集集团股份有限公司及其二十四家子公司重整计划［EB/OL］.（2021-11-01）[2023-12-14］.https://www.szse.cn/disclosure/listed/bulletinDetail/index.html?4195790f-fc64-40e4-b2b0-545a19b646a7.

[8] 广州市浪奇实业股份有限公司.广州市浪奇实业股份有限公司重整计划［EB/OL］.（2021-11-12）[2023-12-14］.https://www.szse.cn/disclosure/listed/bulletinDetail/index.html?ba25adc1-bab7-41b1-9b11-b123b4ddddfc.

[9] 天津松江股份有限公司.天津松江股份有限公司重整计划［EB/OL］.（2021-11-16）[2023-12-14］.http://www.sse.com.cn/disclosure/listedinfo/announcement/c/new/2021-11-16/600225_20211116_2_C7BU0WGZ.pdf.

[10] 康美药业股份有限公司.康美药业股份有限公司重整计划［EB/OL］.（2021-11-27）[2023-12-14］.http://www.sse.com.cn/disclosure/listedinfo/announcement/c/

new/2021-11-27/600518_20211127_2_wfwElR2q.pdf.

[11] 东方时代网络传媒股份有限公司管理人.东方时代网络传媒股份有限公司重整计划［EB/OL］.（2021-12-01）［2023-12-14］.https://www.szse.cn/disclosure/listed/bulletinDetail/index.html?a74a8de8-ad76-493f-a930-1eb47c5c8992.

[12] 众泰汽车股份有限公司.众泰汽车股份有限公司重整计划［EB/OL］.（2021-12-01）［2023-12-14］.https://www.szse.cn/disclosure/listed/bulletinDetail/index.html?0ef3d75a-d7b2-4a6f-a6a6-1a7cd168a77c.

[13] 凯瑞德控股股份有限公司.凯瑞德控股股份有限公司重整计划［EB/OL］.（2021-12-10）［2023-12-14］.https://www.szse.cn/disclosure/listed/bulletinDetail/index.html?cfae0870-bcdf-4742-bb97-c57e3e1e661e.

[14] 北京华谊嘉信整合营销顾问集团股份有限公司.北京华谊嘉信整合营销顾问集团股份有限公司重整计划［EB/OL］.（2021-12-16）［2023-12-14］.https://www.szse.cn/disclosure/listed/bulletinDetail/index.html?2d92daaa-d0d0-4bb7-b14f-2e081bd3d3c9.

[15] 华昌达智能装备集团股份有限公司管理人.华昌达智能装备集团股份有限公司重整计划［EB/OL］.（2021-12-20）［2023-12-14］.https://www.szse.cn/disclosure/listed/bulletinDetail/index.html?cb994c3e-4e5b-4783-8f8f-6c8a3969a152.

[16] 河南华英农业发展股份有限公司管理人,河南华英农业发展股份有限公司.河南华英农业发展股份有限公司重整计划［EB/OL］.（2021-12-23）［2023-12-14］.https://www.szse.cn/disclosure/listed/bulletinDetail/index.html?195f0c7a-e5f0-42ba-9702-e5f92da32097.

[17] 福建实达集团股份有限公司.福建实达集团股份有限公司重整计划［EB/OL］.（2021-12-28）［2023-12-14］.http://www.sse.com.cn/disclosure/listedinfo/announcement/c/new/2021-12-28/600734_20211228_5_9mQ3xytK.pdf.

[18] 深圳市索菱实业股份有限公司管理人.深圳市索菱实业股份有限公司重整计划［EB/OL］.（2021-12-28）［2023-12-14］.https://www.szse.cn/disclosure/listed/bulletinDetail/index.html?540d87ed-52b9-4999-b69a-00197b5cf8a2.

[19] 深圳赫美集团股份有限公司.深圳赫美集团股份有限公司重整计划［EB/OL］.（2021-12-29）［2023-12-14］.https://www.szse.cn/disclosure/listed/bulletinDetail/index.html?658e0725-acc0-4214-8e91-030291477bd8.

[20] 恒康医疗集团股份有限公司管理人.恒康医疗集团股份有限公司重整计划［EB/OL］.（2022-04-23）［2023-12-14］.https://www.szse.cn/disclosure/listed/bulletinDetail/index.html?67f4c8f4-2f4d-4556-bd9c-8da2dff0912d.

[21] 江西星星科技股份有限公司.江西星星科技股份有限公司重整计划［EB/OL］.（2022-08-04）［2023-12-14］.https://www.szse.cn/disclosure/listed/bulletinDetail/index.html?12c9530c-afe7-4ee1-9893-efcb644da7ed.

[22] 台海玛努尔核电设备股份有限公司.台海玛努尔核电设备股份有限公司重整计

［23］方正科技集团股份有限公司管理人. 方正科技集团股份有限公司重整计划［EB/OL］.（2022-11-24）［2023-12-14］. http://www.sse.com.cn/disclosure/listedinfo/announcement/c/new/2022-11-24/600601_20221124_KUKZ.pdf.

［24］四川安控科技股份有限公司管理人，四川安控科技股份有限公司. 四川安控科技股份有限公司重整计划［EB/OL］.（2022-11-21）［2023-12-14］. https://www.szse.cn/disclosure/listed/bulletinDetail/index.html?a1320a81-173c-43c6-b00e-952a07bed7cf.

［25］浙江尤夫高新纤维股份有限公司. 浙江尤夫高新纤维股份有限公司重整计划［EB/OL］.（2022-11-30）［2023-12-14］. https://www.szse.cn/disclosure/listed/bulletinDetail/index.html?c581044d-24f4-428d-ab59-20e8ff96bdd7.

［26］浙江天马轴承集团股份有限公司. 天马轴承集团股份有限公司重整计划［EB/OL］.（2022-12-07）［2023-12-14］. https://www.szse.cn/disclosure/listed/bulletinDetail/index.html?abdb7d04-b47d-4d54-9fd2-28233dd13782.

［27］广东雪莱特光电科技股份有限公司管理人. 广东雪莱特光电科技股份有限公司重整计划［EB/OL］.（2022-12-03）［2023-12-14］. https://www.szse.cn/disclosure/listed/bulletinDetail/index.html?363623d0-6a1b-4835-a4f4-f19b4cdc2957.

［28］中安科股份有限公司. 中安科股份有限公司重整计划［EB/OL］.（2022-12-07）［2023-12-14］. http://www.sse.com.cn/disclosure/listedinfo/announcement/c/new/2022-12-07/600654_20221207_3DWP.pdf.

［29］博天环境集团股份有限公司管理人，博天环境集团股份有限公司. 博天环境集团股份有限公司重整计划［EB/OL］.（2022-12-09）［2023-12-14］. http://www.sse.com.cn/disclosure/listedinfo/announcement/c/new/2022-12-09/603603_20221209_8YKX.pdf.

［30］奥瑞德光电股份有限公司管理人. 奥瑞德光电股份有限公司重整计划［EB/OL］.（2022-12-31）［2023-12-14］. http://www.sse.com.cn/disclosure/listedinfo/announcement/c/new/2022-12-31/600666_20221231_HK2X.pdf.

［31］中华人民共和国企业破产法［EB/OL］.（2006-08-28）［2023-12-14］. https://www.gov.cn/flfg/2006-08/28/content_371296.htm.

［32］中华人民共和国公司法［EB/OL］.（2018-11-06）［2023-12-14］. http://www.npc.gov.cn/zgrdw/npc/xinwen/2018-11/05/content_2065671.htm.